Pharao siegt immer

Krieg und Frieden im Alten Ägypten

Gustav-Lübcke-Museum Hamm
21. März – 31. Oktober 2004

Dem Andenken an
Professor Dr. Arne Eggebrecht
(12.3.1935 - 8.2.2004)

Direktor des Roemer- und Pelizaeus-Museum
Hildesheim (1974 - 2000)
Initiator und Projektleiter der Ausgrabungen
in der Ramses-Stadt Piramesse-Qantir

Dein Sein ist die Zeitfülle
Dein Abbild ist die Dauer
Deine Seele (Ka) ist alles Geschehende.

Altägyptischer Sonnenhymnus
aus dem Grab des Tjai (TT 23), Theben, 19. Dynastie

Am 8. Februar 2004 verstarb der langjährige Direktor des Roemer- und Pelizaeus-Museum Hildesheim, Prof. Dr. Arne Eggebrecht. Dem Gustav-Lübcke-Museum und seiner Leiterin Dr. Ellen Schwinzer war er seit der Eröffnung des Neubaus im Jahre 1993 freundschaftlich verbunden. Seiner Unterstützung und seinem Einsatz war es zu verdanken, dass das neue Museum in Hamm mit einer umfangreichen Ägyptenausstellung mit dem Titel „Ägypten – Geheimnis der Grabkammern - Suche nach Untersterblichkeit" eröffnet wurde, die im Hildesheimer Museum konzipiert und im wesentlichen aus den reichhaltigen Beständen dieses Museums zusammengestellt worden war. Es handelte sich um die erste große Ägyptenaustellung in Westfalen. Die große Resonanz, die diese Präsentation bei den Besuchern fand, ist auch ein Verdienst von Arne Eggebrecht und seinem damaligen Museumsteam. Er war einer der ersten Museumsleiter, der in Deutschland außerhalb der Metropolen große Ausstellungen von internationalem Format durchführte und Hildesheim zu einem „Mekka" kulturhistorischer Ausstellungen machte. Wir jüngeren Museumskollegen profitierten von seinem umfangreichen Wissen und seiner Erfahrung, denn er führte uns seit vielen Jahren durch sein Vorbild ein Museumsmanagement vor, wie es sich erst in den letzten Jahren allmählich in der Museumsszene durchzusetzen beginnt. Arne Eggebrecht hat der nationalen und internationalen Museumsszene wesentliche Impulse verliehen. Mit der Ausstellung „Pharao siegt immer – Krieg und Frieden im Alten Ägypten" ehren das Team des Gustav-Lübcke-Museum und alle an der Ausstellung Beteiligten den anerkannten Ägyptologen, herausragenden Museumsleiter sowie den großzügigen und aufgeschlossenen Kollegen Arne Eggebrecht; die Herausgeber des Kataloges, die Autorinnen und Autoren sowie alle, die am Katalog mitgewirkt haben, widmen ihm den vorliegenden Ausstellungskatalog.

Dr. Ellen Schwinzer

Pharao siegt immer

Krieg und Frieden im Alten Ägypten

Herausgegeben von
Susanne Petschel und Martin von Falck
unter Mitwirkung von
Christian Bayer, Dorothee Kandzi,
Susanne Martinssen-von Falck
und Carola Nafroth

Kettler

Impressum

Dieser Katalog erscheint anläßlich der Ausstellung
„Pharao siegt immer – Krieg und Frieden im Alten Ägypten"

Gustav-Lübcke-Museum, Hamm
21. März - 31. Oktober 2004

Konzeption von Ausstellung und Katalog
Martin von Falck
Susanne Petschel

Redaktion
Martin von Falck
Susanne Martinssen-von Falck
Susanne Petschel
unter Mitarbeit von Christian Bayer, Dorothee Kandzi, Carola Nafroth, Klaus Ohlhafer, Hellen Sahlmann, Ellen Schwinzer

Abbildung auf dem Umschlag:
Kat. Nr. 163
Umschlaggestaltung:
Ulrich Reuter

Fotos (s. Anhang S. 298)

Gesamtherstellung
DruckVerlag Kettler, Bönen

Layout/Satz
André Gösecke, DruckVerlag Kettler, Bönen

Scans
Friederike Lichtwark,
Megalith-Publikationsmanagement, Drensteinfurt
DruckVerlag Kettler, Bönen

Ausstellung

Gesamtleitung
Ellen Schwinzer
Jürgen Greve

Organisation
Martin von Falck
Jürgen Greve
Carola Nafroth
Carsten Neumann
Susanne Petschel
Hellen Sahlmann
Ellen Schwinzer

Restauratorische und
konservatorische Betreuung
Michael Bottländer
Thomas Sieverding

Ausstellungsgestaltung
Bernd Schwarzer

Aufbau
Hans Engelmann
Martin Fikus
Victor Kil
Mohammed Nadjan
Bernd Schwarzer

Haustechnik
Martin Fikus
Rainer Niklowitz

Schreinerarbeiten
Hans Engelmann
Martin Fikus

Sekretariat
Hannelore Bönsch
Jessica Hirschberg

Museumspädagogischer Dienst
Susanne Birker
Heide Drever
Diana Lenz-Weber
Gisela Siebert

Ausstellungstexte
Christian Bayer
Carola Nafroth

Presse- und Öffentlichkeitsarbeit
EngelKulturPR, Hannover

ISBN 3-937390-16-2

CIP Titelaufnahme der Deutschen Bibliothek
Pharao siegt immer
- Krieg und Frieden im Alten Ägypten

Hsrg. von Martin von Falck
und Susanne Petschel
im Auftrag der Stadt Hamm,
Gustav-Lübcke-Museum

Die Ausstellung wurde gefördert durch

Mit freundlicher Unterstützung des Ernst von Siemens Kunstfonds

Museumsverein Hamm e.V.

Stadt Hamm: Gustav Lübcke Museum

Inhalt

Grußwort

Mit großem Respekt und tiefer Wertschätzung werden die Kunstschätze der alten Zivilisationen betrachtet und man versucht sie nach besten Kräften gegen alle Gefahren zu schützen und zu bewahren, damit sie als Quelle für Geschichte und Inspirationen für die nachfolgenden Generationen erhalten bleiben.

Die überwältigende Schönheit der ägyptischen Altertümer beeindruckt die Menschen in aller Welt bis heute. Sie legen Zeugnis von den Fähigkeiten einer großen Kultur ab und davon, dass der Mensch als Geschöpf Gottes im Leben eine Aufgabe zu erfüllen hat. Zivilisationen sind – wie Menschen – vergänglich. Die Endlichkeit des irdischen Lebens und die Vorbereitungen für die Reise nach dem Tod standen seit frühen Zeiten im Mittelpunkt des Glaubens der Alten Ägypter.

Immer noch ist die Menschheit am Anfang des Weges, der zur Entdeckung der Geheimnisse der alten Zivilisationen im Frieden wie im Krieg führt.

Ich nutze diese Gelegenheit, der Stadt Hamm und dem Gustav-Lübcke-Museum für ihre besonderen Bemühungen in diesem Bereich zu danken, und wünsche der Ausstellung viel Erfolg und zahlreiche interessierte Besucher.

Mohamed Al-Orabi
Botschafter der Arabischen Republik Ägypten

Geleitwort

Ägypten nimmt im Ausstellungsprogramm des Gustav-Lübcke-Museum einen besonderen Rang ein. Das Museum besitzt als Spezialsammlung eine der umfangreichsten und ältesten Ägyptensammlungen in Nordrhein-Westfalen, deren Entstehung auf eine Bürgerinitiative aus dem Jahre 1886 zurückgeht.
Mit den großen Ausstellungen "Ägypten – Geheimnis der Grabkammern", 1993 anlässlich der Eröffnung des Neubaus des Gustav-Lübcke-Museum, "Ägypten – Schätze aus dem Wüstensand – Kunst und Kultur der Christen am Nil" 1996, der 1999 die Präsentation "Leben und Tod im Alten Ägypten – Meisterwerke aus dem Reichsmuseum für Altertümer in Leiden" folgte, sowie den Ausstellungen "Fenster zur Ewigkeit – Ägyptische Kunst aus dem Archäologischen Museum der Universität Münster" 2001 sowie "Magische Gemmen aus Ägypten" 2002, ist es dem Museum und seinem Team um die Leiterin Frau Dr. Ellen Schwinzer gelungen, die alte Hochkultur des Landes am Nil in ihren vielfältigen Facetten und in ihrer Faszination einem interessierten Publikum nahe zu bringen und Hamm zu einem Zentrum der Erforschung und Vermittlung der altägyptischen Kultur in Nordrhein-Westfalen zu machen.
Großen Anteil an dieser Entwicklung hat die Zusammenarbeit des Museums mit dem Institut für Ägyptologie und Koptologie der Universität Münster mit seinem Direktor, Herrn Professor Dr. Erhart Graefe, dessen Schüler Dr. Susanne Petschel und Dr. Martin von Falck erneut als verantwortliche Kuratoren für die gegenwärtige Ausstellung gewonnen werden konnten.

Mit der Präsentation „Pharao siegt immer – Krieg und Frieden im Alten Ägypten" zum 10. Geburtstag des neuen Gustav-Lübcke-Museum stehen zum ersten Mal in diesem Umfang die Beziehungen Ägyptens zu seinen Nachbarn im Mittelpunkt der Darstellung.
Dabei werden nicht nur die Eroberungs- und Abwehrfeldzüge thematisiert, sondern auch die friedliche Koexistenz und die Handelsbeziehungen, die zu einem intensiven Kulturaustausch zwischen der antiken Großmacht Ägypten und seinen Nachbarstaaten führten.
Es ist den beiden Kuratoren, Dr. Susanne Petschel und Dr. Martin von Falck gelungen, rund 250 wertvolle Exponate, die aus der Zeit des Mittleren und des Neuen Reiches stammen, aus bedeutenden nationalen und internationalen Sammlungen sowie aus nordrhein-westfälischen Museen im Gustav-Lübcke-Museum zusammenzuführen und auf diese Weise einen umfassenden Einblick in die interkulturellen Kontakte im östlichen Mittelmeerraum zu jener Zeit zu vermitteln.
Wir danken allen, die am Zustandekommen der Ausstellung und des vorliegenden ausführlichen Katalogbandes beteiligt waren, sowie den Förderern des Projektes sehr herzlich und wünschen der Ausstellung viel Erfolg und viele Besucher.

Thomas Hunsteger-Petermann
Oberbürgermeister der Stadt Hamm

Dr. Karl August Faulenbach
Kulturdezernent der Stadt Hamm

Vorwort

Frühere Ägypten-Ausstellungen im Gustav-Lübcke-Museum hatten stets die Jenseitsvorstellungen und das Bestattungswesen der alten Ägypter zum Thema. Erstmals werden in einer Ausstellung in diesem Umfang die vielfältigen Kontakte der antiken Großmacht Ägypten zu seinen Nachbarstaaten sowie seine Außenpolitik, die nicht nur von zahlreichen Eroberungskriegen geprägt war, sondern auch durch friedliche Expeditionen und weitreichende Handelsbeziehungen gekennzeichnet war, in das Blickfeld gerückt.

Die Anregung zu dieser Thematik gab die Ägyptologin Frau Dr. Susanne Petschel, die sich in ihrer 1998 abgeschlossenen Dissertation mit der Entwicklung und Herstellung der Stichwaffen in Ägypten von der prädynastischen Zeit bis zur Dritten Zwischenzeit beschäftigt hat. Die beiden Kuratoren, Dr. Martin von Falck und Dr. Susanne Petschel, haben mit großer Kennerschaft die fachlichen Vorbereitungen und die Objektauswahl für die Ausstellung getroffen und das Ausstellungskonzept erarbeitet. Viele der über 250 Exponate, die aus rund 40 Museen und Privatsammlungen in Deutschland, Europa und den USA zusammengetragen wurden werden hier zum ersten Mal öffentlich gezeigt. Beiden Wissenschaftlern gilt daher an erster Stelle unser Dank für ihren unermüdlichen Einsatz und ihrer Beharrlichkeit und Ausdauer bei den Verhandlungen mit den Leihgebern. Unterstützt wurden sie dabei von den Ägyptologen Christian Bayer, Susanne Martinssen-von Falck, Carola Nafroth, Klaus Ohlhafer und Hellen Sahlmann.

Ein wesentlicher Ertrag dieser jahrelangen Recherchen ist der vorliegende Katalogband, in dem ein internationales Autorenteam die verschiedenen Themen, z.B. – Der König als Bezwinger des Chaos – Gefangene und Unterworfene – Die gesellschaftliche Rezeption des Krieges – Güteraustausch – Handelskontakte – Fremde Götter in Ägypten – Ausländer in Ägypten – in unterschiedlicher Weise beleuchtet und zum Teil bisher unpubliziertes Material gesichtet und veröffentlicht hat. Wir danken allen Autorinnen und Autoren für ihre anregenden und ausführlichen Beiträge sowie allen am Katalog Beteiligten. Besonders danken möchten wir dem Ägyptologen Dr. Edgar B. Pusch für seinen im Anhang veröffentlichten kenntnisreichen Beitrag über die Ausgrabungen der antiken Ramses-Stadt Piramesse-Qantir. Er war langjähriger enger Mitarbeiter des verstorbenen Projektleiters Prof. Dr. Arne Eggebrecht, und hat es ermöglicht, dass zum ersten Mal einige Objekte aus dieser Grabung in Nachbildungen der Öffentlichkeit präsentiert werden können.

Darüber hinaus sprechen wir allen, die zum Gelingen der Ausstellung beigetragen haben, unseren herzlichen Dank aus: den leihgebenden Museen und privaten Sammlern, dass sie sich über einen so langen Zeitraum von ihren Kunstwerken getrennt und sie für die Ausstellung zur Verfügung gestellt haben; dem DruckVerlag Kettler, Bönen, insbesondere Herrn André Gösecke, der mit großer Sorgfalt und ausdauernder Geduld den Druck des umfangreichen Kataloges vorbereitet hat; dem Bühnenbildner Herrn Bernd Schwarzer mit seinem Team, der in bewährter Weise die Ausstellungsarchitektur und -Inszenierung entworfen hat und auf anschauliche Weise zur Vermittlung des nicht immer einfach darzustellenden Themas wesentlich beigetragen hat. Zu danken ist ferner dem gesamten Team des Gustav-Lübcke-Museum, das mit vorbildlichem Einsatz die vielfältigen Aufgaben im Zusammenhang mit dem Aufbau und der Organisation der Ausstellung bewältigt und damit zu ihrem Gelingen beigetragen hat.

Ein derart umfangreiches Projekt ist nicht ohne finanzielle Unterstützung durchzuführen. Wir danken daher ausdrücklich der Ernst von Siemens Kunststiftung, insbesondere dem Vorsitzenden des Stiftungsrates, Herrn Dr. Heribald Närger, für die großzügige Förderung. Zu danken ist ebenfalls dem Museumsverein Hamm mit seinem Vorsitzenden Herrn Ulrich Schäfer, der die Finanzierung des umfangreichen Begleitprogramms übernommen hat. Wir hoffen, dass die Ausstellung nicht nur in Hamm, sondern auch bei den vorgesehenen Folgestationen, dem Reiss-Engelhorn-Museum, Mannheim und dem Helms-Museum, Hamburger Museum für Archäologie und die Geschichte Harburgs auf ein breites Publikumsinteresse stößt.

Dr. Ellen Schwinzer
Museumsdirektorin

Leihgeber

Baltimore, The Walters Art Museum

Basel, Antikenmuseum Basel und Sammlung Ludwig

Berlin, Staatliche Museen zu Berlin - Stiftung Preußischer Kulturbesitz
Ägyptisches Museum und Papyrussammlung
Antikensammlung
Vorderasiatisches Museum

Bonn, Ägyptisches Museum - Bonner Sammlung von Aegyptiaca, Ägyptologisches Seminar der Rheinischen Friedrich-Wilhelms-Universität Bonn

Boston, Museum of Fine Arts, Department of Ancient Egyptian, Nubian and Near Eastern Art

Brooklyn, Brooklyn Museum of Art, Department of Ancient Egyptian, Classical and Middle Eastern Art

Brüssel, Bibliothèque Royale de Belgique, Cabinet des Médailles

Brüssel, Musées Royaux d'Art et d'Histoire/Koninklijke Musea voor Kunst en Geschiedenis, Collections Égyptiennes

Darmstadt, Hessisches Landesmuseum Darmstadt

Florenz, Museo Archeologico Nazionale

Gotha, Schlossmuseum, Schloss Friedenstein

Hamburg, Museum für Völkerkunde Hamburg

Hamburg, Privatsammlung

Hannover, Kestner-Museum

Heidelberg, Ruprecht-Karls-Universität Heidelberg, Ägyptologisches Institut - Ägyptologische Sammlung der Universität Heidelberg

Hildesheim, Roemer- und Pelizaeus-Museum Hildesheim GmbH

Hildesheim, Dr. Edgar B. Pusch, Grabung Ramses-Stadt am Stadtmuseum Hildesheim

Kassel, Staatliche Museen Kassel, Antikensammlung, Schloss Wilhelmshöhe

Leiden, Rijksmuseum van Oudheden

Liverpool, National Museums Liverpool, Liverpool Museum

London, The British Museum
Department of Egyptian Antiquities
Department of Greek and Roman Art

Manchester, The Manchester Museum, The University of Manchester

München, Staatliches Museum Ägyptischer Kunst

Münster, Archäologisches Seminar der Westfälischen Wilhelms-Universität Münster

New York, Metropolitan Museum of Art, Department of Egyptian Art

Oxford, Ashmolean Museum of Art and Archaeology, University of Oxford

Paris, Musée du Louvre, Département des Antiquités Egyptiennes

Solingen, Deutsches Klingenmuseum Solingen

Stockholm, Medelhavsmuseet

Süddeutschland, Privatsammlungen

Turin, Museo Egizio

Wien, Kunsthistorisches Museum Wien, Ägyptisch-Orientalische Sammlung

Würzburg, Martin-von-Wagner-Museum der Universität Würzburg

Einführung in die Ausstellung

Die im Gustav-Lübcke-Museum Hamm gezeigte große Sonderausstellung rückt die politischen und kulturellen Interaktionen des Pharaonenreiches mit seinen Nachbarn in den Mittelpunkt. Dem dogmatischen Selbstverständnis der Pharaonen als „Herrscher der Welt" werden die reale Außenpolitik und die dabei eingesetzten Mittel gegenübergestellt. Um die Doppelgesichtigkeit des Themas „Krieg und Frieden" im Spannungsfeld zwischen „Idee" und „Realität" zu entfalten, haben die beiden Kuratoren des Ausstellungsprojektes, Susanne Petschel und Martin von Falck, ein Vierstufenmodell entwickelt:[1]
Die vorgestellte Welt der ägyptischen Kriegsgötter und die staatsreligiöse Stilisierung des Pharaos als ewigem Sieger bilden einen ersten Schwerpunkt (Krieg: ideelle Ebene). Die menschlichen Teilnehmer an den ägyptischen Feldzügen sowie deren technische Ausrüstung zur Kriegführung bilden den zweiten Schwerpunkt (Krieg: reale Ebene), der mit dem ersten kontrastiert. Der dritte Schwerpunkt (Frieden: ideelle Ebene) umfasst die Integration fremder Götter in das ägyptische Pantheon und die ideologische Wiedergabe des Handels als Tributleistung. Diesem werden die handfesten materiellen Handelsgüter, die ägyptischen Imitate fremder Produkte und die ins Ausland verbrachten ägyptischen Kulturgüter (Frieden: reale Ebene) gegenübergestellt.

Das 2. Jahrtausend v. Chr., die Epochen zwischen der Ersten und der Dritten Zwischenzeit, aus der die meisten Objekten stammen, bildet den zeitlichen Schwerpunkt der Ausstellung. In diese Jahrhunderte fallen die großen außenpolitischen Umwälzungen der ägyptischen Geschichte:
- die nach dem Zusammenbruch des Alten Reiches von Theben aus wiedererrichtete Zentralmacht in Ägypten (11. Dynastie, 2119-1976 v. Chr.) und die anschließende Expansion Ägyptens nach Nubien bis an den 2. Katarakt (12. Dynastie, 1976-1794 v. Chr.)
- die engen Kontakte mit Vorderasien im ausgehenden Mittleren Reich und die sukzessive Festsetzung vorderasiatischer Einwanderer im Delta, die in der Machtergreifung der als Fremdherrscher empfundenen Hyksos-Dynastie gipfelten
- der Kampf der thebanischen Lokalkönige (17. Dyn., 1645-1550 v. Chr.) gegen die Hyksos und deren Vertreibung
- die durch Zerstörung des Kerma-Reiches und die Eroberung Nubiens bis zum 4. Katarakt sowie die bis zum Euphrat vorangetragenen Asienfeldzüge erreichte Großmachtstellung Ägyptens (18. Dyn., 1550-1292 v. Chr.) mit ihrer größten territorialen Ausdehnung
- die kriegerischen und diplomatischen Auseinandersetzungen in Vorderasien unter den frühen Ramessiden (19. Dyn., 1292-1186 v. Chr.), die in der Herstellung eines Gleichgewichtes der Kräfte für die Levante mündeten
- der Abwehrkampf der späten Ramessiden gegen die von Westen andrängenden Libyer und den von Osten erfolgten Invasionsversuch der so genannten Seevölker (20. Dyn., 1186-1070 v. Chr.)

Parallel zu den kriegerischen Auseinandersetzungen entfalteten sich jedoch intensive und rege Handelsbeziehungen. Von Ägypten aus wurden Expeditionen in das Myrrhenland Punt entsandt. Ägäische Handelsschiffe brachten kretische, mykenische und zyprische Kosmetika sowie Opiate in ihren charakteristischen Verpackungsgefäßen nach Ägypten, welche die ägyptischen Handwerker zu Imitationen anregten. Ägyptischer Schmuck und großformatige Bildwerke (Statuen und Stelen) gelangten ins Ausland und beeinflussten insbesondere in Vorderasien die dortige Formwelt ganz nachhaltig. Zahlreiche Ausländer strömten unfreiwillig als Gefangene oder freiwillig als gesuchte Spezialisten in das Land am Nil und prägten ganze Berufszweige. Auch einzelne Ägypter traten in den Dienst ausländischer Herren und stellten diesen ihr Know-how zur Verfügung.

Bei der Objektauswahl wurde jedoch bewusst eine starre Festlegung auf den genannten Zeitrahmen vermieden, um auch Glanzlichter wie die Erschlagungsszene aus dem Tempel Scheschonks I. in el-Hibe oder die Jagdreliefs aus dem Totentempel des Sahure in Abusir zeigen zu können, handelt es sich doch in beiden Fällen um die monumentalsten Zeugnisse des jeweiligen Bildthemas, die nördlich der Alpen aufbewahrt werden. Die ideologische Vorgabe des ewig siegreichen Pharaos transportieren allerdings auch kleinste Darstellungsträger. Es erfüllt beide Kuratoren mit besonderem Stolz, dass sich unter den Leihgaben auch solche befinden, welche der Öffentlichkeit bislang nicht präsentiert wurden. Der gezeigte Querschnitt an ägyptischen Waffen dürfte einzigartig dastehen und spiegelt aktuellste Erkenntnisse in der Objektforschung wider. Die wichtigsten Akteure der ägyp-

1 Bei der Zuweisung der Katalognummern zu den Unterthemen ist das Vierstufenmodell aufgegeben worden. Die dem Schwerpunkt „Frieden: ideelle Ebene" zugehörigen Objekte sind unter „Transfer von Waren und Ideen" subsumiert.

tischen Geschichte sind in Form von Herrscherbildnissen anwesend. Auch die hohe und höchste Beamtenschaft des Reiches ist mit eigenen Denkmälern präsent. Wanddarstellungen so genannter Tributszenen, die naturgemäß nicht aus ihrem originalen Zusammenhang gelöst werden können, werden in hochwertigen Faksimiles gezeigt, die inzwischen die angegriffenen originalen Vorbilder an Farbigkeit übertreffen.

Ein weiteres Highlight innerhalb der Ausstellung bietet der archäologische Exkurs zu Piramesse-Qantir, der Residenzstadt der ramessidischen Könige und Drehscheibe internationaler Beziehungen Ägyptens in der Zeit des 12.-11. Jhs. v. Chr. Diese antike, im östlichen Nildelta gelegene Metropole freizulegen und neueste historische und technologische Erkenntnisse für wissenschaftliche Forschungen zu liefern, ist Ziel kontinuierlicher Ausgrabungen seit dem Ende der 70er Jahre bis heute. Im Rahmen der Ausstellung wird ein nur kleiner, aber historisch bedeutender Ausschnitt der Funde von Qantir präsentiert. Hierzu gehören die Modeln zur Herstellung bronzener Beschläge für hethitische Schilde, wie sie selbst aus dem Ursprungsland, dem Kernland der zweiten Weltmacht dieser Zeit, nicht belegt sind, dann aber auch Streitwagenapplikationen, Bewaffnung der Streitwagenbesatzungen, ein Ausschnitt der diplomatischen Korrespondenz zwischen den Königshäusern Ägyptens und Ḫattis, die einst der Friedenssicherung für Generationen diente, und – nicht zuletzt – Kleinodien als Beweis internationaler und religiöser Toleranz.
Verhindern auch ägyptische Ausfuhrbestimmungen die Präsentation originaler Objekte aus Qantir-Piramesse, so führen die qualitätvollen Repliken, angefertigt zu wissenschaftlichen Zwecken, einige der wichtigen Meilensteine dieses archäologischen Exkurses originalgetreu und eindrucksvoll vor unser aller Augen.

Der Leitung des Gustav-Lübcke-Museums, Dr. Ellen Schwinzer und Jürgen Greve, die das Ausstellungsprojekt zur Sache Ihres Hauses gemacht haben, sind die Kuratoren zu größtem Dank verpflichtet. Allen an der Ausstellung Beteiligten ihre Dankbarkeit auszudrücken, verbleibt den Kuratoren als angenehme Pflicht: Besonders haben sie dem Team des Museums, und hier insbesondere Hans Engelmann und Martin Fikus, dem Ausstellungsarchitekten Bernd Schwarzer sowie ihren Mitarbeitern und Kollegen Christian Bayer, Susanne Martinssen-von Falck, Carola Nafroth, Klaus Ohlhafer und Hellen Sahlmann ihren ganz besonderen Dank für ihren unermüdlichen Einsatz auszusprechen.

Martin von Falck
Susanne Petschel

Benutzerhinweis und Danksagung der Redaktion

Dieses Kataloghandbuch vereinigt Aufsätze und Objektbeschreibungen in einer Abfolge, die dem Aufbau der Ausstellung „Pharao siegt immer – Krieg und Frieden im Alten Ägypten" entspricht. Wir haben uns bemüht, für die jeweiligen Bereiche ausgewiesene Autoren zu gewinnen und sind der Meinung, dass dies in hervorragender Weise geglückt ist. Alle in der Ausstellung gezeigten Objekte konnten abgebildet werden, der größte Teil in Farbe.

Die Redaktion hat einige Vereinheitlichungen vornehmen müssen: Die Literaturangaben wurden aus Gründen der Platzersparnis an das amerikanische Zitiersystem angelehnt. Die Schreibung der Ortsnamen richtet sich zwar am „Lexikon der Ägyptologie" aus, doch wurden in Einzelfällen vereinfachte Schreibungen bevorzugt. Lagen keine exakten oder erschließbaren Fund- oder Herkunftsdaten vor, steht die Angabe „Herkunft unbekannt" – dass die Objekte aus Ägypten stammen, wird nicht eigens erwähnt. Die Datierungen richten sich nach „J. v. Beckerath, Chronologie des pharaonischen Ägypten". Angaben zu den Objektabbildungen, die über die Nennung des Leihgebers und der Inv.-Nr. hinausgehen, sind im Anhang unter Angabe des Photographen (soweit bekannt) gesondert aufgelistet. Die Quellen zu den Textabbildungen finden sich in einer separaten Zusammenstellung. Wird im Fließtext auf Katalognummern verwiesen, steht das Kürzel „Nr. 1 ff." in Klammern anstelle von „Kat.-Nr. 1 ff." o. ä. Die Textabbildungen werden nicht fortlaufend gezählt: Sie werden aufsatzweise immer neu durchnummertiert oder sie sind den Objekten zugeordnet, z.B. „Abb. zu 11". (Bei aufsatzübergreifenden Querverweisen auf Textabbildungen steht demnach „S. 1 ff., Abb. 1 ff.". Gemäß dem Standard aktueller Museumspublikationen wird die neue deutsche Rechtschreibung verwendet.

Die Auswahl der Aufsatzautoren trafen Martin von Falck und Susanne Petschel. Soweit Kollegen der leihgebenden Institutionen ihre Leihgaben nicht selbst besprachen, wurden weitere Wissenschaftler mit der Beschreibung einzelner Objekte betraut. Die Autorschaft für die verbliebenen Objektbeiträge übernahmen die oben genannten und Susanne Martinssen-von Falck. Allen Autoren sei an dieser Stelle für ihre Beiträge herzlich gedankt. Es versteht sich von selbst, dass die wissenschaftliche Verantwortung für einen Text beim jeweiligen Autor liegt. Susanne Petschel führte die Autorenkorrespondenz und hat die Betreuung des Abschnittes „Piramesse-Qantir" besorgt. Die Redaktion des Katalogteils lag in den Händen von Martin von Falck und Susanne Martinssen-von Falck.

Zu größtem Dank sind alle Beteiligten Herrn André Gösecke vom DruckVerlag Kettler verpflichtet, der sämtliche Layout- und Satzarbeiten durchführte. Ohne seine Kompetenz und seinen Einsatz wäre ein Erscheinen dieses Buches nicht möglich gewesen. Zu danken haben wir ferner unserer ausgezeichneten Korrektorin, Frau Dorothee Kandzi, welche sämtliche Beiträge gegenlas und sie in die neue deutsche Rechtschreibung transferierte. Dankend hervorzuheben sind an dieser Stelle die zahlreichen und einsatzfreudigen Mitarbeiter der Redaktion: Christian Bayer, der die Textabbildungen bearbeitete, Carola Nafroth, die am Layout mitarbeitete und zahllose Korrekturdurchgänge hinter sich brachte, Klaus Ohlhafer, der die Literaturliste kontrollierte und Hellen Sahlmann, der die Liste mit den Abbildungsnachweisen zu verdanken ist. Ohne die Unterstützung und den Teamgeist der Genannten wäre die Fertigstellung dieses Katalogbandes nicht geglückt.

Martin von Falck
Susanne Martinssen-von Falck
Susanne Petschel

Autoren der Einleitungstexte

Christian Bayer
Peter Beylage
Manfred Bietak
Rosemarie Drenkhahn
Martin von Falck
Andrea Gnirs-Loprieno
Erhart Graefe
Peter W. Haider
Anja Herold
Thomas Hikade
Ulrike Löw
Susanne Martinssen-von Falck
Georg Meurer
Gerald Moers
Marcus Müller
Susanne Petschel
Edgar B. Pusch
Thomas Schneider
Christian E. Schulz
Regine Schulz
Alexandra Verbovsek
Carola Vogel
Wolfgang Wettengel
Karola Zibelius-Chen

Übersetzungen:

Aus dem Englischen:
Peter Beylage
Martin von Falck
Sabine Hilgert
Susanne Martinssen-von Falck

Aus dem Französischen:
Susanne Petschel

Aus dem Italienischen:
Ellen Schwinzer

Autorensigla

E. A.	Elvira D'Amicone
Ch. B.	Christian Bayer
L. B.	Lawrence Berman
D. D.	Denise Doxey
S. D.	Sara Demichelis
R. D.	Rosemarie Drenkhahn
A. E.	Andreas Effland
U. E.	Ute Effland
M. v. F.	Martin von Falck
C. F.	Claudia Farias-Kalur
R. F.	Richard Fazzini
L. F.	Lesley Fitton
D. V. F.	Diane V. Flores
R. E. F.	Rita E. Freed
P. F.	Petra Frömming
R. G.	Renate Germer
M. C. G.	Maria Cristina Guidotti
T. H.	Tom Hardwick
J. H.	Joyce Haynes
L. L.	Luc Limme
Y. M.	Yvonne Markowitz
S. M.-v. F.	Susanne Martinssen-von Falck
K. O.	Klaus Ohlhafer
R. P.	Richard Parkinson
S. P.	Susanne Petschel
E. B. P.	Edgar B. Pusch
M. J. R.	Maartin J. Raven
H. S.	Helmuth Satzinger
He. S.	Hellen Sahlmann
H. Sch.	Hans-Peter Schaudig
B. Sch.	Bettina Schmitz
S. Sch.	Sylvia Schoske
B. Sch.-N.	Birgit Schlick-Nolte
C. E. S.	Christian Schulz
M. S.	Matthias Seidel
A. J. S.	A. Jeffrey Spencer
I. S.	Isabel Stünkel
M. T.	Mario Tosi
S. V.	Simone Vogt
U. W.	Uta Wallenstein

Katalog

Kriegerische Götter

Martin von Falck

Abb. 1
Month auf dem Streitwagen des Königs. Wagenkorb Thutmosis IV., Kairo, Ägyptisches Museum

Kriegsgötter im Sinne von Spartengöttern sind zwar im ägyptischen Pantheon nicht angelegt, doch kann auch frühen, landesweit verehrten Göttern ein kriegerischer Zug innewohnen. Andererseits scheinen Lokalgottheiten wie Month von Theben oder Seth von Avaris als Dynastiegöttern mit dem Machtzuwachs der örtlichen Herrscherfamilie diese Funktionen zugewachsen zu sein.

Der thebanische Gott Month (Nr. 3) beispielsweise war durch seine enge Anbindung an das Herrscherhaus der 11. Dynastie zum Schirmherrn des Einigungswerkes Mentuhoteps II. geworden. Gestalt annehmen konnte Month als falkenköpfiger Gott mit zwei Uräus-Schlangen aber auch als Greif (Nr. 122). Im Neuen Reich wird er quasi zum Kriegsgenius des ägyptischen Königs.[1] Wie eine römische Viktorie gesellt er sich zum Herrscher auf den Streitwagen (Abb. 1).[2] Der Pharao verrichtet im Kampf *jederlei Werk des Month*,[3] weshalb ihm dieser Gott auch mit Vorliebe das Sichelschwert darreicht (Nr. 63). Umgekehrt kann in ramessidischer Zeit der König selbst als Kolossalstatue zu einem Aspekt des Month werden (Nr. 72).

Bereits im hieroglyphischen Zeichenvorrat erscheint das Tier des Seth, eines uralten Gottes von chaotischer Wildheit und ungezügelter Kraft als Determinativ für Worte des Bedeutungsfeldes „Störung" und „Unruhe". Dem Seth waren die Wüste sowie die Ägypten umgebenden Fremdländer, also die unzivilisierten Regionen schlechthin, zugeordnet, wo er sich ungehemmt austoben konnte. Die Kraft des Seth *groß an Stärke* konnte aber gleichwohl, als Komplement zur Maat, in den Dienst des Weltherrschers genommen werden, und so mochte Re bei seiner täglichen Fahrt durch die Unterwelt auf seinen wirkungsvollsten Mitstreiter im Kampf gegen die Chaosschlange Apophis (vgl. Nr. 8) nicht verzichten wie uns Sargtexte, das Totenbuch[4] und die Unterweltsbücher lehren (Abb. 2).

Die Gleichsetzung des von den westsemitischen Einwanderern während der Zweite Zwischenzeit in Unterägypten heimisch gemachten Wettergottes Baal mit dem Seth und dessen Aufstieg zum Dynastiegott der Ramessiden verschafften ihm zumindest während der 19. und 20. Dynastie eine staatstragende, das Königtum legitimierende Rolle (vgl. Nrn. 6, 9). Als Herrscher der Wüste konnte Seth auch für den Schutz der westlichen Staatsgrenze instrumentalisiert werden. Während er in den Kultspielen und im Ritual des Horus von Edfu sowie des Osiris von Abydos eine durchgehend negative Rolle spielte, hielten ihn die Einwohner der in der libyschen Wüste gelegenen Oasen auch dann

noch in Ehren als er besonders seit der 25. Dynastie im Rest des Landes als Feind des Osiris zunehmend geächtet wurde (vgl. Nr. 10).
Die löwenköpfige Sachmet, die Mächtige, machte hingegen die Wandlung von einer schützenden Muttergottheit des Königs zu einer Kriegsgottheit durch, behauptet doch in den Bürgerkriegswirren der Ersten Zwischenzeit Kay, der Sohn des Fürsten Nehri vom Hasengau, von sich: *(Ich war)... wie Sachmet am Tag der Schlacht*.[5] Über König Sesostris III. wird gesagt, *der den Pfeil schießt wie Sachmet*. Stets aber richtet Sachmet ihr Wüten gegen Rebellen und Empörer, nimmt also eine Ordnungsfunktion im Sinne der Maat wahr, vor allem wenn sie als „erzürnte Göttin" im „Mythos von der Himmelskuh" gegen das Menschengeschlecht losgeschickt wird, als dieses wider den Sonnengott revoltiert. Ihr gefährlicher, todbringender Atem gleicht dem Glutwind der Wüste und kann mit dem Feuerhauch der Uräus-Schlange des Königs identifiziert werden. Insofern steht die Löwenköpfige den Kronengöttinnen nahe, die wahlweise als Auge, Schlange oder eben anthropomorph auftreten. Diese eng mit dem König verbundenen „Attributgöttinnen" verkörpern quasi den Aspekt des seine Widersacher vernichtenden Macht des Königtums. Mit der 22. Dynastie löst sich die Verbindung der Göttin zum Königtum und ihre Rolle als Vollstreckerin der Jenseitsstrafen und Vernichterin des Apophis prädestiniert sie für magische Anrufungen.
Die kriegerischen Götter Ägyptens entfalten ihre Rolle eigentlich überhaupt nur in Wechselwirkung mit der mythischen Ausdeutung des Königtums und sind in ihrer eigenen Bedeutung vom historischen Geschick der Herrscher abhängig. Diese wiederum können die Natur ihrer Schirmherren annehmen, sie können *wie Month, wie Seth und wie Sachmet* sein.

Literaturauswahl: Bonnet (1971²) 643-646; Borghouts (1982); Hoenes (1979) 67-82; Kühnert-Eggebrecht (1977) 895-896; Sternberg (1984); te Velde (1984).

1 Vier Month-Götter als Beschützer einer königlichen Modellbarke: Daressy (1902) Taf. 49.
2 Carter/Newberry (1904) Taf. 10.
3 Urk. IV, 1279, Z. 11.
4 Tb 39 S8.
5 Faulkner (1944) 61; Hoenes (1975) 67.

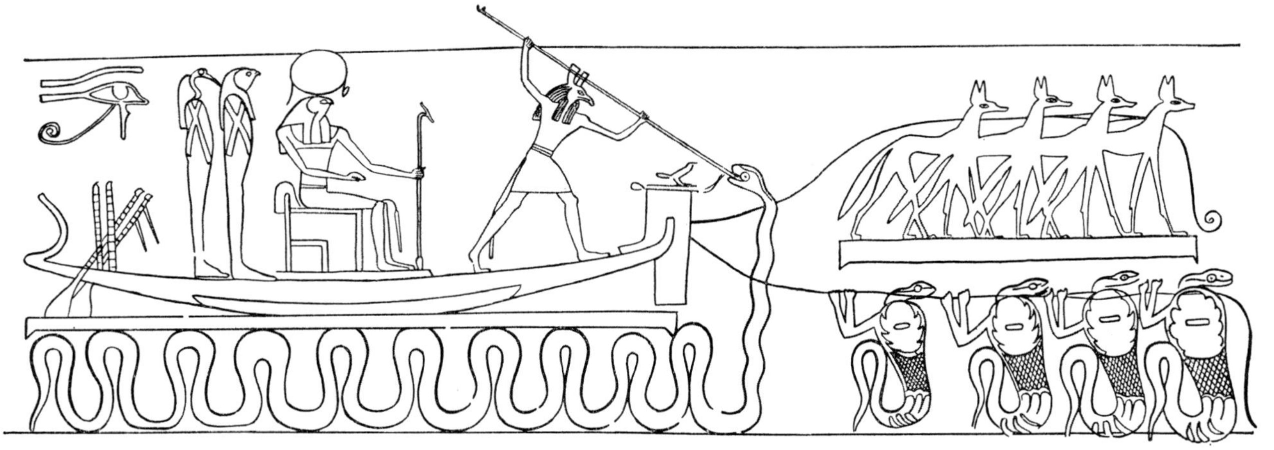

Abb. 2
Seth bekämpft Apophis für den Sonnengott Re. Mythologischer Papyrus der Her-weben

1

1
Statue der Sachmet

Neues Reich, 18. Dyn., Amenophis III., 1388-1351 v. Chr.
Theben, Karnak, Mut-Tempel
Grauer Granit.
Berlin, SMB-PK, Ägyptisches Museum und Papyrussammlung,
Inv.-Nr. 59

Diese große Standfigur gibt die Göttin Mut unter ihrem kämpferischen, übelabwehrenden Aspekt in Gestalt der löwenköpfigen Sachmet wieder. Wie bei tierköpfigen Göttern üblich, kaschiert eine dreiteilige Perücke den Übergang vom Raubtiergesicht zum weiblichen Körper. Die mit vorangestelltem linken Bein schreitend dargestellte Göttin trägt die Sonnenscheibe mit einer Uräus-Schlange auf dem Kopf. In der herabhängenden Rechten hält sie das Anch-Zeichen und mit der vor den Leib geführten Linken umfasst sie ein langes, bis knapp unter die Brüste reichendes Papyrusszepter. Weder Träger noch Säume ihres Gewandes sind angegeben, so dass die Göttin wie unbekleidet erscheint, was sie de facto aber nicht ist. Auch die plastischen Einzelformen sind von ihrer wesentlichen Struktur her erfasst und detailarm ausgeführt worden, da die Statue auf Fernsicht berechnet war. Dies hängt mit ihrem Aufstellungskontext zusammen: Amenophis III. ließ im Mut-Tempel von Karnak bis zu 587 Statuen löwenköpfiger Göttinnen aufstellen, die in der vorderen Reihe thronend, in der hinteren jedoch schreitend wiedergegeben waren.
Sofern die Statuen aus dem Mut-Tempel Inschriften tragen, nennen diese jeweils Sachmet entweder in Verbindung mit einem oft furchteinflößenden Epitheton, beispielsweise *Herrin des Zitterns* und *Herrin der beiden Flammen*, oder einem Kultortnamen.
M. v. F.

Literatur: Kat. Berlin (1899[2]) 120-121.
Zu Sachmet: Sethe (1923); Hoenes (1975) 67-82.

2
Statuette des Gottes Horus

Spätzeit - Ptolemäerzeit, ca. 6.-1. Jh. v. Chr.
Herkunft unbekannt
Bronze. Höhe 22 cm
München, Staatliches Museum Ägyptischer Kunst,
Inv.-Nr. ÄS 5427

Der schreitende falkenköpfige Gott trägt in seiner angewinkelten Linken ein Sichelschwert. Die „Klinge" des Sichelschwertes ist als stilisierte Feder gestaltet. An ihrem Ende sitzt ein Falkenkopf, den eine Sonnenscheibe bekrönt und der aus einer Lotusblüte aufwächst. Das Falkengesicht des Gottes ist mit menschlichen Ohren versehen und wird von einer dreiteiligen Götterperücke gerahmt. An seiner Stirn wächst zwischen den kleinen Hörnern einer Gazelle ein Uräus auf. Auf dem Kopf trägt der Gott die aus drei Pflanzenbündeln mit Sonnenscheibchen, zwei Straußenfedern und Widdergehörn zusammengesetzte Hemhem-Krone. Vom Gehörn hing ehemals beidseitig je ein Uräen-Paar an Ösen herab. Obwohl eine identifizierende Inschrift fehlt, ist sehr wahrscheinlich Horus-Behedeti von Edfu in dem Falkengott zu erkennen. Der Kampf des Horus von Edfu

gegen den Gott Seth steht paradigmatisch für die Rolle des ägyptischen Königs als Bekämpfer des Chaos.
Die Qualität des Bronzegusses ist herausragend. Eine formgleiche Parallele, deren Wachsmodell sogar aus denselben Negativformen abgenommen worden sein dürfte, wird in Kairo (CG 38621) aufbewahrt.
M. v. F.

Literatur: Kat. München (1972) 105 mit Abb.
Zum Vergleichsstück in Kairo: Daressy (1906) 162, Taf. 35.

2

3

3
Statuette des Gottes Month

3. Zwischenzeit - Spätzeit, ca. 10.-6. Jh. v. Chr.
Herkunft unbekannt
Bronze, Silber, vergoldet.
Höhe 22,7 cm, Tiefe (am Fuße) 6,06 cm, Breite 3,92 cm
London, British Museum, Inv.-Nr. EA 60342

Diese Bronzefigur zeigt den falkenköpfigen Gott Month im Schendit-Schurz. Die Augen waren ehemals aus anderen Materialien eingelegt und der Halskragen besteht aus vergoldetem Silber.

Ursprünglich hielt die Figur zudem einen Stab in der rechten Hand. Unter den Füßen befinden sich Zapfen, um die Figur auf einer Basis befestigen zu können. Auf dem Kopf trägt der Gott eine Sonnenscheibe mit Doppelfeder. An der Stirn befindet sich ein Doppel-Uräus, das typische Kennzeichen des Gottes Month, dessen Bedeutung noch unklar ist. Month wurde seit dem Alten Reich verehrt und stand in besonderer Beziehung zur Thebais. Nach der Ideologie begleitet er den König in die Schlacht und wacht über dessen Sieg und Abwehr von Feinden. Feldzüge wurden daher rhetorisch gern als *Werk des Month* bezeichnet. Zwar hatte der Gott keine Bedeutung für den Jenseitsglauben, doch als Sonnengott besaß Month universelle Züge. Obwohl er gewöhnlich mit Falkenkopf dargestellt wurde, war er auch mit heiligen Stieren verbunden. Diese Votivstatuette könnte aus einem der Month-Tempel in Karnak, Medamud oder Armant stammen.
R. P.

Literatur: Quirke (1992) 72, Abb. 40.

4
Statuette des Gottes Amun mit Sichelschwert

3. Zwischenzeit - Spätzeit, ca. 10.-6. Jh. v. Chr.
Herkunft unbekannt. Schenkung Pelizaeus von 1907
Bronze. Höhe 12,6 cm, Breite 3,3 cm, Tiefe 4,4 cm
Hildesheim, Roemer- und Pelizaeus-Museum, Pelizaeus-Museum, Inv. Nr. 47

Die zierliche, sorgfältig gestaltete Figur gibt einen schreitenden Mann mit Widderkopf wieder. Der Tierkopf ist durch eine dreiteilige Perücke geschickt mit dem Menschenkörper verbunden und wird bekrönt von einer Sonnenscheibe mit Uräus. Die Korrosionsschicht kann die Feinheit der Detailgestaltung von Ohren, Gehörn, Augen, Schnauze und Kinnbart nicht verbergen. Am Hals ist der Ansatz zu einem Schulterkragen zu erkennen. Bekleidet ist der Gott mit einem kniekurzen Schurz mit gefältetem doppeltem Überschlag.
Streng achsengerade ausgerichtet, ist der schlanke Körper mit den muskulösen Beinen in der charakteristischen Stand-Schreit-Haltung erstarrt. Der linke Arm hängt gerade herunter, die Hand ist zur Faust geballt. Der rechte Arm liegt im rechten Winkel abgewinkelt vor der Brust, die Hand packt ein Sichelschwert (Krummschwert), dessen figürliches Ende (ein Falkenkopf mit Sonnenscheibe) die rechte Schulter des Gottes leicht überragt. Das Sichelschwert, das zu den technischen Neuerungen des Militärwesens im Neuen Reich zählt, zeigt hier die Form, die den Göttern vorbehalten ist.
Der Widderkopf mit den kurzen, stark nach vorn gebogenen Hörnern, die Sonnenscheibe und das Sichelschwert, das als Symbol eines kriegerischen Weltmachtgedankens interpretiert werden darf, erlauben es, den dargestellten Gott als Amun bzw. Amun-Re zu identifizieren.
B. Sch.

Literatur: Roeder (1937) 8-9 § 38, Taf. 4 e-f.

4

5

5
Möbelbeschlag mit Seth

Neues Reich, Ramessidenzeit, ca. 1290-1070 v. Chr.
Herkunft unbekannt
Bronze. Höhe 7 cm, Breite 3,4 cm
Hannover, Kestner-Museum, Inv.-Nr. 1950.7

Das gegossene Plättchen weist drei annähernd rechtwinklige Ecken auf und ist rechts oben diagonal zugeschnitten. Auf der Vorderseite trägt es die eingravierte Gestalt des schreitenden Gottes Seth, der mit dem typischen knapp oberhalb des Knies endenden Götterschurz angetan ist. In der gesenkten Linken hält er ein Anch-Zeichen und mit der leicht angehobenen Rechten umfasst er ein Was-Szepter – beides klassische Götterattribute. Der charakteristische Kopf des Seth-Tieres mit den gerade abgeschnittenen Ohren und der gekrümmten Schnauze geht unmerklich in den menschlichen Körper über, da eine dreiteilige Perücke die Verbindung in der üblichen Weise verdeckt. Das Blech könnte als Zierplättchen für ein Möbel gedient haben, müsste dann aber in eine dreiseitig umlaufende Nut eingesenkt worden sein, da es keinerlei Perforation aufweist.
M. v. F.

Unpubliziert.

6
Statuette: Seth mit Nephthys

Neues Reich, 19. Dyn., Ramses II., 1279-1213 v. Chr.
Herkunft unbekannt
Steatit. Höhe 17 cm, Breite 9 cm
Paris, Louvre, Dep. des Ant. égyptiennes, Inv.-Nr. E 3374

Die Statuette stellt Seth mit tierischem Kopf und Doppelkrone dar. Zu seiner Rechten steht, deutlich kleiner dargestellt, eine Göttin mit Hathor-Krone aus Kuhgehörn und Sonnenscheibe. Sie wurde mehrfach als die aus Vorderasien stammende Göttin Anat identifiziert, da Seth als Gott der Wüste und Herr der Fremdländer häufig mit dieser Göttin verbunden ist. Jedoch geht aus der rückseitigen Inschrift eindeutig hervor, dass es sich um Nephthys handelt, die im Mythos üblicherweise als Schwester bzw. Gattin des Seth erscheint.
Die Inschrift der Rückenplatte enthält eine dreifache Opferformel. Sie nennt 1. Nephthys *inmitten von Wenes* (Ort im 19. oberägyptischen Gau); 2. Seth *groß an Kraft an der Spitze der Barke des Re* - der Beiname deutet auf die Rolle des Seth bei der Bekämpfung des Feindes des Sonnengottes hin (vgl. Nr. 8); 3. Seth *in Theben in Oberägypten* - der Bei-

6

name ist einer der wenigen Belege für einen Kult des Seth in Theben. Die Opferformeln nennen auch jeweils den Ka Ramses' II. (Thron- bzw. Eigenname), wodurch die Statuette sicher in dessen Regierung datiert ist.
K. O.

Literatur: Vandier (1958) 431-2, Taf. 137 (3); Pleyte (1863) 22, Taf. 1-2; Lanzone (1881-84) 1138, Taf. 372; PM VIII.1 (1999) 107.

7
Tempelrelief: Opferung des Götterfeindes

3. Zwischenzeit, 22. Dynastie, Osorkons' I., 925-890 v. Chr.
Memphis
Kalkstein. Höhe 68 cm, Breite 175 cm
München, Staatliches Museum Ägyptischer Kunst, Inv.-Nr. Gl. 78

Scheinbar ohne großen Widerstand bestiegen aus Libyen stammende Fürsten im 9. Jh. v. Chr. den Thron der Pharaonen und regierten für nahezu 200 Jahre über Ägypten. Zu ihrer Residenz erhoben sie die im Nildelta gelegene Stadt Bubastis, Hauptkultzentrum der Göttin Bastet, weshalb die Herrscher der 22. Dynastie auch als Bubastiden bezeichnet werden. Die

7

enge Affinität der libyschen Pharaonen zu Bastet bringt anschaulich das in mehrere Teile zerbrochene Tempelrelief zum Ausdruck, auf dem die Göttin in Begleitung des Gottes Horus erscheint. Das Relief bildete einst den linken oberen Abschluss eines dekorierten Türsturzes, worauf Reste eines Rundstabes sowie die spiegelsymmetrische Anordnung der Personen am rechten Abbruch schließen lassen. Die Bildmitte des erhaltenen Abschnitts zeigt einen Opfertisch, auf dem eine an den Läufen gefesselte Antilope liegt. Das links anschließende Bruchstück ist heute leider verloren, doch haben sich Beine und Schurz sowie die linke Hand und Reste einer Atef-Krone erhalten, die den an dieser Stelle einst Dargestellten als König ausweisen, der durch die Beischrift als Osorkon I. identifiziert wird. Bis auf Reste der Schulter gänzlich verloren ist gleichfalls die erste Person hinter dem König, während der nachfolgende Wedelträger namens Djed-Ptah-iuef-anch – ausgestattet mit der Insignie seiner Amtswürde, einem Wedel mit Straußenfeder – kaum Beschädigungen aufweist. Das Hauptmotiv zeigt den König, wie er die langen Hörner der Antilope auf dem Opfertisch gepackt hält und ihre Kehle mit einem Messer durchschneidet. Die kurze Inschrift über dem Tier erläutert die Handlung als *Schlachten der Antilope*, ein Ritus, der vordergründig als Opfer für die Götter verstanden werden kann. Gleichzeitig wird hier jedoch die rituelle Vernichtung des Götterfeindes thematisiert, anwesend in Gestalt der Wildantilope als Repräsentantin der chaotischen und lebensbedrohlichen Wüste. Zum Dank gewährt Bastet dem König, sich *gegen alle Fremdländer zu wenden*. Der älteste bildliche Beleg des Ritus entstammt erstaunlicherweise nichtköniglichem Kontext und findet sich im Grab des Gaufürsten Cheti in Beni Hassan aus der Zeit des Mittleren Reiches. Das Opfer gilt hier dem Grabherren selbst und wird durch einen Mann ausgeführt, der durch nichts als besonders gewichtige Persönlichkeit gekennzeichnet ist. Die Ausübung des Antilopenritus zu Ehren des Gaufürsten lässt ein frühes Stadium des Rituals fassbar werden und macht es wahrscheinlich, dass der religiös-dogmatische Hintergrund, der der Szene später ihren Sinn verleiht und sie damit zwangsläufig einem Gott oder dem König als Ritualvollstrecker vorbehält, hier noch nicht in dieser Eindeutigkeit vorliegt. Erst mit Übernahme des Motivs in den sakralen Bereich spätestens seit dem Neuen Reich verschmelzen dann die Aspekte Versorgung der Götter und Vernichtung des Bösen zu einem rein königlichen Akt der Aufrechterhaltung kosmischer Ordnung.

Ch. B.

Literatur:
Kat. Kaufbeuren (1997) 131, Nr. 97;
Eggebrecht (1973) 245-248.

8

Stele mit Darstellung des Kampfes zwischen Seth und Apophis

Neues Reich, 19. Dyn., um 1250 v. Chr.
Herkunft unbekannt
Bemalter und vergoldeter Kalkstein. Höhe 41,5 cm, Breite 29 cm
Leiden, Rijksmuseum van Oudheden, Inv.-Nr. AP 60

Die ägyptische Mythologie kennt den Gott Seth hauptsächlich als Mörder seines Bruders Osiris und als Gegner von dessen Sohn Horus. Seit der Spätzeit wurde er zunehmend als Personifikation des Unheils

das Determinativ hinter seinem Namen, das liegende „Seth-Tier", seinen tiergestaltigen (theriomorphen) Aspekt. Der inzwischen weitgehend abgeblätterte Blattgoldüberzug der Stele kann ebenfalls als Anspielung auf die Stadt Ombos gesehen werden, deren Name sich als *Die Goldene* übersetzen lässt. Über der Szene schweben Sonne und Mond. Als Zeuge des kosmischen Kampfes kniet die Figur des Stifters, der auf einem Tablett Speisen opfert, unter dem Bildfeld. Die Beischrift lautet: *Lobpreis geben für Re, die Erde küssen für den Ombiten seitens Teken.*
M. J. R.

Literatur: Kat. Leiden (1913) 7-8, Nr. 25, Taf. VI; Kat. Hamm (1999) 32-33, Nr. 20.

8

schlechthin betrachtet. Ursprünglich dagegen war die Rolle des Seth deutlich ausgeglichener: Als Gott der unfruchtbaren Wüste und des urzeitlichen Chaos bildete er das unerlässliche Gegenstück zu den Gottheiten der Schöpfung und Fruchtbarkeit.
Diese Stele zeigt den Gott Seth in einer positiven Rolle, wie er den Sonnenfeind Apophis harpuniert, der hier als menschenköpfige Schlange mit flehend erhobenen Armen wiedergegeben ist. Apophis manifestiert sich gewöhnlich in den Wolken am Himmel, welche die segensreichen Strahlen des Sonnengottes Re verdecken, oder in den Sandbänken des unterirdischen Stromes, auf dem die Barke des Re während der Nacht dahinfährt. Der Schwanz der Schlange gibt hier eine solche Sandbank wieder und wir haben uns Seth im Bug der Sonnenbarke stehend vorzustellen. Nach seinem Hauptkultort Ombos, in der Nähe der Stadt Ballas in Oberägypten, ist Seth hier *der von Ombos, der große Gott* genannt. Wenn er hier auch menschengestaltig dargestellt ist, zeigt

9
Statuette des Seth

Neues Reich, Ramessidenzeit, ca. 1290-1070 v. Chr.
Herkunft unbekannt. 1896 von Emil Brugsch in Kairo erworben
Bronze. Höhe 5,9 cm
Berlin, SMB-PK, Ägyptisches Museum und Papyrussammlung, Inv.-Nr. 13186

Die kleine Bronzefigur gibt den schreitenden Gott Seth mit herabhängenden Armen wieder. Die dünne Bodenplatte sowie die Öse im Nacken des Gottes legen eine Verwendung der Figur als Amulettanhänger nahe. Der Gott trägt eine Doppelkrone, an der die obligatorische Uräus-Schlange und der Kronendraht fehlen. Seine eigentümlich eckigen Ohren schmiegen sich eng an den unterägyptischen Kronenbestandteil. Beide Oberarme sind mit Armreifen verziert und über die Schenkel spannt sich ein knapper Götterschurz.

9

10

Rundplastische Darstellungen des Seth sind relativ selten, da er in der Spätzeit, aus der die meisten Bronzen stammen, in weiten Teilen des Landes als Mörder des Osiris verfemt war (Nr. 10). Während der 19. Dynastie zählte Seth allerdings zu den Königsgöttern und wird häufig im Kontext von Krönungsszenen dargestellt, weil der Stadtgott dieser aus dem Westdelta stammenden Könige mit Seth gleichgesetzt worden war. Es liegt daher nahe, in der kleinen Bronze eine ramessidische Arbeit zu erkennen.
M. v. F.

Literatur: Hornemann (1951) Nr. 159; Roeder (1956) 63-64 (§ 97a-b), Taf. 11e;
Bonnet (1971²) 702, Abb. 168.

10
Figurengruppe des Horus mit dem Seth-Tier

Ptolemäerzeit, ca. 4.-1. Jh. v. Chr.
Herkunft unbekannt
Bronze. Höhe 7,2 cm, Basismaße 3,2 x 1,6 cm
Hannover, Kestner-Museum, Inv.-Nr. 1935.200.767

Die kleine Bronzegruppe setzt den Mythos vom Kampf zwischen Horus und Seth in seiner späten Ausformung rundplastisch um: Der mit vorangestelltem linken Bein ausschreitende falkenköpfige Horus erhebt seinen rechten Arm, um eine Lanze in das bereits am Harpunenstrick hängende winzige sethische Nilpferd zu jagen. Die Öse am Hinterkopf der Horus-Figur ermöglicht es, die Gruppe als Amulett um den Hals zu tragen.
Die ursprünglich rein königliche Ritualhandlung der Tötung eines Nilpferdes gehörte einst in den Kontext des Sedfest-Rituals und wurde wohl erst sekundär in die mythologische Erzählung vom Kampf zwischen Horus und Seth übernommen, verkörperte doch Horus, der auch hier die Doppelkrone mit dem Uräus sowie den Königsschurz trägt, wie kein anderer Gott das ägyptische Königtum. An vergleichbaren Bronzegruppen seien zwei größere Beispiele aus Kairo (CG 38619) und Freiburg/Schweiz (ÄFig. 1983.1) sowie ein kleineres Exemplar mit Öse aus Berlin (Inv. 15262) genannt. Es wird vermutet, dass die Statuetten ein Kultbild in Edfu zum Vorbild gehabt haben müssen.
M. v. F.

Literatur: Hornemann (1969) 1317;
Behrmann (1996) Dok. 207e.
Zu Vergleichsstücken: Daressy (1909) 161 (CG 38619), Taf. 34; Roeder (1956) 84, §119d, Taf. 13l;
Behrmann (1996) Dok. 207a-h;
Page Gasser (2001) 85-93 Nr. 22 Taf. 22-23.
– Zu Seth als Nilpferd: Behrmann (1996) 66-78.

Anspruch auf Weltherrschaft

Gerald Moers

Es ist ein typisches Phänomen für Gesellschaften der Vormoderne, die auf politischer Ebene als dynastische Reiche organisiert sind, dass sich an ihnen Formen von Selbstbeschreibungen ihrer politischen Formation beobachten lassen, in denen die vom höchsten politischen Repräsentanten des Reiches ausgeübte Herrschaft als "absolut" verstanden wird. So auch für das pharaonische Ägypten. Nach ägyptischer Reichsideologie herrscht Pharao – je nach Perspektive entweder als Gott oder zumindest doch stellvertretend im Auftrag der Götter – als *All-* bzw. als *Weltherrscher*. Die ägyptischen Ausdrücke dafür sind *nb tm* (wörtl. *Herr der Gesamtheit*), *nb wꜥ* (wörtl. *alleiniger Herr*) bzw. *nb r ḏr* (wörtl. *Herr bis zur Weltgrenze*). Pharaos Herrschaft ist mithin das, was die Welt im Innersten zusammenhält, ihr zur Gänze ihre Ordnung gibt und diese Ordnung auf Dauer stabil hält. Die Garantie dieser Weltordnung, die im ägyptischen Terminus *Ma'at* (*mꜣꜥ.t*, wörtl. *Richtigkeit*) ihren begrifflichen wie konzeptuellen Ausdruck findet, ist damit die vordringliche, abstrakt gesehen sogar die einzige Herrschaftsaufgabe des ägyptischen Königs. Zu dieser Weltordnung gehört auch das scheinbare Paradoxon, dass sich die Welt entgegen dem ägyptischen Anspruch auf absolute Weltherrschaft de facto in einen beherrschbaren und einen unbeherrschbaren Teil aufteilt. So steht Ägypten in seiner Selbstwahrnehmung grundsätzlich immer gegen eine als unkontrollierbar, chaotisch und bedrohlich verstandene Umwelt, die in feindlicher Absicht gegen Ägypten anbrandet. Eine von Pharaos primären Aufgaben im Rahmen der Aufrechterhaltung der Weltordnung ist es daher, die Grenze zwischen Ägypten und dieser feindlichen Außenwelt stabil zu halten. Zur Erfüllung dieser Aufgabe stehen Pharao zwei komplementäre Aktionsmodalitäten zur Verfügung und die Form seiner Herrschaft nimmt sich dementsprechend doppelgesichtig aus. Nach innen ist Pharaos Herrschaft konstruktiv, über Ägypten herrscht er als ordnender Begründer und kulturschaffender Ermöglicher; nach Außen zeigt sich Pharaos Macht als die Potenz, das Chaos jederzeit nach Belieben durch wiederholte Destruktion zurückzuhalten und so auch das prinzipiell Unkontrollierbare durch dessen Vernichtung einer dauernden Kontrolle zu unterziehen. Diese Grenze, die Pharao gegen das Chaos verteidigt, darf man sich nun nicht etwa als eine fest zementierte Demarkationslinie zwischen klar umrissenen Territorien vorstellen. Vielmehr handelt es sich um eine Grenze gegen das Ende der Welt (s.o. *r ḏr*),[1] die als absolute Weltgrenze immer in direkter Abhängigkeit von königlichem Handeln steht und dementsprechend beliebig verschoben werden kann. Die Welt, so könnte man sagen, ist immer nur genau das, was Pharao durch sein Herrschaftshandeln in den Griff nimmt. Bereits in den frühesten Phasen der ägyptischen Geschichte festgeschrieben, bleibt der mit dieser Weltsicht verbundene und zunächst ebenso abstrakte wie absolute Suprematieanspruch Ägyptens über seine Umwelt bis zum Ende der pharaonischen Kultur unverändert. Im Laufe der Zeit allerdings und vor allem seit dem Neuen Reich beginnt dann einerseits immer mehr konkretes geographisches Weltwissen in die zahllosen herrschaftsprogrammatischen Selbstdarstellungen der ägyptischen Könige einzufließen,[2] andererseits ließen sich die ägyptischen Suprematieansprüche jedoch immer seltener mit der politischen Realität in Einklang bringen. Während sich das Land seit dem Neuen Reich immer häufiger mit gleichstarken politischen Gegnern auseinander zu setzen hatte, wird Ägypten im ersten Jahrtausend dann auch zunehmend selbst zum Objekt wechselnder Fremdherrschaften werden.

1 Zu diesem Unterschied vgl. Assmann (1996) 77-79, hier: S. 78.
2 Vgl. etwa die Ortsnamenlisten Amenophis III.: Edel (1966).

Der König als Bezwinger des Chaos

Gerald Moers

Dem dogmatischen Weltbild von des ägyptischen Königs uneingeschränkter Herrschaft und seiner Rolle als wehrhafter Bezwinger des Chaos wurde in der ägyptischen Kultur in verschiedener Hinsicht Rechnung getragen. Neben einer Vielzahl von ideologisch eingefärbten hymnischen Liedern auf Pharao, den so genannten Eulogien, sind es vor allem die mannigfaltigen bildlichen Verarbeitungen des Königsdogmas, die nicht nur nahezu jeden Bereich der ägyptischen Lebenswelt durchdrangen, sondern häufig genug auch ins Ausland gelangten.

Der typische ägyptische Tempel etwa, als Abbild des Kosmos selbst nichts weniger als eine Architektur gewordene Repräsentation der ägyptischen Vorstellung von wohlbestellter Ordnung,[1] trägt auf seinen die Grenzen der Welt symbolisierenden Außenwänden und damit für jeden Ägypter deutlich sichtbar ein ganzes Repertoire von Bildern, die Pharao als siegreichen Bezwinger der Mächte des Chaos zeigen. Seine massiven Eingangsportale, die so genannten Pylone, sind mit Darstellungen der Feindniederschlagung (s.u.) dekoriert, ähnlich dem Relief, das König Scheschonq I. bei dieser Tätigkeit wiedergibt (Nr. 49), und symbolisieren auf diese Weise, dass Pharao das Chaos unter anderem durch die Unterwerfung fremder Völkerschaften von Ägypten fern hält. Andere Szenen, vergleichbar dem Berliner Tempelrelief (Nr. 11), zeigen Pharao bei der Jagd auf wildes Wüstengetier – in der Regel Gazellen, Stiere oder Löwen – und geben damit ein ritualisiertes Staatsschauspiel wieder, dass die welterhaltende Macht des Herrschers über alle bedrohlich-ungezügelten Kräfte der Welt versinnbildlicht, für die diese Tiere stehen.

Weniger monumental, dafür aber um ein Vielfaches mobiler und deshalb bestens geeignet als Medium der Massenkommunikation,[2] tragen Objekte der Kleinkunst Versatzstücke der ägyptischen Ideologie nicht nur bis in die entferntesten Winkel Ägyptens, sondern auch der damals bekannten Welt. Skarabäen etwa, als Symbolisierungen des Sonnenlaufes ihrerseits bereits Miniaturmodelle ägyptischer Weltvorstellungen,[3] bringen *den Schrecken Pharaos*, wie es in königsideologischen Texten häufig heißt, in ganz manifester Form in die Lande, mit denen Ägypten in diplomatischem Kontakt steht,[4] so etwa, wenn in Syrien-Palästina gefundene Exemplare Pharao bei der Feindniederschlagung zeigen. Pharao im Streitwagen (Nrn. 26-28), Pharao als Stier (Nr. 21), als Löwe (Nrn. 15-16) oder als löwengestaltiger Sphinx (Nrn. 14, 22-25), immer bei der Unterwerfung fremder Ethnien – all dies sind Ikone, die die Ordnungsfunktion des ägyptischen Königs auch und gerade gegenüber dem Ausland repräsentieren. Wenn Pharao dabei in Form gerade jener Tiere auftritt, die er in anderen Bildern (s.o.) zu jagen pflegt, zeigt dies, dass ihm zur Durchsetzung ägyptischer Ordnungsvorstellungen genau dieselben Potenzen zur Verfügung stehen, die die Welt in Unordnung stürzen, wenn sie unkontrolliert bleiben.

1 Assmann (1984) 43-50.
2 Keel/Uehlinger (1990).
3 Endruweit (1999).
4 Analoges für die Großplastik bei Matthiae (2000) 187-193.

11
Tempelrelief mit König Sahure auf Wüstenjagd

Relieffragmente aus dem Totentempel des Sahure in Abusir
Altes Reich, 5. Dyn., ca. 2496-2483 v. Chr.
Kalkstein. Blöcke mit Darstellung des Königs: Gesamthöhe 159 cm, Breite 113 cm; Block mit Tieren: Höhe 130 cm, Breite 71 cm
Berlin, SMB-PK, Ägyptisches Museum und Papyrussammlung, Inv.-Nr. 21783

Weit ausschreitend ist König Sahure bei der Jagd auf Wüstenwild dargestellt. Mit der rechten Hand, in der er gleichzeitig drei Ersatzpfeile hält, spannt er die Bogensehne, um die in einem umzäunten Gelände zusammengetriebenen Tiere zu schießen, die in mehreren Registern abgebildet sind (Abb. S. 28). Auf dem Fragment mit den Tieren sind neben einer Wildkuh und ihrem Kalb zwei Säbelantilopen und eine Hyäne zu sehen. Die Wildkuh und eine der Antilopen sind an Kopf und Brust von Pfeilen getroffen, die Hyäne versucht mit den Vorderpfoten einen Pfeil, der in ihrer Schnauze steckt, herauszuziehen. Die Wüstenlandschaft, in der sich die Tiere bewegen, wird durch den wellenförmigen und rot gefärbten Untergrund angegeben. Auf dem Boden und auf kurzen zusätzlichen Standlinien sind verschiedene Wüstenpflanzen dargestellt.
Weitere Blöcke der Szene zeigen einen Damhirsch, einen Wildstier, mehrere Gazellenarten, Antilopen,

11 Blöcke links

11 Block rechts

ein Mähnenschaf und einen Steinbock sowie Kleintiere der Wüste wie Igel und Wüstenspringmaus, die sich in ihre Behausungen flüchten.
Viele Tiere sind bereits von den Pfeilen des Königs getroffen, andere Pfeile schwirren durch die Luft auf weitere Tiere zu.
Die Gestalt des Königs überragt an Größe alle anderen dargestellten Personen der Szene und die Tiere um ein Mehrfaches. Die feine Reliefkunst der Sahure-Zeit unterstreicht zudem den Eindruck eines jugendlichen, starken Königs. Detailliert wiedergegebene kräftige Knie, die Muskelansätze der Oberschenkel sowie runde muskulöse Arme vermitteln ebenso wie das kurzgeschnittene Haar und der spitze Schurz die Kraft und Dynamik des Herrschers. So ist die Darstellung der Wüstenjagd keine bloße Abbildung realer Vorgänge. Sie symbolisiert zum einen die Überlegenheit des Königs über seine Umwelt und seinen Zugriff auf die Ressourcen des Landes. Zum anderen galten die Wüste und die dort lebenden Tiere als Verkörperung des Chaos und damit als Gegenmächte zur Weltordnung (äg. *Ma'at*). Mit dem Sieg des Königs über die Tiere der Wüste wird diese Ordnung erhalten und dauerhaft geschützt.
Die Standarte hinter dem König steht stellvertretend für dessen Lebenskraft (äg. *Ka*). Sein Geburtsname und sein Horus-Name sind auf eine symbolhafte Palastfassade geschrieben, die von Ka-Armen flankiert wird und auf der ein Horus-Falke sitzt. Die beiden Arme der Standarte halten ein Lebenszeichen (*Anch*), eine Maat-Feder und einen Stab, auf dem ein Königskopf thront. Die Inschrift am linken Bildrand nennt den Namen von Sahures Nachfolger Neferirkare, dessen Fußspitze noch in der linken unteren Ecke des Reliefs zu erkennen ist.
S. M.-v. F.

Literatur: Borchardt (1913) 30-35, Taf. 17;
Kat. New York (1999) 334-337, Nr. 112, Fig. 54.

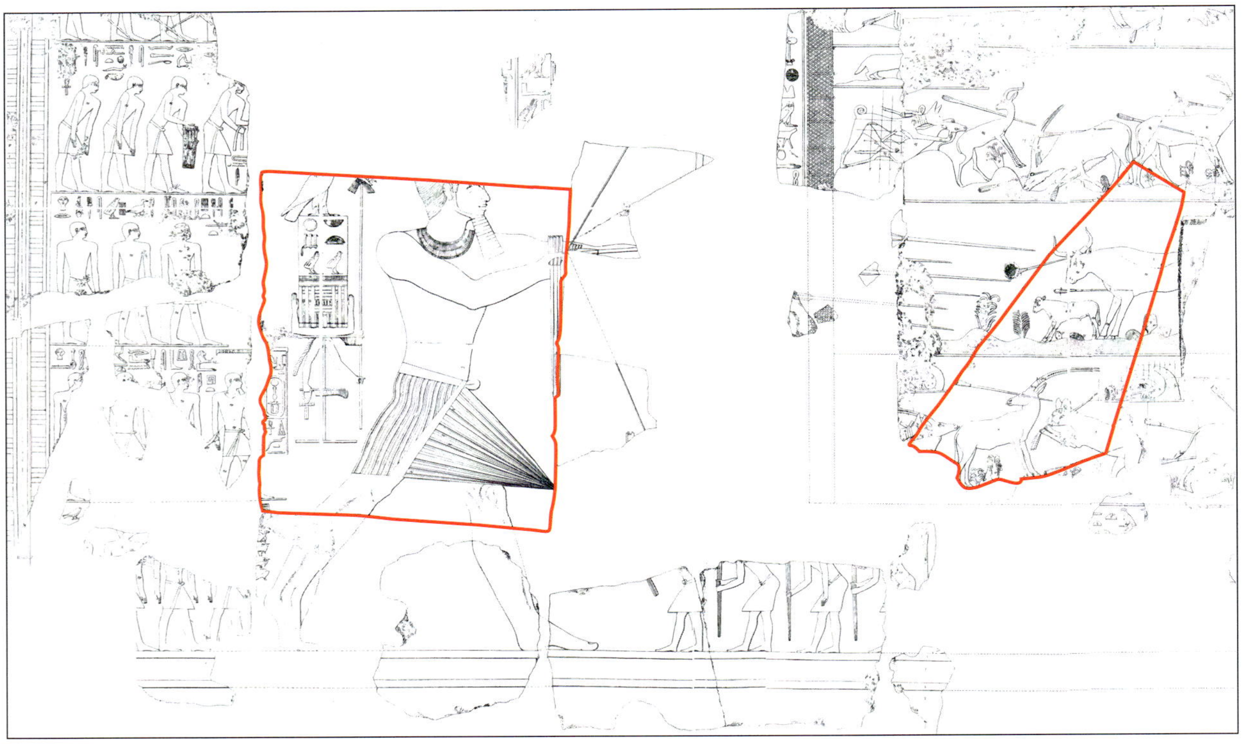

Abb. zu 11
König bei der Jagd auf Wüstenwild (Ausschnitt der Gesamtszene). Totentempel des Sahure in Abusir

12

Abb. zu 12
Ausschnitt von einer Schiffsprozession. Deir el-Bahari, Totentempel der Hatschepsut, vier Blöcke vom Nordflügel der Ostwand des oberen Hofes. Berlin, Ägyptisches Museum und Papyrussammlung

12
Bugpavillion eines Prozessionsschiffes

Neues Reich, 18. Dyn., Hatschepsut, um 1460 v. Chr.
Theben-West, Tempel von Deir el-Bahari
Kalkstein.
Berlin, SMB-PK, Ägyptisches Museum und Papyrussammlung, Inv.-Nr. 1636

Der Block gehört zu einer großformatigen Darstellung von vier Prozessionsbarken aus dem obersten Hof des Totentempels der Königin Hatschepsut in Deir el-Bahari und wurde zusammen mit weiteren Blöcken dieser Szene von Richard Lepsius Mitte des 19. Jhs. nach Berlin gebracht. Die Schiffe sind bei der Überfahrt von Luxor am Ostufer nach Theben-West dargestellt, wo der Tempel von Deir el-Bahari das Ziel der Prozession bildete. Hier nahmen die in den Barken transportierten Statuen des Gottes Amun und des verstorbenen Königs Thutmosis II. sowie Königin Hatschepsut und ihr Nachfolger Thutmosis III. (oder deren Statuen) an einem Fest namens *Preisen der Denkmäler dieses guten Gottes* teil.
Auf dem vorliegenden Block ist die Bugkabine des vordersten Schiffes – ein mit Ruderern ausgestattetes Zugboot – zu sehen, aus der sich ein Matrose lehnt, der seinen Kameraden in der Mitte des Schiffes Anweisungen gibt. Der Pavillion wird von einem Stier mit Sonnenscheibe und Doppelfeder im Gehörn geziert, der als Zeichen königlicher Macht mehrere Feinde unter seinen Hufen zertritt. Die Kartuschen Thutmosis' II. personifizieren den Stier, der durch die symbolische Feindvernichtung Stärke und Autorität demonstriert. Auch andere „Königstiere" oder Fabelwesen wie Löwen, Sphingen und Greife dienten zur Dekoration von Schiffen.
Die Zerstörungen auf dem Block entstanden zu unterschiedlichen Zeiten: In der rechten Hieroglyphenzeile ließ Thutmosis III. den Namen der Hatschepsut durch den Titel *König, Herr der Beiden Länder* ersetzen, die Hackspuren, die den Matrosen und den Stier beschädigen, stammen aus koptischer Zeit.
S. M.-v. F.

Literatur: Naville (1906) 3-4, Taf. CXXII;
Lipinska (1974) 163-164, Abb. 6 und 7;
Kat. Warschau (1997) 106-107, Nr. 7.
Zu Paralleldarstellungen: Naville (1908) Taf. CLIII.

13

13
Schreitender Sphinx

Neues Reich, 18. Dyn., Amenophis IV/Echnaton, 1351-1334 v. Chr.
Herkunft unbekannt, nach mündlicher Mitteilung aus Theben
Holz, mit gelber Farbe in eingeschnittenen Riefen. Höhe 8,9 cm, Länge 9,4 cm
New York, Brooklyn Museum of Art, Inv.-Nr. 56.100
Charles Edwin Wilbour Fund

Ägyptische Sphingen bilden in der Regel eine Gottheit oder eine Person der Königsfamilie ab: zumeist den König selbst, manchmal aber auch Königinnen oder Prinzessinnen. Sie kombinieren den Körper eines Löwen mit dem Kopf eines Menschen und symbolisieren das Nicht-Menschliche und das Über-Menschliche.
Dieser Sphinx, der sich aufgrund des Stils der Gesichtszüge in die Zeit Echnatons (Amenophis IV.) datieren lässt und vielleicht den König selbst darstellt, hatte einst Bart und Schwanz und trug einen Kopfschmuck auf der Perücke. Rundplastische Darstellungen schreitender Sphingen sind äußerst selten. Es wurde vorgeschlagen, in diesem Exponat die rundplastische Umsetzung des überwiegend von Reliefs bekannten Motivs des Königs, der in Form eines Sphinx besiegte Feinde niedertritt, zu sehen. Ungeachtet der Richtigkeit dieser Deutung war diese Skulptur in jedem Fall Ausdruck der königlichen Macht und der Verbindung des Königtums mit der Sphäre des Göttlichen.
Die Tatsache, dass dieser Sphinx einst einen schwarzen Überzug, wahrscheinlich aus Bitumen, besaß, könnte dafür sprechen, dass er zur Grabausstattung einer bedeutenden Persönlichkeit gehörte.
R. F.

Literatur: Porter/Moss (1964) 783; Müller (1988) IV-133-134.

14
Vorderteil eines Sphinx mit Gefangenem in den Klauen

Mittleres Reich, ca. 2119-1794 v. Chr.
Abydos
Elfenbein. Länge 6,1 cm, Breite 2,9 cm
London, British Museum, Inv.-Nr. EA 54678

Ägyptische Sphingen verbinden das Abbild Pharaos mit dem Körper eines Löwen zu einer graphischen Wiedergabe der Macht des Königs. Dieses Exemplar wurde lange Zeit einem der Fremdherrscher der

14

15

Zweiten Zwischenzeit (der sog. Hyksos-Könige) zugeschrieben und die Gefangenenfigur als ein von diesem Fremden unterworfener Ägypter angesehen. Jüngere Stilanalysen haben jedoch zu dem Schluss geführt, das Figürchen in das Mittlere Reich zu datieren. Tatsächlich ist der dargestellte König ein Ägypter, während der Gefangene einen Nubier wiederzugeben scheint. In diesem Falle kann das Objekt als Teil der breiten Palette von Repräsentationskunst angesehen werden, die den Pharao im Triumph über die traditionellen Feinde Ägyptens abbildet. Es ist das einzige Beispiel einer dreidimensionalen Darstellung eines Sphinx, der einen Gefangenen gepackt hält. Die beiden Stiftlöcher an der Unterseite lassen vermuten, dass es ursprünglich als Verzierung auf einem Möbelstück appliziert war.
A. J. S.

Literatur: Garstang (1928) 46-47; Schweitzer (1948) 39-40; Bourriau (1988) Nr. 138; Kat Wien (1994) Nr. 362; Kat. Mailand (2002) Nr. 97.

15
Löwe mit einem Gefangenen

Mittleres Reich, ca. 2051-1650 v. Chr.
Herkunft unbekannt
Holz. Höhe 8 cm
New York, Metropolitan Museum of Art, Inv.-Nr. 31.4.4
Private Schenkung, 1931

Bei der kleinen hölzernen Statuette handelt es sich um die Wiedergabe eines Löwen mit einem nubischen Gefangenen. Der Löwe steht aufgerichtet auf seinen Hinterbeinen, von denen das rechte heute fehlt, und hat seine Pranken auf den Kopf des Gefangenen gelegt. Eine kurze runde Mähne umgibt den Kopf des Löwen, während eine längere Schultermähne auf Brust und Rücken fällt. Sein Maul ist halb geöffnet. Vor dem Löwen – ihm den Rücken zuwendend – kniet ein unbekleideter Nubier. Seine Arme sind nach hinten gezogen, als seien sie einst gemäß der typisch ägyptischen Darstellungsweise von Gefangenen gefesselt gewesen. Die Herkunft des Mannes wird durch die charakteristische kappenartige nubische Perücke, die vollen Lippen und die breite Nase kenntlich gemacht.
Das Stück, dessen Herkunft unbekannt ist, datiert in das Mittlere Reich, was durch die runde Mähne, die

kurzen runden Ohren und das Maul des Löwen deutlich wird. Die Datierung wird durch zwei weitere Gruppenstatuetten stehender Löwen, die Gefangene niederhalten, gesichert. Sie wurden in Grabgruben des Mittleren Reiches bei el-Lischt gefunden und befinden sich ebenfalls in der Sammlung des Metropolitan Museums of Art.
Die Bedeutung dieses Stückes liegt in seinem Symbolgehalt: Der Löwe repräsentiert den König, dessen Macht und physische Kraft; der Nubier steht für die Feinde Ägyptens, die beherrscht und vernichtet werden. Dieses Motiv ist durch die gesamte Geschichte Ägyptens hindurch in der Kunst gegenwärtig: In prädynastischer Zeit findet es sich als Gefäßdekoration sowie auf elfenbeinernen Messergriffen und Schieferpaletten. Des Weiteren finden sich in Wandreliefs und Statuen des Mittleren und Neuen Reiches zahlreiche Darstellungen von Löwen, die Angehörige fremder Völker – gewöhnlich Asiaten und Nubier – vernichten, entweder an der Seite des Königs in der Schlacht oder als Personifikationen des Königs selbst.
C. F.

Literatur: Bull (1932)133, Abb. 5; Hayes (1937) 21; Hayes (1953) 225, Abb.141.

16
Peitschengriff

Neues Reich, 18. Dyn., um 1350 v. Chr.
Herkunft unbekannt
Holz. Länge 32 cm
Leiden, Rijksmuseum van Oudheden, Inv.-Nr. AH 40

Dieser Stab ist zwar aus einem Holzstück geschnitzt, vereint aber mehrere sehr verschiedene Motive. Das untere Ende ist wie ein menschlicher Unterarm mit geballter Faust gestaltet. Dieser endet am Ellenbogen in einem lilienförmigen Kapitell, als handele es sich um ein architektonisches Element. Dieses wird wiederum von der Figur eines sitzenden Löwen bekrönt, der in den Kopf eines knienden Mannes beißt, welchen er zwischen seinen Pranken gepackt hält. Auch wenn das Opfer vermutlich ein Afrikaner ist und derartige Szenen in der sudanesischen Savanne vorgekommen sein mögen, liegt darin nicht der Zweck der Darstellung. Ihre tiefere Bedeutung liegt auf symbolischer Ebene: Seit protodynastischer Zeit wurde der Löwe als Verkörperung der aggressiven Kraft des Königs gesehen. Ramses II. hatte auf dem Schlachtfeld sogar einen lebenden Löwen an seiner Seite und ähnliche Figuren von Löwen, die Afrikaner verschlingen, schmückten die königlichen

16

Paläste des Ostdeltas. Indem es auf den Sieg Ägyptens über seine Feinde verweist, erhält das in Frage stehende Objekt apotropäischen Charakter. Eine kleine Durchbohrung zwischen dem Kopf des Löwen und dem seines Opfers gibt Aufschluss über die Verwendung des Objekts: Es handelt sich zweifellos um einen Peitschengriff und wurde vielleicht von einem ägyptischen Streitwagenkämpfer benutzt, der dazu beitrug, das ägyptische Reich weiter auszudehnen. Nach seiner Verwendung im täglichen Leben wurde der Griff vermutlich als Beigabe im Grab seines Besitzers niedergelegt. Sehr ähnliche Peitschengriffe fanden sich jüngst in Gräbern der Nekropole von Sakkara aus dem Neuen Reich.
M. J. R.

Literatur: Kat. Leiden (1853) Taf. LXXXIV (I 77).

17
Wurfholz Thutmosis' IV.

Neues Reich, 18. Dyn., Thutmosis IV., 1397-1388 v. Chr.
Theben, Tal der Könige, Grab Thutmosis' IV. (KV 34).
1902 bei Ausgrabung von Theodore M. Davis gefunden
Fayence. Länge 33,3 cm
Boston, Museum of Fine Arts, Inv.-Nr. 03.1087
Geschenk von Theodore M. Davis

Eine der häufigsten Szenen, die aus ägyptischen Gräbern seit dem Alten Reich bekannt ist, zeigt den Verstorbenen bei der Vogeljagd in den Marschen. Der Grabherr steht in einem Papyrusboot und schwingt das Wurfholz, während vor ihm eine aufgeschreckte Vogelschar mit gespreizten Flügeln aus dem Papyrusdickicht auffliegt. Wenn diese Szene auch hauptsächlich aus Privatgräbern bekannt ist, entstammt sie doch ursprünglich dem königlichen Dekorationsprogramm. Das älteste Beispiel stammt aus dem Pyramidentempel des Sahure.
Vom Grab des Eje abgesehen, waren die Szenen der Vogeljagd im Neuen Reich nicht länger regulärer Teil

17

der Dekoration königlicher Grabanlagen. Dagegen gehörten Wurfholzmodelle zu den üblichen Beigaben der Königsgräber dieser Zeit.
Für den praktischen Gebrauch waren Wurfhölzer aus Holz gefertigt. Ein Wurfholz aus Fayence wäre für die Vogeljagd ungeeignet. Vielmehr ist dieses Modell eines Wurfholzes Symbol und Garant für die erfolgreiche Wiedergeburt des Königs im Jenseits. Die Vogeljagd in den Marschen wird in der Jenseitsliteratur als eine der Aktivitäten des wiedererstandenen Osiris erwähnt: *Wasservögel sollen zu Tausenden zu dir kommen und deinen Weg kreuzen; du wirfst* mit den Sieg der Ordnung über das Chaos, der implizit in jedem Sonnenaufgang enthalten ist.
L. B.

Literatur: Carter/Newberry (1904) 112 [10]; Robins (1990); Lacovara in: Kat. Los Angeles (1995) 182, Nr. 83A; Patch in: Kat. Providence (1998) 187; Markowitz in: Kat. Nagoya/Boston (1999) 79, 184, Nr. 76; Berman in: Kat. Mailand (2002) 484, Nr. 253.

18 Vorder- und Rückseite

dein Wurfholz nach ihnen und Tausend von ihnen fallen durch das Geräusch seines Schwirrens.
Die Jagd, sei es Vogel-, Fisch- oder Großwildjagd, war mehr als nur ein Freizeitvergnügen der Oberschicht. Pharaos Erfolg als Jäger war gleichbedeutend mit seinem Sieg auf dem Schlachtfeld und symbolisierte letztlich den Triumph des Re über Apophis und da-

18
Wurfholz-Modell mit dem Namen Amenophis' III.

Neues Reich, 18. Dyn., Amenophis III., 1388-1351 v. Chr.
Wohl aus Theben-West, Western Valley, Grab Amenophis' III.
Fayence, glasiert. Länge 11,5 cm, Breite 3,9 cm, Tiefe 1,7 cm
Hildesheim, Roemer- und Pelizaeus-Museum, Pelizaeus-Museum, Inv. Nr. 4754

Wurfhölzer wurden in historischer Zeit nur noch bei der Vogeljagd benutzt, die in den Gräbern der Oberschicht als sportliches Vergnügen des Grabherrn, aber auch im übertragen-religiösen Sinne als Überwältigung des Bösen dargestellt wird. In einigen Königsgräbern des Neuen Reiches wurden Modelle von Wurfhölzern gefunden, die stets aus blau glasierter Fayence bestehen und damit nur symbolisch benutzbar waren. Von einem Wurfholz Amenophis' III. ist hier die Partie mit der Krümmung zwischen den beiden ungleich langen Schenkeln der Waffe erhalten geblieben. Vom kürzeren Stück fehlt nur die Spitze, deren Dekoration aus stilisierten Blütenblättern eines Lotus besteht. Daran schließt sich die Darstellung zweier spiegelbildlich angeordneter Udjat-Augen an, die ein Symbol des Schutzes sind und gern auch als Amulett getragen wurden. Zwischen den Augen steht auf den beiden Seiten der Waffe je eine Kartusche, die den Thron- bzw. den Geburtsnamen Amenophis' III. enthält.
Das Wurfholz als Grabbeigabe ist mit einer ganzen Reihe symbolischer Assoziationen ausgestattet. Es ersetzt nach dem pars-pro-toto-Prinzip die Darstellung der Vogeljagd auf den Grabwänden; es deutet den Sieg seines Besitzers über das Böse und das Chaos in der Welt an, was zu den wichtigsten Aufgaben eines jeden ägyptischen Königs zählte; die blaue Farbe und das Motiv des Lotus stehen für Regeneration und ewiges Leben.
B. Sch.

Literatur: Kat. Höhr-Grenzhausen (1978) 189, Nr. 319; Martin-Pardey (1991) 122-123.

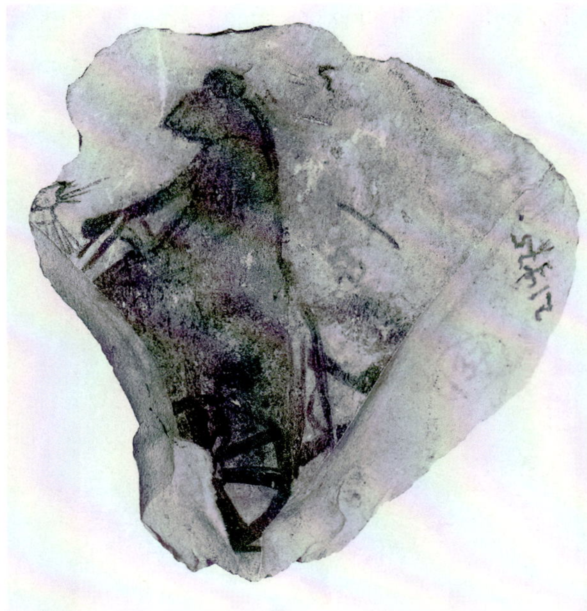

19

19
Ostrakon: Katze folgt Maus auf Streitwagen

Neues Reich, 19./20. Dyn., ca. 1290-1070 v. Chr.
Theben-West, Deir el-Medina. Grabung von 1913
Kalkstein. Länge 10 cm, Breite 11 cm
Berlin, SMB-PK, Ägyptisches Museum und Papyrussammlung, Inv.-Nr. 21475

Illustrationen zu Tierfabeln haben sich auf Papyrus und Leinwand, besonders zahlreich aber auf Kalksteinscherben erhalten. Viele dieser skizzenhaften Bilder wurden in der Siedlung von Deir el-Medina gefunden, in der die Handwerker lebten, die für den Bau und die Dekoration der Königsgräber eingesetzt wurden.
Auf dem vorliegenden Ostrakon ist eine Maus auf einem Streitwagen zu erkennen. Sie wendet sich rückwärts und streckt ihre Hände einer hinter dem Wagen stehenden Katze entgegen, von der sich nur die Schnauze samt Schnurrhaaren und die beiden Vorderpfoten erhalten haben. Auch die Gespanntiere des Wagens – Hunde oder Pferde – sind weggebrochen. Ob es sich um einen Angriff der Katze auf den Wagen oder um eine Unterwerfungsgeste handelt, ist nicht sicher festzustellen. Die Szene könnte sehr

Abb. zu 19
„Katzen- und Mäusekrieg". Papyrus Turin 55001

gut zu einer Darstellung des so genannten „Katzen- und Mäusekrieges" gehören, wie er auf dem Turiner Papyrus 55001 überliefert ist. Dort greift ein Mäuseheer, dessen Anführer auf einem von Hunden gezogenen Streitwagen heranprescht, eine von Katzen verteidigte Burg an (Abb.). In unmittelbarer Nähe dieser Schlachtszene findet sich eine Paralleldarstellung zu dem Berliner Ostrakon, allerdings sind hier nur die Katze und Teile des Wagens erhalten. Das Motiv einer (Raub)-Katze hinter einem Mäusestreitwagen begegnet aber auch in der Illustration einer Fabel mit mehreren Szenen, die offenbar die Entführung eines kleinen Esels erzählt (Museum Basel, Leihgabe). Ein Ostrakon aus dem Medelhavsmuseet Stockholm (MM 14 049) zeigt ebenfalls ein ähnliches Motiv.
S. M.-v. F.

Literatur: Brunner-Traut (1956) 96-97, Nr. 97, Taf. XXXIV; Kat. Berlin (1967) 65, Nr. 735.
Zu Tierfabeln und Ostraka: Vandier d'Abbadie (1937-1946); Brunner-Traut (1968[2]). – Zu pTurin 55001: Omlin (1968). – Zur Tiergeschichte in Basel: Kat. Basel (2001) 140, Nr. 97. – Zur Paralleldarstellung aus Stockholm: Peterson (1973) 101, Nr. 126, Taf. 65.

20

20
Skarabäus mit der Wiedergabe einer Nilpferdjagd

2. Zwischenzeit, 13.-15. Dyn., ca. 1794-1550 v. Chr.
Herkunft unbekannt
Steatit, gebrannt. Breite 15,5 mm, Länge 22,7 mm, Höhe 9,2 mm
Privatsammlung Süddeutschland

Eine furiose Nilpferdjagd-Darstellung nimmt die gesamte Basis dieses Skarabäus ein: Breitbeinig steht der Jäger in einem kleinen Papyrus-Nachen und rammt dem harpunierten Nilpferd eine Lanze in den Rücken. Das gewaltige Tier hat sich umgedreht und reißt schmerzerfüllt seinen Rachen auf. In der Hand des Jägers laufen drei Leinen zusammen, an deren Enden Widerhaken sitzen, die bereits im Körper des Nilpferdes stecken. Der Jäger trägt den spitz zulaufenden Schurz, einen Halskragen und die lange Strähnenperücke. Letztere identifiziert ihn als Privatmann. Eine Lotuspflanze und drei Zweige füllen die Zwischenräume der Darstellung aus.
Da sich Privatleute erst zu Beginn der Zweiten Zwischenzeit das genuin königliche Motiv eines singulär agierenden Jägers, der ein Nilpferds rituell erlegt, allgemein aneigneten, kann der Skarabäus in diese Zeit datiert werden, was auch Technik und Stil der Arbeit nahelegen. Der apotropäische Charakter des Bildthemas und die als Regenerationssymbole deutbaren Pflanzen sprechen zudem für eine Verwendung des Objektes als Grabbeigabe, wurden doch Skarabäen von ihren Besitzern nicht nur als Siegel verwendet und als „Visitenkarten" verteilt, sondern auch als Grabbeigaben deponiert.
M. v. F.

Literatur: Keel (1996) 124, 134 (Taf. 4, Abb. 17a-c).
Zu Parallelen: Keel (1993); Behrmann (1996) 148f, 149a-b; Keel (1996) 123-124, 130, 134 (Taf. 4, Abb. 16), 135 (Taf. 5, Abb. 20), 136 (Taf. 6, Abb. 37-38). – Zur Nilpferdjagd allgemein: Behrmann (1996) 42-44, 45. – Zu Beamtenskarabäen: Keel (1996) 119-122.

21
Skarabäus mit dem König als Stier

Neues Reich, 18. Dyn., Thutmosis III., 1479-1425 v. Chr.
Herkunft unbekannt
Steatit, grün glasiert. Breite 13 mm, Länge 18 mm, Höhe 8,5 mm
Basel, Antikenmuseum und Sammlung Ludwig,
Inv.-Nr. BSAe 304

Auf der Unterseite des Skarabäus zertritt ein Stier einen am Boden liegenden Gefallenen. Der Leib des Tieres ist in drei Segmente unterteilt und mit horizontaler Binnenzeichnung versehen. Über dem Stier liest man den Thronnamen Thutmosis' III., *Men-cheper-Re*, in einer Kartusche. Vor dem Stier sitzt ein Falke mit Flagellum (Geißel) im Rücken, der gemeinsam mit einer kleinen Hacke den Beinamen *geliebt von Horus* bildet. Die Zeichengruppe wird auf Skarabäen der 18. Dyn., in welche auch das vor-

21

liegende Exemplar datiert, häufig mit dem Stier kombiniert. Dieser steht für den König selbst, der Gefallene für die Feinde Ägyptens.
Weitere Siegelamulette mit den Namen der Könige Thutmosis IV. und Amenophis III. zeigen eine identische Komposition, so dass sich die Laufzeit des Motivs mindestens über die gesamte mittlere 18. Dynastie erstreckte.
M. v. F.

Literatur: Hornung/Staehelin (1976) 251, Nr. 304, Taf. 30; Jaeger (1982) 52 (ill. 55), 167 (§§ 1207-1210), 321 (ill. 798);
Kat. Basel (2001) 92-93, Nr. 54e.
Zu Parallele: Hall (1913) 96 (Nr. 993).
– Zu Siegelamuletten mit anderen Königsnamen: Hall (1913) 169 (Nr. 1706), 185 (Nr. 1847); Matouk (1972) 83, 186, Abb. 422.

22

23

22
Plättchen von einer Skarabäenkette

Neues Reich, Thutmosis III. - Amenophis II., ca. 1479-1397 v. Chr.
Herkunft unbekannt
Steatit mit grüner Glasur. Länge 14 mm, Breite 8 mm, Höhe 3 mm
Würzburg, Martin-von-Wagner-Museum, Inv.-Nr. K 1076

Auf der Skarabäenkette sind 16 Skarabäen, zwei langrechteckige und ein ovales durchbohrtes Plättchen aufgefädelt. Von Interesse ist hier eine Rechteckperle, die an vier Seiten mit versenkten Reliefs dekoriert ist: Auf der gezeigten Breitseite zertritt ein Sphinx einen mit angewinkelten Beinen am Boden liegenden Feind. Die Beischrift vor der Szene und über dem lang gestreckten Sphingenkörper lautet: *Men-cheper-Re, der vollkommene Gott, der Herr <der beiden Länder>*. Die dem in die Kartusche einbeschriebenen Thronnamen Thutmosis' III. angehängten Epitheta deuten darauf hin, dass die Darstellung noch in der 18. Dyn., vielleicht sogar in der Regierungszeit des genannten Königs entstand.
Auf der anderen Seite des Plättchens wird der König vor dem thronenden Amun dargestellt. Beide Schmalseiten geben wohl den falkenköpfigen Month wieder. Eine exakte Parallele der Rechteckperle wird im British Museum aufbewahrt.
M. v. F.

Literatur: Koschel (1991) 9.
Zum Vergleichsstück: Hall (1913) 99 (Nr. 1017).

23
Skarabäus mit einem Königssphinx

Neues Reich, Thutmosis III. - Amenophis II., ca. 1479-1397 v. Chr.
Herkunft unbekannt
Steatit. Breite 13 mm, Länge 17,5 mm, Höhe 6,5 mm
Privatsammlung Süddeutschland

Ein nach rechts schreitender Sphinx mit hochpeitschendem Schweif, schlankem Hinterleib und langen Beinen ziert die Unterseite dieses Skarabäus. Der Sphinx trägt das uräenverzierte Nemes-Kopftuch und den langen Götterbart. Über dem Rücken des Tieres erscheint die Zeichengruppe für *guter Gott* (𓊹𓄤), über dem Kopf der Name des Amun. Vor dem Sphinx bäumt sich eine Kobra auf.
Schreitenden Sphingen mit der Formel *guter Gott* sind auf Siegelamuletten häufig die Thronnamen Thutmosis' III. und Amenophis' II. beigeschrieben. Dabei werden die königlichen Mischwesen überwiegend beim Zertrampeln eines liegenden Feindes dargestellt. Da die Namen der Thutmosiden bei diesem Darstellungstyp für datierungsrelevant gehalten werden, könnte man den hier vorgestellten Skarabäus in diese Zeit setzen. Die außergewöhnliche Länge der schlanken Beine des Sphinx rührt vom Fehlen des Feindes her.
M. v. F.

Unpubliziert.
Zu Parallelen: Hall (1913) 96-97 (Nrn. 994-995); Petrie (1917a) Taf. 30, Nr. 18.7.21; Jaeger (1982) 91 (§ 395), 152-154 (§§ 1137-1142).

24

24
Skarabäus mit dem König als Sphinx

Neues Reich, 19. Dyn., Sethos II., 1200-1194 v. Chr.
Herkunft unbekannt
Steatit, grün glasiert. Breite 14 mm, Länge 19 mm, Höhe 8,5 mm
Basel, Antikenmuseum und Sammlung Ludwig, Inv.-Nr. BSAe 415

Auf der Basis dieses Skarabäus schreitet ein Sphinx, der mit Kopftuch, Uräus, Königsbart und Schurz angetan ist, nach rechts. Der zurückgesetzte rechte Lauf musste dem ovalen Bildfeld angepasst und daher verkürzt werden. Auch der hoch empor peitschende Schweif beschreibt über dem Hinterteil einen einwärts gerichteten Bogen. Vor dem löwengestaltigen Mischwesen steht der Thronname Sethos' II. und identifiziert dieses mit dem König selbst. Im Rücken des Sphinx erscheint ein Nefer-Zeichen; über seinem Haupt schwebt die Sonne, so dass hier *gute Sonne* zu lesen sein könnte. Obwohl auf die Beigabe des Feindes unter dem schreitenden Sphinx verzichtet wurde, gehört die Darstellung des königlichen „Fabel"-Tieres in das Umfeld apotropäischer (übelabwehrender) Verkörperungen der Königsmacht.
M. v. F.

Literatur: Hornung/Staehelin (1976) 274, Nr. 415, Taf. 44; Kat. Basel (2001) 92-93, Nr. 54d.

25
Skarabäus mit einem geflügelten Sphinx, der Feinde zertritt

Neues Reich, 18.-19. Dyn., ca. 1550-1186 v. Chr.
Herkunft unbekannt
Steatit. Breite 13 mm, Länge 18 mm, Höhe 7,5 mm
Privatsammlung Süddeutschland

Der hier dargestellte, nach rechts schreitende Sphinx verfügt über insgesamt fünf Beine und ein Flügelpaar. Über das vordere Beinpaar spannt sich ein Schurz, ein weiteres Bein ist zurück-, das nächste vorgesetzt. Das Hinterbein wird sehr weit nach hinten abgestreckt. Der empor peitschende Schweif schwingt bis unter den hinteren Flügel. Vor dem Sphinx erscheint eine Kartusche mit der Zeichengruppe *Men-cheper-Re*, dem Thronnamen Thutmosis' III. Der Sphinx schreitet über einen Gefallenen hinweg, dessen Hände auf dem Rücken gefesselt sind.
Bislang sind mindestens zwei Parallelstücke bekannt, auf denen ein geflügelter Sphinx, der einen am Boden liegenden Feind zertrampelt, mit der Beischrift *Men-cheper-Re* versehen ist. Da die ausgezogenen Kartuschenenden jeweils ausgeführt sind, wird es sich nicht um das Kryptogramm für Amun, sondern tatsächlich um den Königsnamen handeln. Nach der Londoner Parallele zu urteilen, liegt bei dem vorderen Beinpaar wohl eine Motivverderbnis vor: Die Spitze eines vorstehenden Schurzes wurde zu einem zusätzlichen Vorderbein verändert.
M. v. F.

Unpubliziert.
Zu Parallelen: Hall (1913) 100 (Nr. 1028); Jaeger (1982) 91 (§ 397).

25

26

26
Skarabäus mit dem König im Streitwagen

Neues Reich, 19. Dyn., ca. 1292-1186 v. Chr.
Herkunft unbekannt
Steatit. Breite 14 mm, Länge 19 mm, Höhe 8,5 mm
Basel, Antikenmuseum und Sammlung Ludwig, Inv.-Nr. BSAe 213

Die Unterseite des Skarabäus trägt die Darstellung eines Streitwagens, der von einem einzelnen Pferd gezogen wird, über einem Korb (mit dem Lautwert *nb*). Als Wagenlenker fungiert der König selbst, den eine Blaue Krone und eine Uräus-Schlange kennzeichnen. Mit beiden Händen hält er die Zügel, welche förmlich in die Arme übergehen. Das Wagenrad weist sechs Speichen auf, der Wagenkasten ist sehr summarisch in Form zweier Dreiecke angegeben. Kurze, gekrümmte Beine, eine überlängte Stirnpartie mit scheibenartig gerundetem Maul und einen Federkopfschmuck bestimmen die Erscheinung des Pferdes. Zwischen Federkrone und Königskopf steht der Thronname Amenophis' I. ohne Kartuschenrahmung. Die Oberseite des Skarabäus ist bis auf die Kopfpartie entlang der Längsbohrung abgesplittert. Ist der König im Streitwagen wiedergegeben, ohne auf Feinde im Kampf oder Tiere bei der Jagd zu schießen, dürfte seine Ausfahrt zu oder seine Wiederkehr von einem per definitionem siegreichen Feldzug gemeint sein. Der König im Wagen wäre *als Chiffre für den siegreichen Herrscher* (A. Wiese) zu lesen, der die Feinde vertreibt und durch seine Triumphe dem Land Prosperität und Reichtum verschafft. Seit Amenophis III. wird der im Streitwagen vorfahrende König in Inschriften mit der aufgehenden Sonne verglichen, der die Finsternis (= feindlichen Mächte) weichen muss. Aufgrund ihrer Technik und ihres Stils datieren derartige Skarabäen mit Streitwagen trotz der beigeschriebenen Namen von Amenophis I. (wie der vorliegende) oder Thutmosis III. und auch Amenophis II. nicht etwa in die Regierungszeit dieser Könige, sondern in die ramessidische Epoche.
M. v. F.

Literatur: Hornung/Staehelin (1976) 233, Nr. 213, Taf. 21; Jaeger (1982) 199-200 (§§ 1341-1345), fig. 271a-c; Wiese (1990) 82, 83 (Nr. 475), Abb 99.
Zur Ikonographie: Wiese (1990) 84-87.

27

27
Skarabäus mit dem König im Streitwagen

Neues Reich, 19. Dyn., Sethos I., 1290-1279 v. Chr.
Herkunft unbekannt
Steatit. Breite 13,5 mm, Länge 18 mm
Privatsammlung Süddeutschland

Hochaufgerichtet steht der Pharao in seinem Streitwagen, der von einem einzelnen Pferd mit Doppelfederschmuck gezogen wird. Das Wagenrad zählt vier Speichen, was auf eine relativ frühe Entstehung des Skarabäus hindeutet. Der König trägt die Blaue Krone und scheint mit einem langen Gewand bekleidet zu sein. Er hat seine angewinkelten Arme zurückgenommen und fasst mit den Händen jeweils einen der Zügel, wobei er in der Linken zusätzlich eine hoch aufragende Peitsche hält. Die Zeichengruppe ( ) über dem Gespann könnte als verkürzte Schreibung des Eigennamens Sethos' I. aufgefasst werden: *Sethos, geliebt von P<tah>*. Die Treffsicherheit bei der Wiedergabe des kraftvoll zurückgeworfenen Pferdekopfes und seines gespannt durchgebogenen Rückens werden von kaum einem Vergleichsbeispiel erreicht.

Zwar ist die Lesung des Königsnamens nicht als gesichert zu betrachten, doch erscheint eine Entstehung des Skarabäus in der Regierungszeit Sethos' I., in der das Bildmotiv des Herrschers im Streitwagen auf Skarabäen erstmalig auftritt, ohne weiteres denkbar. Details wie Krone, Peitsche und Armhaltung des Königs sowie den Federschmuck und das Vorhandensein nur eines Pferdes entsprechen dem bei diesem Motiv Üblichen. Zahlreiche Parallelbeispiele tragen allerdings eine verkürzte Namensschreibung Ramses' II.
M. v. F.

Unpubliziert.
Zu Parallelen: Beste (1978) 83-85; Wiese (1990) 82 (Abb. 102), 163-164, Nr. 1417-1418, Taf. 16. – Zur Ikonographie: Wiese (1990) 84-87.

28

28
Skarabäus mit dem König im Streitwagen

Neues Reich, 19. Dyn., Ramses II., 1279-1213 v. Chr.
Herkunft unbekannt
Steatit, weiße Glasurreste. 18,1 x 13,2 x 8,1 mm
Privatsammlung Hamburg

Die Bodenplatte dieses Skarabäus trägt eine Streitwagenszene in erhöhtem Relief, die in eine ovale Rahmung eingeschrieben ist. Der aufrecht stehende König trägt die für derlei Szenen typische Blaue Krone, über der die Sonnenscheibe schwebt. Laut Inschrift ist er als Ramses II. anzusprechen: *nṯr nfr nb tꜣwj Wsr-mꜣꜥt-Rꜥ stp-n-Rꜥ zꜣ Rꜥ Rꜥ-msj-sw mrj-Jmn dj ꜥnḫ* (*Der vollkommene Gott, der Herr der Beiden Länder Usermaatre, Setepenre, der Sohn des Re Ramses, geliebt von Amun, ihm werde Leben gegeben*). Der König hält Zügel und Peitsche; von seinem Nacken wehen Bänder herab. Am Wagenkorb scheint ein schräg ansitzender Köcher befestigt zu sein, das Wagenrad zählt vier Speichen. Ein Federbusch mit zwei aufragenden und zwei seitlich wehenden Federn ziert den Kopf des eleganten, offenbar in Schritt verfallenen Pferdes. Unter und vor dem Tier sind strichmännchenhaft gebildete Gefangene mit auf den Rücken gebundenen Armen zu erkennen. Die Standlinie und eine weitere waagerechte Linie verleihen der unteren Zone des Bildfeldes das Aussehen einer Korb-Hieroglyphe.
M. v. F.

Unpubliziert.

29

29
Skarabäus mit dem König als Bogenschützen

Neues Reich, 18.-19. Dyn., ca. 1550-1186 v. Chr.
Herkunft unbekannt
Steatit. Breite 10,5 mm, Länge 14 mm, Höhe 7 mm
Privatsammlung Süddeutschland

Die Basisplatte dieses Skarabäus wird in ihrer ganzen Höhe von einem aufrecht stehenden König eingenommen, der seinen Bogen spannt. Er trägt einen knappen Schurz und die Blaue Krone. Mit dem abgewinkelt hinter den Kopf zurückgenommenen Arm spannt er seinen Bogen. Von seinem Rücken baumelt ein blasenförmiger Köcher herab. Der Bogen haltende Arm wird durch eine Doppellinie angegeben.
Zur Beurteilung des Stückes sind hier zwei Parallelen heranzuziehen: Auf der einen ist der Köcher des königlichen Schützen noch unmissverständlich als solcher gestaltet. Auf dem anderen, näher stehenden Vergleichsstück wächst ein blasenartiges Gebilde vom Fuß des Königs auf, in dem ein Relikt des Köchers erkannt werden könnte. Der beschriebene Skarabäus scheint seiner Ausführung nach zwischen den beiden Parallelen zu stehen.
Nicht selten sind Darstellungen des stehenden Königs, der einen Bogen spannt, mit einem Kryptogramm für Amun (𓇳 = *jtn* für „j“, 𓏠 = *mn* für „m“ und 𓎟 = *nb* für „n“) versehen, das konventionell auch als Thronname Thutmosis' III., *Men-cheper-Re*, gelesen werden kann (vgl. Nrn. 21-22).
M. v. F.

Unpubliziert.
Zu Parallelen: Petrie (1925) Taf. 15 (Nr. 994), 18 (Nr. 1421); Jaeger (1982) 93 (§ 411).
– Zum Kryptogramm *Men-cheper-Re* für Amun: Hornung/Staehelin (1976) 60-62; Jaeger (1982).

30
Ovalperle mit dem König als Bogenschützen

Neues Reich, 18. Dyn., Thutmosis IV., 1388-1351 v. Chr.
Fundort unbekannt
Steatit. Breite 10,5 mm, Länge 15 mm
Privatsammlung Süddeutschland

Die gezeigte Schauseite dieser Ovalperle ziert ein kniender König, der mit souveräner Bewegung einen Pfeil abschießt. Er trägt einen Schurz und wird durch die Blaue Krone mit dem Uräen-Schmuck klar und eindeutig als Pharao gekennzeichnet. Seine Linke scheint die gespannte Bogensehne soeben entlassen zu haben: Der Pfeil schießt auf einen nach rechts kippenden Feind zu, bei dem es sich, seinem langen Gewand nach zu urteilen, um einen Asiaten handelt. Vom Bogenarm des Schützen hängen zwei Schnüre herab, in denen die Bindung einer Ledermanschette, des so genannten Handgelenkschutzes (Nr. 103) zu erkennen ist. Der Köcher, den der König umgehängt hat, scheint von einem Streitwagen zu stammen, an dessen Wagenkorb er mittels einer zungenförmigen Halterung eingehängt wurde.
Der Thronname Thutmosis IV. datiert die Perle in die mittlere 18. Dynastie. Auf einem motivähnlichen Skarabäus ist ein anonymer König auf einem Schemel sitzend beim Spannen des Bogens dargestellt. Ihm gegenüber steht ein Gefangener mit auf den Rücken gefesselten Armen. Allerdings reicht das Vergleichsstück qualitativ nicht an die hier vorgestellte Ovalperle heran.
M. v. F.

Unpubliziert.
Vergleichsstück: Matouk (1977) 403, Abb. 1693.

30

31 a-b

31a-b
Zwei Skarabäen mit dem König bei der Jagd

Neues Reich, Ramessidenzeit, ca. 1290-1070 v. Chr.
Herkunft unbekannt
Steatit, grün glasiert. 12 x 17 x 8,1 mm (a)
Steatit, hell glasiert. 16 x 20,2 x 4 mm (b)
Privatsammlung Hamburg

Die in vertieftem Relief gearbeiteten, silhouettenhaft wirkenden Darstellungen auf den beiden Skarabäenunterseiten werden von Rahmenlinien eingefasst, welche einzelne Partien überschneiden.
Auf dem grün glasierten Skarabäus richtet ein Schütze seinen gespannten Bogen nach rechts, wo ein auf der Hinterhand sitzender Löwe mit seinen Vordertatzen ein Horntier niederhält, das in die Knie gebrochen ist. Die typischen Verdickungen auf dem vorderen der beiden überlangen Hörner lassen bei dem Tier an einen Steinbock denken. Zwischen die Handelnden sind zwei eiförmige Motive eingestreut. Das zurückgesetzte rechte Bein des Schützen wird von der Randlinie überschnitten. Sollte in ihm ein König zu erkennen sein, wäre die Raubkatze als königlicher Jagdlöwe zu deuten. Die ganze Komposition scheint in allgemeinster Form den königlichen Auftrag zur Bekämpfung des Chaos zu illustrieren. Ein sehr nahe stehendes Vergleichsstück wurde von Petrie in Memphis gefunden.

Auf dem hell glasierten Skarabäus flieht eine große Antilope vor dem von links heran eilenden Bogenschützen. Die Freiräume vor und unter dem Huftier nehmen zwei liegende Gefallene ein. Zwischen dem Gehörn der Antilope erscheint ein hieroglyphisches Zeichen: Vielleicht handelt es sich um eine Flamme wie sie bei der Antilopenprotome im Titelbild der Sonnenlitanei zu sehen ist.
Beischriften wie *Vernichten jedes Fremdlandes* bei Jagdbildern belegen deren Analogie zur Bekämpfung äußerer Feinde.
M. v. F.

Unpubliziert.
Parallelen zu 31a: Petrie (1925) 29-30, Taf. 19 (Nr. 1483); Matouk (1977) 399, Abb. 1516-19; Schoske (1982) 431 Abb. d108. – Zur Jagd als Feindvernichtung: Schoske (1982) 416-433.

Gefangene und Unterworfene

Gerald Moers

Als Bewohner der chaotischen Umwelt Ägyptens werden im Rahmen des ägyptischen Weltbildes zwangsläufig auch fremde Ethnien als eine latente Bedrohung betrachtet, die es von Pharao zu kontrollieren gilt. So lassen sich beinahe sämtliche aus Ägypten bekannte Fremdvölkerdarstellungen als Ausbuchstabierungen der im Bild der Feindniederschlagung ein für allemal festgelegten Rolle des Fremden als Unterworfenem verstehen. Zwar widmet die ägyptische Kunst der Repräsentation ethnischer Differenz eine unübertroffene Detailfreude und trägt damit dem Faktum Rechnung, dass Andersheit häufig genug auch als Faszinosum empfunden wurde (Nrn. 34-40), doch ideologisch sind Fremde als Repräsentanten des Chaos im Bereich der Ordnung immer Gefangene ägyptischer Weltvorstellungen und werden dementsprechend (Nr. 46) dargestellt. Gebundene Feinde etwa repräsentieren fremde Territorien in so genannten Städtelisten (Nr. 33), die in Tempeln regelmäßig die Szenen der Feindniederschlagung begleiten. Doch es gibt auch ungleich 'feinsinnigere' Lösungen voller symbolischer Gewalt, die die Unterlegenheit des Fremden bildlich kondensieren. Während nämlich Fremde von elementarer Wichtigkeit für die ägyptische Gesellschaft waren, wenn sie Tätigkeiten ausübten, die für einen Ägypter mit zu wenig Ansehen verbunden waren, und sie damit systematisch sogenannte Statuslücken im ägyptischen Gesellschaftssystem ausfüllten, werden sie in der Kunst häufig genug schlichtweg als Nutzobjekte repräsentiert. Als figürliche Köpfe von Stöcken (Nr. 47) oder als Schäfte von Kosmetikutensilien werden Fremde von Ägyptern nicht nur sprichwörtlich in den Griff genommen. Man erhöht sich, indem man den Fremden erniedrigt, wenn man ihm wie im Fall des Heidelberger Podestes (Nr. 43) auf den Kopf steigt. Und wie gern der Ägypter mit all seinen Vorstellungen vom Fremden diesem im Kopfe[1] gewesen wäre, wird deutlich, wenn Tintenfässer als Köpfe von Feinden gestaltet sind (Nr. 44).

1 Als deutsche Lehnbildung zum engl. "to be in the head of someone", welche eine in der Regel als negativ indizierte Fremdeinwirkung auf das psychische System eines Individuums zum Ausdruck bringt.

32

32
Kopf eines Syrers

Neues Reich, Mitte 18. - Mitte 19. Dyn., ca. 1390-1240 v. Chr.
Herkunft unbekannt
Kalkstein. Höhe 15,4 cm, Breite 16,2 cm
Hannover, Kestner-Museum, Inv. Nr. 1955.154

Das Relief zeigt den Kopf eines Syrers, der durch seinen spitz zulaufenden Backenbart und ein Stirnband über seinem glatten Haar charakterisiert ist. Obwohl weder Hals- noch Schulterpartie erhalten sind, deuten sowohl die nahezu horizontal verlaufende Kinn- und Bartlinie als auch das extrem hoch angegebene Ohr darauf hin, daß der Mann mit zurückgelegtem Kopf abgebildet ist. Dies ist häufig bei Gefangenen mit auf dem Rücken gefesselten Armen der Fall. Den genauen Kontext zu ermitteln ist jedoch schwierig. Es käme eine Schlacht- und Eroberungszene in Betracht oder eine Fremdvölkerdarstellung zur Dekoration eines Thronsockels. Für die letzte Möglichkeit kann man sich an das Pflanzen-Symbol „Vereinigung der Beiden Länder" gefesselte Feinde ebenso vorstellen wie Fremdlandnamen, die von dem Oberkörper eines Ausländers gekrönt sind (Nr. 33). Aber auch eine Tributszene, in der Ausländer in Adorationshaltung ihre Köpfe leicht in den Nacken legen, wäre als Ergänzung der recht qualitätvollen Arbeit denkbar.
S. M.-v. F.

Literatur: Kat. Hannover (1958[2]) 71, Nr. 40.

33

33

Fragment der Städteliste Scheschonks I.

3. Zwischenzeit, 22. Dyn., Scheschonk I., 946-925 v. Chr.
Karnak, Amun-Tempel, Südwand des Bubastiden-Portals
Sandstein. Höhe 52 cm, Breite 70 cm
Berlin, SMB-PK, Ägyptisches Museum und Papyrussammlung, Inv.-Nr. 2094

Nachdem der ägyptische Einfluss in Vorderasien am Ende des Neuen Reiches völlig zurückgegangen war, unternahm Scheschonk I., der Begründer der 22. Dynastie, um 925 v. Chr. erstmals wieder einen Feldzug nach Palästina. Dieses Ereignis ist auch im Alten Testament erwähnt (1 Könige 14,25-28; 2 Chronik 12,1-12 – die Namensform des ägyptischen Königs lautet dort: Sisak/Schischak).
Aus den Mitteln der Kriegsbeute ließ Scheschonk I. im Amuntempel von Karnak das große Bubastiden-Portal errichten, an dessen Südfassade ein großes Siegesrelief angebracht ist. Es zeigt den König beim Erschlagen der Feinde vor dem Gott Amun, der das Sichelschwert als Zeichen des Sieges überreicht. Zu der Triumphszene gehört eine in 10 Zeilen hinter bzw. unter der Figur des Amun angebrachte topo-

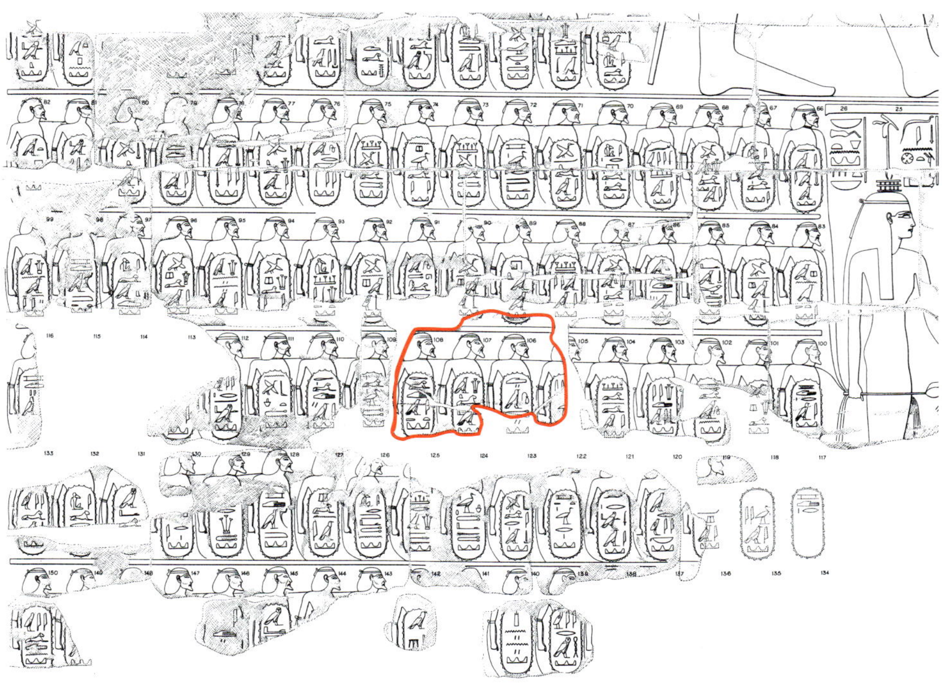

Abb. zu 33
Städteliste (Ausschnitt).
Karnak, Bubastiden-Portal

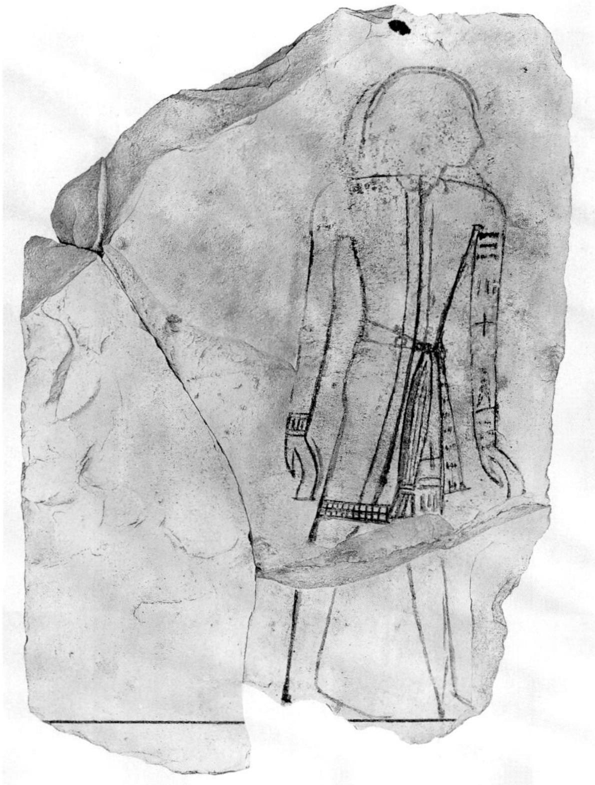

34

graphische Liste (Abb.) mit insgesamt 150 Namen von Ortschaften und Regionen, die auf diesem Feldzug berührt wurden.
Bei dem Ausstellungsstück handelt es sich um ein abgebrochenes Fragment dieser Liste (aus der 8. Zeile mit den Namen 105-108), das von der Lepsius-Expedition 1845 nach Berlin gebracht wurde. Die einzelnen Ortsnamen sind in ein mit Zacken versehenes Oval eingeschrieben, das einen Mauerring oder Festungswall wiedergibt; darauf befindet sich jeweils der Oberkörper eines Gefangen mit auf dem Rücken gefesselten Armen. Ein großer Teil der Ortsnamen der Scheschonk-Liste lässt sich identifizieren. Bei dem linken Namen des Fragments handelt es sich wahrscheinlich um Arad in der judäischen Wüste.
K. O.

Literatur: Porter/Moss (1964) 35 (124); RIK III (1954), Taf. 2-9; Kat. Kaufbeuren (1997) 22 Nr. 7.
Zum Feldzug und zur Städteliste allgemein: Kitchen (1986) 293-300, 432-447, 587.

34
Ostrakon mit Libyerdarstellung aus dem Pfortenbuch

Neues Reich, 19. Dyn., ca. 1292-1186 v. Chr.
Deir el-Medina. 1913 von G. Möller gefunden
Kalkstein, rote und schwarze Bemalung.
Höhe 21 cm, Breite 14,5 cm
Berlin, SMB-PK, Ägyptisches Museum und Papyrussammlung, Inv.-Nr. 21436

Auf dem Ostrakon ist ein nach rechts schreitender Temehu-Libyer in der Ikonographie des Pfortenbuches zu sehen. Bis auf den Kopfumriss sind keine Gesichtsdetails mehr auszumachen, nur die typische herabhängende, nach hinten eingerollte Haarlocke ist noch schwach zu erkennen. Anders als die Libyer in den Pfortenbuch-Zyklen der Königsgräber trägt dieser einen nur wadenlangen Mantel mit einer vom Hals bis zum gemusterten Saum durchgehenden Borte. Der Mantel steht offen und gibt den Blick auf die Phallustasche frei, die von einem Gürtel herabhängt. Da der Saum auf die Phallustasche auftrifft, ist bis dahin die Vorderansicht eines geschlossenen Mantels gemeint, während rechts der Phallustasche das tätowierte linke Bein von der aufgeschlagenen Hälfte des geöffneten Mantels freigegeben wird. Auch der linke Arm zeigt Tätowierungen. Bei der Zeichnung könnte es sich um eine Entwurfskizze oder eine Bildnotiz nach dem Gedächtnis handeln, da bislang kein exaktes Pendant in der Dekoration uns bekannter Königsgräber aufgetaucht ist.
Das Pfortenbuch gehört seit Haremhab zum Programm der Königsgräber und besteht aus jeweils einer Nachtstunde zugeordneten, dreiregistrigen Tableaus, in denen Bilder mit Texten kombiniert sind. Im unteren Register der fünften Nachtstunde erscheinen je vier Vertreter der Ägypter und der drei ihnen benachbarten Menschengruppen, nämlich „Asiaten“, „Nubier“ und „Libyer“, die im Text allesamt als *Vieh des Sonnengottes* angesprochen und damit implizit als gleichwertig betrachtet werden. Da inzwischen einiges dafür spricht, den Zeitpunkt der Abfassung des Pfortenbuches im Alten Reich anzusetzen, scheint eine Subsumierung der Fremdvölker mit den eigentlich ägyptischen *Menschen* unter einem positiv besetzten Begriff charakteristisch für eine Geisteshaltung zu sein, welche die ideologische Sicht auf „Fremde“ als „Feinde“ angesichts allgemeinmenschlicher geschöpflicher Unterordnung unter die Herrschaft des Sonnengottes relativiert.
M. v. F.

Literatur: Brunner-Traut (1956) 73-74, Nr. 73, Taf. XXVII.
Zum Pfortenbuch: Hornung (1972) 195-308; Quack (2000).

35 a-b
Zwei Reliefkacheln: Kopf eines Libyers und Körper eines Asiaten

Neues Reich, 20. Dyn., Ramses III., 1183-1152 v. Chr.
Theben-West, Tempelpalast Ramses III. in Medinet Habu.
1901 erworben (a), 1904 erworben (b)
Mehrfarbige Fayence. Höhe 7,3 cm, Breite 6,7 cm (a);
Höhe 12,4 cm, Breite 5,7 cm (b)
Berlin, SMB-PK, Ägyptisches Museum und Papyrussammlung,
Inv.-Nrn. 15729 (a), 17019 (b)

Der Tempelpalast von Medinet Habu war durch das so genannte „Erscheinungsfenster" mit dem ersten Hof des Tempels verbunden. Hier konnte sich der König an hohen Festtagen den Priestern und Beamten präsentieren, die im Tempelhof versammelt waren. Die Dekoration der Tempelwand, in der sich das Fenster öffnet, wird von der Thematik der durch den ägyptischen König unterworfenen Feinde bestimmt: Neben Reliefdarstellungen und rundplastischen Konsolen mit Feindköpfen gehören auch die polychromen Fayence-Kacheln zur Ausgestaltung des Fensters.
Das kleinere Fragment zeigt den Kopf eines Libyers (vgl. Nr. 86), dessen Hautfarbe fast weiß wiedergegeben ist. Sein rötliches Haar fällt glatt in zwei Strähnen auf Brust und Rücken. Reste seines rötlichen Kinnbartes und seines gemusterten Gewandes sind ebenfalls zu erkennen.
Auf dem größeren Fragment sind nur der Oberkörper und der linke Arm einer Feindfigur erhalten. Die helle Hautfarbe und die Musterung des Gewandes lassen lediglich eine grobe Einordnung des Dargestellten als Asiat zu. Der Mann trägt ein schwarzes Hemd mit weißen Tupfen, dessen kurze Ärmel in einer roten Borte enden. Unter dem Hemd schaut am Ärmel ein bis zum Ellenbogen reichendes weißes Untergewand hervor. Um die Hüfte trägt der Asiate einen bunten Gürtel. Seine Arme sind an den Handgelenken hinter dem Rücken gefesselt. Gemäß den ägyptischen Darstellungskonventionen sind sie jedoch so wiedergegeben, als lägen sie nach vorne ausgerichtet an den Hüften, was anatomisch undenkbar ist. Auf dem Unterarm des Mannes ist eine dunkle Tätowierung erkennbar, wie sie bei vielen Kacheln mit Ausländerdarstellungen zu beobachten ist.
S. M.-v. F.

Literatur: Kat. Berlin (1991) Nr. 94.
Zu Feindkacheln: Daressy (1911); Śliwa (1974).

35 a-b

36

36
Reliefkachel: Oberkörper eines Schasu-Beduinen

Neues Reich, 20. Dyn., Ramses III., 1183-1152 v. Chr.
Theben-West, Tempelpalast Ramses III. in Medinet Habu
Mehrfarbige Fayence. Höhe 11,5 cm, Breite 6,8 cm
Hannover, Kestner-Museum, Inv.-Nr. 1950.148a
(ehemals Sammlung v. Bissing)

Bereits im Alten Reich schmückten einfache Fayence-Kacheln königliche Baudenkmäler wie den Grabbezirk des Djoser in Sakkara. In der Amarna-Zeit dienten bunte Fayence-Einlagen mit vegetabilen und figürlichen Motiven zur Dekoration der Wohnhäuser und Paläste von Achet-Aton (Tell el-Amarna). Die Kacheln mit oft erhabenem Relief wurden in Modeln geformt und mit verschieden farbigen Glasuren gebrannt. Zusätzlich waren Details der Bilder durch farbige Glaseinlagen angegeben. Bunte Fayence-Kacheln mit Feinddarstellungen wurden in großer Zahl in den Delta-Palästen Ramses II. und III. gefunden wie auch im Totentempel Ramses III. in Medinet Habu (Theben West). Mit Hilfe von Mörtel waren die Kacheln in steinerne Türrahmungen, Treppenaufgänge, Thronpodeste und Erscheinungsfenster eingelassen. Überall dort, wo sich der König präsentierte, war er damit von gefesselten, unterlegenen Feinden aus allen Teilen der Welt umgeben.

Von J. Osing wurde die Zusammengehörigkeit des Hannoveraner Fragments mit einem Kachelunterteil aus Kairo (JE 36399) erkannt. Die ikonographischen Details der vollständigen Feindfigur lassen eine nähere ethnographische Einordnung des Mannes zu. Die von einem Stirnband gehaltene Strähnenfrisur, der spitze Bart und das asiatische Kostüm mit den charakteristischen Troddeln am Schurzsaum sprechen für eine Zugehörigkeit des Mannes zu den Schasu-Beduinen. Diesen halbnomadischen Wüstenstamm, der in Syrien und Palästina beheimatet war, belegen ägyptische Quellen der 18.-20. Dyn.
S. M.-v. F.

Literatur: Kat. Hannover (1958²) 73, Nr. 47; Osing (1981).
Zu Feindkacheln: Daressy (1911); Śliwa (1974).
- Zu den Schasu: Giveon (1971).

37
Reliefkachelfragment: Rocksaum und Füße eines Asiaten

Neues Reich, 20. Dyn., Ramses III., 1183-1152 v. Chr.
Theben-West, Tempelpalast Ramses III. in Medinet Habu
Mehrfarbige Fayence. Höhe 5,8 cm, Breite 6 cm
Hannover, Kestner-Museum, Inv.-Nr. 1950.148f
(ehemals Sammlung v. Bissing)

Von der Darstellung eines gefangenen Feindes haben sich nur der Rocksaum und die Füße des Mannes erhalten. Das gewickelte oder aus zwei

37

38

Teilen (Rock und Umhang) bestehende Gewand teilt sich in einen mit schrägen Streifen gemusterten Bereich am rechten Bein und eine horizontale breite Borte mit Rechteckdekor, die den Abschluss des rückwärtigen Kleidungsteils bildet. An den Füßen trägt der Gefangene Sandalen, deren Sohlen an den Fußseiten in mehrere Dreiecke auslaufen, die mit ihren Spitzen an einem Riemen am Fußrücken befestigt sind. Derartige Schuhe finden sich auf anderen Feindkacheln bei verschiedenen Vorderasiaten wie Hethitern und Syrern.
Zwischen den Knöcheln des Mannes hat sich ein Teil des weißglasierten Hintergrundes erhalten, der bei den meisten Kacheln heute weggebrochen ist.
S. M.-v. F.

Literatur: unpubliziert.
Zu Feindkacheln: Daressy (1911); Śliwa (1974).

38
Reliefkachelfragment: Oberkörper eines gefesselten Asiaten

Neues Reich, 20. Dyn., Ramses III., 1183-1152 v. Chr.
Theben-West, Tempelpalast Ramses III. in Medinet Habu
Mehrfarbige Fayence. Höhe 12,2 cm, Breite 4,8 cm
Hannover, Kestner-Museum, Inv.-Nr. 1950.148b
(ehemals Sammlung v. Bissing)

Das Kachelfragment zeigt den Kopf und den vorderen Oberkörper eines gefesselten Asiaten mit hellgelber Haut und einem leuchtend roten Kinnbart. Das mit farbiger Glaspaste eingelegte Auge, die Augenbraue und der Haaransatz sind heute verloren. Die Arme des Mannes sind am Ellenbogen unter dem Kinn des Mannes mit einem mehrfach gewundenen Strick zusammengebunden. Die durch die Fesselung parallel liegenden Unterarme mit zu Fäusten geballten Händen sind in einer anatomisch nicht möglichen Form nach unten abgewinkelt. Vermutlich sollte eine Armhaltung wiedergegeben werden, bei der die Oberarme nach vorne und die Unterarme vor dem Gesicht nach oben zeigen. Im Brustbereich ist ein Teil des Gewandsaumes zu sehen, der mit roten und blauen Rechtecken verziert ist.
S. M.-v. F.

Literatur: unpubliziert.
Zu Feindkacheln: Daressy (1911); Śliwa (1974).

39

39
Reliefffliese mit hethitischem oder asiatischem Fürsten

Neues Reich, 20. Dyn., Ramses III., 1183-1152 v. Chr.
Theben-West, Tempelpalast Ramses' III. in Medinet Habu, 1903 von Mohamed Mohassib in Luxor erworben
Farbige Fayence. Höhe 16,8 cm, Breite 5,5 cm
Boston, Museum of Fine Arts, Inv.-Nr. 03.1569
Sears Fund

Seit frühester Zeit waren die Feinde Ägyptens kollektiv als die *Neunbögen* bekannt. Die Zahl neun, oder drei mal drei, gilt als Ausdruck der Pluralität des Plurals, konnte doch die Zahl der Feinde anwachsen und die gesamte Bandbreite fremder Völker umfassen. Neue Feinde traten in Erscheinung, je mehr sich die geographischen Kenntnisse der Ägypter erweiterten. So wurden etwa in der Zeit Amenophis III. Knossos, Mykene und Troja den so genannten „Fremdvölkerlisten" von Nubiern und Asiaten hinzugefügt, die als „Namensringe" auf den Basen königlicher Statuen, an den Enden von Säulenschäften oder auf Thronsockeln dargestellt sind. Dabei werden die Namen fremder Völker und Ortschaften von Ovalen umschlossen, welche zinnenbewehrte Festungsmauern wiedergeben, die von Oberkörperbüsten der Fremden mit auf ihrem Rücken gefesselten Armen bekrönt sind.

Glänzend glasierte Fliesen aus dem Tempelpalast Ramses' III. in Medinet Habu zeigen gefesselte Gefangene, die durch ihre Trachten als fremdländische Fürsten ausgewiesen werden. Unter ihnen finden sich Asiaten in fransenbesetzten Gewändern und Nubier in Tierfellen. Einst bildeten sie einen Fries am Fuße einer Wand, unterhalb einer großen Darstellung des Königs, der die Feinde niederschlägt oder als Sphinx seine Feinde niedertritt.

Die bisherige Identifikation der auf dieser Fliese dargestellten Figur als Hethiter wurde angezweifelt, da Hethiter in der ägyptischen Kunst gewöhnlich bartlos wiedergegeben sind. Doch ungeachtet der ethnischen Zugehörigkeit des Mannes handelt es sich bei diesen figürlichen Abbildungen nicht um historische Aufzeichnungen der verschiedenen Völkerschaften, die vom König besiegt wurden. Sie haben eher eine rituelle als eine historische Funktion. Diese Darstellungen gebundener Gefangener sind mehr als nur Dokumentation, Bekanntgabe oder Gedenken ihrer Niederlage: Auf magische Weise wiederholen sie jene Niederlage in alle Ewigkeit. Wie wilde Tiere standen die fremden Völker außerhalb der ägyptischen Grenzen stellvertretend für die Mächte des Chaos, und es war die Pflicht Pharaos, sie zu unterwerfen und so die Harmonie des Universums zu bewahren.
L. B.

Literatur: Rowe (1908): 47-50; Crowell in: Kat. Providence (1998) 196.
Zur Abwehr durch Magie: Ritner (1993) 113-136.

40
Fliesenfragment mit dem Kopf eines Nubiers

Neues Reich, hohe bis späte 18. Dyn., ca. 1360-1290 v. Chr.
Herkunft unbekannt
Polychrome Fayenceeinlage. Höhe 11,5 cm, Breite 15,7 cm
Würzburg, Martin-von-Wagner-Museum, Inv.-Nr. H 431

Das kleine Fragment einer Flieseneinlage lässt noch Kopf und Arme eines offenbar in starker Verrenkung dargestellten Nubiers erkennen, dessen weggebrochenen Hände wohl auf dem Rücken gefesselt waren. In dunkler Farbe ist die Haut, in heller Farbgebung Frisur und Kleidung angegeben. Den kreisrunden Ohrring ziert eine rote Einlage; abwechselnd rot und blau wurden die quadratischen Schmuckelemente des Halskragens eingelegt, von denen einige heute verloren sind. Ebenso fehlt der breite Zierstreifen in der Mitte des Kragens. Eine größere Zerstörung betrifft die Stirnpartie und das Auge, dessen längliche, fast schlitzartige Form dennoch deutlich auszumachen ist. Zusammen mit der kleinteiligen, aufwändigen Einlegetechnik und der ausdrucksstarken Modellierung des Gesichtes erlaubt sie die Datierung der Kachel in die hohe bis späte 18. Dynastie. Kacheln dieser Art fanden sich in königlichen Palast- und Tempelanlagen, deren Eingangsbereiche und Tordurchgänge sie einst zierten. Archäologische Befunde aus Medinet Habu (vgl. Nrn. 35a-39) lassen Rückschlüsse auf die Art der Montierung zu: mittels Holzlatten teilte man die Wandfläche in gleichmäßige Zellen auf, in die Mörtel gestrichen wurde, der die anschließend eingepassten Kacheln in Position hielt.
Ch. B.

Literatur: Kat. Würzburg (1975) 28, Nr. H 431.

40

41

41
Kopf eines Gefangenen und einer Gefangenen

Neues Reich, 19.-20. Dyn., ca. 1292-1070 v. Chr.
Herkunft unbekannt
Kalkstein.
Männlicher Kopf: Höhe 7 cm, Breite 10 cm, Tiefe 9 cm (a)
Weiblicher Kopf: Höhe 7 cm, Breite 11 cm, Tiefe 9,5 cm (b)
Basel, Antikenmuseum und Sammlung. Ludwig,
Inv.-Nrn. BSAe 998, BSAe 999

Die beiden Köpfchen repräsentieren ein Ausländerpaar. Durch ihre Physiognomie mit breitem Gesicht, schräggestellten Augen sowie der Barttracht beim Mann sind sie als (Vorder-) Asiaten gekennzeichnet. Leider ist der Zusammenhang der Köpfe unbekannt und auch die Bruchstellen lassen keine definitiven Rückschlüsse auf diesen zu. Möglicherweise stammen sie von einem Tempel-Fries, ähnlich dem im Totentempel Ramses III. in Medinet Habu, wo rundplastische Köpfe von Feinden unterhalb des Erscheinungsfensters des Königs angebracht sind (Hölscher (1941) 40 ff.). Denkbar ist aber auch, dass sie von einer Statue (König tritt auf Feinde) oder von Einzelfiguren abgebrochen sind. Jedenfalls gehören die beiden Köpfe in den Kontext der Darstellung von besiegten oder gefangenen Feinden, die den Herrschaftsanspruch Ägyptens über die Fremdvölker symbolisieren.
K. O.

Literatur: Kat. Basel (2001) 137 Nr. 94 a-b.

42

42
Vorderteil einer Statuenbasis mit Darstellung von Gefangenen

Neues Reich, 19.-20. Dyn., Merenptah oder Ramses III.,
ca. 1213-1152 v. Chr.
Herkunft unbekannt. Vor 1821 erworben
Basalt. Höhe 16,5 cm, Breite 18,4 cm
Wien, Kunsthistorisches Museum, Ägyptisch-Orientalische
Sammlung, Inv.-Nr. 44

Das Vorderteil einer beschrifteten und mit Darstellungen versehenen Statuenbasis zeigt die plastische Abbildung der Vertreter dreier Fremdvölker. Zwischen Standplatte und Sockel befindet sich eine glatte Bruchstelle. Die Oberfläche ist teilweise stark abgerieben, die linke vordere Ecke ausgebrochen.
Zur Rolle des ägyptischen Königs gehört wesensmäßig die Kontrolle über das Chaos in der Welt, wie es unter anderem von den Feinden bzw. Fremdvölkern verkörpert wird. Die kanonische Gestaltung von Fußschemeln ebenso wie von Statuensockeln lässt den König auf explizit dargestellte Feinde oder das Symbol dafür, die Neunbögen, treten.
H. S.

Literatur: Rogge (1990) 135-140.

43

43
Statuettenpodest mit Gefangenenköpfen

Spätes Neues Reich - 3. Zwischenzeit, ca. 11.-8. Jh. v. Chr.
Herkunft unbekannt
Fayence mit blaugrüner Glasur. Höhe 2,8 cm, Breite 4,6 cm
Heidelberg, Sammlung des ägyptologischen Instituts der Universität, Inv.-Nr. 213

Das Thema Feindvernichtung und Chaosüberwindung wurde im Laufe der ägyptischen Geschichte vielfach künstlerisch aufgegriffen und auf unterschiedlichste Weise umgesetzt. Elementarer Bestandteil blieben dabei stets die das Chaos repräsentierenden Feinde, bei denen es sich meist weniger um konkrete Gegner als vielmehr um typische Vertreter der Ägypten umgebenden Nachbarländer handelte; im Süden die Nubier, im Westen die Libyer und im Osten die Einwohner Syrien-Palästinas. Diese drei Volksgruppen dürften daher auch in den Gesichtern an der Vorderseite des kleinformatigen Statuensockels zu erkennen sein, deren Körper als unter dem Podest der Figur liegend zu denken sind. Zudem wird in Ägypten der Plural durch die Zahl Drei ausgedrückt, so dass hier symbolisch zahlreiche Feinde überwunden werden. Von der eigentlichen Hauptfigur auf dem Podest hat sich leider nur die vordere Fußpartie erhalten. Grundsätzlich könnte es sich um die Darstellung des Königs gehandelt haben, dem gemäß des Dogmas die Aufgabe zufiel, die göttliche Weltordnung Maat auch politisch umzusetzen, doch vor allem mit der Schwächung des Königtums zum Ende des Neuen Reiches treten in kleinformatigen Statuetten vermehrt Götter an die Stelle des Königs. Der amuletthafte Charakter des Stückes macht es daher wahrscheinlicher, auf dem Podest eine thronende löwenköpfige Göttin anzunehmen, wofür auch die weit häufigeren Parallelen von Löwengöttinnen in dieser Position sprechen. Es handelt sich dabei um Sachmet bzw. Wadjit, die vor allem die aggressiven Aspekte weiblicher Gottheiten verkörperten und eng mit dem Königtum verbunden waren.
Ch. B.

Literatur: Wildung (1973); Kat. Heidelberg (1987) 84, Nr. 216.

44
Tuschegefäß

Neues Reich, 18. Dyn., um 1320 v. Chr.
Fundort unbekannt
Fayence. Höhe 3 cm, Breite 5,1 cm, Tiefe 5,3 cm
München, Staatliches Museum Ägyptischer Kunst, Inv.-Nr. ÄS 7121

Die Vorstellung des siegreichen, die Fremdvölker unterwerfenden Pharaos ist nicht nur zweidimensional, sondern auch rundplastisch in Statuen umgesetzt worden. Dabei wurde das Motiv des „Erschlagens der Feinde" variiert zu einem „Niedertreten der Feinde", der bildlichen Entsprechung der lautmalerischen altägyptischen Formel *petpet-chasut.*
Die Wiedergabe des Feindes wurde dabei meist auf den Kopf reduziert. So finden sich etwa an der Basis von Königsstatuen rundplastische Köpfe von Ausländern; lange Reihen von Gefangenenköpfen gehören seit dem Alten Reich zur statuarischen Ausstattung der Tempel und waren unterhalb von Türen oder dem Erscheinungsfenster angebracht, zum Beispiel in Medinet Habu, dem Totentempel Ramses' III. Der im Vollzug eines Rituals hinzutretende König aktivierte gleichsam die Bildidee.
Auch in der Kleinkunst taucht das Motiv des siegreichen Königs – oder eine Anspielung darauf – häufig auf; leicht nachzuvollziehen ist dessen Sinnhaftigkeit auf dem Streitwagen, dem Schild, dem Bogenkasten oder den Sandalen des Pharaos. Ungewöhnlich ist das Umsetzen dieser Vorstellung in der Gestaltung dieses Tuschegefäßes: Wie bei einem Statuensockel sind die Feinde reduziert auf die Köpfe von Ausländern, hier zweier Nubier. Der König selbst ist präsent

44

in Gestalt seines Namens: Das eigentliche Tuschegefäß zeigt die Form einer Kartusche, also jener Hieroglyphe, die den königlichen Namen umschließt und als Symbol des Königtums verstanden werden kann. Möglicherweise war diese kleine Kostbarkeit ein Geschenk des Königs an einen verdienten Beamten im Umfeld des Militärs oder an einen hohen Offizier. Auf der hinteren Außenseite des Tintenfässchens ist die Namensinschrift eines Haremhab zu finden – vielleicht der General und spätere König gleichen Namens? Die Stilistik der Köpfe und der Farbton der Fayence jedenfalls passen in die Epoche der späten 18. Dynastie.
S. Sch.

45
Kastendeckel in Form eines Gefangenen

Neues Reich, 18. Dyn., um 1350 v. Chr.
Herkunft unbekannt
Holz. Länge 13,8 cm, Breite 3 cm, Höhe 3,7 cm
Leiden, Rijksmuseum van Oudheden, Inv.-Nr. L.IX.25

Während des Neuen Reiches wurde die Darstellung von Fremdvölkern zu einem wichtigen Element der ägyptischen Kunst, da Ägypten zu dieser Zeit durch die Unterwerfung weiter Gebiete in Nubien und Asien seine größte Ausdehnung erreichte. Durch das neu aufgekommene Interesse an der Darstellung historischer Ereignisse wurden Bildhauer und andere Künstler mit der völlig neuartigen Herausforderung konfrontiert, die charakteristischen Merkmale der einzelnen Völker genau herauszuarbeiten. Die eindrucksvollsten Beispiele für die Wiedergabe von Fremdvölkern finden sich in den Schlachtdarstellungen ramessidischer Tempel sowie in den berühmten Reliefs aus dem memphitischen Grab des Generals Haremhab (Nr. 74). Die einzelnen Völker werden hier wirklich aufgrund von Details der Physiognomie, Haartracht, Kleidung und Waffen voneinander unterschieden. Zeitgleich kam das Motiv des besiegten Feindes auch als Zierelement an Möbeln, gewöhnlichen Haushaltsgegenständen und Toilettenartikeln in Mode. Hier überwiegt eine stereotype Darstellungsform des „Fremden" und eine exakte Identifikation ethnischer Zugehörigkeit ist nicht immer möglich. Das Hauptinteresse des Künstlers lag hier auf dem Symbolgehalt des Motivs: Der Feind ist in unterwürfiger Haltung dargestellt, trägt schwere Lasten oder liegt in Proskynese auf dem Bauch und wird dabei geschickt in den Gesamtentwurf des Gegenstandes integriert.

Dies trifft zweifellos für den bärtigen Mann im knöchellangen Gewand zu, der hier zu sehen ist: Seine ausgestreckten Hände sind durchbohrt, so dass die gesamte Figur wohl an einer darin steckenden Angel hochgeklappt werden und so den oberen Teil eines Kästchendeckels bilden konnte. Zwei Zapfen und zwei Stiftlöcher an der Unterseite zeigen, dass die Feindfigur auf ein weiteres Holzteil appliziert war, bei dem es sich um das untere Deckelbrett handeln dürfte.
M. J. R.

46

Literatur: Kat. Hamm (1999) 52, Nr. 80.

46
Statuette eines nubischen Gefangenen

Neues Reich, wohl 19. Dyn., um 1200 v. Chr.
Herkunft unbekannt
Holz. Höhe 10,7 cm
Paris, Louvre, Dep. des Ant. égyptiennes, Inv.-Nr. E 243

Völlig nackt und mit vor dem Bauch gefesselten Händen zeigt die Statuette einen wehrlosen Nubier, der den Kopf stark nach rechts gewandt hält. Detailreich ist dabei das Hervortreten von Halsmuskulatur und Unterkiefer gestaltet, ebenso wie die charakteristische Löckchenfrisur und die typischen kreisrunden Ohrringe, wohingegen vor allem die Proportion des Körpers als zu klein geraten scheint. Die natürlich dunkle Färbung des Holzes deutet gelungen die Hautfarbe der nubischen

Bevölkerung tief im Süden des Landes an. Mittels kleiner Zapfen unter den Füßen war die Statuette wohl als eine Art Griff an ein heute verlorenes Objekt appliziert, das sicherlich dem unmittelbaren persönlichen Umfeld des Königs entstammte, denn nach dem Dogma blieb allein Pharao die Symbolik eines gefesselten Feindes vorbehalten. Durch den ständigen Gebrauch des Objektes wurde somit sinnfällig nicht nur die völlige Unterwerfung der Gegner, sondern zugleich deren zwangsweise und dauerhafte Dienstbarkeit für den Herrscher zum Ausdruck gebracht.
Ch. B.

Literatur: Kat. Paris (Kat. Paris 2000) 74, 101, Nr. 10.

47

47
Stabaufsatz: Kopf eines Nubiers

Neues Reich, ca. 1300-1200 v. Chr.
Herkunft unbekannt. 1910 erworben
Holz, Glaseinlage. Höhe 5,5 cm
Berlin, SMB-PK, Ägyptisches Museum und Papyrussammlung, Inv.-Nr. 19562

Die Schnitzarbeit betont karikaturhaft optische Merkmale der schwarzafrikanischen Bevölkerung: Aufgeworfene Lippen, eine breite flache Nase und eine kappenartige Frisur aus kurzen, gekräuselten Haaren dienen zur Kennzeichnung des Südländers. Die Augen sind in weißer und schwarzer Glaspaste eingelegt. Durch die kleinen nach unten gedrehten Pupillen wirken die Augen wie vor Schreck geweitet, der Blick des Nubiers scheint Angst und Entsetzen auszudrücken.
In die Bohrungen an den Ohrläppchen waren aus anderem Material Ohrringe, ebenfalls ein häufiges ikonographisches Detail der Südländer, eingelassen. Durch den langen, ausgehöhlten Hals mit Bohrungen für eine zusätzliche Verzapfung konnte das Köpfchen auf das untere Ende eines Stabes aufgesteckt werden. Bei dessen Benutzung wurde der Nubier als Zeichen ägyptischer Überlegenheit in den Staub gedrückt. Für diese Form symbolischer Feindvernichtung wurden auch Figuren von Asiaten und Libyern verwendet. Stäbe mit aufwendig gestalteten Feindfiguren wurden beispielsweise im Grab des Tutanchamun gefunden.
S. M.-v. F.

Literatur: Fechheimer (1921) Taf. 151; Hermann/Schwan (1940) 10, 72, 108; Kat. München (1996) 150, Nr. 150.

48
Miniaturfigürchen eines Gefangenen oder einer weiblichen Sphinx

Mittleres Reich, ca. 20.-19. Jh. v. Chr.
Fundort unbekannt
Amethyst. Breite 19 mm, Höhe 22 mm
Privatsammlung Süddeutschland

Das kleine Figürchen aus Amethyst gibt eine hockende Person mit langen Haaren und aufwärts blickendem Gesicht wieder. Ähnliche Amethyst-Figürchen wurden als weibliche Sphingen gedeutet. Einer anderen Deutung nach ist in diesem Exemplar jedoch ein Gefangenen zu erkennen.
Verschiedentlich kommen Miniaturfigürchen von Fremden vor; so wird in Leiden ein solches aus Serpentinit aufbewahrt. Auch Spielsteine aus Fayence können als Gefangene gestaltet sein.
M. v. F.

Unpubliziert.
Zu anderen Figürchen von Gefangenen: Führungsblätter Hannover, Nr. 50-51; Kat. Boston (1982) 269, Nr. 373; Kat. Hamm (1999) 54, Nr. 88. – Zu weiblicher Sphinx: Andrews (1994) 78, Abb. 64c, 78c.

48

„Propagandaritual" oder Realität? Abschreckung durch Bild und Wort

Erhart Graefe

Die altägyptische Weltsicht, der Pharao werde immer ein Sieger sein, wird durch ein weithin bekanntes Sinnbild beschworen: Man zeigt den König auf den Außenseiten der Tempel-Pylone oder wie in den Beispielen der Ausstellung auf Stelen (Nrn. 53-55), wie er weit ausholend im Begriff ist, Feinde „gebündelt" am Schopfe packend mit der Keule oder (modernisiert) mit dem Krummschwert zu töten. Diese flehen dabei um Gnade. Ob er sie wirklich erschlägt, wird offen gelassen. Der naive Betrachter wird glauben, es handele sich um die subsummierende Darstellung tatsächlicher Siege, weil nämlich in der Sockelzone der Pylon-Fronten in der Regel lange Schriftbänder mit namentlicher Aufzählung von besiegten Völkerschaften hinzugefügt wurden (Nr. 33). Nur hat man längst konstatiert, dass häufig einfach solche Listen aus Monumenten früherer Zeiten stereotyp kopiert wurden. So erscheinen dann unter Umständen Namen von Völkern, die zur Anbringungszeit solcher Reliefs gar nicht mehr existierten. Das heißt, solche Darstellungen gehören einfach zum Dekorationsprogramm der Tempel. Auch Könige, die niemals haben kämpfen müssen, können so auftreten. Obwohl das Bild martialisch und im Rahmen der ägyptischen Kunst wirklichkeitsnah aussieht, entspricht es nicht einer Realität. Es ist eher eine Art von Beschwörung, die die Welt darstellt, wie sie zu sein hat. Haben die Ägypter jemals das getan, was so dargestellt ist? Genau in der Form sicher nicht, aber es gibt das Beispiel Thutmosis II., der nach einem misslungenen Aufstand öffentlich den letzten nubischen Thronprätendenten sich lebendig unter die Füße legen ließ, um dessen Unterwerfung augenfällig zu machen. Hier wird ganz deutlich, dass es sich um ein Mittel der Einschüchterung handelt. Zimperlich gingen die Ägypter mit ihren Feinden auch sonst nicht um. In einem Relief des Tutanchamun sieht man einen syrischen Fürsten, der am Mast eines Schiffes in einem Käfig aufgehängt wird und es gibt etliche Belege dafür, dass Feinde lebendig oder tot am Bug von heimkehrenden Schiffen aufgehängt wurden. Den Toten schneidet man Hände oder Gliede (Phalli) ab, um die Zahl der Gefallenen zu dokumentieren oder spießt die Hände auf Lanzen, die man mit sich führt. In diesen Beispielen wird man schon eher Reflexe tatsächlicher Durchführung sehen. Es sind Mittel der Abschreckung, wie sie in der Geschichte unaufhörlich vorkommen, heutzutage wird ihre Wirkung durch das Fernsehen überproportional verstärkt. Es wäre aber falsch, Monumente wie die, die ich vorgeführt habe, als Zeugnisse altägyptischer „Propaganda" zu bezeichnen. Es muss ein hohes Maß echter Überzeugung dahinter stehen. Wir kennen einen Türangelblock (Länge ca 75 cm) aus dem Tempel von Hierakonpolis, der aus der 1. oder 2. Dyn. stammen soll. Der Stein, der in der Mitte eine Vertiefung aufweist, in der sich die Türangel dreht, hat die Gestalt eines menschlichen Feindes. Die Vorstellung ist die des ewig gequälten Feindes, dessen Ächzen man sozusagen bei jedem Öffnen der Tür hört. Nun hat vielleicht niemals ein Fremder diesen Tempel überhaupt je betreten; der Block ist also kein echtes Mittel der Abschreckung, sondern eine Art von Selbstdarstellung des Ägyptertums: Natürlich ist die elende Lage die, die dem Nichtägypter zukommt.

Ächtung des Feindes

Symbolik dieser Art erscheint in mehr oder weniger ähnlicher Form (ähnlich in dem Sinne, Feinde in einer elenden Lage darzustellen) auf vielen Gegenständen des Alltags und des Kults. Aber es gibt auch Belege dafür, dass magische Praktiken, die sehr früh innerhalb der ägyptischen Geschichte (Pyramidenzeit) „erfunden" worden waren, genauso und unter Verwendung der gleichen kanonischen Texte bis in die Spätzeit immer wieder rituell vollzogen wurden. Gemeint sind modern ausgedrückt „Voodoo"-Praktiken: Zerstörung von beschrifteten oder unbeschrifteten Darstellungen gefesselter Feinde aus Ton (Nrn. 57a-58), Holz, Stein oder Wachs. Zusätzlich wurden, wie auch bei Begräbnissen, Töpfe aus rotem Ton zerstört (zerschlagen oder mit einem Loch versehen und dadurch unbrauchbar gemacht). Diese symbolisieren das Blut des getöteten Opfertieres (das seinerseits einen Feind repräsentiert). In den zugehörigen so genannten „Ächtungstexten" wurden Feinde aus allen vier Himmelsrichtungen genannt, aber auch individuelle Personen (ausländische Häuptlinge, daneben verstorbene Ägypter), die damit verflucht und zum zweiten endgültigen Tod verdammt wurden. Die einmal festgesetzten Namen behielt man durch die Geschichte hin bei. Es kann sich also gar nicht um eine Reaktion auf reale historische Ereignisse handeln. Bei der Festung Mirgissa in Nubien wurde 1962 eine entsprechende umfangreiche Niederlegung von Figuren, Scherben, Töpfen etc. aus dem Mittleren Reich entdeckt. Dazu gehörte auch der Kopf einer enthaupteten Person, das zugehörige Skelett lag in der Nähe. Es handelt sich anscheinend um den ersten sicheren Beleg für Menschenopfer in Ägypten.

Bei dem Begriff „Feind" denken wir heute wahrscheinlich zuerst an Feinde im Sinne von Angehörigen gefährlicher Völkerschaften. Aber auch in ägyptischen (religiösen) Texten wird immer wieder von den Feinden gesprochen. Meist sind die Feinde der Götter gemeint, die die ägyptische Welt bedrohen, die Feinde des Re oder des Osiris. Sogar das Jenseits ist von feindlichen Mächten bevölkert, das betrifft nun sogar die Privatleute, nicht nur den König, und man benutzt magische Texte, um sich seiner (anonymen) potentiellen „Feinde" zu erwehren.

Literaturauswahl:
Bochi (1999); Ritner (1993).

49
Tempelrelief aus el-Hibe: Scheschonq I. beim Erschlagen der Feinde

3. Zwischenzeit, 22. Dyn., Scheschonq I., 945-924 v. Chr.
Tempel von el-Hibe, Nordseite der Rückwand der Vorhalle.
Badische Grabung von 1913/14
Kalkstein. Höhe 1,40 m, Breite 2,17 m
Heidelberg, Ägyptologisches Institut der Universität, Inv.-Nr. 1970

Das Relief besteht aus mehreren Fragmenten. Es wurde im Februar 1914 zusammen mit zwei Pfeilerbruchstücken aus dem Tempel des Amun-Re in el-Hibe geborgen. Dargestellt ist Pharao Scheschonq I. beim Erschlagen der Feinde. Obwohl wichtige Teile des Reliefs weggebrochen sind, lässt sich die Szene anhand des erhaltenen Ausschnittes klar deuten. Der König steht nach links gewandt, den Oberkörper leicht nach vorne gebeugt. Sein linker Arm ist nach oben hin weggestreckt. Der rechte Arm des Königs weist nach unten. Beide Arme sind auf Oberarmhöhe weggebrochen, so dass man die eigentliche Tat des Pharaos nicht zu sehen bekommt. In seiner rechten Hand ist ein Bündel Feinde zu ergänzen, während er mit der linken Hand mit einer Keule zum Schlag ausholt.
Er trägt die Hemhem-Krone, das Nemes-Kopftuch mit Uräus-Schlange sowie den Zeremonialbart, Ehrengold und Perlenkragen. Zwei Falken haben ihre Flügel schützend um seinen Oberkörper gelegt. Der untere Teil des Reliefs fehlt. Die Hemhem-Krone, eine Erweiterung der Atef-Krone, setzt sich aus drei Binsenkronen, zwei Straußenfedern, gedrehtem Widdergehörn sowie insgesamt vier Uräus-Schlangen mit Sonnenscheiben zusammen. Die drei Binsenkronen werden zusätzlich von je einer Sonnenscheibe bekrönt und seitlich von einer flankiert. In dieser Kronenform finden sich Elemente der Kronen

49

Ober- und Unterägyptens wieder. Der Name *„hmhm"* bedeutet *„Geschrei, Gebrüll"* und wird als Kriegsruf des Königs gebraucht, daher ist das Erschlagen der Feinde ein idealer Anlass, die Hemhem-Krone zu tragen.
Die zwei Namenskartuschen vor der Krone identifizieren den Dargestellten als Pharao Scheschonq I. Die Hieroglyphenreihe unter den Kartuschen beinhaltet einen Segenswunsch. Vor dem König muss eine Götterfigur gestanden haben, die ihm ein Lebenszeichen reichte (*Hunderttausende an Lebensjahren*). Um welche Gottheit es sich gehandelt hat, ist unklar, aber eine mögliche Zuweisung geht an den Kriegsgott Month, denn vor den Namenskartuschen erkennt man Reste zweier Inschriftenzeilen. In einer ist die Month-Hieroglyphe noch zu erkennen.
Auf der rechten Seite über dem erhobenen Arm des Pharaos befindet sich eine weitere Beischrift, die ein fester Bestandteil des Erschlagens der Feinde ist: *Horus mit starkem Arm, Herr des Opferns*. Unterhalb des Armes steht wiederum ein Segenswunsch: *Schutz, Leben, Dauer und Glück seien hinter ihm wie Re*. Direkt im Anschluss erkennt man zwei Wedel, die aus Schen-Ringen herauswachsen. Sie werden als kraftspendende Schatten eines Gottes gedeutet. Die senkrecht dahinter aufragende Linie kann durch Paralleldarstellungen zu einer Ka-Standarte des Königs, einem Stab mit Königskopf, ergänzt werden.
Die Szene kann durch den näheren Fundkontext als Erschlagen gefangener Asiaten gedeutet werden; eine Zuweisung auf den in der Bibel (1. Könige 14,25 / 2. Chronik 12,2) erwähnten Feldzug nach Palästina und der Plünderung des Tempels und Palastes von Jerusalem liegt nahe.
He. S.

Literatur: Kat. Heidelberg (1986); 96, Nr. 223.

50

50
Statue eines Pharaos mit Gefangenen

Neues Reich, 20. Dyn., ca. 1186-1070 v. Chr.
Kalkstein. Höhe 58,5 cm
Herkunft unbekannt. Sammlung Drovetti
Turin, Museo Egizio, Inv.-Nr. C 1392

Die inschriftenlose Statue stellt einen König dar, der nach vorn schreitet. Er trägt einen Schurz, den so genannten Schendit; über seiner Perücke ragt die Atef-Krone empor. Das Gesicht des Königs ist breit; dichte Augenbrauen, die in schwarzer Bemalung wiedergegeben sind, umrahmen die Augen.
Der König hält in seiner Rechten ein Beil, während er mit der Linken die Haare eines libyschen Gefangenen packt, dessen Hände auf dem Rücken zusammengebunden sind. Zwischen den Beinen des Gefangenen steht ein Löwe, der im Begriff ist, ihn zu zerfleischen. Der Schweif des Löwen passt sich in seiner Bewegung dem ausschreitenden Bein des Königs an. Der Libyer ist in vollkommen unterwürfiger Haltung mit auf dem Rücken gebundenen Ellenbogen dargestellt. Im Vergleich zur ruhigen und ernsten Gestalt des Königs ist die Haltung des Gefangenen, der vom Löwen angegriffen wird, von einer gewissen Dynamik erfüllt.
Das Motiv des schreitenden Königs, der einen Gefangenen an den Haaren ergreift, verbreitet sich in der ägyptischen Skulptur ab etwa der Mitte der 20. Dynastie mit Beginn der Herrschaft Ramses' VI. Die Komposition greift die traditionelle Darstellung des Königs auf, der seine Feinde tötet, in denen sich nach ägyptischen Vorstellungen das Chaos und das Böse verkörpern. Dieses Thema ist als Motiv für Königsstatuen der Ramessidenzeit sehr geläufig und bereits seit der protodynastischen Zeit bekannt. Es hat im Laufe der ägyptischen Geschichte eine weite Verbreitung gefunden, insbesondere in den szenischen Darstellungen auf den Außenwänden der Tempel während der Zeit des Neuen Reiches. Diese Darstellungen besitzen, obwohl sie die vergangenen Heldentaten des Königs verherrlichen sollen, auch

51 Vorder- und Seitenansicht

eine abschreckende Funktion, in der sich die Niederlage der Feinde Ägyptens widerspiegelt, ein Schicksal, das sich bis in alle Ewigkeit wiederholen soll. Möglicherweise soll auch unsere Darstellung diesen Eindruck vermitteln – nicht als eine Anspielung auf ein bestimmtes Ereignis, sondern als zeitlose Darstellung des Pharaos, der die Feinde Ägyptens besiegt.
M. T.

Literatur: Curto (1984) 160, 164; Donadoni (1989) 166, 170, Abb. 256; Kat. Wien (1992) 302-303; Leospo (1998) 316, Abb. 319.

51
Kopf eines asiatischen Gefangenen

Neues Reich, 18. Dyn. (?), ca. 1550-1292 v. Chr. (?)
Herkunft unbekannt
Kalzit. Höhe 13,8 cm, Breite 9,5 cm, Dicke 10,6 cm
Brüssel, Musées Royaux d'Art et d'Histoire, Inv.-Nr. E.6421

Dieses aus weißem Kalzit fein gearbeitete Statuenfragment beweist ein sehr hohes künstlerisches Niveau und zählt gewiss zu den schönsten ägyptischen Skulpturen, die Ausländer darstellen. Die Bearbeitung des Gesichts ist so sorgfältig und zart, dass man sofort versucht ist, das Werk in die 18. Dynastie zu datieren. Ohne Zweifel hat es R. Tefnin aus derartigen Gründen dieser Zeit zugeschrieben, was grundsätzlich richtig ist, obwohl auch eine etwas spätere Datierung nicht unmöglich erscheint. Die ausgeprägten Nasolabialfalten und die zusammengekniffenen Lippen verleihen dem Gesicht einen Ausdruck von Resignation oder sogar von Traurigkeit.
Die lang gezogenen und fast halb geschlossenen Augen, die hervorspringenden Wangenknochen, der kurze aber dichte und spitz zulaufende Bart sowie die Haartracht zeigen an, dass wir es mit der Darstellung einer Person asiatischer, möglicherweise syrischer Herkunft zu tun haben. Der stark stilisierte Haarschopf verjüngt sich nach oben, als ende er in einer Spitze. Außerdem ist festzustellen, dass das Objekt an dieser Stelle eine Bruchkante aufweist. Daher mag die Vermutung erlaubt sein, dass sich dort, wo der Stein weggebrochen ist, die Hand eines Pharaos befand und dass der Brüsseler Kopf von einer heute verlorenen Statuengruppe stammt, die den König beim Erschlagen eines fremdländischen Feindes zeigte, den er an den Haaren gepackt hält. In diesem Falle würde es sich um eine der sehr seltenen rundplastischen Umsetzungen eines Themas handeln, von dem zahlreiche zweidimensionale Wiedergaben existieren (vgl. Nr. 56). Auf der Schopfvorderseite ist eine antike Bestoßung des Steins festzustellen, die vermuten lässt, dass dem Kopf im Altertum absichtlich Schläge zugefügt wurden.
L. L.

Literatur: Tefnin (1988), 40-41 Nr. 11; Lefebvre/Van Rinsveld (1990) 101-102; Kat. Wien (1994) 284, Nr. 395.

52
Zwei Reliefs
Königliche Barke mit Nofretete beim „Erschlagen der Feinde"

Neues Reich, 18. Dyn., Amenophis IV./Echnaton, 1351-1334 v. Chr.
Tell el-Amarna, gefunden in Hermopolis
Kalkstein. Höhe 23,9 cm, Breite 54 cm, Durchmesser 3,5 cm (a)
Höhe 24 cm, Breite 53,1 cm, Durchmesser 3,6 cm (b)
Boston, Museum of Fine Arts
Egyptian Curator's Fund, Inv.-Nr. 64.521 (a)
Helen and Alice Colburn Fund, Inv.-Nr. 63.260 (b)

Diese beiden zusammengehörigen Reliefs sind Teil einer größeren Szene mit Darstellungen königlicher Barken der Amarna-Zeit. Die beiden langen Steuerruder im Heck weisen das rechte Schiff als Barke der Nofretete, der Gemahlin des häretischen Pharaos Echnaton, aus. Beide Ruder tragen Endstücke in Form des Kopfes der Königin mit ihrer charakteristischen, aus Federn und einer Sonnenscheibe bestehenden Krone. Zwei Steuermänner betätigen die Ruderpinne, während andere Seeleute ihre Ruder durch das Wasser ziehen. Auf dem Dach der mittig platzierten Kajüte sind zwei Diener in Verbeugung dargestellt.
Es ist jedoch die Szene im Kiosk am Heck der vorderen Barke, die unsere Aufmerksamkeit fordert: Hier wird Nofretete im Profil unter den liebkosenden Strahlen des Aton, des im Mittelpunkt der „Amarna-Revolution" stehenden, einzigen Gottes gezeigt. Mit ihrer rechten Hand schwingt Nofretete ein Sichelschwert, bereit eine auf den Boden gezwungene weibliche Gefangene zu erschlagen. Auch wenn Darstellungen des Königs in Siegerpose auf Kriegsschiffen bereits früher in der 18. Dynastie belegt sind, ist es höchst ungewöhnlich, dass eine Königin in dieser Pose abgebildet wird; ein thematisch ähnliches Relief mit Darstellung der Nofretete wurde jedoch in Karnak gefunden.
Es ist eindeutig, dass Nofretete als Königin beträchtlichen Einfluss und erhebliche Macht ausübte – es wurde sogar vorgeschlagen, sie habe als Co-Regentin fungiert.
Die fragmentarische Darstellung einer weiteren königlichen Barke ist im unteren Relief zu sehen. Bei der Figur am Bug handelt es sich vermutlich um Echnaton, der ebenfalls in einer Szene der Feinderschlagung dargestellt ist, die jene seiner einflussreichen Gattin ergänzt.
Y. M.

Literatur: Kat. Boston (1999) 238.

52

53

53
Grenzstele Ramses' II.

Neues Reich, 19. Dyn., Ramses II., um 1240 v. Chr.
Wadi Sannur (Ostwüste)
Kalkstein. Höhe 140 cm, Breite 90 cm, Tiefe 20,5 cm
München, Staatliches Museum Ägyptischer Kunst, Inv.-Nr. Gl. 29

Die Bestimmung des ägyptischen Königs, als „Herr der Welt" den Zustand der Maat, der Weltordnung, zu garantieren, wird in Bezug auf die Außenpolitik auf der bildlichen Ebene im Motiv des „Erschlagens der Feinde" komprimiert. Großformatig findet sich diese Szene auf zahlreichen Pylonen, den monumentalen Toren der ägyptischen Tempel, und verkündet so weithin sichtbar den Anspruch des Pharao auf die Herrschaft über die Welt.
Auch die Sicherung der ägyptischen Grenzen erfolgte nicht nur pragmatisch durch den Bau großer Festungsanlagen, sondern auch programmatisch durch die Demonstration der Macht und Überlegenheit des Pharao. So finden sich an allen Zugängen zum Niltal Stelen und Felsbilder mit der Darstellung des siegreichen, die Fremdländer unterwerfenden Königs. Für jeden Vorbeiziehenden sichtbar, dienten diese Grenztafeln unmissverständlich der Zurschaustellung des Herrschaftsanspruchs Ägyptens. Darüber hinaus hatten diese Darstellungen auch apotropäischen Charakter und sicherten die Grenzen auf magische Weise.
Diese großformatige Stele Ramses' II. aus dem Wadi Sannur, das rund 100 Kilometer südlich von Kairo das Niltal mit dem Golf von Suez verbindet, gehört zusammen mit einer zweiten Stele vom selben Fundort in der Ostwüste (heute in Kairo) zu diesen Grenzschilden. Beide Stelen waren nicht frei aufgestellt, sondern als Reliefs ursprünglich direkt in den Fels geschlagen worden.
Im Bildtopos des „Erschlagens der Feinde" packt der König, in weitem Schritt vorgebeugt, einen vor ihm knienden Feind am Schopf, der andere Arm ist zum Schlag mit der Waffe erhoben. Dabei trägt er die Doppelfeder-Krone über einer kurzen Löckchenperücke sowie einen weiten knöchellangen Schurz mit plissiertem Vorbau. Dieses für ein reales Kampfgeschehen ungeeignete Kleidungsstück ist als modische Aktualisierung des uralten Motivs zu verstehen; Gleiches gilt für die Waffe, eine Schwertkeule, die im Neuen Reich oft die alte Zeremonialkeule ersetzt.
Dem König gegenüber steht der Gott Seth, menschengestaltig mit dem Kopf eines Erdferkels, eines Wüstentieres: Als *Herr der Fremdländer* ist er auch zuständig für die das Niltal umgebenden Wüstenregionen und eine der Gottheiten, die die Grenze Ägyptens schützen. Zwischen König und Gott kniet ein Fremdländer, der als Asiate gekennzeichnet ist: Er steht stellvertretend für alle östlichen und nördlichen Nachbarn Ägyptens und symbolisiert die potentiellen Feinde, deren Platz im ägyptischen Weltbild durch diese Darstellung festgelegt wird. Nicht ein historisches Ereignis wird hier abgebildet, sondern das ägyptische Verständnis von der (gottgegebenen) Ordnung der Welt.
Zu dieser ahistorischen Darstellung passt der unterhalb des Bildfeldes stehende, nicht vollständig erhal-

tene Text. Nach einer ausführlichen Titulatur des Königs beginnt eine formelhafte Rede des Gottes Seth, die nicht explizit auf die Darstellung eingeht. Vermutlich endete sie in einem allgemeinen Lobpreis der militärischen Leistungen des Königs und bestätigte ihn als „Herrn der Welt".
S. Sch.

54

54
Stele eines Privatmannes mit Feinderschlagungsszene

Neues Reich, frühe Ramessidenzeit, ca. 1290-1270 v. Chr.
Memphis, Ptah-Tempel
Kalkstein. Höhe 17 cm, Breite 9 cm
Hannover, Kestner-Museum, Inv.-Nr. 1935.200.204

Die Stele hat die Form eines ägyptischen Naos (Schreines) mit plastisch heraus gearbeitetem Hohlkehlenabschluss. Die Schreinöffnung ist in drei Felder aufgeteilt, wobei das obere leer belassen wurde, während das Bildfeld mit der Erschlagungsszene im Zentrum mit seitlichen Rahmungen versehen ist. Im unteren Feld erscheinen vier nach rechts geöffnete Ohren mit durchbohrten Läppchen. Der König hebt das Sichelschwert zum Schlag; er trägt die kugelige Perücke und darüber die aus Gehörn, Sonnenscheibe und Federpaar kombinierte Krone. Mit der Linken ergreift der Herrscher zwei niedergebrochene Gefangene, die Rücken an Rücken angeordnet sind und ihr jeweils rechtes Bein nachziehen, bei ihren Schöpfen. Dem König gegenüber steht der Gott Ptah auf einem vorne angeschrägten Podest. Der linke Gefangene fleht den König, der rechte den Gott Ptah um Gnade an.
Die Ohren weisen darauf hin, dass der Gott Ptah auf dieser Stele in seiner Form *Der-die-Gebete-erhört* angerufen wird. Da das einfache Volk oft nur bis in den ersten Tempelhof entlang der Hauptachse gelangen konnte, verehrte es Gebete erhörende Götter nicht selten in Gestalt der großen Reliefs an den Toren oder den Außenwänden von Tempeln. Im Ptah-Tempel zu Memphis wurde ein regelrechtes „Gegenheiligtum", das dem Volke zugänglich war, an die westliche Außenmauer des regulär von Osten her zu betretenden Haupttempels gebaut. Ramses II. ersetzte dieses Heiligtum durch eine neue Halle. Die dabei abgeräumten Votivstelen wurden in einem Depot niedergelegt, aus dem auch die hier gezeigte Stele stammt. Ihre kapellenartige Rahmung würde dann den Ort des Gebetes, das alte, unter Ramses II. abgerissene „Gegenheiligtum" bezeichnen. Die Reliefs dieser und zahlreicher paralleler Stelen könnten einen weiteren Hinweis geben: Es erscheint gut denkbar, dass der in der „Gegenkapelle" verehrte, Gebete erhörende Ptah konkret auf die Dekoration des (heute nicht mehr erhaltenen) im Osten gelegenen Pylons des Haupttempels Bezug nahm, wo sicherlich das Ikon „Erschlagen der Feinde vor Ptah" als ein riesiges Relief zu sehen war. Dieses würde dann als Anknüpfungspunkt der Volksfrömmigkeit gedient und vielleicht sogar in Form eines sekundären Kultreliefs im „Gegenheiligtum" Verehrung gefunden haben.
M. v. F.

Literatur: Petrie (1909) 7, Taf. 8 [2]; Müller-Wollermann (1988) 71-72 (Nr. 9), 75 (Nr. 9), 76; Schulman (1988) 25-26 (Nr. 10), Abb. 9 [anstelle von Abb. 10 falsch zugeordnet]; v. Falck (1989) 88 (Anm. 99), 98 (Anm. 225). Zur Theorie der zeremoniellen Hinrichtung: Müller-Wollermann (1988); Schulman (1988) 52-62. – Zum „Gegenheiligtum" im Ptah-Tempel von Memphis: Sadek (1988) 16-20.

55
Stele eines Privatmannes mit Feinderschlagungsszene

Neues Reich, frühe Ramessidenzeit, ca. 1290-1270 v. Chr.
Herkunft unbekannt, wahrscheinlich aus dem Ptah-Tempel von Memphis
Kalkstein. Höhe 21 cm, Breite 14,5 cm
Hannover, Kestner-Museum, Inv.-Nr. 1935.200.230

Im oberen Bildfeld der bogenförmig abschließenden Stele erhebt der König seinen rechten Arm mit dem Sichelschwert, um zwei Feinde niederzustrecken. Er trägt eine gehörngeschmückte Federkrone, einen Militärschurz und zwei lederne (?) über der Brust gekreuzte Bänder. Die linke Hand des Königs, mit der er die Feinde am Schopf gepackt hat, hält auch einen senkrecht aufragenden Bogen. Beide Feinde sind auf ihre Knie gesunken: Der hintere, ein Asiate, wendet sich zum König zurück und fleht mit erhobener Hand um Gnade; der vordere, ein Nubier, hat sich mit herabgesunkenen Armen in sein Schicksal ergeben. Das Geschehen spielt vor einer nach vorne geöffneten Kapelle mit dem Kultbild des Ptah, dessen Namensprotokoll beigeschrieben ist: *Ptah, Herr der Maat* (Weltordnung), *großer Gott*. Im Rücken des Königs ist zu lesen: *Horus, mit starkem Arm*. Bei dem König handelt es sich laut Beischrift um Thutmosis IV.
Im unteren Bildfeld sind die Angehörigen der Stifterfamilie aufgereiht, die allesamt (zumindest) ihre rechte Hand im Gebetsgestus erheben: Auf einen Mann mit schulterlanger Perücke, der einen Brandopferständer empor hält, folgen zwei Frauen. Die erste umfasst eine Lotusblüte, die zweite hat beide Hände im Gebet erhoben. Auch der kahlköpfige Adorant (Beter) am Schluss der Reihe hält eine Lotusblume. Seine geringere Körpergröße und die seitlich herabhängende Jugendlocke kennzeichnen ihn als Minderjährigen. Die Beischriften (Titel, Namen, Genealogien) sind teilweise kaum mehr lesbar: *gemacht von dem Heri-wer-Priester ... Jry*? (Mann), *Hausherrin ...* (1. Frau), *seine Schwester, die Herrin seines*? *Hauses, Tia* (2. Frau), *seine Schwester* [falsch für sein Bruder] *Ptahmose* (Jugendlicher).
Trotz des Königsnamens Thutmosis' IV. wird die Stele von Kennern aus stilistischen Gründen in die Ramessidenzeit gesetzt. Allerdings kommt wohl nur die frühe Ramessidenzeit in Frage, falls auch diese Stele aus dem Depot im Ptah-Tempel zu Memphis stammen sollte, in dem die in das Vorläuferheiligtum gestifteten Votivstelen niedergelegt wurden (Nr. 54), bevor Ramses II. dort eine neue Halle erbaute.
Anachronistische Beischriften lassen oft auf einen postumen Kult verstorbener Herrscher schließen, die häufig als Mittler angerufen werden. Die betend dargestellte Stifterfamilie kann daher ihre Bitten sowohl an den Gott wie auch an den (verstorbenen) König richten: Beide Varianten sind auf ähnlichen Stelen textlich belegt. Thutmosis IV. ist hier in Form eines wirkmächtigen Bildes vom „Erschlagen der Feinde" angerufen, das im Tempel von Memphis sicher auch als reale Pylon-Dekoration gegenwärtig war.
Schulmann fasst Erschlagungsszenen auf Privatstelen generell als Wiedergaben zeremonieller Hinrichtungen auf, die nach erfolgreichem Feldzug im ersten Hof großer Tempel rituell vollzogen worden seien. Die Stifter der Stelen wären dann Augenzeugen des Geschehens gewesen, die anlässlich des Siegesrituals belobigt worden sind. Diese Interpretation erscheint jedoch abwegig.
M. v. F.

Literatur: Müller-Wollermann (1988) 75 (Nr. 3), 76; Schulman (1988) 13-15 (Nr. 3), 100-102 (Anm. 151), Abb. 3, Taf. 1; Grimal (1998) 269-270 Abb. 1.

55

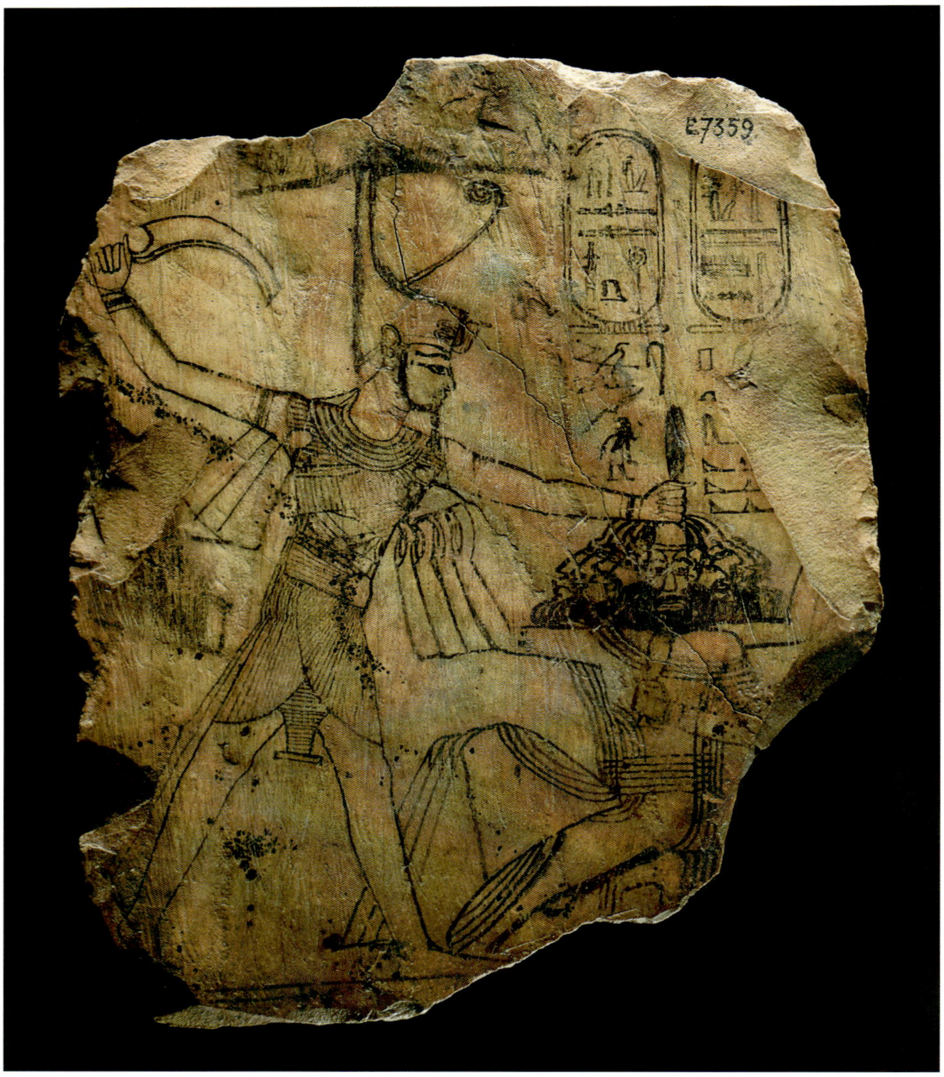

56

56
Ostrakon: Ramses III. schlägt Gefangene nieder

Neues Reich, 20. Dyn., Ramses III., 1183-1152 v. Chr.
Höchstwahrscheinlich aus Deir el-Medina
Kalkstein, schwarze und rote Tinte. Höhe 18,1 cm,
Breite 15,2 cm, Dicke 3,2 cm
Brüssel, Musées Royaux d'Art et d'Histoire, Inv.-Nr. 7359

Obwohl dieses Objekt im Antikenhandel erworben wurde, stammt es höchstwahrscheinlich aus dem Dorf Deir el-Medina (Theben-West), in dem die Handwerker und Künstler lebten, die mit dem Ausschachten und Dekorieren der Gräber im Tal der Könige und im Tal der Königinnen beauftragt waren, und wo Hunderte von Bildostraka gefunden wurden. Mit dem griechischen Wort „Ostrakon" bezeichnet man Kalksteinsplitter und Keramikscherben, die Zeichnungen, Bemalungen oder Beschriftungen tragen. Unser Stück ist mit einem Motiv verziert, das mit Anbeginn der Geschichte Ägyptens in Erscheinung trat, seine intensivste Verwendung jedoch im Neuen Reich und insbesondere in der Ramessidenzeit fand, wo es großformatig an Tempelwänden dargestellt wurde: Das Ikon des siegreichen Pharao. Die Zeichnung ist von beachtenswerter Feinheit. Der linke Bereich der Szene wird von dem Bild eines Königs ausgefüllt, den die hieroglyphische Inschrift als Ramses III. identifiziert. Der Pharao ist mit einem Militärschurz bekleidet und trägt die rote Krone Unterägyptens. Das Krummschwert (Chepesch) mit der rechten Hand erhebend, schickt er sich an, eine Gruppe besiegter Feinde niederzuschlagen, die er an den Haaren gepackt hält. Die Physiognomie, die Bärte und die Trachten dieser Gefangenen sind charakteristisch für die Art, in der Gefangene aus Vorderasien in der ägyptischen Kunst wiedergegeben werden. Unter den königlichen Kartuschen Ramses' III. liest man: *Der die fremden Länder niedertritt und (ihre) Anführer vernichtet*. Auf der Rückseite des Ostrakons wurde in hieratischer Schrift eine Inschrift aufgetragen, die ohne Bezug zu der hier beschriebenen Szene ist.
L. L.

Literatur: Dieses Ostrakon ist in zahlreichen Werken und Artikeln reproduziert und kommentiert worden, zuletzt in: Kat. Wien (1994) 284, Nr. 396; Kat. Paris/Brüssel (2002) 173, Nr. 117.

57 a

57 b

58

57 a-b
Zwei Ächtungsfigürchen

Ende Mittleres Reich - Anfang 2. Zwischenzeit, 12.-13. Dyn.,
ca. 1850-1650 v. Chr.
Sakkara
Ton und rote Tinte.
Höhe 11,8 cm, Breite 4,7 cm, Dicke 2,4 cm (a)
Ton und schwarze Tinte. Höhe 11,2 cm, Breite 4,8 cm,
Dicke 3,3 cm (b)
Brüssel, Musées Royaux d'Art et d'Histoire,
Inv.-Nrn. E.7465 (a), E.7491 (b)

Gelegentlich griffen die Pharaonen auf ein magisches Mittel zurück, um sich gegen Bedrohungen durch fremde Herrscher oder Völker (Asiaten, Libyer und Nubier) und gegen bestimmte ägyptische Individuen, die man als staatsgefährdend einstufte, zu schützen: Zusammen mit Fluchformeln wurden die Namen dieser potentiellen Feinde und ihrer Familienangehörigen auf Tongefäße (vgl. Nr. 59) geschrieben, die während der Ächtungsriten Verwendung fanden, oder man schrieb sie auf Figürchen (größtenteils aus ungebranntem Ton gefertigt), die summarisch Kopf und Körper eines Gefangenen wiedergaben. Diese Inschriften, die unter anderem als Ächtungstexte bezeichnet werden, beschriftete man in Hieratisch (der kursiven Schriftform der Hieroglyphen) mit schwarzer (Nr. 57b) oder roter Tinte (Nr. 57a), wobei Rot das Schlechte und die Gefahr symbolisierte.
Diese Anwendung von Verfluchungen ist vom Ende des Alten Reiches bis in das Neue Reich belegt. Die beiden hier ausgestellten Beispiele sind an das Ende der 12. Dynastie oder in die beginnende 13. Dynastie zu datieren und gehörten zu einem umfangreichen Figuren-Ensemble, das vermutlich um 1922 bei Raubgrabungen in der Nekropole von Sakkara gefunden wurde, und von dem sich heute einige Dutzend Figürchen in den Museen von Brüssel, Kairo, Leiden und Tel-Aviv befinden.
L. L.

Literatur: Kat Wien (1994) 90, Nrn. 10-11.

58
Ächtungsfigur

Mittleres Reich - Anfang 2. Zwischenzeit, ca. 1850-1650 v. Chr.
Sakkara
Ungebrannter Ton. Höhe 11,5 cm, Breite 4,8 cm
Leiden, Rijksmuseum van Oudheden, Inv.-Nr. F 1941/8.3

Die alten Ägypter glaubten fest an die Wirksamkeit der Magie. Auch wenn die meisten Zauberpraktiken von Privatleuten im Kampf gegen Krankheit und Tod

eingesetzt wurden, dienten andere Rituale dazu, Götter bei ihrem beständigen Kampf gegen das Böse sowie den König bei seinen Auseinandersetzungen mit fremden Ländern zu unterstützen. Letzteres hatte geradezu den Charakter einer offiziellen „Staatsmagie" und wurde an kleinen Figuren gefesselter Feinde vollzogen. Oft bestanden diese Ächtungsfiguren aus Bienenwachs, dem Material für magische Handlungen par excellence, das ebenso einfach geformt wie verbrannt werden konnte. Als alternatives Material wurde ungebrannter Ton verwendet, denn dem ägyptischen Mythos zufolge entstand alles Leben aus dem Nilschlamm, der sich aus dem alles bedeckenden Urwasser erhob. Die Herstellung der Figuren aus diesen Materialien stellte also sicher, dass sie wirkliches Leben verkörperten, welches anschließend durch Enthaupten, Verbrennen, Zertreten oder Durchstechen vernichtet werden konnte. Damit der „Voodoo-Zauber" auch wirklich die Feinde des Königs traf, wurden die Figuren mit den Namen asiatischer oder nubischer Häuptlinge beschriftet. Diese hieratischen Aufschriften wurden in roter Tinte ausgeführt, die von den Schreibern gewöhnlich für Überschriften und Buchtitel benutzt wurde, in der Magie aber die traditionelle Farbe des Bösen darstellt.
Die hier gezeigte stilisierte Figur eines knienden Feindes mit gefesselten Armen wurde zusammen mit weiteren 125 Figuren nahe der Pyramide des Teti in Sakkara gefunden. Möglicherweise hatte man sie in einer königlichen Nekropole begraben, um die Macht des verstorbenen Königs für das Vernichtungsritual zu mobilisieren. Andere Depots von Ächtungsfiguren mit ähnlichen Fundkontexten wurden in Giza und el-Lischt entdeckt.
M. J. R.

Literatur: Kat. Hamm (1999) 58, Nr. 111.

59

59
Fragmente mit Ächtungstexten

Mittleres Reich, vermutlich Sesostris III., um 1860 v. Chr.
Herkunft unbekannt
Ton. 5,4 x 4,6 und 3 x 1,8 cm
Berlin, SMB-PK, Ägyptisches Museum und Papyrussammlung, Inv.-Nr. P. 14.517

Zauber und Magie besaßen in Ägypten auch eine wichtige politische Funktion. Die Feinde des Königs konnten im Interesse der Sicherheit mit verschiedenen Mitteln vernichtet werden. Tongefäße und Feindfiguren wurden zu diesem Zweck mit den Namen feindlicher Fürsten und Länder sowie mit gegen den König gerichteten bösen Plänen und Bezeichnungen von Gegenständen beschriftet. Anschließend wurden diese Gefäße oder Figuren rituell zerstört. Nach den Prinzipien des Analogiezaubers sollten die Träger dieser Namen und ihre schädlichen Gedanken ebenso zugrunde gehen wie die Schriftträger selbst.
Die hieratischen Aufschriften nennen namentlich die Herrscher der südlich von Ägypten gelegenen afrikanischen Gebiete, die Herrscher der Libyer und Asiaten sowie oppositionelle Ägypter. Dieser Aufzählung schließt sich jeweils die stereotype „Rebellionsformel" an: *„Die rebellieren werden, die Ränke spinnen werden, die zu kämpfen gedenken in diesem Land* (d. i. Ägypten) – *sie sollen sterben!* ".
Die Formalia der überlieferten Ächtungstexte bleiben stets gleich und sind vermutlich von Vorlagen übernommen worden. Sie unterliegen aber – was die Eigennamen und einige Länderbezeichnungen betrifft – zeitgemäßen Modifikationen. Die Angaben dieser Dokumente sind dementsprechend durchaus als historisch anzusehen.
A. E.

Literatur: Sethe (1926) Nr. 17; Posener (1975) 67 ff.; Kákosy (1989) 51 ff.; Kat. Wien (1994) 89-90, Nr. 9.

60
Skarabäus mit Erschlagungsszene

Neues Reich, 18. Dyn., Amenophis III., 1388-1351 v. Chr.
Fundort unbekannt
Steatit. Länge 53 mm, Breite 38 mm, Höhe 11 mm
Berlin, SMB-PK, Ägyptisches Museum und Papyrussammlung, Inv.-Nr. 32326

Auf der Unterseite dieses vergleichsweise großen Skarabäus mit der Darstellung einer Feinderschlagungsszene ist der Thronname Amenophis' III. beigeschrieben: *Neb-ma'at-Re, Herr der Kraft.* Der König hat einen Feind am Schopf gepackt und schwingt ein Sichelschwert, um es auf den Ergriffenen niedersausen zu lassen, der kriechend zu entkommen sucht. Dies verhindert der König, indem er mit seinem vorgestreckten linken Bein den rechten Oberschenkel des Feindes niederhält. Der reiche Königsornat besteht aus Blauer Krone, Oberarmreifen, Halskragen und knielangem, gefälteltem Schurz mit Gehänge. In dem durch die Standlinie abgeteilten unteren Segment ist die Formel *alle Länder und alle Fremdländer* zu lesen, die sich als Beischrift zum Gefangenen deuten lässt. Im Rücken des Königs hält ein Anch-Symbol mit menschlichen Armen einen Wedel als Zeichen göttlichen Schutzes.
M. v. F.

Literatur: Schoske (1982) 35; Kat. Kaufbeuren (1997) 15, 171 Nr. 1.

60

61

61
Skarabäus mit dem König beim Erschlagen eines Feindes

2. Zwischenzeit, 13.-15. Dyn., ca. 1790-1550 v. Chr.
Herkunft unbekannt
Steatit. Breite 9,5 mm, Länge 13,5 mm
Privatsammlung Süddeutschland

Die Basis dieses Skarabäus trägt eine komplexe Figurenkomposition, die von Schriftzeichen ergänzt wird. Der aufrecht nach rechts schreitende König holt mit einer nach hinten abgestreckten Keule aus, um sie gegen einen niederfallenden Feind zu führen, den er am Schopf gepackt hält. Der König trägt den dreiteiligen Schurz mit herabhängendem Tierschwanz und eine Beutelperücke mit Uräus; dem Fallenden steckt eine Feder im Haar.
Hinter dem König schreitet ein Steinbock, dessen Hinterläufe wie auch der linke Fuß des Königs eine Art Landschaftskonturlinie zu berühren scheinen. Über dem Tier sind drei Hieroglyphen einer so genannten „Rückenschutzformel" zu lesen: *Schutz und Leben sei hinter (ihm)*. Vor dem König steht die Bezeichnung *guter Gott*; zwischen seinem Schlagarm und der Perücke erscheint als Füllzeichen die Hieroglyphe für *Sonne*. Im Nacken des Gefangenen sind die Schriftzeichen für *Westen* und *Osten* zu erkennen.
Skarabäen mit Darstellungen des „Erschlagens der Feinde" sind vor allem seit Thutmosis III. belegt. Der lineare Stil des vorliegenden Exemplars und das Motiv des Steinbockes legt aber eine Entstehung in der Zeit vor dem Neuen Reich nahe. Angesichts seiner herausragenden Qualität darf dieses Stück unter die wichtigsten Belege von Erschlagungsszenen auf Skarabäen gezählt werden. Bemerkenswerterweise trägt der König hier keine der bei diesen Szenen üblichen Kronen (Blaue Krone, Rote Krone oder Atef-Krone), sondern eine Beutelperücke mit Uräus.
M. v. F.

Unpubliziert.
Zur Erschlagungsszene auf Skarabäen: Hornung/Staehelin (1976) 188-189, 251-252, Nr. 305-309; Jaeger (1982) 197 (§ 1326-27); Schoske (1982) 34-37; Hall (1986) 2, Abb. 4; Keel (1996) 126-127. – Zum Steinbock: Best (1979) 18-19.

62

62
Skarabäus mit dem König beim Erschlagen eines Feindes

Neues Reich, mittlere 18. Dyn., ca. 14. Jh. v. Chr.
Herkunft unbekannt
Steatit, blaugrün glasiert. 21 x 14,9 x 8,3 mm
Privatsammlung Hamburg

Die Skarabäenunterseite trägt ein gerahmtes Bildfeld, in das eine komplexe und außergewöhnliche Erschlagungsszene in versenktem Relief eingeschrieben ist: Der weit ausschreitende König trägt einen Schentit-Schurz mit Tierschwanz; seinen Kopf bedeckt eine nubische Perücke mit Stirn-Uräus. Er schwingt eine Birnenkeule und hat die lange Stirnlocke eines am Boden hockenden Feindes erfasst, der flehend seine Arme emporstreckt. Ein weiterer Feind unterhalb – d. h. perspektivisch vor – der Hauptgruppe streckt sein rechtes Bein vor und hebt den linken Arm. Er scheint sich mit dem rechten Arm abzustützen, um nicht rücklings nach hinten zu fallen. Hinter dem König ist ein belebtes Anch-Symbol zu entdecken, welches mit beiden Armen einen Wedel schwenkt. Vor dem König erscheint eine Kartusche mit dem Thronnamen des Ahmose, Nebpehtire. Dem Reliefstil und dem Motiv des wedelschwenkenden Anch-Symbols nach zu urteilen, wäre der Skarabäus wohl in die Zeit Amenophis III. zu datieren.

Eine ähnlich ausgewogene Komposition zeigt ein Skarabäus in Basel, der jedoch etwas geringerer Qualität scheint und den König mit der Federkrone wiedergibt.
M. v. F.

Unpubliziert.
Zur Parallele: Hornung/Staehelin (1976) 252, Nr. 308, Taf. 31.

63
Plättchen mit König, der vor Month einen Feind erschlägt

Neues Reich, wohl Ramessidenzeit, ca. 1290-1070 v. Chr.
Herkunft unbekannt
Steatit, farblose Glasur. 11,2 x 13,8 x 5 mm
Privatsammlung Hamburg

Die Bildseite des Plättchens trägt in erhöhtem Relief die Darstellung einer Feinderschlagung, die vor einer Gottheit vollzogen wird.
Der mit einem dreiteiligen Schurz und der Roten Krone bekleidete Pharao macht einen weiten Ausfallschritt und schwingt in seiner erhobenen linken Hand eine Waffe, während er mit der Rechten einen knienden Mann am Schopf packt. Bei der vom König mittig gefassten Waffe handelt es sich wohl um eine Lanze. Das Opfer wendet sich mit flehend erhobenem Arm dem König zu. Von rechts schreitet der falkenköpfige Gott Month (vgl. Nr. 3) heran und streckt dem König mit ausgestrecktem Arm ein Sichelschwert entgegen. Eine mit zwei hoch aufragenden Federn geschmückte Sonnenscheibe bildet die Kopfbedeckung des Gottes. Auf einer von zwei erhöht stehen gelassenen Flächen sind Schriftzei-

63

chen zu erkennen, deren Lesung ungewiss bleibt. Die gesamte Szene ist durch einen Randsteg gerahmt. Vielleicht handelt es um die miniaturisierte Wiedergabe eines großformatigen Tempelreliefs. Auf einer nur in Details unterscheidbaren Parallele in Basel erschlägt der König vor Month den Feind mit einer Keule.
M. v. F.

Unpubliziert.
Zur Motivparallele: Hall (1913) 109, Nr. 1110; Hornung/Staehelin (1976) 252, Nr. 307, Taf. 30.

64

64
Skarabäus mit König, der vor Ptah einen Feind erschlägt

Neues Reich, Ramessidenzeit, ca. 1290-1070 v. Chr.
Herkunft unbekannt
Steatit, weiß glasiert. 16,8 x 12,2 x 8,6 mm
Privatsammlung Hamburg

Auf der gerahmten Bildseite dieses Skarabäus ist in erhöhtem Relief ein König zu erkennen, der vor dem Gotte Ptah einen spitzbärtigen Asiaten niederschlägt. Die königliche Tracht besteht aus Federkrone sowie nach hinten länger werdendem Militärschurz mit Schurzgehänge und Tierschwanz. Sie entspricht in manchem Detail den Erschlagungsszenen memphitischer Votivstelen (Nrn. 54-55). Der König schwingt hier eine Keule und hat den Asiaten mit der Linken am Schopf gepackt, um ihn niederzustrecken. Dieser ist in die Knie gebrochen und zieht ein Bein nach. Seine Arme sind in der üblichen, anatomisch unmöglichen Manier gefesselt (vgl. Nr. 38): Sie wurden nach vorne geführt und knicken nach unten ab. Der mit seiner Namensbeischrift versehene Gott Ptah steht auf einem Maat-fömigen Podest und hält ein Was-Szepter. Im Raum unter der Standlinie erscheint ein geflügelter Skarabäus.
M. v. F.

Unpubliziert.
Zu Motivparallelen: Petrie (1906) Taf. 11 (208); Hornung/Staehelin (1976) 372-373, Nr. B 1, Taf. 107.

Das Abbild vom Kampf und Sieg

Regine Schulz

Die Abwehr von Gefahren und die Bezwingung feindlicher Mächte war eine der wichtigsten Aufgaben des altägyptischen Herrschers. Demzufolge sind Darstellungen vom erfolgreichen Kampf und Sieg fester Bestandteil des königlichen Bildprogramms. Da nach altägyptischer Vorstellung jedem Abbild wirkungsmächtige Kräfte innewohnen, entwickelte man für die Darstellung von Bedrohungen und somit auch von Feinden bestimmte Regeln. Die einzelnen Szenen und ihre Komposition mussten Abwehr und Bannung der Gefahren (z.B. durch Kapitulationsgesten, Fesselung oder Tötung der Gegner) beinhalten, und in ein übergeordnetes Schema eingegliedert sein, das die Dominanz der göttlich-königlichen Ordnung festschrieb. Bilder von Gefangenen und Erschlagenen, vom siegreichen Herrscher und vom Kampf gehören seit frühester Zeit zum altägyptischen Repertoire. Schon in der vorgeschichtlichen Epoche (4. Jt. v. Chr.) wurde mit dem Motiv vom „Erschlagen der Feinde" durch den Herrscher ein erster Prototyp entwickelt, der nach seiner Etablierung als mächtigstes königliches Ikon für über 3000 Jahre verbindlich bleiben sollte (Abb. 1). Darstellungen auf Felsbildern oder Kultgegenständen (wie Prunkpaletten, Messergriffen und überdimensionalen Keulenköpfen) zeigen darüber hinaus das Vorführen und Niedertreten von Feinden durch den menschen- oder tiergestaltigen Herrscher (z.B. als Löwe, Stier, Falke oder Canide); sie dienten sowohl der magischen Sicherung des Herrschaftsgebietes als auch der dauerhaften Festschreibung des Sieges.

Abb. 1
Detail aus der Wandmalerei des Herrschergrabes von Hierakonpolis

Neben dem Einzelbild sind auch Szenenfolgen vertreten, die in dieser Zeit jedoch noch ohne spezielle Verbindung neben- oder übereinander stehen. Sie zeigen den Kampf zwischen einzelnen Menschen, das Erschlagen von Feinden sowie das Weg- oder Vorführen von Gefangenen. Der Sieger wird dabei stets aufrecht stehend oder weit ausschreitend und mit erhobenem Arm oder Armen gezeigt. In der Hand hält er zumeist einen Schlagstock, eine Keule oder eine Streitaxt. Seine gesamte Haltung vermittelt Dynamik und Überlegenheit. Der Besiegte stürzt dagegen zu Boden (auch auf dem Kopf stehend dargestellt), er wird abgeführt, liegt bzw. hockt mit abwehrend erhobenen, herabhängenden oder auf den Rücken gefesselten Armen auf der Erde (Abb. 2, 3). Gefallene werden in grotesk verdrehter oder verbogener Haltung dargestellt. Die erstaunliche Anzahl von Varianten steht für die Vielfalt der chaotischen Tendenzen, welche die Feinde repräsentieren. Der Herrscher und seine Repräsentanten vermitteln dagegen die dem Chaos gegenüberstehenden strukturierenden Kräfte. Der Moment des Sieges ist das Entscheidende in diesen Szenen und der Ausgang des Kampfes immer eindeutig.

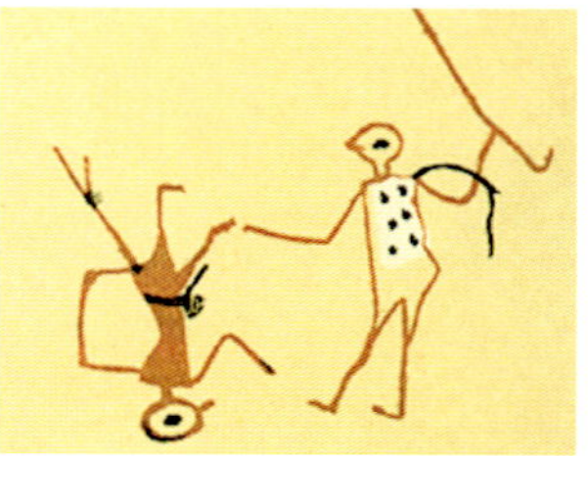

Abb.2
Detail aus der Wandmalerei des Herrschergrabes von Hierakonpolis

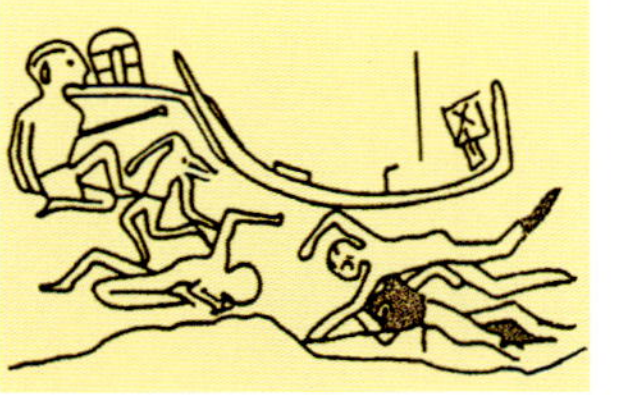

Abb.3
Felszeichnung des Königs Djer vom Djebel Scheich Suleiman. Heute im National Museum of Sudan, Khartom

Von den Kriegs- und Kampfdarstellungen des Alten Reiches, die sich an den Wänden einiger königlicher Taltempel oder überdachter Aufwege der Pyramiden befunden haben, sind nur noch wenige Details auf verworfenen oder verschleppten Blöcken erhalten. Die ältesten zuweisbaren Belege stammen aus der Zeit der Könige Sahure und Unas (5. Dynastie) und dürften fester Bestandteil des Darstellungsprogramms gewesen sein. Kampfszenen waren ohne Zweifel eng mit dem Motiv vom „Erschlagen der Feinde" und anderen Siegesemblemen verbunden, die der magischen Abwehr feindlich-chaotischer Mächte dienten. Neben Zwei- und Dreikampfgruppen treten auch größere Truppenkontingente auf, die sich mit Pfeil und Bogen, Streitäxten und Dolchen in den Kampf stürzen.

Gegen Ende des Alten Reiches werden Kampfszenen zum ersten Mal auch in zwei Privatgräbern fassbar, denen des königlichen Architekten Kai-em-hasut sowie des Gauvorstehers und Festungskommandanten Jntj. Hier ist der Kontext besser erhalten: Es wird die „Erstürmung" einer Festung gezeigt, was auf Auseinandersetzungen mit Feinden im Vorderen Orient verweist. Die einzelnen Kampfdarstellungen sind hier in einen übergeordneten Handlungsablauf integriert. Besonders deutlich wird dies im Grab des Jntj, in dem ein chronologischer Ablauf der Geschehnisse vorliegt. Gezeigt wird der Aufmarsch der Soldaten, der Kampf auf dem Schlachtfeld, die Erstürmung der Festung, die Niederlage der Feinde und schließlich der Abmarsch mit den Gefangenen.

Auch aus dem Mittleren Reich sind nur wenige Belege der einst zahlreich vorhandenen königlichen Kriegsdarstellungen erhalten. Am aussagekräftigsten sind die noch auf einigen Blöcken erhaltenen Kampfszenen aus dem Tempel König Mentuhoteps II. in Theben-

Abb. 4
Kampfbild aus dem Grab des Antef (TT 386) im thebanischen Asasif

West. Neben Einzelmotiven aus der Tradition des Alten Reiches (wie der „Erstürmung der Festung") stehen eine ganze Anzahl zusätzlicher narrativer Bildeinheiten. Dazu gehören z.B. Flüchtlinge mit Kindern auf den Schultern, ein alter oder verletzter Mann, der in einem Korb getragen wird oder gegnerische Kämpfer, die sich gegenseitig zur Flucht verhelfen. Anlass zu solchen Erweiterungen war möglicherweise der Wunsch des Reichseinigers Mentuhotep II. die dem Königtum per se gestellte Aufgabe der Bezwingung der Feinde historisch zu aktualisieren. Eine verkürzte Fassung des Themas mit vergleichbaren Motiven befindet sich im nahe des Tempels gelegenen Grab des Antef, des Siegelbewahrers und Truppenvorstehers des Königs. Antef wird als überdimensionale Figur in das Bildgeschehen integriert, in der Art wie später in den Kriegsszenen des Neuen Reiches der König (Abb. 4). Als weitere narrative Elemente sind hier die Anfahrt der Soldaten in Booten sowie der Kampf am Ufer belegt. Eine besondere Stellung nehmen die Kampfbilder in den Gaufürstengräbern von Beni Hassan aus der späten 11. und frühen 12. Dynastie ein. Sie vermitteln eindrucksvoll die politische Eigenständigkeit dieser Fürsten. Szenen von trainierenden Soldaten, Leichenhaufen am Schlachtfeldrand, libyschen Söldnertruppen oder Militärhunden sind ebenso neuartig wie die Dynamik großer Figurengruppen und die Kombination von Kampfbildern mit Ringerszenen. Anders als im Grab des Antef sind in Beni Hassan die Grabherren nicht in das Kampfbild integriert. Im späteren Mittleren Reich verschwindet das Thema Krieg aus dem Bildprogramm der Privatgräber und bleibt fortan königliches Privileg.

Mit den Gründern des Neuen Reiches Ahmose und Amenophis I. wird die königliche Tradition der Kriegsbilder fortgesetzt. Die unter ihnen in Auftrag gegebenen Schlachtenbilder in Abydos zeigen Kämpfe gegen die Hyksos und stellen zum ersten Mal Streitwagentruppen dar. Das Thema Krieg wird nun auch in die Göttertempel integriert, die wie die Königstempel als Abbild der Schöpfung gelten, und somit der Chaosabwehr bedürfen. Die entsprechenden Darstellungen können dabei eine historische Aktualisierung, d. h. einen bestätigenden Realitätsbezug erfahren. Als neues beherrschendes Element tritt nun das Ikon vom „siegreichen Herrscher im Streitwagen" auf. Für die Wiedergabe der Gegner des Königs wird ein dem Bild des Pharao untergeordnetes Schema definiert, das die Feinde unter den Rädern des Streitwagens, vor dem Wagen auf der Flucht, von Pfeilen durchbohrt oder im Kapitulationsgestus zeigt. Dieses Bild vom „Herrscher im Streitwagen" kann das Ikon vom „Erschlagen der Feinde" ersetzen und auch in erweiterte Szenenkomplexe eingebunden werden, wie z.B. den von der „Erstürmung einer Festung". Neben den standardisierten Kampfbildern, die zumeist dualistisch angeordnet den Kampf gegen die südlichen und die nördlichen Feinde

Abb. 5
Schlacht von Dapur. Ramesseum, Hypostyl, südliche Ostwand

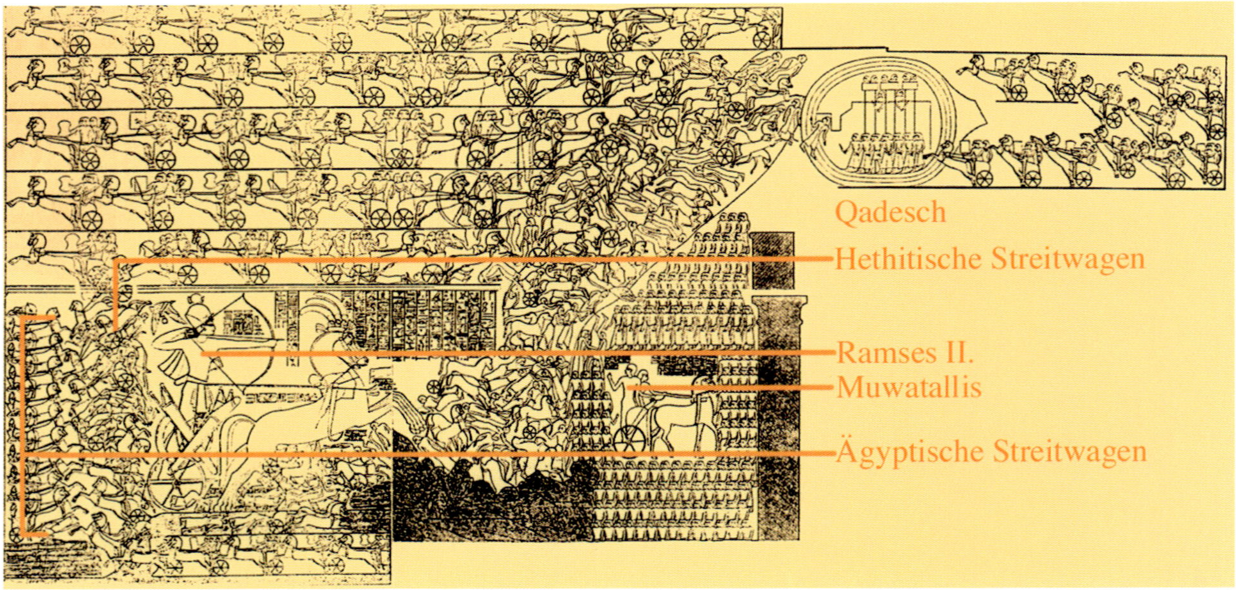

Abb. 6
Qadesch-Schlacht. Ramesseum, Südturm des 1. Pylons, Westwand

zeigen, setzt gegen Ende der 18. Dynastie auch eine verstärkte narrative Ausgestaltung der Szenen ein und erlebt in der Ramessidenzeit einen kreativen Höhepunkt.

Auffällig ist, dass Ramses II. sich im Ramesseum (seinem Königstempel in Theben-West) nicht nur mit der Anbringung solcher Szenen in den Eingangsbereichen des Tempels begnügt, sondern sie auch in den Festhof und die Säulenhalle integriert. Dabei hat die Schlachtendarstellung von Dapur in der Säulenhalle eine andere Funktion als die Qadesch-Schlacht-Bilder im 1. und 2. Hof. Bei der Darstellung von der „Erstürmung der Festung von Dapur" scheint es sich nicht um die Wiedergabe realen Schlachtgeschehens zu handeln, sondern um ein aus einzelnen Ikonen zusammengesetztes Idealformular, in dem für jede feindliche Aktion ein ausgleichender bildlicher oder schriftlicher Gegenpol vorhanden ist. Die alles beherrschende Figur ist jedoch der König, der wie in den standardisierten Szenen der 18. Dynastie, alles niederfährt oder -schießt (Abb. 5). Neu ist jedoch, dass hier die Prinzen den König begleiten und in die Ereignisse integriert sind: Sie werden beim Erschlagen von Feinden und der Erstürmung der Festung hinter großen Schutzschildern gezeigt. Dem Anspruch eines wirklichen "Erzählstils" werden aber erst die gewaltigen Bildkompositionen der Qadesch-Schlacht Ramses' II. gerecht (Abb. 6). Die Überfülle von Einzelbildern mit intensiver Schilderung verschiedener Aktionen ist beeindruckend. Im Bereich der gesamten Repräsentationskunst ist mit den Szenen von diesem Feldzug die äußerste Grenze der Wirklichkeitsannäherung erreicht. Hier wird nicht mehr ein mythisches Geschehen historisch aktualisiert, sondern historisches Geschehen in die mythische Dimension überführt, um so die Bewältigung einer kritischen Situation als göttliche Fügung zu sichern. Auch wenn viele Einzelaspekte der Qadesch-Schlacht-Bilder schon vorher bekannt waren, ist die Formulierung des Gesamtthemas neu und zweifelsfrei mit einer veränderten Auffassung verbunden, die auch in der Komposition deutlich zum Ausdruck kommt. Nicht nur die Vermehrung der Einzelszenen und ihre detailreichen Schilderungen sind dabei entscheidend, sondern die veränderte Position des Herrschers. Er steht mitten im Kampf, der sich vor und hinter ihm abspielt. Auf einzigartige Weise wird dies in der Darstellung auf dem 1. Pylon des Ramesseums (Südturm, Westwand) deutlich: Die Himmelshieroglyphe, die sich über dem Bild des Königs in seinem Streitwagen erstreckt, bricht hinter seinem Rücken ein, und ermöglicht es den feindlichen, hethitischen Streitwagen, ihm in den Rücken zu fallen. Der notwendige Ausgleich wird jedoch von der ägyptischen Streitwagentruppe herbeigeführt, welche in geordneter Formation auf genau diese Feinde wartet. Gleichzeitig konzentriert sich die überdimensionale Figur Ramses' II. auf den weit kleiner dargestellten hethitischen König Muwatallis, der sich zurück zu Ramses II. wendet und im Kapitulationsgestus einen Arm erhebt. Mit der Schlacht von Qadesch hat der ägyptische König einen benennbaren Gegner gefunden; nicht mehr das allgemeine anonyme Feindverständnis, das auf die Aspekte Nubier und Asiaten oder die Namen einzelner Völker bzw. Orte ausgerichtet ist, wird hier präsentiert, sondern ein Gegner, der wie Seth oder Apophis wirklicher Opponent ist.

Erst unter Ramses III. wird noch ein letztes Mal der Szenenbestand des Kriegsbildes durch die Darstellungen von der Seevölkerschlacht in seinem Tempel in Medinet Habu erweitert. Der Kampf wird hier nicht mehr allein auf dem Boden durchgeführt, sondern auch von den in Booten befindlichen Truppen (Abb.

7). Mit dem Ende des Neuen Reiches werden die großen Schlachtenbilder aufgegeben und das Thema Kampf auf die reine Mythenebene verbannt. Es ist nun Horus, der gegen Seth, oder Seth, der gegen Apophis kämpft, nicht aber der real existierende König gegen die Feinde Ägyptens. Doch die wirkungsmächtigen Bildikone bleiben wie das „Erschlagen der Feinde" oder das Fangen von „Feinden im Fischernetz".

Die Kriegsszenen des alten Ägypten folgen demzufolge nicht dem Bestreben, reale historische Gegebenheiten abzubilden, sondern wollen die Aufgabe des ägyptischen Herrschers, die chaotischen Bestandteile der Schöpfung zu binden und in geordnete zu überführen, narrativ thematisieren. Beide Aspekte sind aber Voraussetzung für die jeglicher Existenz innewohnende Prozessualität. Die göttliche Schöpfungsvorgabe muss demzufolge immer wieder neu erkämpft und gesichert werden. Entscheidende Ereignisse in der ägyptischen Geschichte haben auf diese Vorstellungen und damit auf ihre bildliche Umsetzung eingewirkt. So lassen sich konzeptionelle und kompositorische Veränderungen z. B. nach der 1. Zwischenzeit, nach der Vertreibung der Hyksos und nach der Amarnazeit nachweisen. Das Vertrauen in den König als realer und mythischer Verteidiger des Landes scheint aber nach dem Neuen Reich soweit erschüttert worden zu sein, dass eine weitere bildmagische Sicherung der Chaosabwehr nicht mehr gegeben schien und sich somit ihre bildliche Umsetzung auf königliche Siegesikone und göttliche Kampfdarstellungen reduzierte.

Literaturauswahl:

Cifola (1991) 9–57; Curto (1973); Heinz (2001); Schulz (2000); Schulz (2002); Shaw (1996) 239-269; Spalinger (1985) 1-42.

Abb. 7
Seevölkerschlacht Ramses' III. Medinet Habu, nördliche Außenwand des Tempels

Militärwesen

Andrea Maria Gnirs

Im Vergleich mit anderen alten afrikanischen oder vorderasiatischen Kulturen war Ägypten aufgrund besonders günstiger klimatischer und geographischer Verhältnisse privilegiert: Darunter zählten zum einen ein konstant warmes Klima und natürliche Grenzen – das Mittelmeer im Norden, der 1. Nilkatarakt im Süden und die Wüstengebirge im Osten und Westen, zum zweiten eine für die Landwirtschaft notwendige, stete Wasserversorgung durch die jährlich wiederkehrende Nilüberschwemmung, die zudem das Land in seiner gesamten Ausdehnung befahrbar machte, zum dritten rohstoffreiche Regionen in den angrenzenden Wüstengebieten.[1] All dies waren Faktoren, die in Ägypten die Entstehung einer politisch zentralisierten Hochkultur begünstigten. Die geographische Isolation des *abgegrenzten Landes*, *mišru(m)*, wie Ägypten von seinen semitischen Nachbarn genannt wurde, machte es in Zeiten politischer Stabilität militärisch fast uneinnehmbar. Auch die Immigration wurde durch ein schon im Alten Reich entwickeltes Festungsnetz entlang der Grenzen kontrolliert und gelang in größerem Umfang nur in Perioden politischer Dezentralisierung, in der Fachliteratur "Zwischenzeiten" genannt.

Für die ägyptische Monarchie lag das Potential zu kriegerischen Auseinandersetzungen außerhalb der eigenen Landesgrenzen in benachbarten Territorien; im Norden waren dies Palästina und die Südlevante, später auch Syrien, im Süden war es Nubien, im Westen die libysche Wüste. Die Ausbeutung rohstoffreicher Gebiete und stabile Handelsbeziehungen mit dem Ausland blieben immer ein staatspolitisches Anliegen höchster Priorität, doch löste ebenso die Aussicht auf die Erbeutung exotischer Güter und billiger Arbeitskräfte militärische Aggression aus. Dass Ägypten schon sehr früh eine Vormachtstellung gegenüber den libyschen und nubischen Nachbarn erwirken konnte, geht einerseits aus Inschriften des Alten Reiches hervor,[2] andererseits aus archäologisch bezeugten zeitgenössischen Niederlassungen in den südlich und westlich angrenzenden Gebieten;[3] es zeigt sich indirekt aber auch in der Heeresstruktur des späteren Alten Reiches, da darin der Unterhalt und Einsatz von ausländischen Söldnern bzw. Spezialkampfeinheiten libyscher und nubischer Herkunft wesentliche Elemente bildeten. Daneben war die Führungsebene der Militärorganisation sehr stark auf die Durchführung von Bau- oder Handelsexpeditionen ausgerichtet.[4] Besondere Bedeutung kam dabei der Schifffahrt zu, da der Nil für den Transport von Gütern wie von Truppen genutzt wurde, wann immer es möglich war. Auch der Seeweg an die levantinische Küste war schon früh im Alten Reich erschlossen.[5]

Die Überlegenheit des ägyptischen Militärs zur Zeit des Alten Reiches beruhte auf zweierlei Grundvoraussetzungen: zum einen der Fähigkeit, innerhalb kurzer Zeit – neben den vorwiegend ausländischen Spezialeinheiten – ein großes Heer zusammenzuziehen: die altägyptischen Texte sprechen hier von bis zu 20.000 Mann starken Truppenverbänden, wenn man den Quellen in diesen Angaben Glauben schenken darf. Zum anderen basierte sie auf einer gut funktionierenden Zentralverwaltung, die es überhaupt erst ermöglichte, Truppen in größerem Umfang zu rekrutieren, auszurüsten und über einen längeren Zeitraum mit allem Lebensnotwendigen zu versorgen. Die Bewaffnung war während des Alten Reiches relativ einfach: Sie bestand im Wesentlichen aus Bogen, Speer und Schlagstock sowie einem kurzen Messer und unterschied sich somit nicht elementar von der Bewaffnung nubischer oder libyscher Feinde.[6] Ägyptens Stärke bestand also zu einem ganz entscheidenden Teil in dem organisierten Einsatz eines großen Menschenaufgebots, mittels dessen die kleineren militärischen Formationen benachbarter Kriegerstämme in der offenen Konfrontation einfach überrollt werden konnten. Aber genau hierin lag auch seine Verletzlichkeit, da – wie immer wieder aus zeitgenössischen und späteren Quellen hervorgeht – in losen Verbänden operierende libysche oder nubische Kriegerstämme nicht den offenen Kampf, sondern eher den Guerillakrieg praktizierten; hier versagten Organisation, Training und Taktiken eines formierten Heeres, wie uns auch die rezente Geschichte immer wieder lehrt.

Krieg im eigenen Land herrschte während der so genannten Zwischenzeiten. Charakteristisch für die Erste Zwischenzeit war die Aufhebung der zentralen Gewalt des Königtums zugunsten einer Zersplitterung der politischen Macht, um die sich eine Vielzahl unabhängiger Städte bzw. provinzieller Fürstentümer oder aber auch größere, miteinander konkurrierende Kleinkönigtümer stritten.[7] Die wirtschaftliche Versorgung der Bevölkerung und die Entscheidungsgewalt, eine Region in den Krieg zu führen oder durch diplomatische Verträge mit Nachbarregionen zu schützen, oblagen nun den Machthabern dieser selbständigen Städte oder Gaue. Auch weiterhin kamen ausländische Söldnertrupps, im Übergang zum Mittleren Reich vorwiegend nubischer Herkunft, zum Einsatz, nun allerdings unter der Führung lokaler Kriegsfürsten (Abb. 1). Die Politisierung städtischer Zentren, mit der ein urbaner Militarismus einherging, war nicht nur ein Phänomen Ägyptens im Übergang zum Mittleren Reich, sondern kennzeichnete auch das Ende der Frühbronzezeit in Palästina. Die Verteidigung und Belagerung von Städten war nun in der Kriegsführung

Abb. 1
Modell mit nubischen Bogenschützen aus dem Grab des Mesehti in Assiut. Kairo, Ägyptisches Museum, CG 257

zentral. Neben dem Einsatz ausländischer Söldner (Abb. 2) waren so genannte Jungmannschaften, die turnusmäßig Militärdienst leisteten, mit der Sicherung der eigenen Mauern betraut; sie zogen jedoch auch zu Lande und zu Wasser gegen feindliche Städte und Gaue in den Kampf.[8] Die Bewaffnung wurde entweder durch die lokalen Machthaber gestellt oder war in Privatbesitz der männlichen städtischen Bevölkerung. Dafür sprechen nicht nur zeitgenössische Darstellungen, die Fürsten und ihre männliche Klientel mit Pfeil und Bogen wie auch Schlagwaffen ausgerüstet zeigen, sondern auch die Sitte, Männer mit ihren Waffen und Stöcken zu bestatten (Nrn. 99-100). Diese Praxis war während der Mittleren Bronzezeit im gesamten vorderasiatischen Raum verbreitet. In Ägypten war sie – nach der Wiedereinführung der zentralen Monarchie – nur noch auf Mitglieder der höchsten Elite beschränkt, doch blieben die materiellen Zeugen eines kriegerisch geprägten Gesellschaftsideals auch hier bis in die Spätbronzezeit hinein auszeichnender Bestandteil der Bestattungsbräuche.

Die militärischen Strukturen, die während der Ersten Zwischenzeit gelegt worden waren, wurden im Mittleren Reich auf zentraler Ebene weitergeführt. Rekrutierung erfolgte weiterhin rotierend über die Institution der Stadt- und Gauverwaltungen des Landes – auch für die Besatzungen nubischer Festungen, die sich in der 12. Dynastie als Kette entlang des Nil bis zum 2. Katarakt zogen. Bis auf die Etablierung königlicher Elitetruppen, die nach dem Vorbild der kriegstauglichen Klientel provinzieller Stadt- und Gaufürsten der Ersten Zwischenzeit gebildet gewesen sein dürften, und dem aus der Ersten Zwischenzeit übernommenen System der Stadtmilizen unterschied sich die Heeresstruktur des Mittleren Reiches nur unwesentlich von jener des Alten Reiches. Die Verteidigung der nordöstlichen Landesgrenze, Expeditionen und Razzien in der Levante, die seit dem frühen Mittleren Reich betriebene Expansion nach Nubien, aber auch groß angelegte Landgewinnungsprojekte und der steigende Bedarf an Rohstoffen erforderten allerdings den kontinuierlichen Einsatz von Besatzungen, Truppen und Arbeiterheeren, die das Menschenaufgebot und den verwaltungstechnischen Aufwand zur Zeit des Alten Reiches überstiegen. Neben den nubischen Spezialeinheiten kamen nun auch Kriegsgefangene oder Söldner semitischen Ursprungs häufiger zum Einsatz. Sie brachten ihr eigenes, höher entwickeltes Kriegswerkzeug und neue Herstellungstechniken ins Land. In dieser Zeit belegen auch Feldzüge und Übergriffe auf palästinensische Siedlungen Ägyptens wachsendes Interesse an der sich etablierenden Städtekultur des vorderasiatischen Raumes. Während des Mittleren Reiches nahm der semitische Bevölkerungsanteil in Ägypten zu, bis sich im Norden des Landes ein kleines Königtum west-

Abb. 2
Kampf der Jungmannschaften in den Booten. Grab des Baket (15) in Beni Hassan

semitischer Prägung mit Hauptsitz in der Stadt Avaris bildete; es verband Südpalästina und das Nildelta politisch und kulturell miteinander und veranlasste die ägyptische Monarchie, ihre Residenz von Norden in das oberägyptische Theben zu verlegen.[9] Das Hyksos-Reich war in seiner Blüte nicht nur diplomatisch und wirtschaftlich mit mittelägyptischen Städten und Gauen verbunden, sondern kooperierte auch mit dem in Obernubien beheimateten Kerma-Reich, auch Königtum von Kusch genannt. Außerdem unterhielten die Hyksos über die Levante möglicherweise Kontakte zur ägäischen Kultur.[10] Die Auswirkungen dieser geschichtlichen Phase waren massiv. Der Beginn des Neuen Reiches ist geprägt von den Kriegen, die die zunächst auf Teile Oberägyptens beschränkte 17. Dynastie gegen ihre politischen Kontrahenten im Norden und im Süden führte, wobei für die 17. Dynastie vom kuschitischen Königtum eine größere direkte Bedrohung auszugehen schien als von seinen nördlichen Nachbarn. Die 18. Dynastie war zunächst eine kriegerische Kultur. Nach der Vertreibung der Hyksos aus dem Nildelta und der Vereitelung einer nubischen Invasion wurde in einer Folge von Feldzügen das bis an die Grenzen Ägyptens reichende Kerma-Reich systematisch zerschlagen.[11] Im nordöstlichen Ausland begannen die Könige des frühen Neuen Reiches eine intensive Eroberungspolitik, die Ägyptens Macht über Palästina und die Südlevante bis nach Nordsyrien ausweiten sollte. Der ehemalige politische Einflussbereich der Hyksos, der im Mittelmeerraum vermutlich bis in die Ägäis reichte, fiel nach der Zerschlagung des westsemitischen Königtums unter die Kontrolle der 18. Dynastie; dadurch war der Weg für Ägyptens spätere militärische und politische Rolle im vorderasiatischen Raum bereitet.[12]

Die Kontrolle Nubiens bis zum 3. Katarakt brachte bisher ungekannte Reichtümer an Rohstoffen, besonders an Gold, ein; der Zugang zur vorderasiatischen und zur ägäischen Welt erschloss der 18. Dynastie den Austausch mit anderen kulturell hoch entwickelten Systemen. Exotische Güter, handwerkliche Expertise, neue Professionen und fremde Sprachen fanden auf diesem Weg nach Ägypten. Nicht nur der Ausbau des diplomatischen Corps und die Einführung einer nubischen Provinzverwaltung waren erforderlich, auch die Landesverwaltung wurde den außenpolitischen und wirtschaftlichen Entwicklungen angepasst und erweitert. Der Umschwung betraf in gleicher Weise das Militärwesen. Die Übernahme neuer ausländischer, vorwiegend westasiatischer Waffentechnologien verlangte nicht nur eine professionalisierte Ausbildung in den Kampftechniken, sondern auch eine den neuen Einsatz- und Strategiemöglichkeiten entsprechende Umstrukturierung der militärischen Führungselite.[13] Jetzt ging es nicht mehr nur um logistische und organisatorische Kompetenzen im Umgang mit Truppen und großen Heeren, militärische Führung erforderte nun vielmehr auch die Beherrschung der komplizierteren Waffenkategorien und Kampftechniken, Pflege und Erhalt dieses neuen Instrumentariums und die korrekte Leitung der darin geschulten Truppen.[14] Die bahnbrechendste Innovation im Heereswesen war die Einführung des leichten, zweirädrigen und von einem Pferdegespann gezogenen Streitwagens, der in der Schlacht als Plattform für den Gebrauch von Schusswaffen, Pfeil und Bogen, aber auch Wurfspießen und Speeren, diente. Ebenso verlangte die routinierte Handhabung des Kompositbogens, dessen Stabilität und Geschmeidigkeit größere Distanzen überwinden ließ und eine höhere Schlagkraft erzielte, eine spezielle Schulung. Dasselbe galt für den Einsatz und die Weiterentwicklung der verschiedenartigsten Wurfgeschosse, der neuen Schlagwaffen, des Krummschwerts und des kurzen, später auch des langen Schwerts sowie von Defensivwaffen wie Panzerhemden, Helmen und Schilden. Mit der Etablierung der neuen Kriegstechnologie ging also eine Professionalisierung des Heeres einher, das im Gebrauch von Streitwagen und deren Bewaffnung, vor allem den starken Kompositbögen geschult war; dadurch entwickelte sich auch eine differenziertere Hierarchie in der militärischen Elite. Zwar waren weiterhin so genannte Heeresführer in der Organisation und Leitung von Feldzügen und anderen, Menschenmassen aufbietenden Unternehmungen maßgebend, doch treten nun auch neue, teilweise ausländische militärische Funktionen und Ränge in Erscheinung, die sich mit den neu gebildeten Truppenkontingenten in Verbindung bringen lassen. Kennzeichnend war hier nicht mehr ein bürokratischer Hintergrund, sondern eine spezialisierte, militärische Ausbildung wie auch Erfahrenheit in Kampf- und anderweitigen Auslandseinsätzen. In der Phase des Aufbaus scheinen ausländische Vertreter der neuen Militärschicht, die sich nicht nur in Ägypten, sondern auch in anderen spätbronzezeitlichen Kulturen des Vorderen Orients entwickelte, häufig eine aktive Rolle übernommen zu haben.

Während des gesamten Neuen Reiches bestimmen nicht-ägyptische Spezialeinheiten die Struktur der Armee. Sie wurden aus dem Ausland als Söldner übernommen oder als Kriegsgefangene in das ägyptische Heer integriert. Waren im frühen Neuen Reich Ausländer grundsätzlich kulturell assimiliert, hatte eine neue Immigrations- und Ansiedelungspolitik der späteren Ramessidenzeit zur Folge, dass sich auf ägyptischem Boden ausländische Enklaven bilden konnten, die ihre herkömmlichen Gesellschaftsstrukturen und Sitten bewahrten. Diese Entwicklung führte gegen Ende des Neuen Reiches zu weitreichenden soziopolitischen Veränderungen, die von einer neuen Militärschicht, angesiedelten Kriegsgefangenen aus dem mittelmeerischen und libyschen Raum, getragen wurden und die politische Fragmentierung der sogenannten Dritten Zwischenzeit in die Wege leiteten.[15]

1 Gnirs (1999) 71-75; Warburton (2001) 5-12.
2 Roccati (1982).
3 Gratien (1995) 43-56; Shinnie (1996) 43-67; Willeitner (2003) 4-17.
4 Eichler (1993).
5 Gnirs (1999) 75-78.
6 Partridge (2002) 31-54; vgl. auch Shaw (1991) 31-39.
7 Seidlmayer (2000) 118-147; Warburton (2001) 19-30.
8 Gnirs (1999) 78-79.
9 Bietak (1996); Bourriau (2000).
10 Davies/Schofield (1995).
11 Bourriau (1991); Shinnie (1996) 78-83.
12 Bryan (2000) 71-84; Warburton (2001) 39-67.
13 Gnirs (1996a) 17-34.
14 Gnirs, (2001) 402-403; vgl. dagegen Warburton (2001) 169-176.
15 Gnirs (1999) 87-91; Leahy (1985) 51-65.

Die gesellschaftliche Rezeption des Krieges

Andrea Maria Gnirs

In der Frühzeit und während des Alten Reiches war die Vermittlung kriegerischer Handlungen und Episoden eine Angelegenheit des Königs. Offizielle Stellungnahmen nicht-königlicher Vertreter der Regierung konnten zwar auch schon während des späten Alten Reiches in so genannten Biographien über den Hergang militärischer Unternehmungen berichten, doch ohne dabei konkret auf die Rolle des Individuums im Kampfgeschehen einzugehen. Dies änderte sich schlagartig mit der Zerrüttung der monarchischen Zentralgewalt und der Entstehung zahlreicher politisch unabhängiger Stadt- und Gaufürstentümer zu Beginn der Ersten Zwischenzeit.[1] Das ehemals königliche Vorrecht, den Gebrauch von Waffen und damit kriegerische Überlegenheit vorzuführen, wurde zu einer gängigen Darstellungsform der lokalen Machthaber. So sagt ein Fürst von Hierakonpolis in einer Grabinschrift über sich: *Wenn ich zu den Rudern greife, finde ich die Rinderherden eingeschlossen und die Riegel vorgeschoben. Wenn ich zum Gau von Thinis gegen einen Ignoranten ziehe, dann finde ich ihn (d.h. den Gau), indem die Wächter auf der Mauer stehen. Wenn ich zum Kampf antreibe, dann ruft er, der Elende, aus 'O Jammer!'. Ich bin ein Held ohne Gleichen.*[2] Aber auch einfache Vertreter der Stadt- und Gaumilizen konnten jetzt ihre militärischen Leistungen zum Wohle des eigenen Ortes kundtun, wie das Tableau eines Soldaten aus Naqada zeigt: *Ich bin der Tapferste unter den Tapferen. Ich bin der Schnellste unter den Schnellen. Der Oberste Priester User sandte mich in jeder Gesandtschaft aus. Da kam ich unbehelligt zurück.*[3] Nachdem sich die Monarchie in der frühen 12. Dynastie wieder konsolidiert hatte, verschwinden derartige Selbstäußerungen aus den biographischen Inschriften. Der während der Ersten Zwischenzeit entwickelte sprachliche Reichtum der Heldencharakteristik setzt sich allerdings in königlichen Eulogien und literarischen fiktionalen Texten fort und wird dort weiter ausgebaut. So beschreibt die so genannte Sinuhe-Erzählung (Nr. 220) die kriegerischen Eigenschaften Sesostris' I. mit folgenden Worten: *Er aber ist ein Held, der mit seinem starken Arm handelt; keiner gleicht ihm, wenn man sieht, wie er auf die Fremdlinge losgeht, wenn er der Schlacht entgegenzieht. Er biegt Hörner und schwächt Hände, so dass seine Feinde die Truppen nicht mehr führen können. Er ist rachsüchtig, einer der Schädel einschlägt, und keiner kann neben ihm stehen.*[4] In derselben Geschichte wird ein Mann-zu-Mann-Kampf zwischen Sinuhe, dem Helden der Erzählung, und einem palästinensischen Rivalen geschildert: *„Er kam auf mich zu und ich schoss auf ihn. Mein Pfeil durchbohrte seinen Hals, er schrie auf und fiel auf sein Gesicht. Ich streckte ihn mit seiner eigenen Axt nieder. Ich stieß meinen Kriegsschrei auf seinem Rücken aus, während alle Asiaten brüllten.*[5]

Abb. 3
Ringende Soldaten. Grab des Baket (15) in Beni Hassan

Derartige Einblicke in den Handlungsablauf des Zweikampfes und dessen emotionale Implikationen werden in offiziellen Darstellungen erst seit Beginn des Neuen Reiches gegeben. Kriegstüchtigkeit und Heroik entsprachen jedoch auch weiterhin dem allgemeinen Rollenbild des Mannes in der Gesellschaft: so stellten z.B. oberägyptische Gaufürsten bis in die Mitte der 12. Dynastie hinein Kampfhandlungen in ihrer Grabdekoration dar (Abb. 3). Andererseits wird dies auch in dem Wiederaufleben der Heldenbiographie gegen Ende der 12. Dynastie ersichtlich; mit ihr wurde der Grundstein für das Krieger- und Soldatenethos gelegt, das gerade biographische Inschriften der frühen 18. Dynastie kennzeichnen sollte. Texte dieser Art betonen neben der Tapferkeit gedienter Veteranen besonders deren enge Beziehung zum Herrscher im Kampf. Chuisobek, ein Soldat der königlichen Garde unter Sesostris III., beschreibt in seinem Lebensbericht seine aktive Rolle im Kampf gegen nubische und palästinensische Feinde folgendermaßen: *Und dann begannen die Soldaten der Armee den Nahkampf mit den Asiaten. Und dann schlug ich den Asiaten (nämlich den gegnerischen Fürsten) und ließ seine Waffen von zwei Soldaten der Armee entfernen, ohne dass ich aufhörte zu kämpfen, ihm (dem Feind) zugewandt. Ich wandte dem Asiaten nicht meinen Rücken zu. So wie Sesostris für (mich) lebt, habe ich die Wahrheit gesprochen. Und dann gab er mir einen Stab aus Elektron für meine Hand, eine Scheide und einen Dolch gearbeitet aus Elektron (...).*[6] Die gemeinsame Erfahrung des Krieges stellte nicht nur ein besonderes Band zwischen den Truppenangehörigen her, sondern auch zwischen diesen und dem König, dessen Souveränität sie unterstützten und schützten. Dieses Zusammengehörigkeitsgefühl trat zu Beginn der 18. Dynastie noch stärker hervor.[7] Ahmose, Sohn der Ibana, dessen militärische Laufbahn unter den letzten Königen der 17. Dynastie begann und in der Regierungszeit Thutmosis' I. endete, legt in seiner Biographie Zeugnis darüber ab: *Dann richtete Seine Majestät ein großes Blutbad unter ihnen (d.h. den syrischen Feinden) an, unzählbar waren die Kriegsgefangenen, die Seine*

Majestät in seinen Siegen davonführte. Ich aber war an der Spitze unseres Heeres. Seine Majestät sah meine Tapferkeit, denn ich erbeutete einen Streitwagen sowie dessen Pferde, die daran (angeschirrt) waren, lebendig, und sie wurden ihm dargebracht. Darauf beschenkte man (d.h. der König) mich erneut mit Ehrengold.[8] Ahmose spricht hier und an anderer Stelle von *unserem Heer* und nicht, wie dies sonst üblich war, vom *Heer Seiner Majestät*, des Königs. Er identifizierte sich also nicht nur mit den eigenen Kampfgenossen, sondern auch mit dem politischen Ziel der königlichen Unternehmung, die Feinde Ägyptens zurückzuschlagen bzw. zu vernichten. Das gesteigerte Selbstwertgefühl gedienter Soldaten beruhte jedoch nicht allein auf der gemeinsam vollbrachten Überwindung eines Feindes, sondern ebenso auf einer Gesetzmäßigkeit des Kriegerhandwerks, die sich zumindest seit dem späten Mittleren Reich etabliert hatte: der Beuteteilung.[9] Schon Chuisobek erwähnt in seiner Biographie, dass ihm aus Dank für seine kriegerischen Leistungen Sklaven geschenkt wurden. Wie die detaillierteren Texte aus der 18. Dynastie vermitteln, konnte die Vergütung von Veteranen außerdem in der Zuwendung von Agrarland bestehen. Tapferkeit im Feld wurde darüber hinaus mit Prestigegütern belohnt, Prunkwaffen und Abzeichen wie auch Schmuck aus Gold. Ahmose weist in der Einleitung zu seiner Biographie darauf hin, dass er siebenmal mit solchem Ehrengold ausgezeichnet wurde, und zwar in einer öffentlichen Zeremonie (Nr. 74).[10] Hierzu gehörten, wie schon Chuisobeks Bericht zu entnehmen ist, vergoldete Stäbe und Dolche (Nr. 76), aber auch Gefäße aus Edelmetall, oder Halskragen, Oberarmreife (Nr. 75) und goldene Anhänger in Gestalt von Tiersymbolen, der Fliege, mit der hartnäckige Angriffslust verbunden wurde (Nrn. 77-79), und dem Löwen, in dem man tödliche Aggressivität, Wildheit und Schnelligkeit vereint sah.[11] Es ist nicht ausgeschlossen, dass hier die Kampfsymbolik der kriegerischen Kerma-Kultur übernommen wurde, mit der Oberägypten während der Zweiten Zwischenzeit friedliche Kontakte unterhielt. Außerdem befanden sich in dieser Zeit auch ehemalige ägyptische Soldaten im Dienste des nubischen Herrschers. Der im Profil dargestellte schreitende Löwe ist aus der Klassischen Periode in Kerma z.B. als Ornament von Möbeln oder als Kachel bekannt; aus derselben Zeit stammen in Aufsicht wiedergebene, als Anhänger einer Halskette gearbeitete Fliegen.[12] Wie sehr die Ikone des unter den Feinden wütenden Löwen das Selbstbild der neuen ägyptischen Militärschicht prägte, mag auch die Praxis der Namensgebung des frühen Neuen Reiches veranschaulichen; so trug ein dem König nahestehender Krieger wohl nubischer Herkunft den Namen Maiherperi, *Löwe auf dem Schlachtfeld*. Es ist anzunehmen, dass ihm der Name offiziell verliehen wurde, nachdem er sich im Kriegshandwerk ausgezeichnet hatte.[13]

1 Gnirs (1996) 223-225.
2 Übersetzung der Biographie des Anchtifi von Moalla bei Schenkel (1965) 48.
3 Übersetzung bei Schenkel (1965) 202.
4 Nach Parkinson (1997) 30.
5 Nach Parkinson (1997) 33. Vgl. auch Parkinson (2002) 149-168.
6 Baines (1987) 43-61.
7 Gnirs (1996b) 229-230.
8 Sethe (1914) 1-6 (Übersetzung zu Urk. IV, 1-11).
9 Gnirs (2001) 404-405.
10 Vgl. auch Schulman (1988) 116-191.
11 Vgl. die Listen der militärischen Auszeichnungen: Sethe (1911); Andrews (1990) 181-185.
12 Kat. Genf (1990) 216 (Nr. 272), 224 (Nr. 297); O'Connor (1993) Taf. 7; vgl. auch Kat. München (1996) 100-101 Nr. 101; Schweitzer (1948) 38-41; 50-51.
13 Daressy (1902) 1-61.

65
Sitzfigur des Mentechenu

Neues Reich, 18. Dyn., wohl Amenophis II., ca. 1428-1397 v. Chr.
Theben, Karnaktempel
Granodiorit. Höhe 83 cm
Berlin, SMB-PK, Ägyptisches Museum und Papyrussammlung, Inv.-Nr. 19289

Mentechenu ist sitzend dargestellt, eingehüllt in ein mantelartiges Gewand, das einen Arm und die rechte Hälfte des Oberkörpers freilässt. Dadurch sind mehrere Speckfalten im Brustbereich zu sehen – ein Zeichen materiellen Wohlstands. Die Oberarmreifen und die zweireihige, aus einzelnen Metallscheiben aufgefädelte voluminöse Halskette bezeugen, dass Mentechenu vom König für seine Verdienste mit dem so genannten Ehrengold ausgezeichnet wurde. Sein Amtszeichen, einen Stab mit lotusförmigem Kopf, in dem eine Straußenfeder befestigt ist, hält er in der linken Hand.

Den Titeln auf seiner Statue ist zu entnehmen, dass Mentechenu als Kind mit den Prinzen am Königshof aufgewachsen ist und mit ihnen zusammen erzogen wurde. Diese frühe Bindung an das Königshaus hat sich auf seine weitere Karriere positiv ausgewirkt. Als *Vorsteher der Wache* war er für die Sicherheit des Palastes verantwortlich und kontrollierte den Besucherverkehr des Regierungssitzes. Auch juristische Aufgaben waren mit diesem Amt verbunden, das in enger Zusammenarbeit mit dem Wesir ausgeübt wurde. Der hohe Ehrentitel *Wedelträger zur Rechten des Königs* und die Bezeichnung *einzig Herausragender vor dem Herrscher* zeichnen ihn ebenfalls als einen vom König geschätzten Hofbeamten aus. Über weitere Ämter des Mentechenu ist nichts bekannt, aber das ihm verliehene Ehrengold und der spätere Titel *Vorsteher der Wache* könnten darauf hindeuten, dass er als Militär oder Zivilbeamter den König auf Feldzügen begleitete.

Die Inschrift auf beiden Seiten des Sitzes und auf dem Gewand identifiziert die Statue eindeutig als Tempelstatue. In der Opferformel, welche die Götter Amun-Re von Karnak und dessen Gemahlin Mut sowie Atum von Heliopolis nennt, wird um Opfergaben für den Statuenbesitzer gebeten. Durch die Aufstellung eines Bildnisses im Tempel hofften die Beamten am so genannten „Umlaufopfer" teilzunehmen. In der Praxis wurden die Opfergaben zunächst den Götterbildern vorgelegt, um dann an die Statuen der Könige und anschließend an die der Beamten weitergereicht zu werden. Schließlich diente zumindest ein Teil der Nahrungsmittel zur Versorgung der Priester.

S. M.-v. F.

Literatur: Roeder (1924) 23-24; Kat. Hildesheim (1987) 255-256, Nr. 177; Kat. Berlin (1991) Nr. 55; Kat. Warschau (1997) 138, Nr. 45.

65

66
Stabträgerfigur des Hornacht

Neues Reich, 19. Dyn., um 1210 v. Chr.
Herkunft unbekannt. Sammlung Henry Walters
Granodiorit. Höhe 78,2 cm, Breite 21,5 cm
Baltimore, The Walters Art Museum, Inv.-Nr. 22.105

Erst seit der späten 18. Dynastie gehörte der Statuentypus des Stabträgers zum Repertoire der altägyptischen Privatplastik und erfreute sich in der nachfolgenden Ramessidenzeit größter Beliebtheit als Tempelstatue. Das vorliegende Exemplar könnte nach Ausweis der Inschrift auf dem Götterstab einst im Heiligtum des Amun-Re von Tell el-Belamun, der Hauptstadt des 17. unterägyptischen Gaus im nördlichen Ostdelta, gestanden haben. Die zahlreichen kurzen Inschriften, Opferformeln unter Nennung der Götter Osiris und Amun-Re, bezeichnen als Eigentümer und Stifter der Statue einen gewissen Hornacht. Der Beamte hat die klassische Stand-Schreit-Position vor einem breiten Rückenpfeiler eingenommen und trägt einen knöchellangen Schurz sowie Perücke und Sandalen. In seiner linken Hand hält er den Götterstab, dessen Kopfemblem weitgehend weggebrochen ist. Eine Ergänzung als Widderkopf erscheint jedoch nicht unwahrscheinlich. Mit der rechten Hand hat Hornacht ein überdimensionales Lebens-Zeichen umfasst sowie einen weiteren Gegenstand, der als Schatulle für Schreibutensilien gedeutet werden könnte. Auf der Füllfläche hinter dem linken Bein findet sich eine Darstellung mit der Frau des Beamten, namens Isis, in vertieftem Relief ausgeführt. Obwohl bislang keine weiteren Denkmäler des Hornacht bekannt geworden sind, darf nach vorliegender Stilistik und ikonographischen Details eine Datierung seiner Figur in die 19. Dynastie, wohl in die Zeit des Merenptah, als gesichert gelten.

66

Neben dem Ehrentitel eines *Vorstehers der Fremdländer* führte er die Titel eines *Truppenoberst* und *Stabsoffizier*. Damit gehörte Hornacht innerhalb der Militärhierarchie des Neuen Reiches zu den höheren Offiziersrängen, die eine eigene Berufskaste von hoher machtpolitischer Stellung bildeten.
M. S.

Literatur: Steindorff (1946) Nr. 107, Taf. XXI, CXII; Schulman (1964) Nr. 406k, 516a; Satzinger (1981) 33, Dok. C.2; Chadefaud (1982) 104-105.

67
Relieffragment: Soldaten mit Kampfbeilen

Neues Reich, 18. Dyn., um 1465 v. Chr.
Theben-West, Deir el-Bahari, Totentempel der Hatschepsut
Kalkstein. Höhe 27,5 cm, Breite 19,5 cm
Basel, Antikenmuseum Basel und Sammlung Ludwig, Inv.-Nr. BSAe 1009

Wie kaum ein anderes Bauwerk bildet der Terrassentempel der Hatschepsut in Deir el-Bahari eine gestalterische Einheit mit der ihn umgebenden gewaltigen Naturkulisse der Steilhänge des thebanischen Westgebirges. Architektonisch am Vorbild des nur wenige Meter entfernt errichteten, über 500 Jahre älteren Tempel Mentuhoteps II. orientiert, nimmt der majestätische Pfeilerbau Hatschepsuts auf eine lokale Kultstätte der Göttin Hathor im dahinter liegenden Gebirgsmassiv Bezug. Djeser-Djeseru, „Heiligstes der Heiligen", lautete der antike Name der Anlage, die Zielpunkt der prächtigen Prozessionen anlässlich des Talfestes war. Zentral angelegte Rampen führen zu den insgesamt drei Terrassen-Ebenen, deren Wände mit Darstellungen der Expedition in das Weihrauch-Land Punt, mit Transport und Einweihung der großen Obelisken von Karnak, mit königlichen Zeremonialhandlungen zur Tempelstiftung und der Jagd im Papyrusdickicht reich dekoriert sind. Das vorliegende Fragment stammt aus dem Bilderzyklus zum Obeliskentransport der südlichen Rückwand der unteren Terrasse und zeigt zwei nach rechts eilende Soldaten; von einem dritten ist noch die linke Hand zu erkennen. Weder Gesichtszüge noch Kleidung lassen Zweifel an ihrer ägyptischen Herkunft. Die Dargestellten gehören zu einer langen Reihe laufender Soldaten, die wie hier Kampfbeile, aber auch Zweige oder Standarten in den Händen halten und das große Ereignis der Ankunft der Obelisken in Theben feierlich begleiten.
Ch. B.

Literatur: Kat. Basel (2001) 90-91, Nr. 52.

67

68

68
Tempelrelief mit Bogenschützen

Neues Reich, 18. Dyn., um 1465 v. Chr.
Theben-West, Deir el-Bahari, Totentempel der Hatschepsut.
Sammlung Henry Walters
Kalkstein mit Resten der Bemalung. Höhe 14,5 cm, Breite 17 cm
Baltimore, The Walters Art Museum, Inv.-Nr. 22.98

Die während der Gründung des Neuen Reiches stattfindenden Kämpfe gegen auswärtige Feinde des Landes wurden auch in der Folgezeit der frühen 18. Dynastie bei steigender Intensität der kriegerischen Aktivitäten an allen Fronten fortgeführt. Dabei konnte die letztlich unter Thutmosis III. erreichte Stellung Ägyptens als unbestrittene Hegemonialmacht im Nahen Osten nur dank einer nachhaltigen militärischen Aufrüstung, einer strukturellen Heeresreform, realisiert werden. Entsprechend ihren Verdiensten um die "Siege Pharaos" spielte die Kaste der Berufsmilitärs eine wichtige Rolle in Gesellschaft und Politik. Kein Herrscher dieser Zeit konnte es sich leisten, seine Generäle und Offiziere nicht mit Vergünstigungen, Kriegsbeute und reichhaltigen Geschenken bei Laune zu halten (Nrn. 74-76).
Als indirektes Spiegelbild dieser innenpolitischen Entwicklung ist wohl auch der Umstand zu deuten, dass Reliefzyklen im Terrassentempel der Königin Hatschepsut von Deir el-Bahari an mehreren Stellen verschiedene Trupps von Elitesoldaten abbilden (Nr. 67). Sie werden mit ihren Waffen und im Paradeschritt dargestellt. Zu einer dieser Formationen gehörte auch das kleinformatige Walters-Fragment, das die Darstellungsreste von drei Bogenschützen mit ihren Waffen erhalten hat. Anlass des soldatischen Aufmarsches waren herausragende Ereignisse in der Regierungszeit der Pharaonin wie die berühmte Expedition in das Myrrhenland Punt, die große Festprozession des Reichsgottes Amun oder der Schiffstransport von zwei monumentalen Obelisken für den Tempel in Karnak. Die Botschaft hinter dem realen Geschehen war jedermann klar: Das Militär ist immer dabei und seine Protagonisten wussten genau um ihren Wert für Thron und Staat.
M. S.

Literatur: Steindorff (1946) Nr. 252, Taf. L.

69

69
Relieffragment: eilende Soldaten

Neues Reich, 18. Dyn., Amenophis IV./Echnaton,1351-1334 v. Chr.
Hermopolis, ursprünglich aus Tell el-Amarna
Kalkstein. Höhe 22,5 cm, Breite 52,7 cm
Stockholm, Medelhavsmuseet, Inv.-Nr. MME 1998:3

Der Block stammt ursprünglich aus Echnatons neuer Residenzstadt Achet-Aton, dem heutigen Tell el-Amarna und wurde von dort in späterer Zeit als Füllmaterial für Bauwerke nach Hermoplis verbracht, weshalb eine größere Anzahl dekorierter Architekturelemente aus Amarna bei Ausgrabungen in Hermopolis zu Tage traten. Bruchstückhaft hat der Block in versenktem Relief Reste der Darstellung von fünf nach links eilenden Personen bewahrt, die aufgrund ihrer Waffen und Kleidung als Soldaten anzusprechen sind. Bis auf die äußerste linke Person, von der nur noch die Wade des linken Beines auszumachen ist, erlauben Vergleiche mit erhaltenen Darstellungen die Identifikation der restlichen vier Soldaten; der lange Schurzlappen der zweiten Person von links gehört zur Darstellung eines Nubiers, der die für ihn typischen Waffen Pfeil und Bogen in den Händen hielt. Ihm folgt ein Soldat syrisch-palästinensischer Herkunft, ebenfalls an seinem Schurz sowie an den von ihm gehaltenen Waffen Speer und Sichelschwert zu identifizieren. Bei den zwei rechten Personen handelt es sich um Ägypter, bewaffnet mit Kampfbeil und Speer sowie einem Schild, von dem noch die untere Ecke bei dem vorderen Soldaten zu erkennen

Abb. zu 69
Eilende Soldaten. Wandrelief aus dem Grab des Ahmose (Westwand in Amarna)

ist, der auch den für ägyptische Militärangehörige charakteristischen Schurz mit dreieckigem Vorbau trägt. Die gebeugte Körperhaltung und weite Schrittstellung der dargestellten Soldaten erlauben zudem Rückschlüsse auf den szenischen Zusammenhang, aus dem der Block stammt: Die Ausfahrt des Herrscherpaares vom Palast zum Aton-Tempel. Echnaton und Nofretete erscheinen dabei auf von Pferden gezogenen Wagen, häufig in Begleitung ihrer Töchter und weiterer Höflinge. Ihnen voraus eilen Soldaten (Abb.) und Standartenträger, die einerseits wohl als Eskorte Pharaos fungierten, andererseits aber dem Auszug des Herrscherpaares einen zeremoniellen Rahmen verliehen, wie er traditionell festlichen Götterprozessionen zukam.
Ch. B.

Literatur: Davies (1903) Taf. XXXI; G. Roeder, (1969) 197 (PC 46), Taf. 178;
Kat. Stockholm (1999) 32–33.

Feldzugsberichte

Peter Beylage

Zu allen Zeiten der ägyptischen Geschichte diente das Heer dem König als Instrument für außenpolitische Operationen: in Krisenzeiten der Beilegung militärischer Konfrontationen (Feldzug), in Friedenszeiten der Durchführung von Kampagnen zur Materialbeschaffung (Expeditionen). Dabei sind beide Aktionsfelder nicht immer klar voneinander zu trennen. Vor allem in Nubien waren Expeditionen mit Kampfhandlungen verbunden, da der Zugang zu den Ressourcen oft gewaltsam erzwungen werden musste. Wenn die ägyptische Lexik daher auch beide Bereiche nicht immer eindeutig voneinander scheidet, entwickelt die schriftliche Überlieferung vor allem der Feldzugsberichte typische literarische Formen. Auf privater Ebene finden sie seit dem Alten Reich Eingang in die Biographien von Beamten und Gaufürsten, denen sie sich stilistisch unterordnen. Neben der bloßen Erwähnung einer Schlacht finden sich eindrucksvolle Beispiele literarischer Ausgestaltung: so etwa das streng symmetrisch gebaute „Siegeslied" in der Biographie des Weni (6. Dyn.) oder die detailreichen, lebendigen Schilderungen im Grab des Anchtifi von Moalla (11. Dyn., mit der Wiedergabe von Schmährufen in wörtlicher Rede) und Teile der Biographien der 18. Dynastie (etwa Amenemheb, der berichtet, wie er dem König bei einem Angriff durch einen Elefanten das Leben rettet).

Die offizielle Geschichtsschreibung der königlichen Urkunden ist dagegen stark dogmatisch geprägt: Für sie zählt weniger der Verlauf der Schlacht als vielmehr die Rolle des Königs. Anfangs auf kurze schriftliche Erwähnungen beschränkt, die ihren bildlichen Ausdruck im Ikon des „Erschlagens der Feinde" finden, entwickeln sich so vor allem im Neuen Reich feste, fast stereotype literarische Formen, die sich stilistisch in drei Gruppen teilen lassen: narrative, kompositorische und annalistische Feldzugsberichte.

Die narrativen Texte greifen auf das seit dem Mittleren Reich bekannte Erzählschema der „Königsnovelle" zurück. Durch die Meldung eines Aufstandes (*jsf.t*) wird die zuvor beschriebene Harmonie (*m3ʿ.t*) bedroht. Der König sendet das Heer aus, das den Aufstand niederschlägt und siegreich heimkehrt, wodurch der Ausgangszustand wiederhergestellt wird und die Erzählung abschließt. Diese Form der Feldzugsberichte steht so sehr im Dienste der Ideologie des Königsdogmas, dass sich Beispiele finden, deren historischer Gehalt hinterfragt werden muss oder die sich sogar durch Quellen der gegnerischen Seite widerlegen lassen. In diesem Punkt sind sie mit den kompositorischen Feldzugsberichten zu vergleichen, die in strophisch gegliederter Form von den militärischen Erfolgen des Königs berichten. Diese dienen jedoch weniger der Historiographie als vielmehr der Verherrlichung des Herrschers und stehen den Eulogien nahe, die in kompositorischer Form die ideologische Rolle des ägyptischen Königs entfalten. In beiden Textsorten mischt sich die Wirklichkeit des Geschehens mit der Wahrheit des dogmatisch geforderten Verlaufs der Ereignisse.

Authentischer dagegen erscheinen die „annalistischen" Feldzugsberichte. Sie lassen sich stilistisch auf ein Gerüst aus Einträgen in Feldtagebüchern zurückführen, in denen in knapper Form unter Angabe des Tages die wichtigsten Ereignisse und Truppenbewegungen sowie Namen von Truppenführern und Beutelisten festgehalten wurden. Thutmosis III. ließ sie in redaktionierter Form an die Wände des Karnaktempels meißeln, wobei einzelne Passagen mit Einzelheiten und erzählerischen Mitteln narrativ ausgestaltet wurden. So wechselt der Stil zwischen stenographisch kurz notierten Daten über die Einsetzung eines neuen Statthalters mit detailreichen Schilderungen, wie sie sich etwa für die Megiddo-Schlacht finden. Bezeichnenderweise zeichnen die thutmosidischen Annalen, die stilistisch von zwei Stelen Amenophis' II. wieder aufgenommen werden, ein anderes, menschlicheres Bild vom König: Er ist nicht dogmatischer Herrscher, sondern Feldherr, der sich mit den Offizieren berät, dem man widerspricht und der durch das eigene Beispiel zu überzeugen versucht. Der Widerspruch dient hier nicht nur als literarischer Topos, der den angezweifelten Erfolg des Unternehmens erhöhen soll, sondern wird als konsultative Kritik geduldet und berücksichtigt. Diese Wirklichkeitsnähe hebt die Annalen Thutmosis' III. aus den offiziellen Feldzugsberichten heraus und rückt sie in die Nähe der privaten Biographien.

Literaturauswahl:
Eyre (1996); Redford (1986); Spalinger (1982).

70

70
Stele des Qedes

1. Zwischenzeit, ca. 2100 v. Chr.
Wahrscheinlich aus Gebelein
Kalkstein. Höhe 46 cm, Breite 49,5 cm
Berlin, SMB-PK, Ägyptisches Museum und Papyrussammlung, Inv.-Nr. 24032

Im Bildfeld dieser Stele hält ein Opferpriester, der Aufwärter Rehui, dem von seiner Mutter umarmten Stelenbesitzer und -stifter namens Qedes eine Trinkschale entgegen. Der in verkleinertem Maßstab abgebildete Sohn des Qedes hält sich mit der Linken am Stock seines Vaters fest. Die Darstellung ist in versenktem Relief gehalten, wobei die überschneidenden Körperteile erhöht wiedergegeben sind. Technik und Stil des Reliefs sprechen für eine Herkunft der Stele aus Gebelein, wo während der Ersten Zwischenzeit eine Garnison bestand, welche die Thebaner zum Schutz ihrer südlichen Gaugrenze einsetzten.
Der Stelentext setzt mit einer Opferformel ein und geht in eine Kurzbiographie über, in der die Mutter des Qedes eine wichtige Rolle spielt. Nachdem er feststellt, an der *Spitze seiner Rekruten* zu stehen und seine Verdienste bei der Nahrungsbeschaffung (in der Militär-Verwaltung?) herausgestellt hat, rühmt sich Qedes, an Schnelligkeit *alle Nubier und Oberägypter* seiner Stadt übertroffen zu haben. Offenbar stand er also auch nubischen Soldaten vor. Diese haben ihrerseits eigene Stelen in Gebelein hinterlassen, auf denen sie sich in Tracht und Aussehen mit allen Unterschieden zu den Ägyptern darstellen ließen.
M. v. F.

Literatur: Fischer (1961) 44-56, 79-80, Abb. 1, Taf. X; Kat. München (1996) 81-82 Nr. 85.

71
Stele des Ptahiu

1. Zwischenzeit, Anfang 11. Dyn., um 2000 v. Chr.
Wahrscheinlich aus Naqada. 1884-1885 von Schiaparelli erworben
Kalkstein, mit Spuren von roter Bemalung. Höhe 27,5 cm, Breite 31 cm
Florenz, Museo Archeologico Nazionale, Inv.-Nr. 6367

Die grob aus dem Stein gehauene Stele ist rechteckig gestaltet. Im Zentrum erscheint eine männliche Gestalt im Flachrelief. Sie hält in der Linken einen großen Bogen und in der Rechten ein Bündel Pfeile. Die Person trägt eine Perücke mit einem langen verknoteten Haarband, einen Halskragen und einen kurzen Schurz. Vor ihr steht ein Opfertisch mit Broten und Gurkengewächsen.
In der Beschriftung liest man: *Ein Opfer, das der König dem Osiris darbringt, ein Grabopfer (aus) Brot und Bier für den Versorgten*. Die Inschrift setzt sich vor der Person fort: *Einziger Freund (des Königs) Ptahiu*. Hinter dem Mann sind zwei Hunde dargestellt, der eine im Flachrelief, der andere eingeritzt. Darüber ist folgende Inschrift zu lesen: *Sein Bruder Nebschema-(en)-nacht, der von ihm geliebte, machte dies* (die Stele) *für ihn*.
An den Konturen der menschlichen Gestalt sind leichte Spuren von roter Farbe zu erkennen, ebenso bei den Inschriften und an den Halsbändern der Hunde.
Die Attribute sowie der Titel *Einziger Freund* weisen darauf hin, dass Ptahiu ein Angehöriger des Militärs war. Die Stele gehörte vermutlich zu einer größeren Gruppe von Stelen aus Naqada, die Kriegern gewidmet waren und dieselben bildlichen Darstellungen zeigen.
M. C. G.

Literatur: Bosticco (1959) 22, Nr. 15

71

72

72
Votivstele des Soldaten Hesiu

Neues Reich, 19. Dyn., Ramses II., 1279-1213 v. Chr.
Wahrscheinlich aus Qantir, sog. "Ramses-Stadt".
Erwerbung Pelizaeus
Kalkstein mit Farbspuren. Höhe 32,4 cm, Breite 22,5 cm, Tiefe 5,3 cm
Hildesheim, Roemer- und Pelizaeus-Museum, Pelizaeus-Museum, Inv. Nr. 397

Die Stele gehört zu einer Gruppe von 65 ramessidischen Denksteinen in Hildesheim, die verschiedenen Gottheiten und vor allem einigen vergöttlichten Kolossalstatuen Ramses' II. geweiht sind. Wahrscheinlich stammen diese Stelen aus Piramesse ("Ramses-Stadt"), der Hauptstadt der Ramessiden beim heutigen Qantir im östlichen Nildelta. Die Statue – als solche durch Rückenpfeiler und Profilansicht des Oberkörpers gekennzeichnet – ist links dargestellt; sie ist mit Doppelkrone, Königsbart und Königsschurz ausgestattet. Die Namensbeischrift über der Statue ist überarbeitet worden: Der ursprüngliche Name *User-maat-Re (ist) Geliebt-von-Atum* wurde durch *User-maat-Re (ist) Month-in-den-Beiden-Ländern* ersetzt. Dies ist der Name einer kolossalen Standfigur, die Ramses II. allerdings nur mit der Weißen Krone zeigt. Die Doppelkrone gehört dagegen zu einer Sitzfigur, zu der die erste Fassung des Namens gepasst hätte. Hier liegt also ein doppelter Irrtum des Bildhauers vor.

Der Stifter der Stele tritt von rechts mit anbetend erhobenen Armen vor die Statue. Er ist durch seinen Soldatenschurz mit dem dreieckig-spitzen Vorderteil eindeutig als Angehöriger des Militärstandes charakterisiert. Unter dem Arm trägt er einen langen dünnen Kommandostab. Zwischen Statue und Stifter steht ein Opfertisch mit Libationsgefäß und Lotusblüte darüber, daneben ein großes spitzbodiges Wassergefäß in einem hohen Ständer.

Die Stele dokumentiert die sich verändernde Auffassung vom Königtum während des Neuen Reiches: Zwar war es in Ägypten selbst nicht möglich, den Herrscher zum Gott zu erheben, doch die verschiedenen Aspekte der in seinem Amt enthaltenen Göttlichkeit sah man in ganz bestimmten Statuentypen mit fest zugeordneten Namen manifestiert. Den für die Ramessidenzeit so wichtigen Aspekt des kriegerischen, siegreichen Herrschers vertritt dabei

73

73
Stele des Mahu und Yupa

Neues Reich, 19. Dyn., Ramses II., 1279-1213 v. Chr.
Herkunft unbekannt.
Sammlung Drovetti
Kalkstein, bemalt.
Höhe 75 cm, Breite 50 cm
Turin, Museo Egizio,
Inv.-Nr. Cat. 1465

Die Votivstele wurde vom *Schreiber des Schatzhauses* Mahu und vom *königlichen Schreiber* Yupa gestiftet. Sie ist in drei Register unterteilt. Im oberen Register wird die Verehrung des Abydos-Fetischs dargestellt, in welchem, dem Zerstückelungs-Mythos des Osiris nach, der Kopf dieses Gottes bewahrt wird. Auf beiden Seiten, zu Füßen des Fetischs, sind die Göttin Isis, Gattin des Osiris, sowie ihr Sohn Horus dargestellt. An den äußeren Seiten knien mit erhobenen Händen die beiden Stifter Yupa und Mahu. Sie sind in ein langes Gewand aus plissiertem Leinen gekleidet, das charakteristisch für diese Epoche ist.
Im zentralen Register bringt Mahu, rechts, seinen Eltern Amenmes und Hathor Opfergaben dar. Diese sitzen, begleitet von ihren drei Brüdern, auf einem würfelförmigen Sessel mit niedriger Rückenlehne.
Im unteren Register wird eine analoge Darstellung gezeigt: Mahu bringt seinen fünf Schwestern, die in lange durchsichtige Tuniken gekleidet sind, Opfergaben dar.
S. D.

Literatur: Cortese (1998) 129, Taf. 59.

die Statue *User-maat-Re (ist) Month-in-den-beiden-Ländern*; sie gibt den König als irdische Erscheinung des Kriegsgottes Month wieder und ist die mit Abstand am häufigsten genannte und dargestellte Statue Ramses' II.
B. Sch.

Literatur: Roeder (1926) 59, 60, 63, Taf. 5.2; Habachi (1954) 529.

74

74

Abdruck in Mörtel: Reliefszene mit der Verleihung des „Ehrengoldes" aus dem memphitischen Grab des Generals Haremhab

Original: Neues Reich, 18. Dyn., um 1330 v. Chr.
Sakkara, Grab des Haremhab
Kalkstein. Höhe 86 cm, Breite 109 cm, Dicke 19,5 cm
Leiden, Rijksmuseum van Oudheden, Inv.-Nr. H.III.PPPP

Eine der berühmtesten Szenen der Verleihung von „Ehrengold" schmückte einst die Wände des Grabes

Abb. zu 74
Leidener Ehrengoldszene mit Anschlussblöcken

von Haremhab. Als Generalissimus unter Tutanchamun war Haremhab zu seiner Zeit der einflussreichste Mann im Staat – mächtiger sogar als der Kindkönig selbst. Der General war es auch, der die Rückkehr zur traditionellen Orthodoxie nach der Zeit der Häresie unter Echnaton und die Restauration dessen, was zu dieser Zeit vom ägyptischen Reich übrig geblieben war, weitgehend verantwortete. Schon während der Regierung Tutanchamuns führte Haremhab den Titel *Kronprinz*; daher kann es nicht verwundern, dass der ehrgeizige General vier Jahre nach dem vorzeitigen Tod des Tutanchamun selbst zum König gekrönt wurde.

Das Originalrelief der hier gezeigten Reproduktion stammt aus dem Grab, das Haremhab sich als General in Sakkara anlegen ließ. Herausragend unter den prächtigen Wandreliefs ist die Szene, die ihn auf dem Höhepunkt seiner bisherigen Laufbahn bei der Verleihung des „Ehrengoldes" für seine Siege durch den Pharao zeigt. Haremhab hebt jubelnd die Arme, während zwei Diener goldene Halskragen um seine Schultern legen. Andere Bedienstete bringen weitere Halskragen, während auf einem Tisch zur Rechten zusätzliche Schmuckstücke zu sehen sind. Obwohl dieses und andere Reliefs bereits 1830 für das Leidener Museum erworben wurden, konnte das Grab des Generals in Sakkara erst 1975 wieder entdeckt werden. Weitere Relieffragmente, die sich heute noch an den Grabwänden befinden, ermöglichen es uns festzustellen, dass zur Rechten der Ehrengoldszene einst Tutanchamun und seine königliche Gemahlin Anchesenamun abgebildet waren. Um so

bemerkenswerter ist die Uräus-Schlange an Haremhabs Stirn – ein Schmuckstück, das ausschließlich dem regierenden König vorbehalten war. Es besteht kein Zweifel, dass dieses Detail nachträglich eingemeißelt wurde, nachdem Haremhab selbst zum König gekrönt worden war.
M. J. R.

Literatur: Martin (1989a) 87-92, Taf. 99-108 (scene 72).

75

75
Armreif

Neues Reich, 18. Dyn., Thutmosis III., um 1450 v. Chr.
Sakkara, Grab des Djehuti (?)
Gold. Höhe 4,8 cm, Durchmesser 10,5 cm
Leiden, Rijksmuseum van Oudheden, Inv.-Nr. AO 2a-1

Im Laufe des Neuen Reiches vollzogen sich in der ägyptischen Gesellschaft tief greifende Veränderungen. Die Armee-Offiziere nahmen eine einflussreichere Stellung ein als je zuvor. Der Pharao war auf die erfahrenen Männer, die auf den Schlachtfeldern Asiens und Nubiens gekämpft hatten, nicht nur bei der Sicherung der ägyptischen Grenzen und der Verwaltung der unterworfenen Gebiete, sondern auch bei innerägyptischen zivilen Aufgaben angewiesen. Um sich ihrer Loyalität zu versichern, förderte der König die Karriere der Offiziere auch nach deren Zeit im aktiven Dienst. Die Entlohnung erfolgreicher Generale und verdienter Beamter wurde nun zu einer feierlichen Zeremonie, während derer der König das *Ehrengold* vom Balkon des Palastes herabreichte. Dieser Armreif aus massivem Gold ist ein typisches Objekt, das bei einer solchen Gelegenheit verliehen wurde. Es wurde zusammen mit zwei anderen gleichartigen Schmuckstücken (eines ist mit dem Namen König Thutmosis' III. beschriftet) sowie zwei flachen Armreifen und einem goldenen Halskragenverschluss mit Einlagen erworben, der ebenfalls den Namen Thutmosis' III. trägt. All diese Stücke scheinen zu einem Schmuckensemble zu gehören und der Name des Königs legt nahe, dieses mit anderen Objekten der Leidener Sammlung in Verbindung zu bringen, die ihrer Aufschrift nach Djehuti, dem berühmtesten General Thutmosis' III., gehörten. Während der General aufgrund seiner militärischen Erfolge zum *Vorsteher der nördlichen Fremdländer* befördert wurde, entwickelte sich der Bericht über seine Belagerung der palästinensischen Stadt Joppe später zu einer beliebten literarischen Erzählung. Djehuti erscheint als der geeignete Besitzer, um derart kostbare Schmuckstücke als Erinnerung an seine Auszeichnungen zu Lebzeiten mit in sein Grab zu nehmen.
M. J. R.

Literatur: Leemans (1850) Taf. XLI (G 318); Lilyquist (1988) 40, Anm. 300.

76

Rückseite des Dolchgriffes

76
Ehrendolch des Djehuti

Neues Reich, 18. Dyn., Thutmosis III. (?), 1479-1425 v. Chr.
Herkunft unbekannt
Bronze, Holz. Länge 35,5 cm
Darmstadt, Hessisches Landesmuseum, Inv.-Nr. Ae:I,6

„Onuris, Herr von Thinis, er möge Leben und Wohlgefallen geben dem ‚Gefolgsmann seines Herrn', dem tapferen und ‚Bekannten des Königs', Djehuti" (recto) und *„Onuris, Herr von Thinis, er möge Leben, Heil und Gesundheit, Gunst und Zuneigung geben dem ‚Bekannten des Königs' und ‚Gefolgsmann' seines Herrn, Djehuti"* (verso). Die mit dieser Inschrift versehenen Griffschalen des einteilig gegossenen Prunkdolches wurden exakt in die Griffleisten eingepasst und dort verklebt. Die sie umschließenden Leisten geben weiteren Halt. Aufgrund der Nennung des Namens des Djehuti und der Titel glaubte man in dieser kostbaren Waffe eine Auszeichnung Thutmosis III. an General Djehuti zu erkennen, der unter diesem König eine Reihe hoher Ämter in Militär und Verwaltung innehatte. Möglicherweise ging diese Gunstbezeugung jedoch an einen anderen Notablen. Denn die Nennung des in Oberägypten verehrten Gottes Onuris und die nicht übereinstimmenden Titel könnten den Dolch einem Djehuti zuweisen, der sich im Süden des Landes, möglicherweise auch in den Oasengebieten, bewährte und im thebanische Grab TT 11 bestattet wurde.
S. P.

Literatur: Kat. Hildesheim (1987) 120, Nr. 21; Lilyquist (1988).

77

78

79

77
Zwei Fliegenanhänger

Neues Reich, späte 18. - Ende 19. Dyn., ca. 1300-1200 v. Chr.
Herkunft unbekannt
Gold. Länge 1,94 cm
Würzburg, Martin-von-Wagner-Museum,
Inv.-Nrn. 474 a + b

Die Verwendung von Fliegenanhängern ist bereits von der prädynastischen Zeit an belegt. Vermutlich dienten sie zunächst als Amulette, um die lästigen Insekten auf magische Weise fern zu halten. Wohl bereits zu Beginn des Neuen Reiches erweiterte oder wandelte sich der Bedeutungsgehalt dieses Zierrates, denn neben anderen Schmuckstücken wurden fliegenförmige Anhänger aus wertvollen Materialien als Tapferkeitsauszeichnung vom König an Soldaten verliehen. Das naturbedingte Verhalten der kleinen Störenfriede berücksichtigend, liegt nichts näher, als in diesen Orden die Wertschätzung der Unermüdlichkeit und des Eifers einzelner Offiziere und Soldaten zu erkennen.

Die beiden Fliegenanhänger sind maß- und formgleich. Sie bestehen aus jeweils zwei Goldplättchen, die einst auf demselben Model getrieben und in ihre plastische Form gebracht worden sind. In einem weiteren Arbeitsgang wurden die Einzelteile miteinander verlötet

An den Köpfchen der mit Quer- und Längsriefen verzierten Fliegen befindet sich jeweils eine kleine Öse. Sie weisen darauf hin, dass diese Schmuckstücke einst aufgezogen und – wie Funde vollständiger Ketten zeigen – mit weiteren gleichförmigen Fliegenanhängern zu einer Halskette zusammengefasst waren. Im British Museum London befinden sich zwei Fliegenanhänger, die in Form, Dekor und Fertigungstechnik mit den hier gezeigten Exponaten auf das Engste übereinstimmen (BM EA 59416-17). Die außerordentliche Ähnlichkeit der vier Fliegen stellt sicher, dass sie zumindest zu derselben Produktionsserie gehören. Wahrscheinlich bildeten sie gemeinsam Segmente einer Halskette.

S. P.

Literatur: Sethe (1911) 143-145; Petrie (1914) 12; Eaton-Krauss in: Kat. Boston (1982) 238, Nr. 315; Andrews (1990) 172, Abb. 158a, 181.

78
Zwei Fliegenanhänger

Neues Reich, 18. Dyn., Thutmosis III., 1479-1425 v. Chr.
Abydos
Bronze und Gold. Länge 28 mm, Breite 27 mm, Dicke 8 mm
Liverpool, Liverpool Museum, Inv.-Nr. 1977.108.11

Auch diese beiden, in einfacher Form gehaltenen Fliegenanhänger wurden vermutlich als Tapferkeitsauszeichnung verliehen. Sie bestehen aus Bronze und waren ursprünglich vollständig mit Blattgold überzogen. Gefunden wurden diese Preziosen in einem Grab bei Abydos, dessen Fundkontext die Datierung in die Zeit Thutmosis' III. erlaubt.

S. P.

Literatur: Bienkowski/Tooley (1995) 54, Abb. 75.

80

79
Ein Paar Fliegen

Mittleres Reich - 2. Zwischenzeit, ca. 2000-1600 v. Chr.
Fundort unbekannt
Elfenbein. Länge 5,8 cm, Breite 3 cm
Privatsammlung Süddeutschland

Die beiden stark stilisierten Fliegen sind jeweils wie ein umgekehrtes V angelegt; ihre Kopfpartien sind horizontal abgeschnitten und mit zwei waagerechten Linien gegliedert. Gegen die gleichmäßig abgearbeiteten Flügeldecken heben sich die Kopfteile als Kreissegmente ab. Mit minimalem gestalterischen Aufwand sind hier eindrückliche Lösungen für die Wiedergabe von Fliegen erzielt worden.
M. v. F.

Unpubliziert.

80
Fünf Fliegen auf moderne Kette montiert

2. Jtsd. v. Chr.
Herkunft unbekannt
Rot glasierte Fayence. Länge 12-19 mm, Breite 8-13,5 mm, Höhe 4-5,5 mm
Privatsammlung Süddeutschland

Obwohl die Kette mit den Fliegen neu aufgefädelt worden ist, gibt sie doch einen zutreffenden Eindruck von derartigem Schmuck. Während des Neuen Reiches tauchen Ketten mit Fliegenanhängern als Grabbeigaben auf. Letztere sind daher sicher nicht exklusiv als militärische Auszeichnungen anzusprechen, sondern könnten auch einen regenerationsfördernden Aspekt umfasst haben. Fliegenanhänger blieben bis zum Ende des Neuen Reiches populär. Gelb glasierte Fliegen, die original auf eine Kette aufgezogen waren, wurden von Petrie in die späte 18. Dynastie datiert.
M. v. F.

Unpubliziert.
Zum Vergleichstück: Petrie (1914) 12, Taf. 2 (19j). – Zu Fliegen auf Ketten: Eaton-Krauss in: Kat. Boston (1982) 238, Nr. 315.

Söldnerwesen

Georg Meurer

Ägypten führte im Laufe seiner Geschichte zahllose Kriege mit seinen Nachbarvölkern und im eigenen Land. Der daraus erwachsende Zwang zur Aufstellung eines stehenden Heeres begünstigte die Einbeziehung ausländischer Truppen, die sich aufgrund besonderer Waffengattungen als eigenständige Kontingente empfahlen. Die Entlohnung dieser multinationalen Truppeneinheiten bestand in der Aufnahme in die ägyptische Gesellschaft mit gesichertem Lebensunterhalt, der Möglichkeit zum Landerwerb und der Aussicht auf Heirat mit Ägypterinnen. Von Söldnern im engen Sinn kann jedoch erst ab der Spätzeit gesprochen werden, als Soldaten aus der Ägäis (Jonier, Karer) mit eigens für sie geprägtem Geld bezahlt wurden.

Bereits in der 6. Dynastie berichtet die autobiographische Inschrift eines hohen Beamten namens Uni, dass den ägyptischen Truppen rein ausländische Abteilungen von nubischen und libyschen Soldaten angegliedert waren. Unter der Leitung ihnen vorgesetzter Dolmetscher wurden sie in Kriegszügen mitunter gegen Ausländer ihrer eigenen Nationalität eingesetzt. Beliebt waren vor allem Kontingente nubischer Bogenschützen, wie ein schönes Holzmodell einer solchen Einheit aus dem Grab des Mesehti in Assiut (Kairo JE 30969, s. S. 73) illustriert. Sie spielten besonders in der Ersten und Zweiten Zwischenzeit sowohl auf regionaler wie auch nationaler Ebene eine bedeutende Rolle. Bekannt ist der nubische Truppenstützpunkt in Gebelein, südlich von Theben. Die hier angesiedelten Nubier konnten sich aufgrund der guten Entlohnung ihrer Dienste sogar private Grabstelen leisten, die sie und ihre teils ägyptischen Gemahlinnen abbilden. Sie selbst sind auf diesen Stelen mit dunkler Hautfarbe und krausen Haaren dargestellt und bezeichnen sich als Nehesi-Nubier. Der Begriff Nehesi bezeichnet in diesem Zusammenhang lediglich Südländer. Die Kontingente setzten sich zumeist aus Mitgliedern der aus der Ostwüste stammenden so genannten Pangrave-Kultur (den Medjau) und Nubiern der Kerma-Kultur zusammen, deren Herkunftsgebiet im obernubischen Niltal jenseits des 3. Kataraktes lag. Im Neuen Reich wandelte sich dann die ursprüngliche Stammesbezeichnung Medjau zu einer Berufsbezeichnung für eine paramilitärische Polizeieinheit, die nun zumeist aus Ägyptern bestand.

Grabungen des Österreichischen Archäologischen Instituts erbrachten in den letzten Jahren in der Residenz der Hyksos-Herrscher in Tell el-Dab'a (Avaris) im östlichen Nildelta Siedlungs- und Bestattungsreste von asiatischen Truppenkontingenten aus der Zweiten Zwischenzeit. Es handelte sich zunächst um Truppen dieser Fremdherrscher. Nach der Vertreibung der Hyksos, an der ebenso Einheiten nubischer Bogenschützen beteiligt waren, wurden jedoch einzelne Abteilungen von kriegsgefangenen asiatischen Soldaten in ägyptische Dienste übernommen, eine auch zu anderen Zeiten durchaus übliche Praxis. In der Amarna-Zeit spielten vor allem die aus Vorderasien stammenden Schasu als Soldaten und königliche Leibwache eine Rolle, wie aus Wanddarstellungen in den Gräbern der Hofbeamten Merire, Panehsi und Eje in Amarna deutlich wird. Aus der in Keilschrift geschriebenen Tontafelkorrespondenz mit dem ägyptischen Hof ist bekannt, dass zu dieser Zeit sogar gelegentlich verbündete Vasallenherrscher aus Stadtstaaten in Palästina nubische Spezialtruppen anforderten.

Während der so genannten Libyer- und Seevölkerkriege im ausgehenden Neuen Reich unter Ramses II., Merenptah und Ramses III. unterstützten schließlich Kontingente aus Scherden, Schasu, Nubiern und Libyern die ägyptische Armee bei der erfolgreichen Abwehr von Libyern und mit ihnen verbündeten Völkern der *nördlichen Inseln* (Ägäis). Im Auftrag von Ramses III. im Tempel von Medinet Habu angebrachte Reliefs schildern die Kämpfe anschaulich. Die selbst zu den Seevölkern zu rechnenden Scherden zeichneten sich durch ihre eigenen Uniformen mit von einer Kugel und Hörnern gezierten Helmen sowie ihre typischen Waffen (Schwert, Schild und Lanze) aus, während die Schasu Krummschwerter, Lanzen und ihre charakteristische helmschopfartige Haartracht beibehielten. Im Vergleich zu anderen Ausländern fiel es den Fremdtruppen leichter, die Integration in die ägyptische Gesellschaft mit dem Stolz auf ihre Herkunft zu verbinden und ihre nationalen Eigenheiten zu bewahren.

Literaturauswahl:
Bietak (1994); Helck (1980); Gnirs (1996);
Meurer (1996) 117-120 und 125-127;
Sheikh 'Ibada al-Nubi (1997).

81

81
Faksimile einer Wandmalerei: Militärmusiker

Original: Neues Reich, 18. Dyn., Thutmosis III. - Thutmosis IV., um 1390 v. Chr.
Theben-West, Grab des Tjanuni (TT 74)
Faksimile von Nina Davies: Höhe 42 cm, Breite 91,5 cm
New York, Metropolitan Museum of Art, Inv.-Nr. 31.6.3

In seinem Grab in Theben-West hat General Tjanuni seine berufliche Karriere dokumentiert, die er als Armeeschreiber unter Thutmosis III. begann. Die Dekoration zeigt das Ausheben, Einschreiben, Ausbilden und Exerzieren der Truppen, wofür Tjanuni verantwortlich war. Unter den verschiedenen Truppenabteilungen ist auch eine Militärkapelle aufgeführt. Zwei der acht Musiker tragen Trompeten aus Metall (wohl Bronze), die folgenden fünf Männer haben Klanghölzer in den Händen: während der erste von ihnen die Hölzer zusammenschlägt, halten seine vier Mitspieler je ein Holz vor der Brust erhoben und ein Holz in Hüfthöhe. Mit etwas Abstand folgt das letzte Mitglied der Kapelle. Der Mann hat die Hände wie zum Klatschen erhoben und scheint zu singen oder zu rufen. Sein Instrument, eine afrikanische Fass- oder Röhrentrommel, trägt er auf dem Rücken. Andere Darstellungen zeigen, dass man das Instrument an einem Riemen um den Hals trug und mit beiden Händen auf die mit Trommelfellen bespannten Schmalseiten des Klangkörpers schlagen konnte.

Die in die Haare gesteckten Federn, das negroide Aussehen des Trommlers sowie sein Instrument, legen eine nubische Herkunft der Männer nahe. Afrikanische Musiker und Tänzer sind auch in anderen Gräbern und auf Tempelwänden dargestellt. Sie begleiten militärische Einheiten wie im vorliegenden Fall oder nubische Tributbringer, aber auch offizielle Staatsakte wie die Einsetzung eines Wesirs.
S. M.-v. F.

Literatur: Wilkinson/Hill (1983) 112.
Zum Grab TT 74: Brack/Brack (1977) 43, Taf. 9, 28, 33, 36. – Zu nubischen Musikern in thebanischen Gräbern: Brack/Brack (1980) 40, Taf. 47, 51; Dziobek (1994) 77, Taf. 19, 83; Redford/Redford (1994) 26-27. – Zu nubischen Musikern und ihren Instrumenten: Drenkhahn (1967) 82-86, Liste VII; Vandersleyen (1994) 399-402.

82

82
Brief mit Erwähnung nubischer Truppen

Altes Reich, 8. Dyn., um 2160 v. Chr.
Elephantine
Papyrus. 26 x 22 cm (Rahmen)
Berlin, SMB-PK, Ägyptisches Museum und Papyrussammlung, Inv.-Nr. P. 8869

Der Brief, der zu dem Korpus der Elephantine-Papyri gehört, stammt aus einem Familienarchiv von Gaufürsten, die gegen Ende des Alten Reiches an der Südgrenze Ägyptens geherrscht haben. Mitte der neunziger Jahre des 19. Jahrhunderts tauchten die Papyri im Antikenhandel von Luxor auf und gelangten hauptsächlich nach Berlin und Straßburg.
Eine – lediglich aufgrund der Namensgleichheit – häufig postulierte Identität des in dem Brief erwähnten Sabni mit dem bekannten Sohn des Mechu und Besitzer des Grabes Nr. 26 auf der Qubbet el-Hawa aus der 6. Dynastie ist nicht beweisbar, da dieser Name in Elephantine keineswegs singulär auftritt.
In dem durchaus nicht restlos klaren Brief geht es um die Untaten bzw. Verfehlungen eines Sabni, gegen die der Truppenführer Merirenacht den Fürsten und Priestervorsteher Iriuremetju um Unterstützung bittet. Der Truppenführer leitete dem Text zufolge militärische Aktionen an der Südgrenze Ägyptens, in die auch Truppen aus den nubischen Regionen Medjau und Wawat verwickelt waren. Der Brief kann als Indiz für die Wirren des ausgehenden Alten Reiches angesehen werden, als die Zentralverwaltung und das Königtum weiter geschwächt wurden. Lokale Machthaber konnten sich etablieren. Da der lokale Fürst Iriuremetju um Unterstützung gebeten wird, scheint es sehr wohl möglich, dass dieser die oberste Gewalt im Gau verkörperte. Dies und die Tatsache, dass keine der in dem Brief genannten Personen in den Gräbern der 6. Dynastie auf der Qubbet el-Hawa auftaucht, macht eine Spätdatierung in die 8. Dynastie wahrscheinlich.
A. E.

Literatur: Hierat. Pap. (1911) Taf. 2-3; Smither (1942) 16 ff.; Martin-Pardey (1976) 201; Roccati (1982) 288-289; Wente (1990) 58, Nr. 67.

83
Juristisches Dokument

Neues Reich, 19. Dyn., um 1250 v. Chr.
Sakkara
Papyrus. Höhe 17 cm, Breite 20 cm
Leiden, Rijksmuseum van Oudheden, Inv.-Nr. AMS 25b

Ägyptens Kontakte zu fremden Ländern waren nicht ausschließlich feindseliger Natur. Schon seit der Frühzeit bestanden Handelsbeziehungen zu benachbarten Gebieten und ausländische Kaufleute betrieben ihr Gewerbe in Ägypten. Auch Kriegsgefangene wurden nach Ägypten gebracht, wo ihre Nachkommen oft als freie Bürger in der einheimischen Bevölkerung aufgingen. Schließlich bediente sich auch die ägyptische Armee nubischer und asiatischer Söldner, um ihre Truppenkontingente aufzufüllen. All diese Menschen siedelten in ägyptischen Städten, vor allem in Memphis, das nach und nach geradezu kosmopolitischen Charakter annahm. Gelegentlich werden die in Ägypten lebenden Ausländer in ausführlicheren Quellen erwähnt.
Ein Beispiel ist dieser hieratisch beschriftete Papyrus. Es handelt sich um ein Rechtsdokument, das in einem vor Gericht verhandelten Fall Anwendung fand. Sein Titel lautet: *Aufstellung der von der Dienerin des Streitwagenlenkers Pachery gestohle-*

83

84 Vorder- und Rückseite

nen Gegenstände. Der Name Pachery bedeutet übersetzt *Der Syrer* und kann als Hinweis darauf gedeutet werden, dass sein Träger ein Söldner fremdländischer Abstammung war. Als Angehöriger der Elitetruppe der Streitwagenlenker war Pachery offenbar wohlhabend genug, sich eine Dienerin leisten zu können. Es wäre interessant, die Nationalität dieser Frau zu kennen: War sie selbst eine nicht ägyptische Sklavin oder war sie eine gebürtige Ägypterin, die einem Fremden diente? In jedem Fall war sie offensichtlich arm – ansonsten wäre sie nicht in Versuchung geraten zu stehlen. Das Dokument zählt eine Reihe von Bronzegefäßen und Kleidungsstücken auf, die von ihr entwendet wurden, und setzt als Strafe den dreifachen Wert der gestohlenen Gegenstände fest.
M. J. R.

Literatur: Černý (1937) 186-189; Raven (1982) 44-45.

84
Keilschrift-Täfelchen „Bitte um Männer aus Meluḫḫa"

Neues Reich, 18. Dyn., Amenophis III., 1388-1351 v. Chr.
Tell el-Amarna
Gebrannter Ton. Höhe 9,1 cm, Breite 6,5 cm, Dicke 1,6 cm
Berlin, SMB-PK, Vorderasiatisches Museum, Inv.-Nr. VAT 1668

Rib-Hadda von Byblos meldet einem Beamten des Pharao, der König von Mittani habe den kranken Abdi-Aširta von Amurru besucht und dessen Land bewundert. Rib-Hadda rät dem Pharao, im Falle des Todes des Abdi-Aširta bereitzustehen, um dessen Land zu übernehmen. Zur Durchsetzung der Interessen Ägyptens solle der Pharao schon einmal 200 Soldaten aus Nubien schicken. Tatsächlich dachten die Ägypter keineswegs daran, die direkte Herrschaft zu übernehmen. Im Gegenteil gelang es Aziru, dem Sohn des Abdi-Aširta, zuerst unter Anerkennung durch die Ägypter und später der Hethiter, seine Herrschaft über Amurru zu festigen.
Für Nubien wird hier der Ausdruck „Meluḫḫa" gebraucht. Meluḫḫa war ursprünglich der Name für die Gegend, in der im 3. Jahrtausend v. Chr. die Induskultur blühte (heute Pakistan). Nach deren Untergang zu Beginn des 2. Jahrtausends wurde der Name frei und auf ein anderes exotisches Land – eben Nubien – übertragen. Der tatsächliche geographische Unterschied ist möglicherweise gar nicht wahrgenommen worden: Nach dem damaligen Weltbild war „Meluhha" einfach ein fernes Land mit Affen, Krokodilen und Elefanten am Ufer des weltumspannenden Ozeans irgendwo „hinter" der Arabischen Halbinsel, welches man entweder „linksherum" über den Persischen Golf oder „rechtsherum" über das Rote Meer erreichen konnte.
H. Sch.

Bearbeitung: Knudtzon (1915) 440 ff., Nr. 95; Moran (1992) 169. – Behandlung: Klengel (1964).

85 Vorder- und Rückseite

85
Keilschrift-Täfelchen „Meldung unverschämten Gebahrens"

Neues Reich, 18. Dyn., Amenophis IV./Echnaton, 1351-1334 v. Chr.
Tell el-Amarna
Gebrannter Ton. Höhe 11,8 cm, Breite 6,8 cm, Dicke 2,2 cm
Berlin, SMB-PK, Vorderasiatisches Museum, Inv.-Nr. VAT 345

Rib-Hadda von Byblos meldet dem Pharao (Amenophis IV.), die Söhne des verstorbenen Abdi-Asirta von Amurru hätten die ägyptischen Streitkräfte, Wagen und Pferde, die der Pharao nach dem Tode ihres Vaters in Amurru stationiert hat, nach Mittani verkauft. Rib-Hadda empört sich über das unverschämte Auftreten der Söhne, die völlig offen gegen die Interessen des Pharao agierten. Seine eigenen Hände sind gebunden, da seine Amtskollegen in der Levante die Gefahr ignorieren und darüber hinaus Rib-Hadda beim Pharao in den Geruch eines Querulanten zu bringen suchen – natürlich zu Unrecht. Er schließt eine dringende Bitte um ägyptische und nubische Truppen an, um wenigstens seine Stadt Byblos für den Pharao zu schützen.
H. Sch.

Bearbeitung: Knudtzon (1915) 476 ff., Nr. 108; Moran (1992) 181-182. – Behandlung: Klengel (1964).

86
Figur eines Libyers

Wohl 3. Zwischenzeit, 22.-23. Dyn., um 800 v. Chr.
Angeblich aus dem Delta. Sammlung Henry Walters
Bronze mit Schwarzgold- und Goldeinlagen. Höhe 4,9 cm, Breite 3,5 cm
Baltimore, The Walters Art Museum, Inv.-Nr. 54.2151

Die kleinformatige Bronzefigur eines Libyers gehörte nach Ausweis der völlig flachen Körperrückseite als Applike zu einem größeren Ensemble, dessen genaues Aussehen zwar nicht mit Sicherheit rekonstruiert werden kann, im weitesten Sinne aber dem Thema der kanonischen Feindsymbolik zugeordnet werden darf. Dabei ist die hohe Qualität der Verarbeitung mit mehrteiligen Einlagen aus Edelmetall wohl der eindeutige Hinweis auf ein Werk von direktem oder indirektem königlichen Zuschnitt. Wegen des eingeschränkten Erhaltungszustandes der Kleinplastik und dem Fehlen direkter Vergleichsstücke müssen allerdings weitere Detailfragen zu Ikonographie und Typus ungeklärt bleiben. Unzweifelhaft ist jedoch ihre Benennung als Libyer durch die beiden überkreuzten Brustbänder, dem Backen- und kurzen Kinnbart sowie einer langen, weitgehend weggebrochenen Haarlocke, die bis auf die rechte Schulter herunterfällt.
Zusammen mit Nubiern und Asiaten, den Feinden Ägyptens im Süden und Norden, bildeten die libyschen Stämme der Westwüste die klassische Gesamtheit der Fremdländer, die als ethnische Grundtypen symbolhaft für alle äußeren Feinde des Landes standen. Während kriegerische Aktivitäten an der Westgrenze Ägyptens über Jahrhunderte kaum ein bemerkenswertes Ausmaß besaßen, änderte sich die Situation zur Zeit der 19. und 20. Dynastie mit den Libyerkriegen des Merenptah und Ramses' III. ganz entscheidend. Zahlreiche Gefangene aus diesen siegreichen Feldzügen wurden anschließend im Delta und in Mittelägypten angesiedelt, wo sie in der Folgezeit eine immer mächtiger werdende Bevölkerungsgruppe darstellten, die dann als 22. und 23. Dynastie selbst die Macht in Ägypten erringen konnte.
M. S.

Literatur: Steindorff (1946) Nr. 136, Taf. XXXV.

86

87
Orientalischer Helmbuschträger

8.-7. Jh. v. Chr.
Abusir, spätzeitliche Priestergräber. 1902/03 bei Ausgrabungen der Deutschen Orientgesellschaft gefunden
Bronze, stark fragmentiert und ergänzt. Höhe (vom Aufsatzpunkt) 20,7 cm, Breite und Tiefe (unten) 4 cm, Blechstärke 2 mm
Berlin, SMB-PK, Staatliche Museen, Antikensammlung, Inv.-Nr. Misc. 10818

Der bronzene Helmbuschträger war vermutlich auf einer leicht kegelförmigen Helmkalotte aufgesetzt und nach vorne gebogen aufgenietet; er könnte aber auch ein Pferdegeschirr geziert haben. Das Blech des Helmbuschträgers ist U-förmig im Querschnitt gebogen; unten verschließt ein angenietetes Blech (Höhe 3,7 cm) den Träger. Am Rand befinden sich in regelmäßigen Abständen Löcher, die wohl zur Befestigung des Helmbusches dienten.
Die erneute Restaurierung legte textile Fragmente an der Innenseite des Helmbuschträgers frei, die den Haarbusch gehalten haben könnten. Die Untersuchung von Haarresten unter dem Rasterelektronenmikroskop deutet aufgrund der Oberflächenstruktur auf Ziegen- oder Kamelhaar hin.

87

Auf den assyrischen Alabaster-Reliefs aus Ninive (704-689 v. Chr.) werden verschiedene Ausrüstungsvarianten dargestellt, darunter prachtvolle Helmbüsche. Diese haben eine Höhe von 5 bis 10 cm, laufen auf dem Rücken in einen Schweif aus und waren vielleicht aus farbigen Haaren gefertigt. Der Träger könnte zu einem Helm eines Nichtassyrers gehört haben, der während der Eroberung Ägyptens in der assyrischen Armee diente.
P. F.

Literatur: Pflug (1988) 24-25, Abb. 12.
Zu zeitgenössischen Helmen: Borchardt (1972) 100, Taf. 28. – Zu assyrischen Reliefs: Mayer (1995) 462 (Kap. 9.5.3.1).

88
Stele eines syrischen Soldaten

Neues Reich, 18. Dyn., Amenophis IV./Echnaton, 1351–1334 v.Chr.
Herkunft unbekannt
Kalkstein. Höhe 29,5 cm, Breite 24 cm
Berlin, SMB-PK, Ägyptisches Museum und Papyrussammlung, Inv.-Nr. 14122

Das Bildfeld der kleinen Stele zeigt in leicht vertieftem Relief eine ungewöhnliche Szene: Ein durch Bart, Haartracht und farbig gemusterten Schurz deutlich als Nichtägypter gekennzeichneter Mann sitzt auf einem mit Tierfell bespanntem Klapphocker und trinkt mittels eines geknickten Saughalmes Flüssigkeit – wohl Wein oder Bier – aus einem amphorenförmigen Gefäß, das in einem hölzernen Gestell vor ihm steht. Ein kahlköpfiger Bediensteter in ägyptischem Habitus assistiert ihm dabei, indem er den Halm stützt und zugleich einen kleinen Becher bereithält. Ihnen gegenüber sitzt, in kleinerem Maßstab wiedergegeben, eine Frau, deren unter der Brust geknotetes, knöchellanges Gewand, deren lange, voluminöse Perücke sowie deren legere Haltung ganz der Mode vornehmer, ägyptischer Frauen der Amarna-Zeit entspricht, während Physiognomie und Kleidung des Mannes seine syrisch-palästinensische Herkunft

Abb. zu 87
Relief zweier Soldaten mit Helmbuschträgern.
Vorderasiatisches Museum Berlin

88

nicht verbergen. Die kurze, in schwarzer Farbe auf gelbem Grund ausgeführte Inschrift verrät die fremdländischen Namen des Paares; *Tarura* und die *Herrin des Hauses Arbura*. Stilistik und Motivik der Stele orientieren sich stark an königlichen Vorbildern aus Amarna, die das Herrscherpaar in trauter Zweisamkeit beim Festmahl zeigen. Sollte es sich bei dem hinter dem Mann dargestellten Speer tatsächlich um das Attribut seines Berufes handeln, dann könnte Tarura zu jenen ausländischen Soldaten gehört haben, die nach Ausweis der bildlichen Darstellungen aus Amarna im ägyptischen Militär dienten (vgl. Nr. 69 mit Abb.). Archäologische Funde aus Amarna bestätigen den Gebrauch geknickter Saughalme wie den hier dargestellten, die aus Blei gefertigt waren und am unteren Ende ein kleines Sieb besaßen, um grobe Getränkerückstände auszufiltern.
Ch. B.

Literatur: Kat. Berlin, (1991) 129–130, Nr. 80;
Kat. Kaufbeuren (1997) 35-35, Nr. 24;
Kat. Boston (1999) 239, Nr. 114.

Streitwagen und Zubehör

Anja Herold

Der Anfang

Vor etwa 3600 Jahren gelangte nicht nur das Wissen nach Ägypten, wie man aus gebogenen Hölzern und Leder ein rund 60 Pfund schweres Gefährt konstruiert, sondern auch, wie man zwei Pferde dazu bringt, damit Geschwindigkeiten von etwa 30 bis 40 Stundenkilometern zu erreichen:[1] Das Land am Nil, bei Transportmitteln bis dahin eher an das gemäßigte Tempo von Eseln, Sänften, Schlitten und Schiffen gewöhnt, hatte Bekanntschaft mit dem leichten, zweirädrigen Streitwagen Vorderasiens gemacht. Er bestand aus einem Wagenkorb über D-förmigem Grundriss und hinterständiger Achse, zwei aufgeschobenen, knapp einen Meter großen und frei spielenden Speichenrädern,[2] feststehender Mitteldeichsel und Joch mit Jochgabeln (Abb. 1). Es dauerte nicht lange, da beherrschten ägyptische Handwerker den Wagenbau und konnten aus vier V-förmig gebogenen Hölzern äußerst stoßresistente Speichenkränze fertigen.[3] Einheimische wussten um Pferdepflege und Ausbildung, um Lenkmittel wie Fahrleinen, Nasenbänder oder Trensen (Nrn. 97-98a). Ein derartiger Wissenstransfer konnte nur durch Fachleute und nicht durch Handel oder Erbeutung von Tieren oder Wagen vonstatten gegangen sein.[4] Aber wann genau und vor allem auf welche Weise Pferd, Wagen und das dazugehörige Know-how an den Nil gelangt sind, darüber schweigen die Quellen. Sehr wahrscheinlich hatten ägyptische Auslandsreisende sowohl Zugtier als auch Speichenrad bereits früh in den Ländern der Levante kennengelernt.[5] Eine nachhaltige Einfuhr erfolgte jedoch erst während der ersten Fremdherrschaft in der Geschichte des Pharaonenlandes, in der Hyksoszeit.

Die Hyksos (ägyptisch Heka-Chasut *„Herrscher der Fremdländer"*) aus dem syro-palästinensischen Großraum hatten das Nildelta zwar nicht mit dem Streitwagen erobert. Sie hatten friedlich, fast schleichend eine Schwäche des Pharaonenhofes zur Machtergreifung genutzt. Doch ihre aus oberägyptischer Sicht „Besatzung" des Deltas gab den einheimischen Fürsten in Theben und Deir el-Ballas Grund genug, bei neuen Waffen auf dem Laufenden zu bleiben. Wenn die Hyksos Pferd und Wagen also nicht durch oder über ihre Außenkontakte an die Ägypter vermittelt haben, so sind sie doch mit einiger Sicherheit der Anlass zur Übernahme der „Waffe" Streitwagen gewesen.[6]

Mobile Truppen

Seit dem Ende der 17. Dynastie standen den Pharaonen Pferd und Wagen zur Verfügung.[7] Der militärische Nutzen des in Ägypten stets mit je einem Lenker und Kämpfer besetzten Gefährts lag zwar allein darin, dem Bogenschützen eine mobile Plattform zu bieten, doch sollte man die psychologische Wirkung der mit donnernden Hufen und in mächtiger Staubkulisse herangaloppierenden Wagenabteilung auf den Feind nicht unterschätzen.[8] Der Krieg hatte eine neue Qualität bekommen: Der Nahkampf mit Äxten, Dolchen und Speeren war durch kräftige Kompositbogen und leichte Pferdewagen um die Elemente Distanz und Mobilität ergänzt worden.

Spätestens ab Mitte der 18. Dynastie begann der Aufbau einer stehenden Streitwagentruppe als selbständiger Bestandteil der ägyptischen Armee, mit eigenen Offizierskadern[9] und Karrieren, wie etwa der von Maiptah aus der Zeit Amenophis III. (Nr. 93). Der Sohn eines

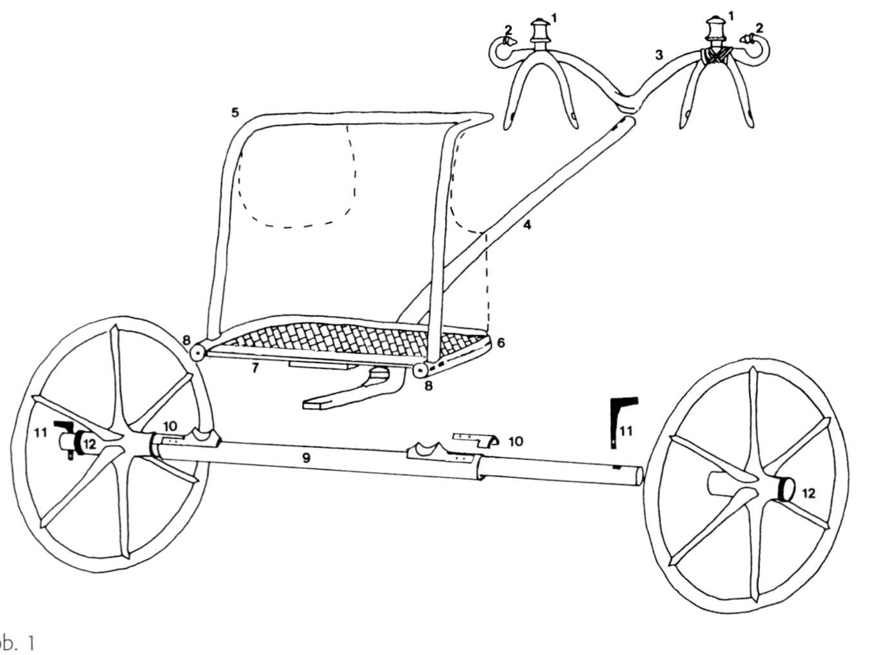

Abb. 1
Der leichte, zweirädrige Streitwagen:
Ein Modulbausatz aus Bugholz, Leder, Stein und Metall
Legende:
1 Jochgabelknauf (Stein), 2 Jochknauf (Stein), 3 Joch, 4 Deichsel, 5 Brüstungsholm, 6 Bodenholm, 7 Trittbrett, 8 Abschlussscheibe (Stein), 9 Achse, 10 Abstandsblock, austauschbar, 11 Achsnagel (Metall), 12 Nabenring (Metall)

Vorstehers der Armeeschreiber stieg vom einfachen Wagenkämpfer zum Wagenlenker sowie zum Befehlshaber einer ganzen Wagenabteilung auf und wurde schließlich *Erster Stallmeister*.[10]

Schon wenig später häuften sich die Titel von Offizieren, gab es endlich den Beruf Stellmacher und waren Streitwagen in den Darstellungen der Ausfahrt der königlichen Familie fast allgegenwärtig geworden, so präsent, dass Pharao Echnaton selbst bei der Dekoration seines Grabes im Ostgebirge von Amarna nicht auf die Abbildung von Wagengespannen verzichtete (Nr. 92). Mit Brust- und Bauchgurt unter dem Joch angespannt und mit Straußenfedern geschmückt warten dort die beiden Hengste auf ihren wahrscheinlich königlichen Fahrgast. Zu diesem Zeitpunkt waren Pferd und Wagen schon lange nicht mehr aus dem täglichen Leben Ägyptens wegzudenken. Wer etwas auf sich hielt, besichtigte seine Besitzungen im Wagen, fuhr zur Jagd, reiste auf Rädern, stiftete Wagen und Ausstattung (Abb. 2). Unter den Darstellungen von Neujahrsgaben im Grab des Oberdomänenvorstehers Kenamun aus der Zeit Amenophis II. finden sich neben kompletten Wagen auch Zubehörteile, etwa Bögen, Peitschen mit Kugelgriffen (Nr. 96) und Dolche, aber auch Helme, Schilde, steinerne Jochgabelknäufe oder bronzene Trensen (Nrn. 98a-b), die an ihren dreigeteilten Backenriemen zur Befestigung am Kopfgeschirr hängen;[11] ja sogar eine opulent gemusterte Pferdedecke. Das gemeine Volk hatte freilich keinen Zugang zu diesen Luxusgütern,[12] es sei denn über eine Profession als Stallknecht, Stellmacher oder Militär (Nr. 90).

Pferdepaläste und Waffenschmieden

Unzählige Menschen waren für die Pflege der Pferde und die Wartung der Wagen nötig.[13] Davon künden riesige Stallanlagen etwa in Amarna, der Hauptstadt Echnatons, oder in Qantir/Piramesse, der Kapitale Ramses' II. im Ostdelta. Es sind regelrechte Paläste für Dutzende, in Qantir gar Hunderte von Pferden, mit gepflasterten Böden, Auslaufhöfen, Pferdeschwemmen und Türstürzen (Nrn. 91a-b). In der Ramses-Stadt haben sich auch die Grundmauern eines Streitwagenübungsplatzes mit daran angegliederten Werkstätten gefunden. Zusammen mit den Stallanlagen stellen sie das textlich überlieferte Hauptquartier der königlichen Streitwagentruppen dar.[14] Und möglicherweise gehört auch das staatliche Waffenarsenal (*ḥpš*), das im Papyrus Anastasi I, 26 genannt wird (Nr. 95), in diesen Kontext.[15] Errichtet wurde die Streitwagengarnison von Piramesse in der Zeit zwischen Ramses II. und Ramses III. Aber vieles deutet auf jene unruhige Epoche, als die Nachfolger Ramses II., des Großen, gegen die von Norden her anbrandenden Seevölker rüsten mussten – und in der Waffenschmiede der Ramses-Stadt aus künstlich gebogenen Hölzern (Bugholz)[16], Leder, organischen Klebstoffen und rohen Tierhäuten, ein wenig Bronze und Stein, möglicherweise Dutzende von Streitwagen anfertigen ließen.[17]

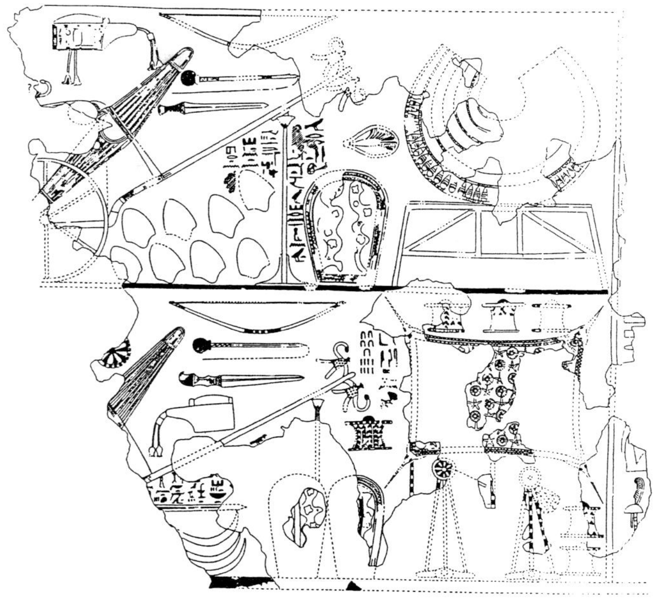

Abb. 2
Streitwagen und Zubehör unter den Neujahrsgaben im Grab des Kenamun (TT 93), Zeit Amenophis II.

Wie es nach dem Ende des Neuen Reiches um den ägyptischen Wagen bestellt war, entzieht sich durch die dürftige Quellenlage einer genaueren Beurteilung. Nur so viel scheint sicher: Der leichte, zweirädrige Streitwagen mit zwei Pferden in Jochgabelanspannung (Nr. 89) ist noch weit bis in das 1. Jahrtausend v. Chr. in Gebrauch geblieben.[18]

1 Spruytte (1977) 41 Anm. 1; Decker (1986) 1134 Anm. 26: Der Streitwagen Florenz, Museo egizio 2678, wiegt 24 kg. Die anderen sieben Originalwagen aus dem Tal der Könige sind bisher nicht gewogen worden.
2 Littauer/Crouwel (1985) 91; Spurweite: 150–180 Zentimeter.
3 Nach einer kurzen Experimentalphase unter Thutmosis III. bis IV., in der Räder mit acht Speichen gebaut werden, sind die ägyptischen Streitwagenräder stets aus sechs V-förmig gebogenen Hölzern konstruiert.
4 Hofmann (1989) 182; Moorey (2001).
5 Hofmann (1989) 14–33; Gnirs (2001) 403: Die dort angesprochene Einfuhr von Wagenteilen in der 12. Dynastie ist allerdings abzulehnen
6 Schulman (1980); Bietak (1994) 54-55; Polz (1998) 229-230; Shaw (2001); von den Driesch/Peters (2001) 308–310: Zahlreiche Skelettfunde von Pferden und Mulis aus der Hyksoszeit deuten darauf hin, dass zumindest im Delta schon recht früh mit einer verstärkten Pferdepräsenz gerechnet werden darf.
7 Weiterführende Literatur zum Thema Littauer/Crouwel (1985); Hofmann (1989); Rommelaere (1991); Gnirs (1996); Herold (1999); Raulwing (2000); Hoffmeier (2001); Gnirs (2001); Raulwing (2002); Decker/Förster (2002) 130–152; Herold (2003b).
8 Schulman (1980); Raulwing (2000) 51–59.
9 Schulman (1980) 134; Hofmann (1989) 310-323; Gnirs (1996) 17–29; Gnirs (2001) 403.
10 Schulman (1963) 96.
11 Herold (1999).

12 Nach pAnastasi III 6, 3–10 kostete ein Wagen acht Deben Silber, etwa 730 Gramm. In der 20. Dynastie ausreichend für den Erwerb von gut 270 Ziegen oder 160 Schweinen: Kemp (1991) 248–250 m. Abb. 85.
13 Zu Stellmacherszenen und Wagenbau: Hofmann (1989) 199–202, Taf. 075–088; Herold (2003b) Exkurs.
14 Pusch (1993); Herold (1999); Herold (2001); Herold (2003b).
15 Fischer-Elfert (1986) 227, 268-269; Herold (2003a).
16 Hauptsächlich Ulme. Bugholz: In den 1830er Jahren durch den Bau- und Möbeltischler Michael Thonet (1796–1871) perfektioniertes Verfahren, durch das dreidimensionales Formen von Holz in Serienfertigung möglich wurde. Bei der Bugholztechnik wird das Zellgefüge des Holzes durch Wasserdampf derart aufgeweicht, dass es für kurze Zeit per Muskelkraft formbar ist: Encyclopaedia Britannica (2002) s.v. Thonet, Michael.
17 Pusch (1999a); Pusch (1999b) 25-26; Herold (1999) 172; Herold (2001); Herold (2003b). Für Baumaterialien: Littauer/Crouwel (1985) 92–95; Shaw (2001) 63.
18 Littauer/Crouwel (1979); Spalinger (1981); Hoffmeier (2001) 412.

89
Nachbau eines altägyptischen Streitwagens

Nachbau: Baujahr 2000
Holz (Esche, Ulme, Ahorn), Leder, Messing. Länge 2,90 m, Breite 2,01 m, Höhe 1,25 m
Hildesheim, Roemer- und Pelizaeus-Museum, Pelizaeus-Museum, Inv. Nr. PM 7

Nur sechs Streit- und Jagdwagen des leichten, zweirädrigen Typs sind im Original aus Ägypten erhalten; Tausende müssen jedoch allein im Laufe des Neuen Reiches im Zuge der Kriege und Eroberungen gebaut worden sein. Denn nach der Vertreibung der vorderasiatischen Hyksos um 1550 v. Chr. übernahmen die Ägypter deren Streitwagentechnologie und bauten sich ein eigenes Streitwagen-Korps auf. Es erlaubte ihnen, *schneller als der Wind*, wie es in einem Text heißt, vorzustoßen, Erkundungs- und Streifzüge durchzuführen sowie im Kampf durch Schnelligkeit den Gegner zu überrumpeln.
Der Hildesheimer Nachbau stellt eine Art Idealtypus des zweirädrigen Wagens dar, den die Ägypter sowohl militärisch wie für die Jagd genutzt haben. Alle Informationen, die aus den sechs Originalfahrzeugen, aus zahllosen Darstellungen von Schlachten, aus königlichen wie privaten Jagdszenen und aus Handwerksdarstellungen gewonnen werden konnten, flossen in die Planung des Nachbaus ein. Neue Funde von Wagenteilen aus den Grabungen in der Ramses-Stadt (Qantir), der Hauptstadt Ägyptens in der 19. und 20. Dynastie und Standort des Streitwagen-Korps, wurden ebenfalls einbezogen, so dass das Ergebnis als realistisch und dem heutigen Wissensstand angemessen bezeichnet werden kann.
Der Nachbau wurde sogar schon praktisch erprobt: Er ließ sich mit seinen nur etwa 30 kg Gewicht gut handhaben. Probleme gab es nur mit den Pferden und den Fahrern, die im Durchschnitt sehr viel größer sind als ihre altägyptischen Vorgänger.
Die Elemente des Wagens sind folgende: zwei sechsspeichige Räder mit einem Durchmesser von etwa 1 m; eine stabile Achse mit etwa 1,50 m Abstand zwischen den Rädern, ein Wagenkorb mit Boden aus Ledergeflecht, das für eine gute Federung sorgt, die Deichsel, auf der der Wagenkorb vorn ruht und die mit einem Joch endet, in das zwei Pferde geschirrt werden konnten. Die Besatzung des Streitwagens bestand aus einem Wagenlenker und einem Krieger, dessen Hauptwaffe Bogen und Pfeile waren.
B. Sch.

Literatur: Schmitz (2002a); Schmitz (2002b).

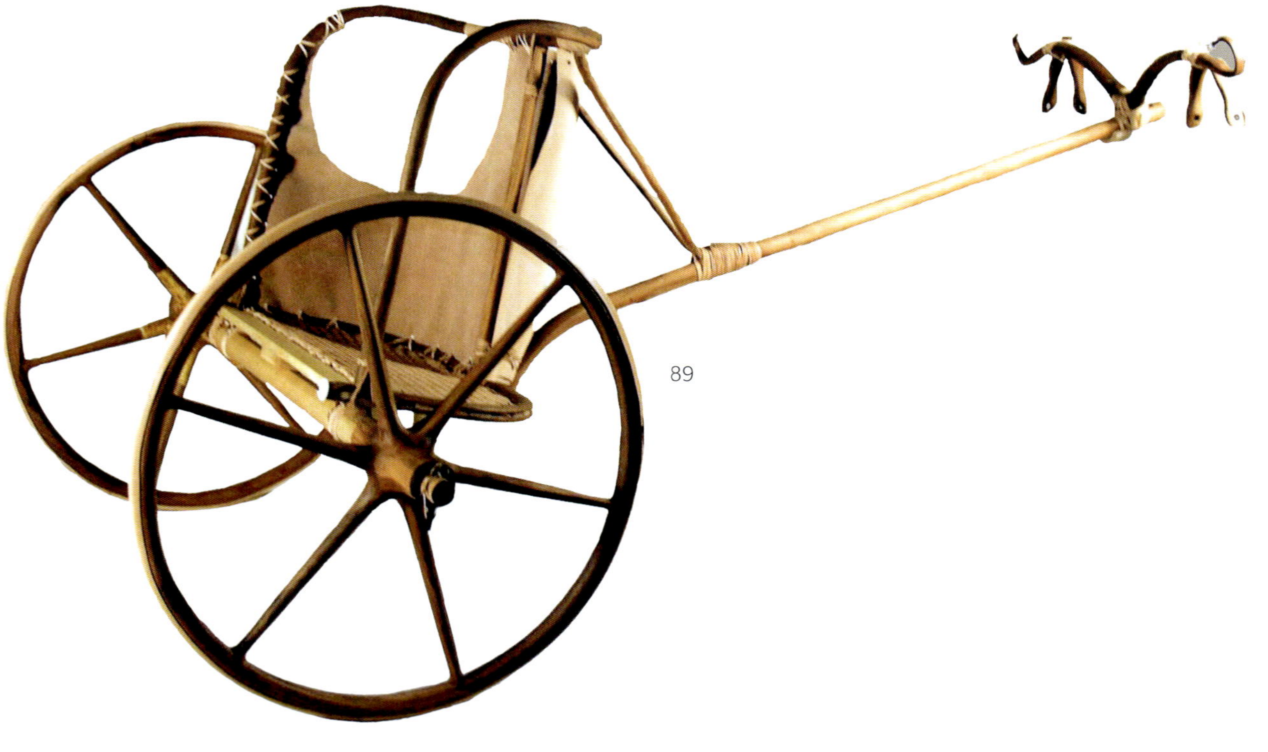

89

90
Grabrelief: Feldlager mit Streitwagen

Neues Reich, 18. Dyn., Tutanchamun., um 1330 v. Chr.
Sakkara, Grab des Haremhab. 1911 erworben
Kalkstein. Höhe 51 cm, Breite 41 cm
Berlin, SMB-PK, Ägyptisches Museum und Papyrussammlung, Inv.-Nr. 20363

90

Bevor er durch den frühen Tod des Tutanchamun selbst das Amt des ägyptischen Königs übernehmen konnte, verfolgte Haremhab eine Karriere im Militär und diente unter Tutanchamun als Oberbefehlshaber. Er ließ in dieser Zeit ein Grab für sich und seine Familie in Sakkara, der Nekropole der damaligen Hauptstadt Memphis anlegen, das von einem britisch-niederländischen Archäologenteam unter Leitung von G. T. Martin 1975 wiederentdeckt wurde. Neben vielen Fremdvölkerszenen gehörten auch Darstellungen zum Dekorationsprogramm, die einzigartige Einblicke in das Leben eines Militärcamps bieten. Der vorliegende Block konnte ebenso wie ein Fragment aus Bologna dieser außergewöhnlichen Szene zugeordnet werden.

In der oberen Hälfte des Berliner Blocks ist durch den welligen Wüstenboden die Umgebung des Lagers angegeben. Neben zwei Trägern am linken Bildrand sind dort zwei Männer zu sehen, die sich um die Streitwagenausrüstung kümmern. Einer von ihnen sitzt im Wagen und ruht sich aus, während ein weiterer Mann vor dem Gefährt am Boden hockt und die ausgespannten Pferde am Zügel hält. Bei dem von G. T. Martin als Zelt interpretierten Gebäude im unteren Teil des Blocks könnte es sich um die Unterkunft von General Haremhab selbst handeln. Es ist das größte Gebäude des Camps und mit einer besonders aufwendigen Tür ausgestattet, von der am unteren Bildrand noch die obere Abschlusskante in Form einer Hohlkehle zu erkennen ist. Ägyptischen Darstellungsprinzipien entsprechend sind die Einrichtungsgegenstände in der Raumfläche übereinander angeordnet. Neben Gefäßständern und Krügen er-

Abb. zu 90
Block Berlin und Anschlussblock Bologna

kennt man einen mit Lebensmitteln überladenen Tisch, neben dem zwei Brandaltäre und ein großes Blumengebinde aufgestellt sind. Zwei Sitzgelegenheiten stehen neben den Altären: ein Hocker und darüber ein Klappstuhl, jeweils mit einem zusätzlichen Fußschemel ausgestattet. Die beiden Männer neben der Eingangstür gehören zum Hauspersonal. Der rechte von ihnen gibt Anweisungen an seinen Kollegen, der, wie der Block aus Bologna zeigt, einen Wasserkrug und ein Tuch in den Händen hält. Vor dem Zelt steht ein Maultier bei seinen Tragekörben und lässt müde die Ohren hängen. Ein kleiner nackter Junge trägt eine Schale mit Obst oder Gemüse und läuft einem Träger hinterher, von dem auf dem Berliner Block nur noch der Rest eines Tragegestells zu sehen ist, an dem ein Netz hängt, das eine Matte und eine Kopfstütze enthält. Offenbar wird hier Reisemobiliar transportiert. Weitere Blöcke der Szene zeigen die Reinigung der Unterkünfte, Bedienstete, die Versorgungsgüter herbeitragen, Soldaten bei der Zubereitung von Mahlzeiten und die Betreuung von Streitwagen und Pferden.
S. M.-v. F.

Literatur: Martin (1989a) 36-38, Taf. 28 u. 29;
Kat. Berlin (1991) 130-131, Nr. 81.

91 b

91 a-b
Zwei Architrav-Fragmente mit Pferde-Darstellungen

Neues Reich, 19. Dyn., Ramses II., 1279-1213 v. Chr.
Vielleicht aus Qantir, sog. „Ramses-Stadt"
Kalkstein. Höhe 49 cm, Breite 67 cm (a)
Höhe 46,5 cm, Breite 89 cm (b)
Hildesheim, Roemer- und Pelizaeus-Museum, Pelizaeus-Museum, F 7, F 8 (Leihgaben Freundeskreis Ägypt. Museum Wilhelm Pelizaeus Hildesheim e.V.)

Es handelt sich bei diesen beiden Reliefs um Bruchstücke aus dem mittleren und rechten Teil von Türstürzen. Deren vollständiges Aussehen lässt sich analog zu verwandten Objekten des Neuen Reiches und neuen Funden aus der Ramses-Stadt (Piramesse/Qantir) rekonstruieren und ergänzen. Im Mittelpunkt der Architrave befinden sich die senkrecht auf dem Hieroglyphenzeichen für „Gold" stehenden Kartuschen Ramses' II., die seinen Geburts- und seinen Thronnamen enthalten. Rechts und links werden sie jeweils vom Horus-Namen in der Palastfassade mit darauf hockendem Horus-Falken flankiert. Von beiden Seiten nähert sich hier aber nicht wie sonst üblich eine Person, um den königlichen Namen anzubeten, sondern ein Pferd. Es ist in leichter, tänzelnder Bewegung dargestellt, die spielerisch an den Adorationsgestus der erhobenen Arme bei Menschen erinnert. Architrav-Fragmente ganz ähnlicher Art kamen neuerdings bei Grabungen in der Ramses-Stadt zutage; sie gehörten dort zur Ausstattung der königlichen Stallungen.

91 a

Das Pferd und seine Nutzung lernten die Ägypter erst durch die Fremdherrschaft der Hyksos kennen, die den von Pferden gezogenen Streitwagen als technologisch überlegene Waffe bei ihrer Eroberung Ägyptens einsetzten. Die Ägypter machten sich diese Erfahrung zunutze, übernahmen die Technik, verfeinerten sie und setzten sie ihrerseits bei der Vertreibung der Hyksos erfolgreich ein. Das Pferd wurde in Ägypten so gut wie nie als Reittier, sondern immer als Zugtier am Streit- und Jagdwagen eingesetzt.
B. Sch.

Literatur: Schmitz (1998/99) 463-465, Abb. 4-5.

92

92
Pferdegespann mit Streitwagen

Neues Reich, 18. Dyn., Amenophis IV./Echnaton, ca. 1351-1334 v. Chr.
Königsgrab von Amarna, wahrscheinlich aus Raum alpha, Wand D
Putz mit Bemalung. Höhe 22 cm, Breite 35,1 cm
New York, Brooklyn Museum of Art, Inv.-Nr. 54.186
Charles Edwin Wilbour Fund

Das Pferd und pferdebespannte Streitwagen, die zu einem unbestimmten Zeitpunkt aus dem Nahen Osten nach Ägypten kamen, waren nachweislich zur Zeit der späten 17. oder frühen 18. Dynastie in Gebrauch. Da sowohl Pferde als auch Streitwagen teuer in der Unterhaltung waren, beschränkte sich ihre Verwendung auf die Königsfamilie, die Oberschicht und hohe Militärs. Neben ihrem Einsatz im Kampf fanden die Streitwagen bei der Jagd und in königlichen Prozessionen Verwendung.
Dieses fragmentarisch erhaltene und in versenkter Technik gefertigte Relief mit der Darstellung eines Pferdegespannes, das einen Streitwagen zieht – Arm und Hand des Wagenlenkers, der die Zügel hält, sind erhalten – ist in eine Verputzschicht geschnitten. Reste des gelben Hintergrundes, der roten Farbpigmente auf dem Pferdekörper sowie der roten, schwarzen und gelben Farbe der Straußenfedern am Zaumzeug der Pferde haben sich bewahrt.
Dank der Zeichnung in einer Publikation aus Anfang des letzten Jahrhunderts und jüngeren Untersuchungen des Königsgrabes von Amarna ist heute mit Sicherheit davon auszugehen, dass dieses Relief aus der genannten Anlage stammt und wahrscheinlich einen Ausschnitt aus dem königlichen Gefolge in einer Szene wiedergibt, die das Opferritual für die untergehende Sonne abbildet.
R. F.

Literatur: Bouriant/Legrain/Jéquier (1903) Taf. IV; Martin (1974) 99, Nr. 454, Taf. 58; Martin, (1989a) 33-36.

93
Stele des Meriptah

Neues Reich, 18. Dyn., Amenophis III., 1388-1351 v. Chr.
Abydos? 1821 von Burghart in Ägypten erworben
Kalkstein, bemalt. Höhe 69 cm, Breite 54,4 cm
Wien, Kunsthistorisches Museum, Ägyptisch-Orientalische Sammlung, Inv.-Nr. 89

Anstelle der üblichen Stelenform mit rundem Giebel begegnet hier die seltenere Variante der rechteckigen Stele mit Hohlkehle und Rundstab (letzterer hier allerdings nur oben). Das Bildfeld ist von einem stark erhabenen Rahmen umgeben, der – ebenso wie der Sockel und der Abschluss der Hohlkehle – hieroglyphische Inschriften trägt. Das Bildfeld ist in zwei Register gegliedert, deren Programm dem der Stelen

93

des Neuen Reiches folgt. Das Besondere ist, dass im oberen Register zwei Götter verehrt werden, die in der Mitte – scheinbar Rücken an Rücken, in Wahrheit jedoch nebeneinander mit dem Rücken zur Wand – sitzen. Die Götter sind Vater und Sohn, nämlich Osiris und Upuaut, und sie werden von Vater und Sohn angebetet: Der Vater ist der *Vorsteher der Armeeschreiber* Tjena, der Sohn ist der Offizier und *Erste Stalloberste* Meriptah. Beide Männer halten dem Gott einen großen Stabstrauß mit Lotosblüten entgegen.
Im unteren Register erhalten Meriptah und seine Frau ein Opfer von seinem Bruder. Er sprengt aus einem Kultgefäß Wasser über den reichlich gedeckten Speisentisch.
H. S.

Literatur: Hüttner/Satzinger (1999) 20-26.

94
Ostrakon mit Streitwagendarstellung

Neues Reich, 20. Dyn., ca. 1186-1070 v. Chr.
Vermutlich Theben West, Deir el-Medina.
Ehemals Sammlung Gayer-Anderson
Kalkstein. Höhe 11,7 cm, Breite 19,3 cm
Stockholm, Medelhavsmuseet, Inv.-Nr. 14111

Die schwarze Zeichnung auf dem Kalksteinsplitter zeigt einen Wagenlenker auf einem Streitwagen, der von zwei Pferden gezogen wird. Der Streitwagen besitzt Räder mit sechs Speichen; am relativ kleinen Wagenkasten ist schräg nach hinten ausladend noch ein Köcher mit Wurfspießen befestigt. Der Wagenlenker hat die Zügel um den Leib geknotet; er trägt in der linken Hand ein Bündel Pfeile und in der Rechten einen Bogen, dessen unterer Bogenarm nur sehr schwach zu erkennen ist. Die Pferde sind mit Schabracken und Federbüschen geschmückt und tragen einen gestreiften Kopfschmuck, der bis zur Mitte des Halses hinabreicht. Die so geschmückten Pferde deuten unzweifelhaft auf ein königliches Gespann hin. Der Wagenlenker trägt als Helm eine eng anliegende, vermutlich lederne Kappe mit einer Verzierung: Schnüre, die in Quasten enden. Sein Panzerhemd hat kurze Ärmel und reicht bis auf die Oberschenkel herab, letzteres ist durch eine runde Öffnung seitlich am Wagenkasten sichtbar. Panzer und Helm sind mit Querstreifen gezeichnet. Eine solche Kleidung ist im Tempel Ramses' III. in Medinet Habu abgebildet. Dort tragen die Streitwagenkämpfer sowie die ägyptischen Bogenschützen in der Seevölker-Schlacht genau diese Art von Panzerung und auch die Kappe mit den Quasten. Nach farbigen Abbildungen von derartigen Kappen im Grab Ramses' III. kann geschlossen werden, dass die Kappe entweder rot oder grün zu denken ist. Die dort ebenfalls abgebildeten langen Panzerhemden sind gelb, rot und grün gestreift und zeigen mehr Details: Die Querstreifen deuten auf Schuppen aus Bronze, die in geraden Querreihen auf ein Lederhemd aufgenäht wurden. Ein Kopfschutz sowie ein Panzer, der den Torso schützt, ist für Streitwagenkämpfer besonders wichtig, da sie nicht zusätzlich noch ein Schild handhaben können. Die Ägypter haben die Sitte der Panzerung aus Vorderasien übernommen.
U. E.

Literatur: Peterson (1973) 93, Nr. 81; Taf. 45; Kat. Hildesheim (1987) 122, Nr. 22.
Zu Helm, Rüstung und Wagenlenker des Königs: Rosellini (1834) Taf. CXXI; Bonnet (1926) 207-208; Wolf (1926) 96 ff.; Medinet Habu I (1930) Taf. 37-38; Medinet Habu II (1932) Taf. 90, 94; Desroches Noblecourt et al. (1971) Taf. XIII; Borchhardt (1972) 88-89.

94

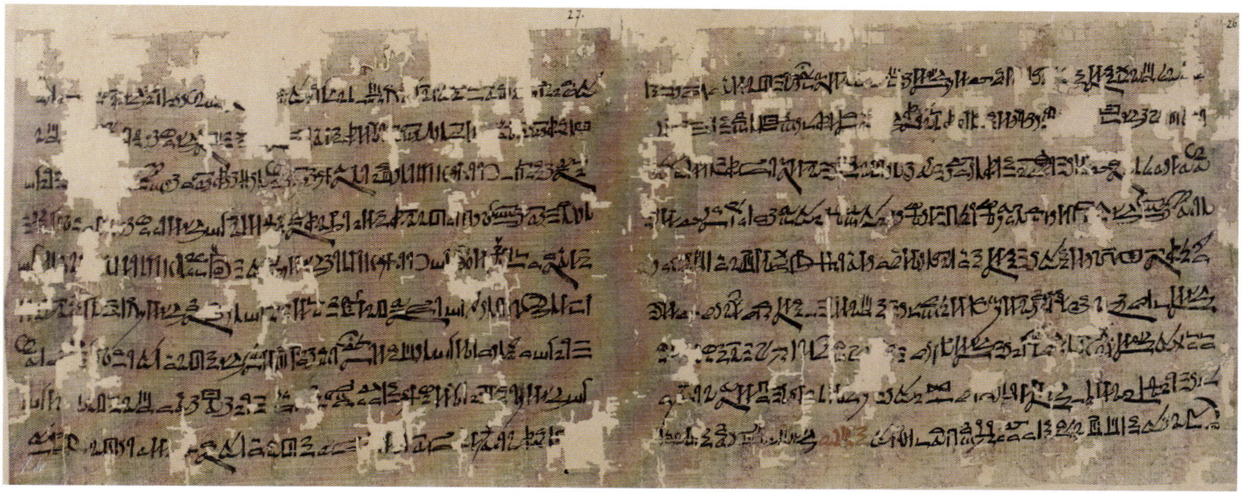

95

95
Papyrus Anastasi I: „Satirischer Brief des Hori"

Neues Reich, 19. Dyn., Sethos II., 1200-1194 v. Chr.
Herkunft unbekannt. Von Giovanni Anastasi erworben
Papyrus. Höhe 21,3 cm, Länge 56,0 cm
London, British Museum, Inv.-Nr. EA 10247.14 (Seiten 26-27)

Der „Satirische Brief" ist aus zahlreichen Papyri und Ostraka bekannt, denn im ganzen Land diente er als Schreibübung fortgeschrittener Schüler. Die Komposition ist ein humoristischer Brief des Schreibers Hori an seinen Kollegen Amenemope, in dem ersterer über des letzteren Unwissenheit und Unvermögen auf verschiedenen Gebieten spottet. Verschiedentlich wurde die Komposition daher sogar als Satire auf das Erziehungssystem selbst gewertet. Der Text verwendet zahlreiche hochtechnische Termini, deren Bedeutung heute oft unklar bleibt. Der sorgfältig geschriebene Papyrus „pAnastasi I" ist die vollständigste Kopie des Werkes und wurde zur Zeit Sethos' II. niedergeschrieben. Er wurde 1839 durch den schwedischen Konsul Anastasi erworben und stammt ursprünglich vielleicht aus Sakkara. Die literarische Vorlage datiert wahrscheinlich in die frühe Regierungszeit Ramses' II.
Hier auf der rechten Seite zieht Hori seinen Kollegen damit auf, dass dieser einen Unfall mit seinem Streitwagen gehabt habe und nicht einmal jemanden überreden könne, ihn zu reparieren: *„Sie tun alles, was du wünschst, kümmern sich um deinen Wagen, damit er aufhört, (kampf)untüchtig zu sein. Geschnitten wird deine Deichsel aufs Neue, ihre Halter? installiert. Man setzt Leder?-Verschnürungen an deine hintere(?) Kummet? und man führt dein Joch aus. Man installiert deinen Wagenaufbau mit der Meißelgravur für die mḫ.t-Teile. Man setzt einen Knauf an deine Peitsche und knotet eine Schnur daran. Mögest du schnell herauskommen, um zu kämpfen auf dem Schlachtfeld, um ein tapferes Werk zu vollbringen."* (26, 5-9)
R. P.

Literatur: Fischer-Elfert (1986); Wente, (1990) 98-110; Fischer-Elfert (1992).

96

96
Peitsche eines Streitwagenlenkers

Ende Neues Reich - Anfang 3. Zwischenzeit,
späte 20. - frühe 21. Dyn., ca. 1100-900 v. Chr.
Theben-West, Grab MMA 1008
Holz, Leder. Länge 51,5 cm (Griff), mit Peitschenschnur 71 cm
New York, The Metropolitan Museum of Art, Inv.-Nr. 22.3.15
Rogers Fund and Edward S. Harkness Gift, 1922

Diese Peitsche eines Streitwagenlenkers wurde im Sarg des Yoti-Amun, *Schildträger des Generals*, in einem Grab des (Mentuhotep) Seanchkare-Friedhofs in Theben-West gefunden. Bevor sie in den Sarg gelegt wurde, ist sie absichtlich in drei Teile zerbrochen worden, um sie für ihren Besitzer „unschädlich" zu machen. Der zerbrochene hölzerne Griff wurde restauriert und die ledernen Peitschenschnüre sind eine moderne Rekonstruktion.
C. F.

Literatur: Hayes (1959) 407.

97
Trense

Neues Reich, 18. Dyn., um 1340 v. Chr.
Tell el-Amarna. Grabung von 1911
Bronze. Länge 24 cm, Durchmesser der Knebelscheiben 8,8 cm
Berlin, SMB-PK, Ägyptisches Museum und Papyrussammlung,
Inv.-Nr. 20493

In einem der kleinen Gehöfte von Tell el-Amarna wurde 1911 von Ludwig Borchardt ein nahezu identisches Trensenpaar gefunden, das sich durch seine aufwendige und ungewöhnliche Gestaltung auszeichnet. Die Gebissstange der aus Bronze gefertigten Trensen ist als starres Stangenmundstück gestaltet und endet auf der einen Seite in einer geballten Faust. Auf der anderen Seite sichert ein nachträglich aufgesetzter Knauf den Halt der aufgeschobenen Radknebel. Scheiben- oder Radknebel sind in Ägypten gegenüber den Stangenknebeln weit weniger oft belegt. Die vorliegenden Exemplare sind durchbrochen und an den Außenseiten plastisch gearbeitet. Vier Hauptspeichen münden in Papyrusdolden, die Zwischenstreben enden in einer Spirale. Auf den Innenseiten der Knebel sorgen je vier kleine Metallspitzen für einen effektiveren Druck auf das Pferdemaul und damit für eine bessere Lenkbarkeit des Gespanns. Die Gestaltung der Zügelbefestigung in Form einer geschlossenen Faust ist ungewöhnlich und sonst nur bei Trensen aus Luristan belegt. Da jeweils nur eine Seite der Trense mit einer Bronzehand ausgestattet war, ist das Gespann offenbar mit Hilfe eines ungeteilten Zügels gelenkt worden, der an der Außenseite der Gespannpferde geführt wurde. Das gemeinsame Joch der Pferde erleichterte ihre Manövrierung. Zu Recht weist Herold (1999) darauf hin, dass in der Regel jedoch mit vier Zügeln und unter Verwendung von Kreuzleinen gefahren wurde. Da keine extra Ösen für die Befestigung der Backenriemen des Zaumzeugs an der Trense zur Verfügung stehen, sind die Riemen wohl durch die Durchbrüche der Knebelscheiben geschlungen worden.
S. M.-v. F.

Literatur: Borchardt (1912) 35-36; Kat. Berlin (1967) 49, Nr. 514; Herold (1999) 62-66, Taf. 38-39.
Zu Pferden, Reit- und Fuhrwesen: Hofmann (1989); Herold (1999).

97

tischen Hyksos, verfeinerten sie und setzten sie erfolgreich im Rahmen ihrer Eroberungspolitik in der 18. und 19. Dynastie ein.
B. Sch.

Literatur: Herold (1999) 167-170, Taf. 69.

98 a-b
Zwei Trensen von einem Pferdegeschirr

Neues Reich, 19.-20. Dyn., ca. 1290-1070 v. Chr.
Herkunft unbekannt, vielleicht aus Qantir, sog. „Ramses-Stadt"
Bronze. Länge 22,5 cm, Breite 15,3 cm (a)
Länge 23,2 cm, Breite 15,2 cm (b)
Hildesheim, Roemer- und Pelizaeus-Museum, Pelizaeus-Museum, Inv. Nr. 6478, 6479

Trensen sind Teil des Pferdegeschirrs und dienten in Ägypten der Anschirrung von Pferden vor dem leichten, zweirädrigen Streitwagen. Vergleichbare Funde aus den Grabungen in der Ramses-Stadt (Qantir) erlauben nicht nur diese sichere Zweckbestimmung für die beiden Hildesheimer Objekte, sondern auch eine recht genaue Datierung in die Ramessidenzeit, wahrscheinlich in die Regierungszeit Ramses' II. Für seine Streitwagentruppe sind umfangreiche Stallungen, Übungshöfe und Werkstätten mit entsprechendem Fundmaterial durch Grabungen in Qantir nachgewiesen.
Die Trense ist der Teil des Zaumzeugs, der sich im Maul des Pferdes befindet. Sie besteht aus dem Mundstück und zwei seitlich angesetzten Knebeln, die das Herausrutschen aus dem Pferdemaul verhinderten. Das Mundstück besteht bei den Hildesheimer Trensen nicht aus einer durchgehenden Stange, sondern sie ist als zweiteilige Stange konstruiert. Die beiden Stangenteile sind in sich gedreht und greifen in der Mitte mit zwei großen Ringen ineinander. Die langen schmalen Knebel werden durch so genannte Kartuschen an den Stangenenden fixiert. Mit Hilfe des Zaumzeugs war der Fahrer des Streitwagens in der Lage, die beiden Pferde und den Wagen zu lenken und unter seiner Kontrolle zu halten.
Die Streitwagentruppe spielte eine wichtige Rolle in der militärischen Geschichte des Neuen Reiches. Die Ägypter übernahmen die Technologie von den semi-

98 a-b

Distanzwaffen

Susanne Petschel

Im Kampf auf Distanz setzten die Ägypter Pfeil und Bogen ein. Diese bereits in prähistorischer Zeit belegte Waffe, die zunächst wohl nur zur Jagd bestimmt war, besaß die Form eines einfachen, einteiligen Bogens, der aus einem langen, geraden Stück Holz geschnitzt wurde und sich technologisch im Verlaufe der Jahrtausende nur wenig veränderte. Die Bogensehne bestand aus Tierdarm oder einer festen Pflanzenfaserschnur. Die Reichweite solch einfacher Bögen lag bei 80-100 m. Im Mittleren Reich trat neben diese einfachen Typen der Hornbogen, bestehend aus zwei Antilopenhörnern, die auf ein aus Holz oder ebenfalls aus Horn gefertigtes Mittelstück aufgesteckt waren. Vermutlich stellte die mehrteilige und unhandliche Konstruktion den Grund für die baldige Aufgabe dieses Waffentyps dar. Von den Hyksos übernahmen die Ägypter dann zu Beginn des Neuen Reiches den Kompositbogen und das Know-how seiner Fertigung. Diese kompliziert konstruierte Waffe entwickelte sich im Folgenden zur effizientesten Distanzwaffe, für die unterschiedliche Materialschichten charakteristisch sind. Einem Kern aus Hartholz wurde auf zwei Seiten je eine dünne Holzlage zugefügt und mit Leim zusammengeklebt. Diese Holzlagen ragten an den Außenseiten leicht über, so dass sich zwei Rinnen bildeten, die zumeist auf der dem Bogenschützen abgewandten Rückenseite Tiersehnen, auf der dem Schützen zugewandten Seiten eine oder mehrere Hornschichten enthielten. Zumeist war der ganze Bogen zusätzlich mit Birkenbast umwickelt. Seine beiden Enden bildeten in der Regel durch Einkerbungen abgesetzte Fortsätze, die zur Befestigung der Bogensehne dienten. Die Bogensehne selbst bestand aus mehreren, miteinander verdrehten Sehnen aus Tierdarm.

In der Verwendung und dem Zusammenspiel dieser unterschiedlichen Materialien lag der entscheidende Vorteil dieses Waffentyps, der auf eine enorme Reichweite von bis zu 170 m kam und mit dem sich punktgenau auf eine Distanz von ca. 80 m zielen ließ. Damit übertraf er die Reichweite des einfachen Bogens um das Doppelte. Wegen ihrer Empfindlichkeit und dem aufwändigen Werkverfahren eignete sich diese Waffe jedoch nicht zum Einsatz in der Infanterie, sondern blieb ranghohen Militärs und dem König vorbehalten. Neben der Funktion als reine Kampfwaffe entwickelte sich der Kompositbogen auch zu einem Sportgerät der Elite, mit dem sie ihrer gesellschaftlichen Stellung Ausdruck verlieh.

Die mit den Bögen verwendeten Pfeile setzten sich aus Pfeilspitze, Flugkörper und Flugstabilisator zusammen. Je nach Funktion in Jagd und Kampf erhielten die Pfeilspitzen verschiedene Ausformungen wie lange schmale Spitzen für den glatten Durchschuss, breite Spitzen, die flache, stark blutende Wunden verursachten oder aber Spitzen mit Widerhaken, die fest im Opfer stecken blieben. Als Werkmaterialien verwendete man von frühester Zeit an Feuerstein, daneben Holz, Knochen, Horn, Elfenbein, ab dem Alten Reich Kupfer und seit dem Mittleren Reich auch Bronze. Als Flugkörper besaß der Pfeilschaft zumeist eine Länge von 80 bis 100 cm. Er bestand wegen der notwendigen Gewichtsersparnis vornehmlich aus Rohr, seltener aus Holz. Zur Stabilisierung der Flugbahn diente eine am Pfeilende radial applizierte Fiederung.

Die Bedeutung von Pfeil und Bogen kommt in der Häufigkeit ihrer Darstellung bei Szenen der Jagd und des Krieges zum Ausdruck, besonders während der Epoche des Neuen Reiches, als große Bilderzyklen an Tempelwänden von Feldzügen, Stadtbelagerungen und Streitwagenkämpfen berichteten.

Erheblich geringere Bedeutung kam der für mittlere Distanzen verwendeten Schleuder zu. Die ebenfalls zu den ältesten Waffen gehörende Schleuder war nur wenig in Gebrauch. Grabmalereien aus der Zeit des Mittleren Reiches in Beni Hassan zeigen Kämpfer mit Schleudern bei der Belagerung von Festungen. Im Grab des Tutanchamun wurden mehrere Originale gefunden, die aus Leinenfäden geflochten waren. Die Reliefs der Kampfszenen gegen die Seevölker aus der Zeit Ramses III. zeigen ägyptische Schiffe, deren Mastkörbe mit Soldaten bemannt sind, die Schleudern einsetzen.

Schleudergeschosse bestanden aus Quarz oder Flussgeröllen. Dabei kam es auf eine exakte ovale Formung der Gesteine an. In Ägypten wurden solche Geschosskugeln bislang nur vereinzelt nachgewiesen, möglicherweise, weil man sie lange Zeit nicht als solche erkannte.

Literaturauswahl: Kat Berlin (1899^2) 222;
Wildung (1975); Behrens (1982); Wildung (1984a);
Kat. Wien (1994), 256, Nr. 346;
Herold (in Vorb.).

99

99
Einfacher Bogen

Vermutlich Mittleres Reich, ca. 2050-1800 v. Chr.
Herkunft unbekannt. 1905 durch Schenkung
Martin Rücker-Jenisch erworben
Holz, Christdorn (Zizyphus spina Christi (L.) Desf.).
Länge 142,5 cm (heutiger Zustand, beide Enden leicht abgebrochen),
Breite (stärkste Stelle des Holzes in der Mitte) 2,4 cm
Hamburg, Museum für Völkerkunde, Inv.-Nr. 1086:05

Abb. zu 99
Befestigungsknoten der Bogensehne

Besonders im Mittleren Reich war es üblich, dem Verstorbenen nicht nur Stäbe und Szepter direkt neben die Mumie mit in den Sarg zu legen, sondern auch Bögen. Dabei handelt es sich um einfache Bögen, die aus einem dünnen Stamm oder Aststück leicht konvex gearbeitet sind. Der Querschnitt des Bogens ist kreisförmig.
Da das Holz für die spezielle Belastung eines Bogens zäh und elastisch sein muss, nahm der altägyptische Bogenbauer gerne das dafür besonders geeignete Holz des heimischen Christdorns wie im vorliegenden Fall. Diese Holzauswahl für Bögen ist auch durch bildliche Darstellung und Inschrift im Grab des Rechmire in Theben (18. Dyn.) belegt. Nur in selten Fällen ist auch die Bogensehne erhalten. Diese konnte sowohl aus einer Darmsaite als auch aus einer scharf gedrehten Leinenschnur bestehen. Ein spezieller Knoten befestigte die Sehne ohne eine Einkerbung im Holz an den Bogenenden.
Bögen dieser Art kamen sowohl bei der Jagd als auch im militärischen Bereich zum Einsatz.
R. G.

Literatur: Fischer (2000) 4-5.
Zu Darstellung und Inschrift im Grab des Rechmire: Davies (1943) Taf. XXIX. – Zu erhaltenen Sehnen: McLeod (1982) 12, Taf. III.

100
Einteiliger Bogen des Mittleren Reichs

Mittleres Reich, 11.-12. Dyn., ca. 2119-1794 v. Chr.
Herkunft unbekannt. 1911 von Pelizaeus in Luxor erworben
Holz. Länge 135,5 cm, Durchmesser 2,5 cm
Hildesheim, Roemer- und Pelizaeus-Museum,
Pelizaeus-Museum, Inv. Nr. 1648 a

Der Bogen ist aus einem einzigen, fast geraden Stück Holz hergestellt, das nur zu den Enden hin leicht gekrümmt ist. Den größten Durchmesser weist der Bogen in der Mitte auf, zu den Enden hin wird er dünner und läuft in leicht abgerundeten Spitzen aus. Damit entspricht die Waffe in ihrer einfachen Form dem gut bezeugten Typus des einteiligen Bogens.
Die Bogensehne ist heute nicht mehr erhalten.
Den Gebrauch des einteiligen Bogens kann man für Ägypten schon seit vorgeschichtlicher Zeit nachweisen; er wurde vor allem als Waffe bei der Jagd eingesetzt, fand aber später auch als Ausrüstung eines speziellen Truppenteils, der Bogentruppe unter einem Bogenoberst, im Militär Verwendung. Als technische Verbesserung kam zu Beginn des Neuen Reiches ein mehrteiliger Bogen auf, den die Ägypter von den Hyksos übernahmen, die von Vorderasien kommend im 17.-16. Jh. v. Chr. über Teile Ägyptens herrschten.

100

101

102

Aus vielen Gräbern ranghoher Männer des Mittleren Reiches sind Bogen und Pfeile als Teil der Grabausstattung überliefert. Aus einem solchen Zusammenhang stammt der Hildesheimer Bogen. Die Jagd auf die Tiere der Wüste galt einerseits als standesgemäße Beschäftigung (Nrn. 11, 31a-b), andererseits besaß sie auch eine darüber hinausgehende Bedeutung. Der Jäger kämpft gegen die wilden Tiere der Wüste und bewährt sich im Kampf; er besiegt das Böse und bewahrt die Ordnung in der Welt. In diesem Sinne sind die Jagdszenen, in denen der König als Jäger agiert, auch als eine Art physischer Befähigungsnachweis für das Königsamt zu verstehen. Besonders betont wird dieser Aspekt von einigen Herrschern der 18. Dynastie; so berichtet Amenophis II. davon, dass er – auf einem fahrenden Wagen stehend mit zwei galoppierenden Pferden davor – mit Pfeil und Bogen auf besonders dicke Kupferscheiben geschossen und diese durchbohrt habe.
B. Sch.

101
Kompositbogen

Neues Reich, 19. Dyn., ca. 1292-1186 v. Chr.
Theben
Holz, Horn. Länge 1,05 m
Berlin, SMB-PK, Ägyptisches Museum und Papyrussammlung, Inv.-Nr. 4712

Der Kompositbogen besteht aus Holz- und Hornschichten, die miteinander verklebt wurden. Das Zusammenspiel dieser verschiedenen Materialien und Schichtungen verbesserte durch Aufnahme und Abgabe der Zugenergie die Effizienz dieser Waffe erheblich.
Dennoch war ein solcher Bogen sehr empfindlich und daher vermutlich eher einem gehobenen Personenkreis vorbehalten, als dass er Verwendung innerhalb der Infanterieausstattung fand.
S. P.

Literatur: Kat Berlin(1899[2]) 222; Herold (in Vorb.).

102
Kompositbogen

2. Zwischenzeit - Neues Reich, 17. - frühe 18. Dyn., ca. 1650-1500 v. Chr.
Theben, el-Birabi
Holz, Horn, Bast. Länge des längeren Bogenarms 70,8 cm, Länge des kürzeren Bogenarms 69,4 cm
New York, The Metropolitan Museum of Art, Inv.-Nr. Inv.-Nr. 28.9.9

Von diesem Kompositbogen sind die beiden – vermutlich einst über Wasserdampf gebogenen Arme vorhanden; der dazwischen sitzende Griffbereich ist jedoch nicht erhalten. In vollständigem Zustand dürfte der Bogen eine Gesamtlänge von ca. 1,35 m – in gerader Linie gemessen – besessen haben.
Im Querschnitt betrachtet besteht der Bogen aus einem trapezförmigen Hartholzkern. Auf beiden Seiten liegen Holzstreifen auf, die über den Holzkern hinausragen. Im Zwischenraum befinden sich oben und unten eingeleimte Hornleisten-Segmente (28 und 35 cm im längeren Bogenarm sowie 60 cm im kürzeren Arm). Sie waren einst mit Sehnen umwickelt, die sich jedoch nicht erhalten haben. Die äußere Umhüllung besteht aus Birkenrinde.
Die Bogenspitzen sind mit Vertiefungen zur Aufnahme der Bogensehne ausgestattet.
S. P.

Literatur: McLeod (1962)13-19;
Kat. Wien (1994), 242 Nr. 305.

103

103
Handgelenkschutz

2. Zwischenzeit - frühes Neues Reich, ca. 1650-1550 v. Chr.
Aus dem Handel (Qena)
Rindsleder. Länge 9,5 cm
Berlin, SMB-PK Ägyptisches Museum und Papyrussammlung,
Inv.-Nr. 15085

Diese Ledermanschette wurde von Bogenschützen um das Handgelenk des Bogenarmes getragen. An der Außenseite wurde sie durch Lederbänder oder Schnüre zusammengehalten, die durch je zwei kleine Löcher an den Enden der Manschette gezogen wurden. An der Innenseite besitzt sie eine lange Lederzunge, die der Schütze zur Handinnenfläche hin ausgerichtet trug. Diese Lederzunge mit dem anschließenden Armband schützte das linke Handgelenk und den Unterarm vor dem Aufschlag der nach Abschuss des Pfeiles zurückschnellenden Bogensehne. Der Bogenschütze musste gleichzeitig ruhig zielen und ein Gewicht an ca. 30 Kilo Zugkraft bewältigen. Der Aufschlag der nach dem Pfeilabschuss zurückschwingenden Bogensehne konnte einem ungeschützten Handgelenk Verletzungen zufügen.
Amulett-Symbole und Ornamente verzieren die Außenseite der Manschette. Die abgerundeten Ecken des Armbandes sind mit nach innen hin geöffneten Lotusblüten geschmückt, die Lederzunge zeigt ebenfalls ein florales Motiv, hier sind es Papyrusdolden, die auf das Bildfeld im Inneren hin ausgerichtet sind. Ihre Stengel überkreuzen sich und bilden ein rhombenförmiges Muster. Direkt unter den Papyrusdolden ist ein Bogen abgebildet, der auf die Funktion der Manschette hindeutet. In der Mitte des Armbandes liegt ein zentrales Bildfeld, das durch Striche klar begrenzt wird. Im oberen Teil ist ein Zickzackband zu sehen, darunter drei Djed-Pfeiler, die durch zwei Bänder mit Punktmuster getrennt sind. Alle Zwischenräume der Abbildungen sind mit feinen Linien ausgefüllt.
Derartige Handgelenkschützer wurden in Gräbern der „Pangrave"-Kultur gefunden, von denen einige als Söldner in ägyptischen Diensten standen. Die Form der Handgelenkschützer und ihre charakteristische Verzierungsart deuten jedoch wohl eher auf einen Ursprung bei den Hyksos hin.
U. E.

Literatur: Wolf (1926) 54-55, Taf. 16; Kat. Berlin (1967) 57, Nr. 591; Müller (1989) 5 ff., Abb. 3, Taf. 3 c; Decker und Herb (1994) Bd 1, 152, Nr. F 9; Bd 2, Taf. CDXLVII.

104a-b
Zwei Modelle von Speerfutteralen

Mittleres Reich, 11.-12. Dyn., ca. 2119-1794 v. Chr.
Herkunft unbekannt
Ursprünglich weiß grundiertes, bemaltes Holz.
Länge 18 cm,
Durchmesser 2 cm
Ursprünglich weiß grundiertes, bemaltes Holz.
Länge 20 cm,
Durchmesser 2 cm
Basel, Antikenmuseum und Sammlung Ludwig,
Privatbesitz

104 a-b

Im Mittleren Reich wurde die Bestattungssitte praktiziert, den Verstorbenen kleine Holz- oder Tonmodelle mit einer Schar kleinformatiger Figürchen, die das Dienstpersonal wiedergaben, ins Grab zu legen. Die Modelle und das jeweils dazugehörige Personal sollten – durch Magie belebt – der Versorgung des Verstorbenen im Jenseits dienen. Neben Modellen von Haus und Hof, Brauereien, Bäckereien, Schlachtereien und ähnlichen Szenerien mit jeweiligem Zubehör gab man auch Bootsmodelle für den Fischfang und als Transportmittel bei.
Von einem solchen Bootsmodell stammen die beiden mit Speeren bestückten Miniaturfutterale. Denn es gehörten – zumindest für weitere Fahrten – auch Waffen wie Speere sowie Schilde (Nr. 141) zur Bootsausrüstung, um sich gegen Piraten und wilde Tiere wie Krokodile und Nilpferde verteidigen zu können. Insofern ist nicht davon auszugehen, dass

105

es sich bei den Futteralen um das Zubehör eines Kriegsschiffes handelt.
Die hölzernen Futteralmodelle sind massiv belassen, also nicht ausgehöhlt, und die Speerschäfte in vorgebohrte Löcher gesteckt. Die Bemalung ahmt die für die echten Vorbilder verwendeten Materialien Leder und Rinderfell nach. An einer Seite der Modelle befindet sich jeweils eine in roter Farbe wiedergegebene Naht.
S. P.

Literatur: Arnold (1981) 20, Taf. 9.

105
Pfeil des Nacht

Mittleres Reich, 11. - Anfang 12. Dyn., ca. 2100-1950 v. Chr.
Assiut, Grab des Nacht (?)
Schilfrohr. Länge 81,5 cm, Durchmesser 0,9 cm.
Paris, Louvre, Dep. des Ant. égyptiennes, Inv.-Nr. E 12017

Das vordere Teil des Schilfrohr-Schaftes weist einen Spalt für die Aufnahme einer Pfeilspitze auf. Der sich zum Ende auf 0,3 cm Durchmesser verjüngende Schaft ist flossenartig geformt. An diesem Ende wurden vermutlich die Flug stabilisierenden Federn appliziert. Gleichzeitig weist der „Fischschwanz" eine längsachsiale Riefe zur Aufnahme der Bogensehne auf.
Höchstwahrscheinlich stammt der Pfeil aus dem Grabkontext des berühmten Kanzlers und Flottenkommandanten Nacht, der die Zeit politischer Unruhen der Ersten Zwischenzeit miterlebte und in Assiut (Mittelägypten) mit außergewöhnlichen Grabbeigaben bestattet wurde.
S. P.

Literatur: Kat. Paris (1981) 130, Nr. 126.

106
Pfeil

2. Zwischenzeit - Neues Reich, 17.-18. Dyn.,
ca. 1600-1300 v. Chr.
Theben (?)
Schilfrohr, Holz, Feuerstein. Länge 78 cm
Leiden, Rijksmuseum van Oudheden, Inv.-Nr. EG-ZM383

Eine entscheidende Funktion in der Schlacht kam den ägyptischen Bogenschützen zu, die sowohl Teil der Infanterie als auch der Streitwagentruppen waren. Ägyptische Streitwagen waren gewöhnlich seitlich mit einem Köcher für diese gefürchteten Waffen ausgestattet. In Gräbern gefundene Modelle und Darstellungen zeigen, dass die Bataillone der Bogenschützen oft von nubischen Söldnern gestellt wurden. Während der Zeit des Alten und Mittleren Reiches dienten ihnen aus biegsamem Holz gefertigte einfache Bögen als Waffen. Während der Kämpfe gegen die aus Palästina stammenden Hyksos lernten die Ägypter jedoch weit überlegenere Waffen kennen, und ihr letztendlicher Sieg über die Fremdherrscher ist maßgeblich auf die Übernahme der von Pferden gezogenen Streitwagen sowie der neuen wirkungsvollen Bögen der Feinde zurückzuführen. Diese Kompositbögen waren aus verschiedenen Lagen von Holz, Horn und Birkenrinde zusammengefügt. Daher hatten sie sowohl eine größere Reichweite als auch eine höhere Durchschlagskraft.
Für diese Waffen wurden Pfeile wie der hier gezeigte verwendet. Der Schaft besteht aus Schilfrohr, am hinteren Ende befindet sich eine Kerbe für die Führung der Bogensehne. Das andere Ende des Pfeils ist mit einem Aufsatz aus Hartholz versehen, der in den Schaft gesteckt und mit Darm befestigt wurde. An seiner Spitze befanden sich ursprünglich mit Harz befestigte Flintspitzen, von denen ein Fragment noch heute vorhanden ist. Zwei Bögen, jeder zusammen mit sechs Pfeilen, und ein Köcher mit

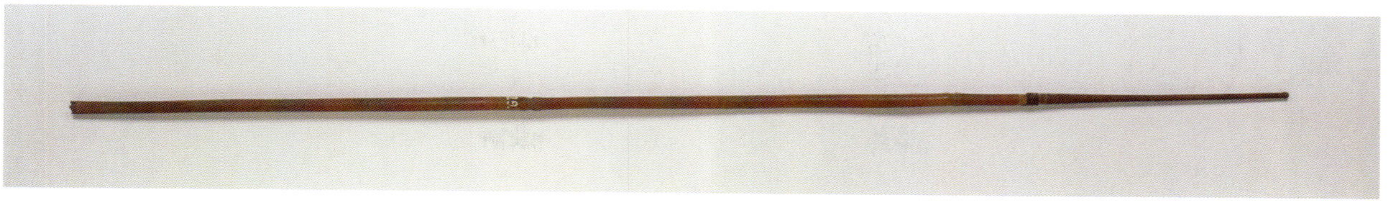

106

dreißig weiteren Pfeilen wurden im Jahre 1828 vom Leidener Museum angekauft. Mit großer Wahrscheinlichkeit stammt wenigstens einer der Bögen aus einer königlichen Bestattung der 17. Dynastie, die im Jahr zuvor in Dra Abu'l-Naga gefunden wurde. Auch das hier gezeigte Stück könnte zu diesem Fund gehören, doch unglücklicherweise gerieten die verschiedenen Gruppen von Pfeilen im Museum durcheinander.
M. J. R.

Literatur: Raven (1988) 84-85.

107
Acht Pfeilspitzen (?)

Neues Reich (?), ca. 1550-1069 v. Chr.
Herkunft unbekannt
Bronze. Länge 6,9 bis 7,3 cm, Breite 1,2 bis 1,3 cm, Dicke 0,3 cm
Basel, Antikenmuseum und Sammlung Ludwig,
Inv.-Nr. BSAe 1015 a-h

Diese acht Pfeilspitzen sind aufgrund ihrer ähnlichen Maße einem Set zuzuordnen. Da die Längen der Pfeilspitzen bei gleicher Dicke um insgesamt 4 mm differieren, ist von einer Nachbearbeitung der einzelnen Spitzen auszugehen. Alle Pfeilspitzen tragen einen Mittelgrat zur Verstärkung. In der Form ähneln sie damit und mit ihren dreieckigen „Griffplatten" den Dolchklingen der frühen 18. Dynastie, jedoch „en miniature".
S. P.

Unpubliziert

107

108

108 a-c
Drei Pfeilspitzen

Neues Reich, 18. Dyn., ca. 1550-1292 v. Chr.
Abydos
Elfenbein.
Länge 7,85 cm, Durchmesser 0,64 cm (a)
Länge 7,40 cm, Durchmesser 0,70 cm (b)
Länge 8,34 cm, Durchmesser 0,65 cm (c)
Liverpool, Liverpool Museum, Inv.-Nr. 24.9.00.63

Die beiden Pfeilspitzen Nrn. 108b und 108c weisen einen kleinen Zapfen auf, durch den sie am Schaft befestigt waren. Die Pfeilspitze Nr. 108a ist nicht fertig gestellt, da der Zapfen nicht ausgebildet ist. Aufgrund der schmalen Form der Pfeilspitzen werden diese im Durchmesser exakt mit dem des Schaftes übereingestimmt haben, auf den sie einst aufgesteckt gewesen waren.
Pfeilspitzen dieser Form sind seit der Frühzeit und gerade auch in Abydos (Königsgräber Umm el-Qaab) belegt. Daher wurde zunächst vermutet, dass Pfeilspitzen dieser Form vom nahe gelegenen frühzeitlichen, königlichen Friedhof in die Bestattungen der Zeit des Neuen Reiches gelangten. Allerdings weisen die frühzeitlichen Projektile entweder einen nicht so stark abgesetzten Zapfen oder aber erheblich längere Zapfen auf, woraus zu schließen ist, dass die vorliegenden Pfeilspitzen eine Weiterentwicklung eines traditionellen Pfeilspitzentyps darstellen könnten.
Weitere 25 vergleichbare Pfeilspitzen dieser Form und Maße wurden in Ezbet Helmi (Delta) gefunden und können ihrem Fundkontext entsprechend in das Neue Reich datiert werden.
S. P.

Literatur: Petrie (1901) Taf. 32,34, 38,43; Petrie (1902) 89, Taf. 48 (D 29); Kat. Wien (1994), 25, Nr. 344/1-5

109
Pfeilspitze mit Widerhaken

Neues Reich, ca. 1550-1070 v. Chr.
Abydos
Bronze. Länge 5,7 cm
Liverpool, Liverpool Museum, Inv.-Nr. 60.34.27

Der verlängerte Dorn solcher Pfeilspitzen mit zwei seitlichen Widerhaken wurde in den zumeist aus Schilfrohr bestehenden Pfeilschaft eingelassen und dort verkittet.
Pfeilspitzen mit leicht nach außen gebogenen Widerhaken sind in Griechenland und auf Kreta gut bezeugt und fanden im Verlaufe des Neuen Reiches, möglicherweise über die frühen Kontakte mit den Seevölkern, Verbreitung im Vorderen Orient und in Ägypten.
Exakte Parallelstücke lassen sich ab der 19. Dynastie in Ägypten nachweisen.
S. P.

Literatur: Petrie (1917b) 33-36, Taf. XLI-XLII; Bonnet (1926)167; Wolf (1926) Taf. 9 Nr. 17/18.

109

110 a-e

110 a-e
Fünf Pfeilspitzen

2. Jtsd. v. Chr.
Herkunft unbekannt
Bronze.
Länge 5,05 cm, Breite 1,9 cm, Dicke 1,1 cm (a)
Länge 7,6 cm, Breite 1,8 cm (b)
Länge 8,2 cm, Breite 1,6 cm (c)
Länge 3,2 cm, Breite 1,1 cm (d)
Länge 4 cm, Breite 1,5 cm (e)
Hannover, Kestner-Museum, Inv.-Nrn. 1935.200.328 (a), 1950.157 (b), 1930.365 (c), 1929.351c (d), 1929.351a (e)

Eine der Pfeilspitzen ist von dreieckiger Form und rhomboidem Querschnitt und weist einen bis auf den Ansatz abgebrochenen Dorn auf. Ihre seitlichen Schneiden sind nach hinten zu Spitzen ausgezogen, die als Widerhaken wirken können.
Eine andere Pfeilspitze besteht aus einem langen, dünnen Dorn sowie einer Spitze mit Widerhaken und rhomboidem Querschnitt. Der Dorn wurde in den Schaft gesteckt.
Eine dritte Pfeilspitze ist von unregelmäßiger rhombischer Form und endet hinten in einem vierkantigen Zapfen, der in den Schaft gesteckt wurde. Ein nur leicht erhabener Grat zieht sich die Spitze entlang.
Die dreikantige Pfeilspitze weist eine Tülle auf, welche zur Aufnahme des Pfeilschaftes diente. Alle drei Schneiden zeigen einen knieförmigen Knick im un teren Teil.
Auch die große, an der Spitze beschädigte blattförmige Pfeilspitze mit der kräftigen röhrenformigen Mittelrippe ist innen tüllenartig zur Aufnahme des Pfeilschaftes ausgehöhlt.
M. v. F.

Unpubliziert.

Nahkampf- und Schutzwaffen

Christian E. Schulz

Im Kampf Mann gegen Mann ist es von Vorteil, Gegenstände zu benutzen, mit denen man dem Feind auf kurze Distanz Schaden zufügen kann. Diesem Zweck dienen die Nahkampfwaffen. Es wird allgemein zwischen Hiebwaffen und Stichwaffen unterschieden, wobei sich in beiden Gruppen spezifische Formen herausbildeten, die über lange Zeiträume eingesetzt wurden und einer ständigen Entwicklung unterworfen waren. Das Material ist in den meisten Fällen Kupfer mit einem gewissen Anteil an Arsen, Bronze oder ab dem Neuen Reich auch Eisen. Lediglich die in prädynastischer Zeit benutzten Keulen sind meist aus Stein hergestellt worden. Es gibt zwei Formen, die Tellerkeule mit abgeflachtem Kopf und die Birnenkeule mit gerundetem Kopf. Beide waren aber schon vor Beginn der 1. Dynastie nicht mehr in Gebrauch, sondern nur mehr Kultwaffen mit zum Teil prächtiger Reliefverzierung und manchmal aus wertvollem Material, beispielsweise aus Elfenbein. Als Königswaffe begegnen Keulen auch später noch, nämlich in den Darstellungen des „Erschlagens der Feinde" durch den König und in den Gerätefriesen der Kastensärge des Mittleren Reiches. Die über lange Zeit wichtigste Hiebwaffe überhaupt sind die Beile, eine Waffenform, die bereits seit der ägyptischen Frühzeit benutzt wurde. Ein Beil wird vor allem dadurch charakterisiert, dass die Klinge einschneidig ist und in eine Ritze im Schaft gesteckt wird. Die Befestigung der Klinge erfolgt mittels Lederschnüren, Draht oder Nägeln. Im Gegensatz dazu ist eine Axt vielfach zweischneidig und verfügt über ein Loch, durch das der Schaft geschoben wird. Die originär ägyptischen Stücke sind allesamt Beile, während Äxte (Nrn. 120-121) in Vorderasien in Gebrauch waren und in Ägypten erst ab der Zweiten Zwischenzeit aufkommen. Schon in der Frühzeit treten neben die aus Feuerstein gefertigten Beile solche aus Kupfer. Sie sind meist von rechteckiger oder trapezoider Form, doch auch Exemplare mit gerundeter Klinge sind bekannt. Seit der 6. Dynastie entwickelten sich die ersten Klingenformen mit ausgezogenen Enden, die so genannten „Ärmchenbeile", die in verschiedener Gestalt noch bis in die Spätzeit vorkommen. Fortschritte in der Waffentechnik bedingten in der Ersten Zwischenzeit das Aufkommen einer Reihe neuer Beilformen. Es gibt nun symmetrische (Nr. 113) und asymmetrische Klingen (Nr. 117), die eng am Schaft anliegen, ebenso wie solche, die mittels Rücksprüngen daran befestigt werden. Diese Vielfalt verschwindet während der Zweiten Zwischenzeit und die „Ärmchenbeile" (Nrn. 114, 118) setzen sich endgültig durch. Seit dem Mittleren Reich gibt es auch Prunkbeile (115, 123); aus wertvollem Material oder mit besonders kunstvoller Verzierung, die nicht im Kampf eingesetzt werden können. Auffällig ist dabei, dass die Klingenform sehr wohl den funktionstüchtigen Waffen entspricht. Die Wirksamkeit von ägyptischen Beilen und asiatischen Äxten als Nahkampfwaffen zeigt auch die Mumie des Königs Seqenenre, der in der 17. Dynastie gegen die Hyksos kämpfte. An seinem Schädel (Abb. 1) sind Verletzungen nachgewiesen, die eindeutig auf solche Waffen zurückgeführt werden konnten. Ebenfalls seit dem Mittleren Reich tritt auch eine Mischform aus Keule und Beil, die so genannte „Beilkeule" auf. Bei dieser ist einem birnenförmigen Keulenkopf eine dreieckige, spitz zulaufende Klinge angefügt. Wichtig ist hier zu bemerken, dass kein einziges Exemplar einer solchen Waffe auf uns gekommen ist, sondern wir sie nur aus bildlichen Darstellungen kennen. Es ist somit nicht gesichert, dass Beilkeulen wirklich existierten.

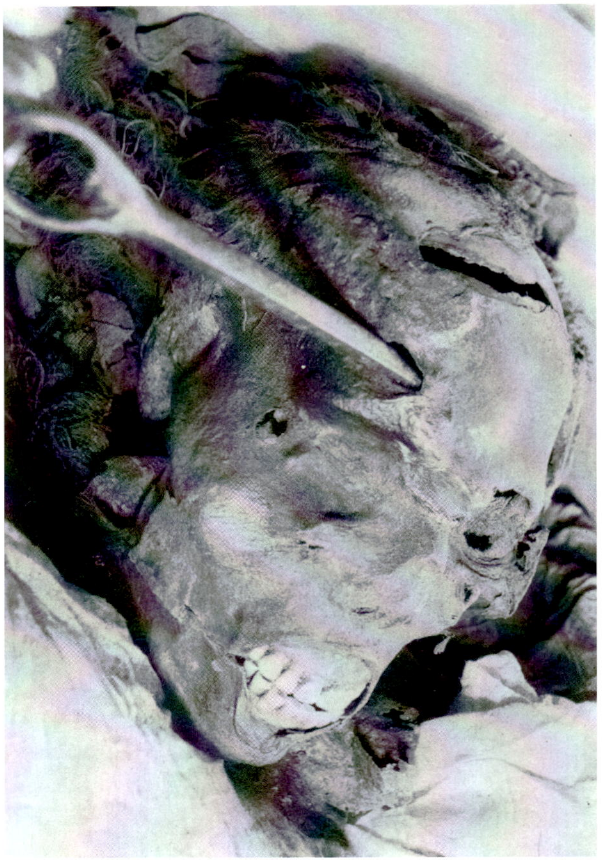

Abb. 1
Schädel des Seqenenre, Rekonstruktion des Axtschlages

Um die Mitte des 2. vorchristlichen Jahrtausends kommt in Ägypten eine neue Form der Hiebwaffe auf, das so genannte Sichelschwert. Es handelt sich hierbei um eine Waffe mesopotamischen Ursprungs, die über eine gebogene, außen geschärfte Klinge verfügt. Frühe Belege (Nr. 139) dieser Waffen haben noch einen aufgesteckten Griff aus organischem Material sowie einen verhältnismäßig langen Stil und eine kurze, wenig gebogene Schneide. Die späteren Exemplare sind aus einem Stück gegossen und weisen eingelegte Griffschalen auf. Es fand bei ihnen eine Entwicklung hin zu einer Waffe mit kürzerem Stil und langer, gebogener Schneide statt. Sichelschwerter haben zusätzlich zu ihrer Bedeutung als Waffe auch eine kultische Funktion: sie werden beim rituellen „Erschlagen der Feinde" benutzt oder dem König von einem Gott als Siegeszeichen überreicht.

Mit der Betrachtung des Dolches kommen wir nun zu den Stichwaffen, die in Ägypten ebenfalls schon seit frühester Zeit belegt sind. Es gibt dreieckige Klingen ebenso wie auch weidenblattförmige oder solche, die sich erst verjüngen, um dann parallel in die Spitze auszulaufen. Griffe sind zunächst separat gefertigt, auf die Klinge aufgesteckt und mit Nieten befestigt, später mit der Klinge einteilig gegossen. Ihre Ausgestaltung ist nicht selten kunstvoll und unter Verwendung wertvoller Materialien wie Edelmetallen (Gold und Silber) und Elfenbein ausgeführt. Dolche mit einem mitgegossenen Griff, in den man Griffschalen einlegte, sind erst seit der Hyksos-Zeit bekannt.

Als eine Mischung von Nah- und Fernkampfwaffen sind die Speere anzusehen. Man kann sie dem Gegner entgegenschleudern, aber auch damit auf ihn einstechen. Speere sind ebenfalls seit der Frühzeit in Gebrauch, wobei sie wohl anfangs nur angespitzte Stäbe waren. Einen Fortschritt stellt die Befestigung einer Spitze auf dem Schaft dar. Verwendete man anfangs aus Feuerstein hergestellte Spitzen mit breiten Klingenenden, so ging man auch hier schon früh zur spitzen Form über (Nrn. 112a-b), die bald dreieckig, bald weidenblattförmig in der gesamten pharaonischen Zeit benutzt wurde. Für den Transport von Speeren sind Speerköcher bekannt.

Eine funktionale Synthese von Hieb- und Stichwaffen haben wir mit den geraden zweischneidigen Schwertern vor uns. Diese treten in Ägypten erst vergleichsweise spät (Zweite Zwischenzeit) in Erscheinung und werden, nach den Darstellungen zu urteilen, fast ausschließlich von ausländischen Truppenteilen also Söldnern, getragen. Die inschriftlichen Belege bestätigen dieses Bild, indem sie Schwerter zuweilen als Bestandteil ägyptischer Beute und als Tribut nennen. Eine technologisch rein ägyptische Schwertentwicklung, bei der die Klingen der Dolche verlängert wurden und man schließlich eine lange, rapierartige Stichwaffe erhielt, wie bei den frühen Schwertern in Europa, Kleinasien und dem Kaukasus, ist nicht zu beobachten. Dolchartige Kurzschwerter, bei denen es sich um Importe handelt, haben wir in Gestalt einiger in die Hyksos-Zeit und die 18. Dynastie datierender Exemplare vor uns. Lange Schwerter (Nr. 138) mit flachem Klingenquerschnitt und weidenblattförmiger Klinge treten als Folge ägäischer Importe ab der Ramessidenzeit auf, und wurden als Hieb- und Stichwaffe benutzt. Lange Zeit hatte man die fraglichen Schwerter für eine rein nord- oder mitteleuropäische Form gehalten und sogar die Anwesenheit germanischer Söldner postuliert. Dies jedoch erscheint im Hinblick auf die Tatsache, dass die ältesten Belege dieser Schwertform im östlichen Mittelmeerraum auftreten und sich von dort aus über weite Teile Europas verbreiteten, nicht mehr wahrscheinlich. Dass jedoch auch Schwerter auf ägyptischem Boden hergestellt wurden, zeigt sich an der Anbringung von Kartuschen mit Königsnamen, so z. B. auf dem so genannten Sethos-Schwert (Nr. 137) oder einem anderen aus Ugarit mit dem Namen Merenptahs.

Bei den Schutzwaffen kommt dem Schild seit der Frühzeit die größte Bedeutung zu. Die ägyptische Form (Nr. 140) desselben ist grundsätzlich rechteckig oder trapezoid mit einem abgerundeten oberen Abschluss. Hinsichtlich seiner Konstruktion ist ein Schild ein hölzerner Rahmen, der mit einem Fell bespannt war, wie auch aus den bildlichen Darstellungen erschlossen werden kann. Seit dem Mittleren Reich gibt es eine mit Fell oder Leder bespannte Holztafel auf ganzer Breite. Auf der Innenseite ist für gewöhnlich eine Handhabe befestigt. Metallschilde sind in Ägypten nicht nachgewiesen. Eine Körperpanzerung ist ab dem Neuen Reich in zwei Versionen belegt. Die erste davon reicht vom Gürtel bis in Brusthöhe, wo zwei Riemen über die Schultern geführt werden, die Halt geben sollen, und bestand wahrscheinlich aus wattiertem Leinen. Zusätzlich ist der Schurz mit Streifen besetzt. Die zweite Variante ist ein regelrechtes Panzerhemd vorderasiatischen Ursprungs, besetzt mit übereinander liegenden Schuppen aus Metall, Leder oder Holz, das teilweise bis an die Füße reichen kann und kurze Ärmel besitzt.

111 a-b

112 a

111 a-b
Zwei Speerspitzen

Mittleres Reich, 12. Dyn., ca. 1976-1794 v. Chr.
Kahun
Feuerstein. Länge 11 cm, Breite 4,7 cm (a)
Länge 7,8 cm, Breite 3,8 cm (b)
Liverpool, Liverpool Museum,
Inv.-Nr. 56.20.58 (a), 56.20.54 (b)

Feuerstein stellte einen wichtigen Rohstoff für die Fertigung von Geräten dar und wurde von der vorgeschichtlichen Zeit bis in die Bronzezeit im Handwerk sowie für Jagd- und Kampfwaffen in vielfältiger Weise verwendet.
Durch großflächigere Bearbeitung in Form gebracht und sorgfältige Abarbeitung der Schneiden konnten die Ägypter „rasierklingenscharfe" Pfeil- und Speerspitzen herstellen.
Die blattförmige Speerspitze Nr. 111a weist leichte Bestoßungen an ihrer Spitze und am unteren Ende auf. Die dreieckige Speerspitze 111b ist gut erhalten. Da beide Spitzen keinen Fortsatz aufweisen, können sie nur in einen gespaltenen Schaft oder Schaftaufsatz gesteckt und mittels Verklebung, gegebenenfalls mit zusätzlicher Umwicklung, befestigt worden sein, was ihre Funktionsfläche allerdings verkürzte.
S. P.

Unpubliziert

112a-b
Zwei Speerspitzen

Mittlere Bronzezeit, ca. 1650-1550 v. Chr.
Balata-Sichem.
Bronze. Länge 21,5 cm, Breite 3,5 cm (a)
Bronze. Länge 18,7 cm, Breite 3,7 cm (b)
München, Staatliches Museum Ägyptischer Kunst,
Inv.-Nrn. 2914 (a), 2920 (b)

Im Jahre 1908 stießen Einheimische des Dorfes Balata im mittelpalästinensischen Bergland, ca. 2 km östlich von Nablus, beim Aushub von Fundamentgräben für den Bau eines Hauses auf 16 vergrabene Waffen und Geräte aus Kupfer und Bronze. Da das Dorf Balata nur wenige Jahre zuvor als Standort der biblischen Stadt Sichem identifiziert worden war, war der Fund dieser Metallgegenstände zunächst nur wenigen Kennern bewusst.
Das handels- und militärstrategisch günstig gelegene Sichem war einst eine prosperierende Stadt, die während der Hyksos-Zeit ihre Hochblüte erlebte. Im Zuge der Kriege der frühen 18. Dynastie wurde sie jedoch zerstört und blieb bis in die Zeit Thuthmosis' III. unbewohnt.
Neben dem Sichelschwert (Nr. 139) gehören auch diese beiden Speerspitzen zum Waffenfund von Ba-

112 b

lata-Sichem. Charakteristisch sind für beide Speerspitzen die lange lanzettförmige Stoßklinge, die waagerecht abgeschnittenen Seitenflügel, die lange, hohle Mittelrippe und die die Spitze des hölzernen Schaftes des Speeres rings umschließende Tülle. Die Auffindung entsprechender Gussformen belegt, dass die Speerspitzen in einem Stück gegossen und später nachgearbeitet wurden. Zahlreiche Beispiele gleicher Form und Herstellung sind in Byblos, in Ras Schamra/Ugarit, in Mishrife/Qatna und in Megiddo bezeugt.
S. P. (nach H. W. Müller)

Literatur: Müller (1987)15-19, 51, Abb.11a/b;
Kat Wien (1994) 131, Nrn. 80/1-2.

113
Beil mit Schaft und Lederverschnürung

1. Zwischenzeit - 2. Zwischenzeit, ca. 2170-1550 v. Chr.
Herkunft unbekannt
Bronze, Holz, Leder. Länge (mit Schaft) 43,5 cm
Berlin, SMB-PK, Ägyptisches Museum und Papyrussammlung, Inv.-Nr. 10779

Das hier vorliegende Stück stellt einen äußerst seltenen Glücksfall dar, denn es sind sowohl die Klinge als auch der Schaft samt Verschnürung erhalten geblieben. Hieran lässt sich die Befestigungsweise von Beilen sehr gut nachvollziehen: Die Klinge wurde dabei in eine Ritze im Schaft gesteckt, den man danach mit einer überkreuzt durch Löcher in der Klinge geführten, feuchten Lederschnur umwickelte. Dieser Lederriemen zog sich beim Trocknen zusammen und sorgte damit für Festigkeit. Hinsichtlich der Datierung lässt sich der Zeitraum, in dem solche Beile in Gebrauch waren, nicht genauer festlegen, als dass wir es mit einem Bereich zwischen der Ersten und der Zweiten Zwischenzeit zu tun haben.
C. E. S.

Literatur: Wolf (1926) 21, Taf. 10 (3);
Kühnert-Eggebrecht (1969) 25, Taf. IX (1);
Kat. Kaufbeuren (1997) 30-31, Nr. 19.
Zu Vergleichsstücken: Kühnert-Eggebrecht (1969) 105-106 (Kat. O/E-I), 119 (Kat. M/E-I).

113

114
Beil

Neues Reich, frühe 18. Dyn., ca. 1550-1492 v. Chr.
Theben-West, Asasif
Bronze, Holz. Länge 54,5 cm, Klingenlänge 14,4 cm
New York, The Metropolitan Museum of Art, Inv.-Nr. 16.10.403a-c
Rogers Fund, 1916

Die bronzene Beilklinge wurde vom Grabungsteam des Metropolitan Museum während der Grabungssaison 1915/1916 zusammen mit dem hölzernen Griff im Vorhof des Grabes des Wesirs Chay im Asasif (Theben-West) gefunden. Das ursprüngliche Lederband, das beide Teile verband, ist zerfallen und die Klinge ist heute mit einem modernen Lederband am Griff befestigt. Der Typ der bronzenen Beil-Klinge ist typisch für des Neue Reich. Zu dieser Zeit hatten die Klingen vorstehende Fortsätze nahe der Basis entwickelt, so dass sie leicht am Griff befestigt werden konnten, und letzterer ebenso einfach auszuwechseln war.
C. F.

Literatur: Hayes (1959) 68.

114

115
Beilschneide mit rekonstruiertem Schaft

Erste Zwischenzeit, um 2000 v. Chr.
Herkunft unbekannt
Bronze. Länge 53,2 cm, Breite 3,7 cm
Hannover, Kestner-Museum, Inv.-Nr.-Nr. 1935.300.97

Die lang gezogene, asymmetrische Beilklinge (vgl. Nr. 117) weist in unregelmäßigen Abständen fünf Bohrlöcher auf, durch die sie heute mittels Schnüren an einen rekonstruierten Schaft gebunden ist. Die Klinge springt am oberen Ende leicht zurück und bildet eine Spitze aus, die mit fünf Rillen versehen ist. Eine von je zwei Rillenpaaren beidseitig eingefasste Mittelrippe verleiht der Beilklinge Stabilität.
Derartige Beile wurden mit einer Hand geführt, um in der anderen den Schild halten zu können.
M. v. F.

Unpubliziert.
Zum Typ: Kühnert-Eggebrecht (1969) 107 (F-I/1-3), Taf. 10 (1-2).

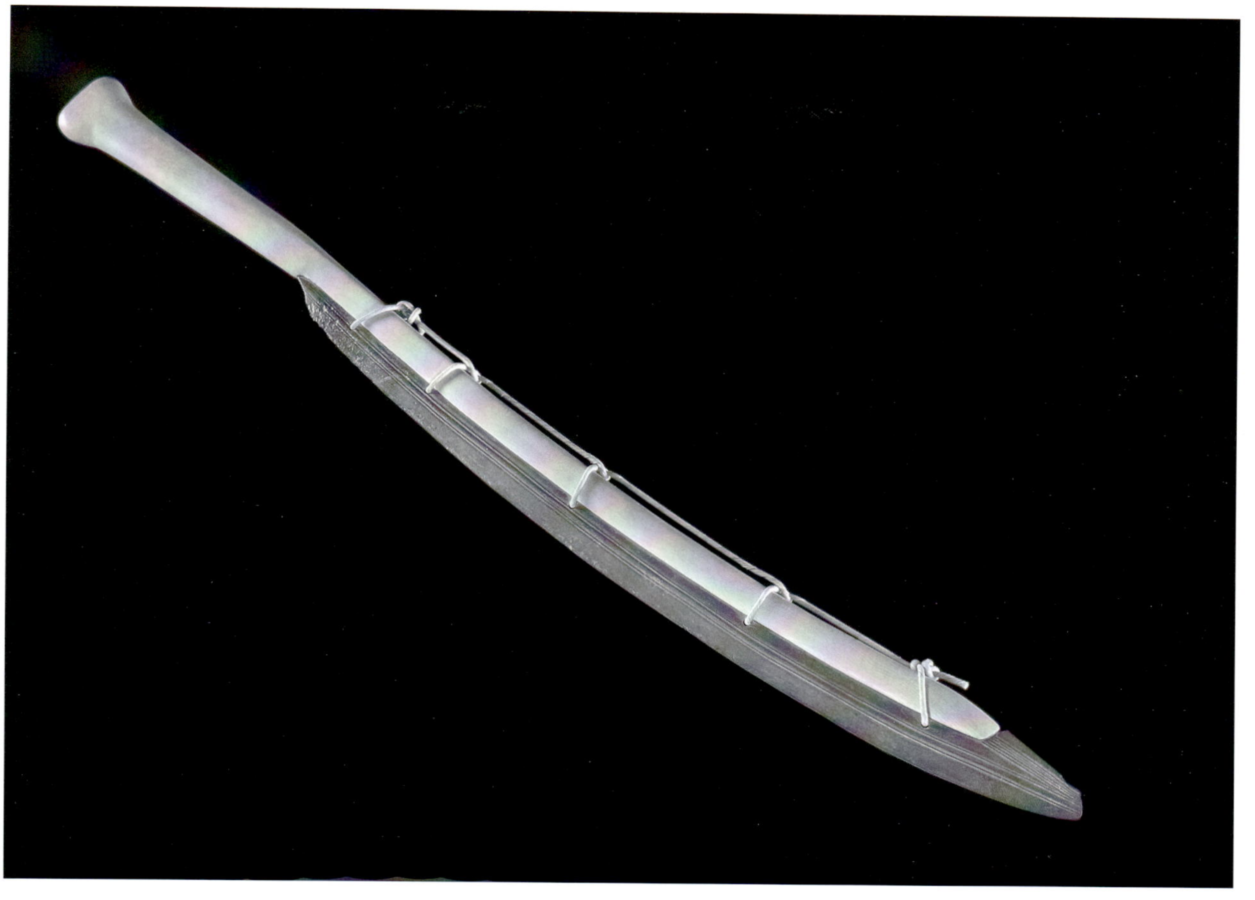

115

116
Modellbeil

Datierung unbekannt
Herkunft unbekannt
Bronze. Länge (mit Schaft) 19 cm, Breite 4,4 cm, Durchmesser (Schaft) 0,5 cm
Basel, Antikenmuseum und Sammlung Ludwig, Leihgabe aus Privatbesitz

Neben funktionstüchtigen Beilen kommen auch so genannte Modellbeile in ägyptischen Fundkontexten vor. Es handelt sich dabei um verkleinerte Versionen der „echten" Waffen. Bei dem hier vorliegenden Exemplar sind Klinge und Schaft in einem Stück aus Bronze gegossen. Zudem hat der Schaft nur einen sehr geringen Durchmesser, was ebenso wie die geringe Größe gegen eine Benutzung im Kampf spricht. Modellbeile wurden häufig mit ins Grab gegeben oder in Gründungsdepots von Tempeln und Festungen niedergelegt.
C. E. S.

Unpubliziert.

116

117

117
Klinge eines Kampfbeils

1. Zwischenzeit, ca. 2170-2025 v. Chr.
Herkunft unbekannt
Kupfer. Länge 3,8 cm, Breite 67,6 cm
London, British Museum, Inv.-Nr. EA 36309

Diese außerordentlich breite und flache Beilklinge gehört zu einem Beiltyp mit langer Schneide, deren Klinge mittels Schnüren, die durch die Löcher im hinteren Klingenteil gefädelt waren, an den Schaft gebunden wurde. Die Klinge weist zudem ein kleines Loch in dem Fortsatz nahe der Spitze des (heute verlorenen) Schaftes auf, durch das mit Hilfe eines Niets eine Metallmanschette um den Schaft befestigt wurde. Dieser Beiltyp lässt sich in zwei Hauptgruppen unterteilen: eine mit symmetrischer Klinge, die andere, zu der das hier gezeigt Exemplar gehört, in asymmetrischer Form mit einer Mittelrippe für zusätzliche Stabilität. Die Beile wurden wahrscheinlich mit einer Hand geführt, so dass mit der anderen Hand der Schild gehalten werden konnte. Metallanalysen haben gezeigt, dass dem Kupfer nahezu 5 % Arsen beigemischt wurde; eine Technik die in Ägypten vor der Übernahme von Bronze angewandt wurde, um Kupferwerkzeuge zu härten.
A. J. S.

Literatur: Davies (1987) Nr. 78.

118

118
Ärmchenbeilklinge

2. Zwischenzeit, ca. 1794-1550 v. Chr.
Mostagedda, Grab 3170
Bronze. Länge 9,4 cm, Breite 5,8 cm (Klingenrücken: 4,9 cm)
Oxford, Ashmolean Museum 1930.493

Diese Klinge eines Ärmchenbeiles aus Bronze weist an der Oberfläche leichte Korrosionsspuren auf. Es handelt sich bei diesem Stück gewissermaßen um die Grundform der späten Ärmchenbeile (im Gegensatz zu den frühen des Alten bis Mittleren Reiches), die im Laufe des Neuen Reiches auf vielfältige Weise variiert wurden. Der Terminus „Ärmchenbeil" definiert sich durch die stark ausgeprägten Haken an den Enden des Klingenrückens. Im Gegensatz zu den meisten anderen Beilklingen stammt dieses Stück aus einer Grabung und es sind sowohl Fundort als auch Fundsituation dokumentiert. Die Tatsache, dass es sich hierbei um einen Grabfund handelt, unterstreicht wieder den hohen Status, den das Tragen einer Waffe (gerade auch in der Zweite Zwischenzeit) bedeutete. Nach Kühnert-Eggebrecht gehören Klingen, wie wir sie hier vor uns haben, zum Typ G-II. Dieser Typus weist insgesamt zehn Varianten auf.
C. E. S.

Literatur: Brunton (1937) 127, Taf. LXXVII, 7; Kühnert-Eggebrecht (1969) 109, G-II/8, Taf. 12,3.

119

119
Beilklinge

Altes Reich - 2. Zwischenzeit, 6.-17. Dyn., ca. 2340-1550 v. Chr.
Herkunft unbekannt
Bronze. Breite 12,1 cm, Länge 8,9 cm
Basel, Antikenmuseum und Sammlung Ludwig,
Inv.-Nr. BSAe 1016 a/b

Die Klinge wurde mit ihrem gesamten Rücken in eine Ritze des Beilschaftes gesteckt und mittels Riemen, die durch die drei Löcher im Klingenkörper und um die ausgezogenen Klingenenden geführt wurden, am Schaft befestigt. Aussagen zur Datierung sind aufgrund der ungeklärten Fundsituation nur eingeschränkt möglich, zumal die Vergleichsstücke größtenteils ebenfalls mangels sicherer Fundkontexte nicht eindeutig zeitlich bestimmt werden können. So kann nur der Zeitraum für die gesamte Laufzeit dieses Beiltyps vom Ende des Alten Reiches bis zum Ende der Zweiten Zwischenzeit angegeben werden.
C. E. S.

Unpubliziert.
Zu Vergleichsstücken: Kühnert-Eggebrecht (1969) 102-103 (Kat. O/D-I), Taf. VIII (3, 6).

120
Axtklinge

Mittlere Bronzezeit I, ca. 1950-1800 v. Chr.
Herkunft unbekannt
Bronze. Höhe 11 cm
New York, The Metropolitan Museum of Art, Inv.-Nr. 41.6.9
Geschenk von Elisha Dyer,
im Gedenken an George R. Dyer, 1941

Diese bronzene Axtklinge ist vom so genannten „Enten-Schnabel"-Typ (auch als gefensterte Tüllenbeilklinge bezeichnet; Maxwell-Hyslop: Typ B4 und Philip: Fenestrated Axe Typ 1). Sie ist von halbovaler Form mit zwei elliptischen Aussparungen in der Klinge und besitzt eine vertikale Steckhülse, in die der Griff eingefügt wurde. Die Herkunft des Stückes ist unbekannt, doch ähnliche Klingen, die in die Mittlere Bronzezeit I datieren, wurden an verschiedenen kanaanitischen Orten gefunden, eine weitere kam in Tell el-Da'ba zu Tage. Diese Axtklingen stammen nicht aus Ägypten und wurden sogar in einem ägyptischen Grab in den Händen eines Asiaten dargestellt. Der Typ scheint eine Weiterentwicklung früherer Typen – etwa der sichelförmigen Beile – zu sein und war in Syrien-Palästina während der Mittleren Bronzezeit I und bis in die Mittlere Bronzezeit II in Gebrauch.
C. F.

Literatur: Maxwell-Hyslop (1949) 90-129; Hayes (1959) 282; Philip (1989) Kat. Wien (1994) Nr. 50.

120

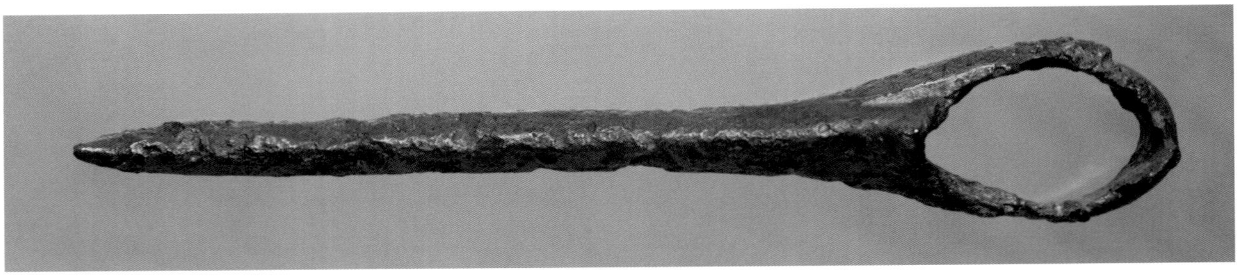

121

121
Streitaxt

2. Zwischenzeit, um 1600 v. Chr.
Tell el-Dab'a
Bronze. Länge 16 cm
Wien, Kunsthistorisches Museum, Ägyptisch-Orientalische Sammlung, Inv.-Nr. A 1286

Die Streitaxt weist eine sehr schmale Schneide und ein Öhr für den Stiel auf. Dieser Typ einer schmalen Bronzeaxt wurde von den Hyksos als Waffe eingeführt und ist vorderasiatischen Ursprungs. Am Grabungsplatz Tell el-Dab'a wurde eine ganze Anzahl dieser Waffen gefunden, die ansonsten in Ägypten so gut wie unbekannt sind. Auch ein Gussmodel für derartige Streitäxte hat man entdeckt.
H. S.

Literatur: Reiser-Haslauer in: Kat. Wien (1979) 68, G 73.

122
Klinge eines Prunkbeils

1. Zwischenzeit - 2. Zwischenzeit, ca. 2170-1550 v. Chr.
Bronze. Länge 9,5 cm, Höhe 8,9 cm
Hannover, Kestner-Museum, Inv.-Nr. 1935.200.98

122

Das Klingenblatt zeigt in durchbrochener Arbeit einen schreitenden, offenbar männlichen Greif mit dem Körper einer Raubkatze und dem Kopf eines Falken. Der Schweif schwingt sich in einem Bogen über den Rücken des Tieres und stößt an seinen Hals an. Die Greifendarstellung weist keinerlei Innenzeichnung auf, musste aber an Kopf und Schweif jeweils durch einen Steg mit dem Klingenrahmen verbunden werden. Die Außenkontur der Beilklinge mit den ausgezogenen Fortsätzen am Klingenrücken entspricht einem Gebrauchstyp, der schon in der 6. Dynastie geläufig war. Die nicht gebrauchsfähige Prunkwaffe wäre nach den ältesten Parallelen frühestens in die Erste Zwischenzeit zu setzen.
Der Kriegsgott Month kann ebenso Greifengestalt annehmen wie der Gott Sopdu und andere Falkengötter, denen ein kriegerischer Zug innewohnte. Aber auch der König selbst konnte im Greifen verkörpert sein. Der Greif scheint also sowohl die dem König von den Göttern verliehene als auch die den wehrhaften Göttern eigene Macht an sich zu symbolisieren.
M. v. F.

Greifen sind auch an den Wänden in den königlichen Totentempeln des späten Alten Reiches abgebildet, wo sie als eine Erscheinungsform des Königs Feinde vernichten. In den Gräbern von Beni Hassan und el-Berscheh aus dem Mittleren Reich kommen Greifen neben Wildtieren in Jagdszenen vor, werden aber auch als eine Art Schutzdämon neben dem Grabbesitzer sitzend gezeigt. Greifendarstellungen auf Prunkbeilen lassen sich somit als „apotropäisches Siegesbild" interpretieren, das Unheil vom Träger der Prunkwaffe abwenden soll.
C. E. S.

Literatur: Kat. Hannover (1958) 66, Nr. 28 mit Abb.; Kühnert-Eggebrecht (1969) 55, 61-62, 68, 70, 72, 134 (Kat. P 29), Taf. XXI,2.
Zum Greifen: Eggebrecht (1977) 895-896. –
Zu den Prunkbeilen allgemein: Kühnert-Eggebrecht (1969) 55-95.

123
Klinge eines Prunkbeiles

Neues Reich, ca. 1550-1070 v. Chr.
Herkunft unbekannt
Bronze. Länge 11 cm
Berlin, SMB-PK, Ägyptisches Museum und Papyrussammlung, Inv.-Nr. 13203

Neben dem Dolch war das Beil eine der häufigsten Nahkampfwaffen und wird als Hiebwaffe im Kampfgebrauch abgebildet. Diese durchbrochen gearbeitete Klinge eines Prunkbeiles ist jedoch keine Gebrauchsklinge, sondern war vielmehr für zeremonielle Zwecke gedacht. Ein Prunkbeil wurde für hervorragende kämpferische Leistungen verliehen oder konnte auch als Rangabzeichen getragen werden.

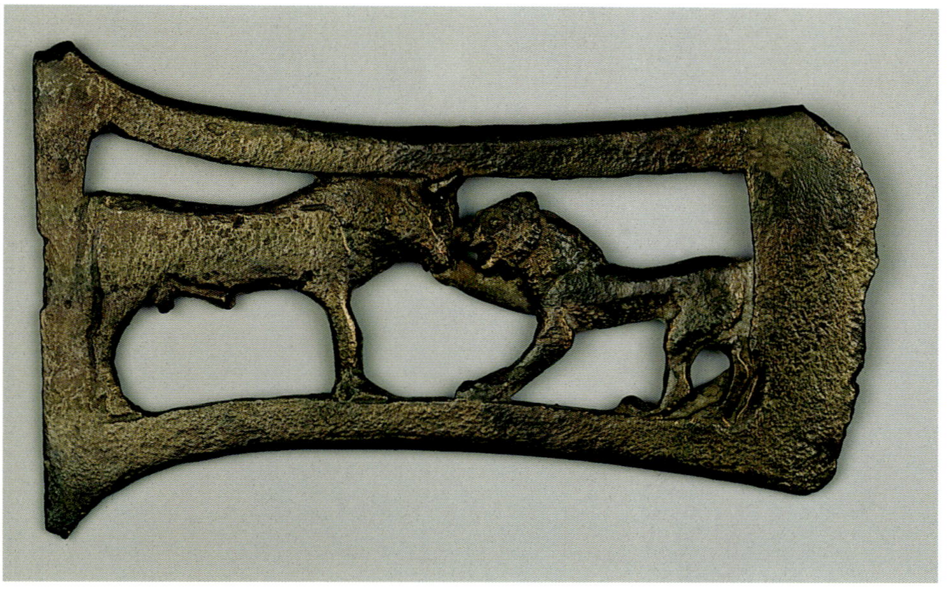

123

Möglicherweise kann es auch als Amulett mit Schutzfunktion genutzt worden sein.
Die Klinge wird üblicherweise in einen Holzschaft eingelassen und durch eine aufwändig geflochtene Lederriemenschnürung gehalten. Quer zu der (hier nurmehr gedachten) Stielachse ist die Darstellung eines Löwen zu sehen, der frontal mit einem Stier kämpft. Die kraftvolle und wilde Ausstrahlung der Tiere sowie deren Kampf unterstreichen den aggressiven Charakter dieser Waffe und verdeutlichen somit deren Funktion im Gegensatz zum bloßen Werkzeug. Bei der Darstellung handelt es sich um eine Verbindung von Kampf- und Jagdmotiv: Der Stier – im Profil abgebildet – befindet sich auf der linken Seite. Seine Beine stehen fest am Boden, die hintere Kontur des Tieres geht in die Umrandung über; beides verleiht dem Stier einen statischen, passiven Ausdruck. Der Hals ist leicht geneigt, ein Horn, das Auge und Maul des Stieres sind sichtbar. Rechts, dem Stier gegenüber, ist ein Löwe zu sehen. Auch wenn dieser ebenfalls hinten an die Umrandung anschließt, ist der Löwe doch eindeutig dynamischer dargestellt und offensichtlich der aktivere Part. Seine Hinterläufe sind in Schrittstellung, der linke Vorderlauf steht stark nach vorne abgewinkelt. Mit der rechten Pranke versetzt der Löwe dem Stier einen Hieb ans Maul, während er selbst – wohl brüllend – den Rachen aufreißt.
U. E.

Der Löwe kann den König selbst verkörpern, während Wildtiere zur symbolhaften Darstellung von Rebellen bzw. Feinden dienten. Die Jagd steht hier somit sinnbildlich für die Schlacht und die Überwindung des Feindes. Das Motiv hatte demnach eindeutig apotropäischen Charakter: Indem der Löwe (König) über den Stier (Feind) siegt, wird die göttliche Ordnung der Welt (Maat) aufrechterhalten.
Formal handelt es sich bei diesem Beil um eine für das beginnende Neue Reich typische Klingenform, die in unverzierter Gestalt als Kampfwaffe weite Verbreitung fand. Die Klinge selbst ist im so genannten durchbrochenen Guss gefertigt worden, was bedeutet, dass die Gussform selbst schon mit Aussparungen versehen war, die später das Relief in der Beilklinge ergaben. Prunkbeile wurden schon allein aufgrund der durch die Aussparungen bedingten mangelnden Stabilität der Klinge sicherlich nicht im Kampf eingesetzt. Sie waren damit vielmehr reine Statussymbole, wobei anzumerken bleibt, dass auch die „normalen", kampftauglichen Waffen durchaus zur Herausstellung einer hohen Position des Trägers dienen konnten.
C. E. S.

Literatur: Wolf (1926) 65, Taf. 12 (6); Kühnert-Eggebrecht (1969) 55, 61, 64, 78-79 (P/39); Kat. Berlin (1991) 242-243, Nr. 148; Kat. Kaufbeuren (1997) 30-31, Nr. 18.

124

124
Klinge eines Dolches

Prädynastische Zeit, Naqada-II d 1, ca. 3300-3200 v. Chr.
El-Amrah, Grab a 131
Kupfer. Länge 15 cm, Breite 5,4 cm, Dicke maximal 0,4 cm
Oxford, Ashmolean Museum, Inv.-Nr. E 3956

Aus der prädynastischen Zeit sind nur wenige Klingen und in noch geringerer Anzahl Griffe erhalten. Bei der vorliegenden Klinge fehlt der Griff. Sie weist diesbezüglich jedoch eine Besonderheit auf: einen Abdruck, den der organische Griff bei seiner Erosion auf dem oberen Klingenbereich hinterließ. Dieser Abdruck konnte vor der konservatorischen Reinigung der Klinge fotografisch dokumentiert werden. Aus ihm lässt sich die vollständige Griffform (Abb.) rekonstruieren, die weltweit nur durch zwei Dolche (Kairo, Ägyptisches Museum, JE 35158) dieser Zeit belegt ist. Einer davon ist heute verschollen.

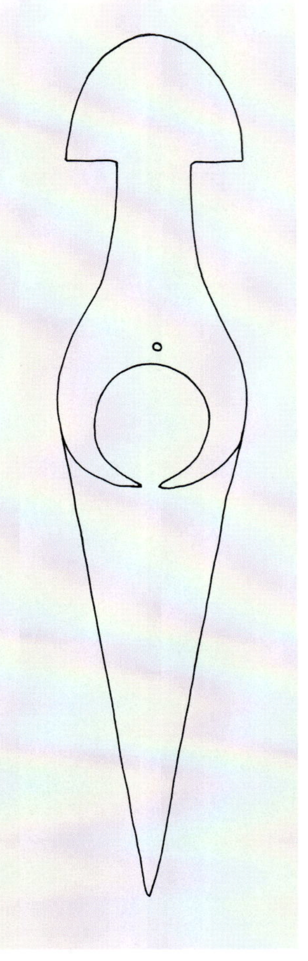

Abb. zu 124

Der Griff war aus einem Stück Holz oder Elfenbein geschnitzt. Er besaß einen halbrunden Knauf und ein breites Heft mit langen Hefthörnern, die bogenförmig beide Breitseiten der Klinge umfassten. Die unhandliche und aufwendig gestaltete Griffform, die geringe Befestigung mittels eines Niets und die Kürze der unterhalb der Hefthörner verbleibenden Klingenfläche zeigen, dass der Dolch nicht für den Gebrauch, sondern als Prunkstück hergestellt wurde.
S. P.

Literatur: Randall-Maciver/Mace (1892) 20, 40, Taf. 10 (5); Petrie (1917b) 28, Taf. 33 (D.2); Wolf (1926) 10, Taf. 4 (3); Baumgartel (1960) 10-11, Taf. 2 (9); Payne (1993) Nr. 1216.
Zu prädynastischen Dolchgriffen: Petschel (1998) Typ I bcb. – Zu verschollenem Dolch: Auktionskatalog Sotheby (1922) lot 1175, Taf. 31.

125

125
Modell eines Dolches

Mittleres Reich, 12. Dyn., ca. 1976-1794 v. Chr.
Harageh, Friedhof B, Grab 280
Holz. Länge 20,5 cm
Manchester, The Manchester Museum, Inv.-Nr. 6201

Im Mittleren Reich wurde es Brauch, den Bestattungen anstelle echter Beigaben Holzmodelle beizufügen. Die Modelle sollten, ebenso wie Reliefdarstellungen und Malereien, im Jenseits auf magische Weise denselben Zweck wie wirkliche Gegenstände erfüllen.
Nicht selten finden sich daher bei Bestattungen des Mittleren Reiches statt kostspieliger oder weiterverwendbarer Stichwaffen Dolchmodelle aus Holz. Das vorliegende Modell ahmt die Form eines zeitgleich verwendeten Dolchtyps nach. Dolche dieses Typs bestanden aus einem Griff organischen Materials (z.B. Holz, Bein) und einer Klinge aus Buntmetall (Kupfer, Bronze). Die unterschiedlichen Materialien waren auf dem Modell einst durch Bemalung hervorgehoben. Auffällig ist an diesem Modell, dass die notwendigen, der seitlichen Stabilisierung der Klinge dienenden Hefthörner der echten Waffen nicht imitiert wurden. Zu diesem Dolchmodell wird daher eine Scheide gehört haben, die Klinge und Heft bis zur oberen Abschlusskante in sich aufnahm und verbarg. Damit wären die Hefthörner unsichtbar gewesen, so dass der Hersteller auf ihre Wiedergabe verzichtete.
S. P.

Literatur: Engelbach/Gunn (1923) 12, Taf. 17 (3).

126
Dolchklinge

Mittleres Reich, 12. Dyn., um 1900 v. Chr.
Herkunft unbekannt
Bronze. Länge 23,2 cm
Leiden, Rijksmuseum van Oudheden, Inv.-Nr. F 1952/5.5

Obwohl Dolche schon in der prädynastischen Zeit Ägyptens bekannt waren, kann kaum ein Exemplar in die Zeit des Alten Reiches datiert werden. Verlässlichere Informationen stammen aus der Zeit des Mittleren Reiches, unter anderem aufgrund der neuen Sitte, die Toten zusammen mit ihren Waffen zu bestatten. Dieses Phänomen könnte mit verschiedenen historischen Ereignissen im Zusammenhang stehen, wie etwa mit der Erfahrung der unsicheren, bürgerkriegsähnlichen Zustände während der Ersten Zwischenzeit. Das Mittlere Reich erlebte außerdem einen wachsenden Imperialismus, der seinen deutlichsten Ausdruck in den großen Forts an der asiatischen Grenze sowie in Nubien fand.
Die hier gezeigte Dolchklinge ist ein typisches Produkt dieser Zeit, in der die metallurgischen Fähigkeiten der Ägypter einschneidende Fortschritte verzeichneten, da nun Bronze das noch im Alten Reich hauptsächlich verwendete Kupfer verdrängte. Das neue Material ermöglichte verbesserte Gusstechniken und diese Klinge mit ihren äußerst feinen Riefen auf beiden Seiten könnte bereits in einer geschlossenen Form gegossen worden sein. Diese Riefen verlaufen parallel zu den leicht konkav eingezogenen Seiten des Dolches, ein Detail, das dafür sprechen könnte, dass der Dolch nicht in Ägypten hergestellt,

sondern importiert wurde. Die vorspringende Griffzunge diente zur Fixierung der Klinge in einem separat hergestellten hölzernen Griff, der mit drei Nieten in den Durchbohrungen der Klinge befestigt wurde.
M. J. R.

Unpubliziert

127
Dolch

2. Zwischenzeit, 15.-17. Dyn., ca. 1645-1550 v. Chr.
Herkunft unbekannt
Buntmetall, Elfenbein. Länge 30,1 cm
Berlin, SMB-PK, Ägyptisches Museum und Papyrussammlung, Inv.-Nr. 20452

Neben den üblichen Dolchen mit einfachen, aus einem Stück organischen Materials gefertigten Griffen entstand im ausgehenden Mittleren Reich und unter dem Einfluss syrischer Waffenimporte der Typ eines Dolchgriffes mit metallenem Gerüst.
Der fragmentarische Zustand des Griffes des hier gezeigten Dolches erlaubt einen fabelhaften Einblick in die Konstruktion dieser Waffen.
In die vom Heft aus hochgezogenen und sich gabelartig erweiternden Metallstreben wurden vorder- und rückseitig Einlagen organischen Materials (zumeist Holz oder Horn) eingesetzt und mit Nägeln oder Nieten aneinander befestigt. In die Gabel wurde der meist aus Elfenbein bestehende Knauf platziert und mit den Einlagen zwischen den Metallstreben verbunden. Das Heft selbst hatte zumeist drei Löcher, durch die das Heft und die Klinge miteinander vernietet wurden. Seitliche Hefthörner stabilisierten die Klinge.
Solche Gerüstgriffe wurden in „verlorener Form" gegossen. Das heißt, der gewünschte Dolchgriff wurde zunächst in Wachs vormodelliert. Anschließend legte man um dieses Modell einen Formmantel, bestehend aus feuerbeständigem Material wie Gips oder Ton. Später ersetzte man das Wachs durch das heiße, flüssige Metall, welches in die Hohlform gegossen wurde. Nach dem Zerschlagen des Mantels erhielt man das fertige Heft mit dem Griffgerüst, dessen Streben an den Außenflächen in einem weiteren Arbeitsgang nachgearbeitet und geglättet wurden.
Der vorliegende Dolch weist an der oberen linken Metallstrebe einen kleinen Gussfehler auf.
Die beschriebene Gusstechnik wurde auch für Klingen verwendet und hatte eine Repertoireerweiterung hinsichtlich der Klingendekoration zur Folge.
S. P.

126

Literatur: Wolf (1926) 40, Taf. 13,4; Kat. Berlin (1967) 48. Zur Konstruktion der Gerüstgriffe: Petschel (1998) Typ III-1.aa.

128
Dolch

2. Zwischenzeit, 17. Dyn., ca. 1645-1550 v. Chr.
Herkunft unbekannt, angeblich aus Assiut
Buntmetall. Länge 34 cm
Berlin, SMB-PK, Ägyptisches Museum und Papyrussammlung, Inv.-Nr. 22387

Auch dieser Dolch erlaubt aufgrund der fehlenden Griffeinlagen einen Blick in seine Konstruktion. Während die äußeren Kanten des Griffgerüstes sowie seine Auflageflächen für die Einlagen geglättet sind, wurden die nach innen weisenden Kanten des Gerüstes belassen, wie der Dolch aus der „verlorenen Form" entnommen wurde. (vgl. Nr. 127). Die Klinge dieses Dolches weist eine besonders lange Griffplatte auf, die bis zur Gabel hinauf reicht und zusätzlichen Halt für die Einlagen bot, die beiderseits der Platte befestigt wurden.
Dass Dolche gerade hinsichtlich der Klingengriffplatte so unterschiedlich geformt sind, könnte als Indiz für eine Konstruktionsschwäche bezüglich der Einlagenbefestigung gewertet werden.
Letztendlich waren die Dolche mit dieser Griffkonstruktion aber offensichtlich effektive Waffen, da sie – im Vergleich zu anderen Konstruktionstypen – erheblich weiter verbreitet waren.
S. P.

Literatur: Wolf (1926) Taf. 13, Nr. 5.

127

128

129

129
Dolchknauf

Mittleres Reich, 12.-13. Dyn., ca. 1900-1700 v. Chr.
Herkunft unbekannt
Quarz. Breite 6,1 cm, Höhe 3,9 cm
Leiden, Rijksmuseum van Oudheden, Inv.-Nr. F 1938/10.40

Dieses sichelförmige Objekt wurde vom Museum als prädynastisches Artefakt angekauft. Tatsächlich aber konnte es als Knauf eines für das Mittlere Reich typischen Dolches identifiziert werden. Schwache Rillen lassen erkennen, dass an dem sich vorwölbenden Knaufmittelteil einst zwei hölzerne oder metallene Stege mit einem Niet appliziert waren. Diese Stege verbanden den sichelförmigen Knauf mit dem Griff eines Dolches, der seinerseits mit der Griffplatte einer bronzenen Klinge vernietet war. Die gerundeten Seitenwandungen der Knaufsichel setzen zur Umrahmung zweier halbkreisförmiger Löcher an. Ein Lederband, das durch diese Öffnungen gezogen war, erlaubte es, den Dolch im Kampf um das Handgelenk gebunden zu tragen. Der Knauf passte sich optimal der Handfläche an und ermöglichte es dem Träger, mit ganzer Kraft zuzustoßen. Derartige Dolche waren gefürchtete Waffen und wurden von den Soldaten des Mittleren Reiches vorwiegend im Zweikampf benutzt. Dass der separat gefertigte, sichelförmige Knauf dieser Waffen oft aus Elfenbein gefertigt wurde, hat die Frage aufgeworfen, ob dieser Dolchtyp aus Nubien stammt. Im vorliegenden Fall wurde hingegen ein weißer Stein, wahrscheinlich Quarz, verwandt.
M. J. R.

Unpubliziert.

130
Dolch

2. Zwischenzeit, 15.-17. Dyn., ca. 1648-1550 v. Chr.
Herkunft unbekannt
Buntmetall, Elfenbein (Nilpferdzahn), Holz, Gold. Höhe 26,6 cm
Hannover, Kestner-Museum, Inv.-Nr. 1935.200.96

Aufgrund seiner Griffkonstruktion ist dieser bis auf einige fehlende Griffeinlagen sehr gut erhaltene Dolch ein üblicher Vertreter von Dolchen der Zweiten Zwischenzeit. Er ist der Gruppe von Dolchen mit gegabelten Gerüstgriffen zuzuordnen, bei denen ein Metallgerüst die einzelnen Griffbestandteile stützt, die miteinander vernietet sind (vgl. Nr. 127). Auch die Befestigung des Griffs an der Klinge mittels dreier Niete ist für zusammengesetzte Dolche dieser Zeit üblich.

130

An diesem Dolch wird nachvollziehbar, dass die Übergänge zwischen Gebrauchswaffen und den größtenteils funktionsuntüchtigen Prunkwaffen fließend sein können, worin die Besonderheit dieses Stückes liegt. Denn bei genauer Betrachtung erkennt man die Reste einstiger Vergoldungen der Nietköpfe, die sich unterhalb und am Rand dieser Köpfe erhalten haben. Des Weiteren sind bei einem bestimmten Lichteinfall auch einige Goldrückstände auf der Klinge zu erkennen.
Dieser durchaus funktionstüchtige Dolch muss also einst eine vergoldete Klinge und zumindest vergoldete Nietköpfe besessen haben.
S. P.

Unpubliziert.

131
Dolch des Kamose

Neues Reich, 18. Dyn., Ahmose, 1550-1525 v. Chr.
Theben, Dra Abu'l-Naga, Grab des Kamose
Bronze, Silber, Holz, Blattgold. Länge 31,8 cm.
Brüssel, Bibliothèque Royal de Belgique

Dieser Prunkdolch wurde bereits 1857 bei der Freilegung des Sarges von Kamose gefunden. Er war am Arm der Königsmumie festgebunden. Ende des 19. Jahrhunderts bereits veröffentlicht und ausgestellt, wechselte das Prestigeobjekt mehrfach Besitzer und Sammlung und galt später als verschollen, ehe es als Schenkung an das Cabinet des médailles der Bibliothèque Royal de Belgique wieder auftauchte. Wegen der wertvollen Materialien des Dolches und aufgrund präziser Beschreibung vor seinem Verschwinden konnte er als Dolch des Kamose identifiziert werden.
Die Prunkwaffe ist mit einem hölzernen, mit Blattgold überzogenen Knauf, einem Griffkörper aus Silber und einer bronzenen Klinge ausgestattet. Aufgrund dieser Materialzusammenstellung wird er gerne als ein Pendant zu dem zwei Jahre später gefundenen Dolch der Königin Ahhotep (Kairo, Ägyptisches Museum, CG 52660), der Mutter des Kamose, bezeichnet. Ihr Dolch weist, möglicherweise bewusst gegensätzlich zu dem ihres Sohnes gehalten, einen versilberten Knauf, einen goldenen oder vergoldeten Griffkörper sowie eine bronzene, einst blattvergoldete Klinge auf. In der Knaufform und vor allem in der Größe – Ahhoteps Dolch misst 22 cm – stark voneinander abweichend, können sie jedoch keiner gemeinsamen Produktionsserie zugeordnet werden. Zu beiden Dolchen gibt es allerdings erheblich ähnlichere, wenngleich ohne Edelmetall ausgestattete Pendants, die es gestatten, in beiden Prunkdolchen die Vertreter zweier unterschiedlicher Produktionsserien zu erkennen.
S. P.

Literatur: v. Bissing (1882) 26, Taf. 8, Nr. 20; Naster (1975-76).
Zur Typologie der beiden Prunkdolche: Petschel (1998) Typ III-5.c.a.

131

132

132
Modelldolch

Mittleres Reich,
ca. 2119-1794 v. Chr.
Herkunft unbekannt
Holz. Länge 17,2 cm
Privatsammlung
Süddeutschland

Die Silhouette dieses formschönen Modells spiegelt die Konturen der zusammengesetzten Dolche mit elfenbeinernen Knäufen wider, die einst aus dem syrischen Raum nach Ägypten importiert wurden. Der Modelldolch wird ehemals bemalt gewesen sein, wobei die Farben symbolisch für die Materialien einstanden.
Nachdem im Alten Reich die Verwendung von Dolchen als Grabbeigaben ein Tabu darstellte, wurde es im Mittleren Reich Mode, wenn schon nicht echte Dolche, dann doch Modelle aus Holz den Bestattungen beizugeben. Auch andere Grabbeigaben wie Waffen, Schilde (vgl. Nr. 140), Schiffe samt Besatzung und Werkstätten mit Personal wurden als Modelle beigegeben. Diese Holzobjekte boten sich für die Nachkommenschaft des Toten als kostengünstiger und dennoch im Jenseits magisch wirksamer Ersatz für Echtes an (vgl. Nr. 125).
S. P.

Unpubliziert.

133
Dolch

2. Zwischenzeit - frühes Neues Reich,
17. - frühe 18. Dyn., ca. 1645-1525 v. Chr.
Herkunft unbekannt
Buntmetall, Elfenbein. Länge 33,1 cm
Solingen, Deutsches Klingenmuseum, Inv.-Nr. 1961.W.001

Die waffentechnologischen Impulse kamen größtenteils aus dem Ausland nach Ägypten, wie beispielsweise im frühen Mittleren Reich die syrischen Dolche mit sichelförmigen Knäufen aus Elfenbein. Doch die Ägypter eigneten sich nicht nur rasch die Herstellungsmethoden an, sondern entwickelten die Waffen in Form und Technik auch weiter.
Eine dieser Entwicklungsstufen repräsentiert der vorliegende Dolch. Sein Griff weist anstelle eines langen, in verlorener Form gegossenen Gerüstes (vgl. Nr. 127) einen kurzen, quasi nur aus Knauf, Knaufhalterung (Gabel) und Heft bestehenden Griffkörper auf. Auffällig lang sind im Gegensatz dazu die Hefthörner, die der Klingenstabilisierung dienen.
Die Klinge wiederum greift auf eine Form zurück, die erst in der Zweiten Zwischenzeit mit den Hyksos nach Ägypten kam.
S. P.

Unpubliziert.

133

134
Dolch

Neues Reich, 18. Dyn., ca. 1500-1300 v. Chr.
Herkunft unbekannt
Bronze, Gold, Holz, Alabaster. Länge 31 cm
Leiden, Rijksmuseum van Oudheden, Inv.-Nr. AB 138

Gegen Ende des Mittleren Reiches drangen palästinensische Volksgruppen in das ägyptische Nildelta ein, die als Hyksos bezeichnet werden. Der Begriff „Hyksos" leitet sich von der ägyptischen Bezeichnung *hekau-chasut* (*Herrscher der Fremdländer*) ab. Zwar empfanden die Ägypter die Fremdherrschaft als demütigend, doch war diese nicht leicht abzuschütteln. Die asiatischen Besetzer waren den Ägyptern waffentechnisch weit überlegen und deren einzige Möglichkeit, ihre Position zu stärken, bestand in der Übernahme neuer Technologien und der damit verbundenen Taktiken. So erklären sich die drastischen Veränderungen in der ägyptischen Waffentechnik zu dieser Zeit. Neben den von Pferden gezogenen Streitwagen und den Kompositbögen übernahmen die Ägypter auch einen neuen Typ von Dolchen. Griff und Klinge dieser Waffen sind in einem Stück gegossen, die somit deutlich stabiler als die herkömmlichen Dolche waren. Zur Verstärkung erhielt die Klinge längsmittig eine starke Verdickung; der Griff besteht aus einer flachen Zunge mit seitlichen Leisten.
Das hier gezeigte Beispiel veranschaulicht, dass hölzerne Einlagen auf die Zunge und zwischen die Leisten eingepasst wurden. An den sichelförmigen Abschluss der Dolche des Mittleren Reiches erinnert noch das abgerundete Ende, das hier jedoch schmaler und mit eingelegten Goldstreifen verziert ist. Die seitlichen Griffkanten weisen gerundete Ausbuchtungen auf, um der Hand besseren Halt zu geben. Die beiden Alabaster-Applikationen sind später hinzugefügt worden. Wie ein beschrifteter Dolch des Hyksos-Königs Apophis zeigt, ist dieser Dolchtyp asiatischen Ursprungs. Einen ähnlichen Dolch verlieh Thutmosis III. an den General Djehuti (vgl. Nr. 76), wodurch die Laufzeit dieses Waffentyps bis weit in die 18. Dynastie bewiesen werden kann.
M. J. R.

Literatur: Leemans (1853) Taf. LXXXII (I 70);
Wolf (1926) 71, Anm. 1.

134

135
Dolch mit Leistengriff

Neues Reich, 19.-20. Dyn., ca. 1290-1070 v. Chr.
Herkunft unbekannt
Bronze, Holz, Kalzit, Elfenbein (?). Länge 35,7 cm
Paris, Louvre, Dep. des Ant. égyptiennes, Inv.-Nr. N 2163 (E 676)

Die einst von den Hyksos ins Land gebrachten und von den Ägyptern übernommenen, einteilig gegossenen Dolche (vgl. Nr. 134) bilden den Übergang von der reinen Stichwaffe zur Hieb- und Stichwaffe. Diese Funktionserweiterung zeigt sich nicht nur in dem zwecks sicherer Handhabung für den Hieb verlängerten Griffbereich, sondern auch in den massiveren, sich entweder geradlinig verjüngenden oder weidenblattförmigen Klingen.
Im Laufe des Neuen Reiches entstanden immer wieder neue Formvarianten. So ist der vorliegende Dolch mit einem zylindrischen Knauf aus Kalzit versehen, der auf die hervorstehende Metallzunge des Griffkörpers aufgesetzt und mit ihr vernietet wurde. Unter dem Knauf befindet sich zusätzlich eine schmale, vermutlich elfenbeinerne Zier-Unterlegscheibe. Weit umschließen die durch Hämmern in Form gebrachten Griffleisten die hölzernen Einlagen und bieten für diese einen verbesserten Halt. Die weidenblattförmige Klinge ist mit einer schmalen Mittelrippe verstärkt und verziert.
S. P.

Unpubliziert.

135

136

136
Kurzschwert

Neues Reich, 20. Dyn., Ramses III., 1183-1152 v. Chr.
Abydos, Privatgrab
Bronze, Holz. Länge 46,6 cm
Oxford, Ashmolean Museum, Inv.-Nr. 1933.501

Beidseitig umschließen zwei hölzerne Griffschalen die außergewöhnlich lange Griffzunge dieses Kurzschwertes, die bis in den Knaufbereich des Griffes hinaufreicht und dort mittels eines Niets befestigt ist. Drei weitere Niete – einer mittig im Griff – und zwei im Heftbereich sorgten für die Stabilität der robusten Klinge. Beide Griffschalen tragen eine grobe Kerbe zur Aufnahme von Intarsien. Die schilfblattförmige Klinge ist mit einer dicken Mittelrippe zur Festigung sowie dekorativen Riefen versehen.
S. P.

Unpubliziert.

137

137
Schwert Sethos' II.

Neues Reich, 19. Dyn., Sethos II., 1200-1194 v. Chr.
Angeblich aus Tell-Faraun
Bronze. Länge 45 cm, Breite 3,8 cm, Dicke 0,5 cm
Berlin, SMB-PK, Ägyptisches Museum und Papyrussammlung, Inv.-Nr. 20305

Im Gegensatz zum Krummschwert, dessen Form die Ägypter von den Hyksos übernahmen und das sich in Ägypten zur Siegeswaffe entwickelte (Nr. 139), konnten sich die Langschwerter in Ägypten nicht recht etablieren. Es sind daher nur wenige Exemplare überliefert.
Die Klinge dieses Langschwertes trägt auf einer Seite die eingeritzten Kartuschen Sethos' II. Bislang ist nur ein weiteres Langschwert bekannt, das mit den königlichen Kartuschen versehen ist. Es trägt die Kartuschen Merenptahs und wurde in Ugarit, im Wohnbereich östlich des Palastes gefunden.
S. P.

Literatur: Burchhardt (1912), 61-63; Bonnet (1926) 77-78.

138
Schwertklinge

Neues Reich, 20. Dyn. (?), ca. 1186-1070 v. Chr.
Angeblich aus Bubastis
Bronze. Länge 71,5 cm, Breite 3,5 cm, Dicke 0,6 cm
Berlin, SMB-PK, Ägyptisches Museum und Papyrussammlung, Inv.-Nr. 20447

Die Schwertklinge ist mit einer Griffzunge mit erhöhten Rändern versehen. Ursprünglich lagen auf der Zunge hölzerne Griffschalen auf, die mit 8 Nägeln befestigt waren. Die weidenblattförmige Klinge trägt eine breite und stabilisierende Mittelrippe. Langschwerter dieses Typs sind sowohl in Mitteleuropa als auch in der Ägäis häufig belegt.
Das Langschwert könnte daher als ägäisches Handelsobjekt nach Ägypten gebracht worden sein. Es könnte aber ebenso gut von Angehörigen der Seevölker ins Land gebracht worden sein, die sich nach ihrer Niederlage durch Ramses III. als Söldner in das ägyptische Heer einreihten.
S. P.

Literatur: Burchhardt (1912), 61-63; Bonnet (1926) 77-78.

138 Vorder- und Rückseite

139
Sichelschwert

2. Zwischenzeit, ca. 1650-1550 v. Chr.
Tell el-Balata/Sichem (Palästina)
Bronze, Elektron, Niello. Länge 45,2 cm
München, Staatliches Museum Ägyptischer Kunst, Inv.-Nr. ÄS 2907

Sichelschwerter sind eine ursprünglich mesopotamische Waffenform, die über Syrien-Palästina nach Ägypten gelangte. Die Bezeichnung „Sichelschwert" indes ist insofern irreführend, als diese Waffenart nicht, wie es bei einer Sichel üblich ist, nur an der Innenseite der gebogenen Klinge geschliffen ist, sondern an der Außenseite. Klinge und Stiel sind aus einem Stück gegossen, wobei bei dem hier vorliegenden Stück ein säulenförmiger Griff aus vergänglichem Material mit metallener Zwinge und Knauf auf den Dorn am Stielende aufgesteckt und vernietet war. Die Verzierung auf der Mittelrippe ist in zwei Arbeitsschritten, Niellierung und Tauschierung, angebracht worden. Im ersten Schritt, der Niellierung, wurde eine Grundierung mit Silbersulfit aufgetragen, was eine Schwärzung des Untergrundes bewirkte. Danach hat man im zweiten Schritt, der Tauschierung, Elektrondrähte und -plättchen in die eingravierten Furchen eingelegt und festgehämmert. Zusätzlich zu seiner waffentechnischen Bedeutung kommt dem Sichelschwert seit der Zeit, aus der die ältesten Belege datieren, auch eine Funktion als Kultwaffe zu: In mesopotamischen Darstellungen seit ca. 2000 v. Chr. stehen Sichelschwerter in engem Zusammenhang mit den Göttern. Mit dem Aufkommen der Waffe in Ägypten um die Mitte des 2. Jahrtausends v. Chr. wird sie zu einem Siegeszeichen, das dem König von einem Gott übergeben wird. Sichelschwerter finden auch in den Darstellungen des rituellen Erschlagens der Feinde Verwendung. Die ägyptische Bezeichnung des Sichelschwertes, „Chepesch", leitet sich vom Begriff für „Rinderschenkel" ab, was sich mit dem sehr ähnlichen Aussehen der entsprechenden Hieroglyphe erklären lässt.
C. E. S.

Literatur: Kat. Bonnet (1926) 86, Abb. 34c; Wolf (1926) 67; Kat. München (1972) [63] mit Farbabb.; Müller (1987) 36-49; Kat. Kaufbeuren (1997) 31, Nr. 20.

139

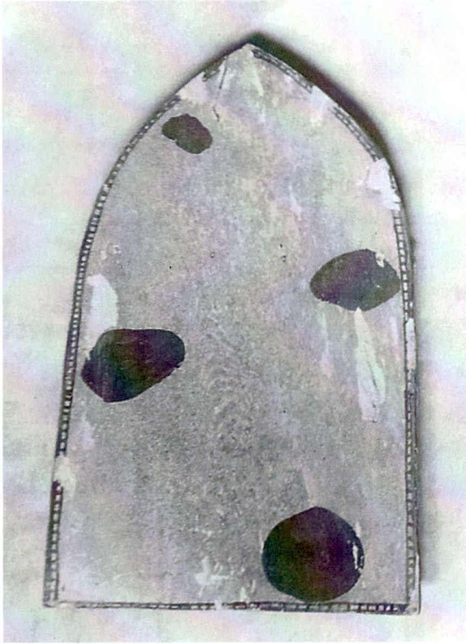

140

140
Nachbildung eines Schildes

Mittleres Reich, ca. 2100-1800 v. Chr.
Assiut
Holz. Höhe 45,3 cm, Breite 29,5 cm
Berlin, SMB-PK, Ägyptisches Museum und Papyrussammlung, Inv.-Nr. 12 618a

Der hier gezeigte Schild weist eine waagerechte Unterkante auf. Seine seitliche Außenkontur steigt gerade an, verjüngt sich in einem Bogen nach oben und endet in einer Spitze. Die Form des Schildes ist damit typisch für das Mittlere Reich, während im Alten Reich offenbar eher eckige Schilde in Gebrauch waren, die mit ihrer leicht konkaven Form noch an die Schilde der Frühzeit erinnern. Das Holz ist fleckig bemalt, was eine Bespannung mit Rinderfell andeuten soll. Mit einem schwarzen Strich am Rand wird sogar noch die Naht angedeutet, mit der das Fell am Holz befestigt wurde. An der Innenseite ist im oberen Teil ein Querriegel angebracht, der durchbrochen gearbeitet ist und somit einen Griff darstellt. Der Schild wurde am senkrecht angewinkelten linken Arm getragen, wobei die Finger durch den Griff geschoben wurden und der Daumen diesen außen umschloss. In der rechten Hand wurde dann die Waffe (üblicherweise eine Lanze, aber auch ein Beil ist möglich) gehalten. Derartige Schilde sind die wichtigsten Defensivwaffen im Kampf und in verschiedenen Größen überliefert: von einem kleinen, wendigen Schild, der gerade den Torso schützte, bis hin zu einem fast mannshohen und dementsprechend auch schwereren Schild.
U. E.

Literatur: Kat. Berlin (1899[2]) 222-223, Abb. 45; Wolf (1926) 57 ff., Taf. 11; Decker (1984).

141a-b
Zwei Kajütendachmodelle mit Schildbemalung

Mittleres Reich, 11.-12. Dyn., ca. 2119-1794 v. Chr.
Herkunft unbekannt
Ursprünglich weiß grundiertes, bemaltes Holz.
Höhe 3,5 cm, Breite 8,2 cm, Länge 8,4 cm
Ursprünglich weiß grundiertes, bemaltes Holz.
Höhe. 5,9 cm, Breite 9,3 cm, Länge 12,1 cm
Basel, Antikenmuseum und Sammlung Ludwig, Privatbesitz

Diese beiden Kajütendächer mit aufgemalten Schilden gehören zu Modellschiffen, die man gemäß der Bestattungssitte im Mittleren Reich den Verstorbenen ins Grab gab, um ihnen magisch die Fortbewegung zu gewährleisten und den Fischfang zu ermöglichen. Wie Speere und ihre Futterale (Nr. 104) gehörten auch Schilde zur Bootsausrüstung für weite Reisen auf dem Nil und dienten wohl in erster Linie als Schutzwaffen bei Übergriffen von Piraten.
Die Schilde wurden entweder in Miniaturform den Schiffsmodellen beigefügt oder – wie in unseren

141 a-b

beiden Fällen als einfachere Variante – auf die Kajütendächer gemalt. Wie aus solchen Modellen hervorgeht, verstaute man die Schilde während der Reise Platz sparend und dennoch griffbereit auf den Dächern der Kajüten.
Die schwarzen Flecken auf den gemalten Schilden ahmen das Fell schwarz-weiß gescheckter Rinder nach – eben jenes Material, mit dem echte Schilde auch bespannt wurden.
S. P.

Literatur: Arnold (1981) 20, Taf. 10.

142

142
Assyrischer Spitzhelm

Spätzeit, 25. Dyn. (?), frühes 7. Jh. v. Chr.
Theben
Bronze. Durchmesser 20 cm
Manchester, The Manchester Museum, Inv.-Nr. 1618

Metallhelme gehörten in Ägypten nicht zur Ausstattung der Soldaten, wenngleich auch Reliefs der Amarna-Zeit sowie der 19. und 20. Dynastie ab und an ägyptische Helmträger wiedergeben. Die Schardana, Angehörige der Seevölker und später auch Söldner im ägyptischen Heer, tragen in den Reliefdarstellungen der 20. Dynastie Hörnerhelme mit Kugelspitzen. Ob es sich bei diesen Darstellungen aber tatsächlich um die Wiedergabe bronzener Helme oder lederner Kappen handelt, ist mangels Funden ungewiss.
Spitzhelme hingegen sind ab der 2. Hälfte des 9. Jahrhunderts im assyrischen Raum, in Urartu und im übrigen ostanatolischen Gebiet belegt. Der vorliegende Helm zeigt die Form eines geschwungenen Kegels mit kalottenartiger Wölbung im unteren Bereich. Sein Typ kommt im 8. Jh. v. Chr. auf und ist bis ins 7. Jh. hinein in Gebrauch. Während auf Reliefs solche Helme häufig mit Ohrenklappen abgebildet sind, blieben bei dem vorliegenden Helm nur noch die Halterungen dafür erhalten.
Obwohl der hier als assyrisch bezeichnete Spitzhelm typologisch nicht von zeitgleichen urartäischen Spitzhelmen unterschieden werden kann, ist die Wahrscheinlichkeit, dass es sich um ein assyrisches Stück handelt, vor dem historischen Hintergrund erheblich höher. Denn der Helm könnte im Verlaufe diverser assyrischer Strafexpeditionen und Eroberungszüge während der 25. Dynastie nach Ägypten gekommen sein, als sich das über Ägypten regierende kuschitische Königshaus Anfang des 7. Jhs. gegen die assyrische Vormacht stellte. So drangen beispielsweise die Assyrer anlässlich eines Vergeltungszuges gegen den kuschitischen Herrscher Tanutamani Mitte des 7. Jhs. sogar bis nach Theben vor, wo dieser Helm letztendlich auch gefunden wurde.
Einer anderen Theorie nach könnte der Helm aber auch bereits im 8. Jh. infolge eines ägyptischen Feldzuges in den Nahen Osten als Beutestück nach Ägypten gebracht worden sein.
S. P.

Literatur: Petrie (1897) Taf. 21; Bonnet (1926) 201-209, Abb. 101; Krauss (1977) 1113-1115; Born/Seidl (1995) 90; Dezsö (2001) 25; Partridge (2002) 57, Abb. 92.

Nahostpolitik: Fremdherrschaft und Expansion

Manfred Bietak

Ägypten war im Delta seit der Vorgeschichte von starken Bevölkerungselementen aus Kanaan und im südlichen Oberägypten von Nubiern durchsetzt. Was den Bevölkerungszuzug aus Libyen anbelangt, sind wir erst aus späterer Zeit darüber verlässlich unterrichtet. Zusätzlich brachte Ägypten durch gezielte Expansion seit Anfang seiner Geschichte in großer Zahl Fremdbevölkerung ins Land, um diese als Arbeits- und Spezialkräfte für seine großen Vorhaben einsetzen zu können. Häufig waren diese Fremden als Soldaten/Söldner, und was Asiaten anbelangt, auch als Seefahrer auf ägyptischen Hochseeschiffen eingesetzt (siehe die Reliefs aus dem Pyramidentempel des Sahure und vom Unas-Aufweg, ca. 2500-2350 v. Chr.). Dieser Zustrom, der einmal stärker einmal schwächer verlief, war normalerweise innerhalb von zwei Generationen völlig absorbiert, wobei die Fremdlinge mit ägyptischen Namen versehen in der Masse der Ägypter untergingen. Der Zustrom von Ausländern vollzog sich nicht nur auf unterster Ebene, sondern er machte infolge von Heiratspolitik mit dem Ausland auch vor dem Königshaus nicht halt.

In der Zeit des Mittleren Reiches hielt dieser Trend zunächst an. Mentuhotep II. Nebhepetre (ca. 2046-1995 v. Chr.) kämpfte bei der Eroberung des Deltas mit seinen nubischen Bogenschützen gegen asiatische Söldner, welche die Deltastädte verteidigten. Nach der Konsolidierung des Mittleren Reiches unter der 12. Dynastie erfahren wir durch einen Zufallsfund königlicher Annalen Amenemhets II. (ca. 1914-1879 v. Chr.) von weitreichenden Expeditionen zu Land und zur See nach Byblos, nach Zypern und anderen unbekannten Ländern. Es handelte sich vermutlich um Strafexpeditionen oder gar um Raubzüge. Beachtenswert ist die hohe Zahl von 1554 Menschen, die von einer solchen Unternehmung aus Asien mitgebracht wurden. Ägypten intensivierte in der späten 12. Dynastie ab Sesostris III. und Amenemhet III. (ca. 1872-1806 v. Chr.) seine Auslandsaktivitäten. Über Papyri aus der Pyramidenstadt Illahûn in der Nähe der damaligen Residenz bei el-Lischt sind wir unterrichtet, dass damals bereits viele Asiaten in Ägypten ansässig waren. Sie lebten zumeist in eigenen Siedlungen (sog. *wnwt*) und waren in verschiedenen untergeordneten Berufen wie Arbeiter, Domestiken, Türhüter, Boten, Tempelsänger (Nr. 216) und dergleichen beschäftigt. Ein Papyrus im Brooklyn-Museum aus der 13. Dynastie zeigt, dass damals sogar in der Provinz in höheren Haushalten viele Asiaten beschäftigt waren, die neben ihren mitgebrachten nordwestsemitischen Namen ägyptische Namen erhalten hatten. Es fällt auf, dass diese Fremdlinge gerne in Tätigkeiten eingesetzt wurden, in denen sie den Ägyptern überlegen waren, wie z.B. in der Textilweberei. Manch einer dieser Domestiken rückte in solchen Haushalten in Vertrauensstellungen auf und machte Karriere wie der stellvertretende Ober-Majordomus Ameni, der als Expeditionsleiter auf dem Sinai eingesetzt war und sich im Hathor-Tempel von Serabit el-Chadim mit einer Opferplatte und einem Türsturz verewigte. In der späten 12. Dynastie bemerken wir dort im Übrigen eine Erhöhung von Kontingenten von Asiaten, die an den ägyptischen Türkisminen-Expeditionen teilnahmen und dabei vom Bruder des Fürsten von Retjenu begleitet wurden (Sinai-Inschriften).

Es gelang, wichtige Stadtstaaten in der Levante, vor allem Byblos, Kumidi und gewiss eine Reihe weiterer Orte näher an Ägypten zu binden. Deren Stadtfürsten übernahmen den ägyptischen Titel *ḥ3tj-ʿ*, was man heute mit *Bürgermeister* übersetzt. Der Fund von über 40 ägyptischen Siegelabdrücken der frühen 13. Dynastie im ältesten Wallgraben von Askalon – damals die größte Stadtanlage in Kanaan – zeigt, dass die ägyptische Verwaltung an der Levanteküste Fuß gefasst hatte. Der ägyptische höfische Geschmack breitete sich über diese Fürstenhöfe aus und griff schließlich in der 13. Dynastie mit königlichen Geschenken und lokalen Imitationen in der Kleinkunst und Glyptik bis nach Nordsyrien aus. Der politische Einfluss Ägyptens blieb jedoch auf die Küste, insbesondere Byblos, beschränkt.

In der späten 12. Dynastie bildete sich im Bereich der späteren Hyksos-Hauptstadt Avaris eine große von Asiaten bewohnte Enklave am pelusischen Nilarm nicht weit von der damaligen Küste. Die Architektur in der ältesten Schicht zeigt noch alte vorderasiatische Haustypen wie das Mittelsaalhaus, akkulturierte sich jedoch sehr rasch. Die Bewohner waren Anfangs wohl Soldaten, Seeleute und vermutlich Schiffsbauer. Diese Siedlung erreichte bald die Größe einer syrischen Residenzstadt der Mittleren Bronzezeit von etwa 100 ha und war mit repräsentativen Bauten versehen. Die Deutung dieser Siedlung ist nicht so leicht. Soldatengräber und die Lage am Nilarm legen nahe, hier ursprünglich eine Militär- und Flottenbasis zu sehen, die dem Expeditionswesen und dem Handel im östlichen Mittelmeerbereich dienen sollte. Wenngleich die Bewohner stark ägyptisiert waren, so bestand die materielle Kultur wie Keramik und vor allem Bronzen zu einem erheblichen Teil aus vorderasiatischen Typen. Das gleiche gilt für die Architektur der Tempel sowie für deren Ritual. Gräber wurden wie in Vorderasien innerhalb der Siedlung angelegt. Gewandnadeln in den Gräbern zeigen, dass man weiterhin an der kanaanäischen Tracht festhielt. Die Grabstatue eines hohen

Würdenträgers zeigt diesen in vorderasiatischem Gewand und Frisur. Das ist ein Zeichen, dass sich diese Stadt einer gewissen Unabhängigkeit erfreute und vielleicht – ähnlich wie ca. 1000 Jahre später das griechische Naukratis – wie eine Art Freihandelsstadt funktionierte. Importkeramik weist auf Handelsbeziehungen mit der Levante bis nach Nordsyrien, mit Zypern und in beschränkterem Umfang mit der minoischen Welt hin. Bestattungen von geopferten Eseln vor dem Grabeingang und die Mitbestattungen von Dienerinnen vor dem Grabeingang zeigen Bewohner mit ganz anderem kulturellen Hintergrund als die alten Ägypter.

Die Hyksos

Das wirtschaftliche und militärische Potential einer wachsenden Enklave von Vorderasiaten im nordöstlichen Nildelta brachte auch politisches Gewicht, sobald die Einheit Ägyptens während der 13. Dynastie mehr und mehr zerfiel. Die dynastische Integrität war mit Ausnahme kurzer Aufeinanderfolgen von einigen Herrschern nicht mehr intakt. Im Großen und Ganzen lösten einander Usurpatoren in kurzer Folge ab. Ungefähr seit 1720 v. Chr. begann eine lokale Dynastie ein Kleinreich im Nordostdelta mit der Hauptstadt Avaris zu gründen. Als Königsgott wurde der ägyptische Wettergott Seth als Entsprechung des kanaanäischen Wettergottes Hadad in dessen asiatischem Erscheinungsbild eingeführt. Inschriftlich ist uns diese Zeit vor allem durch Denkmäler des kurzlebigen Königs Aasehre (*ʿ3 zḥ Rʿ*) Nehesi (*Nḥsj*) im Nordostdelta belegt, der dem Seth von Avaris besondere Verehrung zollte. Vermutlich wurde diese lokale Dynastie, die symptomatisch für den Zerfall Ägyptens in dieser Zeit ist, bald von einer lokalen asiatischen Dynastie, den so genannten Hyksos (*Herrscher der Fremdländer*) abgelöst. Diese Erkenntnis revolutioniert die alte Ansicht, dass die Hyksos Invasoren waren, die Ägypten eroberten und in ihre Gewalt gebracht hatten, wie man aus der manethonischen Überlieferung nach Flavius Josephus entnehmen könnte.

Die Realität war, dass die Träger der Hyksos-Herrschaft mit Billigung der Pharaonen bereits im Lande waren. Zum Verständnis des Terminus: Hyksos ist nur die griechische Version von *Heqau-Chasut = die Herrscher der Fremdländer*, bezeichnet also nur die Dynastie und nicht die Population, die von dieser geführt wurde, wenngleich sich ein derartiger Wortgebrauch eingebürgert hat.

In Avaris äußerte sich die Hyksos-Herrschaft in einer rasanten Vergrößerung des Stadtareals auf ca. 250 ha. Um diese Zeit entstanden auch eine Reihe anderer Niederlassungen, die sich alle am Ostdeltarand, östlich des pelusischen Nilarms befanden. Mittel- und Oberägypten sowie das westliche Delta scheinen die Hyksos auf Basis eines Vasallensystems beherrscht zu haben. Ihre Legimitation dürfte sich diese neue Dynastie (die 15. Dynastie in der historischen Zählung) durch Krönung ihres ersten Herrschers Salitis in der alten Reichshauptstadt Memphis verschafft haben. Als Residenz dürfte jedoch den archäologischen Befunden nach Avaris gedient haben.

Wer waren nun diese Träger der Hyksos-Herrschaft? Wohl eine nordwestsemitisch sprechende Bevölkerung, die schon lange im Lande saß und stark ägyptisiert war. Sie stammte vermutlich aus der Küstenregion des nördlichen Kanaans, wohl größtenteils aus dem Raum von Byblos. Ihre Vorfahren waren als Seefahrer, Handwerker, Handeltreibende und Soldaten nach Ägypten gekommen (s.o.) und teils in ihrer Heimat und natürlich noch mehr in Ägypten einem Akkulturationsprozess ausgesetzt gewesen. Über 60 % ihrer Keramik war ägyptisch, ebenso die Architektur ihrer Häuser und öffentlichen Bauten. Im kultischen und funerären Bereich bewahrten sie am zähesten ihre angestammten Bräuche und Formen, so dass ihre Göttertempel nordsyrischen Prototypen entsprachen. Der bisher ausgegrabene größte Schrein erweist sich als Breithaustempel mit tiefer Nische; davor befindet sich ein Hof mit Brandaltar, in Nachbarschaft von Eichen – den heiligen Bäumen der Göttin Ascherah. Angeschlossen ist auch noch ein Gebäude, das rituellen Mählern und Umtrunken gewidmet war, wie festgestellt wurde, als man den am Boden liegenden Abfall ausgewertet hatte. Westlich dieses Hofes befindet sich ein lang gestreckter Tempel mit Knickachse und Turm – ein anderer alter vorderasiatischer Tempeltyp. Dieser heilige Bezirk im Ostteil von Avaris ist von Friedhöfen umgeben, die mit je einer Totenkapelle ausgestattet waren. Anders als die Göttertempel sind diese wieder rein ägyptischen Typs und zeigen einen Synkretismus zwischen der syrisch-palästinensischen Mittleren Bonzezeit-Kultur und der ägyptischen Kultur. Auch die Grabarchitektur weist teilweise ägyptische Züge auf; das Totenbrauchtum jedoch ist vorderasiatisch. Die Opferung vor dem Grabeingang von Eseln, Schafen und Ziegen wird in dieser Form im zeitgenössischen Ägypten nicht geübt. Ganz vorderasiatisch muten Kriegerbestattungen mit Gürtelblechen, Dolchen und Streitäxten an, wenngleich dieser Brauch im Laufe der Hyksos-Zeit verschwindet. Namentlich in Gräbern ist der Bestandteil an mittelbronzezeitlicher Keramik weitaus höher als im Siedlungsbereich. Es kommt noch hinzu, dass abgesehen von den Gräbern in diesen Friedhöfen Bestattungen auch in und neben den Häusern vorgenommen wurden, welche die Nähe der Toten unter den Lebenden zum Ausdruck bringen. Es handelt sich hier um einen typisch vorderasiatischen Brauch, der von dieser Bevölkerung aus der Heimat mitgebracht worden war.

Aus den Ausgrabungen in Tell el-Dab'a, dem alten Avaris, wird ersichtlich, dass in der späten Hyksos-Zeit, die Bebauung ganz dicht wird – ein Zeichen, dass Platzmangel herrschte und die Stadt durch eine Befestigungsmauer umgürtet worden war. Tatsächlich fand sich eine solche, mit Bastionen versehen, entlang der Ufer zum pelusischen Nilarm im Bereich eines großen Palastbezirkes. Dieser zeichnet sich durch einen großen Garten mit Bäumen und palatiale Nebenbauten aus. Das Palastgebäude selbst konnte noch nicht gefunden werden. Zu diesem führt jedoch eine monumentale, aus Kalkstein erbaute Wasserleitung, welche die Suche nach diesem Gebäude erleichtern wird. Aus dem Palastareal konnten inzwischen mehrere königliche Monumente geborgen werden, darunter Teile eines monumentalen Steintores des Hyksos Sekerher (Sikru-Haddu), eine Stele des ältesten Königssohnes Janassi und ein Hausaltar mit den Namen des bedeutenden Hyksos Apophis und seiner Schwester Tani.

Die wirtschaftliche Grundlage der Hyksos-Herrschaft war neben den Einkünften aus Vasallenabgaben der Handel. Einerseits wurden aus dem ostmediterranen Raum Rohstoffe wie Kupfer und Bronze oder als Fertigprodukte Äxte importiert, wie aus der Kamose-Stele (Abb. 1-2) hervorgeht; außerdem Silber, Lapislazuli, Türkis, Weihrauch, Honig, Fette, diverse Öle, vor allem Olivenöl, aber auch Wein und diverse Holzarten, vermutlich auch Pistazien und diverse Nüsse. Sofern diese Produkte in Keramikgefäßen verschifft wurden, lässt sich dies an levantinischer und zyprischer Keramik, vor allem Amphoren und Krügen, nachweisen, in denen sich noch Relikte des einstigen Inhaltes chemisch erfassen lassen. Auch mit dem Königreich Kusch im Sudan wurden gute diplomatische Kontakte und Handelsbeziehungen aufrecht erhalten. Die wichtigsten Produkte Afrikas wie Gold, Elfenbein, vielleicht auch Pantherfelle und exotische Öle wurden am oberägyptischen Vasallen vorbei nach Norden transportiert. Es ist interessant, dass in dieser Zeit kaum Produkte aus Oberägypten das Delta erreichten und offensichtlich so etwas wie ein Handelsboykott gegen die Hyksos bis in den memphitischen Bereich hinein wirksam wurde. Es kommt hinzu, dass die Hyksos im ganzen Lande königliche und private Statuen usurpierten, für ihre Tempel verwendeten und teilweise ins Ausland verkauften. Es ist verständlich, dass solche Maßnahmen den Unmut der ägyptischen Untertanen hervorrufen mussten. Es wird aber nur ein Teil von unpopulären Maßnahmen gewesen sein.

Abb. 1
1. Kamose-Stele

Abb. 2
2. Kamose-Stele. Luxor-Museum

Auseinandersetzungen mit der oberägyptischen 17. Dynastie, die Vasallen der Hyksos waren, dürften unter der langen Regierungszeit des Hyksos Awoserre Apophis begonnen haben. Die Mumie des Königs Seqenenre aus der 17. Dynastie weist tödliche Hiebverletzungen auf, die durch asiatische Streitäxte hervorgerufen wurden (S. 116, Abb. 1). Dies ergab eine forensische Untersuchung durch den Prager Anthropologen Eugen Strouhal. Das bedeutet, dass Seqenenre im Kampf mit seinem Oberherrn, dem Hyksos Apophis, gefallen ist, jedoch von seinen eigenen Gefolgsleuten geborgen und mumifiziert werden konnte. Aus dem Papyrus Sallier I ist uns aus der Zeit des Neuen Reiches eine verbale Auseinandersetzung zwischen Apophis und Seqenenre erhalten (Nr. 153), die zwar literarischen Charakter hat, aber dennoch historische Ereignisse in gewisser Weise widerspiegeln könnte.

Durch zwei Stelen des Sohnes und Nachfolgers des Seqenenre haben wir die historische Nachricht eines Feldzuges gegen den Hyksos Apophis, wobei zunächst die Vasallen in Mittelägypten ausgeschaltet wurden und schließlich ein Vorstoß bis nach Avaris stattfand (Abb. 1-2). Der Versuch des Apophis mit dem König von Kusch Verbindung aufzunehmen, um diesen zu einem Einfall nach Oberägypten zu bewegen, misslang damals noch. Avaris konnte jedoch nicht genommen werden und die Thebaner mussten sich wieder nach Oberägypten zurückziehen. Kamose dürfte noch im selben Jahr verstorben sein – war es die Folge des Feldzugs?

Es sollten noch weitere 10 bis 15 Jahre vergehen, bis Ahmose, Bruder und Nachfolger des Kamose sowie Begründer der 18. Dynastie Avaris und die anderen

Hyksos-Städte erobern und deren letzte Bollwerke in Palästina durch die mehrjährige Belagerung von Scharuhen zerstören konnte. In dieser Zeit dürfte die Achse Hyksos-Kusch wieder funktioniert haben. Der Kerma-Staat (das Königreich von Kusch) fiel in Oberägypten ein und richtete vielleicht bis nach Elkab hinauf Zerstörungen an, die für das junge Königtum der 18. Dynastie Existenz bedrohend waren. Dies berichtet uns eine jüngst gefundene Grabinschrift aus Elkab. Der Einfall konnte zurückgeworfen werden und führte schließlich als Reaktion zur Eroberungspolitik Ägyptens während des Neuen Reiches.

Die Expansionspolitik Ägyptens im Neuen Reich

Ein erheblicher Teil der Bewohner der Hyksos-Städte scheint nicht abgewandert, sondern von Ägypten her integriert worden zu sein. Keramikstudien haben ergeben, dass die spezifischen Keramikformen der Hyksos-Zeit im Nordostdelta ungebrochen bis in die Regierung Thutmosis' III. weiterlaufen. Spezifisch asiatische Erfahrungen in Berufsfeldern wie der Weinkultur, der Beschäftigung mit den aus Vorderasien eingeführten Pferden und Streitwagen, dem Keramik- und Metallhandwerk, dem Kriegshandwerk sowie dem Schiffsbau werden von Vorderasiaten, die nach der Eroberung von Avaris in Ägypten blieben, für die ägyptische Krone weiter genutzt. In dieser Zeit scheinen aber auch andere kulturelle Errungenschaften der Levante wie Literatur und sprachliche Besonderheiten in Ägypten Aufnahme gefunden zu haben. Auch der Kult des syrischen Wettergottes Ba'al Zephon in Gestalt des Seth von Avaris lebte ungebrochen weiter. Wir dürfen aber auch vermuten, dass andere kanaanäische Kulte in Avaris weiter lebten, das in der frühen 18. Dynastie bereits eine wichtige Heeres- und Flottenbasis wurde. Dies konnte durch jüngste Grabungen in 'Ezbet Helmi bei Tell el-Dab'a anhand von Armeecamps von Nubiern und anhand von Soldatenbestattungen nachgewiesen werden. Bald entstand hier ein großer Palastbezirk königlichen Ausmaßes (3-4 ha). Aller Wahrscheinlichkeit nach liegt hier der Hauptflottenstützpunkt der Thutmosiden *Peru-nefer* vor, das uns aus mehreren Papyri (p. Eremitage 1116B, p. BM 10056) als Schiffswerft und Flottenbasis mit kanaanäischen Schiffszimmerleuten und Kulteinrichtungen bekannt ist. Es sieht so aus, als habe manche Einrichtung des alten Avaris die Eroberung überlebt.

Die Fremdherrschaft in Ägypten durch die Hyksos und der bedrohliche Nubiereinfall in der frühen 18. Dynastie führten in Ägypten zu der Ansicht, dass man die Feinde tief in ihren angestammten Wohnsitzen treffen müsse, um Ägypten dauerhaft vor Chaos und Fremdherrschaft zu bewahren. Ahmose (ca. 1540-1515 v. Chr.) stieß nach der Niederschlagung des Kuschiten-Einfalls selbst nach Nubien vor, das er bis zum 2. Katarakt zurückeroberte. In Vorderasien begnügte er sich einstweilen damit, die dortige Dependance der Hyksos zu zerstören. Sein Nachfolger Amenophis I. (1915-1494 v. Chr.) erkannte, dass das Königreich von Kusch mit seiner Hauptstadt bei Kerma weiterhin eine Bedrohung für Ägypten darstellte und versuchte, bis ins Kerngebiet dieser afrikanischen Großmacht vorzudringen. Er dürfte jedoch nicht über den 3. Katarakt hinausgekommen sein. In Kanaan, das offensichtlich damals noch keine Bedrohung für Ägypten war, ist zu dieser Zeit keine ägyptische Tätigkeit zu beobachten. Es ist aber überraschend, dass man in Karnak aus einer Portalinschrift, die wahrscheinlich Amenophis I. zuzuschreiben ist, Zeichen einer ägyptischen Aktivität in Nordsyrien bis nach Tunip hinauf entnehmen kann. Bald darauf eroberte Thutmosis I. (ca. 1494-1482 v. Chr.) Obernubien, vielleicht bereits das erste Mal Kerma, die Hauptstadt des Königreiches Kusch. Darüber hinaus stieß er vermutlich über die Wüstenpiste von Korosko bis nach Hagar el Merwa kommend, ins Niltal weit über den 4. Katarakt vor. In Vorderasien erreichte dieser König in einem Vorstoß nach Norden vorübergehend den Euphrat, ohne dass er sich im noch immer ruhigen Palästina zeigte.

Was veranlasste diesen Herrscher zu so weit reichenden Blitzfeldzügen? Im Falle von Kusch/Kerma ist die Bedrohung für Ägypten klar. Warum jedoch zog man in den hohen Norden? Solche Kraftanstrengungen bedürfen einer ausreichenden Erklärung.

Es ist zu vermuten, dass die Hurriter, eine nicht-semitische und nicht-arische große Bevölkerungsgruppe, die bis dahin nördlich des Euphrat saß, nach der Eroberung von Babylon durch die Hethiter in Nordsyrien in ein Vakuum stießen, das die Hethiter nach Zerstörung der amoritischen Königreiche, vor allem Jamchads, dort hinterließen. Sie schufen das Großreich Mitanni, dessen Kerngebiet zwischen Euphrat und Chabur lag. Ein weiterer hurritischer Großstaat namens Kizzuwatna entstand westlich der Amuq-Ebene. Die Mitanni infiltrierten die Stadtstaaten im Norden Syriens und schufen sich, außenpolitisch äußerst gewandt, in diesem Bereich eine steigende Anzahl von Klientelstaaten, an deren Spitze bald hurritische Fürsten saßen. Diese anwachsende Sphäre einer neuen Großmacht wurde von Ägypten durch die traumatische Erfahrung mit Kerma als neue Bedrohung empfunden, der man durch einen wuchtigen Präventivschlag gegen das Kernland des Gegners zu entgegnen suchte.

Es gelang freilich nicht, Mitanni, das einer militärischen Konfrontation auswich, zu treffen, noch in Syrien dauernde Landgewinne zu erzielen. Thutmosis II. (ca. 1482-1479 v. Chr.) musste sich in seiner kurzen Regierungszeit abermals in Obernubien gegen die Kuschiten engagieren. Unter Hatschepsut (ca. 1479-1457 v. Chr.) fand das erste Mal seit Ahmose wieder eine Militäraktion in Kanaan statt, das damals von Schasu-Beduinen infiltriert wurde. Von militärischen

Aktivitäten in Syrien ist nichts bekannt. In der Zeit dieser Königin wurden vor allem Handelsexpeditionen nach Byblos und über das Rote Meer in das entfernte Myrrhenland Punt betrieben. Es ist möglich, dass Mitanni über seine syrischen Klientelstaaten diese Zeit für eine Einflussnahme in Kanaan nördlich des Karmel zu nutzen wusste. Es wird nicht als Zufall angesehen, dass sich nach dem Tod dieser Königin und dem Beginn der Alleinherrschaft des noch jugendlichen Thutmosis III. (ca. 1479-1425 v. Chr.) unter Führung der Fürsten von Qadesch und Tunip eine Koalition von 330 Stadtstaaten in der Esdraelon-Ebene bei Megiddo mit ihrer Heeresmacht versammelte. Erwarteten sie dort nur die ägyptische Heeresmacht oder wollten sie, wie der bekannte Ägyptologe Wolfgang Helck vermutete, eine Invasion gegen Ägypten starten?

Thutmosis III. gelang es ca. 1456 v. Chr. durch einen Überraschungsangriff über einen Gebirgsweg heranrückend, die Koalition vernichtend zu schlagen und schließlich nach längerer Belagerung Megiddo einzunehmen. Die Festigung seiner Herrschaft in Kanaan erforderte jedoch sich jährlich wiederholende Feldzüge und durchgreifende politische Maßnahmen. Die Fürstensöhne wurden als Geiseln nach Ägypten geführt und dort am Hof erzogen, um später schließlich als getreue Vasallen wieder an Stelle ihrer Väter eingesetzt werden zu können. Nach Konsolidierung seiner Herrschaft in Kanaan konnte Thutmosis III. schließlich ab seinem 29. Regierungsjahr darangehen, Syrien systematisch in Besitz zu nehmen. Als Basis diente ihm anfangs das befreundete Byblos, von wo aus er sich zunächst der Hafenstädte Ullaza und Ardata bemächtigte, die er in den folgenden Jahren zu Armeedepots ausbaute. Nach dieser logistischen Vorbereitung konnte er es schließlich in seinem 33. Regierungsjahr wagen, die ständigen Unruhestifter Qadesch und Tunip anzugreifen, um schließlich bis Karkemisch vorzustoßen, von wo aus er in mitgebrachten Booten den Euphrat hinab fuhr. Dies war eher eine Machtdemonstration. Mitanni ließ sich nicht auf eine offene Feldschlacht ein, ebensowenig konnte der König in das Kernland von Mitanni vordringen. Dennoch gelang es Ägypten, seine Einflusssphäre im Norden an der Küste bis Ugarit und im Orontestal bis Nija zu festigen. Im äußersten Süden des Großreiches war es wohl Thutmosis III. (Nr. 153), der in seinem 12. Jahr das Königreich Kusch endgültig zerstörte und in seiner späten Regierungszeit die befestigte Stadt Napata am heiligen Berg ausbaute.

Sein Sohn und Nachfolger Amenophis II. (ca. 1427-1401 v. Chr., Nr. 163) wurde bereits in jugendlichem Alter zu einem Kriegsherrn erzogen, der seine Kraft als Ruderer und Bogenschütze in Stelen rühmte. Er residierte als Kronprinz und Koregent im militärischen Hauptquartier Peru-nefer im Nildelta. Dennoch bröckelte infolge mitannischer Subversion Nordsyrien von der ägyptischen Oberhoheit ab, was sich infolge des Todes Thutmosis' III. noch zuspitzte. In seinem zweiten Feldzug konnte der König den Besitz von Ugarit an der Küste und von Qadesch am Orontes wieder herstellen, weiter im Norden gingen die großen Fürstentümer Nija, Tunip und Qatna jedoch verloren. In Tachsi südlich von Qadesch wurde als Abschreckung zu drakonischen Maßnahmen gegriffen, indem der König sieben Fürsten eigenhändig möglicherweise in einem öffentlichen Zeremoniell erschlug (Amada- und Elephantine-Stelen), wobei er sechs Leichen nach Theben und die siebente bis nach Napata schiffen und an den Stadtmauern aufhängen ließ, um auch nubische Rebellionshoffnungen im Keim zu ersticken. Daneben musste in Kanaan ein Aufstand niedergeschlagen werden.

Schließlich tauchte mit dem wiedererstarkten Hethiter-Reich eine weitere Großmacht im Vorderen Orient auf, die für Mitanni eine Bedrohung darstellte. Friedensverhandlungen mit Ägypten setzten bereits unter Amenophis II. ein. Inschriften über nordsyrische Feldzüge seines Nachfolgers Thutmosis' IV. (ca. 1401-1391 v. Chr.) bleiben sehr vage. Jedenfalls wurde unter diesem König ein Friedens- und Freundschaftsvertrag zwischen Mitanni und Ägypten geschlossen, der mit einer Heirat des Pharao und der Tochter des Mitanni-Königs Artatama besiegelt wurde. Für Ägypten setzt nun bis zum Ende der Amarna-Zeit für über ein halbes Jahrhundert eine friedliche Epoche ein, die von einem wirtschaftlichen Aufschwung des Vorderen Orients begleitet wird. Ägypten, das schließlich in der Amarna-Zeit (ca. 1350-1335 v. Chr.) hauptsächlich mit seinen inneren religiösen und politischen Problemen beschäftigt war, übersah ganz, dass sein nördlicher Partner dem Hethiter-Reich zum Opfer gefallen war. Dieses wurde für das Pharaonenreich zu einer neuen großen politischen und militärischen Herausforderung.

Literaturauswahl:
Bietak (1994); Bietak (1996); Cohen/Westbook (2000); Kat. Hildesheim (1987); Kendall (1997); Liverani (2001); Lundh (2002); Redford (1992); Redford (2003); Ryholt (1997); Schneider (1998); Schneider (2003); Vandersleyen (1971).

Thebens Rückkehr zur Macht

Thomas Schneider

Der intensive Kampf um die politische Hegemonie, der Ägypten nach der Mitte des 16. Jahrhunderts v. Chr. für drei Jahrzehnte erfasste und an dessen Ende die Rückkehr Thebens zur Macht stand, ist historisch bisher nur unzureichend verständlich. An seinem Beginn steht vermutlich ein dynastischer Wechsel im oberägyptischen Königtum, wo eine neue Königsfamilie aus Dendera unter dem (zeitgenössisch nicht belegten) König Senachtenre die bisher regierende Antef-Familie verdrängte. Verschiedene Indizien weisen darüber hinaus aber auf heftige innenpolitische Konflikte in Oberägypten, die bis in die frühe 18. Dynastie hinein andauerten. Aus der Beurteilung der Auseinandersetzung der oberägyptischen Herrscher mit der Hyksos-Dynastie von Avaris sollte daher ein Begriff wie "Befreiungskampf" ganz herausgehalten werden, obwohl die spätere Tradition (etwa der Chronograph Manetho im 3. Jahrhundert v. Chr.) und in ihrer Folge die moderne Ägyptologie die Ablösung der Hyksos ideologisch als Krieg gegen asiatische Barbaren verbrämten. Den Beginn des Krieges führt der in einer Handschrift der 19. Dynastie erhaltene Anfang der Erzählung von *Apapi* (Apophis) *und Seqenenre* (Nr. 152) darauf zurück, dass sich der als König titulierte Hyksos *Apapi* (Apophis) bei dem lediglich als Fürst Thebens bezeichneten Seqenenre beschwert habe, er fühle sich durch das Gebrüll der thebanischen Nilpferde gestört. Vielleicht symbolisierte der von Seqenenre angelegte Teich mit Nilpferden konkret Unterägypten und damit den Anspruch des thebanischen Königs auf das von *Apapi* (Apophis) beherrschte Delta. Die tödlichen Kopfverletzungen an der Mumie Seqenenres (S. 116, Abb. 1) erlaubten den Nachweis, dass der König im Kampf gegen ägyptische Vasallen der Hyksos fiel, also einen ersten militärischen Vorstoß nach Mittelägypten unternahm. Sein Nachfolger Kamose skizzierte auf dem bedeutendsten Dokument seiner Regierung, den zwei Kamose-Stelen (Abb. 1-2) die politisch inferiore Situation des thebanischen Herrschaftsbereichs zwischen den Hyksos und dem südlich angrenzenden nubischen Königtum. Statt das bestehende politische Arrangement (Weiderechte der Thebais im Delta und Bezug von Getreide; Handelsrechte und Zugang zu den oberägyptischen Steinbrüchen für die Hyksos) beizubehalten, beschloss er den Krieg gegen *Apapi* (Apophis). Stützpunkt und temporäre militärische Residenz der 17. Dynastie war dabei die etwas nördlich von Theben gelegene Festung von Deir el-Ballas. Ein durch die Thebaner in der Oase Baharija abgefangenes Geheimschreiben des Hyksos *Apapi* (Apophis) an den König von Kusch weist auf damalige Bemühungen um eine antithebanische Allianz hin. Der im Text der Kamose-Stelen geschilderte militärische Vorstoß nach Norden kam jedoch nach Anfangserfolgen (Eroberung mittelägyptischer Festungen, Erbeutung von Schiffen) vor Avaris zum Stillstand. Militärisch erst unvollständig eingelöst, fand der territoriale Anspruch Kamoses seinen ideologischen Ausdruck in der raschen Annahme dreier Horus-Namen während der lediglich etwa drei Regierungsjahre. War Kamose zunächst nur *Der auf seinem Thron inthronisiert ist*, nannte er sich in der Folge *Mit vollkommener Unterwürfigkeit der beiden Länder* (was die Anwendung von militärischer Gewalt suggeriert) und *Der die beiden Länder ernährt.* Der eigentliche militärische Durchbruch unter Mitwirkung nubischer und ägäischer Hilfskontingente und vielleicht sogar minoischer Flottenverbände gelang jedoch erst fast zwanzig Jahre später unter Kamoses Nachfolger Ahmose (Nr. 145), der schließlich sukzessive Memphis, Heliopolis, die Grenzfestung Sile und schließlich die Hyksos-Residenz Avaris einnehmen konnte. 1993 gefundene Relieffragmente aus dem Tempel des Kenotaphs des Ahmose in Abydos dürften zu einer Darstellung dieses Feldzuges gehört haben, während über die militärischen Aktivitäten nur Notizen v.a. in der Biographie des Flottenoffiziers Ahmose informieren. Ein von Ahmose zu Ehren seiner Mutter Ahhotep errichteter Denkstein in Karnak nennt deren Verdienste um die innere Stabilität des Landes; sie wird dabei auch *„Herrin der Ägäis"* genannt und hat nach dem Text die ägyptischen Soldaten beschützt und Flüchtlinge repatriiert (Abb. 3). Im Süden wurde Nubien zurückerobert und war fortan einem Vizekönig von Kusch unterstellt. In Ägypten selber versuchte Ahmose, die Folgen des Bürgerkrieges durch eine Politik der Konsolidierung und religiösen Legitimierung zu beseitigen.

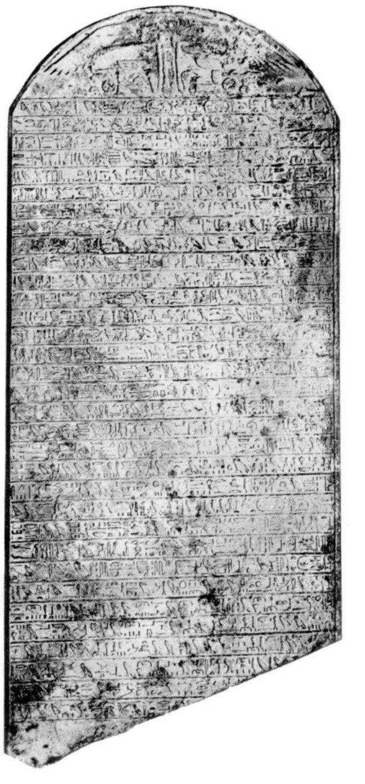

Abb. 3
Ahmose-Stele.
Kairo, Ägyptisches Museum, CG 34001

Literaturauswahl:
Bietak (1994); Bietak (1996); Kat. München (1999); Ryholt (1997); Schneider (1998); Schneider (2002[3]); Vandersleyen (1971).

143

143
Löwe mit dem Namen des Chayan

2. Zwischenzeit, um 1600 v. Chr.
Herkunft unbekannt
Granodiorit. Höhe 26 cm, Länge 50 cm, Breite 18 cm
London, British Museum, Inv.-Nr. EA 987

Für diese Figur eines liegenden Löwen wurde möglicherweise ein Sphinx des späten Mittleren Reiches umgearbeitet, was die ungewöhnlichen Proportionen des Gesichts und des Kopfes erklären würde: Der obere Teil des Kopfes wurde abgearbeitet – möglicherweise, um einen Kopfschmuck zu entfernen – und die Augen grob gemeißelt. Die ungeglättete Oberfläche der Sockelseiten lässt vermuten, dass die Figur nicht ganz fertig gestellt wurde. Auf der Brust ist ein älterer Name durch Abarbeitung der Steinoberfläche getilgt und durch den Thronnamen des Fremdherrschers Chayan ersetzt worden. Chayan gehörte einer Dynastie asiatischer Könige an, die Ägypten nach dem Untergang des Mittleren Reiches eroberten und beherrschten. Diese als Hyksos bekannten Fremdherrscher (eine Verballhornung aus der ägyptischen Bezeichnung *Herrscher der Fremdländer*) schlossen eine Allianz mit Ägyptens Feinden in Nubien und konnten erst am Ende der Zweiten Zwischenzeit nach einer Reihe militärischer Konfrontationen durch die thebanische Lokaldynastie aus Ägypten vertrieben werden.
A. J. S.

Literatur: Porter/Moss (1951) 396; Kat. Wien (1994) 150, Nr. 125.

144
Pseudo-Naos mit dem Namen des Hyksos Apophis

2. Zwischenzeit, 15. Dyn., ca. 1648-1539 v. Chr.
Gebiet um Tell el-Dab'a
Kalkstein. Höhe 29 cm, Breite 20,5 cm
Wien, Kunsthistorisches Museum, Ägyptisch-Orientalische Sammlung, Inv.-Nr. 8606

Bei diesem Objekt handelt es sich um eines von zwei Fragmenten einer Steinplatte, die einen Schrein darstellte. Das zweite Fragment befindet sich im Ägyptischen Museum Kairo. Ein breiter erhabener Rahmen, von dem die rechte untere Hälfte hier erhalten ist, umgab ein eingetieftes rechteckiges Feld. Auf den seitlichen Rahmenteilen sind in flachem erhabenen Relief offene Türflügel dargestellt. Feine Bohrlöcher dienten der Befestigung einer Metallfolie (Gold?), mit der sie verkleidet waren. Auf diese Türflügel war je eine Kolumne Hieroglyphen graviert. Auf dem vorliegenden Fragment war offensichtlich ein König in einer Kartusche genannt, danach kommt: *(und) die Schwester des Königs, sie möge leben*. Es folgen zwei Personenbezeichnungen: Hor-

144

nacht, mit dem kanaanäischen Wort für „Richter" als Titel (?), und Ipep, mit einem unklaren Titel.
Das in Kairo befindliche Fragment von der linken Seite des Pseudo-Naos kam bei den österreichischen Ausgrabungen in Tell el-Dab'a zutage. Das Wiener Fragment hingegen wurde dem Kunsthistorischen Museum bereits davor von einem namhaften Ägyptologen zum Geschenk gemacht; er selbst hatte es käuflich erworben.
H. S.

Literatur: Hein/Satzinger (1993) 162-164;
Bietak/Hein in: Kat. Wien (1994) 154,
Nrn. 130-131.

145
Relieffragment Ahmoses I.

Neues Reich, frühe 18. Dyn., ca. 1550-1535 v. Chr.
Abydos-Süd, Totenkultanlage Ahmoses I.
Kalkstein. Höhe 45 cm, Breite 37 cm
New York, Metropolitan Museum of Art, Inv.-Nr. 06.1231.34
Geschenk des Egypt Exploration Fund, 1906

Dieses Kalksteinfragment eines Wandreliefs stammt aus einer der verschiedenen, dekorierten Totenkultanlagen in der Umgebung des pyramidenförmigen Kenotaphs Ahmoses I. in Abydos-Süd. Auf der rechten Seite dieses Fragments ist der nach links gewandte Kopf eines Königs – wahrscheinlich Ahmose I. – bekrönt mit der Roten Krone Unterägyptens zu sehen. Auf der linken Seite befindet sich der in hieroglyphischer Schrift eingemeißelte Name des falkenköpfigen Gottes Re-Harachte. Die Krone weist noch Spuren roter Farbe auf. Der Stil, in dem das Relief geschnitten ist, entspricht dem der Zeit Ahmoses I.

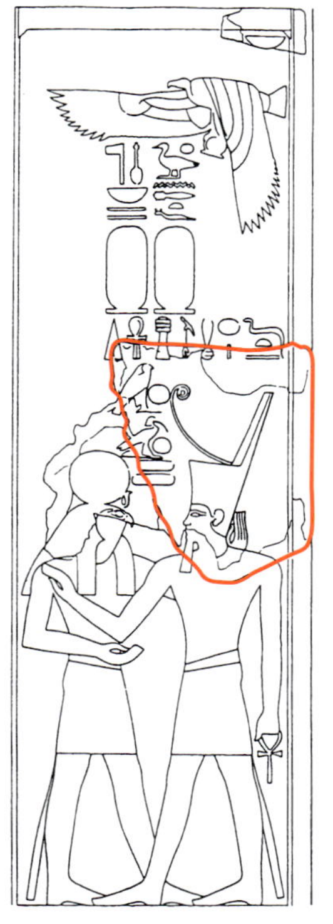

Abb. zu 145
Rekonstruktionvorschlag zum Relieffragment Ahmose I.

Als Arthur Mace im Jahre 1900 erstmals den Totenkultkomplex Ahmoses I. untersuchte, wurde dieser Block gefunden. Die „University of Pennsylvania – Yale University Expedition nach Abydos" unter der Leitung von Stephen Harvey fand im Jahre 1993 im gleichen Gebiet mehr als zweitausend Kalksteinblöcke, von denen drei zu dem Fragment des Metropolitan Museums gehören. Diese anschließenden Reliefs lassen erkennen, dass auf der linken Seite, dem König zugewandt, Re-Harachte stand und dass es sich bei der Hand, die hinter dem Kopf des Königs zu sehen ist, um die Hand dieses Gottes handelt. Andere im Jahre 1993 gefundene Fragmente zeigen die Bandbreite der Ritual- und Kampfszenen, die das Dekora-

145

tionsprogramm des Tempels enthielt: Auf einigen Reliefs kämpft Ahmose I. gegen Asiaten – wahrscheinlich gegen die Hyksos, die er aus Ägypten vertrieb. In jüngerer Zeit wurden von Harvey in der Gegend des Ahmose-Komplexes von Abydos-Süd Überreste von vier weiteren Gebäuden gefunden; in einem von ihnen kamen Reliefs mit Namen und Titeln der Ahmes-Nefertari zutage. Gefunden wurden außerdem mehr als tausend weitere Reliefragmente. Diese jüngsten Entdeckungen erschweren es, die einzelnen Reliefs spezifischen Gebäuden zuzuweisen, und erfordern weitere Untersuchungen. Harveys Meinung zufolge (persönliche Mitteilung, September 2003) stammt das Relief des Metropolitan Museums von einem Pfeiler (Abb.) im zentralen Hof des Pyramidentempels, dessen Fundamente von Mace ausgegraben und von der Pennsylvania-Yale Expedition erneut freigelegt wurden.
C. F.

Literatur: Randall-MacIver/Mace (1902) 76, Taf. 32; Hayes (1959) 43; Harvey (1998); Kat. Wien (1994) 262, Nr. 361.

146

146
Statuenkopf

Mittleres Reich, 12. Dyn., Amenemhet III., um 1800 v. Chr.
Tell el-Dab'a
Granodiorit. Höhe 7,7 cm
Wien, Kunsthistorisches Museum,
Ägyptisch-Orientalische Sammlung, Inv.-Nr. A 1277

Dieser männliche Kopf mit Perücke stammt von einer kleinen Statue, einer typischen Privatplastik des Mittleren Reiches. Das markante und ausdrucksvolle Gesicht, das sehr fein gearbeitet ist, trägt Züge des Porträts von König Amenemhet III. Es kann in Ägypten immer wieder beobachtet werden, dass das jeweilige Herrscherporträt Vorbild für die Privatplastik wird. Dadurch ist ein wichtiges Datierungskriterium gegeben.
Die Reibspuren an der Unter- und Rückseite lassen erkennen, dass das Köpfchen als Reibstein verwendet wurde. Der Fundort Tell el-Dab'a lässt vermuten, dass diese sekundäre Verwendung durch die Hyksos erfolgte.
H. S.

Literatur: Jaroš-Deckert (1987) 8, 184-87; Rogge in: Kat. Wien (1994) 192, Nr. 214.

147
Verzierte Scheibe aus Kupfer

2. Zwischenzeit, 13. Dyn., um 1700 v. Chr.
Tell el-Dab'a
Kupfer. Durchmesser 13 cm
Wien, Kunsthistorisches Museum,
Ägyptisch-Orientalische Sammlung, Inv.-Nr. A 1320

Diese Scheibe ist nur etwa zur Hälfte erhalten und wurde sekundär durch Hammerschläge deformiert. Die Darstellungen sind mit einem Spitzmeißel beschädigt worden. Im Zentrum war ursprünglich ein Knauf befestigt. Möglicherweise diente diese Scheibe als Deckel eines Räuchergefäßes.
Die Darstellungen auf der Oberseite sind fein eingeritzt und waren mit Gold tauschiert, wie das Gegenstück zeigt, das an gleicher Stelle gefunden wurde und sich nun im Ägyptischen Museum Kairo befindet.
Unter einem Baldachin thront der falkenköpfige Kriegsgott Month, dem König Neferhotep kniend das Weinopfer darbringt. Links und rechts wird der Baldachin von je einem Uräus mit der unterägyptischen Krone bewacht. Über dieser Szene, eingeschmiegt in die Rundung der Scheibe und zugleich die Opferszene beschützend umfassend, breitet der Himmelsfalke seine Schwingen aus. Kurze Beischriften nennen die Namen der Figuren.
H. S.

Literatur: Reiser-Haslauer in: Kat. Wien (1979) 73, G 119, Abb. 55; Bietak in: Kat. Wien (1994) 193-194, Nr. 216.

147

148 a-b
Zwei Parfümfläschchen

2. Zwischenzeit, 17. Dyn., ca. 1645-1550 v. Chr.
Theben-West, Deir el-Bahari, Grab des Yuy (MMA 61)
Keramik. Höhe 9 cm (a); Höhe 7,8 cm (b)
New York, Metropolitan Museum of Art,
Inv.-Nrn. 23.3.40 (a), 23.3.39 (b)
Rogers Fund, 1923

Die beiden Keramikfläschchen besitzen eine schwarz polierte Oberfläche mit weiß ausgefülltem Ritzdekor (Inkrustation).
Bei Nr. 148b handelt es sich um ein Doppelgefäß aus zwei spitzovalen Fläschchen, die an Schulter und Lippe verbunden sind. Ein einzelner breiter, bandförmiger Henkel ist am Gefäßrand und am Schulterbereich, in dem die beiden Töpfchen verbunden sind, angesetzt.
Der Körper beider Gefäße ist mit abwechselnd großen und kleinen Lotosblumen – einem in der ägyptischen Kunst beliebten Motiv – verziert, während an den Schultern ein Spiralband verwendet wurde. Sowohl Form als auch Dekor dieses Gefäßes sind typisch für die Tell el-Jahudija-Keramik, benannt nach einem im Delta gelegenen Fundort, der vom späten Mittleren bis in das frühe Neue Reich von den Hyksos besetzt war.
Nr. 148a stellt ein vogelgestaltiges Fläschchen dar, dessen verlängerter Schnabel, der eins als Ausguss diente, abgebrochen war und restauriert wurde. Ein Henkel verläuft vom Hinterkopf des Vogels zur Mitte der Rückenpartie. Im Hinterkopf des Vogels befindet sich eine Öffnung, durch die das Gefäß gefüllt werden konnte. Ein Federmuster aus weißer Inkrustration bedeckt den gesamten Körper des Vogels mit Ausnahme des Nackens und der kleinen Füße.

148 a

148 b

Tiergestaltige Gefäße mit Ritzverzierung sind typisch für Tell el-Jahudija-Keramik. Diese Art von kleinen zierlichen Gefäßen mit verengtem Ausguss wurde zur Verwahrung und zum Auftrag kostbarer Flüssigkeiten – am ehesten parfümierte Öle – benutzt. Die Datierung dieser Gefäße ist stark umstritten, da das Grab, aus dessen Fundkontext sie stammen, Objekte aus unterschiedlichen Zeiten enthielt. Die Gefäße gehören zu den Oberflächenfunden aus dem Grab des Yuy, der in der 17. Dynastie verstarb. Die Beigaben des Grabes umfassen unter anderem eine Statue und eine Statuette, die eindeutig der 13. Dynastie zuzuweisen sind, sowie einen für die 17. Dynastie typischen Rischi-Sarg. Dorothea Arnold (persönliche Mitteilung, September 2003) bemerkte, die geringe Größe der einzelnen Gefäße und die Stärke ihrer Außenwände seien eher typisch für die frühe 17. Dynastie.
C. F.

Literatur: Hayes (1959) 58, Abb. 28; Merrillees (1974a) 67; Merrillees (1974b) 193-195; Kaplan (1980) 322 und 327, Abb. 123c und 127c; Kat. Wien (1994) 231 und 233, Nr. 287 und 281. Zur Person des Yuy: Franke (1984).

149

149
Großes Gefäß in der Form eines Tell el-Jahudija-Kruges

2. Zwischenzeit, späte 13. Dyn., um 1700 v. Chr.
Tell el-Dab'a
Ton. Erhaltene Höhe 30,3 cm, Durchmesser 28,5 cm
Wien, Kunsthistorisches Museum, Ägyptisch-Orientalische Sammlung, Inv.-Nr. A 1691

Dieser sehr große Krug ist aus vielen Fragmenten unvollständig zusammengesetzt. Es fehlen der Hals, ein Teil des Henkels und der Oberseite des Körpers und Bereiche des Bauches, die ergänzt wurden. Trotz seiner Größe entspricht der Krug seiner Form nach den sehr viel kleineren Tell el-Jahudija-Krügen, die sich in Ägypten, Palästina und im syrischen Küstenland finden. Sie sind entweder rot- oder schwarzpoliert. Letztere weisen zumeist Ritzdekors unterschiedlicher Art mit weißer Inkrustation auf. Genau in dieser Art ist auch der große Krug gestaltet. Die obere Hälfte des Körpers ist in nebeneinander liegende quadratische Felder gegliedert, die Punktmuster tragen. Die untere Hälfte trägt drei Bänder, deren oberes ein Zickzackmuster zeigt, wobei die oberen Dreiecke Punktierung aufweisen. Ähnlich verziert ist der untere Streifen, doch sind hier alle Dreiecke gepunktet. Am bemerkenswertesten erscheint der mittlere Streifen: Er enthält eine Reihe von Fischen.
Die Tell el-Jahudija-Krüge konzentrieren sich in Ägypten an Grabungsplätzen des Ostdeltas. Typologisch sind sie eine Neuerung, ein Import aus Palästina, obgleich die gefundenen Exemplare zum Großteil schon in Ägypten hergestellt sind. Historisch sind sie vor allem mit der Hyksos-Herrschaft in Zusammenhang zu bringen.
H. S.

Literatur: Reiser-Haslauer in: Kat. Wien (1979) 78, H 5, Abb. 61; Hein in: Kat. Wien (1994) 235, Nr. 290.

150
Tell el-Jahudija-Krug

2. Zwischenzeit, um 1600 v. Chr.
Tell el-Dab'a
Ton. Höhe 10,2 cm
Wien, Kunsthistorisches Museum, Ägyptisch-Orientalische Sammlung, Inv.-Nr. A 1411

Das Krüglein weist einen Standknopf und einen einfachen Henkel auf. Es gehört zum Typ der schwarzpolierten und weiß inkrustierten Ware. Die Gefäßwand trägt als Muster vier matte segmentförmige Ränder, die mit eingestochenen Zickzacklinien gefüllt sind.
H. S.

Literatur: Forstner in: Kat. Wien (1994) 226, Nr. 267.

151

150

151
Fingerring mit Skarabäus

2. Zwischenzeit, 15. Dyn., Apophis I., 1590-1549 v. Chr.
Herkunft unbekannt
Gold, polierter Steatit. Durchmesser (Ring) 2,5 cm, Skarabäus 1,7 x 1,2 cm
New York, Metropolitan Museum of Art, Inv.-Nr. 15.171
Geschenk von Emma B. Andrews, 1915

Es handelt sich hier um einen goldenen Ring mit eingefasstem kleinen Skarabäus aus poliertem Steatit. Dieser seltene und kunstvoll gearbeitete Skarabäus weist die Besonderheit auf, dass Kopfschild und Platte in Form eines menschlichen Kopfes gearbeitet sind. Die Basis ist mit dem Thronnamen des Hyksos-Herrschers Apophis I., *Aa-user-Re* und dem vorangestellten Epitheton *der vollkommene König* beschriftet. Erstmals wurden Skarabäen gegen Ende der Ersten Zwischenzeit hergestellt. Seit der ausgehenden 12. Dynastie und besonders seit der 13. Dynastie erfreuten sich Skarabäen mit den Namen von Beamten, Königen oder Mitgliedern der Königsfamilie großer Beliebtheit.
Nur wenige Beispiele sind für diesen Skarabäen-Typ bekannt: Mit einer Ausnahme datieren alle in die Zweite Zwischenzeit, vor allem in die 15. Dynastie und das frühe Neue Reich. Ein vereinzeltes Exemplar dieses Skarabäen-Typs mit Menschenkopf ist aus dem Mittleren Reich bekannt und trägt den Geburtsnamen Amenemhets IV. Da für die meisten dieser Skarabäen ein eindeutiger archäologischer Kontext fehlt, bleibt es jedoch äußerst schwierig, eine zuverlässige chronologische Abfolge zu erstellen.
C. F.

Literatur: Hayes (1959) 6-7; Keel (1997) 71-72.

152

152
Papyrus Sallier I:
Die Erzählung von Seqenenre und Apophis

Neues Reich, 19. Dyn., um 1203 v. Chr.
Herkunft unbekannt. Von François Sallier (1764-1831) erworben
Papyrus. Höhe 25 cm, Länge 57 cm
London, British Museum, Inv.-Nr. EA 10185.2

Der Papyrus „pSallier I" ist eine Schülerhandschrift, die im zehnten Regierungsjahr des Merenptah von einem Schreiber namens Pentaweret angefertigt wurde. Als mit dem Kopieren der Erzählung begonnen wurde, war der Papyrus noch deutlich kürzer: Nachdem der Schreiber zwei Seiten beschrieben hatte, nutzte er die Rückseite als dritte Seite. Dann überlegte er es sich anders, fügte der Rolle mehrere Papyrusblätter hinzu und setzte die Handschrift auf der Rückseite fort. Nach drei Zeilen auf der dritten Seite jedoch brach er ab und begann, eine „Brieflehre" zu kopieren, eine Sammlung von Musterbriefen, Hymnen und lehrreichen Sequenzen auf den Berufsstand des Schreibers. Auf der Rückseite kopierte Pentaweret außerdem den Beginn der klassischen „Lehre des Amenemhet".
Die Erzählung von *Seqenenre und Apophis*, von der allerdings nur der Anfang erhalten ist, gehört zu einer Gruppe von Schriftstücken, die zu Übungszwecken von fortgeschrittenen Schülern kopiert wurden. Sie ist in neuägyptischer Sprache verfasst und berichtet in anekdotenhafter Weise über einen Streit zwischen dem thebanischen Lokalherrscher Seqenenre und dem Hyksos-König Apophis. Der Anfang lautet: *Nun geschah es, dass Ägypten im Elend lag, denn es gab keinen Herrn als König zu dieser Zeit. Und es geschah, dass Seqenenre Herrscher der Südstadt (Theben) war. Kummer herrschte in der Stadt der Asiaten, denn der Fürst Apophis residierte in Avaris und das gesamte Land befand sich unter seiner Herrschaft ...(1.1-2)*. Unter dem Vorwand, nachts wegen der in den Gewässern des thebanischen Königs lärmenden Nilpferde nicht schlafen zu können, bricht Apophis einen Streit mit Seqenenre vom Zaun. Mit Seqenenres Suche nach einer angemessenen Antwort bricht die Kopie ab.
Trotz des politischen Hintergrundes ist die Erzählung wohl erst mehr als dreihundert Jahre nach den Ereignissen niedergeschrieben worden. Daher kann sie weniger als historisch, denn vielmehr als Quelle für die ramessidische Haltung zur Vergangenheit angesehen werden.
R. P.

Literatur: Gunn/Gardiner (1918); Gardiner (1932) xiii, 85-9; Brunner-Traut (1983) 145-147.

Strategisches Vorfeld Levante: Diplomatie und Offensive

Marcus Müller

Ägyptens Sicherheitspolitik im Neuen Reich beruht auf der traumatischen Erfahrung der 108 Jahre währenden Fremdherrschaft der Hyksos. Als Folge griffen die Pharaonen aktiver ins außenpolitische Geschehen ein, denn imperiale Politik in Vorderasien war eine effektive Methode, um nach der Erfahrung mit den Hyksos Ägyptens Sicherheitsbedürfnis zu befriedigen. Voraussetzung dafür war ein stehendes Heer.
Ziel der neuen Politik war die Schaffung eines Sicherheitsgürtels vor den Grenzen Ägyptens. Demgemäß eroberte Ahmose Palästina, die auf ihn folgenden Könige, insbesondere Thutmosis I. und Thutmosis III. weite Gebiete bis hinauf zum Euphrat, der lange die nördlichste Grenze der ägyptischen Einflusssphäre blieb. Indes bereitete die Expansionspolitik den Boden für Konflikte, zuerst mit Mitanni und dann mit dem Hethiter-Reich, denn jede dieser Großmächte versuchte, Syrien zu beherrschen. Strategische Ziele in Syrien bildeten die wirtschaftlichen Ressourcen des Landes und die Kontrolle der internationalen Handelsrouten. Im Mittelmeerhandel via Ugarit wurden Kupfer, Zinn, Glas, Elfenbein, Fayence, Schmuck, andere Luxusgüter, Holz, Textilien und Nahrungsmittel verhandelt, wie die Schiffswracks von Ulu Burun und Kap Gelidonia nachweisen; auf den Landrouten kamen Rohstoffe aus dem Osten nach Syrien (Zinn, Kupfer, Lapislazuli u.a.). Die Eroberungen verschafften Ägypten Sicherheit, Einfluss und Reichtum, doch Echnatons desaströse Vernachlässigung ägyptischer Interessen führte zu großen Einbußen an Territorium, Macht und Ansehen. Daher war zu Beginn der 19. Dynastie eine Offensive nötig, um die Hethiter zurückzudrängen, die das von Ägypten hinterlassene Vakuum ausgenutzt hatten. Nach ersten Erfolgen durch Sethos I. setzte sein Sohn Ramses II. in Syrien nach, was zum unvermeidlichen Krieg mit Ḫatti führte. Die beiden Kontrahenten trafen im Regierungsjahr 5 Ramses' II. bei Qadesch aufeinander. Der Ort war strategisch wichtig, weil er zum einen am Ostausgang des Eleutheros-Tals lag, welches das einzige Aufmarschgebiet für von See anrückende Truppen bildete, und zum anderen am Nordausgang der Bekaa-Ebene, die ins südliche Syrien führte. Somit hing Ägyptens Einfluss wesentlich vom Besitz der Stadt Qadesch ab. Nachdem die Hethiter einen Hinterhalt gelegt und eine ganze ägyptische Division sowie Teile einer weiteren aufgerieben hatten, gelang es Ramses II., die Angreifer zurückzuschlagen und die Schlacht militärisch unentschieden enden zu lassen. Diplomatisch und politisch war sie freilich eine ägyptische Niederlage: Nach dem Abzug des ägyptischen Heeres ging das umstrittene Amurru endgültig an die Hethiter verloren, und zeitweise war sogar Upe hethitisch besetzt. In den Folgejahren versuchte Ramses II. mehrere Male, das verlorene Terrain zurückzugewinnen, doch nach Teilerfolgen, z.B. der Eroberung Dapurs im Jahr 10, stieß er an seine Grenzen und erkannte die Stärke der Hethiter an. Diese wiederum gerieten durch die expansiven Assyrer unter Druck, so dass der Hethiter-König Ḫattušilis III. Ruhe an seiner Südgrenze suchte. Deshalb kam es nach langen Verhandlungen im Jahr 21 zum berühmten Friedensvertrag (Abb. 1) zwischen den beiden Königen, in dessen Folge Amurru und Qadesch als hethitisch bestätigt wurden. Seitdem hielt Ägypten seinen Machtbereich bis zur Regierungszeit Ramses' III. und erst danach gingen die vorderasiatischen Besitzungen nach und nach verloren.

Abb. 1
Friedensvertrag. Karnak

Das durch die Hyksos-Zeit erkannte Sicherheitsproblem im Norden wurde durch Expansion gelöst, die eher als hegemonial denn als territorial zu bezeichnen ist. Die Siege in Vorderasien brachten eine große Ausdehnung der von Ägypten politisch kontrollierten Gebiete mit einer inneren und einer äußeren Einflusszone. Die innere bestand aus den drei Provinzen Kanaan, Upe und dem häufig umkämpften Amurru, wo die Herrschaft direkt ausgeübt wurde.[1] Demgegenüber setzte sich die äußere Einflusszone aus unterworfenen Fürstentümern im Sinne von Klientelstaaten zusammen,[2] was indirekter Herrschaft entspricht. Ob diese Strategie nur deshalb gewählt wurde, weil Ägyptens Armee für die absolute Oberhoheit nicht stark genug[3] oder eine ständige große Besatzungstruppe zu kostspielig war, sei offen gelassen.

Archäologisch dokumentiert sich dieses Herrschaftssystem durch so genannte Gouverneursresidenzen, Festungen und Bauten in den für Ägypten wichtigen Städten (z.B. Beth Schan), ägyptisch kontrollierten Hafenstädten und vielleicht auch durch Marinebasen.[4] Zur Sicherung der Macht und zur Abschreckung wurden Garnisonen stationiert und Strafaktionen gegen rebellische Vasallenfürsten durchgeführt. Teil des Systems war es auch, loyale und effiziente Fürsten zu ehren und zu beschenken: *Seine Majestät begab sich nach Retenu auf seinen ersten siegreichen Feldzug, um seine Grenzen zu erweitern und Geschenke zu verteilen an diejenigen, die seine Vasallen waren. Sein Gesicht war mächtig wie Bastet, wie Seth in seinem Augenblick der Wut* (Amenophis II., Memphis-Stele).

Ägypten war im Neuen Reich Teil eines internationalen Systems aus Großmächten (Ḫatti, Mitanni, Assyrien, Babylon), Mittelmächten (syrisch-palästinensische Fürstentümer) und kleinen politischen Einheiten (Nomadenvölker). Hat eine Großmacht die Vorherrschaft errungen, versucht sie diese auf fünf Arten zu sichern:[5] erstens mittels überlegener Waffen und einer Verbesserung der Strategie. Letzteres war Ägypten vor allem in Asien gelungen, indem besagter Sicherheitsgürtel geschaffen wurde. Zweitens wird die Truppenstärke erhöht, was im Laufe des Neuen Reiches belegt ist. Drittens werden politische Rivalen durch Abnahme von Waffen militärisch geschwächt, wie zahlreiche Texte zeigen. Das vierte Mittel ist die Eroberung, wie durch die Kriege der 18. Dynastie hinreichend gezeigt wird. Fünftens werden ungleiche Allianzen geschmiedet, sofern sich Gelegenheiten bieten. Diese schaffte sich Ägypten durch eine offensiv ausgerichtete Außenpolitik selbst, indem die Randzonen des Imperiums mittels Vasallenfürsten gesichert wurden. Die Pharaonen ergriffen demnach alle fünf postulierten Mittel zur Sicherung der gewonnenen Überlegenheit. Am wichtigsten waren sicherlich die Eroberung fremder Gebiete und die Allianzen mit den vorderasiatischen Fürsten.

Der wegen der Interessenkonflikte stets lauernden Kriegsgefahr wurde mit unterschiedlichen, offensiven oder defensiven Mitteln begegnet. Das bedeutendste offensive Mittel war die Eroberung fremder Gebiete, gefolgt von möglichst dauerhafter Unterwerfung der Bevölkerung. Dies geschah in Asien durch die Einrichtung dreier Provinzen. Ebenfalls ein offensives Mittel stellte die quasi-vertragliche Bindung weiterer unterworfener Gebiete dar. Dort wurde keine direkte ägyptische Verwaltung eingerichtet, sondern die jeweiligen Fürsten unter der Bedingung der Tributs- und Loyalitätspflicht in ihren Ämtern belassen. Dies diente in erster Linie der Wahrung ägyptischer Interessen, wobei die unterworfenen Fürsten als Gegenleistung für ihre Tribute Schutz erwarteten und daher bei militärischer Bedrohung um Truppen baten (Amarna-Brief EA 75), die Ägypten in der Regel auch schickte (EA 117, 131, 138). Ein Vorteil des Vasallensystems ist, dass man in militärisch schwierigen Situationen auf die Vasallen zurückgreifen kann. Zudem erfordert eine indirekte Kontrolle weniger eigene Truppen und Zivilpersonal.

Defensive politische Mittel sind Verträge, gegenseitige Geschenke und diplomatische Heiraten. Erstere werden stets zwischen den Herrschern und nicht zwischen Staaten abgeschlossen. Der früheste erwähnte ist der Friedensvertrag Thutmosis' IV. mit Artatama von Mitanni, der den Grenzverlauf regelte, so dass Amurru, Qadesch, das Eleutherostal und Ugarit bei Ägypten blieben. Derselbe König oder sein Vater Amenophis II. könnte mit Ḫatti einen Friedens- und Freundschaftsvertrag (Kurustama-Vertrag) geschlossen haben.[6] Weitere Abkommen Ägyptens sind aus dem Amarna-Archiv bekannt, z.B. mit Babylon (EA 9), Mitanni (EA 24, 96-100) und Ḫatti (EA 41).[7] Als Höhepunkt der Entspannungspolitik muss der Friedensvertrag Ramses' II. mit Ḫattušilis III. gelten, welcher der früheste im Wortlaut erhaltene paritätische Vertrag zwischen zwei Großmächten ist.[8] In § 1 heißt es: *Schau, Ḫattušilis, der Großfürst von Ḫatti, hat sich in einem Vertrag gebunden mit User-Maat-Re Setep-en-Re, dem großen Herrscher von Ägypten, vom heutigen Tage an, um guten Frieden und gute Brüderschaft zwischen uns entstehen zu lassen in Ewigkeit, indem er mit mir verbrüdert ist, indem er friedfertig mit mir ist, indem ich mit ihm verbrüdert bin, indem ich friedfertig mit ihm bin in Ewigkeit.* Für Ramses II. war der propagandistische Wert groß, für Ḫattušilis III. die Legitimation und Thronfolge; eine Grenzregelung fehlte, da sie für keine Seite den eigentlichen Grund für den Vertrag darstellte.[9] Inhaltlich reichte der Vertrag noch viel weiter, indem er auch einen Nichtangriffspakt enthielt, dazu einen Bündnispakt gegen äußere und innere (!) Feinde des jeweiligen Königs, die Sicherung der hethitischen Thronfolge durch den Pharao und schließlich ein Auslieferungsabkommen betreffs Flüchtlingen. Untermauert wurde der Vertrag durch eine jahrelange persönliche Korrespondenz zwischen den Königen, Königinnen und anderen Familienmitgliedern.[10] Mit dem Vertrag gingen gegenseitige Geschenke einher wie ein Brief Ramses' II. an Prinz Taschmi-scharruma beweist, in dem er sagt: *Ich habe nunmehr ein Geschenk gesandt für meinen Sohn durch die Hand meines Boten, und du sollst sie (die Geschenke) erfahren: 1 Becher aus gutem Gold, dessen Gewicht 49 Schekel (ca. 446 g) (beträgt); 2 linnene maklalu-Gewänder aus Byssos, [g]efärbt; 2 linnene Tuniken aus [By]ssos, gefärbt.*[11] Später folgten zwei Heiraten des Pharao mit Töchtern des hethitischen Herrschers. Auch für Heiraten der Königshäuser untereinander gibt es einige Belege. Neben den bekannten Trauungen von Thutmosis IV. und Amenophis III. mit Mitanni-Prinzessinnen (z.B. EA 17, EA 20, EA 21) schlug letzterer Heiraten mit Prinzessinnen von Arzawa (EA 31, evt. EA 32) und Babylon (z.B. EA 1, EA 3) vor. Sofern einer der beteiligten Partner ein schwächerer Staat war, begab sich dieser durch die Heirat unter den Schutz des mächtigeren Staates.[12] Dass der Vertrag lange Gültigkeit besaß und ernst genommen wurde, zeigt die ein halbes Jahrhundert später erfolgte Getreidelieferung Merenptahs an das Hethiter-Reich, getreu dem Wort von Ramses II. in einem Keilschriftbrief: *Ich bin in Frieden (und) verbrüdert in meinem Verhältnis mit dem König des Landes Ḫatti, meinem Bruder, für immer.*[13]

Die Quellentexte zeigen also folgende politische, militärische, verwaltungstechnische und psychologische Instrumente der ägyptischen Sicherheitspolitik: Diplomatie durch schriftliche Korrespondenz, Geschenkaustausch, politische Verträge, diplomatische Heiraten, Bindung unterworfener Fürsten durch Loyalitätseide, Einsetzen neuer Fürsten, Fürstenkinder als Geiseln in Ägypten, drakonische Strafen zur Abschreckung, Inbesitznahme von Domänen fremder Fürsten, Ausbeutung der Rohstoffvorkommen, Einzug von Tributen, Stationierung von Garnisonen und Androhung von Gewalt.

Literaturauswahl:

Assmann (1990); Breyer (2000); Davies (1997); Davis (1990); Edel (1994); Hasel (1998); Healy (1993); Helck (1971²); Kemp (1978); Kemp (1989); Klengel (2002); Kitchen (1999); KRI; Luttwak (1976); Malamat (1961); Moran (1992); Quack (2002); Schulman (1979); Weinstein (1981); Wright (1965²).

1 Zu den Provinzgouverneuren s. Helck (1971²) 304-305.
2 Vergleichbar mit dem julisch-claudischen Herrschaftssystem, s. Luttwak (1976) 7-50. Man vergleiche die Formulierungen der Amarna-Briefe EA 285, 5-6 und EA 288, 9-15.
3 Kemp (1978) 55.
4 Hasel (1998) 92-102. 137.
5 Wright (1965²) 815.
6 Davis (1990) 32-34. 36.
7 Kitchen (1999) Bd. II, § 222; Moran (1992) 114-115 zu einem Vertrag von Haremhab oder Sethos I. mit Ḫatti.
8 Vgl. Breyer (2000); Kitchen (1999) Bd. II, §§ 213-228; Klengel (2002) 75-93.
9 Breyer (2000) 19.
10 Edel (1994); Klengel (2002) 94-107.
11 Edel (1994) Bd. I, 47; zu Geschenken s. Klengel (2002) 104-107.
12 Schulman (1979) 187-191.
13 Edel (1994) Bd. I, 91; zur Getreidelieferung s. KRI IV, 5 Z. 3.

Die Seevölker in Ägypten

Marcus Müller

Das Auftreten der Seevölker sorgte in der Welt des Vorderen Orients für große Turbulenzen. In zwei Wellen – zunächst unter Ramses II. und Merenptah, dann unter Ramses III. – griffen sie von See kommend die Küsten des Ostmittelmeers an.

Die Seevölker bezeichnet Pharao Merenptah in seiner Athribis-Stele summarisch als *Ausländer aus den Fremdländern des Meeres*. Ramses III. sagt, sie kämen *aus ihrem Land auf den Inseln inmitten des Meeres.*[1] Tatsächlich handelte es sich um ein inhomogenes Bündnis mehrerer Völker aus der ägäischen Inselwelt und Westkleinasien, denn Merenptah sah sich den Akawascha, Turschu, Luka, Schardana und Schekelesch gegenüber, während es bei Ramses III. in seiner Inschrift des Jahres 8 in Medinet Habu heißt: *Die Fremdländer, sie haben ein Bündnis geschlossen in ihren Inseln ... Ihr Bund bestand aus Peleset, Tjeker, Schekelesch, Danuna und Weschesch.* Am bekanntesten sind die Peleset und Schardana. Erstgenannte sind aufgrund archäologischer Dokumentation als Angehörige der minoisch-mykenischen Welt auszumachen:[2] Man erkennt sie an einem Stirnband und einer hoch stehenden, ausladenden Frisur. Die Schardana tragen einen Hörnerhelm und sind als Leibwache Ramses' II. in der Qadesch-Schlacht bildlich bezeugt.

Die Ursachen für den Aufbruch der Seevölker und das Verlassen ihrer Heimat liegen im Dunkeln – möglich sind Überbevölkerung, Missernten, allgemeine wirtschaftliche Not, Seuchen oder Vertreibung. Für letzteres könnte die Aussage von Ramses III. aus seinem 5. Regierungsjahr sprechen: *Sie wurden <von> ihrem Land entwurzelt.* Offenbar waren sie auf der Suche nach neuem Siedlungsgebiet, da ägyptische Darstellungen sie mit Frauen und Kindern auf Rinderwagen zeigen. Ihr Aufbruch gen Osten muss gut vorbereitet gewesen sein, denn sonst wären sie nicht in der Lage gewesen, derart umfangreiche, archäologisch belegte Zerstörungen anzurichten, beispielsweise in so bedeutenden Städten wie Karkemisch, Alalach, Ugarit, Qadesch, Qatna, Megiddo und Gaza. Die Folge ihres Einfalls war um 1190/1180 die Vernichtung ganzer Staatengebilde, wodurch sich die Neuankömmlinge dort zu einer homogenen Gemeinschaft entwickeln konnten, deren zweite Eroberungswelle weit zielgerichteter verlief. Indem sie mit dem Ziel der Landnahme nach Süden vorrückten, wurden sie zur Zeit von Ramses III. eine große Bedrohung für Ägypten.

Die Seevölker zur Zeit der späten 19. Dynastie

Anzeichen für eine Bedrohung Ägyptens durch die Seevölker sind erstmals unter Ramses II. greifbar, denn in seiner Stele Tanis II heißt es: *Die Schardana, von aufständischem Herzen, die seit ewiger Zeit niemand zu bekämpfen weiß, sie kamen, indem [ihre Herzen] bestärkt waren; [sie fuhren heran] in Kriegsschiffen aus der Mitte des Gewässers, (und) man wusste nicht ihnen standzuhalten."* Möglicherweise diente der unter Ramses II. errichtete Festungsgürtel an Ägyptens Westgrenze, der 314 km westlich von Alexandria endete, ihrer und der Libyer Abwehr, denn die Seevölker verbanden sich unter Ramses' II. Nachfolger Merenptah mit den Libyern, in deren nordafrikanischen Küstengebiet sich manche von ihnen im Zuge der ersten Angriffswelle offenbar festgesetzt hatten.[3]

Aus der Libyerkrieg-Inschrift Merenptahs in Karnak erfahren wir, dass ca. 16000 Libyer und verbündete Seevölker-Vertreter im Westdelta eingefallen sind und auf dem Vormarsch nach Süden sogar Memphis bedrohen. Dies war seit der Hyksos-Zeit erstmals ein Angriff auf ägyptisches Kernland. Dass die Eindringlinge auf der Suche nach Siedlungsraum waren, geht aus derselben Inschrift hervor: *Sie verbrachten die Zeit damit, das Land zu durchstreifen und zu kämpfen, um ihre Bäuche täglich zu füllen. Sie kamen zum Land Ägypten, um den Bedarf ihrer Münder und ihrer Herzen herauszurupfen.* Der Fürst der Libyer namens Mereye plante eine Invasion und versuchte, sich mit den Nubiern zu verbünden: Zuerst sollten die Nubier rebellieren, dann würden die Libyer eine schnelle Invasion durchführen. Der Plan bleibt jedoch nicht geheim und so besiegt Merenptah die Libyer und Seevölker in einer sechsstündigen Schlacht,[4] von der er sagt: *Es wurde ein großes Gemetzel unter ihnen gemacht* (Libyerkrieg-Inschrift). 9376 Feinde wurden gefangen oder getötet, davon ca. 75% Libyer und 25% Angehörige der Seevölker; unter denen aber auch Nichtkombattanten waren.[5] Die Gefangenen siedelte man in Militärkolonien, vor allem im Ostdelta an.

Unter Sethos II. wurde die asiatische Küste bis nach Haifa und Akko von den Seevölkern verwüstet, doch der ägyptische Stützpunkt Byblos war scheinbar nicht betroffen, und auch Südpalästina blieb in ägyptischer Hand.[6]

Der Angriff auf Ägypten

Die Lage verschärfte sich, als im 8. Regierungsjahr Ramses' III. die Seevölker Ägypten existenziell bedrohten, indem sie sich mit Landstreitkräften, welche Frauen und Kinder im Tross mitführten, und ihrer Flotte entlang der Levanteküste nach Süden bewegten. Indes wurde Ägypten vom Nahen dieser Streitmacht nicht unvorbereitet getroffen, denn wie die Texte verraten, mobilisierte Ramses III. Heer und Marine bereits vor dem Einfall der Feinde und bezog in der Nordostecke des Nildeltas Stellung. Lassen wir den Pharao in seiner Inschrift des Jahres 8 selbst sprechen: *Ich ließ die Flussmündungen zurüsten wie einen starken Schutzwall, bestehend aus Kriegsschiffen, Galeeren und Lastschiffen, gerüstet, indem sie vom Bug bis zum Heck vollständig ausgestattet waren mit tapferen Kämpfern mit ihren Waffen, Fußtruppen von den Allerbesten Ägyptens.* Es kam zu zwei großen Schlachten, die in monumentalen Reliefs auf der nördlichen Außenwand des Totentempels Ramses' III. in Medinet Habu dargestellt sind. Zunächst siegte der Pharao in einer Landschlacht in Südpalästina und danach in der berühmten Seeschlacht im Mündungsgebiet des Ostdeltas, wodurch er die Angriffe auf das ägyptische Kernland zurückschlug. Ganz unbescheiden heißt es über Ramses III.: *Seine Gewalt beim Verwüsten ist wie ein Feuer, wenn er veranlasst, dass all diejenigen, die ihn angreifen, zu Asche werden.*[7] Interessanterweise kämpfen auf ägyptischer Seite auch Schardana, worin wohl Nachfahren früherer Kriegsgefangener zu sehen sind.

Der große Teil der Kriegsgefangenen wurde in die ägyptische Armee eingegliedert und, wie der Papyrus Wilbour zeigt, im nördlichen Mittelägypten angesiedelt.[8] Andere wurden in Ägypten als Arbeiter eingesetzt, ein Teil nach Kanaan zurückgedrängt und ein weiterer Teil der Besiegten wanderte nach Westen. Zwar zerfiel nach diesem Krieg die Koalition der Seevölker, doch auch der siegreiche Ramses III. konnte eine Landnahme in Palästina auf Dauer nicht verhindern.[9] Die Peleset, in der Bibel Philister genannt, und die Tjeker siedelten sich unter eigenen Fürsten auf ägyptischem Territorium in Palästina an, dessen Name sich von ihnen ableitet.[10] Der Reisebericht des Wenamun und das Onomastikon des Amenemope belegen diese neuen Ansiedlungen in Palästina, die sich im Raum zwischen Akko und Gaza befanden.[11] Die Schekelesch und Schardana zogen nach Westen und sind wohl die Namensgeber für Sizilien bzw. Sardinien.[12]

Die geschichtliche Leistung von Ramses III. besteht darin, dass er durch die Kriege gegen die Libyer (Regierungsjahr 5 und 11) und die Seevölker (Regierungsjahr 8) zwei schwere Bedrohungen von Ägypten abwandte. Dank der endgültigen Abwehr der Seevölker vermied er eine weitere Fremdherrschaft. Zudem blieb Palästina fest in ägyptischer Hand.

Von den Nachfolgern Ramses' III. gibt es keinen direkten Hinweis auf Militäraktionen. Man kann nur die hieratische Stele aus Amara-West nennen, die eventuell von einer Seeschlacht und einem Landfeldzug spricht.[13] Bei dem Ereignis, dass möglicherweise im Jahr 3 von Ramses IV. stattfand, könnte es sich um einen erneuten Angriff der Seevölker gehandelt haben, der dann wohl von einer Basis in Südkanaan aus erfolgte.

Literaturauswahl:
Edgerton/Wilson (1936); Helck (1987); Kitchen (1990); Niemeier (1998); O'Connor (1990);

Osing (1992); Peden (1994); Stadelmann (1984); Strobel (1976); Wachsmann (1987); Zibelius-Chen (1997).

1 Medinet Habu, Seevölker-Feldzug, Bild 6 „Ergebnis der Kampfhandlungen".
2 Zibelius-Chen (1984) 210; zu den Völkerschaften der Seevölker s. Strobel (1976) 177-209.
3 Zibelius-Chen (1984) 210.
4 Zibelius-Chen (1984) 206.
5 O'Connor (1990) 41.
6 Hornung (19782) 108-109.
7 Medinet Habu, Seevölker-Feldzug, Bild 2 „Operativer Aufmarsch".
8 Zibelius-Chen (1984) 210; Kitchen (1990) 21.
9 Bietak (1991) 41, 44; vgl. Strobel (1976) 72-100.
10 Zibelius-Chen (1984) 209.
11 Niemeier (1998) 17, 47; Stadelmann (1984) 822.
12 Zibelius-Chen (1997) 209; zu den Schardana und Schekelesch s. Niemeier (1998) 46.
13 Zu diesem Text s. Peden (1994) 19-20.

153
Sphinx Thutmosis' III.

Neues Reich, 18. Dyn., Thutmosis III., 1479-1425 v. Chr.
Heliopolis. Ausgrabungen Schiaparelli 1903/1904
Roter Quarzit. Höhe 13,5 cm, Breite 7 cm, Länge 14,4 cm
Turin, Museo Egizio, Inv.-Nr. Suppl. 2673

Die kleine Sphinxstatuette ist fragmentiert: Vor allem der vordere Teil des Körpers ist erhalten. Sie stellt den Pharao Thutmosis III. mit Löwenkörper und menschlichem Kopf dar. Das fein modellierte Gesicht des Herrschers wird von dem Nemes-Kopftuch eingerahmt, das von einer Uräus-Schlange bekrönt wird.

153

Ein künstlicher Bart ziert das Kinn. Auf der Brust ist der Thronname des Königs Thutmosis III. – Mencheper-Re – mit dem Beinamen *der große Gott* eingeritzt.
Dieser Sphinx, dessen Symbolik mit dem solaren Ursprung des Königstums verbunden ist, wurde von Schiaparelli in Heliopolis aufgefunden, einem für den Kult des Sonnengottes Re bedeutenden Ort.
S. D.

Literatur: Leospo (1989) 170, Abb. 8.

154
Königskopf

Neues Reich, 19. Dyn., Ramses II., 1279-1213 v.Chr.
Herkunft unbekannt
Schwarzer Granit mit grauen und rosa Flecken. Höhe 36,5 cm, Breite 33 cm, Tiefe 26,5 cm
Stockholm, Medelhavsmuseet, Inv.-Nr. MME 1981:20

Der Kopf mit Nemes-Kopftuch und Uräus-Schlange gehörte einst zu einer überlebensgroßen Königsstatue. Trotz erheblicher Beschädigung kann er aufgrund stilistischer Kriterien sicher der 19. Dynastie und hier mit größter Wahrscheinlichkeit Ramses II. zugewiesen werden.
Mit seiner über 66jährigen Regierungszeit (1279-1213 v. Chr.) ist Ramses II. einer der bedeutendsten Herrscher der ägyptischen Geschichte. Außenpolitisch setzte er die Eroberungspolitik seines Vaters Sethos' I. in Syrien/Palästina fort. Hier kam es zur Konfrontation mit dem Hethiter-Reich. In seinem 5. Regierungsjahr standen sich Ramses II. und der Hethiter-König Muwatallis in der Qadesch-Schlacht direkt gegenüber. Obwohl in der Folgezeit weitere Feldzüge stattfanden, kam es zu einem Ausgleich der beiden Großmächte, der im Jahr 21 Ramses' II. zu einem ägyptisch-hethitischen Friedensvertrag führte.
Innenpolitisch realisierte Ramses II. ein gigantisches Bauprogramm. Allein in Nubien ließ er 7 große Felstempel errichten (der bekannteste: Abu Simbel). Weitere Schwerpunkte seiner Baupolitik sind Theben (Ausbau des Amuntempels, Ramesseum in Theben-West) und die Residenz im Delta (Ramsesstadt). Darüber hinaus finden sich in nahezu allen wichtigen Orten Ägyptens Baureste Ramses' II. Aus einem dieser zahlreichen Tempelbauten mag der hier gezeigte Kopf stammen.
K. O.

Literatur: Lindblad (1984) 34-38, Abb. 11-13; Kat. Stockholm (1999) 42-43; PM VIII.1 (1999) 107.

154

155
Stele des Chuisobek mit Feldzugsbericht

Mittleres Reich, 12. Dyn., Amenemhet III., um 1840 v. Chr.
Abydos, Cemetery E, Grab E 11
Kalkstein. Höhe 44 cm, Breite 25 cm
Manchester, The Manchester Museum, Inv.-Nr. 3306

Die ihrer äußeren Gestalt nach eher unauffällige Stele des Chuisobek, genannt Djaa, ist für die ägyptische Geschichtsschreibung von großer Bedeutung, stellt sie doch zusammen mit einem erst kürzlich bekannt gewordenen Fragment eines Annalentextes Amenemhets II. den einzigen schriftlichen Beleg für militärische Aktionen in Vorderasien für die gesamte Epoche des Mittleren Reiches dar. Chuisobek wurde am Ende der Regierungszeit Amenemhets II. geboren und begann seine Karriere am Königshof nach der kurzen Regierung Sesostris' II. unter dessen Nachfolger Sesostris III. Erst nach dem Jahr 9 der Regierung Amenemhets III. verlieren sich Chuisobeks Spuren und in jene Zeit dürfte auch die vorliegende Stele datieren, die Pharao Sesostris III. bereits als im Jenseits gerechtfertigt, also verstorben, bezeichnet. Das Bildfeld der Stele [B] zeigt links Chuisobek vor einem üppig beladenen Opfertisch; ihm gegenüber sitzen in zwei Reihen insgesamt sechs Angehörige seines Hausstandes, darunter eine Tochter, sein Bruder sowie seine Lieblings-Amme. Die Inschrift im Giebelfeld der Stele [A] enthält eine kanonische Opferformel an Osiris, den Herrn von Abydos. Die untere Hälfte der Stele ist gänzlich mit Hieroglyphen bedeckt, deren ungewöhnliche Anordnung zunächst aus fünf Zeilen [C], gefolgt von zwölf Spalten [D] besteht. Das Layout imitiert offenbar königliche Vorbilder wie beispielsweise die ähnlich gestaltete Stele Sesostris' I. aus Buhen (heute im Museo Archeologico Nazionale Egizio, Florenz), wobei hier wie dort die Schilderung militärischer Aktivitäten dem weiteren Text voran steht. Bei der Stele des Chuisobek entspricht damit zwar die Anordnung des Textes nicht mehr dessen logischer Abfolge, doch wurde so eine besondere Betonung des Feldzugs nach Vorderasien erreicht. Der Vorstoß nach Palästina in das Gebiet von Sichem ist auf königlichen Denkmälern Sesostris' III. bislang nicht belegt, dafür jedoch mindestens vier Feldzüge nach Nubien, wo er die Herrschaft Ägyptens bis zum 2. Katarakt endgültig etabliert. Stolz berichtet Chuisobek in seiner Inschrift, nicht nur an dem Feldzug nach Palästina, sondern auch an einem Nubien-Feldzug beteiligt gewesen zu sein, nachdem er zuvor seinen Charakter rühmt und den Aufstellungsort der Stele in Abydos würdigt:

[D] *Der Iripat Hatia* (hoher Hofrangtitel), *standhaft und mit ruhigem Schritt, loyal gegen seinen Wohltäter, dessen Ansehen der Herr der Beiden Länder geschaffen hat, dessen Beliebtheit seiner Stellung (am Hofe) förderlich war, der städtische Bezirksoberbeamte namens Djaa, er sagt: Ich machte für mich diesen herrlichen Kenotaph* (Stelenkapelle), *dessen Platz perfekt angelegt ist auf den Gräberbezirken Nebet-Hetepet und Nebet-Anech bei der „Treppe des Großen Gottes", des Herrn über das Leben, der über Abydos gebietet. Ich will den Weihrauch einatmen, der ausströmt, versehen mit dem Wohlgeruch des Gottes.*

Der städtische Bezirksoberbeamte namens Djaa, er sagt: Ich wurde geboren im Regierungsjahr 27 unter der Majestät des Königs von Ober- und Unterägypten Amenemhet II., der im Jenseits gerechtfertigt ist. Als die Majestät des Königs von Ober- und Unterägypten Sesostris III., der im Jenseits gerechtfertigt ist, als regierender König auf dem Thron des Gottes Horus unter den Lebenden erschien, bewirkte Seine Majestät, dass ich die Technik des Kämpfens mit der Waffe an der Seite seiner Majestät zusammen mit sieben Männern der Residenz trainierte; da zeichnete ich mich aus in seiner Gegenwart. Seine Majestät veranlasste, dass ich zum „Gefolgsmann des Herrschers" ernannt wurde, dem man 60 Mann zuwies. Seine Majestät zog nach Süden, um die nubischen Nomaden zu unterwerfen. Da schlug ich die Nubier in Kenkef an der Seite (der Truppen) meiner Stadt und fuhr stromab im Gefolge mit einem „6-Boot" der Residenz. Schließlich ernannte er mich zum „Untervorsteher der Gefolgsleute" und wies mir 100 Mann als Belohnung zu.

[C] *Seine Majestät zog nordwärts, um die Beduinen Vorderasiens zu unterwerfen. Seine Majestät gelangte zum Fremdland namens Sichem. Seine Majestät gestaltete die Rückkehr zur Residenz in Leben, Heil und Gesundheit erfolgreich. So fiel Sichem und das elende Land Retjenu, während ich die Nachhut*

155

der Truppe bildete. Da sammelten sich die Soldaten, um mit den Asiaten zu kämpfen, und ich schlug (den Anführer) der Asiaten. Dann ließ ich seine Waffen von zwei Soldaten der Truppe einsammeln, ohne vor dem Kampf zu fliehen. Ich bot die Stirn und wandte (dem Anführer) der Asiaten den Rücken nicht zu. So wahr (König) Sesostris für mich lebt: Ich habe die Wahrheit gesprochen. Da gab er mir einen Stab aus weißem Gold in meine Hand, eine Dolchscheide und einen Dolch, gefertigt aus weißem Gold und aus Edelholz(?).

Bei den königlichen Geschenken dürfte es sich um einen vergoldeten Holzstab als besonderes Würdeabzeichen handeln, wie er auf Darstellungen und Grabfunden dieser Zeit archäologisch belegt ist, sowie um einen Prunkdolch (ähnlich der Nr. 130), was auf die besondere Funktion dieser Dolchgattung als Auszeichnung für militärische Leistungen schließen lässt.
Ch. B.

Literatur: Simpson (1974) Nr. ANOC 69;
Baines (1987).

156

156
Syrer vor ihrer Burganlage

Neues Reich, ca. 1550-1070 v. Chr.
Herkunft unbekannt. 1913 erworben
Sandstein mit bemalter Stuckschicht. Höhe 18 cm
Berlin, SMB-PK, Ägyptisches Museum und Papyrussammlung, Inv.-Nr. 21140

Auf dem Sandsteinfragment mit ausgesprochen gut erhaltener Bemalung sind mehrere Syrer von leicht unterschiedlicher Größe dargestellt. Sie stehen und knien vor einem Gebäude, bei dem es sich um eine typisch syrische Festung handelt. Derartige vorderasiatische Forts werden häufig in Schlachtdarstellungen ramessidischer Tempel abgebildet, wo sie von einer Übermacht ägyptischer Soldaten angegriffen und erobert werden. Entweder sind die syrischen Burgbesitzer bewaffnet und verteidigen sich und ihre Festung oder sie scheinen bereits resigniert die Kampfhandlungen eingestellt zu haben und flehen um göttliche (oder königliche) Gnade, so wie auch die unbewaffneten Männer auf dem vorliegenden Fragment. Dieses jedoch gehört sicher nicht zu einer Schlachtdarstellung. Die gelbe Farbe, in der die Männer und Teile des Gebäudes angegeben sind sowie der ebenfalls goldfarbene Rosettenfries deuten darauf hin, dass es sich um die Abbildung eines Prunkgefäßes handelt, das aus Gold und anderen Edelmetallen hergestellt war. Darstellungen auf Tempel- und Grabwänden zeigen, wie derart kunstvoll gearbeitete Gefäße dem Gott oder dem König als Opfergabe dargebracht werden. Oft handelt es sich um kostbare Behältnisse ausländischen Designs, andere Schalen und Vasen sind mit Tier- oder Götterfiguren verziert oder mit symbolträchtigen Darstellungen von gefesselten Ausländern, fremden Landschaften und Gebäuden geschmückt. Eine Paralleldarstellung zu dem vorliegenden Fragment befindet sich im ersten Hof des Tempels Sethos' I. in Abydos. An den Fuß des dort abgebildeten Gefäßes sind zwei asiatische Gefangene gefesselt, während auf dem burgförmigen Aufsatz mehrere Syrer um Gnade flehen.
S. M.-v.F.

Literatur: Kat. Berlin (1991) 128, Nr. 79; Kat. Wien (1994) 283, Nr. 394.
Zu Darstellungen von Prunkgefäßen (u.a. mit Festungsarchitektur u. gefesselten Ausländern): Wreszinski (1923) I, Taf. 224, 225 (Grab des Imiseba, TT 65); Wreszinski (1938) II, Taf. 25c (Tempel Sethos' I., Abydos; Karnaktempel, Thutmosis III.). – Zu Prunkgefäßen allgemein: Schäfer (1964).

157 Vorder- und Rückseite

157
Keilschrift-Täfelchen „Hilfsersuchen an den Pharao"

Neues Reich, 18. Dyn., Amenophis III., 1388-1351 v. Chr.
Tell el-Amarna
Gebrannter Ton. Höhe 9,7 cm, Breite 6,5 cm, Dicke 2 cm
Berlin, SMB-PK, Vorderasiatisches Museum, Inv.-Nr. VAT 868

Der von Ägypten als Vasall abhängige Stadtfürst Rib-Hadda von Byblos meldet dem Pharao (Amenophis III.) die bedrohlichen Aktivitäten eines Mannes namens Abdi-Aširta. Dieser „Fürst" eroberte sich damals im Grenzgebiet der ägyptischen, hethitischen und mittanischen Interessen in der Levante nördlich und östlich von Byblos ein Herrschaftsgebiet namens Amurru zusammen. Dies geschah unter stillschweigender Duldung durch Ägypten, welchem die Bildung eines Pufferstaates in diesem kritischen Bereich zu den anderen Mächten nicht ganz ungelegen kam. Die dringenden Bitten Rib-Haddas um ägyptische Truppen verhallten daher meist ungehört, was nur zu neuen Bitten und Klagen Rib-Haddas führte. Die auffällige Häufung von Briefen Rib-Haddas innerhalb der Amarna-Korrespondenz ist daher auch nicht auf einen Zufall der Überlieferung zurückzuführen: Tatsächlich ist uns in den Briefen die Rüge des Pharao erhalten, Rib-Hadda schreibe ihm mehr als alle anderen Vasallen in der Levante zusammen. Immerhin weist der Pharao im vorliegenden Fall dann doch noch die Könige von Beirut, Sidon und Tyros an, Rib-Hadda mit ihren eigenen Truppen im Notfall zu Hilfe zu kommen.
H. Sch.

Bearbeitung: Knudtzon (1915) 432 ff., Nr. 92; Moran (1992) 166-167. – Behandlung: Klengel (1964).

158 Vorder- und Rückseite

158
Keilschrift-Täfelchen „Bitte um Streitwagen, aber nicht um Wagenlenker"

Neues Reich, 18. Dyn., Amenophis III. - Amenophis IV./Echnaton, ca. 1388-1334 v. Chr.
Tell el-Amarna
Gebrannter Ton. Höhe 9,3 cm, Breite 7,2 cm, Dicke 2cm
Berlin, SMB-PK, Vorderasiatisches Museum, Inv.-Nr. VAT 346

Rib-Hadda von Byblos bittet den Pharao um die Bereitstellung von 30 Kriegswagen und Gespannen. Über die Besatzung der Streitwagen verfüge er selber. Der Brief fällt in die Zeit kurz nach dem Tode des Abdi-Aširta von Amurru. Dessen Söhne hielten sich damals im Exil in Damaskus auf. Rib-Hadda drängt den Pharao, die Söhne dort zu ergreifen und das erst von Abdi-Aširta gegründete Amurru dadurch wieder zu zerschlagen. Den Ägyptern muss Amurru als Pufferstaat an der Grenze zum Machtgebiet der Hethiter aber als nützlich erschienen sein. Geduldet durch die Ägypter, gelang es Aziru, dem Sohn des Abdi-Aširta, das Reich seines Vaters wiederzugewinnen und zu konsolidieren. Später sicherte er seine Herrschaft auch gegenüber dem hethitischen König mit einem Staatsvertrag ab.
H. Sch.

Bearbeitung: Knudtzon (1915) 472 ff., Nr. 107; Moran (1992) 180-181. – Behandlung: Klengel (1964).

Nubienpolitik

Karola Zibelius-Chen

Die Politik Ägyptens gegenüber seinen südlichen Nachbarn prägten über drei Jahrtausende zwei eng miteinander in Beziehung stehende Leitmotive: Sicherung der politischen und militärischen Vormachtstellung sowie die Verfügungsgewalt über die afrikanischen Bodenschätze und Erzeugnisse, voran Gold und Aromata, und weitere hier vorhandene und in der damaligen Welt bedeutsame Rohmaterialien, Tiere, Hölzer und Pflanzen. Von besonderer Bedeutung waren auch die zahlreichen Soldaten und Arbeitskräfte, die, als (Kriegs-)gefangene nach Ägypten verschleppt, Dienst in Militär, in der Tempelwirtschaft, den großen Privathaushalten und anderswo zu leisten hatten, sich aber teilweise aus Not auch selbst verdingten.

Bereits zu Beginn des 5. Jts. v. Chr. hatte sich in Kadruka südlich von Kerma im heutigen Sudan – lange bevor eine solche Entwicklung in Ägypten greifbar wird – eine stratifizierte Gesellschaft herausgebildet. Während des Alten Reiches tritt dann in Kerma ein Häuptlingstum auf, das nach den ägyptischen Texten zunächst als Handelspartner und Lieferant von Söldnern fungierte, aber ab dem Mittleren Reich in den ägyptischen Texten als *elendes Kusch* und Kriegsgegner beschrieben ist. Nach den archäologischen Überresten zu urteilen, lag in Kerma die Residenz dieses Reiches, dessen Entwicklung bis zur Eroberung durch Ägypten zu Beginn des Neuen Reiches über 1000 Jahre verfolgt werden kann und das in der Zeit seiner größten Ausdehnung vom 1. bis mindestens zum 4. Nilkatarakt reichte. In Kerma fanden sich nicht nur der gewaltige Kulttempel der so genannten westlichen „Deffufa", Palastgebäude und eine eindrucksvolle Befestigungsmauer. Zahlreiche Siegelabdrücke zeugen auch von umfangreichen wirtschaftlichen Vorgängen. Die riesigen Grabanlagen der Herrscher illustrieren durch ihre reichen Beigaben und vor allem durch die Mitbestattung zahlreichen Gefolges und wohl ähnlich aufgefasster geraubter ägyptischer Statuen die Macht ihrer Besitzer. Das kuschitische Potential wurde offenbar von Ägypten als so bedrohlich eingestuft, dass zu Beginn des Mittleren Reiches Unternubien vom 1. bis zum 2. Katarakt besetzt wurde und als vorgeschobene Grenze Ägypten gegen das Reich von Kusch abschirmte, zugleich aber auch den Zugriff auf die Goldvorkommen des Wadi Allaqi und anderer wichtiger Güter Unternubiens erleichterte. Die Grenze am 2. Katarakt wurde durch ein Bollwerk von Festungen geschützt, während im sonstigen unternubischen Niltal Festungen die einheimische Bevölkerung lediglich in den wenigen bevölkerungsreicheren Regionen kontrollierten. Als mit dem Ende des Mittleren Reiches aufgrund interner ägyptischer Schwierigkeiten, die den Verlust der Zentralgewalt nach sich zogen und mit der Errichtung einer Fremdherrschaft durch die Hyksos im Delta und Mittelägypten einhergingen, Unternubien von den Ägyptern geräumt wurde, füllte Kusch das Machtvakuum aus. Mehr noch, die Hyksos und Kusch pflegten freundschaftliche Beziehungen. Gegen Ende der Zweiten Zwischenzeit fiel Kusch mit einer Allianz aus unternubischen Stämmen, Bewohnern Obernubiens, den in der Ostwüste beheimateten Medjau und Punt nach Oberägypten ein, konnte allerdings zurückgeschlagen werden. Die Stelen des thebanischen Königs Kamose berichten von einem Plan des Hyksos-Herrschers, ihn zusammen mit Kusch von zwei Seiten anzugreifen und das Land unter sich aufzuteilen. Der Befreiungskampf, den der König beginnt, führt nicht nur zu einer erneuten Einigung Ägyptens, sondern auch zu einer neuerlichen Annexion Unternubiens. In einem neunzig Jahre währenden Krieg gelingt es Ägypten anschließend auch, das Reich von Kusch zu erobern. Als Kolonie wird Nubien nun vom 1. Katarakt bis zum Hagar el-Merwa nahe dem 5. Katarakt Ägypten unterstellt: Der missliebige Konkurrent ist ausgelöscht und die nubischen Ressourcen werden frei verfügbar. Das gesamte Gebiet erhält eine ägyptische Verwaltung und den ägyptischen Göttern geweihte Tempel werden erbaut. Trotz mancher Rebellionen von Seiten der Nubier bleibt ihr Land für nahezu 500 Jahre unter ägyptischer Herrschaft. Erst innere und äußere Schwierigkeiten, darunter der zermürbende Kampf gegen die nach Ägypten eindringenden Libyer und Seevölker, und der abermalige Zerfall der Zentralgewalt haben zur Folge, dass sich Ägypten aus großen Teilen Nubiens zurückzieht. Die wiedergewonnene Selbstständigkeit gibt den Nubiern aufs Neue Gelegenheit zu eigenständiger Entwicklung: In Napata nahe dem 4. Katarakt formiert sich ein Reich, das über mehr als tausend Jahre bestehen wird und dem es gelingt, Ägypten als 25. Dynastie kurzzeitig zu beherrschen.

Literaturauswahl:

Bonnet (2000); Davies (2003); Gratien (1995);
Kat. Genf (1990); Müller (1979); O'Connor (1993);
Kat. Paris (2000a); Wildung (1996);
Zibelius-Chen (1988).

Grenzschutz und Kolonisation

Carola Vogel

Das nubische Gebiet jenseits der traditionellen ägyptischen Südgrenze im Bereich der Nilinsel Elephantine am 1. Katarakt stand schon früh im Blickpunkt pharaonischen Machtinteresses. Einerseits besaß Nubien selbst wertvolle Rohstoffe und Produkte, die die Aufmerksamkeit der ägyptischen Herrscher weckten, andererseits bildete es einen lang gestreckten Korridor zu den nicht minder attraktiven exotischen Handelsprodukten Innerafrikas.

Bereits für die Frühzeit und das Alte Reich sind erste militärische Vorstöße nach Unternubien überliefert. In gezielten Einzelaktionen drangen ägyptische Truppen in ihr Nachbarland ein, um mit großen Mengen an Rohstoffen, Menschen und Vieh zurückzukehren. Die von den Ägyptern in diesem Zusammenhang angeführten Zahlen illustrieren allerdings eher die propagandistischen Fähigkeiten der Kriegführenden als den realen Umfang der gemachten Beute.[1] Neben Menschen und Vieh waren es wertvolle Rohstoffe, die die Ägypter immer wieder nach Nubien führten. An erster Stelle stand das Gold, dessen Umschlag nach Ägypten schon in der 3. Dynastie anhand der Titulatur eines hohen Militärs von Elephantine deutlich wird. Dieser war unter dem König Sechemchet nicht nur Festungskommandant, sondern auch *Siegler des Goldes von Elephantine*.[2] Die Doppelfunktion des Beamten weist auf die primäre Aufgabe Elephantines als militärisch gesicherter Goldumschlagplatz hin.

Neben Gold lockten in Nubien Hartgesteine (z. B. Diorit, der in Toschka mindestens seit der 4. Dynastie abgebaut wurde) sowie Kupfererze, deren Verhüttung durch Installationen der 4. und 5. Dynastie in Buhen nachgewiesen ist.

Trotz der offenkundigen Ausbeutung seiner Ressourcen, fand eine permanente Besetzung Nubiens im Alten Reich noch nicht statt. Augenscheinlich war die dort siedelnde „A-Gruppe" eine kontrollierbare Größe, die vom ägyptischen Mutterland aus in Schach gehalten werden konnte und mit der man auch friedliche Handelsbeziehungen unterhielt.

Mit dem Aufkommen der so genannten „C-Gruppe", die ab der 6. Dynastie als neue Bevölkerungsschicht in Unternubien fassbar wird, ändert sich die für Ägypten günstige Situation. Doch vorerst erfahren wir wenig über das Verhältnis zur C-Gruppe, da in der nachfolgenden Erste Zwischenzeit nur wenige ägyptische Quellen für Nubien bekannt sind.

Dafür weisen die massiven militärischen Mittel, zu denen die Pharaonen der 11. und besonders der 12. Dynastie Nubien gegenüber griffen, um so deutlicher auf neue Machtverhältnisse in Unternubien hin. Ein deutlicher Hinweis hierauf findet sich in der Felsinschrift des Wesirs Intefiqer am Gebel el-Girgawi, in der Nähe von Korosko, die dieser im 29. Regierungsjahr Amenemhets I. in Verbindung mit einem zu diesem Zeitpunkt durchgeführten Nubienfeldzug anbringen ließ. Er spricht nicht nur vom Niedermetzeln der Rebellen in Unternubien (Wawat), sondern auch von der Zerstörung ihrer Felder und dem Fällen ihrer Bäume. Die Absicht liegt auf der Hand: die totale physische und – durch die Vernichtung aller Existenzgrundlagen – moralische Zerstörung des Gegners.[3]

Unter Amenemhets Nachfolger, Sesostris I., erkannte Ägypten, dass man Unternubien längerfristig nur mit Hilfe von Festungen kontrollieren konnte. Von den archäologisch nachgewiesenen Festungen ist jedoch nur für Buhen eine Datierung in die frühe Regierungszeit Sesostris' I. gesichert.[4] Aufgrund bautechnischer Parallelen wird man aber auch die Phasen I von Aniba, Quban und Ikkur diesem König zuschreiben dürfen.[5]

Sesostris I. scheint seine militärischen Ziele in Unternubien erreicht zu haben, zumindest sind uns für diese Region keine größeren Unruhen während seiner Regierungszeit bekannt. Ein von ihm in seinem 18. Regierungsjahr durchgeführter Kriegszug richtet sich vielmehr gegen verschiedene Gebiete Obernubiens, in denen zu diesem Zeitpunkt sicherlich noch keine ägyptischen Festungen existierten. Mit dem Feldzug konnte wohl der Status quo aufrecht erhalten werden, das heißt die ägyptische Südgrenze wird auch weiterhin bei Buhen gelegen haben.[6]

Die Folgezeit ist geprägt von der Bewahrung und dem Ausbau der bestehenden Festungsanlagen. Vermutlich unter Amenemhet II. oder Sesostris II. konnte die Südgrenze Ägyptens bis nach Mirgissa vorgeschoben werden.[7] Aus der Grenzstele Sesostris' III. aus seinem 8. Regierungsjahr ist bekannt (Nr. 160), dass kein Nubier weiter nordwärts fahren durfte als nach Semna, es sei denn, um in Mirgissa Handel zu treiben.[8] Falls man diese Verhältnisse auf die Entstehungszeit Mirgissas übertragen darf, besaß die Festung hauptsächlich eine Funktion als Handelszentrum. Der Austausch von Waren zwischen ägyptischen Garnisonsmitgliedern und einheimischer Bevölkerung, die fast immer als Medjau (*Mḏ3.jw*) bezeichnet werden, ist uns aus einer späteren Quelle, den so genannten Semna-Despatches, hinlänglich bekannt. Diese aus der Regierungszeit des Nachfolgers Sesostris' III., Amenemhet III., überlieferten Tagesrapporte bezeugen zudem ein ausgeklügeltes Melde- und Informationssystem, in das alle nubischen Festungen eingebunden waren und dessen Verwaltungshoheit wohl dem thebanischen Wesirs-Büro oblag. Die nubische Bevölkerung wurde aufs Schärfste kontrolliert, jede Bewegung in der Wüste beobachtet, hinterfragt und weitergemeldet.

Unter Sesostris III., der vermutlich für den Ausbau aller bereits bestehenden nubischen Festungen sorgte und zudem die Anlage zahlreicher Festungen entlang des 2. Kataraktes initiierte, erreichte das ägyptische Festungswesen des Mittleren Reiches seinen Höhepunkt. Ein berühmter Papyrus (Nr. 167) mit namentlicher Auflistung von 17 nubischen und oberägyptischen Festungen in korrekter topographischer Süd-Nord-Abfolge beginnend mit Dair Seti (*Dꜣjr Stj* = Semna-Süd) und endend mit Cheni (*H̱nj* = Gebel es-Silsila) scheint diesen Stand wiederzugeben.

Die Festungsarchitektur zeigt in der Regierungszeit Sesostris' III. innovative Neuerungen, die sicher als Reaktion auf gestiegene Anforderungen zu werten sind. Die Festungswälle wurden zunehmend breiter und erreichten Stärken von bis zu 8 m, was auf eine Höhe von bis zu 14 m schließen lässt. Zahlreiche, in regelmäßigen Abständen angelegte Stützpfeiler sollten den enormen Druck von den Mauern nehmen. Vermehrt wurden große Bollwerke zur besseren Einsicht des Geländes vor den Mauerfronten, an den Ecken und über den Haupttoren der Festungen angelegt, wie es besonders für Semna-West bezeugt ist. Diese Türme müssen nicht zwingend, wie man in Rekonstruktionen häufig sieht, die gleiche Höhe wie die Wallkrone erreicht haben. Wahrscheinlicher – da fortifikatorisch sinnvoller – ist, dass sie nur bis zur halben Wallhöhe gingen. Die Grundrisse der Festungen am 2. Katarakt wurden offensichtlich nach einem einheitlichen Plan entworfen, der eine optimale Ausnutzung des vorhandenen Innenraums vorsah. Insbesondere die Mannschaftsunterkünfte des Dreiraumtypus benötigten nunmehr den größten Raum, so dass man von weitaus umfangreicheren Besatzungsgrößen als noch unter Sesostris I. ausgehen kann.

Der Grund für den massiven Ausbau der Festungskette dürfte der zunehmende Druck des Kerma-Reiches im Bereich des 3. Kataraktes gewesen sein, das sich langsam aber sicher zu einem adäquaten Gegner zu entwickeln drohte. Somit ging es nun nicht mehr ausschließlich um die punktuelle Sicherung von Handelswegen auf „C-Gruppen"-Gebiet, speziell an den Wegkreuzungen zu den Goldminen, sondern auch um die Schaffung eines gestaffelten Verteidigungssystems gegen die Kerma-Herrscher. Mit Hilfe dieser Pufferzone war man in der Lage, die traditionelle Südgrenze Ägyptens, d. h. die Region des 1. Kataraktes im Bereich des modernen Assuan, zu schützen. Die Grenzverschiebung an den 2. Katarakt, wo die Festungen Semna-West und Semna-Ost (= Kumma) das Gebiet des Batn el-Haggar gegen Süden hin abriegelten, war auch für die Ägypter selbst ein völlig ungewohnter Zustand. Dies manifestiert sich am deutlichsten in einer für Semna-West überlieferten Bezeichnung *südliches Elephantine*.

Nicht weniger als vier Feldzüge, die Sesostris III. in seinem 8., 10., 16. und 19. Regierungsjahr führte, dokumentieren neben dem Festungsbau die wachsenden Probleme auf nubischem Terrain. Am ge-

Abb. 1
Buhen, Blick auf die Festungswälle der 12. Dyn.

Abb. 2
Festung Buhen, Rekonstruktion des West-Tores der inneren Festungsanlage

nauesten sind wir über die nubischen Kampagnen des Jahres 16 unterrichtet, die in den Grenzstelen aus Semna-West (Nr. 160) und Uronarti aufgegriffen werden und zeigen, dass Feldzüge und Festungsbau Hand in Hand gingen.

Dem Nachfolger Sesostris' III., Amenemhet III., gelang es dank eines in den Festungen angewandten straff organisierten Verwaltungssystems die Südgrenze Ägyptens bei Semna zu sichern. Bis zum Ende der 13. Dynastie scheint zwischen Ägypten und dem Königreich von Kusch Frieden geherrscht zu haben.

Nach dem Sturz der 13. Dynastie durch die Hyksos fielen die nubischen Festungen in den Machtbereich des Kerma-Herrschers, was u. a. durch das massive Aufkommen von Kerma-Keramik in verschiedenen Anlagen bezeugt ist. Bis heute umstritten ist die Frage, ob die in einzelnen nubischen Festungen bezeugten Brandschichten als Indiz der Eroberung durch die Kerma-Leute oder als Zeugnis der Rückeroberung des Terrains durch die Ägypter zu werten sind.[9] Unabhängig hiervon belegt die in Buhen nachgewiesene Familie des Sobekemheb[10] auf anschauliche Weise, dass die in Nubien verbliebenen ägyptischen Beamten ohne Unterschied nach dem ägyptischen König nun den *Herrscher von Kusch* (*ḥqꜣ nj Kš*) als ihren Regenten anerkannten. Wie sich bereits in der 13. Dynastie abzeichnete, kehrten die aus Ägypten stammenden Beamten in der Regel nicht mehr aus Nubien zurück. Meist folgten ihre Söhne ihnen in ihrem Amt.

Die Grundlagen der ägyptischen Administration wurden auch unter den Kerma-Herrschern beibehalten. In Buhen, wo der Südtempel innerhalb der Festungsmauern ein Opfer der Flammen geworden war, belebte der Herrscher von Kusch während der Amtszeit der Beamtenfamilie des Sobekemheb mit dem Bau des Nordtempels sogar die kultische Verehrung Sesostris' III. als Lokalgott, dem ehemals schärfsten Gegner des Kerma-Reiches.[11]

Die ägyptische Rückeroberung Unternubiens, zu der als wichtigstes Ereignis die Einnahme Buhens im Jahr 1543 v. Chr. gezählt werden kann, erfolgte unter dem letzten König der 17. Dynastie, Kamose. Er hatte zuvor eine Kontaktaufnahme des Hyksos-Königs Apophis mit dem letzten *Herrscher von Kusch* vereiteln können und damit einen drohenden Zweifrontenkrieg verhindert.[12] Sein Bruder Ahmose dehnte seine Gebietsansprüche auf das gesamte Herrschaftsgebiet des Fürsten von Kusch aus. Auch die folgenden Generationen ägyptischer Herrscher hielten mit Hilfe zahlreicher nubischer Feldzüge an ihren territorialen Interessen fest. Schließlich wurde unter Thutmosis I. die Residenz von Kerma eingenommen und gebrandschatzt, das erste unabhängige nubische Reich fiel in die Hände Ägyptens.

Die Ägypter sicherten die eroberten Gebiete durch den Ausbau des bestehenden Festungssystems. Während die unternubischen Anlagen von Aniba, Quban und Buhen an den Goldminenrouten restauriert und wiederbesetzt wurden (Abb. 1-3), verlor die Festungs-

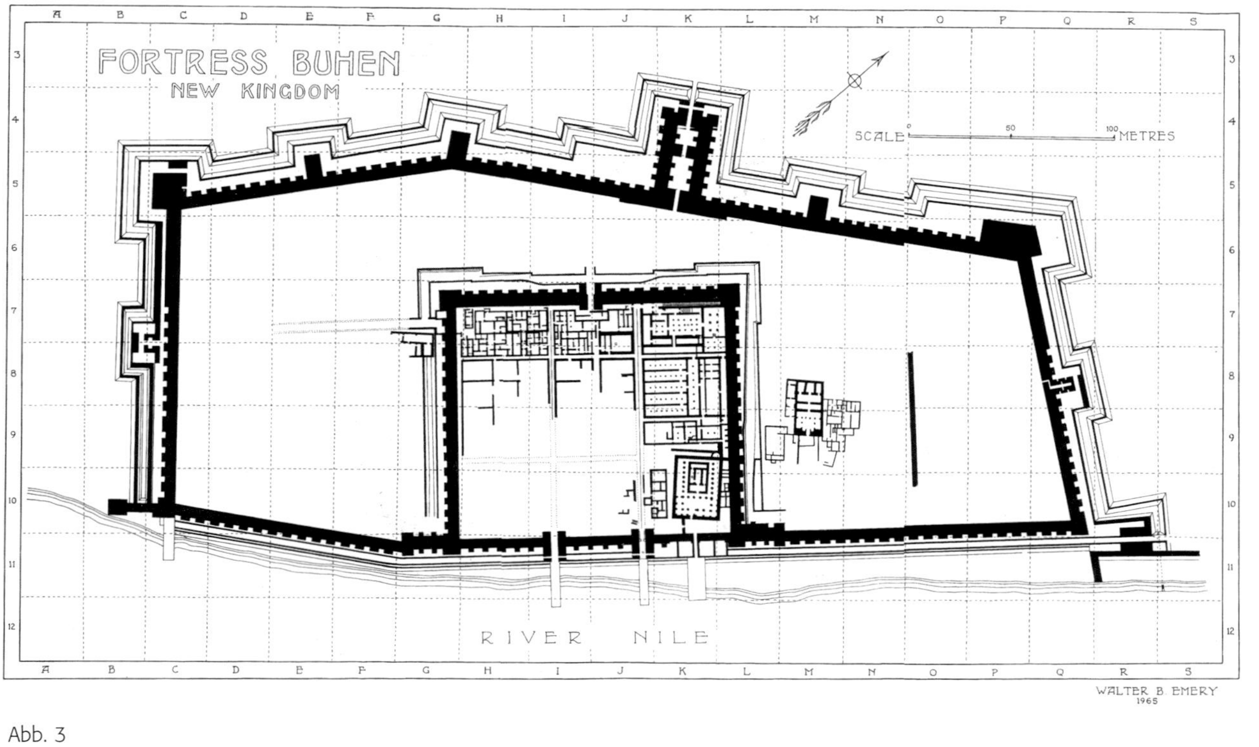

Abb. 3
Festung Buhen, Grundriss Neues Reich

kette am Batn el-Hagar an Bedeutung. Sie wurde nur noch sporadisch genutzt und schließlich ganz aufgegeben, da die eigentliche Grenze in das Gebiet südlich des 3. Kataraktes vorgeschoben werden konnte.[13] Offenbar genügten drei größere befestigte Städte, Sesebi (18. Dyn.), Amara-West und Akscha (beide Sethos I.) zum Schutz des obernubischen Gebietes.

Größere Veränderungen erfuhr hingegen die Administration des nubischen Protektorats. Mit der Neueinrichtung des Amtes eines *Königssohns von Kusch* (= Vizekönig von Kusch) wurde die Verwaltungshoheit über die nubischen Festungen, Siedlungen und über die Goldabbaugebiete in der Ostwüste dem thebanischen Wesirbüro entzogen. Als Residenz dieses hochrangigen Beamten wurde neben Buhen das strategisch günstig gelegene Aniba gewählt, das als Verwaltungszentrum für Nubien ausgebaut wurde. Personelle Unterstützung fand der Vizekönig in drei weiteren wichtigen Beamten. Dem *Obersten der Bogenschützen von Kusch* unterstand das gesamte in Nubien stationierte Militär, während sich zwei Stellvertreter des Vizekönigs die Verwaltung der zwei Provinzen Wawat (Unternubien) und Kusch (Obernubien) teilten. Mit der Kniefigur des unter Ramses II. wirkenden Setau, ist in der Ausstellung einer der bedeutendsten Vizekönige vertreten (Nr. 164).

Nubien avancierte als Vizekönigreich Ägyptens zum abhängigen Kolonialstaat, einem tributpflichtigen und mit einer komplexen Verwaltungsstruktur überzogenen Gebiet, das sich zu keiner Zeit mit dieser Rolle zufrieden gab. Zahlreiche Inschriften berichten von nubischen Aufständen gegen die Besatzungsmacht, die blutig niedergeschlagen werden mussten. Dennoch gelang es Ägypten bis zum Ende der 20. Dynastie, seine Vorherrschaft in Nubien zu sichern. Die hierfür angewendeten Methoden waren vielfältig. So wurden etwa bei Kampfhandlungen mit nubischen Stämmen die Söhne der Häuptlinge am Leben gelassen, um sie im Anschluss am ägyptischen Hof linientreu zu erziehen. Derart indoktrinierte Nubier wurden dann wieder in ihre Heimat geschickt, wo sie als loyale Untertanen des ägyptischen Pharaos ihren Anhängern den rechten Weg weisen sollten. Aber auch das Ansiedeln von Ägyptern selbst sorgte für eine immer stärkere Ägyptisierung der einheimischen Bevölkerung („C-Gruppe" und „Pan-Grave"-Leute in Unternubien und Vertreter der Kerma-Kultur in Obernubien).

Ägyptische Machtpräsenz illustriert letztlich auch das gigantische Tempelbauprogramm in Nubien. Flächendeckend wurden – insbesondere unter den Pharaonen Thutmosis III., Amenophis III. und Ramses II. – Tempel in Nubien errichtet, die die kultische Anbindung ans Mutterland garantieren sollten.

1 Urk. I, 236, Z. 10. S. hierzu die Ausführungen bei Gundlach (1994) 71 ff.; Lopez (1966) Nr. 27 und Nr. 28; Lopez (1967) 51–66. Zu Lopez Nr. 27 und Nr. 28 s. die weitreichenden Auslegungen bei Helck (1974).

2 Pätznick (1995) 181-182, Abb. 29a.

3 Žába (1974) 98–109 (= Inscription No. 73).

4 Stele 882 aus Block G, Raum 8 aus dem 5. Regierungsjahr Sesostris I., die ursprünglich im MR-Tempel der Festung gestanden haben wird. Smith (1976) 13-14.

5 Vogel (2004).

6 Die Möglichkeit einer vorübergehenden Befestigung bei Semna-Süd ist umstritten. In Semna-Süd sind zwei Siegelabdrücke (KKE-3 und KE-24) bekannt, die in die Regierungszeit Sesostris' I. datiert werden: Žabkar (1981) 211-213. Da aber in jüngster Zeit Zweifel an der Lesung derselben geäußert wurden (Obsomèr (1995) 339-340), ist auch die an ihnen hängende Datierung von Semna-Süd in Frage gestellt. Sollte die erste Phase dieser Festung tatsächlich auf Sesostris I. zurückgehen, ist eine Verbindung zum Feldzug des Jahres 18 am wahrscheinlichsten.

7 Zur Datierung von Mirgissa in die Zeit Amenemhets II. oder Sesostris' II. s. Vogel (2004) Arch. Kat. No. 12.

8 S. hierzu Meurer (1996).

9 S. z. B. für Buhen Emery und Smith, vgl. Smith (1976) 82. In letzter Zeit werden allerdings zunehmend Stimmen laut, die sich gegen die Theorie einer gewaltsamen Einnahme der nubischen Festungen durch die Kerma-Truppen am Ende der 13. Dynastie wenden. Insbesondere der Bearbeiter von Askut, Smith (1992) 44-49 spricht sich vehement gegen diese Annahme aus. Er vermutet, wie im Übrigen auch J. Bourriau (s. Smith (1992) Anm. 11), dass die fraglichen Beschädigungen und Brandschichten aus der Zeit der Rückeroberung Nubiens durch die Ägypter im frühen Neuen Reich stammen. Dementsprechend verweist er das in Buhen unter einer Brandschicht entdeckte und bisher in die 13. Dynastie datierte Pferdeskelett an das Ende der 17. Dynastie. Smith (1992) 47: „... Since horses are not otherwise known to have appeared in Egypt until the New Kingdom (and were probably introduced by the Hyksos), this horse would have had to gallop south pretty fast to have reached Buhen in the late-Thirteenth Dynasty. And even if horses were used in Egypt that early, which seems unlikely, what would one have been doing on the Nubian frontier? A horse would, however, be expected to have been present in an late-Seventeenth Dynasty, as chariot warfare had become the norm... (Übers.: Da man andernorts von keinen Pferden weiß, die vor dem Neuen Reich in Ägypten aufgetaucht sind und dort wahrscheinlich erst von den Hyksos eingeführt wurden, muss dieses Pferd enorm schnell nach Süden galoppiert sein, um Buhen bereits in der späten 13. Dynastie zu erreichen. Und selbst wenn die Ägypter derart früh Pferde einsetzten, was unwahrscheinlich erscheint, was soll ein Pferd an der nubischen Grenze? Ein Pferd könnte allerdings in einem Kontext der 17. Dynastie erwartet werden, als die Kriegführung mit Streitwagen zur Norm geworden war...)." Vgl. auch Smith (1995) 122-123. Es sei dahingestellt, dass auch am Ende der 17. Dynastie das Auftreten eines einzelnen Pferdes in einer nubischen Festung – unabhängig von seinem bis dato gestiegenen Bekanntheitsgrad in Ägypten – der näheren Erklärung bedürfte.

10 Zur Genealogie dieser Familie vgl. Smith (1976) 73 ff.

11 Vgl. auch Gundlach (1996) 71.

12 Helck (1975b) 94; Trigger (1976) 103, Taf. 42.

13 Zuletzt Leclant (1996) 119-127, spez. 120.

159

159
Oberteil einer Statue von König Sesostris III.

Mittleres Reich, zweite Hälfte 12. Dyn., um 1860 v. Chr.
Herkunft unbekannt
Granodiorit. Höhe 19,5 cm, Breite 18 cm, Tiefe 11 cm
Schlossmuseum Gotha, Ägyptensammlung,
Inv.-Nr. Ae 1

Porträts von Sesostris III., dem bedeutendsten Herrscher des Mittleren Reiches, sind in beträchtlicher Anzahl erhalten. So finden sich z. B. Bildnisse von ihm im Ägyptischen Museum in Kairo, im Musée du Louvre Paris, im Metropolitan Museum of Art New York, im British Museum London und in den Ägyptischen Sammlungen von München und Berlin. Der Gothaer Sesostris ergänzt die Reihe erhaltener Porträts um ein qualitativ eindrucksvolles Exemplar. Der Gesichtsausdruck des Herrschers wirkt ernst und verhärmt. Seine Augen werden von schweren Lidern überwölbt, tiefe Tränensäcke ziehen sich zu den Jochbeinen, die markant hervortreten. Die Wangen wirken eingefallen und werden von deutlichen Furchen zwischen Nasenwurzel und Mundwinkeln begrenzt. Breit und kräftig erscheint das Kinn, der Mund ausladend mit heruntergezogenen Mundwinkeln. Deutlich treten die überaus großen, abstehenden Ohren vor dem Königskopftuch hervor. Die genannten stilistischen Kriterien sind typisch für alle Sesostris-Bildnisse, die durch sehr realitätsnahe Züge und bewundernswerte plastische Feinheit gekennzeichnet sind. Aufgrund der außergewöhnlich porträthaften Wirkung der Bildnisse verstand man diese in der kunstgeschichtlichen Beurteilung u.a. als Stilbruch gegenüber der frühen 12. Dynastie und suchte den Hintergrund in der zeitgeschichtlichen Situation. „Erdrückende Verantwortung" des Sesostris für sein Königtum und „Sorgen um das Reich", bedingt durch die kriegerischen Auseinandersetzungen mit den Nachbarländern sowie durch die Niederhaltung der selbstherrlichen Gaufürsten im eigenen Land, wurden in den scheinbar Resignation und Schmerz widerspiegelnden Gesichtsausdruck hinein interpretiert.
Nach neueren Erkenntnissen kündigt sich das Porträthafte in der Kunst jedoch bereits durch Vorstufen in den Königsbildnissen der 11. und frühen 12. Dynastie an. Künstlerische und literarische Zeugnisse des Mittleren Reiches lassen erkennen, dass Pharaonen und höher gestellte Persönlichkeiten zunehmend als Individuen in Erscheinung treten wollten. Mit Sesostris III. kam es zur Wiederherstellung der traditionellen Autorität des Königtums unter geschickter Integration der Gaufürsten, was bei ihm zu einem starken, mit machtpolitischer Entschlossenheit verbundenen Selbstbewusstsein führte. In seinem Porträt steht er seinem Betrachter gleichsam als Herrscher gegenüber, der *spricht und handelt*. Es ist somit Ausdruck der Selbstrepräsentation des Herrschers Sesostris III.
U. W.

Literatur: Kat. Duisburg (1987) Nr. 103; Kat. Gotha (1996) 38-39; Kat. Würzburg (2000) Nr. 37.

160
Semna-Stele Sesostris' III.

Mittleres Reich, 12. Dyn., 16. Regierungsjahr Sesostris' III., 1856 v. Chr.
Semna (Sudan)
Gipsabguss der Stele aus silifiziertem Sandstein.
Höhe 160 cm, Breite 96 cm
Berlin, SMB-PK, Ägyptisches Museum und Papyrussammlung,
Inv.-Nr. 1157 (Original)

Die beeindruckende Stele aus Semna wurde von Karl Richard Lepsius, dem Begründer der deutschen Ägyptologie, von seiner Ägyptenexpedition (1842-1845) nach Berlin gebracht. Schwierigkeiten beim Verladen des großformatigen Objektes führten dazu, dass nur das Oberteil direkt nach Deutschland gelangte. Das Unterteil wurde – noch in Lepsius' Transportkiste verpackt – 1886 in Semna aufgefunden und erst 1899 mit dem Oberteil in Berlin vereint. Die seit der Krise der ersten Zwischenzeit wieder unter ägyptische Kontrolle gezwungenen nubischen Gebiete wurden von den Königen des Mittleren Reiches durch eine Reihe von Festungen entlang des Nils gesichert. Unter Sesostris III. lag die Südgrenze

160

beim Katarakt von Semna (ca. 350 km südwestlich von Assuan), wo die Regelung des Grenzverkehrs durch zwei gewaltige Forts erfolgte. Bereits in seinem 8. Regierungsjahr hatte Sesostris III. mittels einer Stele in Semna verkündet, dass kein Nubier oder dessen Vieh zu Land und zu Wasser die Grenze nach Ägypten überschreiten dürfe, ausgenommen diejenigen Nubier, die als Boten oder Händler zur nördlich gelegenen Festung von Mirgissa reisen wollten. Auch von anderen königlichen Stelen und der durch Zufall erhalten gebliebenen internen Korrespondenz der Festungen („Semna-Despatches") sind genaue Anweisungen über die Sicherung der Grenzen und die strikte Kontrolle jeglicher Grenzgänger bekannt.
Der Text der vorliegenden Stele enthält weniger derart praktische Anweisungen, als eine Charakterisierung der Nubienpolitik Sesostris' III. und allgemeine, vom ägyptischen Königsdogma geprägte Aussagen zu den Themen „Grenze" und „Abgrenzung".
Nach der üblichen Einleitung mit Datum und Titulatur des Königs betont Sesostris III. er habe durch die Grenzsetzung in Semna das von seinen Vorgängern übernommene Erbe nicht nur bewahrt, sondern den Besitz Ägyptens nach Süden erweitert. Er charakterisiert sich als entschlossener aber überlegter Herrscher, dessen Handeln jeder Situation angemessen sei und dessen Kenntnis der nubischen Agressivität gezielte Expansion und Sicherung der Grenzen ermögliche. Nach einigen strategischen Details zur Bekämpfung der nubischen Bevölkerung schließt der Stelentext mit dem eigentlichen Anliegen. Sesostris wendet sich direkt an seine Nachfolger im Amt des ägyptischen Königs, die er zur Fortsetzung seiner Nubienpolitik auffordert und damit als rechtmäßige Erben und seine Söhne anerkennt. Denjenigen, die sich als Herrscher nicht für den Erhalt der Grenze einsetzen, spricht er die – wahre oder symbolische – Sohnschaft und damit auch die Legitimierung als ägyptischer König ab. Der Text geht damit weit über die übliche Lobpreisung der eigenen Leistungen im Sinne ägyptischer Selbstdarstellung hinaus. Das historische Bewusstsein und die Formulierung zukunftsweisender Wünsche und Erwartungen machen die Stele zu einem besonderen Dokument ägyptischer Grenz- und Außenpolitik.
S. M.-v. F.

Literatur: Kat. Berlin (1991) 46, Nr. 28;
Seidlmayer (1999).

161
Oberteil einer Königsstatue

Mittleres Reich, 12. Dyn., um 1800 v. Chr.
Herkunft unbekannt. Vor 1821 erworben
Basalt. Höhe 22,5 cm
Wien, Kunsthistorisches Museum, Ägyptisch-Orientalische Sammlung, Inv.-Nr. 6

Kopf, Oberteil des Oberkörpers und Oberarme der Königsstatue sind erhalten. Die Gesichtspartie hat stark gelitten, wodurch der grobe Gesichtsausdruck entsteht. Die Nase ist zum größten Teil weggebrochen. Der König ist mit Kopftuch und Uräus dargestellt. Um den Hals trägt er an einer Kette ein Amulett. Die Oberarme liegen seitlich am Körper an.

161

In der Mitte der Stirn setzt das schmale erhabene Stirnband an. Die Streifen des Königstuches sammeln sich rückwärts im Zopf, der breite, parallele Rillen aufweist. Das Amulett ist ebenso wie die Kette in sehr flachem Relief gearbeitet. Die Kette besteht aus verschiedenen starken Röhrenperlen.
Der Dargestellte ist auf Grund stilistischer Merkmale mit König Amenemhet III. zu identifizieren.
H. S.

Literatur: Jaroš-Deckert (1987) 1-5.

162
Felsinschrift

Mittleres Reich, 12. Dyn., Amenemhet III., 1823 v. Chr.
Kumma
Schiefer. Höhe 33 cm, Breite 77 cm
Berlin, SMB-PK, Ägyptisches Museum und Papyrussammlung, Inv.-Nr. 1161

In unmittelbarer Umgebung der aus dem Mittleren Reich stammenden Festung von Kumma befindet sich eine große Konzentration von Felsinschriften. Besonders an den Felsklippen des Westabhanges, die unterhalb der Festung zum Nil hin steil abfallen, sind die zahlreichen Nilstandsmarken auffällig. Diese Nilstandsmarken liegen erstaunlicherweise weit über den in modernen Zeiten erreichten Hochwasserständen und haben seit ihrer Entdeckung die Aufmerksamkeit der Forschung erregt. Prinzipiell haben sich hierbei zwei alternative Erklärungsmodelle herauskristallisiert: Das erste Modell geht von einer klimatischen Anomalie aus, die außerordentlich hohe Nilfluten gegen Ende des Mittleren Reiches nach sich zog. Das zweite Modell geht davon aus, dass sich die extremen Flutniveaus als ein auf die Region von Kumma und der gegenüberliegenden Festung von Semna beschränktes Phänomen erklären lassen. Die Felsschwelle des hiesigen Kataraktes könnte sich seit dem Mittleren Reich verändert haben, so dass ehemals hinter dem Katarakt aufgestaute Fluten später die Felsschwelle leichter und somit mit geringerem Staueffekt passieren konnten. Diese Veränderung kann durch natürliche Erosion erfolgt sein. Einer anderen Hypothese zufolge könnte die Flut durch einen künstlich angelegten Damm, der diesen Nilabschnitt besser schiffbar machen sollte, aufgestaut worden sein.
Bei der von Richard Lepsius 1843 entdeckten und abgebauten Felsinschrift handelt es sich um die am höchsten gelegene Nilstandsmarke. Die Inschrift bildet eine horizontale Zeile. Die flach aber ordentlich eingemeißelten Hieroglyphen sind von Zeilenbegrenzungen eingerahmt. Der Text lautet: *Nilstand des Jahres 30 unter der Majestät des Königs von Ober- und Unterägypten, Amenemhet III.*
A. E.

162

Literatur: Vercoutter (1976) 139 ff.; Hintze/Reineke (1989) Bd. 1, 100, Nr. 375A; Hintze/Reineke (1989) Bd. 2, Taf. 130; Kat. München (1996) 80, Nr. 82; Vercoutter (1998) 35 ff.; Seidlmayer (2001) 73-80.

163

163
Oberteil einer Kniefigur Amenophis' II.

Neues Reich, 18. Dyn., Amenophis II., 1428-1397 v. Chr.
Wad Ban Naqa (Sudan), ursprünglich aus Kumma
Quarzit. Höhe 17,5 cm
Berlin, SMB-PK, Ägyptisches Museum und Papyrussammlung, Inv.-Nr. 2057

Das horizontal gestreifte Kopftuch mit der Uräus-Schlange über der Stirn weisen das Statuenfragment unmissverständlich als das eines Königs aus, während der zeremonielle Königsbart fehlt. Auch sind die breiten Horizontalstreifen des Nemes-Kopftuches hier nicht durch unterschiedliche Reliefhöhen, sondern durch einfache Linien voneinander abgesetzt. Königliche Rundbilder der frühen und mittleren 18. Dyn. geben idealtypische Gesichter altersloser Herrscher wieder. Allerdings wurden die Idealporträts der jeweiligen Könige soweit typisiert, dass man solche Amenophis' II. von denen seines Vaters Thutmosis III. auch ohne identifizierende Beischrift unterscheiden kann. Die großen, fleischigen Ohren, die weitgeöffneten Augen und die vorgewölbten Lippen des kleinen Mundes lassen sich mit Amenophis II. verbinden.
Das Statuenoberteil wurde mit dem Unterteil eines Parallelstückes zusammen in Wad Ban Naqa, einer meroitischen Stadtanlage nahe des 6. Kataraktes gefunden. Da dieses Gebiet niemals von Ägyptern beherrscht war, müssen die Statuen spätestens in meroitischer Zeit dorthin verschleppt worden sein. Ursprünglich waren sie im Chnum-Tempel von Kumma, 60 km oberhalb des 2. Kataraktes aufgestellt, wo sich eine weitere vollständige Figur von 35 cm Höhe fand, die Amenophis II. in kniender Position bei einer Weinspende wiedergibt. Dabei hält der König je einen runden Nu-Topf in den Händen, wobei die Unterarme auf den Oberschenkeln liegen. In der frühen 18. Dyn. scheint der Königsbart meistens zu fehlen, sobald der weinopfernde König mit Nemes-Kopftuch dargestellt wird.
M. v. F.

Literatur: Kat. Hildesheim (1987) 242-243, Nr. 174; Kat. Berlin (1991) 78-79 Nr. 47; Kat. München (1996) 136, 137, Nr. 138.

164

164
Naophor des Setau

Neues Reich, Ramses II., um 1240 v. Chr.
Herkunft unbekannt. 1843 aus der Sammlung Athanasi erworben
Kalkstein. Höhe 78 cm, Breite 31,7 cm
Berlin, SMB-PK, Ägyptisches Museum und Papyrussammlung, Inv.-Nr. 2287

Die ägyptischen Besitzungen in Nubien wurden im Neuen Reich von Beamten mit dem Titel *Vizekönig von Kusch* verwaltet. Zu ihren Aufgaben gehörten das Einziehen der Tribute und deren Transport nach Ägypten, die militärische Sicherung der Südländer und die Aufsicht über die dortige Zivilverwaltung. Das einflussreiche Amt wurde nur an Beamte übertragen, die sich durch ihre Verdienste hohes Vertrauen des Königs erworben hatten. Setau, der wohl schon in der Regierungszeit Ramses II. geboren wurde, berichtet in einem autobiographischen Text, er sei am Hof erzogen worden und habe bereits als Schüler niedrige Aufgaben in der Verwaltung übernommen. Nach einer Sekretärstätigkeit beim Wesir wurde Setau *Domänenverwalter des Amun* und spätestens im 38. Regierungsjahr Ramses II. *Vizekönig von Kusch*. In dieser Funktion leitete er den Bau des Tempels Ramses II. von Wadi es-Sebua und restaurierte viele ältere Tempel und Denkmäler in Nubien. Kleine Tempelbauten, Statuen und Inschriften des Setau in Oberägypten und Nubien belegen seine vielfältigen Aktivitäten.
Die Statue zeigt Setau in einem an Schurz und Ärmeln reich plissierten Gewand der Ramessidenzeit. Kniend hält er vor sich einen Schrein mit einer Osirisfigur. Die Texte, die auf den Seiten- und Frontwänden des Schreins angebracht sind, enthalten die so genannte Opferformel, in der um Gaben für den Statuenbesitzer gebeten wird.
S. M.-v. F.

Literatur: Kat. München (1996) 142, Nr. 144.
Zu Setau: Habachi (1967) 51-68; Drenkhahn (1975); Helck (1975); Wente (1985).

165

165
Grabstele des Painehsy und des Paraemhab

Neues Reich, 19. Dyn., um 1200 v. Chr.
Herkunft unbekannt
Kalkstein. Höhe 76 cm, Breite 39 cm
London, British Museum, Inv.-Nr. EA 141

Die vier Register dieser oben abgerundeten Stele enthalten in flachem Relief ausgeführte Darstellungen und Inschriften. Die feinste Relieftechnik wurde dabei den oben knienden Figuren vorbehalten. Sie repräsentieren die Goldschmiedemeister Painehsy und Paraemhab. Zwischen den Dargestellten gruppieren sich drei Gottheiten um den Fetisch des abydenischen Gottes Osiris. Im zweiten Register finden sich weitere sieben Männer, von denen vier durch die Beischriften als Goldschmiede, andere als Priester ausgewiesen werden. Bei den Frauen im dritten Register handelt es sich um Verwandte der Steleninhaber. Im unteren Teil der Stele steht auf der rechten Seite – die Arme anbetend erhoben – der Goldschmied Iny, der Sohn des Paraemhab. Die Inschrift vor ihm enthält ein Opfergebet an Osiris, gefolgt von einer Bitte um uneingeschränkte Bewegungsfreiheit im Jenseits.
Die gesamte auf dieser Stele dargestellte Familie war in der Goldverarbeitung beschäftigt und beaufsichtigte die Herstellung von Gütern aus diesem kostbaren Metall, das aus den Minen des unterworfenen, im Süden gelegenen Nubien stammte.
A. J. S.

Literatur: James (1970) Taf. 19.

166 a-c
Drei Militär-Rationsmarken

Mittleres Reich, 12. Dyn., Amenemhet III., 1853-1806 v. Chr.
Uronarti
Holz. Durchmesser 13,1 cm (a), 12,7 (b)
Holz und Stuck mit Bemalung.
Höhe 15,6 cm, Breite 9,8 cm, Dicke 3,1 cm (c)
Boston, Museum of Fine Arts,
Inv.-Nrn. 24.732a-b (a), 24.733 (b), 24.754 (c)
Harvard University-Museum of Fine Arts Expedition

Schon in der 1. Dynastie beuteten ägyptische Herrscher die nubischen Bodenschätze aus. Sowohl Handelsexpeditionen als auch solche zum Rohstoffabbau fanden regelmäßig statt. Zur Zeit des Mittleren Reiches wandelten sich die Handelsbeziehungen in einen Besatzungszustand und Ägypten dehnte seine Grenzen südlich bis zum 2. Katarakt aus. Sesostris III. vollendete in der Gegend des 2. Kataraktes zu beiden Seiten des Nil einen Festungsgürtel, um die Grenze zu sichern und den Handel zu beaufsichtigen. Jeder Nubier, ob er sich zu Lande oder zu Wasser bewegte, fiel unter die Kontrolle dieser Grenzbefestigungen.
Die lückenlose Überwachung erforderte beträchtliche militärische Einheiten sowie eine dementsprechende Verwaltung zu deren Unterstützung. Die Festungen selbst bestanden aus zahlreichen Räumen und Höfen und besaßen massive Verteidigungsmauern, Bastionen, Zinnen, Schießscharten, Wälle, Gräben und Rampen, die sie mittelalterlichen Burgen vergleichbar machten. Sie enthielten Wohnquartiere, Verwaltungsgebäude und Lagerräume. In einem dieser Magazine oder Getreidespeicher innerhalb des befestigten Torbaus der Festung von Uronarti wurde diese Serie von Rationsmarken gefunden.
Ihre genaue Funktion bleibt unklar. Sie sind in Form verschiedener Brote und Kuchen geschnitzt und tragen viele auf die Versorgung der im Fort stationierten Truppen bezogene Inschriften. Die meisten sind durchbohrt und waren einst vielleicht an Vorratsbe-

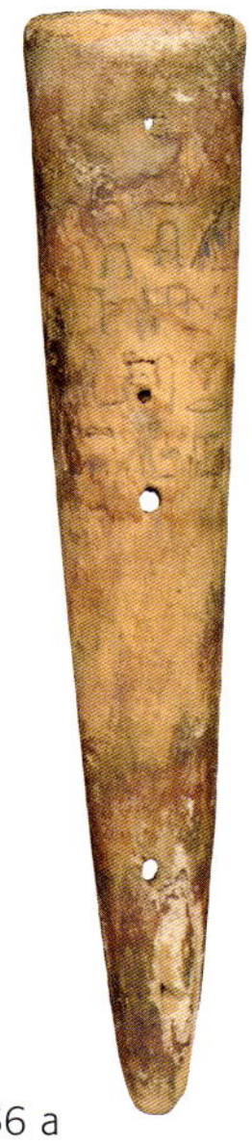

166 a

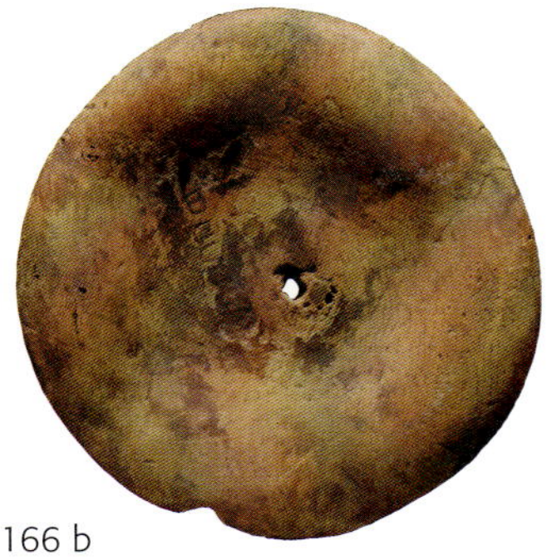

166 b

166 c

hältnissen befestigt. Eine Marke ist mit dem Datum *Jahr 33* und dem Thronnamen Amenemhets' III. beschriftet. Im gleichen Raum wurden außerdem Gewichte zum Abwiegen von Gold gefunden.
R. E. F.

Literatur: Dunham (1967) 34-35; Simpson (1973) 220-222; Kemp (1989) 166-178.

167
Ramesseum Onomastikon mit Festungsnamen

2. Zwischenzeit, 13.-14. Dyn., ca. 1794-1648 v. Chr.
Papyrus. Breite 26 cm, Höhe 20 cm (Rahmen); Abmessungen des gesamten Papyrus (ohne die Anfangsfragmente):
Länge 178 cm, Höhe 14 cm
Berlin, SMB-PK, Ägyptisches Museum und Papyrussammlung, Inv.-Nr. P. 10495/IV

Als Onomastika bezeichnet man Listen von Wörtern und Namen, die nach bestimmten Sachgebieten geordnet sind, so dass sie den ägyptischen Schreibern gewissermaßen als „Wörterbuch" dienen konnten. Bei dem hier gezeigten Papyrus handelt es sich um einen Teil des Ramesseum Onomastikons, so genannt, weil es zusammen mit anderen Papyri in einem älteren Grab unter den Magazinräumen des Ramesseums gefunden wurde.
Der Text enthält 17 Namen von Festungen in Nubien in geographischer Reihenfolge von Süd nach Nord. Während für die nördlicher gelegenen Festungen die den Ägyptern vertrauten Ortsnamen angegeben werden, haben die südlicheren kriegerische Eigennamen; so lautet die Übersetzung der ersten fünf: Festung *die Nubien bezwingt*, *mächtig ist Cha-kau-Re* (i.e. Sesostris III.), *die die Bogen abwehrt*, *die die Iuntiu zurückschlägt* und *die die Fremdländer niederwirft*.
Fast alle Orte der Liste können sicher identifiziert werden. Es handelt sich um die Festungsanlagen im Bereich des 2. Katarakts von Semna bis Buhen und weiter nördlich von Serra bis nach Elephantine und Silsile, die schon auf ägyptischem Gebiet liegen. Die meisten dieser unmittelbar am Ufer, einige auch auf Nilinseln errichteten Festungen wurden in der 12. Dynastie vor allem zur Zeit Sesostris' III. im Rahmen seiner Expansionspolitik (vgl. Nr. 160) angelegt. Die Ruinen dieser gewaltigen aus Lehmziegeln errichteten Anlagen sind archäologisch gut erforscht. Heute sind sie im Wasser des großen Stausees verschwunden, da sie anders als die Tempelbauten dieser Region nicht versetzt werden konnten.
K. O.

Literatur: Gardiner (1916); Gardiner (1947) 6-21, Taf. 1-6

167

Fremde Götter in Ägypten

Wolfgang Wettengel

Handelsbeziehungen, Eroberungen und Migrationen brachten die altägyptische Kultur schon sehr früh in Kontakt mit Gottheiten des Auslands.[1] Im Totentempel des Sahure wird der seit der Frühzeit belegte Gott Sopdu, ein *Herr der Fremdländer*, als bärtiger Asiat dargestellt (Abb. 1), und aus den Regionen der westlichen Wüste kennen wir den Gott Asch als *Herrn von Libyen*, während es sich bei Dedun um eine Gottheit des Südens handeln muss, da er laut Pyramidentexten aus Nubien den Duft des Weihrauchs bringt.[2] Allerdings wurden fremde Götter zunächst nicht einfach importiert; Kult und Namen erscheinen weitgehend ägyptisiert.

Doch auch klassisch ägyptische Gottheiten hatten Verbindungen zu fremden Ländern. Schutzgöttin Rohstoff liefernder Gebiete und Fremdländer wie des Sinai und Punts war vor allem Hathor.[3] Im Mittleren Reich wurde die Göttin als *Herrin von Byblos* bezeichnet. Von dieser bedeutenden Küstenstadt aus sind Handel und Holztransporte organisiert worden, so dass es sich vielleicht um keinen ursprünglich dort beheimateten, sondern um einen aus Ägypten importierten Kult gehandelt haben könnte.[4] Hathor ist laut Sargtexten jene Göttin, die das hölzerne Steuerruder für das Totenschiff herstellt.[5]

Abb. 1
Der Gott Sopdu

Könige eigneten sich bereits im Alten Reich durch Identifikation die Mächtigkeit fremder Götter an. Pharao wurde als Chai-Tau bezeichnet, als der *Flammend Erscheinende*,[6] ein Gott des Libanongebirges, vielleicht die frühe Form eines Himmels- und Wettergottes, der aus den Bergen seine feurigen Blitze schleuderte und mit den Wäldern dieser Region in Verbindung stand, aus der man das in Ägypten so begehrte Pinien- und Zedernholz sowie das duftende Harz dieser Bäume bezog.

Mit der Herrschaft Ägyptens über Vorderasien im Neuen Reich veränderte sich die Situation gegenüber früheren Epochen grundlegend. Vor allem ab Amenophis II. sind in Ägypten eine Reihe syrisch-palästinensischer Gottheiten wie Astarte, Baal, Reschef und Hauron inschriftlich nachweisbar.[7] Die Eroberungspolitik dieser Epoche förderte offenbar die

Abb. 2
Baal als Jäger auf einem Zylindersiegel

Anerkennung palästinensischer Gottheiten durch ägyptische Herrscher. Um effektiv Macht ausüben zu können, mussten sich die Pharaonen der Gunst der dort wohnenden Götter versichern. Zur Sicherung der Macht wurden auch ägyptische Götter und Kulte in die eroberten Gebiete des Nordostens transferiert,[8] vor allem aber nach Nubien, wo die Pharaonen des Neuen Reiches zahlreiche Tempel errichten ließen, unter denen die großen Felsenheiligtümer von Abu Simbel die berühmtesten sind. Doch vertrauten die Pharaonen mit der Zeit auch mehr und mehr auf die Wirkkraft fremder Götter. So ließ sich Amenophis III. aus Ninive eine Statue der Göttin Ischtar kommen, damit sie ihn von Krankheiten heilen sollte.[9]

Zentrum der Verehrung vorderasiatischer Götter in der Zeit der 18. Dynastie war die von Asiaten stark frequentierte Stadt Memphis. Doch kam der bedeutende Wettergott Baal mit palästinensischen Einwanderern schon viel früher ins Land. Durch den Fund eines Zylindersiegels,[10] das den Gott über zwei Berge schreitend zeigt (Abb. 2), ist seine Präsenz in Ägypten schon vor den Hyksos nachweisbar. Wettergötter wurden in Ägypten mit Seth, der ebenfalls Sturm- und Wettergott ist, identifiziert. Umgekehrt wurde der ägyptische Seth, der schon im Alten Reich Wüstengott war und über Grenzregionen gebot, immer mehr zum Gott der Fremdländer.

Bedeutende Kultstätten für fremde Gottheiten, besonders für Baal, Anat, Astarte und Hauron, treten aber erst in der Ramessidenzeit auf.[11] Inhaber höchster Ämter wie die unter Merenptah und Sethos II. amtierenden Wesire, Vater und Sohn mit Namen Hori, waren memphitische Baals-Priester.[12] Neuer Mittelpunkt der Kulte fremder Götter aber dürfte jetzt die in der 19. Dynastie erbaute Ramses-Stadt mit dem Anat-Tempel und dem schon von Einwanderern gegründeten Tempel für den Gott Seth-Baal gewesen sein.[13] Die Residenzstadt der Ramessiden war zudem nicht weit entfernt von dem Ort, an dem einst die Hyksos ihre Hauptstadt Avaris errichtet hatten.

Gebildete Schichten verehrten in der Ramessidenzeit die Göttin Qadschu (Qadesch), eine in Ägypten im Neuen Reich konstruierte Figur,[14] die nach Vorderasien zurücktransferiert wurde und bereits durch ihre Frontaldarstellung vorderasiatischen Einfluss verrät. Zu ihr gesellen sich in Form einer Triade die Götter Reschef und Min.

Seth stieg als Familiengott der Ramessiden in der 19. Dynastie zu einem der wichtigsten Götter des Landes auf.[15] Ramses II., dessen Vorfahren aus eingewanderten palästinensischen Kreisen stammen dürften,

Abb. 3
Ramses II. vor Seth-Baal

verehrt auf seiner Jubiläumsstele als Ahnengott den *Seth des Ramses*. Dieser Gott ist ein alter Baal, der seine Eigenheiten noch durch seine Attribute wie hohe Krone mit Hörnern und einem langen Band, das von der Krone herabfällt, verrät (Abb. 3), dazu trägt Seth-Baal einen asiatischen Schurz. Könige wie Sethos I. und II. geben ihre dynastische Bindung an Seth-Baal schon durch ihren Namen programmatisch kund. Der ramessidische Dynastiegott verfügt als Wettergott wie der traditionelle Seth über ungeheure physische Kräfte. Er ist aber nicht der rohe, gewalttätige Osiris-Mörder. Als ein Baal ist er sterbende und wiederauferstehende Fruchtbarkeitsgottheit und mit Osiris, ja sogar mit dem solaren Min wesensverwandt;[16] Gemeinsamkeiten mit Osiris wurden sogar demonstrativ durch eine gewählte Schreibung des Seth-Namens dieser Sethos-Könige mit dem Osiris-Zeichen in einigen der Königskartuschen in den Totenkultanlagen proklamiert (Abb. 4).

Abb. 4
Name Sethos' I.

Doch dürfte die massive Präsenz fremder Gottheiten und der oft rasche soziale Aufstieg vieler einstiger Ausländer sowie ihr enormer Einfluss auf die Politik in Ägypten mit Sicherheit nicht unumstritten gewesen sein, vor allem in Krisenzeiten.[17] Mit der Erzählung von den beiden Brüdern ist ein Literaturwerk überliefert, das sich feinsinnig um eine Integration von Seth-Baal in den ägyptischen Re-Osiris-Zyklus bemüht und über die Hauptfigur der Erzählung, den Gott Bata, schließlich dessen Inkarnation im ramessidischen Königtum schildert.[18]

Nach den beiden Ramessidendynastien sinken am Ende des Neuen Reiches Bedeutung und Einfluss vorderasiatischer Götter in Ägypten rapide. Im Zuge zahlreicher Kriege wird schließlich der Gott Seth als Gott der Fremdländer mehr und mehr verfemt.

1 Helck (1971^2); Stadelmann (1967); Bietak (1990) 9 ff.
2 Pyr. §§ 803 c, 1017 a und 1718 a.
Siehe auch Bonnet (1971^2) 55, 153 u. 741.
3 Stadelmann (1967) 1 ff.; Helck (1971^2) 46.
4 Stadelmann (1967) 10-11.
5 CT I, 262.
6 Pyr. §§ 518d, 242c, 423 c; Stadelmann (1967) 8-9.
7 Helck (1971^2) 446 ff.; Stadelmann (1967).
8 Giveon (1978) 22 ff. Zu dem merkwürdigen, möglicherweise von Pharaonen gestifteten Kult des Baal-Beqac im späteren Baalbek/Heliopolis s. Wettengel (2003) 245 ff.
9 Helck (1971^2) 459.
10 Bietak (1990) 9 ff.
11 Stadelmann (1967) 146-150.
12 Wettengel (2003) 253-254.
13 Bietak (1990) 14-16.
14 Helck (1971^2) 463 ff.
15 Stadelmann (1965) 46 ff.
16 Wettengel (2003) 242-243.
17 Wettengel (2003) 184-185.
18 Wettengel (2003) 233 ff.

168
Stele: Ramses II. opfert vor Astarte

Neues Reich, 19. Dyn., Ramses II., 1279-1213 v. Chr.
Herkunft unbekannt
Kalkstein. Höhe 48,5 cm, Breite 52,5 cm, Dicke 8,5 cm
Paris, Louvre, Dep. des Ant. égyptiennes, Inv.-Nr. E 26017

Das Hauptbildfeld der Stele zeigt links Ramses II., wie er Weihrauch und Blumen über einem gefüllten Opfertisch vor der rechts stehenden Göttin Astarte opfert. Astarte ist eine seit alters im mesopotamischen und syrisch-palästinensischen Bereich verehrte Göttin, die vom Neuen Reich an auch in Ägypten bezeugt ist (ältester Beleg aus der Zeit Amenophis' II.). Hier ist sie rein ägyptisch mit eng anliegendem Kleid und Atef-Krone dargestellt; in der einen Hand hält sie ein Zepter, in der anderen das Lebenszeichen. Auch die Epitheta bezeichnen sie als ägyptische Göttin: *Herrin des Himmels, Gebieterin der beiden Länder*.
Im oberen Stelenrund ist der Gott Seth dargestellt; die Beischrift bezeichnet ihn als *großen Gott, Herrn des Himmels, geliebt von Re*. Ungewöhnlicherweise ist Seth hier in Sphinxgestalt (Löwenkörper mit Kopf des Sethtieres) abgebildet, ähnlich wie Amun als widderköpfiger Sphinx dargestellt werden kann. Seth und Astarte sind öfters verbunden; so heißt es z. B. im Loblied auf die Delta-Residenz (Papyrus Anastasi II, 1:4): *Ihr (der Ramsesstadt) Süden ist das Haus des Seth; Astarte ist in ihrem Osten*. Möglicherweise stammt die Stele von dort.
K. O.

Literatur: Vandier (1969a) 46, 48, Abb. 10; Vandier (1969b) 193-197, Taf. 7 b; Kat. Paris (2000b) 29, 115, Abb. 8; KRI II, 779.

168

169
Votivstele für den Gott Reschef

Neues Reich, 19. Dyn., Ramses II., 1297-1213 v. Chr.
Wahrscheinlich aus Qantir, sog. "Ramses-Stadt". Schenkung Pelizaeus, 1907
Kalkstein. Höhe 46,8 cm, Breite 27,5 cm, Tiefe 8,2 cm
Hildesheim, Roemer- und Pelizaeus-Museum, Pelizaeus-Museum, Inv. Nr. 1100

Diese Stele gehört zu einer Gruppe von 65 ramessidischen Denksteinen in Hildesheim, die wahrscheinlich aus der Ramses-Stadt stammen, Hauptstadt Ägyptens während der 19. und 20. Dynastie. Die Stelen sind vor allem den vergöttlichten Kolossalstatuen Ramses' II. geweiht (vgl. Nr. 72), nennen aber auch die großen Götter Ägyptens wie Amun-Re, Ptah und Sobek. Die einzige Hildesheimer Stele, die keinen ägyptischen, sondern einen ausländischen Gott darstellt, ist die dem westsemitischen Reschef geweihte Stele.
Das Bildfeld wird ganz von der nach rechts schreitenden Gestalt des Gottes Reschef eingenommen; der Stifter der Stele bleibt dagegen anonym. In charakteristischer Pose erhebt Reschef den rechten Arm mit einer Waffe, die nur sehr ungenau dargestellt ist und daher sowohl als Speer wie auch als Keulenaxt erklärt werden kann, beides für Reschef typische Waffen. Mit der linken Hand packt er einen Speer und gleichzeitig einen Schild. Links hinter ihm ist ein Gegenstand dargestellt, dessen Interpretation

169

zwischen Musikinstrument und Waffe schwankt. Reschef trägt eine Krone, die der Weißen Krone Oberägyptens ähnlich sieht, aber schmaler und höher ausfällt, einen Halskragen und einen schlichten kurzen Schurz. Nichts deutet in seinem Äußeren auf seine westsemitische Herkunft hin, die in anderen Darstellungen dieser Zeit durch einen Spitzbart, Fransen am Schurz und einen Gazellenkopf an der Krone betont herausgestellt wird.
Großer Gott und *der die Bitten erhört* wird Reschef in der kurzen Opferformel genannt. Ursprünglich ist Reschef ein westsemitischer, in Syrien-Palästina beheimateter Gott, dem die Unterwelt, der Krieg und die ansteckenden Krankheiten zugeordnet waren. Die Beziehungen Ägyptens zu seinen Nachbarn führten verstärkt seit dem Neuen Reich auch zur Übernahme ausländischer Gottheiten. Reschef ist in Ägypten bis in die Ptolemäerzeit bezeugt. In der 18. Dyn. galt er vor allem als kriegerisch-kämpferischer Königsgott, später fand seine Verehrung auch Eingang in den Volksglauben.
B. Sch.

Literatur: Roeder (1926) 61-62, Abb. 1; Habachi (1954) 541.

170
Statuette des Gottes Reschef

Vielleicht 3. Zwischenzeit, ca. 10.-9. Jh. v. Chr.
Herkunft unbekannt. Schenkung Pelizaeus von 1907
Bronze. Höhe 21,7 cm, Breite 6,7 cm, Tiefe 7,5 cm
Hildesheim, Roemer- und Pelizaeus-Museum,
Pelizaeus-Museum, Inv. Nr. 46

Die Statuette stellt den Kriegsgott Reschef dar, der hier in einer für ihn charakteristischen, bewegten Haltung wiedergegeben ist. Der Gott erhebt den rechten Arm, dessen Hand ursprünglich eine Waffe (Axt?) hielt, und schreitet dabei weit aus. Der linke Arrn wird leicht angewinkelt vor den Körper gehalten; die Hand fasste ein Attribut (wahrscheinlich Speer, wohl kein Schild), das nicht mehr erhalten ist, doch steckt noch ein Rest in der Durchbohrung der geballten Faust.
Der Körper des Gottes ist auffallend schlank und schmal, er wirkt in den Proportionen etwas lang gezogen. Das ebenfalls sehr schmale Gesicht weist eine fein ausgearbeitete Physiognomie auf: schmale gerade Nase, ernster Mund, große Augen, in deren Vertiefungen noch Reste der Einlagen vorhanden sind. Der Gott ist mit einem kurzen, nur bis zur Mitte der Oberschenkel reichenden Schurz unägyptischen Typs (wohl syrisch; mit seitlich gerafftem Faltenwurf) bekleidet. Er trägt eine hohe Krone mit rundlichem Abschluss, die der oberägyptischen Königskrone („Weiße Krone") sehr ähnlich sieht. Die Figur war ursprünglich vollständig mit Blattgold überzogen. Reste der Vergoldung finden sich in zahlreichen kleinen Spuren über die ganze Statuette verteilt.
Reschef ist ein westsemitischer Gott, der besonders im Neuen Reich, aber noch bis in die Ptolemäerzeit hinein auch in Ägypten verehrt wurde. Er galt als Kriegsgott, als Todes- und Krankheitenbringer, aber eines seiner häufigsten Epitheta lautet auch *der die Bitten erhört* (vgl. 169).
B. Sch.

Literatur: Roeder (1937) 6, § 26, Taf. 2 h-k.

170

171

171
Ostrakon mit Darstellung der reitenden Astarte

Neues Reich, 19.-20. Dyn., ca. 1290-1070 v. Chr.
Theben, wahrscheinlich Deir el-Medina
Kalkstein. 10 x 16 cm
Berlin, SMB-PK, Ägyptisches Museum und Papyrussammlung, Inv.-Nr. 21826

Diese Kalksteinscherbe trägt die Zeichnung einer reitenden Göttin, die nackt auf einem ungesattelten Hengst nach rechts reitet. Mit der Linken fasst sie den Zügel kurz hinter dem Kopf des Tieres. In der triumphierend erhobenen Rechten schwingt sie ihre Attribute Pfeil und Bogen. Große Ringe zieren die Ohren der Göttin und um ihren Hals hängt eine Kette, an der ein herzförmiger Amulettanhänger baumelt. Das Pferd stürmt nicht in gestrecktem Galopp voran, sondern scheint in zügigen Trab verfallen zu sein.
Ein Relief, auf dem eine reitende Göttin mit der Beischrift *Asti* versehen ist, erlaubt es, auch die Reiterin auf dem Scherbenbild mit der syrischen Kriegs- und Liebesgöttin Astarte zu identifizieren. In Syrien galt Astarte als *Herrin der Pferde*, in Ägypten tritt sie als *Herrin des Pferdegespanns* bereits unter Amenophis II. auf. Ihre Verehrung hängt sicher direkt mit der Etablierung der Streitwagentruppe als neuer Waffengattung zusammen. Unter Ramses II. avancierte Astarte zur Schutzgöttin des Ostteils der Residenzstadt Piramesse.
Da sich die Reiterei im Ägypten des Neuen Reiches niemals zu einer eigenen Militäreinheit entwickelte, kommen Reiterwiedergaben selten vor. Bei den wenigen reitend Dargestellten handelt es sich meist um Pferdebetreuer, die ihre Tiere zur Schwemme oder zur Weide bringen.
M. v. F.

Literatur: Brunner-Traut (1956) 29-31, Nr. 16, Taf. VIII; Kat. Berlin (1967) 64, 65, Kat. Nr. 728.
Zu Astarte allgemein: Stadelmann (1967) 101-110.

172
Widderkopf

Klassisches Kerma, ca. 1650-1570 v. Chr.
Kerma, Tumulus K III
Glasierter Quarz. Höhe 9,4 cm, Breite 10,6 cm, Tiefe 8,3 cm
Boston, Museum of Fine Arts, Inv.-Nr. 20.1180
Harvard University-Museum of Fine Arts Expedition

Sowohl in Ägypten als auch in Nubien waren Widder und Schafe wichtige Nahrungsquellen sowie Lieferanten von Rohstoffen. Außerdem wurden sie in beiden Kulturen im Kult als Opfer dargebracht und als Götter verehrt. In Ägypten galt ein menschengestaltiger Gott mit Widderkopf, Chnum, als Gott des 1. Nil-Kataraktes und war mit der Erschaffung der Welt verbunden. Auch der Reichsgott Amun konnte seit dem Neuen Reich in Gestalt eines Widders oder eines widderköpfigen Löwen dargestellt werden. Welche Gottheit sich in Nubien hinter der Gestalt des Widders verbirgt, ist unklar, doch Widder mit perlenbesetzten Troddeln, Kopfschmuck und zum Schutz der Hörnerspitzen aufgesetzten Schmuckknäufen finden sich oft in den Bestattungen der nubischen Oberschicht in Kerma, der Hauptstadt eines im zweitem Viertel des zweiten Jahrtausends v. Chr. bestehenden Reiches. Man hat vorgeschlagen, dass die Darstellung des Amun als Widder durch Einflüsse Nubiens inspiriert gewesen sei. Zur Zeit des Neuen Reiches, als Nubien Teil des ägyptischen Reiches wurde, ist Amun nachweislich auch in Nubien verehrt worden. Nubiens Wertschätzung für Amun dauerte bis zur Christianisierung an.

Dieser naturalistisch modellierte, halb lebensgroße Widderkopf stammt aus der Hauptbestattung in Kerma, Tumulus K III, einem niedrigen Hügel von etwa 90 Metern Durchmesser. Ein kopfloser sitzender Löwe, ebenfalls aus glasiertem Quarz gearbeitet und in der Nähe aufgefunden, mag einst Teil derselben Skulptur gewesen sein. In diesem Falle wäre dieser nubische Widdersphinx früher zu datieren als jedes bekannte ägyptische Beispiel.
Obwohl die Ägypter glasierten Quarz bereits in prädynastischer Zeit herstellten, wurde er doch zu keiner Zeit in solchen Mengen produziert wie in Kerma. Wegen der feinen Polierung des Steines ist heute kaum noch etwas von seiner einst lebendigen blauen Glasur zu erkennen.
R. E. F.

Literatur: Reisner (1923a) 139 (f) xiii; Reisner (1923a) 51, Taf. 37,4; Wenig (1978) 145-146; Wildung (1984) 181; Kat. Genf (1990) Nr. 259; Kat. München (1997), 102-103.

172

Ägyptische Götter im Ausland

Ulrike Löw · Christian Bayer

Die Verehrung ägyptischer Götter im Ausland ist bis zur griechisch-römischen Zeit vergleichsweise selten zu beobachten. Der Grund liegt in der stark ausgeprägten regionalen Bindung antiker Gottheiten; sie fungierten in territorial begrenzten Gebieten – sei es einer einzelnen Kultanlage, einer Siedlung, einer prägnante Landschaft oder einer als politische Einheit verstandene Region, weshalb man sie nicht ohne weiteres in das jeweils eigene Pantheon übernahm. Auch von ägyptischer Seite wurden unterworfene Gebiete nicht dazu genötigt, ägyptische Götter zu verehren. In den Fällen, in denen sie tatsächlich religiösen Kult außerhalb Ägyptens genossen, lag dies zumeist an engen politischen und religiösen Beziehungen.

Abb. 1
Amenophis III. opfert dem Gott Neb-ma'at-Re. Tempel von Soleb

Ein Beispiel hierfür ist die phönizische Hafenstadt Byblos. Bereits von der 2. Dynastie an bestanden enge Handelskontakte nach Ägypten, wie verschiedene Steingefäße als Stiftungsgaben ägyptischer Herrscher an den Tempel von Byblos belegen. Lange Zeit galt Byblos als ägyptische Stadt. Die meistverehrte Göttin in Byblos war Ba'alat, *Herrin von Byblos*, die spätestens seit dem Mittleren Reich mit der ägyptischen Göttin Hathor verschmolz. Eine Inschrift, angebracht auf einer in Byblos gefundenen Privatstatue des Mittleren Reiches, nimmt explizit Bezug auf den Kult der *Hathor, Herrin von Byblos*. Es kann davon ausgegangen werden, dass die Hathor von Byblos hier bereits als eine ägyptische Göttin verstanden wurde. In ähnlichem Zusammenhang sind wohl auch die anderen „Hathoren" zu sehen, die im Gefolge ägyptischer Expeditionen und Handelsreisen in entfernte Gegenden gelangten, aus denen man Rohstoffe bezog, wie beispielsweise dem Sinai oder Punt. In Serabit el-Chadim auf dem Sinai lag eines der wichtigsten Zentren des Türkisabbaus, den vor allem die Pharaonen der 12. Dynastie an diesem Ort vorantrieben. Hathor genoss hier in ihrer Funktion als *Herrin des Türkises* kultische Verehrung, wie zahlreiche Votivstelen und eine ungewöhnliche Tempelanlage zeigen, deren Zugang zum Allerheiligsten nicht durch offene Vorhöfe, sondern durch mehrere aufeinander folgende Pfeilerräume erfolgte. Neben Hathor war der ägyptische Weisheits- und Schreibergott Thot auf der Sinai-Halbinsel schon ab dem Alten Reich prominent und aus dem Mittleren und Neuen Reich haben sich Bildnisse des Gottes in seiner Gestalt als Pavian erhalten.

Eine absolute Sonderstellung unter den ägyptischen Göttern im Ausland nahm der Gott Neb-ma'at-Re *Herr von Nubien* ein. Der Gott besaß einen Kult im Amun-Tempel von Soleb, dem größten Sakralbau südlich von Theben, etwa 500 km von Assuan entfernt. Auf den Tempelwänden erscheint er menschengestaltig mit Sonnenscheibe und Mondsichel auf dem Haupt (Abb. 1). Der von einer gewaltigen Mauer umgebene Tempel datiert in die Zeit Amenophis' III. und wurde noch während seiner Regierung in mehreren Baustufen stetig erweitert. Bei dem Gott Neb-ma'at-Re handelte es sich um keinen geringeren als den König selbst; der Thronname Amenophis' III. lautet Neb-ma'at-Re, und die Tempelwände zeigen den Herrscher beim Vollzug ritueller Handlungen vor seinem eigenen Götterbild! Dieses Phänomen spiegelt jedoch nicht etwa persönlichen Größenwahn des Herrschers wider, sondern vielmehr ein ausgeklügeltes theologisches Konzept: waren für den Ägypter die Götter in und durch den König erfahrbar, galt dies nicht für die Fremdvölker. Für sie musste Pharao erst selbst zu einem im Kult gegenwärtigen Gott werden, um so in seinem dogmatischen Anspruch als Beherrscher der Fremdländer sowohl kultisch-religiöse wie politische Akzeptanz einzufordern. Dahinter verbirgt sich zugleich eine veränderte Einstellung der Ägypter zu den Fremdländern; bislang Innbegriff des ungeordneten Chaos, wurde ihnen nun gleichfalls das ordnende Wirken ägyptischer Götter zuteil. Unter diesem Aspekt garantierte Amenophis III. den Bewohnern Nubiens in seiner Funktion als sichtbarer Gott Neb-ma'at-Re Schutz und Fürsorge.

Hauptgott des späteren Königreichs von Kusch (um 1000-300 v. Chr.) in Nubien war der schon zuvor populäre ägyptische Gott Amun, dem die kuschitischen Herrscher vor der eindrucksvollen Naturkulisse am *Reinen Berg*, dem Felsmassiv des Gebel Barkal nahe ihrer Residenzstadt Napata, einen imposanten Tempel errichteten. Er war hier *Herr der Throne der Beiden Länder, der an der Spitze von Karnak steht, zu Gast am Reinen Berg*. Die Verehrung des Amun begünstigte seine enge Verbindung mit dem Königtum, verstanden sich die Könige von Kusch doch als legitime Pharaonen, die während der 25. Dynastie (um 746-655 v. Chr.) sogar die zeitweilige Herrschaft über ganz Ägypten erringen konnten.

Knapp 300 Jahre später fiel der Pharaonenthron mit der Eroberung Ägyptens durch Alexander den Großen endgültig in fremde Hände, wenngleich auch die nachfolgenden ptolemäischen Herrscher weiterhin als Pharaonen regierten. Alexander der Große selbst begründete diesen Anspruch mit dem Besuch des Amun-Heiligtums der Oase Siwa, wo er sich per Orakelspruch als ägyptischer Pharao inthronisieren ließ. Die Verehrung ägyptischer Götter im Ausland wurde in der Folgezeit durch die extensiven Handelsbeziehungen der Ptolemäer und ihrer aufstrebenden Hafenmetropole Alexandria wesentlich begünstigst. Vor allem war es Amun in seiner spezifischen Form als Orakelgott von Siwa, der in den hellenistischen Kulturraum übernommen wurde. Auf Münzen aus Kyrene wird er mit bärtigem Zeuskopf und dem charakteristischen Widdergehörn an den Schläfen dargestellt. Auch auf Zypern und in Westafrika, Italien und Spanien sind Amun-Kulte nachgewiesen. Die entsprechenden Lokalformen des Amun oder anderer ägyptischer Götter gingen dabei meist enge Verbindungen mit den einheimischen Göttern ein. Dennoch kam es bei diesen Übernahmen nicht zu einer völligen Assimilierung des ägyptischen Gottes durch sein ausländisches Pendant. Zunächst waren es noch immer Ägypter, die die Tempel im Ausland errichteten. Es fanden außerdem ägyptische Rituale und Riten statt, ausgeführt von Priestern, die mit der altägyptischen Religion – bis zu einem gewissen Grad auch mit Sprache und Schrift – vertraut waren. Spezielle Kultrituale wurden gelegentlich sogar von Ägyptern selbst durchgeführt; so besaß beispielsweise das Serapeum auf Delos einen ägyptischen Traumdeuter.

In römischer Zeit verbreiteten sich schließlich die Götter des Isis-Kreises mit Serapis, Osiris, Harpokrates u.a. über den ganzen Mittelmeerraum bis nach Rom selbst, wohin nun ägyptische Statuen und Denkmäler, ja sogar ganze Obelisken verbracht wurden. Im Mittelpunkt des religiösen Interesses stand die Göttin Isis, der man einen eigenen Reichstempel errichtete. Ein wesentlicher Unterschied zum Götterkult in pharaonischer Zeit bestand allerdings im Fehlen der religiösen Funktion des Königs, dessen kultische Funktionen nun gänzlich in den Händen der Priester lag. Zugleich entwickelte sich ein ausgesprochener Mysterienkult, der sich um die Göttin Isis rankte und von römischen Soldaten bis in die entlegensten Winkel des Imperiums getragen wurde. Erst das Christentum verdrängte die Göttin und mit ihr alle anderen Götter der antiken Welt.

Literaturauswahl: Helck (1971²); Helck (1975c); Helck (1975d); Hölbl (1986) 920 ff.; Kuykendall (1966); Pamminger (1993); Mysliwiec (1998) 94 ff.

Handel als Tributleistung – Ideologische Darstellung der Handelskontakte

Susanne Martinssen-von Falck

Bereits ein Blick auf die zur Verfügung stehenden Quellen zeigt, welche Schwierigkeiten sich bei der Beschreibung des ägyptischen Außenhandels und der Tributverpflichtung anderer Länder an Ägypten ergeben. Archäologische Funde ausländischer Objekte bezeugen bereits seit prädynastischer Zeit einen regen Warenimport nach Ägypten (für das Alte Reich vgl. Nr. 173), ebenso wie ägyptische Objekte im Ausland einen Gütertransfer in die umliegenden Länder belegen. Seit dem Alten Reich sind zudem Expeditionsinschriften und -berichte ägyptischer Beamter überliefert, denen

Abb. 1
Die ägyptische Expeditiontruppe in Punt.
Deir el-Bahari, Totentempel der Hatschepsut

jedoch kaum Hinweise auf Austauschmodalitäten zu entnehmen sind. Im Neuen Reich kommen mit der veränderten außenpolitischen Situation und der Stellung Ägyptens als bedeutender Großmacht neue Quellen hinzu, die unsere Kenntnisse über die ägyptische Außenwirtschaft erweitern. Königliche Denkmäler wie die Annalen Thutmosis III., die jährliche Gütereinnahmen aus dem Ausland verzeichnen, oder die Darstellungen der Puntexpedition (Abb. 1-2) unter Königin Hatschepsut in ihrem Totentempel von Deir el-Bahari enthalten wichtige Informationen über die ägyptischen Wirtschaftsbeziehungen. Die Akten der Palast- und Tempelarchive mit den genauen Aufzeichnungen der Ein- und Ausgänge sind kaum erhalten. Eine Ausnahme bildet die umfassende Amarna-Korrespondenz aus der Zeit Amenophis III. und IV., in der wirtschaftliche Transaktionen mit Vorderasien aufgeführt sind. Von hohem Informationswert sind zudem die so genannten „Tributszenen" der Privatgräber der 18. Dynastie und die biographischen Inschriften der Grabbesitzer.
Probleme bei der Beurteilung von Importen bereitet aber die oft unklare oder mehrdeutige ägyptische Terminologie, mit der Gütergruppen beschrieben werden: *„Geschenke"*, *„Lieferungen"*, *„Importe"* oder *„Tribute"* treffen die antike Wortwahl nur fallweise.[1] Zudem ist fast allen genannten Denkmalgruppen gemein, dass sie ideologisch geprägt die ägyptische Sichtweise widerspiegeln und nicht die realen Handelsvorgänge zeigen. In Bildern und Texten soll die überlegene Stellung des ägyptischen Königs und sein umfassender Besitzanspruch dokumentiert werden. Folglich werden die Gegenleistungen Ägyptens an die Handelspartner in den meisten Quellen nicht oder nur in verfälschter Form erwähnt. Die wirtschaftlichen Beziehungen stehen in enger Verbindung zu den politischen Gegebenheiten, da sie ein staatliches Monopol sind und privater Handel lediglich eine untergeordnete Rolle spielt.[2] Betrachtet man also die realen politisch-militärischen Verhältnisse Ägyptens zu seinen Nachbarn, ist es möglich, die Basis für einen ökonomischen Austausch näher zu bestimmen.
Seit den bedeutenden Feldzügen der Thutmosidenzeit waren sowohl große Teile Palästinas als auch Nubien als Provinzen an Ägypten angegliedert. Diese Gebiete wie auch einige libanesische Küstenorte unterstanden der ägyptischen Verwaltung und über sämtliche Ressourcen konnte der ägyptische König frei verfügen. Daneben waren Regionen wie der Amurru-Staat (Libanon) formal Ägypten untergeordnet, durch eine fehlende dauerhafte militärische Kontrolle besaßen sie aber durchaus eigene politische Handlungsmöglichkeiten. Weniger eng und eher von diplomatischem Charakter war das Verhältnis zu den Städten im südlichen Syrien, die je nach politischer Lage sowohl Kontakte zu Ägypten als auch zu den nördlichen Großmächten – zunächst den Mitanni und später den Hethitern – pflegten. Schließlich bestanden reine Handelskontakte zu weit entfernten Ländern, die weder militärisch noch politisch unter dem Einfluss Ägyptens standen. Hierzu zählen Kreta und das Land Punt, das wohl im Küstengebiet des Südsudan/Norderitreas zu lokalisieren ist und seit dem Alten Reich zu den wichtigen Handelspartnern Ägyptens gehörte.
Die nubischen und palästinensischen Gebiete waren sowohl jährlich als auch bei aktueller Nachfrage zu Wa-

ren- und Personallieferungen verpflichtet. Dazu gehörten die materielle Versorgung der vor Ort stationierten ägyptischen Verwaltung und des dort operierenden Militärs, aber auch Lieferungen an den ägyptischen König sowie an die Staats- und Tempelverwaltung. Darüber hinaus hatten in den genannten Gebieten ägyptische Institutionen (Tempel, Palast) in Form von Domänen direkte Verfügungsgewalt über Ländereien und deren Produkte. Dass neben der wirtschaftlichen Ausbeutung der besetzten Gebiete zugunsten Ägyptens auch politische Bindungen durch Warenaustausch unterstützt wurden, zeigt die Amarna-Korrespondenz zwischen Ägypten und den Lokalherrschern in Vorderasien. Außerhalb der regelmäßigen Tributlieferungen ist der zusätzliche Austausch von wertvollen Geschenken zwischen den Herrschern belegt, was zeigt, dass nicht nur die unterlegenen Fürsten, sondern gelegentlich auch der ägyptische König seine diplomatischen Beziehungen durch materielle Gaben pflegte. In jedem Fall bleibt aber das politische Ungleichgewicht bestimmend; die Lokalfürsten erweisen der Großmacht Ägypten ihre Gunst und der ägyptische König kann nach Belieben darauf reagieren.

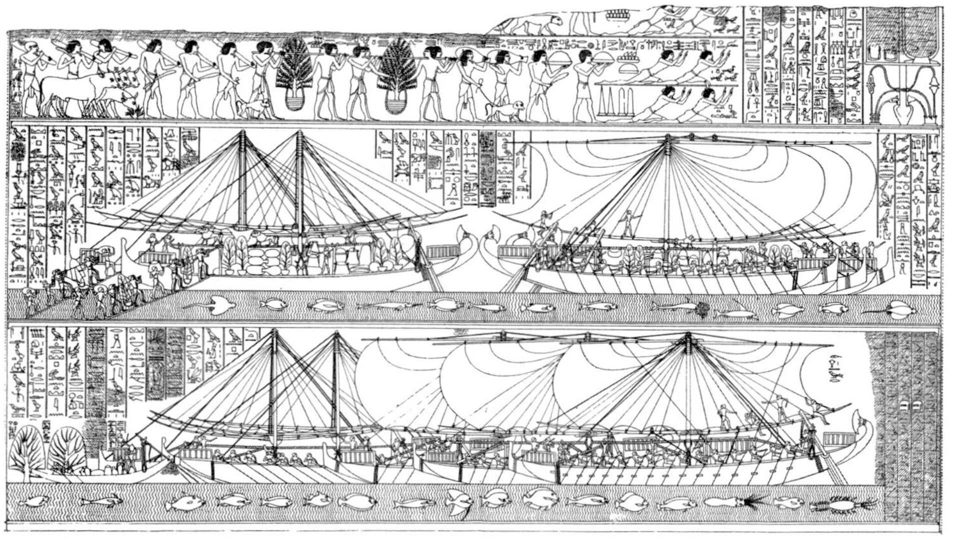

Abb. 2
An- und Abreise der ägyptischen Punt-Schiffe. Deir el-Bahari, Totentempel der Hatschepsut

Einen gleichwertigen Handelsaustausch mit politisch unabhängigen Partnern zeigen nur wenige Belege wie ein Amarna-Brief[3], in dem der ägyptische König dem Stadtfürsten von Geser 160 Deben Silber für die Überlassung von 40 Dienstmädchen anbietet. Bei den ökonomischen Beziehungen zu Kreta und Punt sind ebenfalls ägyptische Gegenleistungen für die Einfuhr der ausländischen Produkte anzusetzten, auch wenn die ägyptischen Quellen ein anderes Bild des Sachverhalts übermitteln.

In den „Tributszenen" der Gräber und Tempel werden diverse Volksgruppen bei der Warenübergabe an den ägyptischen König oder einen ihn vertretenden Beamten abgebildet, um den Eindruck einer absoluten Verfügungsgewalt des Königs über sämtliche Ressourcen aller Länder zu erwecken. Dabei wird – wenn überhaupt – nur undeutlich zwischen real von Ägypten beherrschten Ländern wie Nubien und Handelspartnern wie Kreta unterschieden. Vor allem die Kontakte zu dem Land Punt, dass aufgrund seines Reichtums an Rohstoffen wie Myrrhenharz, Gold, Halbedelsteinen und kostbaren Hölzern als besonders exotisch galt, zeigen wie von ägyptischer Seite versucht wurde, das Land zu vereinnahmen. Trotz der fehlenden militärischen Präsenz Ägyptens in Punt lässt Thutmosis III. das Land in die Liste der von ihm unterworfenen Völker Afrikas aufnehmen[4] und auch Ramses II. stellt Punt zusammen mit besiegten Fremdvölkern im Tempel von Abydos dar.[5] Der religiöse Zugriff auf das Land manifestiert sich darin, dass ägyptische Götter wie Hathor, Amun und Thot den Titel *Herr/Herrin von Punt* führten. Die Gegengaben, die Ägypten für die wertvollen Importgüter lieferte, werden in den meisten Quellen verschwiegen; sind sie dennoch aufgeführt, entsprechen sie weder in Quantität noch Qualität den Produkten aus Punt. Die Reliefs der Puntexpedition aus Deir el-Bahari zeigen als Tauschobjekte für große Warenmengen aus Punt elf Ketten, eine Axt, einen Dolch, zwei Schmuckreifen und fünf Metallringe,[6] eine Beischrift erwähnt zusätzlich Brot, Bier, Wein, Fleisch und Früchte.[7] Fallweise wird versucht, selbst diese geringen Tauschwerte nicht als ökonomische Gegenleistung, sondern als Opfergaben an die lokalen Götter zu erklären. Dies ist sowohl in Deir el-Bahari der Fall,[8] als auch in der biographischen Inschrift des Schatzmeisters Senneferi unter Thutmosis III. Senneferi leitete eine Expedition in den Libanon, um Zedernholz für Flag-

genmasten eines Tempels zu besorgen und beschreibt die Waren, die er als Gegenleistung für die lokalen Machthaber mit sich führte, als Opfer für die lokalen Gottheiten (wohl Hathor und Horus von Byblos).[9] Auch die Motivation der Bewohner Punts, Produkte an Ägypten zu liefern, versuchen die ägyptischen Texte zu erklären. Neben der Anerkennung der Allmacht der ägyptischen Götter[10] wird der ägyptische König als *Herrscher von Punt* akzeptiert und die Puntiter wünschen sich, von dem Lebenshauch atmen zu dürfen, den nur Pharao spenden kann.[11] Bei der im Grab des Puyemre (Nr. 175) dargestellten Übergabe von Waren durch Männer aus Punt sind Tauschobjekte weder erwähnt noch abgebildet. Als Begründung für die Abgaben dient in Form einer Register übergreifenden Inschrift wieder die politisch-militärische Überlegenheit des ägyptischen Königs: *Zählen der Gefangenen, die gebracht wurden durch Seine Majestät Thutmosis III. von seinen Siegen.*[12] Laut den Inschriften im Grab des Rechmire (Nr. 174) werden die Gaben der südlichen Fremdländer, Punts, Asiens und Kretas *aufgrund der Macht Seiner Majestät gebracht.*[13]
Trotz der ideologischen Färbung und der daraus resultierenden Unzuverlässigkeit der ägyptischen Darstellung der Handelsmodalitäten lässt sich mit der gebotenen Vorsicht ein farbiges und fallweise spannendes Bild der frühen Wirtschaftskontakte zwischen politisch wie militärisch verbundenen Staaten der Antike gewinnen. Daneben bieten die Abbildungen von Vertretern der verschiedenen Volksgruppen wertvolle Informationen über Trachten, Haarmode und Schmuck in den jeweiligen Kulturen (Nr. 176).

Literaturauswahl:
Galán (1995) 65-66; Hayes (1978) 385-390;
Liverani (1990) 240-266;
Martinssen (1999) 116-130;
Martinssen (2003); Panagiotopoulos (2000);
Warburton (1997) 141-142.

1 Vgl. Bleiberg (1984); Bleiberg (1988); Bleiberg (1996); Boochs (1987); Liverani (1990) 240-266; Spaldinger (1996); Warburton (1997).
2 Für den Handel mit Vorderasien vgl. Helck (1971[2]) 428-431.
3 British Museum London, EA 369.
4 Vgl. Urk. IV, 795 ff.
5 Vgl. Mariette (1880) 8, Taf. 3.
6 Naville (1898) Taf. LXIX.
7 Vgl. Urk. IV, 325, Z. 15-17; vgl. auch Naville (1898) Taf. LXXII.
8 Vgl. Urk. IV, 323, Z. 2-5 u. 14-17 und 324, Z. 1.
9 Vgl. Urk. IV, 535, Z. 4-6.
10 Vgl. Urk. IV, 330, Z. 3-6.
11 Vgl. Urk. IV, 324, Z. 12-14.
12 Urk. IV, 524, Z. 10.
13 Vgl. Davies (1943) Bd. I, 19. Vgl. allg. Galán (1995) 65-66.

173
Tempelrelief mit Bären und Gefäßen aus Syrien

Altes Reich, 5. Dyn., ca. 2496-2483 v. Chr.
Abusir, Totentempel des Sahure
Kalkstein. Höhe 38,5 cm, Breite 35 cm
Berlin, SMB-PK, Ägyptisches Museum und Papyrussammlung, Inv.-Nr. 21831

Der Bildausschnitt gehört zu einer Darstellung syrischer Produkte aus dem Totentempel des Königs Sahure in Abusir. In mehreren Registern sind Bären, Gefäße, Olivenholz und andere Güter abgebildet. Sie werden nicht von Asiaten herbeigebracht, sondern bereits von ägyptischen Beamten der Palastverwaltung registriert. Die Dekoration des Säulensaales, aus dem das Fragment stammt, thematisiert in ideeller Weise die politische und damit auch wirtschaftliche Macht des ägyptischen Königs über die umliegenden Fremdländer. Neben den syrischen Produkten gehören Viehlieferungen aus Libyen und der König beim Niederwerfen von Feinden zum Bildprogramm.
Bären waren in Ägypten nicht heimisch. Die seltenen Darstellungen in ägyptischen Quellen zeigen den Syrischen Braunbären (*Ursus arctos syriacus*), der sich durch einen hohen Widerrist und zotteliges beiges Fell auszeichnet. Das vorliegende Fragment ist die erste bekannte Darstellung von Bären in Ägypten und ein früher Beleg für das Interesse der Ägypter an exotischen Tieren des Auslandes. Die charakteristische Körperform der Bären und Details wie die langen Krallen, die kleinen runden Ohren und das freundlich lächelnd wirkende Maul der Tiere zeugen davon, dass der ägyptische Handwerker seine Modelle sehr genau studiert hat. Die Bären dienten in Ägypten – vielleicht in königlichen Menagerien – als

Abb. zu 173
Tributbringer mit Bären und Elefant.
Grab des Rechmire (TT 100)

173

eindrücklicher Beweis für diplomatische Beziehungen des ägyptischen Königs zu Vorderasien.
Neben einer einzigen weiteren Darstellung aus dem Alten Reich sind Bären erst wieder im Neuen Reich in mehreren thebanischen Privatgräbern belegt, wo die Tiere von syrischen Tributbringern an der Leine geführt werden.
Auffällig ist, dass sowohl im Grab des Rechmire (TT 100, s. Abb.) als auch in dem des Jamunedjeh (TT 84) in unmittelbarer Nähe der Bären hohe schlanke Gefäße gezeigt werden, wie sie auch auf dem Sahure-Fragment zu sehen sind. Derartige syrische Importgefäße, die Öl oder Harze enthielten, konnten archäologisch bereits in den Königsgräbern der Ersten Dynastie in Abydos nachgewiesen werden. In der 18. Dynastie treten die so genannten Spindelflaschen als Nachfolger dieser Gefäße auf (vgl. Nr 201).
Zu einer rundplastischen Bärendarstellung vgl. Nr. 227.
S. M.-v. F.

Literatur: Borchardt (1910) 16-17; Borchardt (1913) Bl. 1-3; Kat. Berlin (1991) 38, Nr. 24; Kat. Kaufbeuren (1997) 34, Nr. 23; Kat. New York (1999) 333, Nr. 111.
Zu Bären: Keimer (1954-56); Boessneck (1988) 53; Houlihan (1996) 195-198. – Zu syrischen Gefäßen: Frankfort (1924); Amiran (1969) 59-66, Taf. 17; 107 mit Fig. 10, Taf. X.

174
Faksimile einer Wandmalerei: Männer aus Punt bringen Waren

Original: Neues Reich, 18. Dyn., Thutmosis III. - Amenophis II., um 1425 v. Chr.
Theben-West, Grab des Rechmire (TT 100)
Faksimile von Nina Davies: Höhe 46 cm, Breite 61,5 cm
New York, Metropolitan Museum of Art, Inv.-Nr. 30.4.152

Mehrere Szenen im Grab des Rechmire zeigen, wie dieser als Wesir unter Thutmosis III. im Auftrag des Königs Tribute und Warenlieferungen unterschiedlicher Völker entgegennimmt. Neben Nubiern, Kretern und Asiaten ist auch eine Delegation von Männern aus dem Land Punt dargestellt. Auf dem Faksimile sind drei Männer der Puntdelegation zu sehen, die Produkte ihres Landes mit sich führen. Zum Teil ähneln diese den nubischen Importen wie der Korb mit Staußeneiern und die Straußenfedern, den der dritte Puntmann herbeibringt. Die beiden vorderen Männer tragen gemeinsam an einer Stange aufgehängt einen kleinen Myrrhenbaum, der samt Wurzelwerk in einem Korb transportiert wird. Das Motiv der nach Ägypten verpflanzten Myrrhenbäume findet sich bereits im Totentempel der Hatschepsut in Deir el-Bahari, wo eine große Puntexpedition in ausführlichen Szenen dokumentiert ist. Myrrhenharz war das Hauptimportprodukt aus Punt. Große Mengen dieses aromatischen Harzes wurden als Räucherwerk im Tempelkult und für kosmetische Produkte benötigt. Weitere Puntprodukte waren Weihrauch, Elfenbein, Giraffenschwänze, Affen, Geparde, Windhunde, Augenschminke, Gold und Ketten, wie sie der vordere Baumträger über den Arm gehängt hat.
Die Männer aus Punt unterscheiden sich in den Darstellungen kaum von Ägyptern. Ein typisches ikonographisches Detail sind aber kleine gebogene Löckchen, die unter dem langen Haupthaar hervorschauen, wie es bei dem hinteren der Baumträger zu beobachten ist.

Anna (Nina) Macpherson Cummings (1881-1965) heiratete 1907 den Ägyptologen Norman de Garis Davies. Zusammen mit ihrem Mann arbeitete sie jahrelang in Ägypten, von 1928-39 in den thebanischen Gräbern. Als ausgebildete Künstlerin fertigte sie von vielen Wandmalereien Faksimiles in Ei-Tempera-Technik an, die sich durch exakte Darstellungen und genaue Wiedergabe der Farben auszeichnen.
S. M. v.-F.

Literatur: Wilkinson/Hill (1980) 84-85.
Zum Grab TT 100: Davies (1943) Bd. I, 17; Bd. II, Taf. XVI. - Zu Punt: Herzog (1968); Martinssen (1999). - Zu N. Davies: Wilkinson/Hill (1980).

174

175

175
Faksimile einer Wandmalerei: Gabenträger mit afrikanischen Produkten

Original: Neues Reich, 18. Dyn., Hatschepsut - Thutmosis III., um 1400 v. Chr.
Theben-West, Grab des Puyemre (TT 39)
Faksimile von Nina Davies: Höhe 41,5 cm, Breite 49 cm
New York, Metropolitan Museum of Art, Inv.-Nr. 30.4.14

Das Faksimile der Wandmalerei zeigt ausschnittsweise zwei Register mit zwei Gabenbringern und afrikanischen Produkten. Diese setzen im oberen Register links mit den Basen und Schäften zweier Obelisken ein, die, zu erkennen an der rötlich-gepunkteten Oberfläche, mit Harzkügelchen (vermutlich Myrrhe) gefüllt sind. Es folgen schwarz wiedergegebene, gebündelte Hölzer, die durch eine Beischrift als Ebenholz klassifiziert sind. Im unteren Register tragen zwei Männer südländische Produkte. Der vordere Mann bringt in einem Korb vier Beutel, die mit kostbarem Inhalt wie Goldstaub, Augenschminke oder Halbedelsteinen gefüllt sein könnten. Von seinem rechten Arm hängt ein Leopardenfell herab, in der linken Hand scheint er eine Leine zu halten, an der er eine Gazelle oder Antilope führt, deren im Original noch erhaltene Beine der vorliegende Ausschnitt nicht mehr zeigt. Der zweite Mann präsentiert ebenfalls einen Korb, dieser enthält jedoch Straußeneier und -federn. Vor dem Schurz verläuft eine gelb-rote Leine, an der ein (im Ausschnitt fehlender) Pavian läuft. Die Gaben des folgenden Trägers umfassen einen Korb mit Harzkügelchen, ein weiteres Leopardenfell und Straußenfedern.

Auffällig ist die unterschiedliche Ikonographie der Männer. Während der vordere durch seine Frisur mit den langen, am Ende gebogenen Locken als Einwohner Punts zu identifizieren ist, sind sowohl die

Kappenfrisur und der Spitzbart des zweiten, als auch die rot-weiß gestreiften Schurze, die beide tragen, Merkmale der Bewohner Syriens. Alle Produkte sind jedoch afrikanischer Herkunft, wozu die dunkle Hautfarbe der Männer gut passt. Der Gesamtkontext der Szene ist die Übergabe von Waren aus Punt an Puyemre und seine ihm untergebenen Beamten, die sie im Namen Thutmosis III. entgegennehmen. Offenbar hat es der ägyptische Handwerker mit der Ikonographie der Gabenbringer, die als *Fürsten des Gotteslandes* bezeichnet werden, nicht allzu genau genommen und asiatische Frisuren und Trachten in die Puntszene eingeflochten.
S. M.-v. F.

Literatur: Wilkinson/Hill (1980) 80.
Zum Grab TT 39: Davies (1922-23) 84-87, Taf. XXXII, XXXIV. – Zu Punt: Herzog (1968); Martinssen (1999).

176
Faksimile einer Wandmalerei: Syrer mit Kind, Kreter mit Stierkopfrhyton

Orignal: Neues Reich, 18. Dyn., Thutmosis III., um 1435 v. Chr.
Theben-West, Grab des Mencherperraseneb (TT 86)
Faksimile von Nina Davies: Höhe 46 cm, Breite 42 cm
New York, Metropolitan Museum of Art, Inv.-Nr. 30.4.55

Unter einem Baldachin thronend nimmt Thutmosis III. Neujahrsgeschenke vom Hohen Priester des Amun, Mencheperraseneb, entgegen. Im Gefolge des Hohen Priesters befinden sich zahlreiche Vertreter asiatischer Länder und Kretas. Neben einer großen Anzahl Prunkgefäße präsentieren sie weitere landestypische Produkte für den ägyptischen König. Das Faksimile zeigt einen als *Fürsten von Tunip* gekennzeichneten Syrer, ihm folgt ein Mann, der durch seine Frisur und seinen bunt gemusterten Schurz als Kreter identifiziert werden kann.
Der vordere Mann in dem langen syrischen Gewand trägt ein unbekleidetes Kind mit Seitenlocke auf den Armen. Häufig werden ausländische Fürsten dargestellt, die Kinder in die Obhut des ägyptischen Königs geben. Ähnlich wie die Heiratspolitik diente die Überlassung von Kindern der Stärkung diplomatischer Beziehungen. Ausländische Kinder wurden oft am Hof zusammen mit den ägyptischen Prinzen und Prinzessinnen erzogen, so dass ein derartiger Austausch durchaus in die Zukunft wies.
Der Kreter reicht auf einer flachen Schale ein prächtiges Stierkopfrhyton dar. Dieses aus Edelmetall gefertigte Gefäß fand eher im Kult Verwendung als bei festlichen Banketten, da es als reines Ausgießgefäß konzipiert ist und seine Öffnung am Hals des Stieres gleichzeitig seine Standfläche bildet. Die Musterung des Stierkopfes mit den dunklen, kreuzblütenförmigen Flecken ist ein ägyptisches Element, das auf das kretische Gefäß übertragen wurde.
Die hieroglyphische Beischrift gibt Auskunft über die vermeintliche Motivation der Gabenbringer. Die Fürsten erhoffen sich durch die Überreichung ihrer wertvollen Produkte, dass ihnen vom ägyptischen König der *Lebenshauch* gegeben wird, das heißt, sie erkennen die Allmacht des Königs an und hoffen, durch seine Gnade leben zu können.
S. M.-v. F.

176

Literatur: Wilkinson/Hill (1983) 82-83.
Zum Grab TT 86: Davies/Davies (1933) 4-7, Taf. IV; Dorman (1995). – Zu Kretern in thebanischen Gräbern: Vercoutter (1956) 201-229; Wachsmann (1987). – Zu Stierkopfrhyta: Vercoutter (1956) 317-321; Wachsmann (1987) 56-58; Helck (1995[2]) 50-53. – Zu ausländischen Kindern in Ägypten: Feucht (1990a); Feucht (1990b); Feucht (1995) 298-300.

177

177
Wandrelief: Libyerdelegation (?) mit Harfe

Neues Reich, 18. Dyn., Amenophis IV./Echnaton, um 1345 v. Chr.
Tell el-Amarna, gefunden in Hermopolis (?)
Kalkstein. Höhe 23 cm, Breite 54 cm, Tiefe 4 cm
Hannover, Kestner-Museum, Inv. Nr. 1963.2

Zwei Männer ausländischer Herkunft werden von einem sich verneigenden ägyptischen Beamten begleitet. Der Ausschnitt gehört zu einer Szene, in der verschiedene fremdländische Delegationen vor dem ägyptischen König aufmarschieren, um ihm zu huldigen und Geschenke zu überreichen. Die eingetiefte senkrechte Linie am rechten Bildrand lässt erkennen, dass es sich bei dem vorliegenden Relief um einen Abschlussblock handelt.
Die beiden Ausländer bilden vermutlich nur den Schluss einer größeren Gruppe. Die annähernd senkrechte Linie am linken Bildrand könnte gut zu dem Oberarm eines dritten Mannes gehören, der die Figur des vordern Mannes überlagern würde. Die Männer tragen ein über der Brust gekreuztes Gewand und ihr langes, glattes Haar fällt in zwei Strähnen geteilt auf Brust und Rücken. Die hinter das Ohr gesteckte vordere Haarsträhne endet vor der Brust in einer eingerollten Locke, während die Rückensträhne am Ende nur ein wenig gewellt erscheint. Der rechte Mann trägt außerdem einen kurzen geraden Kinnbart. Der linke Mann scheint, soweit trotz der Beschädigungen festzustellen, seinem Landsmann in Tracht und Frisur zu gleichen. Er trägt eine Harfe, möglicherweise sind er und sein Begleiter Mitglieder einer Musikgruppe.
Schwierigkeiten bereitet die Herkunft der Männer. Sie lassen sich weder aufgrund ihrer Frisur noch ihrer – nur im Oberkörperbereich erhaltenen – Kleidung problemlos einer Volksgruppe zuordnen. Am ehesten erlauben die ikonographischen Merkmale einen Vergleich mit denen der Libyer. Obwohl ein ohrlanger Pagenkopf, aus dem eine lange Schläfenlocke herabhängt, die klassische Libyerfrisur bildet, gibt es durchaus Varianten in der Darstellung. So zeigen (allerdings ramessidische) Abbildungen Libyer mit langen, glatten Haaren, die sich in Brust- und Rückensträhne teilen. Auch die oft belegten Schmuckfedern im Haar fehlen bei eindeutig als Libyern zu identifizierenden Männern gelegentlich. Libyer in der Funktion von Musikern sind sonst allerdings nicht belegt.
S. M.-v. F.

Literatur: Roeder (1969) 187, 199, 314, Taf. 177 (PC 80 A); Kat. München/Berlin/Hildesheim (1976) Nr. 90; Kat. Boston (1999) 240, Nr. 118.
Zu Libyerdarstellungen: Davies (1903) Taf. XV, XXVI; Roeder (1969) Taf. 9, 177; Wreszinski (1934) Bd. II, Taf. 50a; Kat. Providence (1998) 92, 197, Nr. 54 (EA 12337).

178

178
Ostrakon mit Tributszenenmotiven

Neues Reich, wohl späte 18. Dyn., um 1330 v. Chr.
Wohl aus Theben-West
Kalkstein. Höhe 18,5 cm, Breite 12,5 cm
Privatsammlung Süddeutschland

Auf dem Kalkstein-Ostrakon sind die Zeichenübungen eines ägyptischen Handwerkers und Künstlers zum Thema „Tributszenen" zu sehen. Für die Ausführung der Giraffe wurde das Tier zunächst in Rot skizziert, dann in schwarzer Farbe nachgezogen. Sowohl am Bauch als auch am Rücken weichen rote Vorzeichnungen stark von der schließlich gewählten Linienführung ab. An Kopf und Ohr wurden Details berücksichtigt; die Körperlinien sind eher summarisch; eine Binnenzeichnung mit dem charakteristischen Fellmuster der Giraffe fehlt.
Darstellungen von Giraffen kommen im Neuen Reich fast ausschließlich im Kontext der so genannten Tributszenen vor. Drei Belege stammen aus thebanischen Gräbern der 18. Dynastie: in den Gräbern des Rechmire (TT 100) und des Jamunedjeh (TT 84) aus der Zeit Thutmosis III. und im Grab des Vizekönigs von Kusch namens Hui (TT 40) aus der Zeit Tutanchamuns sind Nubier abgebildet, die neben anderen Tieren und Produkten ihrer Heimat auch eine Giraffe – auffälligerweise fast immer männliche Tiere – mit sich führen. Im Tempel von Beit el-Wali, der in die Zeit Ramses II. zu datieren ist, sind ebenfalls nubische Tributbringer dargestellt, die eine Giraffe am Zügel führen. Auf den Punt-Reliefs des Totentempels der Hatschepsut in Deir el-Bahari ist zudem eine Giraffe in der Hügellandschaft von Punt zu sehen. Das Tier auf dem vorliegenden Ostrakon gleicht keiner der bekannten Darstellungen exakt, am ehesten erinnert ihr leicht gedrungener Körperbau sowie die statische Haltung an die Giraffe im Hui-Grab. Ein anderes Ostrakon (Vandier 2233) mit einer schlanken, langhalsigen Giraffe dürfte im direkten Zusammenhang mit den Darstellungen in TT 84 und TT 100 stehen.
Auch das zweite Motiv, der Kopf eines Asiaten, deutet auf den Kontext der „Tributszenen" hin, in denen nebeneinander oder in unterschiedlichen Registern nubische wie asiatische Personen Gaben ihrer Länder an den ägyptischen König oder den stellvertretenden Beamten übergeben.
S. M.-v.-F.

Literatur: Kat. München (1985) 96, Nr. 78.
Zu Giraffen: Brunner-Traut (1977); Debono (1979). - Zu Giraffendarstellungen im NR: Davies/Gardiner (1920) Taf. XXVI, XXVII; Davies (1942) Taf. V; Davies (1943) Taf. XX; Vandier (1937) 57-59; Vandier (1946) Taf. XXXII, Nr. 2233; Roeder (1938) Taf. 32; Naville (1898) Taf. LXX, LXXX.

Güteraustausch

Thomas Hikade

Materialien und Güter können aus ganz unterschiedlichen Beweggründen ihre Wertzumessung erhalten. So gibt es Güter, die durch ihre allseitige Akzeptanz Bedeutung gewinnen. Hierbei wird Konvertierbarkeit nicht nur unter rein ökonomischen Gesichtspunkten gesehen, die eine beliebige Lagerung und Wiederverwendung bei erwünschtem, gleich bleibendem Wert zulassen, sondern die Produkte und Materialien besitzen durch ihre soziale, kulturelle oder religiöse Bedeutung einen inneren oder primären Wert, der innerhalb einer Gesellschaft anerkannt ist, doch gleichzeitig in verschiedenen Ländern unterschiedlich bewertet werden kann. Man denke hierbei nur an das Edelmetall Gold, das in Ägypten als *Fleisch der Götter* angesehen wurde, also eine gewisse religiöse Bedeutung hatte, während es in anderen Ländern ganz selbstverständlich als Zahlungsmittel benutzt wurde. Der Austausch dieser Waren, sowohl innerhalb der Gesellschaft als auch von einer Gesellschaft zur anderen, wird oft – sofern vorhanden – durch die herrschende Schicht kontrolliert. Sind diese Güter einmal allgemein anerkannt, wird sich ihre Wertschätzung nur unter besonderen Umständen ändern und es kann daraus ein stabiler und dauerhafter Standard für eventuelle Tauschaktionen erwachsen. Als zweite Gruppe sind Luxusgüter wie Schmuck, exotische Hölzer oder Elfenbein zu nennen, die als Prestigegüter ihren Wert der Seltenheit und der beschränkten Zirkulation in einer Gesellschaft verdanken. Ihre Wertschätzung ist wechselnden Moden und Trends unterworfen und daher meist großen Schwankungen ausgesetzt. Die dritte Gruppe ist durch den Wertzuwachs aufgrund der Verarbeitung oder Veredelung des Gutes bestimmt. Darunter fallen Güter und Materialien aus den ersten beiden Gruppen sowie Waren, deren ursprüngliche Komponenten relativ wertlos sind. Ein gutes Beispiel ist Ton, der als Ausgangsstoff für Keramik erst durch seine Verarbeitung einen Wertzuwachs erfährt.

Wir müssen uns jedoch fragen, worin der Stimulus besteht, der in einer komplexen Gesellschaft den Ausschlag für den Wunsch nach Gütern gibt, die das eigene Gemeinwesen nicht selbst hervorbringt. So kann sich beispielsweise eine herrschende Schicht zunächst aus den Ressourcen des eigenen Machtbereichs bedienen. An den Rändern dieser Einflusszone ist allerdings ein Kontakt zu anderen Gruppen und Nachbarn denkbar. Durch diesen Kontakt wird nach einer bestimmten Zeit die unterschiedliche Ausstattung mit natürlichen Ressourcen deutlich. Dieser Umstand führt in der Folge zu einer grenzüberschreitenden Nachfrage. Die Mittel, diese Nachfrage zu befriedigen, liegen dabei in der Hand der herrschenden Elite. Die im überregionalen Handel erworbenen exotischen Produkte und sonstigen Luxusgüter erlauben es dieser Elite, ihre Bedeutung innerhalb der eigenen Gesellschaft zu festigen und weiter zu steigern. Liegt eine grenzüberschreitende Beziehung zwischen ungleichen Partnern vor, so kann dies zu einer Ausbeutungssituation führen. Tribute oder selbständige Aneignung durch die überlegene Seite vor Ort auf fremdem Territorium sind mögliche Folgen. Bei gleichwertigen Partnern werden sich die Kontakte auf einer Ebene abspielen, die durch reziproken Austausch charakterisiert ist, d.h. sie sind zunächst einmal durch gegenseitige Anerkennung des sozialen Status geprägt. Sollten nun die Kontakte langfristiger Art sein, wird sich mehr und mehr ein enges Vertrauensverhältnis bilden, das über den normalen, meist zeremoniellen Vollzug des Geschenkaustausches hinausgeht. Durch die gefestigten Kontakte findet sodann ebenfalls ein Transfer von kulturellen Werten wie Religion, Traditionen, Sprache oder auch Technologien statt. Parallel dazu kommt es zu einer Ausweitung der Warenpalette über die Gruppe der Luxusgüter hinaus. Mit der Intensivierung der diplomatischen und wirtschaftlichen Beziehungen können nun erstmals Kaufleute in den Handel eintreten und die von den Eliten geschaffenen Strukturen umgehen. Dies dürfte aber – wenn überhaupt – nur unter größeren Schwierigkeiten machbar sein, da den staatlichen Institutionen meist die Neigung zur Monopolbildung zu eigen ist. Sollte allerdings privaten Händlern der Zugang zum Wirtschaftskreislauf auf überregionaler oder internationaler Ebene gelingen, so können wir in der Gesamtheit von folgenden unterschiedlichen Warenbewegungen im überregionalen oder internationalen Handel ausgehen:

1. Importorientierte Beschaffung aus abhängigen Ländern in Form von Tributen oder Steuern durch ein Land oder durch einen Verbund von Gemeinwesen ohne Gegenleistung. Hierunter fallen unter anderem die Abgaben, die Ägypten im Neuen Reich von Stadtstaaten in der Levante einforderte.

2. Import- bzw. exportorientierter Geschenkaustausch der herrschenden Eliten. Mehrere Beispiele hierfür finden wir in der Amarna-Korrespondenz, wenn dort zum Bespiel in EA 5 der ägyptische Herrscher Möbel an den Hof in Babylon sendet.

3. Nicht auf Gewinn ausgerichteter Handel staatlicher Institutionen, der die eigene Versorgungslage sichert. Lebensmittellieferungen in Notzeiten sind hier zu nennen.

4. Auf Profit ausgelegter Handel staatlicher Institutionen und privater Kaufleute. Ein Blick auf die heutige Marktwirtschaft liefert hier eindeutige Beweise, wobei sich aber staatliche Einrichtungen mit der Aufgabe, Profit zu erwirtschaften, oftmals besonders schwer tun.

Betont werden muss, dass sich diese Bewegungsmuster nicht gegenseitig ausschließen, sondern als Konglomerat ein Gesamtbild des Warentransfers bilden, der sich schrittweise auf Güter des täglichen Bedarfs ausweiten kann. Für die Bewertung des Gesamtsystems ist jedoch der jeweilige Anteil der einzelnen Sektoren bestimmend.
Vielfältige Störungen können aber den reibungslosen Handel behindern. So kann die Fremdheit eines staatlichen Handelsbeauftragten oder eines privaten Kaufmannes in einem anderen Land eine große Rolle spielen, wobei generelle Berührungsängste, Verständigungsschwierigkeiten aufgrund unterschiedlicher Sprachen oder Misstrauen gegenüber allen Fremden bedeutsam sind. Die Händler, die nun in offiziellem Auftrag unterwegs sind, werden, da sie meist unter dem Schutz der Regierenden stehen, weniger Unannehmlichkeiten haben als freie Kaufleute. Letztere tragen zusätzlich ganz allein das Risiko des Verlustes durch Piraterie, Raub oder Vernichtung der Waren. Zudem können sie in einer Gesellschaft, die in erster Linie dem Ackerbau und/oder der Viehzucht nachgeht, auf schroffe Ablehnung stoßen, wenn ihre Profession als unproduktiv betrachtet und das Verlangen nach Gewinn als nicht erstrebenswert angesehen wird. Die staatlichen Regelungen des internationalen Warenverkehrs können zu einer fortschreitenden Intensivierung der diplomatischen und ökonomischen Verflechtungen führen, so dass Entscheidungen auf beiden Feldern sich gegenseitig beeinflussen oder bedingen. Damit ist es dann auch möglich, Kriege durch wirtschaftliche Zwänge zu legitimieren. Oftmals bemühen sich aber Diplomaten und Politiker mit friedlichen Mitteln, die Sicherung bestehender Versorgungswege und Einrichtungen aufrechtzuerhalten.

Fremdes Importgut in Ägypten

Bereits im Chalkolithikum liegen Belege für weitreichende überregionale Kontakte Ägyptens mit seinen Nachbarn vor. So hatte der Herrscher, der im Grab U-j in Abydos bestattet wurde, für seine Versorgung im Jenseits nicht nur zwei Obsidianschalen, entweder aus Anatolien oder Abbessinien, sondern auch eine Lieferung von mehr als 4000 Litern importierten Weines, abgefüllt in levantinischen Vorratsgefäßen aus Ton, erhalten. Auch Perlen aus Lapislazuli gehörten bereits zu den geschätzten Importgütern dieser Zeit, die über Zwischenhändler von Afghanistan nach Ägypten gelangten. Für die frühdynastische Zeit gewinnt die so genannte Abydos-Ware an Bedeutung. Trotz des ägyptischen Namens ist sie de facto eine rotpolierte oder auch farbig dekorierte Keramik aus der Levante. Der Form nach sind es einhenklige, schlanke Amphoren, in denen sich Wein und Öle befanden. Im Laufe des 3. Jahrtausends gewinnt der Import von Holz, und hier speziell Zedernholz, mehr und mehr an Bedeutung. Der wichtigste Umschlagsplatz für die Ägypter war die Hafenstadt Byblos, von wo aus auch das für die Mumifizierung so wichtige Pech nach Ägypten verschifft wurde. Aus dem Süden wurden exotische Produkte wie Pantherfelle, Ebenholz und Elfenbein eingeführt. Viele dieser organischen Materialien sind naturgemäß vergangen und daher im archäologischen Fundgut meist nicht mehr zu finden. Beredtes Dokument für die Handelsbeziehungen mit Nubien ist z.B. die Autobiographie des Harchuf aus der 6. Dynastie in seinem Grab in Assuan.
Aus der Zeit des Mittleren Reiches sind neben den obigen Waren aus der Levante und Nubien nun Importe und Kontakte zur Ägäis belegt. Mehrere Gefäße und Fragmente der so genannten minoischen Kamares-Keramik, einer feinwandigen Keramik mit weißem oder rotorangem Dekor, verdeutlichen Beziehungen zu Kreta. Minoische Kamares-Keramik besaß als solche einen Wert als Handelsware. Sie war etwa so beliebt wie später chinesisches Porzellan und daher verwundert es nicht, dass sie von ägyptischen Töpfern nachgemacht wurde. Ein Depotfund von el-Tod in Oberägypten enthielt neben syrischen Rollsiegeln auch Silbergefäße aus Kreta (Nrn. 186-187); und selbst das dekorative Spiralmuster, das auf ägyptischen Siegeln zu entdecken ist, scheint hier seinen Ursprung gehabt zu haben. Von besonderer Bedeutung ist ab dem Ende des Mittleren Reiches die sogenannte Tell el-Jahudija Ware (Nrn. 183-184i). Sie stammt ursprünglich aus der nördlichen Levante, der Gegend des im Ägyptenhandel fest etablierten Byblos. Ab der 13. Dynastie ist diese Keramik in Ägypten zu finden und während der Hyksos-Zeit wird sie in Ägypten selbst gefertigt und bis nach Zypern versandt. Im Gegenzug ist zahlreiche zyprische Keramik an wichtigen Handelsstätten wie z.B. Tell el-Daba im Ostdelta zu finden. Von dort stammen auch Fresken im minoischen Stil, die belegen, dass neben Waren auch Technologie und handwerkliche Fähigkeiten „importiert" wurden. Wein wird immer noch gerne aus der Levante eingeführt, nun in speziellen Containern, den so genannten byblischen oder kanaanäischen Amphoren. Funde dieser Gattung sind über ganz Ägypten verteilt und fanden auch Eingang in Wandmalereien zur Weinproduktion wie im

Grab des Intef (frühe 18. Dynastie) in Theben. Als wichtiges Importgut ist auch Opium zu nennen, das als Medizin in kleinen Henkelflaschen mit Standring („Base Ring Ware") im ganzen östlichen Mittelmeer von Zypern aus vertrieben wurde (Nrn. 197-200, 202). Die Form der „Base Ring"-Keramik besitzt oft einen leicht glänzenden, dunklen Slip und manchmal einen reliefierten Dekor. Die bauchige Form der Gefäße imitiert zweifelsohne eine Mohndolde und durch jüngste Funde von „Base Ring"-Keramik, die noch Inhaltsreste enthielten (Nr. 198), ist der Opiumtransfer in diesen Gefäßen bewiesen. Während des Neuen Reiches bleiben alte Handelskontakte bestehen und werden intensiviert. Unzählige Gefäße von zyprischer, minoischer, helladischer und levantinischer Keramik aus Memphis, Amarna, Theben oder der abgelegenen Militär- und Handelstation bei Umm el-Rakham, nahezu 300 km westlich des heutigen Alexandria, dokumentieren, dass ganz Ägypten an diesem Handel partizipierte. Als neuer Handelspartner tritt ab dem 14. Jahrhundert Mykene auf, dessen Öle und Kosmetika in Bügelkannen (Nrn. 192-194) im östlichen Mittelmeer gehandelt wurden. Ägyptische Funde stammen u.a. aus Amarna und Gurob und erneut fand diese Keramik auch Eingang in Grabmalereien. So sind im Grab Ramses III. im Tal der Könige solche Gefäße neben Waren wie Weinamphoren oder Elfenbein abgebildet. Mykenische Bügelkannen erfreuten sich derart großer Beliebtheit in Ägypten, dass Imitationen in Fayence (Nrn. 222-223) hergestellt wurden. Im Gegensatz zu der oben erwähnten Kamares-Keramik, die einen Wert an sich besaß, wird aber hier ein reines Verpackungsmaterial imitiert. Da Ägypten im Neuen Reich militärisch und administrativ die Levante kontrollierte, war die Einfuhr von Silber, Kupfer, Vieh oder Pferden in Form von Tributen möglich und üblich. Aus der Amarna-Korrespondenz erfahren wir auch, dass etwa Glas von den Vasallen nach Ägypten geschickt wurde. In dieser Korrespondenz wird auch von Kupferlieferungen aus Zypern berichtet. Dieses für die Spätbronzezeit so ungemein wichtige Rohmaterial wurde zu Beginn des Neuen Reiches noch durch Überseehandel beschafft und bedingt aus dem Westsinai bei Serabit el-Chadim, doch mit der Eröffnung der Kupferminen von Timna in der 19. Dynastie und der industrialisierten Ausbeutung der dortigen Ressourcen unter Ramses II. sicherte sich Ägypten eine unabhängige Versorgung.

Viele Materialien und Rohstoffe sind im Laufe der Zeit vergangen und nur sehr robuste Werkstoffe, allen voran Keramik, haben überdauert und bilden heutzutage folglich das Gros der archäologischen Funde. Um aber die annähernd vollständige verhandelte Warenpalette und deren Umfang zu erhalten, müssen und können den archäologischen Funden die schriftlichen und epigraphischen Quellen zur Seite gestellt werden. Wie oben geschildert geht der Handel oft von den gesellschaftlichen Eliten aus und zu Beginn handelte es sich meist um ausgetauschte Luxusgüter. Erst im Laufe der Zeit fanden diese Güter, nun ergänzt um Gebrauchsgüter, größere Verbreitung, so dass ein weiter Kreis der ägyptischen Bevölkerung in den Genuss von exotischen Waren kam.

Literaturauswahl:
Bietak (1996); Cohen/Westbook (2000); Davies/Schofield (1995); Düwel/Jankuhn/Siems/Timpe (1985); Finley (1993); Gale (1991); Haider (1988a); Heichelheim (1938); Helck (1995^2); Hikade (2001); Kemp/Merillees (1980); Liverani (1990).

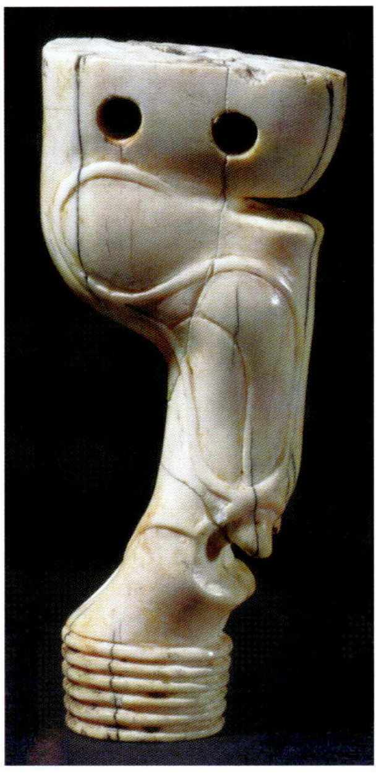

179

179 Möbelteil

Frühdynastische Zeit, 1. Dyn., um 3000 v. Chr.
Herkunft unbekannt
Nilpferdzahn. Höhe 11,4 cm, Breite 5 cm
London, British Museum, Inv.-Nr. EA 29433

Dieses Möbelteil stammt von einem Bett oder Stuhl, die in der Frühzeit gewöhnlich mit Beinen versehen waren, welche die Form eines Rinderhufs aufweisen. Das Bein wurde sorgfältig bearbeitet: Zu beiden Seiten sind im Relief die Adern hervorgehoben und die Oberflächen poliert. Der Huf ruht auf einem kleinen mit horizontalen Riefen verzierten Sockel. Das Loch auf der Oberseite diente einst der Befestigung des Beines, ebenso die beiden weiteren Querbohrungen im oberen Bereich. Elfenbein, Bein und Nilpferdzahn fanden in der Frühzeit Verwendung als Möbelteile, kleine geschnitzte Figurinen und beschriftete Objektetiketten. Das Gros dieser Objekte wurde – wie dieses Möbelbein – aus lokalem Nilpferdzahn geschnitzt. Für größere Arbeiten griff man auf Elfenbein zurück, das mit vielen anderen Gütern aus den jenseits der Südgrenze Ägyptens gelegenen Ländern importiert wurde und entweder durch friedlichen Handel nach Ägypten gelangte oder von militärischen Expeditionen als Beute mitgebracht wurde.
A. J. S.

Literatur: Spencer (1980) Nr. 478.

180
Kerma-Dolch

Klassisches Kerma (entspricht 2. Zwischenzeit - frühe 18. Dyn.), ca. 1750-1500 v. Chr.
Theben-West
Buntmetall, Schildpatt (in Harz getränkt), Elfenbein (in Harz getränkt), Gold. Länge 40,5 cm
Berlin, SMB-PK, Ägyptisches Museum und Papyrussammlung, Inv.-Nr. 2053

180

Die lange, flache Knaufplatte, die kurze Griffeinschnürung sowie die schmale, lange Klinge weisen diese rapierähnliche Stichwaffe als Kerma-Dolch aus, der den Charakteristika nach in der Blütezeit seines Typs in Kerma produziert worden ist. Goldapplikationen und -tupfen auf dem Griff lassen ihn als Prunkwaffe erkennen.
Die Waffe gilt als bislang einziger Kerma-Dolch, der einer ägyptischen Bestattung beigegeben wurde, sowie als singulärer Fund auf dem Boden des ägyptischen Kerngebietes. Daher ist wohl auszuschließen, dass diese Waffe als Handelsgut nach Ägypten kam. Wahrscheinlich handelt es sich um ein Beutestück, das nach der Zerstörung Kermas um 1500 v. Chr. nach Ägypten mitgebracht wurde.
Hierfür spricht auch die Bestattung, in deren Kontext der Dolch gefunden wurde, da sie in die Zeit um Thutmosis III. (1479-1425 v. Chr.) zu datieren ist und somit nur wenige Jahrzehnte nach der Zerstörung Kermas stattfand.
S. P.

Literatur: Passalaqua (1826) 155, 238; Möller (1910) 19 ff., Taf. 4; Kat. Berlin (1991) Nr. 95.

181

181
Tüllenbeilklinge (Entenschnabelaxt)

Mittleres Reich - Neues Reich, ca. 2100-1000 v. Chr.
Byblos
Bronze. Länge 11,5 cm, Höhe 5,05 cm, Breite 2,22 cm
Würzburg, Martin-von-Wagner-Museum, Inv.-Nr. K 1388

Diese ihrer Form wegen so genannte „Entenschnabelaxt" stellt eine der vorderasiatischen Formen der geschäfteten Hiebwaffe dar. Der bedeutendste Unterschied zu den ägyptischen Beilen liegt in der Art der Schäftung: Wurden die ägyptischen Beile in den Schaft gesteckt und mit Lederschnüren daran festgebunden, so wurde bei dieser asiatischen Axt der Schaft durch die längs des Klingenrückens verlaufende Tülle geschoben. Hierdurch ergab sich vor allem ein Vorteil hinsichtlich der Stabilität der Waffe, denn der Schaft selbst bleibt hier vollkommen intakt. Diese asiatische Hiebwaffentechnologie war den Ägyptern spätestens seit der Herrschaft der asiatischstämmigen Hyksos in der Zweiten Zwischenzeit bekannt, wurde aber niemals kopiert. Über die Gründe hierfür können wir nur spekulieren, denn es sind durchaus Waffenformen wie z. B. das Sichelschwert von den Ägyptern übernommen worden. Entenschnabeläxte sind auf ägyptischem Boden nur aus Avaris, der ehemaligen Hauptstadt der Hyksos, belegt. Alle anderen Funde dieser Waffen stammen wie auch das hier vorliegende Stück aus Syrien-Palästina.
C. E. S.

Unpubliziert.

182
Kännchen

Mittleres Reich, 12. Dyn., ca. 1981-1798 v. Chr.
el-Lischt, Nord-Pyramide
Keramik mit roter Farbe. Höhe 19,4 cm, Durchmesser 11 cm
New York, Metropolitan Museum of Art, Inv.-Nr. 15.3.1581
Rogers Fund, 1915

Diese ovoide Tonkanne weist eine flache Basis und einen schlanken Hals mit eingeschnürtem Rand auf, der einen gelängten Ausguss bildet. Ein einfacher, geschwungener Henkel reicht von der Lippe bis auf die Schulter. Das Gefäß ist mit roten Dekorbändern verschiedener Breite und einem Zick-Zack-Muster auf Hals und Schultern verziert. Es wurde auf der Drehscheibe hergestellt und aus Nilton von grober, mit bloßem Auge sichtbarer Magerung aufgebaut.

182

Gestalt und Dekor sind typisch für *„Levantine Painted Ware“* (Mittlere Bronzezeit II), die sich in Ägypten seit der 12. Dynastie findet. Kanaanäische Gefäße gelangten als Behältnisse für Importwaren wie Öl, Wein oder andere kostbare Flüssigkeiten nach Ägypten. Da die Gefäße in geringer Anzahl und in gestörten archäologischen Kontexten aufgefunden wurden, ist es schwierig, von ihnen eine genaue Chronologie zu erstellen. Dieses Exemplar wurde Anfang des letzten Jahrhunderts von der „Metropolitan Museum of Art Egyptian Expedition“ im Grab 756 bei el-Lischt gefunden, in einer Beamten-Nekropole, die um die Pyramide Amenemhets I. herum entstanden war. Im gleichen Grab fanden sich – allerdings in gestörtem archäologischen Kontext - ein weiteres kanaanitisches *Dipper*-Kännchen sowie ein Ensemble ägyptischer Gefäße. Die in die Mitte der 12. Dynastie datierbare ägyptische Keramik legt dieselbe Zeit auch für diese Kännchen nahe. Auch Darstellungen von kanaanitischen *Dipper*-Kännchen in den Gräbern aus der Mitte der 12. Dynastie bei el-Berscheh und Meir decken sich mit der hier vorgeschlagenen Datierung.
C. F.

Literatur: Merrillees (1973) 51-59; Arnold/Arnold/Allen (1994); Hein in: Kat. Wien (1994) Nr. 96.

183
Globulärer, unverzierter Tell el-Jahudija-Krug

2. Zwischenzeit, ca. 1600-1550 v. Chr.
Ägypten
Ton, rotbraun mit weißen Einschlüssen, poliert; nicht analysiert.
Höhe 9,4 cm, Durchmesser 5,4 cm
Würzburg, Martin-von-Wagner-Museum, Inv.-Nr. A 40

183

Dieser standfußlose Krug ist der jüngeren Gruppe der Tell el-Jahudija-Keramik zuzuordnen. Die Oberfläche des ansonsten unverzierten Krügleins ist glänzend poliert. Doch fehlt auch hier der metallisch wirkende Hämatitglanz der älteren Tell el-Jahudija-Ware und der Krug besitzt einen einfachen Bandhenkel. Die Herkunft des Gefäßes ist nicht eindeutig geklärt. Zeitgleiche Parallelfunde aus Tell el-Dab'a zeigen jedoch, dass diese Krugform in Ägypten bekannt war. Der Krug könnte in Ägypten hergestellt, aber auch aus Syrien importiert worden sein.
Aufschluss über solche Herkunftsfragen gibt die Neutronenaktivierungsanalyse, mit der die chemische Zusammensetzung der Keramik, insbesondere die Konzentration der Spurenelemente durch Erzeugung künstlicher Radioaktivität ermittelt wird. Die in der Probe enthaltenen Elemente emittieren eine charakteristische Gamma-Strahlung, die mit Hilfe eines Gammastrahlungs-Spektrometers analysiert wird. Durch den Vergleich dieser Ergebnisse mit der regionalen geologisch-charakteristischen Elementverteilung, lassen sich die Keramiksorten bzw. Tonvorkommen voneinander unterscheiden oder zuordnen.
S. P.

Literatur: Koschel (1991).

184 a-i
Tell el-Jahudija-Keramik

Zu Beginn der Zweiten Zwischenzeit wurde aus dem levantinischen Raum eine bis dahin unbekannte Keramiktechnologie nach Ägypten gebracht: die Herstellung von Keramik auf der schnell drehenden Töpferscheibe. Mit ihr gelangte eine qualitätvolle Keramikware nach Ägypten, die nur wenig später einen wahren „Eroberungsfeldzug“ durch die Mittelmeerwelt antreten und ihre südliche Verbreitung bis nach Kerma in Nubien finden sollte.
Nicht nur die Ägypter bedienten sich dieses „Import-/Exportschlagers“. Hergestellt und verbreitet wurde die Ware auch weiterhin vom levantinischen Ursprungsgebiet. Ob es sich um Importe oder lokal hergestellte Tell el-Jahudija-Keramik handelt, ist über die Analyse der Tonbeschaffenheit, teilweise aber auch anhand der Form und des Dekors bestimmbar. Charakteristisch für die Tell el-Jahudija-Keramik sind die verschiedenartigen Oberflächengestaltungen mit Musterflächen mit Kammstickdekor (Nrn. 184 a-b, e-i), der mit weißer Paste inkrustiert wurde. Daneben gibt es aber auch figurale Verzierungen (Nr. 149), bemalte oder aber auch unverzierte Gefäße (Nrn. 184 c-d). Die Keramik ist zumeist kleinformatig und weist enge Flaschenhälse auf. Die Form lässt auf die

Verwendung als Transportbehältnis kostbarer, teils nachweislich ölhaltiger Substanzen schließen.
Die Bezeichnung der Keramik leitet sich von ihrem ersten Fundort im Ostdelta, ca. 30 km nördlich von Kairo ab. Die größte Vielfalt dieser Keramik kam jedoch bei den Ausgrabungen im weiter nordöstlich gelegenen Tell el-Dab'a zutage. Aufgrund der differenzierten Stratigraphie dieses Grabungsareals ist die chronologische Entwicklung der Tell el-Jahudija Ware zu verfolgen, die gleichzeitig ein wichtiges Datierungskriterium bildet und Aufschluss über den Verlauf von Handels- und Transportwegen gibt.
S. P. (nach M. Bietak)

184a
Piriformer Krug mit zickzackförmigem Kammstickdekor

2. Zwischenzeit, ca. 1600-1550 v. Chr.
Ägypten
Ton. Höhe 10,9 cm, Durchmesser 6,5 cm
Würzburg, Martin-von-Wagner-Museum,
Inv.-Nr. A 33

184 a

184b
Ovoider Krug mit dreieckigen Dekorzonen

2. Zwischenzeit, 1. Hälfte 17. Jh. v. Chr.
Ägypten
Grobkörniger Ton mit partiell polierter Oberfläche; nicht analysiert.
Höhe 13,4 cm, Durchmesser 7,6 cm
Würzburg, Martin-von-Wagner-Museum,
Inv.-Nr. A 34
Der Krug könnte im syro-palästinensischen Raum oder in Ägypten gefertigt sein.

184 b

184c
Globulärer unverzierter Krug

2. Zwischenzeit, ca. 1600-1550 v. Chr.
Ägypten
Ton, dunkelrotbraun, poliert. Höhe 10,3 cm, Durchmesser 5,4 cm
Würzburg, Martin-von-Wagner-Museum,
Inv.-Nr. A 41

184 c

184d
Unverzierter Krug

2. Zwischenzeit, um 1600 v. Chr.
Ägypten
Rotbrauner Ton, nicht analysiert.
Höhe 12 m, Durchmesser 7,1 cm
Würzburg, Martin-von-Wagner-Museum,
Inv.-Nr. A 37
Ob der Krug nach Ägypten importiert wurde oder in Ägypten hergestellt wurde, ist unklar. Die Form entspricht palästinensischer Keramik.

184 d

184e
Trilobaler Krug mit Kammstickdekor

Späte 2. Zwischenzeit,
ca. 1600-1550 v. Chr.
Ostdelta (Tell el-Jahudija oder Tell el-Dab'a)
Schwarzgrauer Ton; nicht analysiert. Höhe 7,8 cm, Durchmesser 4,8 cm
Würzburg, Martin-von-Wagner-Museum,
Inv.-Nr. A 38
Die Gefäßloben sind mit gepunkteten Zick-Zack-Linien verziert. Die bislang bekannten Vergleichsstücke stammen aus Tell el-Jahudija und Tell el-Dab'a, so dass eine Fertigung im Ostdelta zu postulieren ist.

184 e

184f
Globulärer Krug mit zickzackförmigem Kammstickdekor

Späte 2. Zwischenzeit,
ca. 1600-1550 v. Chr.
Ägypten
Ton; nicht analysiert. Höhe 9,5,
Durchmesser 6,4 cm
Würzburg, Martin-von-Wagner-Museum,
Inv.-Nr. K 1597

184 f

184g
Zylindrischer Krug mit Fischgrätmuster

Späte 2. Zwischenzeit,
ca. 1600-1550 v. Chr.
Östliches Nildelta (?)
Nilton, poliert. Höhe 8,3 cm,
Durchmesser 5,2 cm
Würzburg, Martin-von-Wagner-Museum,
Inv.-Nr. A 46

184 g

184h
Piriformer Krug mit Kammstickdekor

Späte 2. Zwischenzeit, ca. 1600-1550 v. Chr.
Ägypten, eventuell östliches Nildelta
Nilton, unverzierte Flächen poliert.
Höhe 11,3 cm; Durchmesser 5,6 cm
Würzburg, Martin-von-Wagner-Museum,
Inv.-Nr. A 36

184 h

184i
Bikonischer Tell el-Jahudija-Krug mit Kammstickdekor

Späte 2. Zwischenzeit - Anfang Neues Reich, ca. 1600-1550 v. Chr.
Ägypten, Ostdelta
Nilton, poliert. Höhe 8,1 cm,
Durchmesser 7 cm
Würzburg, Martin-von-Wagner-Museum,
Inv.-Nr.45

184 i

Literatur: Koschel (1991); Kat Wien (1994) 222-224.

185

185
Minoische (?) Klinge eines Dolches

Mittleres Reich - 2. Zwischenzeit, ca. 2000-1550 v. Chr.
Herkunft unbekannt
Buntmetall. Länge 20,1 cm, Breite 3,8 cm, Dicke 0,5 cm
Berlin, SMB-PK, Ägyptisches Museum und Papyrussammlung, Inv.-Nr. 21619

Der Ritzliniendekor der Klinge lässt eine nichtägyptische Herstellung der Klinge vermuten. Er besteht aus gegeneinander gestellten Schraffuren, die bei der starken Klingenverjüngung in ein Fischgrätmuster übergehen. Nur wenige Klingen mit ähnlichem Dekor lassen sich zum Vergleich heranziehen, darunter aber eine minoische Klinge der MM 1 A-Phase (ca. 2000-1900 v. Chr.), die auf Zypern gefunden wurde. Darüber, wie die Klinge nach Ägypten kam und ob sie einst mit einem Griff bestückt war, kann nur spekuliert werden. Die Klinge ist um mehr als 180° verbogen. Zwar war es in Ägypten durchaus üblich, Gegenstände unbrauchbar zu machen, damit sie dem Bestatteten nicht auf magische Weise gefährlich werden konnten, aber bei Stichwaffen ist dies überaus selten. Diese Tatsache lässt Raum für die Hypothese, dass es sich durchaus um ein Importstück handelt, welches dem ägyptischen Besitzer bzw. dessen Nachfahren aber nicht recht geheuer war und daher vor der Beigabe zur Bestattung „unschädlich" gemacht wurde.
S. P.

Unpubliziert.
Zum minoischen Vergleichsstück: Branigen (1974), Taf. 7, Nr. 291.

186

187 Unter- und Seitenansicht

186-187
Zwei Silbergefäße aus dem Schatzfund von el-Tod:
Massive Tasse und Schale mit Palmettendekor

Mittleres Reich, 12. Dyn., ca. 1950-1800 v. Chr.
El-Tod
Silber. Durchmesser 8,4 cm, Breite mit Henkel 10,4 cm, Höhe 4,9 cm (6,3 cm mit Henkel), Dicke 3 mm (a); Durchmesser oberer Rand 16,4-16,1 cm, Höhe 6,3 cm, Dicke unter 1 mm (b)
Paris, Louvre, Dep. des Ant. égyptiennes, Inv.-Nrn. 15149 (a); 15151 (b)

Bei Ausgrabungen am Month-Tempel in el-Tod (ca. 25 km südlich von Luxor) entdeckten französische Archäologen 1936 zwei größere und zwei kleinere Kästen aus Kupfer. Sie enthielten unter anderem Stücke von rohem und bearbeitetem Lapizlazuli, Gold in kleinen Barren, Silber in Kettenringen sowie Silbergefäße. Auf den Kästen sind in langer Kartusche Namen und Titel Amenemhets II. eingraviert. Obwohl auch eine spätere Deponierung diskutiert wird, ist es doch sehr wahrscheinlich, dass dieser Schatz als Gründungsbeigabe beim Bau des Tempels in der 12. Dynastie niedergelegt wurde.
Die einzelnen Objekte dieses Schatzes sind nichtägyptischer Herkunft und belegen weitreichende Handelsbeziehungen und Außenkontakte. Die Rollsiegel aus Lapizlazuli stammen aus dem mesopotamischen Bereich, während die Silbergefäße ihren Formen nach und aufgrund isotopischer Untersuchung dem griechischen oder anatolischen Raum zugewiesen werden können.
Insgesamt 153 Silbergefäße gehören zu dem Fund. Fast alle waren stark zusammengepresst, was darauf schließen lässt, dass sie nicht wegen ihrer Form sondern als wertvoller Rohstoff nach Ägypten eingeführt wurden. Die Ausstellung präsentiert zwei davon (in restaurierter Form): eine schwerere Tasse mit breitem angenieteten Henkel und eine hauchdünne Schale mit Palmettendekor.
K. O.

Literatur: Kat. Paris (1981) 149 (Nr. 173), 152 (Nr. 182).
Zum Gesamtfund: Bisson de la Roque (1950); Bisson de la Roque et al. (1953); Pierrat/Menu (1994); Helck (1995^2) 14-15 f., 215.

Abb. zu 186 - 187

188

188
Krug

Mittelminoisch I, ca. 2000-1850 v. Chr.
el-Lischt, Nord-Pyramide
Keramik, rote, weiße und schwarze Farbe. Höhe 7 cm
New York, Metropolitan Museum of Art, Inv.-Nr. 22.1.1406
Geschenk des Rogers Fund und von Edward S. Harkness, 1922

Das kleine handgeformte Keramikgefäß ist mit aufgemaltem rotem, weißem und schwarzem Dekor verziert. Dieser Krug gehörte ursprünglich wohl zu einem Doppelgefäss, denn an seiner Seite sitzt ein abgebrochener durchbohrter Vorsprung, der vermuten lässt, dass er mit einem weiteren Krug verbunden war. Er weist eine runde Standfläche auf, einen geglätteten, nach außen gewendeten Rand und einen kugeligen Gefäßkörper. Auf der Lippe befindet sich eine Verdickung, die vielleicht als Rudiment eines Griffes anzusehen ist. Der Dekor auf dem Gefäßkörper besteht aus abwechselnd roten und weißen Palmblättern. Breite weiße Dekorbänder befinden sich auf der Basis, unterhalb der Gefäßlippe und auf dem gebrochenen Verbindungsstück. Sowohl dieser „Palmetten"-Dekor als auch die rote, schwarze und weiße Farbgebung sind typisch für die kretische Kulturphase „Mittelminoisch I B", die zeitlich mit dem ägyptischen Mittleren Reich zusammenfällt. Das Gefäß wurde Anfang der 1920er Jahre von der „Metropolitan Museum of Art Egyptian Expedition" in der Nähe der Pyramide Amenemhets I. bei el-Lischt gefunden. Als eines der wenigen, von einem ägyptischen Fundort des Mittleren Reiches stammenden Mittelminoisch I- Keramikgefäße gehört es zu den frühesten Hinweisen auf kulturelle und wirtschaftliche Kontakte zwischen Ägypten und der Ägäis.
C. F.

Literatur: Merrillees (1980) 1-3;
Cadogan (1981-1982) 507-518;
Hein in: Kat. Wien (1991) Nr. 236;
Kat. Herakleion (2000) Nr. 28.

189

189
Alabastron

Mykenisch, um 1500-1450 v. Chr.
In Griechenland hergestellt; in Armant (Oberägypten) gefunden
Keramik. Höhe 11,5 cm, Durchmesser 20 cm
London, British Museum, Inv.-Nr. GR1890.9-22.1
BM Cat Vases A651

Dieses Gefäß ist im „maritimen Stil" dekoriert, in dem Motive wie Fische, Seegras, Felsen und Muscheln in leuchtend dunkler Farbe auf einen hellen Hintergrund gemalt wurden. Dieser Stil stammt ursprünglich aus Kreta, fand aber eine weiträumige Verbreitung. Das vorliegende Beispiel wurde in einer mykenischen Töpferwerkstatt auf dem griechischen Festland hergestellt.
Ägäische Keramik war bei den Ägyptern beliebt und von der Mittleren Bronzezeit an fanden sich einige Stücke in Ägypten. Der feine Ton und die offenkundigen Fähigkeiten sowohl bei der Modellierung als auch bei der Bemalung von Gefäßen wie diesem haben sie zu einer begehrten Importware gemacht. Der Inhalt könnte ebenfalls von Bedeutung gewesen sein. Es war möglich, den schmalen Hals des Fläschchens zu versiegeln, so dass es beispielsweise Parfümöl enthalten haben könnte, dass bekanntermaßen im mykenischen Griechenland hergestellt wurde.
L. F.

Literatur: Evans (1935) 271 Nr. 1; Wace/Blegen (1939) 145; Merillees (1972) 117; Merillees (1974a); Higgins (1977) 25, Abb. 9a; Merillees (1980) 38; Betancourt (1985) 144-145.

190

190
Mykenisches Gefäß

Neues Reich, 18. Dyn. / SH III A 2,
zweite Hälfte des 14. Jhs. v. Chr.
Fundort unbekannt
Ton, bemalt. Höhe 16,5 cm, Durchmesser 15 cm
München, Staatliches Museum Ägyptischer Kunst,
Inv.-Nr. ÄS 3800

Auch dieses mit birnenförmigem Körper, drei Henkeln und einem hohen zylindrischen Fuß ausgestattete Gefäß ist ein mykenisches Importstück. Der Dekor des Gefäßes mit rotbraunem Firnis auf ockerbraunem Überzug besteht aus schmalen und breiten Horizontalstreifen. Der Schulterbereich ist mit eng aneinander gereihten, vertikalen Strichen verziert. Über seinen einstigen Inhalt ist nichts bekannt. Der breiten Öffnung wegen dürfte mit dem Gefäß aber wohl kaum ein dünnflüssiges Produkt, sondern vielmehr eine Ware zähflüssiger bis festerer Substanz transportiert worden sein.
S. P.

Literatur: Kat. Hildesheim (1987) 124-125, Nr. 28

191

191
Mykenischer Amphoriskos

Neues Reich, 18. Dyn. / Mykenisch III A 2,
2. Hälfte 14. Jh. v. Chr.
Mykene
Ton, bemalt. Höhe 13,1 cm
München, Staatliches Museum Ägyptischer Kunst,
Inv.-Nr. ÄS 3801

Die kleine Amphore besitzt einen birnenförmigen Körper mit breitem zylindrischen Hals, breitem flachen Rand und drei Horizontalhenkeln auf der Schulter. Der Gefäßkörper geht in einen ebenfalls breiten, zylindrischen Fuß mit flacher Standplatte über.
Das Gefäß ist mit rotbraunem Firnis auf ockerbraunem Überzug verziert. Der Dekor, für diese Zeit charakteristisch, besteht aus Horizontalstreifen unterschiedlicher Breite, die das gesamte Gefäß überziehen und lediglich ein Zierband mit Spiralen und Strichen auf der Gefäßschulter auslassen.
Der Amphoriskos entstammt der beginnenden Epoche der so genannten „mykenischen Koine", einer Zeitspanne der Vereinheitlichung und Ausbreitung der mykenischen Kultur in den gesamten Mittelmeerraum. Er gelangte im Zuge des expandierenden Fernhandels der Mykener nach Ägypten.
S. P.

Literatur: Helck (1995[2]) 68 ff.;
Kat. München (1995) 110, Nr. 125.

192
Bügelkanne mit Streifendekor

Mykenisch, um 1300-1200 v. Chr.
In Griechenland hergestellt; in Gurob (Mittelägypten) gefunden
Geschmauchte Keramik. Höhe 11,4 cm
London, British Museum, Inv.-Nr. GR 1890.11-7.1
BM Cat Vases A984

Eine Anzahl mykenischer Gefäße wurde bei Gurob, einer Siedlung mit zugehöriger Nekropole südöstlich des Fayum, gefunden. Sie wurden aus Griechenland importiert und Analysen haben gezeigt, dass einige dieser Kannen mit Sicherheit in der Argolis, der Region um Mykene, hergestellt worden sind. Das vorliegende Gefäß konnte jedoch nicht genau zugewiesen werden.
Die englische Bezeichnung der Bügelkanne, *False Necked Jar*, spielt darauf an, dass der zentrale Ausguss zwischen den Henkeln nicht funktionstüchtig ist und der Inhalt durch den asymmetrisch angesetzten Ausguss gegossen wurde. Dieser Gefäßtyp stammt ursprünglich aus dem minoischen Kreta, erfreute sich jedoch in der mykenischen Welt großer Beliebtheit und weiter Verbreitung. Er findet sich in unterschiedlicher Größe und wurde wahrscheinlich stets für den Transport und die Lagerung von Olivenöl genutzt.
Die in Ägypten gefundenen Gefäße wurden ohne Zweifel dorthin exportiert. Sie waren mit Öl gefüllt, das gelegentlich parfümiert gewesen sein konnte. Offensichtlich erscheinen den Ägyptern auch die Gefäße selbst reizvoll und sie ahmten den Typ in Fayence und Stein nach.
L. F.

Literatur: Stubbings (1951) 94;
Kat. Heraklion (2000) Nr. 259a.

192

193

193
Bügelkanne

Späthelladisch III B, 13. Jh. v. Chr.
Angeblich in Oberägypten gefunden
Münster, Archäologisches Museum der Westfälischen Wilhelms-Universität, Inv.-Nr. 274
Ehemals Sammlung Rubensohn

Die kleine Bügelkanne mit abgebrochenem Ausguss soll in Ägypten gefunden sein. Dies erscheint nicht unwahrscheinlich, da die ehemalige Sammlung Rubensohn im Wesentlichen in Ägypten zusammengetragen wurde. Damit würde sich die Kanne unter die zahllosen mykenischen Importgefäße einreihen, die den regen Handel zwischen dem mykenischen Griechenland und Ägypten am Vorabend des Seevölkersturms belegen.
Seinem Dekor nach gehört die Bügelkanne zu den einfacheren Vertretern der Späthelladisch III B-Ware: Abwechselnd schmale und breite Streifen umziehen den breiten Bauch des Gefäßes. In der Schulterzone erscheinen zusätzlich konzentrische Kreissegmente und die Henkel sind mit einem Band gefüllter Rauten überzogen.
M. v. F.

Unpubliziert.

194
Bügelkanne

Späthelladisch III A:2 oder III B, ca. 1300 v. Chr.
Herkunft unbekannt
Keramik. Höhe 10,8 cm, Durchmesser 10,8 cm
Boston, Museum of Fine Arts, Inv. Nr. 72.1482
Hay Collection, Geschenk von C. Granville Way

Die Form mykenischer Bügelkannen war wie geschaffen für die Lagerung und den Export kleiner Mengen kostbarer Flüssigkeiten wie etwa Parfüm und aromatische Öle. Seit der Mitte der 18. Dynastie importierten die Ägypter des Neuen Reiches große Mengen der kleinformatigen und in Massenproduktion hergestellten Exportkeramik dieses Typs. Das Streifenmuster auf dieser Bügelkanne mit sich abwechselnden breiten und schmalen Dekorbändern ist bei diesem Keramiktyp sehr verbreitet. Wenn auch ursprünglich wegen ihres Inhalts eingeführt, wurden die Bügelkannen daneben selbst als exotische Importe hoch geschätzt. Die Fläschchen wurden in Nekropolen, Siedlungen und Heiligtümern über ganz Ägypten verstreut und in Nubien gefunden. Diese Kanne enthält noch immer ihren mittlerweile verfestigten Inhalt. Ihre Vorliebe für diese Gefässe veranlasste die Ägypter, Reproduktionen aus einheimischen Materialien wie beispielsweise Fayence herzustellen.
D. D.

Literatur: Gill (1906); Vermeule (1964) Taf. 45A; Merrillees/Winter (1972) 125; Buchholz (1974); Vermeule in: Kat. Boston (1982) 156, Nr. 165; Mountjoy (1986) 79-81.

194

195

195
Zyprische Kanne

2. Zwischenzeit, um 1600 v. Chr.
Tell el-Dab'a
Ton, bemalt. Höhe 12,5 cm
Wien, Kunsthistorisches Museum, Ägyptisch-Orientalische Sammlung, Inv.-Nr. A 1392

Der kugelige Krug mit breitem, zylindrischem Hals und Ausgusszipfel ist gelb grundiert und dunkelbraun bemalt. Auf dem Hals befinden sich dicke, waagrechte Streifen, auf dem Körper je vier senkrechte Linien, die mit einer Wellenlinie abwechseln. Form und Bemalung weisen dieses Gefäß als zyprischen Import aus.
Das Gefäß wurde in Tell el-Dab'a ausgegraben. Insbesondere in den Schichten der Hyksoszeit sind dort Importwaren aus Zypern keine Seltenheit.
H. S.

Literatur: Reiser-Haslauer in: Kat. Wien (1979) 86, H 39, Abb. 75; Hein in: Kat. Wien (1994) 218, Nr. 250.

196 a-b
Zyprische Importkeramik

Späte 2. Zwischenzeit, ca. 1600-1550 v. Chr.
Östliches Nildelta (?)
Hellbrauner Ton mit polierter Oberfläche.
Höhe 8,8 cm, Durchmesser 5,5 cm (a)
Rotbrauner Ton mit polierter Oberfläche.
Höhe 8,8 cm, Durchmesser 5,5 cm
Würzburg, Martin-von-Wagner-Museum, Inv.-Nrn. A43 (a), A 44 (b)

Die Oberflächen der beiden globulären und standfußlosen Krüglein sind glänzend poliert und mit braunschwarzen Streifen- und Wellenbandmustern verziert. Form und Dekor weisen sie dem zyprischen Keramiktyp „*White Painted Pendent Line*" zu, der im syro-palästinensischen Raum und – entgegen ursprünglicher Annahme – auch zahlreich nach Ägypten geliefert wurde, wie die Fundlage in Tell el-Dab'a beweist. Denn dort bildeten diese Gefäße in der Zeit von ca. 1660-1640 v. Chr. den Hauptanteil überlieferter Keramik.
Obgleich die beiden Gefäße identische Maße vorweisen, wurden sie mit der Hand geformt. Da in Ägypten bereits in der Zweiten Zwischenzeit die schnelldrehende Töpferscheibe in Gebrauch war – und auch Nachahmungen ausländischer Keramik auf ihr hergestellt wurden – ist auszuschließen, dass es sich um Imitationsware handelt, wie zunächst vermutet.
Ihre geringe Größe und der schmale Hals weisen die Krüglein als (Transport-)Behältnis für kostbare Flüssigkeiten wie beispielsweise Parfümöl aus.
S. P.

Literatur: Merrillees (1968) 145-146, 190-191; Koschel (1991); Karageorghis (1995) 73-74.

196 a-b

197
Zyprische Kanne (Base Ring Ware)

Zyprisch, ca. 1650-1450 v. Chr.
Herkunft unbekannt
Ton. Höhe 14,9 cm, Durchmesser 7 cm
Boston, Museum of Fine Arts, Inv. Nr. 72.1500
Hay Collection, Geschenk von C. Granville Way

Zur Zeit des frühen Neuen Reiches war der Kontakt Ägyptens zur Ägäis und dem ostmediterranen Raum intensiver als jemals zuvor. Zahlreiche Beispiele der so genannten *„Base Ring Ware"*-Keramik wurden überall in Ägypten gefunden und zeigen einen lebhaften Handel mit Zypern an. Kannen wie das hier gezeigte Exponat wurden in großer Zahl auf Zypern produziert und in die gesamte mediterrane Welt exportiert. Sie gehören zu den charakteristischsten zyprischen Keramikformen, die während der Bronzezeit hergestellt wurden. Mit der Hyksos-Herrschaft während der Zweiten Zwischenzeit begann die Einfuhr solcher Gefäße nach Ägypten und zur Zeit der frühen 18. Dynastie wurden sie dann in großer Zahl eingeführt. Gegen Ende der 18. Dynastie ging der Handel mit diesen Gefäßen – vielleicht in Folge der Auflösung des mediterranen Handelsnetzes zu dieser Zeit – schlagartig zurück.
Die Form dieser Gefäße ist wegen ihres langen, schmalen Halses ideal für die Aufnahme kleiner Mengen wertvoller Essenzen. Analysen erhaltener Inhalte haben ergeben, dass sich auch Opium unter den Substanzen befand, die in solchen Gefäßen nach Ägypten eingeführt wurden. Wissenschaftler haben vermutet, dass ihre Form einer Mohnkapsel nachempfunden sei. Auch wenn die Gefäße ursprünglich wegen ihrer Inhalte importiert worden waren, scheinen sie selbst auch um ihrer reizvollen und exotischen Form willen hoch geschätzt worden zu sein, denn einheimische ägyptische Kunstwerker ahmten die importierten Stücke in lokal anstehendem Ton, Fayence und sogar Glas nach.
D. D.

Literatur: Merrillees (1962); Merrillees (1968) 147-168, 175-189; Lacovara in: Kat. Boston (1982) 84, Nr. 65.

197

198

198
Zyprisches Opiumgefäß

Späte 2. Zwischenzeit - Neues Reich, Thutmosis III., ca. 1650-1450 v. Chr.
Ägypten
Grauer Ton. Höhe 13,4 cm, Durchmesser 6,5 cm
Würzburg, Martin-von-Wagner-Museum, Inv.-Nr. A 39

Der kleine bauchige Krug mit langem Hals und trichterförmiger Lippe, sich nach unten verbreiterndem, dünnwandigen Standfuß und bogenförmigem Henkel ist ein charakteristischer Vertreter der so genannten *„Base Ring I Ba (II)-Ware"*, im Arabischen auch einfach als *Bilbil*-Gefäß bezeichnet (vgl. Nr. 197). Wegen seiner formal klar voneinander abzutrennenden Bestandteile wie Fuß, Bauch, Hals, Lippe, Henkel und der ringförmigen Verdickungen am Henkelansatz im oberen Halsbereich ist dieser Keramiktyp wohl auf einstige Metallvorbilder zurückzuführen.
Der Ursprung dieser Krüglein, deren Höchstmaße bei 16 cm liegen, ist auf Zypern zu finden. Verbreitet wurden die Gefäße jedoch im gesamten levantinischen Raum sowie von Ägypten bis nach Nubien. Ihre Form, die in Ägypten gerne und in verschiedenen Materialien wie Fayence oder Glas (vgl. Nr. 224)

nachgeahmt wurde, gab Anlass zu Diskussionen in der Fachwelt. Sah man – das Gefäß auf den Kopf stellend – in seiner Gestaltung große Ähnlichkeit mit den Kapseln des Schlafmohns (Papaver somniferum L.) und somit eine formale Anspielung auf den Gefäßinhalt, ließen sich doch lange Zeit keine Beweise dafür erbringen. Auch Inhaltsanalysen gestalteten sich zunächst als schwierig, da die Gefäße oftmals wieder verwendet wurden, d.h. die Primärsubstanz durch andere Stoffe überlagert wurde oder da die in opiumhaltigen Substanzen zu verifizierenden Alkaloide aufgrund des Alters der Gefäßinhalte nicht mehr nachgewiesen werden konnten.
Durch Analysen des Inhaltes von dem hier gezeigten *Bilbil*-Gefäß sowie von einigen Gefäßscherben und eines weiteren *Bilbil*-Gefäßes konnte man schließlich aber doch Opium-Rückstände nachweisen und somit den Beweis für einen in der Zweiten Zwischenzeit Ägyptens florierenden Opiumhandel mit Zypern liefern.
Die heutzutage als Droge bezeichnete Substanz wurde höchstwahrscheinlich als medizinisches Mittel, d.h. zu narkotisierenden und schmerzstillenden Zwecken, importiert.
S. P.

Literatur: Merrillees (1962) 287-292; Merrillees (1968), 156-157; Koschel (1991); Karageorghis (1995) 75; Koschel (1996) 159-166.

199

199
Zyprischer Importkrug

Frühes Neues Reich, Ahmose - Thutmosis III.,
ca. 1550-1425 v. Chr.
Ägypten
Hellbrauner Ton, einst schwarze Oberfläche.
Höhe 15,5 cm, Durchmesser 5,6 cm
Würzburg, Martin-von-Wagner-Museum, Inv.-Nr. A 42

Auch dieses elegante Gefäß mit breiter Schulter, runder Lippe und schmalem Standfuß gelangte einst von Zypern nach Ägypten. Dort wurde eine Vielzahl solcher Krüglein an verschiedenen Orten vom ägyptischen Norden bis in das südlich Ägyptens gelegene Nubien gefunden.
Bis auf die Tatsache, dass auch in solchen Gefäßen aufgrund ihrer geringen Größe und des schmalen Halses nur ein in geringer Quantität benötigtes Produkt geliefert wurde, gibt es bislang noch keinen Anhaltspunkt über den einstigen Inhalt.
S. P.

Literatur: Koschel (1991).

200
Zyprischer, linsenförmiger Krug

Späte 2. Zwischenzeit - Neues Reich, Thutmosis III.,
ca. 1600-1450 v. Chr.
Ägypten
Gelbbräunlicher Ton, schwarze Oberfläche, unpoliert.
Höhe 13,8 cm, Durchmesser 7,5 cm
Würzburg, Martin-von-Wagner-Museum, Inv.-Nr. A 35

Auch dieser lentoide (linsenförmige) Krug ohne Standfuß ist ein zyprisches Importstück.
Er wurde aus zwei getrennt modellierten und dann zusammengesetzten schalenförmigen Hälften gefertigt. Hals und Henkel wurden ebenfalls später angefügt.
Der Ton weist eine gelbbraune Färbung auf; die Oberfläche ist schwärzlich, möglicherweise schwarz geschmaucht. Sie wurde nur geglättet, nicht aber poliert.
Krüge dieser Form waren wohl sehr beliebt, denn sie wurden in Ägypten vielerorts gefunden. Ihre Form ahmten die Ägypter in Glas, Stein und Fayence nach. Solche ägyptischen Imitationen wurden wiederum exportiert. Exemplare fanden sich beispielsweise in Karteros und Phaistos auf Kreta.
S. P.

Literatur: Merrillees (1968) 165-166;
Koschel (1991).

200

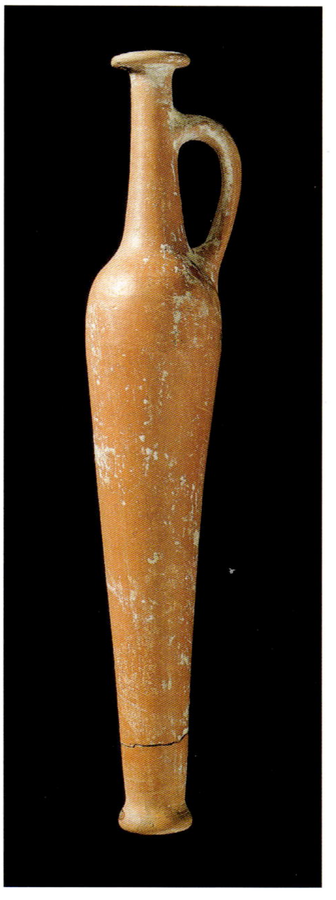

201

201
Spindelflasche

Späte 2. Zwischenzeit -
Neues Reich, Amenophis III.,
1645-1350 v. Chr.
Tuna el-Gebel
Roter Ton. Höhe 34,1 cm
Paris, Louvre, Dep. des Ant. égyptiennes, Inv.-Nr. 11.312

Ebenfalls aus Zypern stammen schlanke und schmalhalsige Gefäße wie die hier ausgestellte Spindelflasche. Dieser Keramiktyp, als *„Lustrous Wheelmade-Ware"* bezeichnet, wurde auf der Töpferscheibe hergestellt, also nicht mehr handgeformt. Zunächst war für diese Flaschen ein kanaanäischer Ursprung vermutet worden, da sie besonders häufig im syro-palästinensischen Raum und auf Kreta gefunden wurden. Eingeritzte Topfmarken auf einer Vielzahl dieser Flaschen weisen jedoch auf ihre zyprische Herkunft hin.
Aber auch in Ägypten und sogar im südlich gelegenen Nubien erfreuten sich diese charakteristisch geformten Flaschen großer Beliebtheit (vgl. Nr. 173 mit Abb.). In Gräbern wurden die Spindelflaschen häufig nahe des Kopfes der Verstorbenen gefunden, doch ist bislang unklar, ob die Fundlage im Zusammenhang mit dem Flascheninhalt steht, da die Gefäße oftmals für andere Substanzen weiterverwendet wurden.
Analysen des Inhaltes lassen vermuten, dass sie eine ölige Substanz oder Parfüm enthielten, möglicherweise auch Honig oder eine Mischung aus Honig und Opium, die nur langsam durch den langen, schmalen Hals der Flasche entnommen werden konnte.
S. P.

Literatur: Kat. Wien (1994) 259 Nr. 355;
Karageorghis (1995) 74.

202

202
Zyprisches Doppelgefäß

Neues Reich, 18. Dyn., ca. 1500-1400 v. Chr.
Vermutlich aus Theben. 1824 mit der Sammlung Drovetti erworben
Terrakotta, mit braun-orange farbener Engobe. Höhe 11 cm
Turin, Museo Egizio, Inv.-Nr. Cat. 3673

Das Gefäß ist ein typisches Zeugnis des internationalen Kulturaustausches, der sich zwischen Ägypten und den benachbarten orientalischen Königshöfen auf dem Höhepunkt der 18. Dynastie, etwa zwischen 1500 und 1400 v. Chr., entwickelte.
Es ist das Jahrhundert einer weiträumigen Ausdehnung pharaonischer Macht, in dem die ägyptische Armee im Osten bis zu den Wüstengebieten Syriens und Palästinas sowie im Süden von den nubischen Gebieten Wawat und Kusch bis zum 4. Nil-Katarakt vordrang.
Der enorme Zufluss an Gütern und natürlichen Produkten wie z. B. Tributleistungen, Geschenken und Tauschwaren vielfältiger Art spiegelt sich in der Kunst und im Kunsthandwerk wider. Ein weitverbreitetes Phänomen darf ebenfalls nicht außer Acht gelassen werden: Der ägyptische Hof und die wohlhabenden Familien haben sich in jener Epoche der Luxusgüter mit wohlriechenden Parfümen, Salben und fremdländischen Arzneien versorgt, die aus entfernten Gegenden und Königreichen stammten.
Zu diesen Handelswaren zählten auch kleine Gefäße mit einer nach oben sich verbreiternden Mündung über einem hohen schlanken Hals, einem kugelförmigen Körper und einer ringförmigen Basis, die das namengebende Gestaltungselement für ihre Klassifizierung bildet: *„Base Ring Ware"*, d. h. mit ringförmiger Basis. Varianten dieser Produktion sind Gruppen mit zwei Krügen, die einen gemeinsamen Henkel besitzen, so genannte Doppelgefäße wie das hier besprochene mit zwei einander zugewandten Mündungen, entsprechend dem Typus *„Merillees B.R.I Double Juglets IBb"*.

Abb. zu 202
Mohnkapsel

Die Fundverteilung von Erzeugnissen der Insel Zypern und ihrer Imitationen aus anderen Regionen erstreckt sich über einen weiten geographischen Bereich, wobei das Gebiet von Ägypten und Palästina von besonderer Bedeutung ist. Man vermutet, dass diese Gefäße für den Opiumhandel verwendet wurden und auf diese Annahme gründet sich eine interessante These von Merrillees, nämlich dass die Gefäßform sich von einer umgekehrt gehaltenen Mohnkapsel herleitet, aus der bekanntlich Opium gewonnen wurde (s. Abb.). Kürzlich durchgeführte Analysen haben das Vorhandensein von opiumhaltigen Lösungen in derartigen Gefäßen bestätigt. Jedoch sind weitere Untersuchungen auf breiterer Grundlage notwendig, um die Annahme zu bekräftigen, dass derartige Gefäße für den Opiumhandel verwendet wurden.
E. A.

Literatur: D'Amicone (2001) 37, Abb. 31.
Zur Produktion und Bezeugung der Gefäße in Ägypten: Merillees (1968); Bourriau (1981) 126, 135 Nrn. 250, 265-266. – Zu neuen Analysen von Gefäßinhalten: Bisset/Bruhn/Zenk (1996); Bisset/Bruhn/Curtot et alii (1996); Koschel (1996).

203
Zyprische Flasche

Spätzeit, 25. Dynastie, um 700 v. Chr.
Fundort unbekannt
Ton mit rotem Überzug, poliert. Höhe 10,7 cm, Durchmesser 4 cm
München, Staatliches Museum Ägyptischer Kunst, Inv.-Nr. ÄS 3806

Dieser ebenfalls aus Zypern stammende Krug ist ein Beweis für den florierenden Außenhandel Ägyptens zur Zeit der 25. Dynastie, als das kuschitische Königshaus die Herrschaft über Ägypten innehatte und teils von Ägypten, teils von Napata (heutiger Sudan) aus regierte.

Die beiden Dekorbänder mit jeweils sechs schmalen, schwarzen Zierstreifen auf rotem Grund weisen das Gefäß der zyprischen „*Black on Red*"-Ware zu. Der Krug hat einen sich zum Hals hin konisch verengenden Gefäßkörper. Auch hier lässt die enge Gefäßöffnung auf einen kostbaren, nur in kleinen Mengen zu entnehmenden Inhalt wie beispielsweise Salböl schließen.
S. P.

Literatur: Kat. Höhr-Grenzhausen (1978) 180, 182 (Abb.), Nr. 299.

203

204
Glasstäbe

2. Hälfte 2. Jtsd. - 1 Jh. n. Chr.
Fundort unbekannt. Sammlung Kiseleff
Glas unterschiedlicher Farben, Außenseiten überwiegend rauh.
Unterschiedliche Längen und Durchmesser
Würzburg, Martin-von-Wagner-Museum,
Inv.-Nr. K 852

Das erste, von Menschenhand geschaffene Glas kommt gegen Ende des fünften Jahrtausends v. Chr. in Mesopotamien und Ägypten vor. Es handelt sich um in unterschiedlichen Verfahren auf Perlen erzeugte Glasuren. Glas aus Sand, Kalk und Flussmitteln in Schmelzen herzustellen gelang erst im 16. Jahrhundert v. Chr. und vermutlich im vorderasiatischen Raum. In dieser Zeit befreiten die Pharaonen Ägypten von Fremdherrschern und verfolgten sie bis nach Palästina und Syrien. Aus jener Gegend brachten sie offensichtlich erste kleine Glasprodukte nach Ägypten. Es sind Glasstäbe und -streifen, die sich erhitzt in Schmuck einlegen oder zu Perlen wickeln ließen. Aus der heißen Schmelze gezogene Glasstäbe mit meist rauh erkalteter Oberfläche wurden vermutlich über einen langen Zeitraum neben runden Barren, die man in Tiegeln einheitlich geformt hatte, ebenso verhandelt wie von der erkalteten Schmelze abgeschlagene Brocken. Im 15. Jh. v.Chr. gelangten mit den Kriegszügen Thutmosis' III. nach Vorderasien große Mengen Rohglas nach Ägypten. Im Tempel von Karnak sind unter den Weihgaben an den Gott Amun 115 kg dunkelblaues und 83 kg hellblaues Glas in Brocken- und Barrenform auf Tabletts gestapelt abgebildet. Mitgeführte Handwerker brachten den Ägyptern zudem Kenntnis von genialen Glastechniken.
Glasstäbe wurden zu Hunderten in den Glaswerkstätten von Malkatta und Amarna sowie in geringen Mengen auch andernorts gefunden. Sie eigneten sich insbesondere zur Fadenverzierung von Glasgefäßen, fanden aber in vielen anderen Bereichen Verwendung wie etwa als gläserne Schreibstifte der schmalen Griffelkästen Tutanchamuns. Vom Ende des 5. Jhs. v. Chr. bis ins 1. Jh. n. Chr. wurden sie darüber hinaus zur Komposition feiner Mosaikdekors benötigt. Gebündelte und aneinander geschmolzene Stäbe bildeten im Querschnitt Muster. Erhitzt in die Länge gezogen, erlangten die Muster ungeahnte Feinheit. Sobald erkaltet, konnten Hunderte von Plättchen mit gleichen Darstellungen von dem ausgezogenen Bündel abgeteilt und als Einlagen für Schreine und andere Möbel, für Särge, Schmuck und Geräte sowie zur Herstellung von Gefäßen verwendet werden.
B. Sch.-N.

204

Ägyptische Objekte im Ausland: Export

Peter W. Haider

Schon in der 12. Dynastie setzte eine Intensivierung der Handelsbeziehungen mit der Levante ein, wobei die bereits zum ägyptischen Vasallenstaat gewordene Hafenstadt Byblos zur Drehscheibe des Güteraustausches aufstieg. Staatlich organisierte Handelsexpeditionen wie die des Pharao Amenemhet II. bis nach Kilikien und Zypern erschlossen den direkten Zugang zu in Ägypten fehlenden Rohstoffen wie Blei, Zinn, Bronze und Silber. Exportiert wurden von ägyptischer Seite außer Gold als Rohstoff und in verarbeiteter Form, feines Leinen, Papyrus, Salben, Öle, Parfüme, aromatisierte Weine und Möbel. Meistens sind uns jedoch nur noch die keramischen Transportbehälter für diverse ägyptische Produkte erhalten geblieben. Seit der späten Hyksos-Zeit entwickelte sich ein direkter, immer intensiver werdender wirtschaftlicher und diplomatischer Kontakt zunächst zur ägäischen Welt, dann auch zu den anatolischen und mesopotamischen Staaten, wie z.B. Fundstücke aus den Hofwerkstätten des Pharaos Chian im Palast von Knossos, in der hethitischen Hauptstadt Ḫattuša und in Babylon zeigen. Während der 18. und 19. Dynastie steigerte sich der Export vor allem auch in den minoisch-mykenischen Bereich. Alabastren für teure Öle erreichten bereits um 1500 v. Chr. den Hof in Mykene, Schminkbehälter aus Fayence, dekoriert mit plastisch gestalteten Äffchen aus der Hofwerkstatt Amenophis' II. waren in Mykene wie in Tiryns begehrt. Aus der Regierungszeit Amenophis' III. ist das Itinerar einer Handels- und Diplomatenreise über Kreta auf die Peloponnes erhalten. Zudem kennen wir etliche Objekte wie die Fayence-Kacheln für eine Tür- oder Fensterumrahmung auf der Akropolis in Mykene und vor allem Skarabäen aus Ialysos auf Rhodos, Panaztepe bei Manisa in Westkleinasien, aus Knossos, Hagia Triada und Kydonia auf Kreta sowie aus Hagios Elias im westlichsten Mittelgriechenland, die die Namenszüge dieses Pharaos bzw. die seiner Gattin Teje tragen. Ein Skarabäus der Anchesenamun, der Gattin Tutanchamuns, fand z.B. seinen Weg in die Hafenstadt von Knossos, der Knauf eines Dolches oder Gerätes aus der Hofwerkstatt Haremhabs gelangte in die Küstenstadt Sultan Hala Tekke bei Larnaka auf Zypern. Wie beliebt vor allem beschriftete Skarabäen und Fingerringe als magisch wirksame Objekte waren, zeigen die zahlreichen Skarabäen Ramses II. in den Gräbern der attischen Hafenstadt Peirati bis ins 12. Jh. v. Chr. hinein. Den Verstorbenen wurden aber auch Statuetten des zwergenhaften Fruchtbarkeitsgottes Bes sowie der Schutzgöttin schwangerer Frauen in Gestalt des trächtigen Nilpferdweibchens Thoeris mitgegeben.

Für den Historiker stellen ägyptische Exportobjekte oft wesentliche Elemente für die Datierung anderer benachbarter Kulturen ohne eigene historiographische Überlieferung dar. Besonders aufschlussreich erweist sich in diesem Zusammenhang auch die Fundvergesellschaftung in der Ladung spätbronzezeitlicher Schiffwracks wie dem von Ulun Burun um 1330 v. Chr. und dem vom Kap Gelidonya aus den Jahren 1190/1170 v. Chr.

Literaturauswahl:
Cline (1994); Cline (1995); Haider (1988a); Haider (1988b); Haider (1989); Helck (1971[2]); Helck (1995[2]).

Ägyptische Statuen im Ausland

Alexandra Verbovsek

Der Fund ägyptischer Statuen in ausländischen Tempeln, Palästen und Grabanlagen ist seit langem Gegenstand kontroverser Diskussionen. Nach dem Ende des Mittleren Reiches gelangten zahlreiche Skulpturen ägyptischer Könige und bedeutender Privatpersonen nach Nubien, Syrien-Palästina, Anatolien sowie nach Kreta. Diese Form des „Statuenexports" ist weniger im Sinne eines internationalen Kunsthandels zu verstehen; vielmehr handelt es sich bei den ins Ausland verbrachten Objekten in den meisten Fällen um Beutestücke, die im Zuge feindlicher Übergriffe und Plünderungen aus Ägypten verschleppt wurden,[1] ferner um Denkmäler, die der ägyptische König zur Demonstration seines Herrschaftsanspruches errichten ließ[2] oder, gemäß der Information, die diesbezüglich der sogenannten Amarna-Korrespondenz zu entnehmen ist, um Luxusgüter, die im Rahmen des diplomatischen Verkehrs verschiedener Herrscherhäuser transferiert wurden.[3] Seltener stifteten im Ausland tätige Beamte Darstellungen ihrer Person in ein Heiligtum außerhalb ihrer Heimat.[4] Diese Prozesse, die nur teilweise durch archäologische Untersuchungen verifiziert werden können, sind lediglich in historisch-politischen Ausnahmesituationen denkbar. Von einer regelmäßigen Versendung ägyptischer Statuen oder einem freien Gütermarkt innerhalb des Landes ist nicht auszugehen.

Die Rundbilder, zumeist kleinformatige Stücke aus Hartgestein, Holz und Metall, wurden in Ägypten hergestellt und fanden dort zunächst als Kultobjekte in Tempeln oder Gräbern Verwendung. Aus den auf ihnen angebrachten Inschriften gehen unter anderem Namen und Titel der Dargestellten hervor. Neben verschiedenen Königen des Mittleren Reiches, die zum Teil in Gestalt eines Sphinx erscheinen, finden sich unter den Abgebildeten auch hohe Beamte der ägyptischen Verwaltung. Besondere Berühmtheit erlangte in diesem Zusammenhang Djefaihapi, der unter Sesostris' I. die Stellung eines Gaufürsten einnahm. Zwei Statuen seiner Person und eine Figur seiner Frau Senui, die wahrscheinlich aus der Grabanlage des Beamten im mittelägyptischen Assiut stammen, wurden in Tell Hizzin bei Baalbek in Syrien bzw. in einem Tumulusgrab im nubischen Kerma am Südende des 3. Kataraktes im heutigen Sudan entdeckt. Dieser sogenannte Tumulus Kerma III ist nur eine von mehreren Anlagen, in denen nachgewiesen werden konnte, dass den Bestattungen einheimischer Fürsten Gegenstände ägyptischer Herkunft beigegeben wurden. Neben den Darstellungen von Beamten gelangten auch ägyptische Königsskulpturen in die Tumuli, so auch die hier ausgestellte Statue Sesostris' III. (Nr. 205) und vermutlich ebenso diejenige Sobekhoteps V. (Nr. 206). Aus diesem archäologischen Befund kann jedoch weder auf die einstige Anwesenheit der Statueninhaber in Nubien oder speziell in Kerma geschlossen werden, noch kann er zur Datierung der Grabstätten herangezogen werden. Die hier gefundenen Objekte gelangten erst zu einem späteren Zeitpunkt, vermutlich in der Zweiten Zwischenzeit und vorrangig im Kontext kriegerischer Auseinandersetzungen bzw. nubischer Expansionsbestrebungen[5] an diesen Ort. Dort wurden sie – aus ihrem ursprünglichen Zusammenhang gelöst – als Zeichen kulturellen Prestiges einer völlig neuen Funktion zugeführt.

1 Vgl. z. B. Helck (1976) 101 ff.
2 Matthiae (2000) 192.
3 Forstner-Müller/Müller/Radner (2002) 155 ff.
4 Matthiae (2002) 188-189.
5 Aktuell dazu Davies (2003) 18.

205

205
Statuenfragment Sesostris' III.

Mittleres Reich, 12. Dyn., Sesostris III., 1872-1853 v. Chr.
Kerma, Tumulus K X
Granodiorit. Höhe 12 cm
Boston, Museum of Fine Arts, Inv.-Nr. 13.3968
Harvard University-Museum of Fine Arts Expedition

In den geplünderten Überresten eines der größten Tumuli (niedrigen Bestattungshügeln) bei Kerma, einem fruchtbaren Gebiet am 3. Nilkatarakt, grub George A. Reisner zwei umfangreiche Depots mit Statuenfragmenten aus, von denen mehr als zehn – unter anderem dieses Exponat – durch Inschriften oder Ikonographie als königlich identifiziert werden konnten. Ihre Datierung scheint von der späten 12. bis zur 13. Dynastie zu reichen. Trotz ihrer unterschiedlichen Fertigungsqualität scheinen sie durchgängig von ägyptischen Handwerkern hergestellt worden zu sein. Alle wurden wie das hier gezeigte Beispiel vorsätzlich zerstört.

Obwohl unbeschriftet, kann dieser ehemals kunstvoll gearbeitete Kopf aufgrund der tiefen Nasolabialfalten Sesostris III. zugeschrieben werden. Auch das runde Gesicht, die abstehenden Ohren und der perlenbesetzte Halskragen sind charakteristisch für Darstellungen dieses Königs. Um den lukrativen Handel mit dem südlichen Nachbarn auszubauen und zu sichern, führte Sesostris III. vier Feldzüge gegen Nubien. Dabei verlegte er die Südgrenze Ägyptens bis zum 2. Katarakt, wo er zu beiden Seiten des Nils eine Reihe von Festungen anlegen ließ, die auf Signalweite voneinander entfernt waren. Von späteren Generationen wurde Sesostris III. in dieser Gegend vergöttlicht und man errichtete ihm zu Ehren Tempel.
Wie diese Statue und zahllose weitere ebenso fragmentarisch aufgefundene Skulpturen nach Kerma gelangten, bleibt ebenso rätselhaft wie ihre dortige Verwendung. Möglicherweise waren sie einst für weiter nördlich gelegene Gebiete bestimmt, wurden jedoch von den Königen des Reiches Kerma erbeutet, als diese ihr Herrschaftsgebiet bis an die Südgrenze Ägyptens am 1. Katarakt ausdehnten.
R. E. F.

Literatur: Delia (1995), 18-33; Polz (1995), 227-254.

206
Kniefigur des Sobekhotep V.

Anfang 2. Zwischenzeit, 13. Dyn., ca. 1720-1715 v. Chr.
Kerma, ursprünglich in Elephantine aufgestellt
Schwarzer Granit. Höhe 47 cm, Breite 17 cm
Berlin, SMB-PK, Ägyptisches Museum und Papyrussammlung, Inv.-Nr. 10645

Der kniend dargestellte König brachte einst zwei runde Weinkrüge dar. Der Typus des Weinopfernden

206

kam bereits unter Chephren im Alten Reich auf und blieb exklusiv dem König vorbehalten. Bei dieser Opferhaltung werden die Unterarme vermutlich deshalb so wiedergegeben, als ob sie auf den Oberschenkeln ruhten, weil die freie Ausarbeitung der vorgestreckten Unterarme in Hartgestein zu bruchanfällig wäre. Die Gesichtszüge des hier dargestellten Herrschers orientieren sich an denen Amenemhets' III., zeigen aber eine gewisse Starre. Statuen der 13. Dyn. weisen generell weite Augenabstände und schwere Oberlider auf. Typisch für die Königsplastik dieser Zeit sind die Säume an den Innenseiten der Kopftuchlappen.
An die 1889 in Luxor erworbene Statue konnten im Jahre 1990 zwei in Boston aufbewahrte Inschriftenfragmente angepasst werden, die den Herrscher identifizierten: *Cha Hetep-Re geliebt von Satet, der Herrin von Elephantine*. Die Statue war also ursprünglich in Elephantine am 1. Katarakt aufgestellt worden. Nun fanden sich die Bostoner Fragmente 1913-14 bei Ausgrabungen in Kerma am 3. Katarakt, wohin die einst vollständige Figur verbracht worden war. Dies geschah vermutlich wenige Jahrzehnte nach ihrer Aufstellung, da das Reich von Kerma gerade während der Zweiten Zwischenzeit in Blüte stand.
M. v. F.

Literatur: Bothmer (1968/69) 82-84; Kat. Berlin (1991) 52, Nr. 33; Kat. Wien (1994) 115, Nr. 53; Kat. München (1996) 116, Nr. 128.

207
Statuette eines Nilpferdes

Klassisches Kerma, ca. 1700-1550 v. Chr.
Kerma Tumulus X, Grab K1001: 1
Fayence. Länge 7,6 cm, Breite 3,3 cm
Boston, Museum of Fine Arts, Inv.-Nr. 13.4121
Harvard University-Museum of Fine Arts Expedition,
Feldnummer Su.612

Diese gut erhaltene Nilpferdstatuette wurde im umliegenden Schutt des königlichen Tumulus X, Grab K1001:1 gefunden. Die übrigen Beigaben (Dolchknäufe, Einlagen und Ohrstecker aus Nilpferdzahn, Perlen, Gefäße), die sich diesem Grab zuordnen lassen, wurden in Fragmenten aufgefunden, was den guten Erhaltungszustand dieses Stückes noch außergewöhnlicher erscheinen lässt. Dieses Nilpferd entspricht in Größe und Stil den zeitgleichen, aus Fayence gearbeiten und mit schwarzer Bemalung dekorierten ägyptischen Nilpferdstatuetten des Mittleren Reiches. Diese besondere Form ägyptischer Nilpferdfiguren wurde ausschließlich während des Mittleren Reiches hergestellt und bemerkenswerterweise sind nur fünf Dutzend Beispiele bekannt. Einige der in ägyptischen Bestattungen aufgefundenen Exemplare lagen unter dem Rücken oder den Füßen des Leichnams. Neben dem vollständig erhaltenen aus Kerma stammenden Nilpferd wurden etwa zehn weitere Fragmente dieses Typs gefunden, sämtlich in Verbindung mit Tumulus-Bestattungen des Klassischen Kerma. Neben dieser Art Nilpferdstatuetten existierten in Kerma weitere Typen von Nilpferdskulpturen. So lassen Fragmente auf eine große Nilpferdfigur aus Fayence schließen, da allein ein bemaltes Augenfragment aus Fayence 5,8 x 2 x 5,3 cm (HU-MFA 13-12-793c) misst. Weiter fanden sich Hinweise auf einen ungewöhnlich großen Nilpferdkopf mit getrennt gearbeiteten Ober- und Unterkiefern, die es ermöglichten, das Maul zu öffnen. (HU-MFA13-12-793e; 13-12-793f; 13-12-801; aus Tumulus III, Klassisches Kerma).
Nilpferddarstellungen haben eine lange Tradition in Nubien, angefangen mit prähistorischen Felszeichnungen und großformatigen Skulpturen in den Nekropolen der A-Gruppe. In Form von Skulpturen, Amuletten und Wandbildern sowie in gemalter und

207

figürlicher Gefäßdekoration leben die Nilpferddarstellungen in Kerma fort. Der klassische Typ der Fayence-Nilpferde des ägyptischen Mittleren Reiches war nur eine weitere Form, die von den Nubiern adaptiert, weiterentwickelt und in ihr eigenes „Nilpferd-Repertoire" integriert wurde.
Nilpferdfiguren verschiedenen Typs und aus unterschiedlichem Material fanden in Kerma Verwendung als Grabbeigaben, Votivopfer in Grabkapellen und als Gegenstand häuslicher Verehrung; einige Tonskulpturen scheinen sogar als Gründungsbeigaben gedient zu haben. Mit ihrer vielschichtigen und nur schwierig zu deutenden Funktion spielen die Nilpferde eine äußerst signifikante Rolle in den religiösen Vorstellungen Nubiens.
J. L. H.

Literatur: Reisner (1923a); Reisner (1923b) Kat. Genf (1990); Lacovara (1992) 17-26; Kat. Providence (1998) 238.
Zu den Fundumständen des Nilpferdes: Reisner (1923b) 173, Taf. 42,2. – Zu den Fragmenten der großen Nilpferdstatue mit seperatem Unter-und Oberkiefer: Lacovara (1992) Abb. 7. – Zu einer Nilpferdfigur aus häuslichem Kontext: Kat. Genf (1990) Kat.-Nr. 83. – Zu einer Nilpferdfigur als Gründungsbeigabe: Bonnet (1984) IX; Kat. Genf (1990) Kat.-Nr. 84.

208
Bronzener Fingerring

Neues Reich, ca. 1550-1070 v. Chr.
Zypern, Enkomi, Grab 67; in Ägypten gefertigt
Bronze. Länge 19 mm
London, British Museum, Inv.-Nr. GR 1897.4-1.355
BM Cat Finger rings 1216

Nur die Ringplatte und ein Teil des Ringes sind erhalten. In die Ringplatte sind der Name der Isis sowie die Darstellungen des Re und eines Anbetenden oder Kindes graviert.
Die Stadt Enkomi war während der Spät-Bronzezeit eine bedeutende und blühende Siedlung auf Zypern. Die dortigen Gräber enthielten eine Fülle von Beigaben, welche die vielfältigen Handelsbeziehungen der Insel während der Spät-Bronzezeit widerspiegeln. Grab 67 enthielt außerdem Keramik, Terrakotten, Gold- und Silberschmuck, fragmentarische Bronzen und sechs aus Hämatit gefertigte Gewichte.
L. F.

Literatur: Murray (1900) 37-38; Catling (1964) 234.

208

209

209
Silberner Fingerring mit hieroglyphischer Inschrift

Neues Reich, 18. Dyn., Amenophis IV./Echnaton, 1351-1334 v. Chr.
Zypern, Enkomi, Grab 93; in Ägypten gefertigt
Silber. Durchmesser 3 cm, Länge 2,6 cm
London, British Museum, Inv.-Nr. GR 1897.4-1.617
BM Cat Finger rings 997

Der Ring trägt eine hieroglyphische Inschrift, die eine Anrufung an Ptah und Re-Harachte enthält und den Namen Amenophis' IV. (später als Echnaton bekannt) nennt.
Dieser Ring wurde in einem außergewöhnlich reich ausgestatteten Grab bei Enkomi gefunden. Neben Terrakotten sowie einheimischer und importierter Keramik umfassten die Beigaben eine Fülle von Schmuckstücken. Der Mehrzahl der Funde stammt aus Zypern und ist häufig durch den ägäischen Stil beeinflusst. Allerdings wurden auch ägyptische Stücke gefunden, darunter ein kunstvoll gearbeiteter Halskragen. Des Weiteren kamen Bruchgold und Zylindersiegel aus dem Vorderen Orient zu Tage. Die Zusammenstellung der Grabbeigaben stellt eine reichhaltige Mischung aus Importen dar und spiegelt die Einflüsse wider, denen Zypern während der Spät-Bronzezeit ausgesetzt war.
L. F.

Literatur: Åstrøm (1967) 26.

210

210
Goldener Fingerring

Neues Reich, ca. 1400-1200 v. Chr.
Zypern, Enkomi, Grab 19; in Ägypten gefertigt
Gold. Durchmesser 2,2 cm, Länge 2 cm
London, British Museum, Inv.-Nr. GR 1897.4-1.95
BM Cat Finger-rings 1

Der Ring trägt die hieroglyphische Inschrift *Mut, Gold der Beiden Länder* und wurde in Grab 19 bei Enkomi gefunden. Das Grab enthielt außerdem sowohl zyprische als auch mykenische Keramik, ein zierliches Fayence-Fläschchen in Form eines Frauenkopfes, drei Elfenbeinscheiben und weiteren Goldschmuck.
L. F.

Literatur: Åstrøm (1967) 31.

211

211
Perle in Form eines menschlichen Kopfes

Spätzeit, um 600 v. Chr.
Rhodos, gefunden in einem Grab bei Kameiros;
in Ägypten gefertigt
Fayence. Länge 1,1 cm, Breite 1 cm
London, British Museum, Inv.-Nr. GR 1861.4-25.17
BM Cat Gems 261

Der hintere Teil der Perle ist als Kopf eines Afrikaners gestaltet; auf der Vorderseite befindet sich eine hieroglyphische Inschrift: *Sobekhotep* oder *Opfer (für) Sobek*.
Die Perle wurde in einem Grab einer der zur Siedlung Kameiros auf Rhodos gehörigen Nekropolen gefunden. Dem Zeitpunkt der Erwerbung nach zu urteilen stammt sie vermutlich aus der Nekropole von Kechraki, die zwischen 1859 und 1864 von Salzmann und Bilotti ausgegraben wurde. Die dortigen Gräber wiesen reiche Beigaben auf und wurden während des siebten und sechsten vorchristlichen Jahrhunderts belegt. Bedauerlicherweise wurden die Beigaben der einzelnen Gräber nicht dokumentiert.
L. F.

Unpubliziert

Ausländer in Ägypten

Georg Meurer

Obwohl das fruchtbare Niltal als Kernbereich des ägyptischen Territoriums rundherum durch Wüsten und Meere von den benachbarten Ländern abgeschirmt war, bestanden bereits seit prädynastischer Zeit intensive Kontakte zu den Nachbarkulturen. Neben Handelsbeziehungen, die lediglich kurzzeitige Aufenthalte fremder Händler in Ägypten bedingten, – ein Beispiel hierfür ist die Darstellung der Karawane (Abb. 1) von *Sandbewohnern* (Beduinen) aus dem Grab des Chnumhotep in Beni Hassan (eventuell waren sie Vorläufer der Schasu des Neuen Reiches) – sind es vor allem zwei Umstände, welche die Ansiedlung einer größeren Zahl von Ausländern im Niltal förderten: Zum einen bedingten Klimaveränderungen der West- und Ostwüste, dass Menschen auf der Suche nach

Abb. 1
Beduinenkarawane im Grab des Chnumhotep in Beni Hassan

Nahrung für sich und ihr Vieh nach Ägypten eindrangen. Zur besseren Kontrolle dieser ungeregelten Zuwanderung wurden im Süden am 2. Nilkatarakt und an den Rändern des West- wie des Ostdeltas die Grenzen mit Festungen und Mauern befestigt. Reliefs vom Aufweg des Totentempels des Unas aus der 5. Dynastie zeigen durch Hungersnot ausgezehrte Wüstennomaden, ebenso wie die in Privatgräbern aus dem Mittleren Reich in Meir enthaltenen Darstellungen. Patrouillentagebücher aus den Festungen des Mittleren Reiches am 2. Katarakt berichten zudem von nubischen Medjau, die nach Ägypten gelangen wollten, denn *die Wüste stirbt an Hunger*. Zum anderen führte das Streben von libyschen Stämmen sowie Völkern, deren Ursprünge in Kleinasien und der Ägäis lagen (Philister, Schekelesch, Scherden, Lukka, Danuna, etc.), nach neuem und besserem Siedlungsraum am Ende des Neuen Reiches unter Ramses II., Merenptah und Ramses III. dazu, dass diese sogenannten Seevölker nach Palästina eindrangen und dasselbe mit libyscher Unterstützung in Ägypten versuchten. Diese von der ägyptischen Gesellschaft als Bedrängnis empfundenen Völkerwanderungsbewegungen bewirkten zwangsläufig kriegerische Gegenaktionen. Die unter großen Kraftanstrengungen geführten Kämpfe verliefen für Ägypten siegreich und Kriegsberichte nennen große Zahlen nach Ägypten verschleppter Kriegsgefangener.

Schon früh wurden außerdem Razzien ins benachbarte Ausland unternommen, um gezielt Ausländer nach Ägypten zu führen. Zweck dieser Aktionen war die Behebung des Defizits an Arbeitskräften, das dem schnell expandierenden ägyptischen Staat aufgrund seiner ehrgeizigen Wirtschafts- und Bauprogramme entstanden war. So berichten die Annalen des Palermo-Steins davon, dass unter Snofru in der 4. Dynastie 7.000 Nubier beiderlei Geschlechts nach Ägypten kamen.

Die Gefangenen wurden vielfach unter der Aufsicht für sie zuständiger Beamter in eigenen Siedlungen bzw. Domänen angesiedelt. Sie erhielten ägyptische Namen und mussten die ägyptische Sprache, Sitten und Kleidung übernehmen. Im Neuen Reich wurden sie mitunter sogar mit einem Brandzeichen als Besitz der Krone gekennzeichnet. Auf diese Weise wurden Ausländer innerhalb einer Generation akkulturiert und verloren ihre ausländische Identität. Als Kriegsbeute waren sie Eigentum des Königs und wurden von ihm an Krongüter, Tempel und in Einzelfällen als Belohnung an tapfere Offiziere und Soldaten verteilt. Ihren neuen Eigentümern mussten die Gefangenen zunächst als Leibeigene dienen. Dennoch wurden sie ihren Leistungen und Fähigkeiten entsprechend eingesetzt. Besonders geschätzt waren die Dienste von Fachleuten, wie asiatischen Weberinnen, ägäischen und asiatischen Metallschmieden und Seeleuten, Schiff- und Wagenbauern sowie asiatischen Winzern und Gärtnern. Weitere Tätigkeitsbereiche waren der Ackerbau, Küchenarbeiten sowie Musik (vgl. Nr. 216), Tanz und Gesang. Der Papyrus pAnastasi IV berichtet von der Wertschätzung nubischer Wedelträger als exotische Prestigeobjekte. Ebenfalls beliebt waren nubische (S. 71, Abb. 1), asiatische, libysche und ägäische Truppenkontingente, welche wegen ihrer Ansiedlung in geschlossenen Verbänden größere Eigenständigkeit in Kleidung und Sprache bewahren konnten.

Männliche Erben ausländischer Herrscher aus Nubien und Vorderasien, die in Kriegen unterworfen und als Vasallen dem ägyptischen Reich angeschlossen worden waren, mussten in jugendlichem Alter ihre Heimat verlassen. Als eine Art von Geiseln gelangten sie an den ägyptischen Hof, wo sie gemeinsam mit dem ägyptischen Thronfolger ausgebildet wurden. Auf diese Weise erzog man sie zu loyalen Bündnisgenossen, so dass sie nach dem Tod ihrer Väter die Regierung ihrer Herkunftsländer übernehmen konnten.

Von Ägypten im Krieg besiegte Völker hatten zum Erhalt des ägyptischen Wohlwollens zudem beständig

Tribute an Ägypten abzuliefern. Neben kostbaren Bodenschätzen (Gold und Edelsteinen), Naturprodukten (Elfenbein, seltenen Tieren, Baumharzen und Hölzern), Vieh und handwerklichen Gegenständen (Gefäßen aus Edelmetall) bestanden die Tribute vor allem aus den Trägern derselben, Männern wie Frauen, die ihre Arbeitsleistung in Zukunft ägyptischen Herren zur Verfügung stellen mussten.

Einen besonderen Aspekt der Präsenz von Ausländern in Ägypten stellen diplomatische Missionen und eben solche Heiraten dar. Während Gesandte fremder Herrscher sich in der Regel nur kurzzeitig am ägyptischen Königshof aufhielten, – wenn es auch gelegentlich vorkam, dass man sie aus bestimmten Gründen bis zu einigen Jahren festhielt – wurde Ägypten für die Töchter und Schwestern ausländischer Herrscher, die aus Gründen der Staatsraison mit ägyptischen Pharaonen verheiratet wurden, zur dauerhaften Heimstatt; sie kehrten nie wieder in ihre Herkunftsländer zurück. Sicher belegt sind diese Hochzeiten seit Thutmosis III., der für drei seiner aus Syrien stammenden Gemahlinnen ein gemeinsames Grab in Theben anlegen ließ, bis zur Zeit Ramses' II., der wie Amenophis III. gleich mehrere ausländische Prinzessinnen in seinen Harim aufnahm. Lediglich einer von ihnen gelang der Aufstieg bis an die Spitze des Staates: eine hethitische Prinzessin – sie erhielt den neuen ägyptischen Namen Maatheru Neferrure – wurde Große Königliche Gemahlin Ramses' II. Aus ägyptischen Texten ist nur wenig über diese in Ägypten als Zeichen der Souveränität über die Fremdvölker verstandenen Heiraten bekannt. Jedoch sind Korrespondenzen mit vorderasiatischen Königreichen (Hatti, Mitanni, Babylon) in Form zahlreicher Briefe auf Tontafeln in Keilschrift erhalten, die über alle Details genau informieren. Ausgedehnten Verhandlungen und der Übergabe kostbarer Geschenke in beide Richtungen folgte der Zug eines teils mehrere hundert Personen umfassenden Geleits der Braut nach Ägypten, denn sie nahm ihren gesamten Hofstaat als Gefolge mit sich.

Ausländer, die sich in Ägypten einmal akklimatisiert und akkulturiert hatten, genossen praktisch das gleiche Ansehen und die gleichen Rechte wie Ägypter. Sie konnten selber Leibeigene besitzen, Haus und Land ihr Eigen nennen und es vererben sowie Ägypter heiraten. Ausländerfeindlichkeit spielte – abseits der Ausländer als Feinde stigmatisierenden offiziellen Staatsideologie – nach unserer Kenntnis nicht nur aufgrund der positiven ökonomischen Wirkung im Alltag meist eine untergeordnete Rolle. Zahlreichen Ausländern gelang im Neuen Reich der Aufstieg in hohe und höchste Beamten-, Militär- und Priesterränge. Viele von ihnen erfuhren besondere königliche Wertschätzung, indem sie in der engsten Umgebung Pharaos großen Einfluss ausübten, wie z.B. der Wedelträger Maiherperi und der Kanzler und Regent Ägyptens unter Siptah, Bay. Beiden wurde das außergewöhnliche Privileg zuteil, Gräber im Tal der Könige, der ägyptischen Herrschern vorbehaltenen Nekropole, anlegen zu dürfen (KV 36 und KV 13). Die Ansiedlung einer zunehmend großen Zahl von Ausländern in Ägypten, vor allem auch von solchen, die aus eigenem Antrieb ins Land eingewandert waren und die anders als die Kriegsgefangenen viele Aspekte ihrer ausländischen Identität nie ablegten, hatte neben der Gefahr wachsenden Fremdenhasses jedoch ebenfalls zur Konsequenz, dass ihre Exponenten in Zeiten schwacher ägyptischer Herrscher selbst nach der Macht in Ägypten griffen, wie es in der so genannten Hyksos-Zeit (15. und 16. Dynastie) und der so genannten Libyerzeit (22. bis 24. Dynastie) geschah. Während die Hyksos jedoch als unerwünschte Ausländer von den ersten Königen der 18. Dynastie vertrieben wurden, waren die Herrscher der Libyerzeit in Ägypten akzeptierte Könige, die zwar ihre libyschen Wurzeln nie verleugneten, sich aber als legitime ägyptische Pharaonen verstanden.

Literaturauswahl:
Zu Nubien: Drenkhahn (1967); Meurer (1996).
– Zu Vorderasien: Helck (1971[2]); Bietak (1994).
– Zu asiatischen Nomaden: Giveon (1971) 217-239; Staubli (1991); Hasel (1998); Görg (2001a). – Zu Libyen: Leahy (1985); Leahy (1990). – Zur Ägäis: Wachsman (1987); Haider (1996) 137ff; Davies/Schofield (1995).
– Zu Seevölkern: Görg (2001b); Stadelmann (1984); Oren (2000); Strobel (1976).
– Zu Fremden: Barta (1986); Bresciani (1997); Haider (1988c); Helck (1977a); Helck (1977b); Helck (1977c); Loprieno (1997); Schneider (1998); Vernus (1994) 49-68; Ward (1994) 61-85.
– Zu Kriegsgefangenen: Helck (1980); Vachala (1990); Vachala (1991).
– Zu diplomatischen Ehen: Roth (2002).

212

Szene die Zuschreibung an eine Nekropole der einstigen Hauptstadt Memphis.
R. F.

Literatur: Schulman (1968); Martin (1987) 16, Nr. 27, Taf. 10; Martin (1991) 203.

212
Wandrelief mit Hafenszene

Neues Reich, späte 18. Dyn., Tutanchamun, 1333-1323 v. Chr., Eje, 1323-1319 v. Chr. oder Haremhab, 1319-1292 v. Chr.
Herkunft unbekannt, höchstwahrscheinlich Sakkara.
Durch Tausch von Albert Gallatin erworben
Kalkstein. Höhe 30,4 cm, Breite 40,5 cm, Dicke 3,7 cm
New York, Brooklyn Museum of Art, Inv.-Nr. 48.112

Dieses im versenkten und erhabenen Relief gearbeitete Stück zeigt das Löschen einer Schiffsladung und einen gefesselten Gefangenen, der von einem ägyptischen Beamten von einem anderen Boot an Land gebracht wird. Der diagonal verlaufende Gegenstand in der unteren linken Ecke des Reliefs wurde als Teil eines Stabes, den ein ägyptischer Beamter in der Hand hält, interpretiert. Vielleicht war es sogar der Grabbesitzer selbst, der aufgrund seiner Bedeutung in größerem Maßstab dargestellt wurde, was der Größe des Stabes entspräche. Dies ist jedoch nicht mit Sicherheit zu sagen und es könnte sich ebenso um ein Seil oder einen anderen Gegenstand handeln. Den Anschluss an dieses Relief bildet ein Relief mit einem ähnlichen Bildthema im Roemer- und Pelizaeus-Museum in Hildesheim (Inv.-Nr. 2370).
In der neuesten Publikation (s.u.) wird vermutet, die Szene auf dem Relief gebe das Treiben auf einer Werft in Memphis wieder und stamme aus einem bis heute nicht lokalisierten Grab der Memphitischen Nekropole. Auch wenn Letzteres nicht vollständig gesichert ist, bekräftigen doch die Art des Kalksteins, der Stil des Reliefs und der profane Charakter der

213
Stele des Nebsen

Mittleres Reich, 11.-12. Dyn., ca. 2100-1800 v. Chr.
Nekropole von Theben-West.
1891-1892 von Schiaparelli erworben
Kalkstein, mit Spuren von roter und schwarzer Bemalung.
Höhe 14 cm, Breite 10,5 cm
Florenz, Museo Archeologico Nazionale, Inv.-Nr. 7586

213

Die Stele ist nahezu rechteckig gestaltet. Die Fläche wird von einem Band eingefasst , das aus schrägverlaufenden Linien gebildet ist, die in roter Farbe aufgetragen sind. Im Zentrum erscheint in frontaler Haltung eine männliche Gestalt auf einem Podest. In der linken Hand hält sie einen Stock, sie hat lockiges Haar und trägt einen Lendenschurz. Auf der linken Seite ist eine Inschrift in schwarzer Farbe zu lesen: *Der versorgte Nebsen*.
Die außergewöhnliche Darstellungsweise der Gestalt, besonders der Haare, vermittelt den Eindruck, dass es sich nicht um einen Ägypter, sondern um einen Nubier handelt, auch wenn sein Name ägyptisch ist. Es lässt sich nicht mit Sicherheit sagen, ob es sich um eine Grabstele oder eher um eine Votivstele handelt. Jedenfalls wurde die Stele einem ausländischen Gesandten gewidmet, der dem militärischen Bereich angehörte – ein Hinweis darauf ist der Stock – und der sich in den ägyptischen Kulturkreis integriert hat.
M. C. G.

Literatur: Bosticco (1959).

214
Schale mit Darstellung eines nubischen Jägers

1. Zwischenzeit, 1. Hälfte der 11. Dyn., um 2100 v. Chr.
Assuan, Qubbet el-Hawa
Weiß grundierte Keramik mit schwarzer und gelber Bemalung. Höhe 4,6 cm, Durchmesser 16,7 cm
Bonn, Ägyptisches Museum, Inv.-Nr. BoS QH 0/1257

Diese Schale zeigt eine Jagdszene mit einem nubischen Bogenschützen, der mit ausgestreckten Armen einen Bogen und ein Bündel Pfeile hält. Er ist durch seine dunkle Hautfarbe und die Feder auf dem Kopf deutlich als Nubier gekennzeichnet. Zudem weist sein Schurz den typischen nubischen Mittelteil auf, der vorn herabhängt und im Rücken zusammengebunden wurde. Der Bogenschütze wird von zwei Jagdhunden begleitet, von denen der eine im Lauf eine Gazelle reißt. Außerdem sind ein Gepard, ein Hase, ein Fisch und vermutlich ein Vogel wiedergegeben.
Nubische Bogenschützen wurden in der ägyptischen Kunst häufig dargestellt, zumeist jedoch in einem kriegerischen Kontext als Söldner, wohingegen der Nubier hier bei der Jagd gezeigt wird.
Die Schale stammt aus den von Elmar Edel geleiteten archäologischen Arbeiten der Universität Bonn an den Felsgräbern der Qubbet el-Hawa, die an der damaligen Südgrenze Ägyptens gelegen sind. Das Stück wurde interessanterweise zusammen mit einer anderen Schale gefunden, die eine parallele Szene zeigt – diesmal jedoch mit einem ägyptischen Jäger (heute im Museum Kairo).
Bemalte Keramikgefäße dieser Art sind sehr selten, wobei das hier vorgestellte Stück eine besonders gute Qualität aufweist. Über vergleichbare Gefäße aus Elephantine konnte Seidlmayer die Schalen der Qubbet el-Hawa in die 1. Hälfte der 11. Dynastie datieren.
I. S.

Literatur: Kat. Höhr-Grenzhausen (1978) 127, Nr. 160; Decker/Herb (1994) 314, J 49, Taf. CXLII; Seidlmayer (1994).
Zu ähnlichen Keramikgefäßen und zum Ursprung ihrer Motive in der Grab- und Sargdekoration: Arnold (1972).

214

215

215
Statuette einer Nubierin

Spätzeit, 25. Dynastie, ca. 746-655 v. Chr.
Herkunft unbekannt
Holz, eingelegt mit Kalkstein und Harz. Höhe 23,5 cm, Breite 7 cm, Tiefe 4 cm
Boston, Museum of Fine Arts, Inv.-Nr. 1993.6
Curator's Fund in Erinnerung an Professor Phyllis Wallace

Dem ägyptischen Schönheitsideal entsprechend, sollte eine Frau kleine Brüste, einen flachen Bauch und schmale Hüften haben. In Nubien, Ägyptens südlichem Nachbarn, herrschte dagegen ein anderes ästhetisches Empfinden: Volle Brüste, ein runder Bauch und üppige Hüften wurden bevorzugt. Dem Stil der Schnitzerei nach zu urteilen, wurde diese Figur einer fülligen Frau von einem ägyptischen Künstler hergestellt. Jedoch ist eindeutig eine nubische Frau wiedergegeben. Eine bestechend ähnliche Figur (Berlin 16999), vielleicht sogar vom selben Handwerker geschnitzt, wurde in einem Grab bei Abusir el-Meleq gefunden, das sich in die 25. Dynastie datieren lässt. Schon in der prädynastischen Zeit wurden sowohl in Ägypten als auch in Nubien Figuren nackter Frauen in die Gräber von Männern, Frauen und Kindern jeden Alters gelegt, um Fruchtbarkeit und eine glückliche Wiedergeburt des Grabbesitzers zu sichern.
Während der 25. Dynastie wurde Ägypten von nubischen Herrschern kontrolliert, doch der Kontakt zwischen beiden Kulturen war stetig und bestand bereits vor der Entstehung beider Staaten. Einige der frühesten ägyptischen Keramikgefäße imitieren nubische Formen. Während der Ersten Zwischenzeit siedelten sich nubische Söldner in Ägypten an, behielten aber ihre lokalen Traditionen in Bezug auf Tracht, Schmuck und Bestattungssitten bei. In der 11. Dynastie waren nubische Prinzessinnen Mitglied der ägyptischen Königsfamilie, und als Nubien während der 18. Dynastie in das ägyptische Reich integriert wurde, schickte man die nubischen Häuptlingssöhne zur Erziehung an den ägyptischen Hof. Thebanische Priester hießen in der 25. Dynastie die nubischen Eroberer wegen der beiderseitigen Hochschätzung des Gottes Amun in Ägypten willkommen.
R. E. F.

Literatur: Bourriau (1988), 122-127; Kat. München (1992) 210-211.

216
Papyrus mit Liste asiatischer Sänger

Mittleres Reich, um 1880 v. Chr.
Illahun
Papyrus. 34 x 42 cm (Rahmen)
Berlin, SMB-PK, Ägyptisches Museum und Papyrussammlung, Inv.-Nr. P. 10.002 (Blatt A)

Die Namen von Musikern sind in Ägypten von der 4. Dynastie bis in nachchristliche Zeit belegt. Im Alten Reich sind besonders die Namen von Flötisten, Aufsehern der Tempelmusik, Harfenspielern und Sängern erhalten. Dass vorwiegend Flötisten und Sänger erwähnt werden, kann als Indiz für die große Bedeutung des Flötenspiels und des Gesanges aufgefasst werden. Ab dem Mittleren Reich scheint die weltliche Unterhaltungsmusik an Bedeutung zu gewinnen. Im Rahmen höfischer Feste traten regelmäßig Musiker auf. Aus der Zeit Sesostris II. sind Texte erhalten, die angelegentlich bestimmter Feste angefertigt wurden und eine königliche Ausgabenliste enthalten, in der auch die Namen einiger Musiker genannt werden (Kalender von Illahun). Durch die weite Ausdehnung der ägyptischen Herrschaft während des Mittleren Reiches und die damit verbundenen kriegeri-

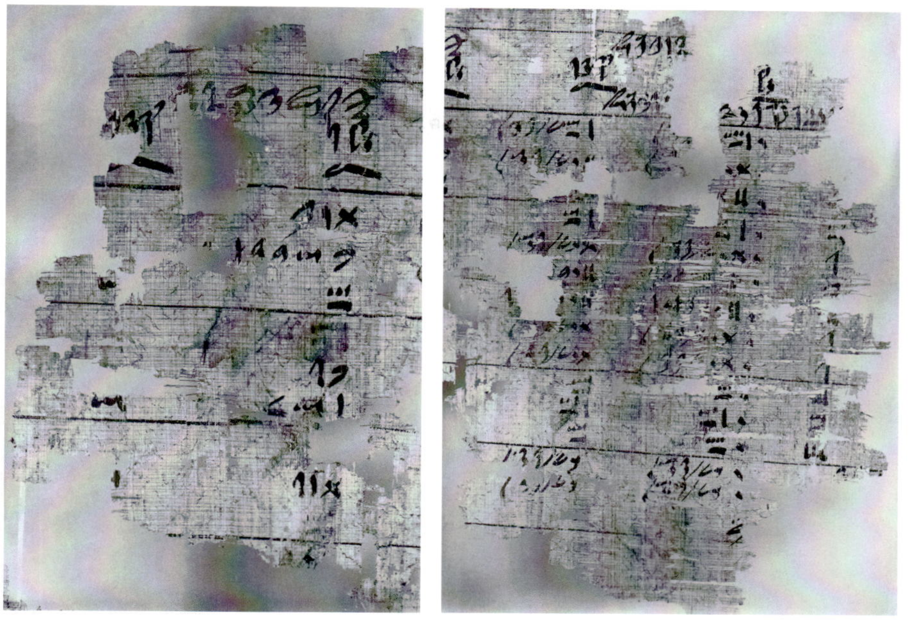

216

schen Auseinandersetzungen, kamen unter anderem zahlreiche fremde Musikanten ins Land. In dem vorliegenden Papyrus aus Illahun werden 50 Sänger namentlich erwähnt, die überwiegend asiatischen Ursprungs sind.
A. E.

Literatur: Hickmann (1982) 231 ff.;
Luft (1993) 291 ff.

217
Spendenlöffel mit Syrerdarstellung

Neues Reich, mittlere 18. Dyn., ca. 1450-1350 v. Chr.
Theben-West (Gurna)
Akazienholz mit kleinem Elfenbeinknopf und Resten blauer Farbpaste. Länge 23,5 cm
Paris, Louvre, Dep. des Ant. égyptiennes, Inv.-Nr. N 1738

Spendenlöffel sind kultische Geräte mit denen Myrrhen, Öl, Wein u.ä. beim Opfer gespendet wurden. Besonders in der 18. Dynastie, der Blütezeit des ägyptischen Kunsthandwerks, sind sie reich verziert und mit einer Vielzahl von Motiven figürlich gestaltet. Bei dem vorliegenden Exemplar ist der Griff als ein bärtiger, mit einem langen fremdartigen Gewand bekleideter Ausländer ausgestaltet, der nach Tracht und Aussehen am ehesten als Syrer anzusprechen ist. Unter seinen Füßen befindet sich eine Lotusblüte. Die mit einem beweglichen Deckel verschlossene Löffelkelle bildet ein großes amphorenähnliches Gefäß, das ebenfalls mit zwei Lotusblüten geschmückt ist. Der gebeugte Rücken und die eingeknickten Beine des Syrers vermitteln den Eindruck einer schweren Last.
K. O.

Literatur: Champollion (1835-45) Bd. II, Taf. 164,4;
Wallert (1967) 140-1, Taf. 25 (P 13);
Vandier d'Abbadie (1972) 18, Nr. 26;
Kat. Boston (1982) 208-9, Nr. 245.

217

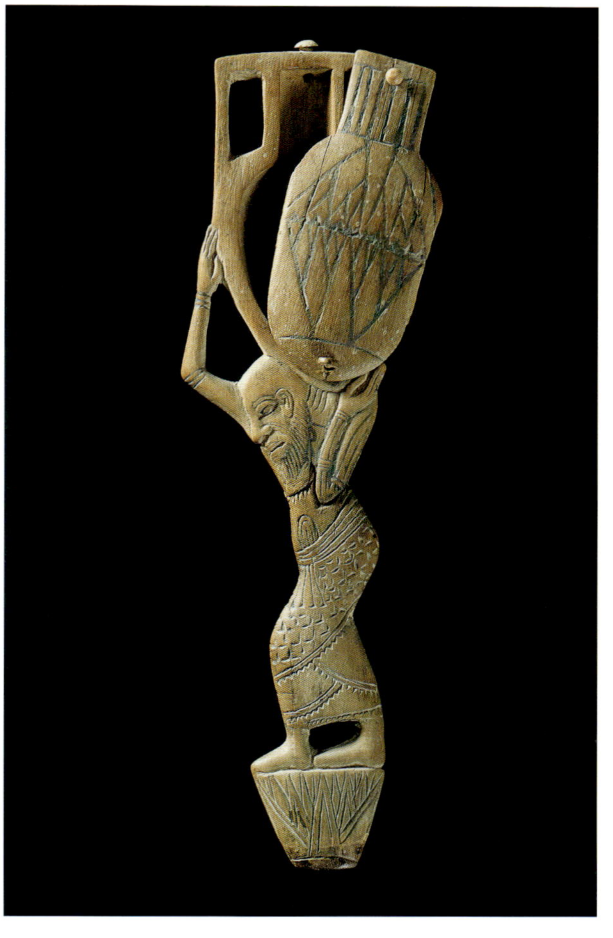

218

218
Salblöffel in Gestalt einer asiatischen Frau

Neues Reich, mittlere 18. Dyn., ca. 1450-1350 v. Chr.
Herkunft unbekannt
Holz. Höhe 22,5 cm, Breite 5,6 cm, Tiefe 1,2 cm
Basel, Antikenmuseum und Sammlung Ludwig,
Inv.-Nr. BSAe 1022

Der hölzerne Salblöffel hat die Gestalt einer syrischen Frau, die auf der rechten Schulter eine große Amphore trägt. Das bauchige, ausgehöhlte Gefäß diente als Salbschale. Im spitz zulaufenden Gefäßboden sitzt der abgebrochene Rest eines Drehzapfens, um den ein Deckel bewegt werden konnte und kurz vor dem rechten Halsansatz des Gefäßes ist eine kleine Kerbe erkennbar, in die ein winziger Zapfen des Deckels eingriff und diesen fixierte. Anders als die Salbschale ist der personenförmig gestaltete Löffelgriff völlig flach gehalten. Die von der Last gebeugte Frau trägt Haarband, Schultertuch und einen buntgemusterten Rock. Von hinten klammert sich ein kleines Mädchen, dessen Körper weitgehend weggebrochen ist, an den Rock der Mutter.
Oberhalb des Bandes sind die Haare der Frau rautenförmig schraffiert, unterhalb desselben sind sie glatt belassen und münden in einen langen, am Ende dreieckig verdickten Zopf. Die gesenkte Linke der Frau greift einen Schlauch, mit der angehobenen Rechten stützt sie den Gefäßkörper. Über ihren Schultern liegt ein gemustertes Tuch, das die Brust bedeckt und in Höhe des linken Oberarmes geknotet ist. Unter ihrem streumusterverzierten Überrock schaut ein noch längerer Unterrock hervor, der mit vier- und fünfzackigen Sternen geschmückt ist. Um die Hüften hat sie eine Gürtelschärpe geschlungen, in welche das Tuchende des Überrockes eingesteckt ist. Die eingeschnitzten Gewandverzierungen dürften einst mit Farbpaste ausgelegt gewesen sein. Von der kleinen Tochter blieben nur ein Fuß mit der Profillinie des Beines sowie das Gesichtsprofil und der linke Arm erhalten, die sich auf dem Überwurf abzeichnen.
Haartracht und Gewandmusterung charakterisieren die Trägerin als Syrerin. Löffelgriffe wurden gerne als Ausländer beiderlei Geschlechts in dienender Funktion gestaltet (Nr. 217), die vermutlich exotische Raffinesse suggerieren sollten. Da die aufwändige Tracht aber eine höherrangige Person kennzeichnet, stellte sich der Schnitzer wohl eher eine Teilnehmerin an einem Zug vorderasiatischer Tributbringer als eine fremdstämmige Dienerin vor. So existieren männliche Gegenstücke, die als tributbringende syrische Kleinfürsten gedeutet werden. Aufwändig gestaltete Salblöffel dürften in privaten Haushalten als Luxusgegenstände gedient haben. Gamer-Wallert vermutet zudem, derartige Löffel könnten bei rituellen Salbungen eines Kultbildes zum Einsatz gekommen sein. Belegt ist ein Salblöffel in Gestalt eines schalentragenden Asiaten. Der in diese Schale eingeschriebene Neujahrswunsch deutet auf eine Verwendung des Löffels in festlich rituellem Kontext hin.
M. v. F.

Literatur: Wallert (1967) 31 (Anm. 85), Taf. 24; Kat. Basel (1997) 138-139, Nr. 82; Kat. Basel (2001) 104, Nr. 64.
Zu Löffel mit Neujahrswunsch:
Kat. München (1990) 100, Nr. 58.

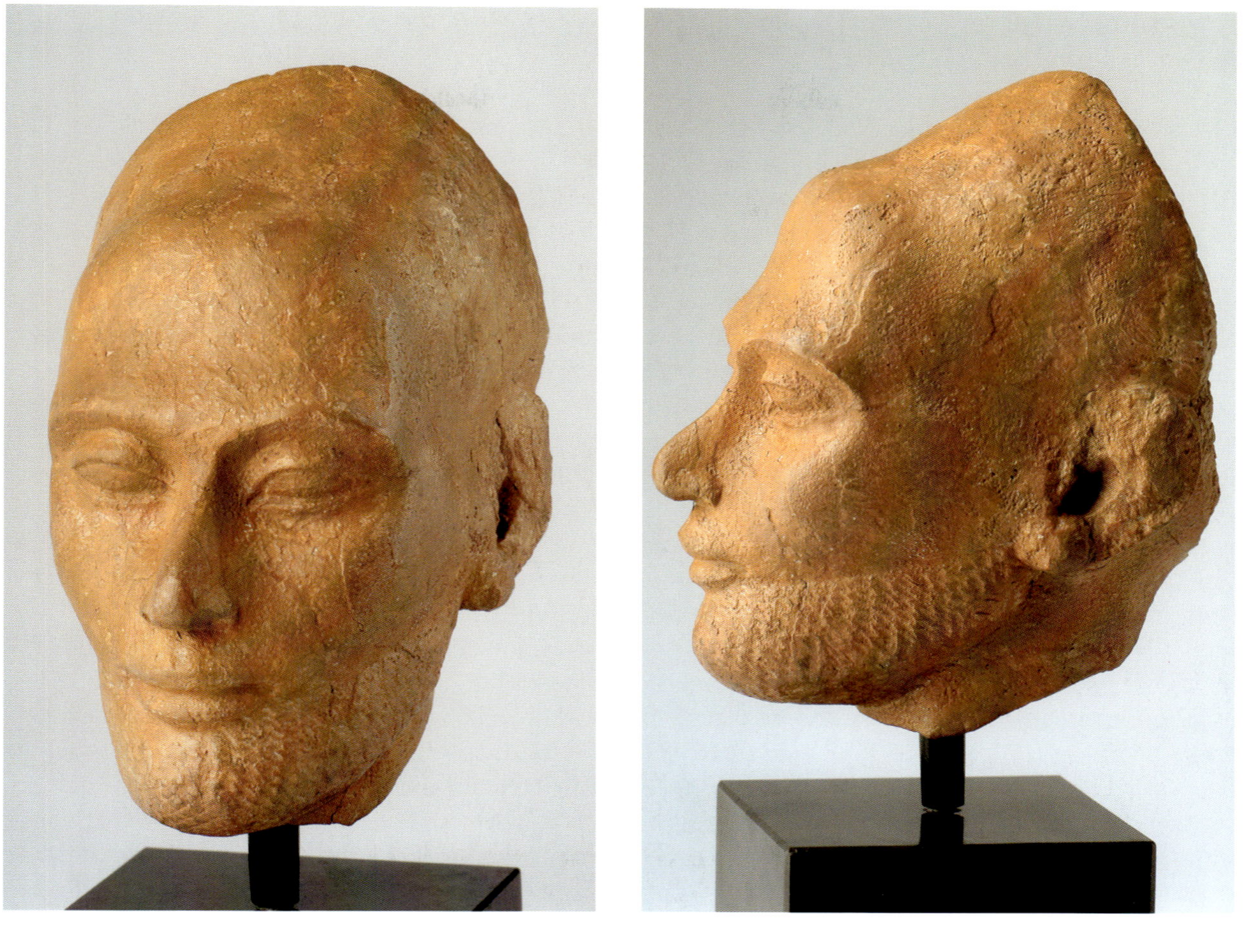

219 Vorder- und Seitenansicht

219
Kopf eines Vorderasiaten

Spätzeit - frühe Ptolemäerzeit, ca. 400-200 v. Chr.
Herkunft unbekannt
Kalkstein. Höhe 9,5 cm, Breite 5,5 cm, Tiefe 7,5 cm
Privatsammlung Süddeutschland

Der am Hals gebrochene und am Hinterkopf stark beschädigte Kopf stellt einen bärtigen Nichtägypter dar. Physiognomische Details wie den Stirnwulst, den eingesenkten Nasenrücken, die tiefen Augenhöhlen und die hervortretenden Wangenknochen hat der Bildhauer liebevoll erfasst. Bei der Wiedergabe des Backenbartes griff er zum Mittel der Stilisierung und auch die schmalen Augen mit den prononcierten Tränenkanälen wirken zweifelsfrei ägyptisch. Stilistisch gehört der Kopf wohl an den Beginn der späten Phase der so genannten "nicht-idealisierenden Bildnisse", also in das 4. oder 3. Jahrhundert v. Chr.
M. v. F.

Literatur: Kat. München (1985) 85, Nr. 67.
Zu nicht-idealisierenden Bildnissen: Bianchi in: Kat. München (1989) 59-84.

Ägypter im Ausland

Peter W. Haider

Das erhaltene Quellenmaterial bezeugt, dass erst während der Zeit des Neuen Reiches ägyptische Ärzte, Beschwörungspriester, Gesandte und Dolmetscher auf Befehl des Pharao und damit in offizieller Mission jahrelang, manchmal sogar bis zu ihrem Tod, an fremden Höfen gelebt haben. Gelegentlich scheinen auch adelige Damen vom Pharaonenhof mit verbündeten ausländischen Machthabern verheiratet worden zu sein. Eine Folge dieser Kontakte stellte neben der Intensivierung des Handels die Förderung des Kulturtransfers vom Land am Nil in die verbündeten Staaten dar.

So bat der König Niqmadu II. von Ugarit den Pharao, wahrscheinlich Amenophis IV. Echnaton, um einen *Arzt vom Palast*, denn *hier ist kein Arzt vorhanden*, wie der Monarch von Ugarit eingestehen musste. Wegen der Kinderlosigkeit seiner Schwester Matanazi hatte Ḫattušili III. den mit ihm verbündeten und verschwägerten Pharao Ramses II. gebeten, ihm *einen fähigen Be[schw]örungspriester ... und einen fähigen A[rzt]* zu schicken. Als Ḫattušili dann selbst von einem hartnäckigen Augenleiden geplagt wurde, sandte ihm Ramses wiederum einen Arzt und einen Beschwörer(?) namens Leja. Weil zwei ägyptische Ärzte schon längere Zeit hindurch am Hof des Kurunta, eines Vasallenfürsten Ḫattušilis III. im südlichen Zentralanatolien, ihre Kunst ausgeübt hatten, ließ sie Ramses II. irgendwann zwischen seinem 42. und 56. Regierungsjahr durch ihren Kollegen Pareamaḫu ablösen.

Doch auch der ägyptische Adlerbeschwörer, den sich der König von Alašia (Zypern) von Echnaton erbeten hatte, wird für längere Zeit am Hof dieses zyprischen Monarchen gelebt haben. So hatte auch der ägyptische Gesandte, der sich damals zur gleichen Zeit am Hof von Alašia aufhielt, seine Heimat bezeugtermaßen schon drei Jahre nicht mehr gesehen.

Mehrere Jahre hindurch stand auch der ägyptische Bote und Dolmetscher Reamašši in hethitischen Diensten. Nicht weniger als 17 Jahre lang lebten ein und dieselben ägyptischen Gesandten unter Ramses II. am königlichen Hof zu Byblos, wo sie schließlich auch verstarben und begraben wurden. Einen ähnlich langlebigen Posten dürfte deren rund 200 Jahre jüngerer Kollege Penamun innegehabt haben, der auch als königlicher Mundschenk am Hof des Königs Zikar-Ba'al von Byblos diente.

Auf Lebenszeit gingen jene ägyptischen Hofdamen ins Ausland, die vom Pharao mit verbündeten oder abhängigen Machthabern verheiratet wurden. So avancierte mit großer Wahrscheinlichkeit eine dieser Hofdamen zur Gemahlin Niqmadus II. von Ugarit, eine andere vermählte Amenophis III. mit Tarḫundaradu, dem König des westkleinasiatischen Königreiches Arzawa. Nachdem derselbe Pharao die Bitte des Kassitenkönigs Kadašman-Enlil I., er möge ihm eine seiner Töchter zur Frau geben, bekanntlich mit dem Hinweis, dass *von alters her eine Königstochter von Ägyp[ten] an niemanden gegeben wurde*, abgelehnt hatte, reduzierte der Kassiten-König seine Ansprüche und bat den Pharao, er möge ihm doch *irgendeine schöne Frau* senden, *als ob sie deine Tochter wäre*, denn in Babylon könne sie sowieso niemand erkennen und sagen: *Die ist keine Königstochter!* Angeblich habe ein Pharao (Siamun?) eine seiner Töchter dem König Salomo zur Frau gegeben (1.Kg. 9,16). Doch dürfte es sich bei ihr wohl ebenfalls um eine der Hofdamen aus der ägyptischen Residenz gehandelt haben.

Außerdem erbaten sich nicht wenige ausländische Machthaber als sichtbares Zeugnis ihres Bündnisses mit dem Pharao und zur Steigerung ihres eigenen Prestiges vom ägyptischen König die Übersendung von Nubiern aus dem ägyptischen Vizekönigtum Kusch. Während Niqmadu II. von Ugarit von Echnaton recht bescheiden nur *zwei Jünglinge, (nämlich) Leute vom Palast des Landes Kusch* erbat, forderte Rib-Addi, der Stadtkönig von Byblos, aus militärischen Gründen mehrfach kuschitische Soldaten an (Nr. 84), wobei die gewünschte Anzahl zwischen 10 und 200 Kriegern lag.

Ramses II. hatte mindestens zweimal Leute aus Kusch an den hethitischen Hof gesandt. Im Rahmen der Friedensverhandlungen im 21. Regierungsjahr schenkte der Pharao dem Hethiterkönig Ḫattušili III. *[x] Männer und [y+]2 Frauen des Landes Meluḫḫa (= Kusch)*, und rund zwanzig Jahre später waren es 90 Frauen und eine unbekannte Anzahl an Männern.

Allein auf Wandmalereien stützt sich der Befund, dass der Herrscher im minoischen Knossos auf Kreta in der Zeit um 1400 v. Chr. (SM III A1-Zeit) über eine Söldnertruppe aus Schwarzafrikanern gebot, die dieser wohl ebenfalls nur über den ägyptischen Pharao erhalten haben konnte. Am mykenischen Hof von Pylos auf der südlichen Peloponnes gehörten im 14. Jh. Schwarzafrikaner mit gefälteltem, gelben Kopftuch, das wie das pharaonische Nemes-Kopftuch getragen wurde, sogar zu den Würdenträgern innerhalb der lokalen Hofgesellschaft und nahmen an kultischen Staatsfesten teil. Das gleiche Phänomen ist während der Phase Mykenisch III B1 (ca. 1350/40-1230/20 v. Chr.) auch am Hof von Mykene selbst bezeugt. In einem der Tempelbauten auf der dortigen Akropolis zeigt das Kultfresko neben einem Mykener einen Schwarzhäutigen. Beide Männer nähern sich hier in kultischer Nacktheit und im Adorationsgestus einer Göttin.

Neben diesen bezeugten Beispielen mag es noch manch andere Bedingungen gegeben haben, unter denen Ägypter für kürzere oder auch lange Zeit ins Ausland gegangen sind. Dabei ist an die relativ große Anzahl von Ägyptern in zivilen und militärischen Ämtern zu denken, welche z.B. in den asiatischen Provinzen des Pharaonenreiches oder im Vizekönigreich von Kusch ihren Dienst versahen. Erwähnt sei hier nur ein gewisser Mami, ein Verwaltungsbeamter des ägyptischen Schatzhauses, der im späten 13. Jh. v. Chr. am Hof von Ugarit u.a. im Rahmen von Getreidelieferungen aus dem Land am Nil in diese nordsyrische Hafenstadt tätig war.
Als Syrien-Palästina zu Beginn des Mittleren Reiches noch nicht Bestandteil des ägyptischen Imperiums war, konnte dieses Gebiet zur Zufluchtsstätte für bedrohte Ägypter werden, wie das Beispiel des Sinuhe (Nr. 200) zeigt. Auch wenn die Schilderung seiner wegen der Ermordung des Pharao Amenemhet I. (1962 v. Chr.) erfolgten Flucht aus Ägypten in diese Region, sein dortiges Schicksal, sein sozialer Aufstieg und seine Rückberufung in die Heimat unter Sesostris I. in romanhafter und propagandistisch überzeichneter Weise erzählt wird, spiegelt sich darin dennoch ein zeitgenössisches Bild der betreffenden Lebensumstände.

Literaturauswahl:
Edel (1976); Edel (1994); Haider (1988a); Haider (1996); Helck (1995); Helck (1995[2]); Röllig (1974); Schulman (1979); Zaccagnini (1983).

220
Papyrus mit der Geschichte des Sinuhe

Mittleres Reich, zweite Hälfte 12. Dyn., um 1850 v. Chr.
Aus dem Handel (ehemals Sammlung d'Athanasi)
Papyrus. Höhe 16 cm, Blattlänge 40 cm,
Länge insgesamt 495 cm
Berlin, SMB-PK, Ägyptisches Museum und Papyrussammlung,
Inv.-Nr. P. 3022, Blatt G

Die Geschichte des Sinuhe ist ohne Zweifel der bekannteste Text aus dem Alten Ägypten. Bislang sind von dieser Erzählung sieben Papyri und mindestens 25 Ostraka bekannt. Die wichtigsten und vollständigsten Handschriften sind die Berliner Papyri p10499 vso und p3022, der ursprünglich aus 15 Blättern bestand. Der Papyrus p3022 wurde 1843 auf einer Auktion in London für das Berliner Museum erworben. Dramatischer Höhepunkt der Erzählung ist ein – in Ägypten selten überlieferter – Zweikampf zwischen Sinuhe und einem hünenhaften Asiaten, dem *Starken von Retenu*. Dieses Duell lässt sich relativ gut rekonstruieren: Die Kämpfer waren mit mehreren Waffen ausgerüstet, zu denen Pfeil und Bogen gehörten sowie Wurfspeer, Dolch, Schild und Streitaxt. Grundregel war eine gewisse Anfangsdistanz. Die Begrenzung des Kampffeldes bildeten die zahlreichen Zuschauer. Sinuhe ging auf seinen Gegner zu und veranlasste ihn – vermutlich durch Beschimpfung und Spott – seine Nahkampfwaffen fallen zu lassen und unbeherrscht seine Pfeile aus großer, für Sinuhe ungefährlicher Distanz zu verschießen. Der asiatische *Starke* ergriff daraufhin seine verbliebenen Nahkampfwaffen und eilte quer über den Kampfplatz. Sinuhe ließ ihn kaltblütig näher kommen und stoppte ihn mit einem einzigen Pfeilschuss. Als Höhepunkt des Schimpfes erschlug Sinuhe den Asiaten mit dessen eigener Streitaxt. So siegte mit Sinuhe das Ideal der ägyptischen Beherrschtheit über die ungezügelte Kraft des „Barbaren".
A. E.

Literatur: Gardiner (1909); Koch (1990); Burkard/Thissen (2003) 110 ff.
Zum Zweikampf: Behrens (1981) 7 ff.; Fecht (1984) 465 ff.; Störk (1993) 101 ff.

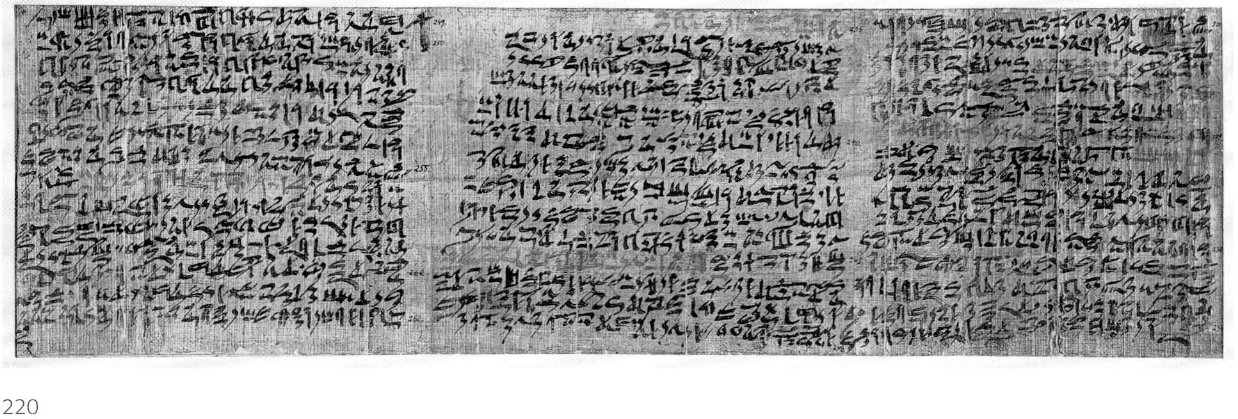

220

Ägyptische Imitate von Fremdprodukten und ausländische Kulturgüter

Rosemarie Drenkhahn

Der Wunsch, Imitate von Fremdprodukten herzustellen und zu besitzen, scheint seit altersher ein Grundbedürfnis des Menschen zu sein. Unabhängig vom Kulturkreis, von geographischen und zeitlichen Räumen hat es Geltung bis in die Gegenwart. – Besonders heutzutage sind das Nachahmen und Kopieren von auswärtigen Produkten bis hin zur bewussten Täuschungsabsicht, aber auch Marken-Piraterie und Label-Diktatur ein bedeutender Wirtschafts- und Konsumfaktor, wobei die modernen Begriffe wie Trend, Mode, Werbung, Statussymbol mit einzubeziehen sind. Voraussetzung für die Herstellung von Imitaten ist immer der direkte Kontakt mit dem Original als Vorbild. Dieser vollzog sich in Ägypten durch Import ausländischer Waren, Austausch von Gastgeschenken mit ausländischen Herrschern oder durch auf Kriegszügen eroberte Beute.

Im Verlauf der 3000 jährigen Geschichte des pharaonischen Ägypten sind diese Kontakte und im Besonderen die Handelsbeziehungen in ihrer Intensität und geographischen Ausdehnung unterschiedlich gewesen; die größte Weiträumigkeit und das umfangreichste Volumen in Mengen und Vielfalt der importierten Waren hat der Handel während des Neuen Reiches angenommen. Die eingeführten Güter sind durch die günstige Quellenlage in Ägypten direkt und indirekt nachgewiesen, d.h. anhand von verarbeiteten Rohstoffen, real erhaltenen Produkten, substantiellen Funden, schriftlichen Belegen und nicht zuletzt durch Abbildungen sowie den zahlreichen Darstellungen der so genannten „Tributbringer-Szenen" (15. - 13. Jh. v. Chr.), die – einem Waren- oder Versandhaus-Katalog vergleichbar – das umfangreiche ausländische Handelssortiment veranschaulichen.

Die Motivation zur Nachahmung von Fremdprodukten im Alten Ägypten kann verschiedene Ursachen gehabt haben; Indikatoren sind beispielsweise:

a) realer Bedarf und Warendefizit im eigenen Land, nicht vorhandene oder mangelnde Produktionsmittel;
b) Übernahme und Adaption ausländischer Muster und Dekorationselemente;
c) spezifische Gefäße als „Verpackung", die signifikant sind für Inhalt und auswärtige Herkunft (Prestige-Produkte).

Zu a)

Zu den Importwaren, die in Ägypten selbst nachgearbeitet und in die heimische Produktion einbezogen wurden, gehören z.B. Musikinstrumente aus Vorderasien wie die Leier (MR), Langhalslaute und Oboe (NR), während die Winkelharfe lediglich als neue Konstruktion dem eigenen Harfentypus hinzugefügt wurde. Ein gänzlich neuer Produktionszweig entwickelte sich mit der Herstellung von (Streit-)Wagen, deren Originale als Kriegsbeute oder Lieferung aus Syrien (NR) stammten. Für den Nachbau war man zunächst auf die ausländischen Handwerker angewiesen, die auf die Konstruktion spezialisiert waren. Allerdings blieben die ägyptischen Werkstätten weiterhin abhängig vom Import der erforderlichen Hölzer.

Sehr viel umfangreicher und intensiver sind Waffenimporte, die ab dem 16. Jh. v. Chr. stark zunehmen. Ägypten war offensichtlich auf Lieferungen aus dem ägäischen und dem syro-palästinensischen Raum angewiesen, wenngleich Imitate auch in den heimischen Palast-Werkstätten hergestellt wurden, wie z.B. Helme, Kettenhemden, Streitäxte, Kompositbogen und Sichelschwert aus Syrien (z.B. Grab des Ken-Amun z.Zt. Amenophis' II. 1428-1397 v. Chr.). Dieser in der Levante entstandene und verbreitete Schwerttyp (Nr. 139) wurde seit dem Neuen Reich zum Insignum des siegreichen Pharao. Langschwerter, Dolche und Äxte wurden überwiegend im minoisch/mykenischen Raum hergestellt und könnten mit Hilfe ausländischer Facharbeiter in Ägypten produziert worden sein, wie vermutlich die Prunkwaffen des Königs Ahmose (1550-1525 v. Chr.), deren Verzierungen (Greif, weibliche Sphinx, Palmette) auf diese Herkunft weisen.

Ägäische Motive schmücken noch 200 Jahre später die beiden Dolche und Dolchscheiden aus dem Grab des Tutanchamun; sie sind gleichsam ein Hinweis auf die Wertschätzung der ägäischen Waffenschmiede und ein Markenzeichen für Qualitätsgarantie: „Made in Aegean".

Zu b)

Eine spezielle Art von Imitat stellt die Übernahme ausländischer Motive dar, die mit Importlieferungen Ägypten erreicht haben. Sie stammen überwiegend aus dem ägäischen Raum, entwickeln sich zu einer Art „Gütezeichen" und können sich von ihrem ursprünglichen Produkt lösen. Zu den Motiven gehören Spiralmuster auf ägyptischen Skarabäen und als Deckenornament in Gräbern der 12. Dynastie. Die Spirale und ihre Varianten als Viererpass oder gegenläufig, mit Rosetten oder Bukranion sind ebenfalls beliebt als Deckendekoration in Gräbern der 18. - 20. Dynastie. Hier dienten vermutlich Teppiche aus dem minoischen Raum als Motivträger. Weitere kretische Motive, die als Ornament auf Waffen, deren Zubehör (Köcher, Bogenkasten), auf Wagen- und Gespannteile und auf Textilien (Tunika des Tutanchamun) übertragen wurden, sind: weibliche Sphinx, Greif mit Blütenkrone, Palmette und Tierkampfszene (sog. „fliegender Galopp"); letzteres verselbständigt sich zu einem beliebten Dekor auf ägyptischen Gefäßen mit kosmetischem Inhalt (z.B. Salbgefäß aus dem Grab des Tutanchamun). Hierdurch soll der ägäische Raum als Herkunftsland assoziiert werden.

Zu c)
Eine Vielzahl ausländischer Keramikgefäße aus Syrien/Palästina (Spindelflasche, Tell el-Jahudija-Krüge), von Zypern (z.B. Standringvase „Base Ring Ware") und aus dem minoisch-mykenischen Raum (Bügelkanne) wurden in ihrer charakteristischen Form in ägyptischer Produktion imitiert. Die Originalgefäße dienten als Verpackung für importierte kostbare Inhalte, nämlich Salböle und kosmetische Substanzen. Das Imitat und sein Inhalt sollten auf das ursprüngliche Herkunftsland verweisen. Zugleich ist es ein Indikator für Nachfrage und Konsum und signalisiert „Auslandsimport als Qualitätsmerkmal".

Literaturauswahl:
Edel (1980); Helck (1995[2]) 16 ff., 46-68;
Kat. Wien (1994).

221
Rhyton

Neues Reich, 18. Dyn., ca. 14.-13. Jh. v. Chr.
Abydos, Grab D11
Fayence. Höhe 17,5 cm, Durchmesser 7,5 cm
Boston, Museum of Fine Arts, Inv.-Nr. 00.702
Geschenk des Egypt Exploration Fund

Einige Formen der aus dem Ausland importierten Gefäße inspirierten einheimische Handwerker, sie in ägyptischen Materialien nachzuarbeiten und sowohl mit fremden als auch mit ägyptischen Motiven oder einer Kombination aus beiden zu dekorieren. Elegante konische, als Rhyta bekannte Libationsgefäße mit geschwungenen vertikalen Henkeln waren seit mittelminoischer Zeit ein für die Ägäis charakteristischer Zeremonialgefäß-Typ. Die Ägypter der 18. Dynastie assoziierten diese Rhyta eindeutig mit ägäischen Besuchern, denn in den Grabmalereien nehmen die Gefäße eine herausragende Stellung unter den überproportional groß dargestellten Gütern ein, die von den Abordnungen der Keftiu (= Kreter) herbeigetragen werden. Es wurde eine kleine Anzahl Fayence-Rhyta gefunden, die in Ägypten produziert wurden, in Form und Dekor jedoch ägäischen Vorbildern nachempfunden sind. Dieses bauchig-konische Rhyton, dessen Fragmente im Grab eines Beamten in Abydos gefunden wurden, ist in Ägypten von einem Töpfer hergestellt worden und imitiert Form und Dekor importierter Stücke in typisch ägyptischer blauer Fayence mit glänzend schwarzer Bemalung. Der herabhängende Henkel, der bauchige und asymmetrische Gefäßkörper und die nicht zentrierte Ausgussöffnung zeugen von seiner fehlenden Erfahrung mit diesem Gefäßtyp. Das umlaufende Spiralmuster, das ein Spätminoisch I A-Dekorationselement kopiert, ist ebenfalls eher unbeholfen ausgeführt, als habe ein mit der Herstellung dieses Musters nicht vertrauter Künstler versucht, ein traditionell minoisches Motiv zu kopieren. Die lang gestreckten dreieckigen Verzierungen um den Gefäßrand sind typisch für die einheimische ägyptische Keramik.
D. D.

Literatur: Randall-MacIver/Mace (1902) 90, Taf. 50;
Nelson (1936) 501-506; Vermeule in:
Kat. Boston (1982) 154, Nr. 161.

221

222

222
Ägyptische Imitation einer ägäischen Bügelkanne

Neues Reich, späte 18. - Ende 19. Dyn., ca. 1300-1200 v. Chr.
Herkunft unbekannt; angeblich aus Tuna el-Gebel
Ehemals Sammlung MacGregor, von Sir Arthur Evans dem Ashmolean Museum geschenkt
Fayence. Höhe 7,2 cm, Durchmesser 6,8 cm
Oxford, Ashmolean Museum, Inv.-Nr. 1922.77

Das blau glasierte Fayencegefäß mit schwarzem Dekor trägt auf dem Scheinausguss einen von Punkten umgebenen Kreis; eine Linie verläuft die Henkel entlang. Die Schulter ist mit von Punkten eingefassten Kreuzen und konzentrischen, mit Punkten gefüllten Segmenten verziert. Am Bauch befindet sich ein breites Schraffurband.
Handwerker des Neuen Reiches wurden von der Form der mykenischen Bügelkannen mit ihren an eine falsche Tülle angesetzten Henkeln und einem echten Ausguss, der aus der Schulter hervorgeht, angezogen. Als Behälter für importiertes Öl kam eine große Anzahl dieser Gefäße nach Ägypten. Ägyptische Imitationen dieses Kannentyps sind aus Ton, Fayence und Stein bekannt. Während diese Kanne die Form vergleichsweise präzise wiedergibt, ist ihr Dekor aufwändiger als die einfachen konzentrischen Bänder der ägäischen Originale. Manche ägyptische Nachahmungen zeigen Pflanzen- oder Tierdekor. Wegen des kleinen Fassungsvermögens und ihres schmales Ausgusses sind die Kännchen bestens als Behälter für Flüssigkeiten wie Duftöle geeignet, die präzise aufgetragen oder in kleinen Mengen verwandt werden sollten.
T. H.

Literatur: Kat. Boston (1982) 155, Nr. 163; Bell (1983) 19.

223
Bügelkanne

Neues Reich, 18. Dyn., ca. 14.-13. Jh. v. Chr.
Herkunft unbekannt
Fayence. Höhe 6,9 cm, Durchmesser 7,5 cm
Hannover, Kestner-Museum, Inv.-Nr. 1935.200.392

Die Bügelkanne ist ein signifikantes Beispiel für ein Imitat. Ihr Vorbild aus Ton ist mykenischen Ursprungs und durch Handel seit dem 15. Jahrhundert v. Chr. nach Ägypten gelangt; originale Gefäße wurden mehrfach in Ägypten gefunden. Sie dienten als Behältnis für wertvolle flüssige oder halbflüssige kosmetische Substanzen (Salböl, Parfüm), die nur in geringer Menge dosiert entnommen werden sollten. Dies geschah durch leichtes Neigen, indem man den zweiten und dritten Finger durch die Bügel steckte und das Ausgießen mit dem Daumen stoppte. Die ägyptischen Imitate der Bügelkanne wurden überwiegend aus Fayence, aber auch aus Glas, Alabaster oder Metall hergestellt.
Die Motivation für die einheimische Nachahmung der mykenischen Bügelkanne ist darin zu sehen, dass die unverwechselbare und auf ihren speziellen Inhalt abgestimmte Form und Funktion sowie ihre ausländische Herkunft für den Verbraucher ein Wert steigerndes Marken- und Qualitätszeichen darstellen.
Bei diesem Imitat aus grüner Fayence mit einem Dekor in schwarzer Strichzeichnung sind bedauerlicherweise die Ausgusstülle und die beiden charakteristischen, für den Gefäßtypus Namen gebenden Bügel, abgebrochen.
Die Bruchstellen auf der Schulter zeigen jeweils den Ansatz zweier Henkel (Bügel), die aufwärts zu dem zylindrisch geschlossenen Hals („false neck") führten. Auf seiner Oberseite befindet sich eine schwarze Spirallinie entsprechend den originalen mykenischen Bügelkannen.

223

Um die Gefäßmitte läuft ein Rhombenmuster, das oben und unten von einer durchgezogenen Linie begrenzt ist, in jedem Rhombus ist im Zentrum ein kleiner Kreis eingezeichnet.
R. D.

Zu Bügelkannen in Ägypten: Merrillees/Winter (1972); Bell (1982); Kat. Boston (1982) 152-158, Nr. 163-167.

224

224
Imitation eines Bilbil-Gefäßes

Spätes Neues Reich - 3. Zwischenzeit, 19.-21. Dyn., ca. 1292-945 v. Chr.
Herkunft unbekannt
Glas. Höhe 10,5 cm, Durchmesser 6 cm
Paris, Louvre, Dep. des Ant. égyptiennes, AF 2624

Dieses elegante Gefäß imitiert die Form zyprischer *Bilbil*-Gefäße (vgl. Nrn. 198-200), die während der späten Zweiten Zwischenzeit und des frühen Neuen Reiches (um 1650-1450 v. Chr.) nach Ägypten exportiert wurden.
Im Gegensatz zu seinen tönernen Vorbildern besteht dieser kleine Krug jedoch aus tiefblauem und opaken Glas.
Das Gefäß ist kerngeformt. Bei diesem Verfahren wurde der aus einem Gemisch von Ton, Sand und organischem Material hergestellte Kern, der die Form des späteren Gefäßinneren vorgab, in pulverisiertem Glas oder in einer Mischung aus pulverisiertem Glas und Wasser gewälzt und über offenem Feuer erhitzt, bis das Glas zu einer zusammenhängenden Glasur verschmolzen war und die Wandung des zukünftigen Gefäßes bildete.
Der Fuß, der Henkel und die Halsringe wurden separat hergestellt und in einem weiteren Arbeitsgang auf den Glaskörper appliziert.
Dieses Glasverarbeitungsverfahren wurde um 1500 v. Chr. in Mesopotamien entwickelt. Nach Ägypten gelangten das Know-how sowie die zunächst noch notwendigerweise zu importierenden Rohstoffe wie Rohglasbrocken, Glasfasern und Erze zum Färben in der Zeit Thutmosis III. (1479-1425 v. Chr.).
Das Gefäß enthält Reste organischen Materials.
S. P.

Literatur: Goldstein in: Kat Boston (1982) 168 Nr. 191; Stern in: Kat Stuttgart (1994) 25 ff.

225

Granatapfel auf. Allerdings immer nur in geringer Zahl und offenbar auch nicht für jedermann erschwinglich – der Granatapfel blieb wie so manche andere Importware ein Indikator für den verschwenderischen Lebensstil der Oberschicht des Neuen Reiches.
Nachahmungen des Granatapfels gibt es nicht nur in Form von Gefäßen aus unterschiedlichen Materialien (neben Ton auch Fayence, Glas, Stein, Elfenbein und Edelmetall); auch als Kettenelement für Halsschmuck erfreute sich das Motiv großer Beliebtheit, wobei gern auf farblich passende Materialien wie Karneol und roten Jaspis, aber auch auf Gold und Fayence zurückgegriffen wurde.
B. Sch.

Literatur: Kat. Hildesheim (1987) 202-203, Nr. 122.

225
Tongefäß in Form eines Granatapfels

Neues Reich, 18. Dyn., um 1400 v. Chr.
Herkunft unbekannt
Ton, rot poliert, gebrannt. Höhe 8,2 cm, Durchmesser 8,5 cm
Hildesheim, Roemer- und Pelizaeus-Museum, Pelizaeus-Museum, Inv. Nr. 5522

Das Gefäß ahmt auf höchst realistische Weise einen Granatapfel nach: Wie die Frucht selbst ist der Gefäßkörper etwa faustgroß und kugelrund, der stehen gebliebene Kelch der Blüte ist hier zu einem Gefäßhals mit Mündung ausgearbeitet worden. Bei der im Baum hängenden Frucht weist der Kelch natürlich nach unten. Die feste, rotbraune Schale des Granatapfels findet sich hier perfekt in das Material Ton mit seiner roten Politur umgesetzt. Auch die Dellen, die überall auf der Oberfläche zu erkennen sind, kommen in der Natur bei reifen Früchten vor. Der Granatapfel wurde erst im Laufe des Neuen Reiches in Ägypten heimisch, er stammt ursprünglich aus Persien und den weiter östlich gelegenen Gebieten Asiens. Im „Botanischen Garten" Thutmosis' III. im Karnak-Tempel sind die Früchte zum ersten Mal dargestellt. Man geht deshalb davon aus, dass Baum und Frucht zu dieser Zeit erstmals nach Ägypten gelangten. Das war sicher eine Folge der thutmosidischen Expansionspolitik nach Vorderasien. Der Granatapfel galt von da an als Luxusgut, eine geschätzte Frucht, die als Obst gegessen und auch zu Saft verarbeitet wurde. Funde von Früchten stammen aus Gräbern, auf zahlreichen Darstellungen von mit Gaben beladenen Opfertischen taucht auch der

226
Ebenholzschale für Parfüme

Neues Reich, 18. Dyn., Amenophis III. - Amenophis IV./Echnaton, ca. 1388-1334 v. Chr.
(Medinet el)-Gurob
Ebenholz. Durchmesser 10,5 cm, größte Breite 13,8 cm, Höhe 3,6 cm
Paris, Louvre, Dep. des Ant. égyptiennes, Inv.-Nr. E 11041

Die interessante Schale aus Ebenholz stammt aus Gurob (Kom Medinet el-Gurob) am Eingang zur Fayum-Oase. Sie wurde 1900 zusammen mit sechs hervorragend gearbeiteten hölzernen Frauenstatuetten und einigen anderen Gegenständen gefunden, von denen einer die Kartuschen von Amenophis III. und seiner Gemahlin Teje, ein weiterer die von Amenophis IV. trugen. Aus Gurob, wo sich wahrscheinlich ein Königspalast befand, stammt auch der berühmte Portätkopf der Teje, jetzt in Berlin.
Bei der kunstvoll geschnitzten Schale sind die Seitengriffe als Kopf der Göttin Hathor gestaltet. Im Bildfeld dazwischen stehen jeweils zwei antithetisch angeordnete gefügelte Sphingen mit einem heiligen Baum in der Mitte. Da die Sphingen einen bartlosen Kopf mit weiblicher Frisur und Uräus aufweisen, dürften sie wahrscheinlich die Königin Teje selbst repräsentieren.
Ikonographisch und stilistisch weist das Stück, das unzweifelhaft in einer ägyptischen Werkstatt gearbeitet wurde, fremden Kultureinfluß auf, so im Motiv des Baumes und in der Gestaltung der Sphingen. Man kann hier von einem „internationalen" Stil sprechen. Bei dem Motiv der geflügelten Sphinx haben

226

sich der ägyptische, der kretische und der syrische Bereich über einen längeren Zeitraum wechselseitig beeinflußt.
K. O.

Literatur: Chassinat (1901) 227, Taf. 3; Vandier d'Abbadie (1972) 47 Nr. 126; Kat. Paris (1993) 358-359, Nr. 113 bis; vgl. auch Helck (1955).

227
Spielzeug-Bär

Wahrscheinlich Neues Reich, ca. 1550-1070 v. Chr.
Herkunft unbekannt.
Holz. Höhe 5,9 cm, Länge 15 cm
Boston, Museum of Fine Arts, Inv.-Nr. 72.4167
Hay Collection, Geschenk von C. Granville Way

Wenn der Bär auch in Ägypten nicht heimisch war, scheint er ägyptischen Künstlern doch sehr vertraut gewesen zu sein. Schon in spätprädynastischer Zeit wurden Tiere mit den für Bären charakteristischen physiognomischen Merkmalen – großem Kopf, gedrungenem Körper, gerundetem Hinterteil und kurzem Schwanz – auf unterschiedlichen Bildträgern wiedergegeben. Später, während der dynastischen Zeit, ist der syrische Bär (*Ursus arctos syriacus*) in den Tributszenen an den Wänden königlicher Totentempel (Nr. 173 mit Abb.) und von Gräbern der Elite zu erkennen. Als fremdartige Neuheiten wurden diese Bären zweifellos zusammen mit anderen exotischen Bewohnern in königlichen Menagerien gehalten.
Die sparsame aber ausdrucksvolle Modellierung dieser hölzernen Figur gibt präzise die wesentlichen Erkennungsmerkmale wie den gedrungenen Körperbau eines Bären wieder und belegt die Vertrautheit des Schnitzers mit diesem Geschöpf. Der zum Anfassen einladende Charakter der Figur lässt vermuten, dass sie ursprünglich eher als Spielzeug denn als dekorativer Nippes gedacht war. Das Fehlen von Hinweisen auf eine religiöse Bedeutung dieser Tierart spricht gegen eine Verwendung der Figur als Votivgabe.
D. V. F.

Literatur: Kat. Hildesheim (1987) 176, Nr. 93.
Zu Bärendarstellungen: Osborn/Osbornová (1998) 81-83. – Zu königlichen Menagerien: Houlihan (1996) 195-196.

227

Ägyptisierende Objekte im Ausland

Peter W. Haider

Über den Handelsaustausch und über zunehmende diplomatische Kontakte zwischen dem Pharaonenhof und ausländischen Machthabern sowie ausländischen Oberschichteliten war schon seit dem Mittleren Reich nicht allein ein Transfer ägyptischer Ikonographie, sondern durchaus auch der damit verbundenen geistigen Vorstellungen erfolgt.

Namhaften Anteil an der Assimilierung ägyptischer Motive und den dahinter stehenden Glaubensvorstellungen in den benachbarten Gebieten während der Zeit der späten 12. und der 13. Dynastie hatten jene Asiaten, die hauptsächlich aus dem nordsyrischen Raum stammten und über einen längeren Zeitraum in pharaonischen Diensten stehend im östlichen Nildelta, vornehmlich auf dem Boden der späteren Hyksos-Residenz Avaris als Händler, Söldner und sogar als ägyptische Beamte lebten. So sind es nicht nur die geflügelte Sonnenscheibe, Uräen, Sphingen, Anch-Zeichen, Papyruspflanzen und -blüten, sondern auch der Horus-Falke, die Geiergöttin Nechbet, der Kopf der Himmelsgöttin Hathor, Amun-Re und der Pharao selbst, die sich im Bildprogramm vornehmlich nordsyrischer Rollsiegel jener Zeit wiederfinden. Aufschlussreich ist dabei die Tatsache, dass die auf diesen Bildträgern gestalteten Szenen die Übernahme ägyptischer Reinigungs- und Opferriten belegen. Besonders in der syrischen Metropole Ebla bezeugen die Funde aus den dortigen Fürstengräbern und dem Südpalast neben dem Import von original-ägyptischen Gegenständen aus pharaonischen Hofwerkstätten auch Arbeiten aus lokalen syrischen Werkstätten. Solche heimischen Produkte, wie beispielsweise Einlegearbeiten aus Nilpferd-Elfenbein auf Truhen zeigen ägyptische Gottheiten wie Sobek, Osiris, Hathor etc. Selbst das ägyptische Ellenmaß fand in der Architektur dieser syrischen Residenzstadt Verwendung, was die Maße an der Plattform des dortigen Ischtar-Tempels unter Beweis stellen.

Umso weniger verwundert es, wenn in Byblos bereits im 19. Jh. v. Chr. in lokalen Werkstätten ägyptischer Schmuck imitiert wurde und dieser schließlich auch zur Grabausstattung der dortigen Könige zählte. Diese Handelsmetropole stand nämlich schon seit der 2. Dynastie mit dem ägyptischen Hof in engstem Kontakt, wie die Stiftungen der Pharaonen im dortigen Haupttempel der Ba'alat belegen. Im byblitischen Heiligtum des Gottes Reschef stellten die Stadtkönige immer wieder Obelisken auf, wohl deshalb, weil man diese lokale Gottheit mit Re gleichgesetzt hatte. Weiter zeigen Hunderte von Votivstatuetten in Byblos einen männlichen Gott mit der oberägyptischen Krone.

Mit der Errichtung des ägyptischen Großreiches intensivierte sich seit der Mitte des 16. Jh. v. Chr. die „Ägyptenrezeption" in den Nachbarstaaten. Sie fand eine geographisch immer weitere Verbreitung. So stellte die geflügelte Sonnenscheibe in Ugarit nicht nur Re auf seinem Weg über das Firmament dar, welches sich auf einer Weihestele aus dem 13. Jh. v. Chr. über dem thronenden Gott El wölbt, sondern der syrische Götterkönig trägt zusätzlich zu den Rinderhörnern, die auf bodenständige Glaubensvorstellungen von dieser Gottheit zurückgehen, auch die von zwei Straußenfedern flankierte weiße Krone Oberägyptens. Mit dieser Kopfbedeckung tritt uns der Himmelsgott auch in einer vergoldeten Bronzestatuette aus Ugarit entgegen. Der jugendliche Ba'al erscheint in Statuettenform ebenfalls mit der oberägyptischen Krone und eine nackte Fruchtbarkeits- und Liebesgöttin, welche auf Goldblechen abgebildet als Amulett getragen wurde, schmückt sich mit der Frisur der ägyptischen Himmelsgöttin Hathor. Entlehnt wurde in Ugarit auch die ägyptische Vorstellung, dass der König von einer Göttin, meistens der Hathor, gestillt wird. Denn unter den Bildszenen, die sich auf den Elfenbeintafeln am Fuß- und Kopfteil eines Bettes fanden, erscheint eine geflügelte Göttin, welche nicht nur mit der Sonnenscheibe zwischen ihrem Gehörn und der Frisur der Hathor angetan ist, sondern die auch an ihren Brüsten je einen jugendlichen Gott oder König stillt.

Selbst die geistige Elite im hethitischen Reich Zentralanatoliens konnte und wollte sich dem ägyptischen Kultureinfluss nicht entziehen, sondern bediente sich ebenfalls einzelner Elemente der ägyptischen Religion, um damit ihre eigenen Glaubensvorstellungen anzureichern und aufzuwerten, wodurch ihr Prestige sowohl in den Augen der eigenen Bevölkerung als auch in denen der Nachbarvölker gesteigert wurde. Menschenköpfige, geflügelte Sphingen flankieren nämlich seit dem ausgehenden 14./frühen 13. Jh. nicht nur Tore in der Stadtmauer, sondern auch solche von Tempelanlagen in der Reichshauptstadt Ḫattuša. In Alaca Höyük tragen diese magisch mächtigen, beschützenden und Übel abwehrenden Wesen zudem die Hathor-Frisur. Die geflügelte Sonnenscheibe zeigt sich in der hethitischen Reichskunst einerseits als Erkennungsmerkmal im Erscheinungsbild des hethitischen Sonnengottes Sarruma, wie z.B. im Reichsheiligtum von Yazilikaya bei Ḫattuša, und andererseits auch auf vielen Siegelabdrücken seit der Zeit König Suppiluliumas I. Damit konnte die Gleichsetzung des hethitischen Königs mit der göttlichen Sonne, wie sie auch die Texte zum Ausdruck bringen, veranschaulicht werden. Besonders eindrücklich führt dies z.B. die Namenskar-

tusche des Königs Tuthalija IV. aus der Nebenkammer (B) in Yazilikaya vor Augen. In monumentaler Form dokumentiert das reliefierte Kultpodium im Quellheiligtum von Eflatun Pinar, das im späten 13. Jh. errichtet worden sein dürfte, in dreifacher Ausführung die Erscheinungsform der hethitischen Sonnengottheiten ausschließlich in Gestalt der geflügelten Sonnenscheibe, nämlich den männlichen Sarruma, und als die ranghöchste unter ihnen die Sonnengöttin von Arinna, deren geflügelte Scheibe an der höchsten Stelle die Stirnwand des Kultpodiums bekrönt.
Selbst in der minoischen und mykenischen Welt führten die wirtschaftlichen und diplomatischen Kontakte zur Assimilierung ägyptischer Ikonographie und Glaubensvorstellungen. Zu den rein profanen Bildthemen, die übernommen wurden, zählen die Wiedergabe von Papyruspflanzen oder -landschaften auf den Wandmalereien in Akrotiri/Thera und im Palast von Knossos, auf Einlegearbeiten, wie z.B. auf einer Dolchklinge aus dem Königsgrab V von Mykene, oder auf Siegelzylindern, desgleichen die Imitationen von ägyptischen Gefäßen aus Straußeneiern in Knossos und Mykene. In diese Reihe gehört auch das Schlachtengemälde aus dem Thronsaal von Mykene, das die Belagerung und Eroberung einer mykenischen Siedlung zeigt, wobei der angreifende Herrscher, ganz der ägyptischen Ikonographie entsprechend, überdimensional in seinem von Pferden im gestreckten Galopp gezogenen Streitwagen herbeistürmt und die von seinen Pfeilen getroffenen Verteidiger der angegriffenen Stadt kopfüber von den Mauern in die Tiefe stürzen. Der mythisch-magischen Vorstellungswelt Ägyptens entlehnt wurden hingegen Darstellungen von geflügelten Sphingen mit Frauenköpfen, wie sie Fresken in den Palästen von Knossos und Pylos sowie eine Elfenbeintafel aus Mykene und diverse Siegel zeigen. Zeugnis von der Übernahme und Adaptierung eines weiteren göttlichen Wesens aus dem ägyptischen Pantheon in die Glaubensvorstellungen der minoischen und mykenischen Oberschicht legt die Gestalt der aufrecht gehenden ägyptischen Nilpferdgöttin Thoeris ab. Ihre wichtigste Funktion war die einer Fruchtbarkeitsbringerin und Beschützerin der schwangeren und gebärenden Frauen. Übertragen in das Pantheon der minoischen Kreter wie der festländischen Mykener erscheint dieses Wesen jedoch jeweils mit einer Kanne in den Pranken, welche im Kult für Libationen benutzt wurde. So bilden sie Siegel aus Phaistos, ein Goldring aus Tiryns und eine Wandmalerei im Palastbezirk von Mykene ab. Der Fruchtbarkeitsaspekt scheint bei der Assimilierung dieser ägyptischen Göttin zwar beibehalten, ihre ursprüngliche Schutzfunktion aber nicht mit übernommen worden zu sein.
Des Weiteren lässt sich in der minoisch-mykenischen Welt die Imitation ägyptischer Architekturelemente aufzeigen, mit denen funktionsbedingt auch Phänomene der geistigen Kultur im Land am Nil assimiliert wurden. So übernahm man in die minoische Palastarchitektur das so genannte Erscheinungsfenster, in dem sich der Herrscher seinen Untertanen zeigte und vor dem ein Altar errichtet worden war, wie in Knossos und Phaistos noch erkennbar ist. In der zuletzt genannten Residenz flankierten Fahnenmasten, wie sie an ägyptischen Tempeltoren prangten, das Haupttor des Palastes. Diese Masten dürften als Hinweise auf eine Adaptierung sakraler Herrscherfunktionen zu deuten sein. Dazu passt, dass Herrschergräber in Knossos wie das so genannte Tempelgrab und das Grab in Isopata den Grabtyp der ägyptischen Oberschicht der 18. Dynastie in Sakkara bzw. in Theben-West imitierten. Nicht zuletzt dürfte auch die Ausstattung der toten Herrscher aus der zweiten Hälfte des 16. Jh. v. Chr. in Mykene mit goldenen Gesichtsmasken und weiteren aus Gold gefertigten und den Körper bedeckenden Blechen sowie die dort beigesetzte, geradezu in Gold gewickelte Kindermumie für einen Transfer ägyptischer Jenseitsvorstellungen und daraus resultierender Bestattungsbräuche sprechen. Möglicherweise stellt auch die armlose Figur auf einer der bemalten Längsseiten des Sarkophages von Hagia Triada auf Kreta eine vor dem Grabbau aufgestellte Mumie des Verstorbenen dar, dem Hinterbliebene Gaben in Form eines silbernen Modellbootes und in Gestalt von Rinderstatuetten darbringen.
Nur ganz pauschal sei darauf hingewiesen, dass unter allen Nachbarländern Ägyptens das Gebiet von Nubien in höchstem Maß „ägyptisiert" wurde, da es schon während des Mittleren Reiches Bestandteil des ägyptischen Imperiums wurde und während des Neuen Reiches als Vizekönigtum eingerichtet blieb.

Literaturauswahl:
Bietak (1998); Caquot/Szycer (1980);
Crowley (1989); Graham (1970); Hiller (1994/95);
Hiller (1999); van Loon (1985); Lurz (1994);
Schachermeyr (1989); Watrous (1991).

228

228
Goldanhänger in Form eines Falken

2. Zwischenzeit - frühes Neues Reich, ca. 1700-1550 v. Chr.
Kreta; minoisch oder ägyptisch
Blattgold mit schwachen Spuren von Diopsid-Einlagen.
Länge 4 cm, Höhe 2,1 cm, Gewicht 45,5 g
London, British Museum, Inv.-Nr. GR 1876.11-20.2
BM Cat Jewellery 817

Obwohl der Falke auf Kreta gefunden wurde, erscheinen der Stil und die Technik, in der das Stück gefertigt wurde, typisch ägyptisch. Falken besaßen in Ägypten einen hohen Symbolwert: So wurde etwa der Sonnengott Re vor allem als Falke dargestellt. Die Flügel besaßen ursprünglich Einlagen, deren schwache Spuren als Diopsid, ein Halbedelstein, identifiziert werden konnten. Möglicherweise war der Vogel einst Teil eines größeren und aufwändiger gearbeiteten Schmuckstücks und nahm vielleicht die Ecke eines Pektorals von annähernd rechteckiger Form ein. Ein kleines, grob gearbeitetes Loch oben am Rücken des Vogels sowie zwei sauber gefertigte Löcher durch die Krallenspitze und den rechten Flügel dienten vielleicht der Befestigung. Die Löcher mögen entstanden sein, um das Stück – vielleicht zu einem Anhänger – umzuarbeiten. Diese Arbeit wurde eventuell auf Kreta durchgeführt. Man hat auch den Standpunkt vertreten, der Stil des Kopfes sei nicht ägyptisch, so dass es sich um eine minoische, stark von ägyptischem Schmuck beeinflusste Arbeit handeln könnte. In jedem Fall beweist das Schmuckstück die zu dieser Zeit bestehenden Kontakte und den künstlerischen Austausch zwischen den beiden Regionen.
L. F.

Literatur: Higgins (1979) 60, Taf. 59;
Kat. Heraklion (2000) Nr. 182.

229
Gefäß in Form eines Fisches

6. Jh. v. Chr.
Samos. Bei den Grabungen von Johannes Boehlau in der Nekropole der archaischen Stadt 1894 gefunden (Grab 41)
Quarzkeramik. Höhe 6 cm, Länge 8,4 cm
Kassel, Staatliche Museen, Antikensammlung, Inv.-Nr. S 82

An der Oberseite der kleinen Vase ist die Mündung eines Aryballos mit einer Öse zu erkennen. Der Gefäßkörper ist hellgrün, während Rücken-, After- und Bauchflossen sowie die Mündung hellblau glasiert sind. Zwei Stellen oberhalb der Bauchflossen und die Augen wurden mit dunkler Farbe angegeben. Durch Ritzungen und Kerbungen sind der Augenumriss, das Maul, die Kiemen, das Schuppenmuster und die Struktur der Flossen gekennzeichnet. Ein Teil der Rücken- sowie die Schwanzflosse sind abgebrochen.
Das Tier lässt sich als ein *Tilapia nilotica* bestimmen. Der Nilfisch trägt die befruchteten Eier bis zum Schlüpfen der Jungen in der Mundhöhle. Die Ägypter verstanden diese Art der Brutpflege als einen aus eigener Kraft entstehenden Fortpflanzungsprozess. Daher stand dieser Fisch für Fruchtbarkeit und Regeneration. In der ägyptischen Kunst wurde er häufiger wiedergegeben oder als Gefäß nachgeformt. Somit ist das Motiv zweifellos ägyptisch; dennoch muss der Aryballos im ostgriechi-

schen Raum entstanden sein: Der großer Nachfrage wegen wurden vermutlich auf Rhodos seit dem 7. Jh. v. Chr. "Fayencen" in eigener Produktion nach Art ägyptischer Gefäße hergestellt. Die rhodischen Vasen unterscheiden sich von den ägyptischen Vorbildern unter anderem durch die wie im vorliegenden Fall zusätzlich aufgelegten dunklen Farben und durch die Mündungen griechischer Aryballoi. Dass die Griechen wie die Ägypter an die symbolische Bedeutung des Fisches glaubten, deutet sich aufgrund des Fundortes in einem Grab an.
Ein ähnliches ägyptisierendes Gefäß in Form eines Igels wurde in dem gleichen Grab auf Samos gefunden.
S. V.

Literatur: Kranz/Lullies (1975) 21, Nr. 2, Taf. 56,2; Webb (1978) 135, Nr. 946; Kat. Kassel (1996) 88, Nr. 18 mit Abb.; Löwe (1996) 56, Nr. 41,2 Farbabbildung 8; Kat. Kassel (1999) 363, Nr. 199 mit Abb.

230
Alabastron

6. Jh. v. Chr.
Samos. Bei den Grabungen von Johannes Boehlau in der Nekropole der archaischen Stadt 1894 gefunden (Grab 12)
Alabaster, grau-beige mit horizontalen dunklen Streifen. Höhe 7,8 cm, Durchmesser der Mündung 2,6 cm
Kassel, Staatliche Museen, Antikensammlung, Inv.-Nr. S 62

Das kleine Alabastron hat einen kurzen, weiten Hals mit einer ausladenden Mündung. Unter den Henkelknubben sind als flaches Relief Bandfortsätze zu sehen. Das Gefäß ist bis auf geringe Beschädigungen vollständig erhalten; an wenigen Stellen sind Sinterreste auszumachen.
Seit frühester Zeit wurden in Ägypten Gefäße aus dem dort heimischen Alabaster hergestellt. Unter diesen bildete sich etwa seit dem Ende des Mittleren Reiches als immer wiederkehrende Form mit rundem Boden das Alabastron aus. Weiterhin sind neben dem Hals und der ausladenden Mündung vor allem die Henkelknubben charakteristisch. Nachdem zunächst bauchige Umrisse beliebt waren, kamen seit der zweiten Hälfte des 8. Jh. v. Chr. eher schlanke Gefäße auf. Seit dieser Zeit sind auch die Bandfortsätze an den Gefäßen zu finden. Möglicherweise deuten sie Bänder an, welche man um die Knubben legte, um so das Salbölgefäß aufzuhängen.

229

230

Die Alabastra wurden zwar nach Griechenland und in andere Gegenden des Mittelmeerraumes exportiert, aber aller Wahrscheinlichkeit nach entstanden darüber hinaus regionale Produktionsstätten außerhalb Ägyptens. Eine dieser Produktionsstätten könnte auf Rhodos gelegen haben, wo Alabaster gewonnen werden konnte und wo vermutlich auch andere Aegyptiaca hergestellt wurden (vgl. Nr. 229). Als Vermittler könnten die Siedler der im Nildelta gelegenen griechischen Kolonie Naukratis fungiert haben. Bei den außerhalb Ägyptens gefundenen Alabastra lässt sich nur selten feststellen, ob es sich um einen ägyptischen Export oder um ein griechisches Gefäß handelt, weil sie sich kaum unterscheiden. Dies gilt auch für die beiden Gefäße aus der Kasseler Sammlung.
S. V.

Literatur: Kranz/Lullies (1975) 23, Nr. 8 Taf. 57,8;
Kat. Kassel (1996) 82, Nr. 13 mit Abb.;
Löwe (1996) 32, Nr. 12,2.
Zur Entwicklung zum griechischen Alabastron:
Hölbl (1983) 4 ff.

231
Alabastron

6. Jh. v. Chr.
Samos. Bei den Grabungen von Johannes Boehlau in der Nekropole der archaischen Stadt 1894 gefunden (Grab 12)
Alabaster, braun-gelb mit horizontalen weißen Streifen.
Höhe 19,8 cm, Durchmesser der Mündung 2,6 cm
Kassel, Staatliche Museen, Antikensammlung, Inv.-Nr. S 63a

Das sehr schlanke, hohe Gefäß mit einer kleinen Mündung hat zwei Henkelknubben. Wie bei dem ersten Kasseler Alabastron (Nr. 230) ist auch bei diesem nicht zu entscheiden, ob es sich um ein ägyptisches Gefäß handelt, das nach Samos exportiert wurde oder ob es die ägyptischen Vorbilder imitierend in Ostgriechenland hergestellt wurde. Beide Alabastra wurden zusammen in einem Grab der archaischen Nekrople von Samos gefunden. Vielleicht enthielten sie einst Salben, welche beim Bestattungsritual benutzt wurden.
Ein Teil der Mündung und des Halses sind ergänzt, die Oberfläche des Gefäßes ist zum Teil beschädigt.
S. V.

Literatur: Kranz/Lullies (1975) 23, Nr. 6, Taf. 57,6;
Kat. Kassel (1996) 80-81, Nr. 11 mit Abb.;
Löwe (1996) 32-33, Nr. 12,7.

231

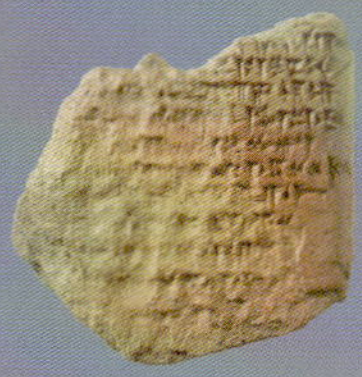

Anhang

Piramesse-Qantir

Piramesse-Qantir
Residenz, Waffenschmiede und Drehscheibe internationaler Beziehungen

Edgar B. Pusch

In memoriam Arne Eggebrecht
† 08. Februar 2004

„... Weiterhin! Mache Dich daran und veranlasse, dass die Aufträge für das zweite Jubiläum mit äußerster Bemühung und Sorgfalt erledigt werden, und sieh zu, dass die Streitwagen für das zweite Jubiläum fertiggestellt werden! Sorge dafür, dass ich ‚Pi-Ramesse-geliebt-von-Amun' (mit dem Beinamen) ‚Große-Seele-des-Re-Harachte' erreiche, sobald sie bereit sind! Beaufsichtige alles, was Deine Mitarbeiter tun! Tu's und sitze nicht untätig herum, denn das zweite Jubiläumsfest steht unmittelbar bevor." So bedrängt der Schreiber der Rüstungskammer namens *Mahu* seinen Kollegen *Pawehem* in Piramesse zur Zeit des Merenptah, Nachfolger und 13. Sohn Ramses' II.

So geschah es sicherlich auch in der Zeit Ramses' II., von der hier in aller erster Linie zu reden sein wird. „Pharao siegt immer" und dem musste, sowohl im kultischen Bereich, im Zitat das „Jubiläumsfest", als auch in der Realpolitik Rechnung getragen werden. Alle nur erdenklichen Anstrengungen, deren Ägypten mit seinen wirtschaftlichen, technologischen, wissenschaftlichen und politisch-diplomatischen Ressourcen fähig war, wurden hierfür unternommen. Aber einzig die real-politische, diesseitsbezogene Seite tritt uns bisher in der Ramses-Stadt – und damit auch in den Objekten der Ausstellung – scheinbar entgegen, so dass immer in unserer aller Hinterkopf vorhanden sein muss, dass die faktische Umsetzung der Realpolitik, nach innerägyptischem, auf das königliche Dogma bezogenen Verständnis, gleichzeitig den Vollzug mythisch-kultischer Inhalte bedeutete. Doch beschäftigt uns hier und heute das „tägliche Leben".

Am Ostrand des Nildeltas gelegen, handelspolitisch und militärstrategisch in günstiger Position, mit exzellenten Anbindungen zu Lande und zu Wasser sowohl nach Norden in den syro-kanaanäischen Raum hinein als auch nach Süden in das Niltal, wurde sie systematisch ausgebaut und wuchs auch organisch, da *„in deren Umgebung sich jedermann niederlässt"*, auf einer Fläche von bis zu 30 km². Eingeschlossen sind darin Wasser- und Grünflächen, wohl auch landwirtschaftliche Nutzflächen und weitläufige Wirtschaftsräume. Ein Teil dieser städtebaulichen Elemente ließ sich bereits in den magnetischen Prospektionen mit einem Cäsium-Magnetometer erfassen, die insgesamt eine Fläche von nahezu 2 km² bedecken: An weiten luftigen Straßen liegen großzügige Villen im Stil des „Amarna-Hauses" – umgeben von Gärten und Wirtschaftsgebäuden, abgeschirmt von Umfassungsmauern – und bilden die „Weststadt", die im Süden an den Pelusischen Nilarm grenzt. Ein weitläufiges „Verwaltungsviertel" schließt sich im Osten an: Ungedeutete Gebäudegrundrisse, kleine Tempel und vielleicht Haine und Gärten, aber auch Freiflächen. In diesem Stadtteil liegt auch die Streitwagengarnison mit ihrem Exerzierplatz und ihren ausgedehnten Werkstätten[1], in denen Streitwagen gebaut, sicherlich auch repariert wurden. Bodenbefunde der Grabung, zahlreiche Werkzeuge, Abfälle, Halbzeuge und Endprodukte geben einen hoch arbeitsteiligen Ablauf zu erkennen, der in seiner Vielfalt eine willkommene Ergänzung zu den Darstellungen in den Gräbern nicht nur des Neuen Reiches bildet.

Aus all dem kann auf eine intensive Rüstungsindustrie geschlossen werden, die nicht nur die Regierungszeit Ramses' II., sondern auch die seiner Nachfolger einschließlich solch selten durch Monumente belegter Herrscher wie Sethnacht umfasst. In diesem Sinne – von Umbau, Ausbau, Erweiterung – zeitgleich ist der funktional anzuschließende königliche Marstall[2]. Auf einer Fläche von über 17.000 m² standen einst, untergebracht in einer gerasterten Architektur, die vielleicht die Gliederung in „Kompanien" spiegelt, mindes-

Abb. 1
Qantir-Piramesse - Ausschnitt aus dem Magnetogramm der Oststadt: deutlich zeichnen sich als helle Linien und Punkte die Mauern und Säulenstellung von Tempeln, Palästen und Wohnhäusern in einer organischen Bebauung ab (40x40 m Quadrate).

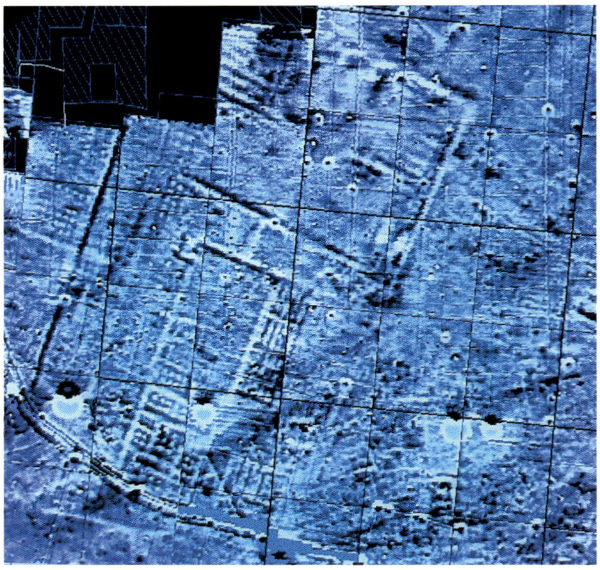

tens 480 Pferde. Sie wurden mit importierten Ölen gepflegt und in beiden Anlagen trainiert. Hier wie dort wirkten Ausländer: fertigten sie einerseits hethitisch-anatolische Schilde (Q 1 - 4,Q 6) und sicherlich auch andere Waffen Seite an Seite mit ägyptischen Handwerkern (Q 5), so brachten sie andererseits wohl ihr Wissen um Pferdepflege und deren Training ein.

Dass neben diesem Wissens- und Technologietransfer auch nicht-ägyptische Götter in der Ramses-Stadt verehrt wurden, erscheint dann schon selbstverständlich. Doch verdient es der Hervorhebung, dass ein Reliefblock aus dem Allerheiligsten eines Astarte-Tempels gemeinsam mit einem Türpfosten, der Reschef nennt, sichergestellt werden konnte: dies mag auf eine Doppelheiligtum der beiden syrischen Götter deuten, das bisher allerdings weder durch Graben noch durch die magnetische Prospektion zu erfassen ist. Astarte ist auch als Schutzgottheit der Stallungen vertreten, daneben Seth-Baal durch einen Skarabäus (Q 49) und eine Stele, die ein hochrangiger Würdenträger stiftete, der *Gott der Flur* durch ein Objekt unbekannter Funktion (Q 47). Und schließlich sind da die zahlreichen sogenannten Konkubinen, Scherben mit rebusartiger Schreibung und die Nennung von Ausländern sowohl auf Gefäßen als auch auf Stelen.

Geht es dann um die diplomatischen Beziehungen, so darf das „Auswärtige Amt"[3] des Verwaltungsviertels auch dann angeführt werden, wenn sich diese funktionale Hypothese letztlich nicht bestätigen ließ. Dass das diplomatische Archiv der Korrespondenz mit den benachbarten Fürsten- und Königshäusern Ramses' II. hier verwaltet und gelagert war, beweist unzweifelhaft das Fragment einer Keilschrifttafel (Q 46), die 2003 oberhalb eines Gebäudes geborgen wurde, das möglicherweise als „Fest- oder Empfangshalle" auch der Pflege diplomatischer Beziehungen diente[4]. Diese sind dann auch in so unscheinbaren Stücken des täglichen Lebens zu fassen, wie der Schuppe eines mykenischen Eberzahnhelmes (vgl. Q 23 – Q 24), der zahlreichen mykenischen Keramik, die Tafelgeschirr ebenso wie Verpackungsmaterial umfasst oder wie den bronzenen Panzerschuppen, die von Körperpanzern und Helmen nicht nur ägyptischer Herkunft stammen dürften.

Gehören die zuletzt genannten Indizien – mögen sie als Handelsgüter, Geschenke oder Beute, immer aber

Abb. 2
Qantir-Piramesse - Schon nach rund 20 cm unter der Ackeroberfläche beginnen die ungestörten Schichten der Ramses-Stadt, deren Mauern und Bodenfunde in den Magnetogrammen sichtbar werden.

als Wirtschaftsgut zu bezeichnen sein – in den Bereich des „niederen täglichen Lebens", so dürfte der Nachweis der Villa eines *Großen von Sidon* ebenso wie die Keilschrifttafel der „höheren Diplomatie" zuzuordnen sein: Wie anders wäre es zu deuten, als dass er, jenseits der zahlreichen Reisediplomaten, als „Ständiger Vertreter" im Rahmen einer Botschaft oder Handelsmission in Piramesse residierte.

Östlich des „Verwaltungsviertels" schließt sich eine organisch gewachsene Bebauung an. An langen von Nord nach Süd verlaufenden Hauptstraßen, die parallel zum Pelusischen Nilarm liegen und durch zahlreiche weitere Straßen und Gassen miteinander verbunden sind, erkennt man in der röntgenbildähnlichen Prospektion Gebäude unterschiedlichsten Aussehens. Unter ihnen sind Wohnhäuser verschiedener Größe ebenso wie Werkstätten oder andere Einrichtungen des täglichen Lebens vertreten. Zu ihrer detaillierten Funktionsbestimmung wären langwierige Ausgrabungen nötig.

Aber auch Palast- und Tempelanlagen, von denen eine eine Mindestausdehnung von 41.000 m^2 hat, sind hier zu finden. Die gewaltige Anlage, teilweise von dem modernen Qantir bedeckt, umgeben von mehreren Magazinkomplexen, weist u.a. eine Flucht von Säulensälen und Säulenräumen auf, wobei die Säulenstellungen im Magnetbild als helle Punkte erscheinen. Tempelstrukturen sind bei ihr ebenso auszumachen wie Bauelemente, die an den Palast von

Malkata oder ähnliche Gebäude in Amarna erinnern. Ein weiteres, jedoch kleineres Gebäude dieser Art liegt ganz im Norden der Prospektionsfläche unmittelbar am Ufer des Nils: eine dicke Umfassungsmauer umschließt einen rechteckigen Komplex, mit dichter innerer Bebauung. Dunkle Punkte, sowohl innen als auch außen, markieren weitläufige Baumpflanzungen, die im Zusammenhang mit einer Uferpromenade stehen.

Tempelanlagen sind aber nicht nur hier vorhanden. Während auf dem ca. 1,2 km im Süden gelegenen Tell el-Dab'a traditionell der Seth-Tempel errichtet wurde, liegt nördlich der Ortschaft Qantir ein kleiner Tempel, dessen ca. 8 m starke Umfassungsmauer einen Bezirk von rund 6.000 m² umschließt. Die in diesem Bereich anzutreffenden Füße einer kalksteinernen kolossalen Sitzstatue, deren Höhe auf ca. 15 m berechnet wird, liegen, wie wir nunmehr wissen, nicht am Ort ihrer Aufstellung, sondern teilweise oberhalb der Umfassungsmauer. Der zu ihr gehörende Tempel wurde noch nicht gefunden.

So lässt sich nach und nach aus den magnetischen Messungen, den Grabungen und ihren Inhalten in Form von Architektur und Fundgut ein immer komplexeres Bild der Ramses-Stadt und des Lebens in ihr entwerfen. Dieses alles zusammen genommen bestätigt, was die Hymnen auf die Delta-Metropole poetisch überhöhen, wenn es heißt: *„... wie schön klang Deine Stimme, als Du bautest ‚Pi-Ramesse-geliebt-von-Amun', Anfang eines jeden Fremdlandes und Ende von Ägypten, mit schönen Fenstern und leuchtenden Gemächern aus Lapislazuli und Malachit, Hauptquartier Deiner Sreitwagentruppen, Musterungsplatz Deiner Fußtruppen, Hafen Deiner Flotte..., gebildet nach der Art des oberägyptischen On (Theben), ..., dauerhaft wie das unterägyptische On (Heliopolis), ... innerhalb deren Grenzen die Sonne auf- und untergeht."*

Literaturauswahl: Bietak (1999) mit Gesamtverzeichnis der Literatur der Grabung Ramses-Stadt; Bietak (1983) 128-146.

1 Grabungsplatz Q I.
2 Grabungsplatz Q IV.
3 Grabungsplatz Q V.
4 Grabungsplatz Q VII.

Zweiseitige Modeln zur Herstellung bronzener Schildbeschläge

Q 1
Model für den hethitischen Achterschild und einen anatolischen Trapezschild, vollständig

Kalkstein. Länge 104 cm, Breite 104 cm, Dicke 21,0 cm
FZN 1984/0001, IN 0509[5]

Q 2
Model für den hethitischen Achterschild und einen anatolischen Trapezschild, halbiert

Kalkstein. Länge 85,0+x cm, Breite 62,0 cm, Dicke 12,0 cm
FZN 1983/1198, IN 0510

Abgüsse von den Originalen in Kunststein

Q 1 Vorderseite

Q 2 Vorderseite

Q 1 Rückseite

Q 2 Rückseite

Die nachfolgende Objektgruppe Q 1 - Q 6 ist für den gesamten Vorderen Orient einmalig. Sie besteht aus insgesamt sieben Modeln, die dem Treiben bzw. Punzen verschiedener Schildbeschläge dienten. Vierfach ist der hethitische Achterschild in entsprechend vielen Varianten vertreten; dreifach liegt ein Motiv vor, das zu einem anatolischen Trapezschild gehören dürfte; je einmal tritt ein ovales Motiv auf, das mit dem ägyptischen Kulturkreis zu verbinden ist, und ein wohl hochrechteckiges, das ein Kalb in fliegendem Galopp zeigt[6].

Das zweiseitige Model Q 1 wurde zusammen mit Werkzeug und Abfällen in primärer Lage in einen Fußboden eingebettet angetroffen[7], während die anderen – mit Ausnahme des ägyptischen Models Q 6 – entweder sekundär verwendet oder verworfen waren. Sie dürfen durchaus in die betreffende Schicht projiziert werden. Diese liegt südlich des Exerzierplatzes der Streitwagengarnison innerhalb der Werkstätten und muss basierend auf inneren und äußeren Kriterien in die Zeit Ramses' II. datiert werden. Meiner Meinung nach ist eine Präzisierung ab seinem 34. Regierungsjahr wahrscheinlich, lässt sich doch das Vorkommen der Modeln am ehesten mit der diplomatischen Hochzeit zwischen Ramses II. und der ältesten Königstochter des Hethiter-Königs Ḫattušili III. erklären. Theoretisch kommen noch der Aufenthalt des von Ḫattušili gestürzten Neffen Urhi-Teschub, die Übergabe des Friedensvertrages auf einer Silbertafel im 21. Regierungsjahr, der nicht völlig gesicherte Besuch des Hethiter-Königs in Ägypten oder die zweite diplomatische Hochzeit mit einer hethitischen Prinzessin in Frage.

Die beiden Objekte Q 1 und Q 2 ergänzen sich bei beiden Motiven wechselseitig; das erstere ist vollständig und wurde offensichtlich intensiv genutzt, das zweite besticht durch seine Motivschärfe, die darauf zurückgehen dürfte, dass die Platte bereits bei der Herstellung der Treibmotive brach[8].

Die „Vorderseite" beider Steine bietet das Motiv des hethitischen „Achterschildes", der aus einem lang gestreckten Oval mit gerundeten, seitlichen Einzügen besteht. Die Mittelrippe – bei Q 2 sekundär überarbeitet – fungierte als „Schildbuckel", während die doppelten Randleisten nicht nur die Kanten der Schilde schützten, sondern auch Hiebe und Stöße abfederten. Beide Motive haben eine Höhe von ca. 84 cm bei einer maximalen Breite von 74 cm bzw. 70 cm, Maße, die bestens den Proportionen der Achterschilde entsprechen, die in den Darstellungen der Qadesch-Schlacht von den hethitischen Kontingenten getragen werden.

Die Rückseiten zeigen ein trapezförmiges Motiv, dessen obere Schmalseite eingebuchtet ist. Konzentrisch zu der zweifachen bzw. dreifachen Randleiste liegt nach innen gestaffelt eine einfache, tiefe Mittelleiste, die ein seltsames Zentralelement umrahmt: von einem gerundeten Oberteil gehen lateral zwei Spitzen ab, während der untere, tief in den Stein gewölbte Abschnitt seitlich leicht ausgestellt ist. In diesem Element ist vielleicht ein hoch stilisierter Stierkopf oder – weniger wahrscheinlich – das „Blitzbündel" TONITRUS, die Hieroglyphe für den hethitischen Wettergott zu erkennen. Keiner der beiden Deutungsvorschläge ist letztlich gesichert, jedoch lässt sich soviel festhalten, dass bisher keine weitere Deutung vorgeschlagen wurde und das Motiv sicherlich nicht ägyptischen Ursprungs ist.

Die fertigen Schilde bestanden aus einem Holzkörper, der vermutlich mit Leder überzogen war. Auf diesen Schildkörper wurden die getriebenen Bronzeapplikationen aufgenäht oder aufgenagelt. Ob, etwa im Fall des Trapezschildes, die ausgetriebenen Bleche den Schild flächig bedeckten, ist für diese beiden Exemplare nicht zu klären; das Zentralmotiv, aber auch die Mittelleiste des Achterschildes, bildeten jedenfalls einen idealen Schildbuckel.

5 Kairo SR 15.916 = JE 98.805 (7. November 1995).
6 Zu allen Modeln siehe Pusch (1993) 138-143.
7 Grabungsplatz Q I-c/4.5.
8 Sie war als Fußwaschbecken direkt neben einer Tür verlegt.

Einseitige Modeln zur Herstellung bronzener Schildbeschläge

Q 3
Model für den hethitischen Achterschild, geviertelt

Kalkstein. Länge x+44,0+y cm, Breite 27,0+x cm, Dicke ca. 8,0 cm
FZN 1983/1183, IN 0511

Q 4
Model für einen anatolischen Trapezschild, halbiert

Kalkstein. Länge 12,0+x cm, Breite 17,0 cm, Dicke 4,6 cm
FZN 1984/1269, IN 0512

Abgüsse von den Originalen in Kunststein

Q 3

Im Gegensatz zu Q 1 und Q 2 tragen diese beiden Modeln das auszutreibende Motiv nur auf einer der Plattenseiten. Die Rückseiten sind jeweils plan zugerichtet, so dass sie sich auf einem flachen Untergrund leicht bewegen lassen.

Das Achterschildmodel Q 3 ist bemerkenswert kleiner als die beiden anderen, während es ihnen in den Proportionen entspricht. Die Schildgröße lässt sich – unter Annahme von Symmetrie – zu einer Höhe von ca. 50 cm bei einer Breite von 43 cm rekonstruieren, ebenfalls Maße, die für die Darstellungen der Qadesch-Schlacht zu verzeichnen sind.

Als Variante zeigt es außerdem ein als flächig anzusprechendes Motiv: Der in diesem Fall einfachen Randleiste ist eine nach innen gestaffelte, „konzentrisch" angeordnete Rille in Form eines weiteren Achterschildes eingemeißelt, auf die zwei spiegelbildlich angeordnete, spitz zulaufende Ovale folgen. Im Zentrum sitzt eine kreisförmige Mulde. Zusätzlich befinden sich jeweils zwischen der Randleiste und der nach innen versetzten Rille und dieser Rille und den

Ovalen halbkugelige Vertiefungen, die nicht radial zum Zentrum angeordnet sind.

In der Rekonstruktion ergibt sich daraus ein Achterschild, dessen Fläche mit einem kreisförmigen Schildbuckel im Zentrum, umgeben von Halbbögen, Zierbuckeln und einer Leiste mit der Kontur des Achterschildes beschlagen war. Auch seine Randleiste war durch einen Beschlag geschützt, welcher der Kontur des Schildes folgte. Flächendeckende Dekore dieser Art sind in den Darstellungen der Schlacht von Qadesch nicht vorhanden oder – falls sie farblich angelegt waren – verloren. Ältere Detailphotos dieser Szenen zeigen in einigen Fällen eine Art Flechtwerk, offensichtlich schlichtere Exemplare – eine Art Massenware – als die Schilde, die mit den hier vorgestellten Geräten gefertigt wurden.

Q 4

Das einseitige Model Q 4 mit dem Motiv der Trapezschilde ist erheblich kleiner als die doppelseitigen Schildmodeln. Sie bietet lediglich das Zentralmotiv des Stierkopfes, das von einer einfachen Rille umgeben ist. Will man sie nicht als eine Art Spezialmodel auffassen, mit deren Hilfe lediglich der zentrale Beschlag eines Trapezschildes hergestellt wurde, während die anderen Leisten auf einem separaten Stein gearbeitet wurden, oder gar an einen extrem kleinen Schild denken, wie er in afrikanischen Kulturen vorkommt, dann muss an eine andere Funktion gedacht werden, die auch im Feld der Offensivwaffen liegt. In diesem Zusammenhang darf vielleicht an einen Stirnschutz für die Gespannpferde gedacht werden. Die absoluten Maße würden zu dieser Funktion ebenso passen wie die Proportionen; auffällig ist jedenfalls, dass die beiden vertikalen Randleisten parallel zu einander verlaufen.

Modeln zur Herstellung bronzener Schildbeschläge

Q 5
Zweiseitiges Model für ägyptische Schildbeschläge

Kalkstein. Länge 27,5 cm, Breite 20,5 cm, Höhe 7,0 cm
FZN 1983/0934[9]

Q 6
Einseitiges Model für die Beschläge eines Rechteckschildes (?) mit der Darstellung eines Kalbes in „Fliegendem Galopp"

Kalkstein. Länge ca. 63,0+x cm, Breite 40+x cm, Höhe ca. 22,5 cm
FZN 1987/0517, IN 1002

Voll- bzw. Teilabguss von den Originalen in Kunststein

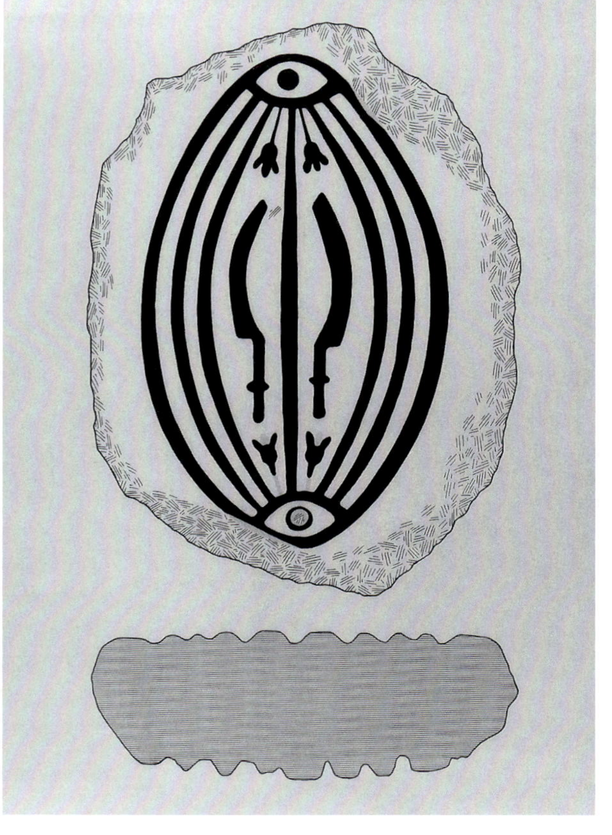

Q 5

Der im Umriss grob oval zugerichtete Kalkstein Q 5 trägt auf beiden Seiten dasselbe Motiv. Auf der gewölbten „Vorderseite", so benannt nach der Auffindungssituation, ist es in Teilen, auf der planen Unterseite hingegen vollständig erhalten. Der unterschiedliche Erhaltungszustand dürfte darauf zurückgehen, dass die eine Seite intensiv genutzt, während die andere, scharf erhaltene Seite später angelegt wurde und nur geringfügig in Gebrauch war. Seine Deutung als potentielles Treibmodel für bronzene Schildbe-

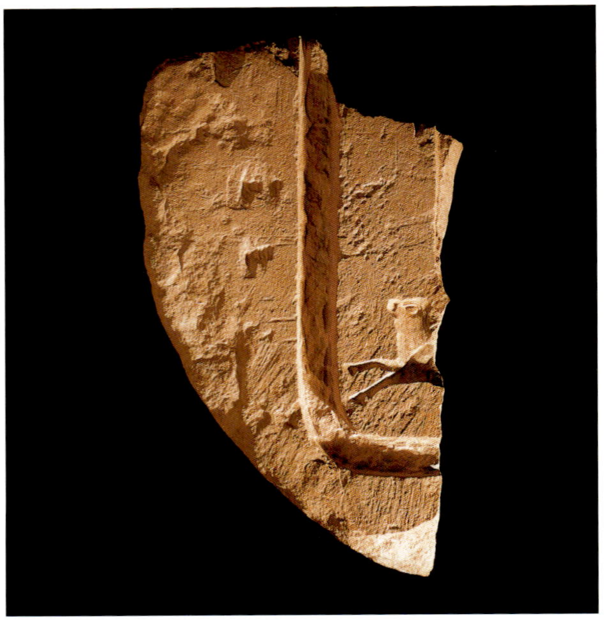

Q 6

schläge beruht auf einem Analogieschluss zu den hethitisch-anatolischen Schildmodeln. Wegen seiner geringen Größe kommt nur eine Verwendung als Zentralelement in Frage, das auf einen hochrechteckigen, oben gerundeten Schild montiert worden wäre.

Das im Umriss spitz-ovale Motiv trägt an beiden Enden ein etwa „augenförmiges" Element mit zentraler Vertiefung, von dem links und rechts je drei gebogene, nahezu parallel laufende Rillen ausgehen. Spiegelsymmetrisch zur Längsachse angelegt, in der eine weitere Rille liegt, befinden sich nach innen versetzt zwei Sichelschwerter. In den vier Winkeln, die von der Mittelleiste und den inneren Rillen gebildet werden, sind auf der einen Seite zwei dreiblättrige, auf der anderen Seite zwei zweiblättrige Lotosblüten eingraviert. Die Kombination von Lotosblüten und Sichelschwertern legt eine Auffassung als ägyptisches Motiv auch dann nahe, wenn das Gesamtmotiv als solches bisher einmalig ist.

Ohne Parallele ist auch das Model Q 6. Aus einer Säulenbasis umgearbeitet[10], wurde das Motiv in deren plan polierte Unterseite eingraviert. Die wiederum gestaffelten Elemente zeigen die gerundete Ecke eines Schildes und den vorderen Teil eines Kalbes im „Fliegenden Galopp". Während die Höhe und Breite des Schildes als den Oberkörper deckend nur annähernd rekonstruiert werden können, dürfte das Kalb zu einer Jagdszene gehören: sei es, dass es von einem Löwen hinterrücks angesprungen und gerissen, sei es, dass es von einem Wagen aus gejagt wird. Auch weitere Tiere im „Fliegenden Galopp" könnten sich hinter dem Kalb befunden haben.

Obwohl der „Fliegende Galopp" dem kretisch-ägäischen Kulturkreis entstammt, wäre es zu weit gegriffen, den Schild dieser Region zuzuweisen, war das Motiv als solches doch seit der 18. Dynastie in Ägypten heimisch geworden[11]. Entscheidend wäre eine sichere Rekonstruktion des Umrisses des Schildes, die jedoch nicht gewonnen werden kann: Die ägyptischen Soldaten der Ramessidenzeit trugen ausschließlich einen rechteckigen, oben gerundeten Schild, während im hethito-syrischen Bereich auch rein rechteckige Schilde vorkommen.

9 Das Objekt befindet sich in der Studiensammlung des Projektes Ramses-Stadt.
10 Ursprünglicher Durchmesser ca. 1,00 m, entsprechend etwa 2 Königsellen.
11 Siehe z.B. Helck (1979) 75ff., 80ff. und Karig (1977) 373 mit weiterführender Literatur.

Streitwagenapplikationen

Jochknäufe

Q 7-9

Q 7
Calcit-Alabaster
Höhe 3,93 cm, Durchmesser 2,98/2,98 cm
FZN 1983/0612, IN 0110

Q 8
Marmor, kristallin
Höhe 3,59 cm, Durchmesser 2,65/2,50 cm
FZN 1987/1580, IN 0801

Q 9
Knochen, Kompakta
Höhe 3,90 cm, Durchmesser 1,79/2,09 cm
FZN 1992/0336, IN 0902[12]

Jochgabelknäufe

Q 10, 15, 16

Q 12-13

Q 10
Calcit-Alabaster
Höhe 4,50 cm, Durchmesser 7,02/7,20 cm
FZN 1982/0242a, IN 0064

Q 11
Calcit-Alabaster
Höhe 3,50 cm, Durchmesser 5,32/5,49 cm
FZN 1982/0604, IN 0065

Q 12
Marmor, kristallin
Höhe 4,00 cm, Durchmesser 5,90 cm
FZN 1984/1340, IN 0271

Q 13
Calcit-Alabaster
Höhe 6,26 cm, Durchmesser 5,20 cm
FZN 1984/1451, IN 0272

Q 14
Calcit-Alabaster
Höhe 3,84 cm, Durchmesser 5,29 cm
FZN 1986/0348, IN 0784

Q 15
Calcit-Alabaster
Höhe 7,82 cm, Durchmesser 5,33/5,80 cm
FZN 1986/0766+1987/1004, IN 0789

Q 16
Marmor, kristallin
Höhe 6,26 cm, Durchmesser 6,34/6,50 cm
FZN 1987/0126, IN 0655[13]

Abschlussscheiben

Q 17 Vorder- und Seitenansicht

Q 17
Marmor, kristallin
Höhe 1,12 cm, Durchmesser 4,70 cm
FZN 1982/0475, IN 0067[14]

Q 18
Calcit-Alabaster
Höhe 0,80 cm, Durchmesser 4,20 cm
FZN 1984/0715a, IN 0143[15]

Abgüsse von den Originalen in Kunststein

Da organisches Material im ständigen Wechsel zwischen Grundwasser und Sauerstoff in den aggressiven Sedimenten des Nildeltas nicht erhalten blieb, sind es die anorganischen Bestandteile des Streitwagens, die auf uns gekommen sind und in ihrer Massierung und in Verbindung mit Hufabdrücken zur Identifikation der Architektur des Grabungsplatzes Q I als Streitwagengarnison, genauer als Exerzierplatz mit angegliederten Werkstätten, beitrugen. An Fundgruppen sind zu nennen: die hier exemplarisch vorgestellten steinernen und knöchernen Applikationen des Joches, der Jochgabeln und des Wagenkorbes, dann aber auch die metallenen Beschläge und Bestandteile des Wagens wie Achsnagel, Nabenkappe (Q 22) und Nägel (Q 19 - Q 20) und die Ausrüstung der Wagenkämpfer, vorwiegend deren Bewaffnung (Q 23 - Q 45)[16]. Sie alle können an dem Nachbau eines Streitwagens am Ort ihrer Nutzung betrachtet werden (Kat. 89), der im Wesentlichen auf Untersuchungen basiert, die am Streitwagen von Florenz gemacht wurden, aber auch die Gegebenheiten der Wagen des Tutanchamun berücksichtigt[17].

Bis zu den Arbeiten in der Ramses-Stadt am Grabungsplatz Q I waren gerade einmal 25 der steinernen Applikationen veröffentlicht, zu denen allein aus Qantir nunmehr weitere 309 Exemplare hinzutreten[18]. Drei Applikationsgruppen müssen unterschieden werden.

Die hütchenförmigen Jochknäufe schließen die eingezogen Enden der geschwungenen Jochbögen ab (Herold, Abb. 1 Nr. 2); die spulenförmigen Jochgabelknäufe sind mit einem langen, durch die Gabel hindurch getriebenen Nagel auf der Jochgabel befestigt; die plan-konvexen Abschlussscheiben schützen und verzieren die Stirnhölzer am Wagen, zu denen die Deichsel, die Achse und der Bodenholm des Wagenkorbes gehören können[19]. Nachgewiesen sind – mit einer Ausnahme für die Deichsel[20] – bisher allerdings nur die Abschlussscheiben am Wagenkorb.

Während die Scheiben und Jochgabelknäufe aus verschiedenen Kalksteinvarietäten, aber auch Fayence gefertigt worden sind, treten uns bei den Jochknäufen sowohl Calcit und Marmor als auch Kompakta von Großtierknochen als Rohstoff entgegen. Für alle rotationssymmetrischen Objekte aus Stein besteht zumindest die Möglichkeit, dass sie auf einer Drehbank geformt wurden[21], während die knöchernen Jochknäufe unzweifelhaft geschnitzt worden sind. Die Bohrungen der Jochgabelknäufe und Abschlussscheiben sind bikonisch mit einem Fiedelbogenbohrer angelegt.

Die hütchenförmigen Jochknäufe (Q 7 - Q 9) zeigen eine spitzrunde Krempe, einen eingezogenen Schaft und eine Basisplatte, meist mit Zierrillen. Außer einer konischen Bohrung können sie am Schaft eine Querbohrung haben, die zur Befestigung des Knaufes mittels eines Splintes und eines Spezialnagels (Q 20) diente. Steinerne und knöcherne Jochknäufe unterscheiden sich deutlich in ihrer Kontur, die allerdings nicht in der Funktion begründet ist: Sie dienten in Verlängerung der geschwungenen Jochvolute der besseren Zügelführung, schlossen den Holm ab und schützten ihn vor dem Zersplittern[22]. Außerhalb der Ramses-Stadt sind auch scheiben- und kugelförmige nebst zoomorphen Jochknäufen belegt. Ihre zeitliche und räumliche Verbreitung entspricht der der Jochgabelknäufe und geht über sie hinaus.

Bei den Jochgabelknäufen (Q 10 - Q 16) sind drei Typen zu unterscheiden: der „hochschlanke", der „flachgedrungene" und ein „Zwischentyp" , die alle in der Regel Zierrillen an der Basisplatte tragen. Außerdem lassen sich so genannte „Kompositknäufe" feststellen: sie gehen auf Reparaturen zurück oder wurden bewusst so gefertigt. Allesamt haben sie als Aufsatzrollen für Hilfszügel gedient[23]. Ob die Typen mit Wagen unterschiedlicher Funktion oder Herkunft zu verbinden sind, lässt sich zur Zeit nicht erweisen. Die Verbreitung der Jochgabelknäufe reicht vom Mittelmeerraum bis nach China; zeitlich erstrecken sie sich vom ersten Auftreten des zweispännigen Streit- bzw. Jagdwagen bis zur Einführung der Quadriga.

Die Abschlussscheiben (Q 18 - Q 18) – sicherlich sehr weit verbreitet, aber häufig als Spinnwirteln o.ä. verkannt, wenn sie nicht zusammen mit den „Leitfossilien" Jochgabelknauf / Jochknauf vergesellschaftet sind – zeigen eine bemerkenswerte Variationsbreite bei den Durchmessern und Wölbungen. Sie wurden mittels eines Nagels befestigt, der vergoldet oder gar mit einer aufwendig konstruierten Unterlegscheibe kombiniert war. Zusätzlich konnten sie mit einer Manschette aus Gold, Leder oder Holz ummantelt sein. So schützten sie vor allem den Bodenholm des D-förmigen Wagenkorbes, etwa unserer Stoßstange vergleichbar[24].

Q 19
Jochnagel

Bronze. Länge 4,23 cm, Durchmesser der Scheibe 1,20 cm, Gewicht 9,5 g. FZN 1984/0307, IN 0249[25]

Abguss des Originals in Kunstharz

Jochknäufe wurden auf zweierlei Weise am Joch befestigt: Sie konnten auf einen Holzzapfen aufgesteckt und verklebt werden, oder sie wurden mit einem

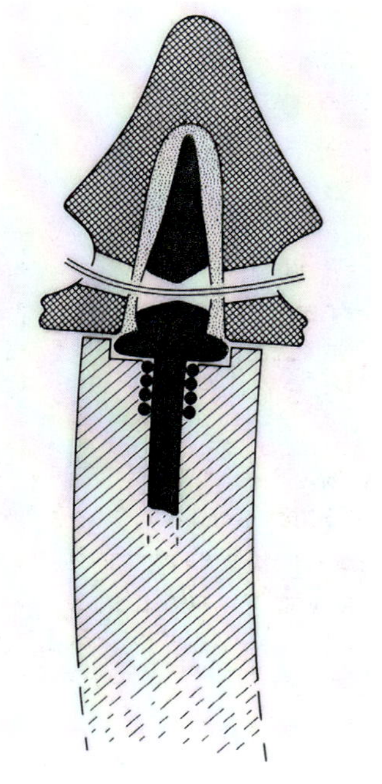

Q 19

Spezialnagel gesichert, der die Verbindung zwischen Joch und Knauf herstellte. Zwei dieser außergewöhnlichen Stücke wurden aus den Werkstätten der Streitwagengarnison geborgen, von denen das besser erhaltene Exemplar hier ausgestellt ist, das durch seine simple, doch hoch effektive Technologie besticht.

Der Nagel selbst ist in einem Stück massiv gegossen, wobei sowohl sein Kopf als auch die Anschlagscheibe als auch der Schaft im Querschnitt rund sind. Die Kontur des Nagelkopfes, die vielleicht als „entenschnabelförmig" bezeichnet werden darf, entspricht als Positiv dem Negativ der Jochknaufbohrung. Im verdickten Teil des Kopfes sitzt ein bikonisches, quer zur Längsachse des Nagels verlaufendes Loch, an dem keine Bohrspuren festgestellt werden konnten. Dieses Loch korrespondiert mit zwei Querbohrungen im Jochknauf (Q 7) und diente zur Aufnahme eines Splintes. Unterhalb des Anschlagringes ist der Nagelschaft mit einem Draht umwickelt, der durch seine Spannung und Riefelung, einem Sprengring ähnlich, zusammen mit einem Klebemittel den sicheren Sitz des Nagels in der Stirnseite des Jochendes garantierte. Zusätzlich zu dem Splint wurde sicherlich noch ein Klebemittel oder Kitt eingesetzt, um ein Wackeln des Knaufes zu verhindern.

Der Montageablauf ist dabei so vorzustellen, dass zunächst das Jochende kreisförmig eingetieft wurde, um den Anschlagring aufnehmen zu können, der bei einem Schlag von außen das Spleißen des Holzes verhindern sollte; sodann wurde es angebohrt und der Nagel mit „Federdraht" und Klebemittel eingeschlagen. Auf diese mehrfach gesicherte Konstruktion setzte man dann den mit einem Kitt ausgeschmierten Jochknauf und führte anschließend den Splint ein, der abschließend umgebogen wurde.

Q 20
Jochknaufnagel

Bronze. Länge 6,00+x cm, Durchmesser Kopf 1,90 cm, Gewicht 18+x g
FZN 1984/0984, IN 0424[26]

Abguss vom Original in Kunstharz

Durch die Funde von Jochgabelknäufen, in denen die Jochnägel noch steckten, können wir – in Verbindung mit den Streitwagen des Tutanchamun – den Befestigungsmechanismus der Knäufe auf den Gabeln auch für die Werkstätten der Ramses-Stadt erschließen: Die Jochgabelknäufe wurden auf die Zapfen der Jochgabelschäfte aufgesteckt und sodann mit Nägeln einer Länge von ca. 15 - 20 cm gesichert, indem sie durch den Schaft und die eigentliche Gabel hindurchgetrieben und anschließend umgeschlagen wurden.

Es steht zu vermuten, dass die Hölzer vorgebohrt wurden, um Spleißen oder Splittern zu vermeiden. Dies dürfte besonders vor dem Hintergrund zutreffen, dass die eigentliche Gabel unter Nutzung von heißem Wasser bzw. Dampf in einem aufwändigen Verfahren gebogen werden musste.

Q 20

Unterleg- und Zierscheiben, wie sie z.B. von den Wagen des Tutanchamun bekannt sind, können hinzutreten, sind bisher in der Ramses-Stadt allerdings nicht gefunden worden. Die Deutung des ausgestellten Nagels als Spezialnagel zur Befestigung eines Jochgabelknaufes beruht auf der Länge des runden Schaftes (Durchmesser 0,6 cm gleichbleibend) und der Ausprägung des Nagelkopfes. Außer diesem Nagel dürfen möglicherweise weitere Nagelschäfte so gedeutet werden; Sicherheit ist allerdings in keinem der Fälle zu erzielen.

Q 21
Nabenkappe

Bronze. Gewicht 310g, Länge 16,0 cm, Durchmesser 6,0 – 8,0 cm
FZN 1986/0280a, IN 0459[27]

Abguss des Originals in Kunstharz

Q 21

Die Nabenkappe, ein für den gesamten Vorderen Orient bisher einmaliges Objekt, fand sich wie das Trensenpaar (Q 21) hinter einem der Haupttore, das die Zufahrt zum Exerzierhof der Streitwagengarnison ermöglichte.
Sie besteht aus einer konischen Hülse, die aus einem einzigen Blech gelötet wurde. Ein separat gegossener und angelöteter Ring von ca. 4 - 7 mm Stärke verhinderte, dass der aus Bronze bestehende Achsnagel[28] die aufwendig konstruierte und daher kostbare Radnabe während der Fahrt abraspelte, denn die Kappe wurde auf die konische Nabe aufgeschoben und wohl durch die Spannung gehalten.

Wir haben es hier also mit einem Austausch- bzw. Ersatzteil zu tun: Nachdem der Außenring so dünn geworden war, dass der Achsnagel sich bei weiterer Nutzung in die hölzerne Radnabe einschneiden würde, konnte entweder die gesamte Kappe ausgetauscht oder zumindest der Verstärkungsring ersetzt werden. Dabei diente die Nabenkappe nicht nur dem Schutz der zusammengesetzten Nabe, sondern auch der Sicherheit der Wagenbesatzung. Könnte sich der Achsnagel in die Nabe einschneiden, so würde dies vermutlich nicht nur zu einem starken Reibungs- und Geschwindigkeitsverlust, sondern in manchen Fällen sogar durch Blockieren des Rades zu einem Unfall führen, der bei immerhin rund 30 km/h in unebenem Gelände fatale Folgen für die Besatzung aus zwei Mann gehabt hätte.

Ähnliche Schutzmechanismen sind auch an anderen ägyptischen Streitwagen zu beobachten. Sie bestehen allerdings nur aus einer dünnen Holzmanschette (z. B. Florenz, Archäologisches Museum), die über die Nabe hinausragte und natürlich ebenfalls ausgewechselt werden konnte. Ob mit der bronzenen Kappe der Schutz für einen besonders wertvollen Wagen vorliegt, oder ob es sich hier um eine technologische Entwicklung handelt, mag dahin gestellt sein, stammen doch die anderen Wagen aus der 18. Dynastie, die Nabenkappe aus Qantir der 19. Dynastie und der Regierungszeit Ramses' II.

12 Durchmesserangaben immer in der Reihenfolge Krempe/Basisplatte; Q7: Herold (2003b) Kat.-Nr. 191; Q8: Herold (2003b) Kat.-Nr. 205; Q9: Herold (2003b) Kat.-Nr. 207.
13 Q10: Herold (2003b) Kat.-Nr. 003; Q11: Herold (2003b) Kat.-Nr. 008; Q12: Herold (2003b) Kat.-Nr. 178; überarbeitete Basisplatte; Q13: Herold (2003b) Kat.-Nr. 179, überarbeitetes Unterteil; Q14: Herold (2003b) Kat.-Nr. 180; Q15: Herold (2003b) Kat.-Nr. 028; Q16: Herold (2003b) Kat.-Nr. 031.
14 Herold (2003b) Kat.-Nr. 216, in der Ausstellung in zwei Exemplaren zu sehen, um Ober- und Unterseite zu zeigen.
15 Herold (2003b) Kat.-Nr. 234.
16 Siehe hierzu auch die Abb. 1 im Beitrag von A. Herold in diesem Band.
17 Siehe Herold (2003b) Anhang: Mit Feuer und Wasser – Zum Nachbau eines altägyptischen Streitwagens; Schmitz, 2002a und Schmitz (2002b).
18 Für eine umfassende Darstellung und Auswertung dieser Applikationen im Gesamtkontext von Pferd und Wagen siehe Herold (2003b) wo außer den Objekten aus dem Projekt Ramses-Stadt weitere 31 Stücke aus der Gesamtregion Qantir, 42 aus Theben, 54 aus Amarna, 11 von anderen Fundorten in Ägypten, 26 aus Beit Schan, 21 aus Syrien/Palästina und 2 Stücke aus Hasanlu ausführlich vorgestellt werden; zu den Bronzen vgl. auch Herold (1999) alles jeweils mit weiterführender Literatur.
19 Siehe dazu Herold (2003b) Abb. 1, Nr. 4-6 und hier Herold, Abb. 1, Nr. 8.
20 Herold (2003b) T42.
21 Siehe dazu Herold (2003b) Kap. 3.4.1.1 Formgebung, mit sehr differenzierter Diskussion.
22 Siehe dazu Herold (2003b) Kap. 7.2 Jochknäufe.
23 Siehe dazu Herold (2003b) Kap. 7.1 Jochgabelknäufe.
24 Siehe dazu Herold (2003b) Kap. 7.3 Abschlussscheiben.
25 Herold, 1999, 40, Abb. 13, Kap. 3.6.2 Nägel für Jochknäufe, T. 22b (Zeichnung) / T. 22c (Photo), T. 65 (Farbphoto).
26 Herold (1999) 38-40, besonders 39, Kap. 3.6.1 Nägel für Jochgabelknäufe und Abschlussscheiben, Abb. 11-12, T. 20a (unrestaurierter Nagel in Jochgabelknauf), T.20b (Zeichnung), T. 20c (Photo); dort auch weitere Literatur.
27 Zu einer ausführlichen Beschreibung und Wertung s. Herold (1999) 26-30 mit weiterer Literatur.
28 Siehe z.B. den Achsnagel aus Qantir bei Herold (1999) 29 Abb. 8, 31-35, T.18 und 66.

Q 22

Q 22
Trensenpaar

Bronze. Gewicht 424g bzw. 398g
FZN 1986/0281A und B, IN 0476[29]

Abgüsse der Originale in Kunstharz

Gemeinsam mit der Nabenkappe (Q 22) bildete das Trensenpaar einen zusammenhängenden Fundkomplex, dem außerdem knöcherne Pfeilspitzen und in ihrer Funktion nicht identifizierbare Bronzeteile angehören, die vermutlich als Beschläge eines Wagenkastens verwendet wurden. Der Gesamtkomplex – bedeckt von Ziegelversturz aus luftgetrockneten Nilschlammziegeln – wurde aufliegend auf einem Fußboden (?) im toten Winkel eines großen Tores gefunden, das einen der Zugänge zu dem Exerzierhof der Streitwagengarnison bildete. Das Trensenpaar hat eine nahezu exakte Parallele in dem ebenfalls aus der Ramses-Stadt stammenden Trensenpaar Kat.-Nr. 98a-b[30], dessen genauer Fundort in Qantir jedoch nicht bekannt ist.

Die nach der Restaurierung voll funktionsfähigen Trensen bestehen aus gegossenen, ineinander eingehakten und unter Schmieden tordierten Vierkantdrähten, die die gebrochenen Gebissstangen bilden. Die in einem Stück gegossenen Plattenknebel, jeweils mit einer D-förmigen Gravur auf der Innenseite und Zierrillen außen versehen, wurden aufgeschoben, bevor die Enden der Vierkante flach ausgeschlagen und zu D-förmigen Ösen gebogen wurden, wobei anschließend die äußersten Drahtenden – wiederum unter Schmieden – um die Gebissstangen gewickelt wurden. Auf diese sehr effektive Weise wurden potentielle Bruchstellen nachhaltig vermieden und das Abrutschen der frei beweglichen Plattenknebel verhindert.

29 Zu einer ausführlichen Beschreibung und Wertung s. Herold (1999) 18-23 mit weiterer Literatur.
30 PM 6478 und PM 6479; s. Herold (1999) 167-170.

Hieb- und Stichwaffen der Streitwagenbesatzung

Q 23
Dolch

Bronze. Länge 32,7 cm, Gewicht 264g
FZN 1984/0640, IN 0247[31]

Q 24
Dolch

Bronze. Länge 34,2 cm, Gewicht 214g
FZN 1987/1433, IN 0480[32]

Abgüsse der Originale in Kunstharz

Q 23-24

Zur offensiven Bewaffnung der aus zwei Personen bestehenden Streitwagenbesatzung, die arbeitsteilig als Fahrer und Kämpfer wirkten und sich sicherlich in diesen Funktionen abwechselten, gehörten außer dem Bogen, einem mit Pfeilen gefüllten Köcher und einem Wurfspieß bzw. einer Lanze auch ein Dolch bzw. Kurzschwert[33].

Insgesamt drei Dolche bzw. Kurzschwerter wurden außer verschiedenen Messern bisher in der Ramses-Stadt unter kontrollierten Bedingungen geborgen. Gemeinsam ist ihnen, dass sie in einem Stück gegossen wurden und dass die Griffe mit Holz eingelegt waren. Während Q 23 und Q 24 vollständig sind, war das hier nicht ausgestellte Exemplar intentional zerbrochen worden, um es wieder einzuschmelzen, wobei die einzig vorhandenen Klingenteile aufeinander korrodierten, sich aber nach dem Restaurieren zu einer Klingenlänge von mindestens 34+x cm rekonstruieren ließen.

Die hier vertretenen Dolche unterscheiden sich in den Ausformungen ihrer Griffe und den Klingenlängen. Während der Griff von Q 23 offen gestaltet ist und einst mit Ebenholz eingelegt war, wurden überstehende Bleche bei Q 24 nach innen umgeschlagen, um die Griffeinlagen zusätzlich zur Klebung zu sichern. Die Klingenlängen betragen 21,4 cm bzw. 23,2 cm (Q 23/Q 24). Zusätzlich weist die Klinge von Q 23 Rillen auf, die parallel zum Heft eingraviert wurden. Bei diesem Dolch wurde außerdem das Zeichen für *Macht, Kraft* =  auf einer Seite eingraviert. Dieses könnte ein Hinweis auf das königliche Waffenarsenal sein, das mit demselben Begriff bezeichnet wurde. Es sei nicht verschwiegen, dass ein Spezialgeschoss unmittelbar vor dem Schäftungsdorn zweimal die gravierte Beschriftung *kraftreich* aufweist, wie wir seit dem Herbst 2003 wissen.

Beide Dolche müssen nach dem derzeitigen Stand der Auswertung einer gemeinsamen Schicht zugewiesen werden, die zum frühesten Nutzungsabschnitt der Streitwagengarnison gehört: der Dolch Q 23 lag auf Sand auf und entstammt dem Norden des Exerzierplatzes[34], der Dolch Q 24 befand sich rund 28 m südwestlich davon[35] in identischem Sediment.

Als effektiven Schutz gegen diese Hiebwaffen trug die Wagenbesatzung an Defensivwaffen einen Schild (vgl. Q 1 - Q 6) sowie Schuppenpanzer und Lederhelme, die ebenfalls mit Schuppen besetzt sein konnten. An Panzerschuppen konnten in Qantir Exemplare aus Bronze – offensichtlich unterschiedlicher Provenienz und aus verschiedenen Teilen des Panzers – nebst solchen festgestellt werden, die aus Knochen, ja sogar aus Keramik – mal weiß glasiert zur Imitation von Silber, mal gelb zur Imitation von Gold glasiert – gefertigt wurden[36]. Als Besonderheit ist eine einzelne Schuppe eines mykenischen Eberzahnhelmes anzuführen, die vermutlich aus dem Wangenschutz stammt[37] und auf die Anwesenheit mykenischer Krieger deutet, wie sie bereits in der Amarna-Zeit auf einem Papyrus dargestellt sind[38].

31 Vgl. Pusch (1993) 134, Abb. 132, zweiter von oben.
32 Vgl. Pusch (1993) 134 Abb. 132, oben.
33 Die Terminologie dieser Begriffe ist bisher nicht einheitlich festgeschrieben; vgl. dazu Herold, in Vorber., besonders Anm. 77. Für die freundliche Überlassung des Manuskriptes in einer ersten Version danke ich herzlich.
34 Planquadrat Q I-ax/4.5.
35 Planquadrat Q I-b/3.
36 S. Pusch (1993) 135, Abb. 134; dort einmal fälschlicherweise als „rote Glasur" bezeichnet.
37 S. Pusch (1993) 135, Abb. 134, untere Reihe, links außen.
38 Parkinson / Schofield (1995).

Pfeil- und Speerspitzen

Q 25
Speerspitze

Bronze. Länge 12,5 cm, Gewicht 17,5g
FZN 1983/0842,01, IN 0408[39]

Q 26
Speerspitze

Bronze. Länge 13,7 cm, Gewicht 15g
FZN 1983/0842,02, IN 0409,01

Q 27
Speerspitze

Bronze. Länge 11,1+x cm, Gewicht 14g
FZN 1983/0842,03, IN 0409,02

Q 28
Pfeilspitze

Bronze. Länge 7,5 cm, Gewicht 4g
FZN 1983/0842,05, IN 0407,02[40]

Q 29
Speerspitze

Bronze. Länge 12,2 cm, Gewicht 22g
FZN 1984/0743b,01, IN 0258

Q 30
Speerspitze

Bronze. Länge 11,4 cm, Gewicht 21g
FZN 1984/0743b,02, IN 0258

Q 31
Speerspitze

Bronze. Länge 11,4 cm, Gewicht 23g
FZN 1984/0743c, IN 0258[41]

Q 32
Pfeilspitze

Bronze. Länge 7,3 cm, Gewicht 8g
FZN 1988/0976, IN 2930

Q 33
Pfeilspitze

Bronze. Länge 5,2(+x?), Gewicht 4g
FZN 1983/1017, IN 0405

Q 34
Speerspitze

Bronze. Länge 9,9 cm, Gewicht 8g
FZN 1983/1124, IN 0402

Q 35
Pfeilspitze

Bronze. Länge 2,9 cm, Gewicht 1g
FZN 1984/0408, IN 0250

Q 36
Pfeilspitze

Bronze. Länge 10,2 cm, Gewicht 6g
FZN 1984/0463,01, IN 0251[42]

Abgüsse von den Originalen in Kunstharz

Q 25-28

Q 29-31

Rund 250 Geschossspitzen oder deren Teile fanden sich allein im Grabungsplatz Q I, der die Streitwagengarnison enthält, die aus einem Exerzierhof und ausgedehnten Werkstätten besteht, die durch eine Straße voneinander getrennt sind. An Rohstoffen wurden bei der Geschossfabrikation außer Bronze auch Knochen und verschiedene Gesteine gezielt eingesetzt.

Für die Knochenspitzen kann der gesamte Produktionsablauf mit Abfällen von Haus- und Wildtierknochen über Halbzeuge verschiedener Produktionsstadien bis hin zum fertigen Produkt[43] einschließlich der eingesetzten Werkzeuge dargestellt werden. Bei den bifacial retuschierten Steinspitzen sind verschiedene Gesteinssorten nachzuweisen: bläulich schimmernder Chalzedon, Flintknollen und Plattenhornstein, der dem Wadi el-Scheich entstammen dürfte[44]. Alle Geschosstypen und Rohstoffe sind miteinander vergesellschaftet und wurden – je nach Funktion – zeitgleich eingesetzt.

Exemplarisch sind hier zwei Geschoss-Ensembles und mehrere Einzelfunde aus Bronze vertreten, die im

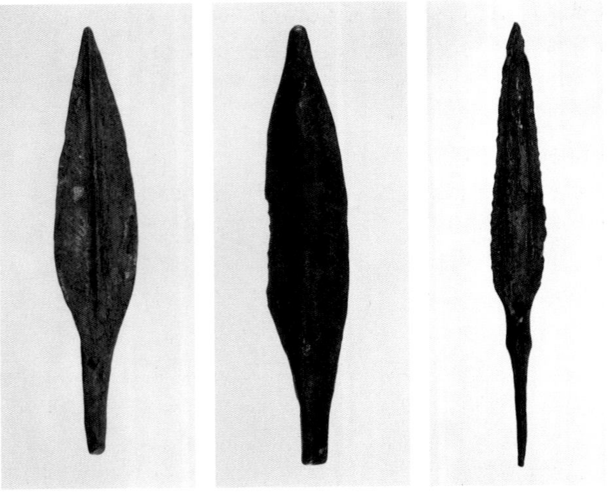

Q 32-34

Wesentlichen verschiedenen, zeitlich dicht aufeinander folgenden Schichten der Werkstätten entstammen. Immer wieder war festzustellen, dass sie einem Recycling-Prozess unterworfen werden sollten, traten sie doch in Verbindung mit verbogenen und gefalteten Bronzeobjekten aller Art auf.

Die Gemeinsamkeit von Speer- und Pfeilspitzen erklärt sich aus der Streitwagenbewaffnung, zu der ein pfeilgefüllter Köcher und Speere bzw. Wurfspieße gehörten. Neben dieser Normbewaffnung springen Spezialgeschosse aller Art ins Auge (Q 37 - Q 40 und Q 41 - Q 45).

Die überwiegende Zahl der Pfeilspitzen ist recht gleichförmig: Ihr Blatt ist spitz oval mit einem sehr flachen Querschnitt; es kann (Q 32), muss aber keineswegs eine gerundete Mittelrippe besitzen (Q 28, Q 33, Q 36); der Schäftungsdorn ist häufig vierkantig (Q 36), seltener rund (Q 32). Als Herstellungsverfahren lassen sich Gießen mit anschließendem Schmieden und Schleifen oder das Ausschmieden aus einem dickeren Blech mit weiteren Bearbeitungsvorgängen nachweisen. Von diesem häufigen Grundtyp hebt sich eine kleine Dreiecksspitze mit breiter, flacher Mittelrippe ab, die gegossen und geschmiedet wurde (Q 35).

Auch die als Speerspitzen bezeichneten Bronzen unterscheiden sich im Wesentlichen nur in Details. Im Ensemble 1983/0842 sind zwei lang gestreckt bis spitz ovale Spitzen enthalten, deren Blatt ohne Versprung in den quergelagerten, vierkantigen Schäftungsdorn übergeht (Q 26, Q 27). Sie haben ebenso eine flachbreite Mittelrippe wie Q 25 und auch das Einzelstück Q 34, deren Blatt allerdings bei leicht gewölbten Schneiden dreieckig ist und über einen Versprung in den Dorn mündet. Alle drei wurden gegossen und geschmiedet.

Dies gilt auch für das Ensemble 1984/0743. Die ursprünglich zusammenkorrodierten Speerspitzen Q 29 und Q 30 dürfen als identisch bezeichnet werden: sie haben ein schlankes, dreieckiges Blatt mit geraden Schneiden und gewölbter Mittelrippe, deren Flügel gerundet in den quergestellten Dorn übergehen. Die Spitze Q 31 weist im Gegensatz dazu gewölbte Schneiden, eine gerundete Mittelrippe und einen flach liegenden Schäftungsdorn auf.

39 Alle Gewichtsangaben sind als Näherungswerte aufzufassen, da einige von ihnen nur einseitig von der Korrosion befreit werden konnten.
40 Außerdem gehören drei weitere Pfeilspitzen dieses Typs zum Ensemble: 1983/0842,04, L. 7,2 cm; 1983/0842,06, L. 7,1 cm; 1983/0842,07: L. 7,0 cm.
41 Auch zu diesem Ensemble gehört eine Pfeilspitze, die im Typ denen des Komplexes 1983/0842 entspricht: 1984/0743a: L. 7,3 cm; außerdem waren mit den Waffen drei vergoldete Bronzeknöpfe vergesellschaftet, die als Beschläge der Streitwagen oder des Zaumzeuges verwendet wurden: 1984/0743d,01-03: Ø ca. 0,5-0,3; vgl. dazu das Formspektrum der Knöpfe Herold (1999) T. 24-28, T. 63-64.
42 Alle Längenangaben einschließlich der Schäftungsdorne.
43 Siehe z.B. Pusch (1993) 135 Abb. 133 obere Reihe rechts. Vergleichbare Stücke sind einschließlich der Schäfte aus dem Grab des Tutanchamun bekannt; vgl. dazu McLeod (1970) und McLeod (1982).
44 Siehe z. B. Pusch (1993) 135 Abb. 133 untere Reihe.

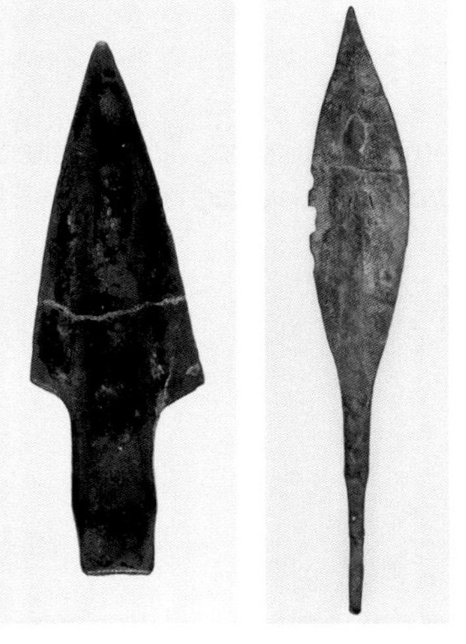

Q 35-36

Spezialgeschosse

Q 37
Bolzengeschoss

Bronze. Länge 5,5 cm, Gewicht 11g
FZN 1983/0507, IN 0400[45]

Q 38
Schraubenförmige Spitze

Bronze. Länge x+7,15+y cm, Gewicht 15+x g
FZN 1983/0907,08, IN 0406[46]

Q 39
Spitze für die Vogeljagd

Bronze. Länge 4,2 cm, Gewicht 8g
FZN 1983/0961, IN 0420

Q 40
Pfeilspitze

Bronze. Länge 7,6(+x?) cm, Gewicht 6g
FZN 1984/0461, IN 0256

Abgüsse von den Originalen in Kunstharz

Q 37-39

Aus denselben Schichten und Fundsituationen stammend wie die häufigeren Geschossspitzen, zeigen die so genannten „Spezialgeschosse" eine erhebliche Variationsbreite. Sie kommen meist als Einzelstücke, aber auch als Ensemble (Q 41 - Q 45) vor; nur einige wenige können hier vorgestellt und angesprochen werden.

Rund 15 Spitzen des bolzenförmigen Typs – etwa Q 37 entsprechend, die unmittelbar an Armbrustbolzen erinnert – sind im Fundaufkommen enthalten. Der Geschosskopf ist massiv und wohl in einem Stück mit dem Schäftungsdorn gegossen. Hier im Querschnitt vierkantig mit einer gleich bleibenden Kantenlänge von 0,8 cm sind die meisten anderen schlanker und erheblich leichter. Dennoch gehören sie alle in die Kategorie panzerbrechend. Mit ihrer erheblichen Durchschlagskraft, die insbesondere dann erzielt wurde, wenn das Projektil mit einem Kompositbogen (Kat. Nrn.101, 102) abgeschossen wurde, dürften sie eine Panzerung auch dann mühelos durchschlagen haben, wenn sie nicht nur aus einem dicken Lederhemd bestand, sondern zusätzlich mit bronzenen Schuppen bedeckt war.

Auf andere Weise wirkte die Spitze Q 38: ursprünglich von erheblicher Länge, die mit ca. 14 cm rekonstruiert werden darf, weist sie vier Schneiden auf, die sich in lang gestreckten, unterschnittenen Windungen schraubenförmig um die Längsachse des Geschosskörpers winden. In einem Stück gegossen, wurden die Schneiden des massiven Körpers sicherlich geschliffen. Zwei Wirkungen dürfte die Schraubenform gehabt haben: zum einen wurde im Flug wahrscheinlich eine Rotation erzielt, wohl durch Fiederung verstärkt, welche die Bahn stabilisierte, zum anderen bohrte sich das Geschoss nicht nur, es schraubte sich im wahrsten Sinn des Wortes in sein Ziel hinein. Von daher möchte ich auch diese Spitze den panzerbrechenden zurechnen.

Während die Spitze Q 38 „glatt" in ihr Opfer eindrang, riss die hier nicht ausgestellte Spitze FZN 1986/0032[47] eine verheerende Wunde: Das sehr lang gestreckte Projektil[48] hat nämlich bei grundsätzlich vierkantigem Querschnitt, dessen Flächen konkav gewölbt sind, nicht nur vier geradlinig verlaufende Schneiden auf der Länge seines Körpers, seine Spitze ist zusätzlich mit Blechstreifen belegt. Diese müssen beim Auftreffen auf den Körper oder kurz danach von dem massiven Geschosskern auseinander getrieben worden sein, so dass eine schrapnellähnliche Wirkung erzielt wurde, wie dies auch bei Dumdum-Geschossen der Fall ist. War die Auswirkung sicherlich beabsichtigt, so bleibt offen, ob das Projektil im Kampf oder bei der Jagd eingesetzt wurde.

Letzteres war bei Q 39 der Fall. Die im Querschnitt runde, vorne abgeflachte Spitze[49] aus massiver Bronze diente dem Vogelfang, wie allgemein angenommen wird[50]. Sie sollte im Gegensatz zu den anderen Projektilen nicht in das Ziel eindringen – die bisher aufgeführten Exemplare würden einen Vogel vollkommen durchschlagen – sondern durch Schock töten, zumindest aber betäuben.

Q 40

Tief eindringen sollten hingegen die beiden – nicht ausgestellten – schlanken, lang gestreckten, schlicht vierkantigen Geschossspitzen FZN 1986/0119[51] und 1986/0120[52], die im Fundzusammenhang mit einem Plattenknebel geborgen wurden[53]. Das Zusammenfalten des Knebels, die Verbiegung der einen und die Unvollständigkeit der anderen Spitze zeigen, dass die Objekte für einen Recyclingprozess vorgesehen waren. Auch sie rechne ich, einmalig wie sie zumindest für die Ramses-Stadt bisher sind, zu den Spezialgeschossen.

Die Spitze Q 40 wird zwar als „Pfeilspitze" bezeichnet, da ihre Flügel denen der mehr oder minder gestreckten ovalen Pfeilspitzen ähnelt, doch zeigt sie Besonderheiten: das symmetrisch spitz-ovale Blatt geht nicht direkt in einen Schäftungsdorn über, vielmehr erstreckt sich von dem Blatt und einer flachen Mittelrippe ausgehend zunächst ein gerundeter Vierkant, der 2/5 der Spitzenlänge einnimmt, bevor er über einen Versprung in den im Schaft sitzenden Dorn einmündet. Auch bei dieser Projektilspitze muss letztlich offen bleiben, ob sie bei der Jagd oder im Kriegswesen verwendet wurde.

45 Pusch (1993) 135 Abb. 134 oben links.
46 Das gesamte Ensemble umfasst außerdem drei weitere Spezialgeschosse in Form von schlankeren Bolzen (,01-03), diverse Vierkante (,04-07 und ,10), das Fragment eines potentiellen Stangenbarrens (,09), sowie Gussabfall und ein Blech (,11-13).
47 Ein weiteres Exemplar dieses Typs: FZN 1984/0683.
48 Pusch (1993) 135 Abb. 134, zweites Geschoss von oben; L. 15,3 cm, Gewicht 18g, IN 2917.
49 Der maximale Durchmesser beträgt 4,2 cm; das Gewicht des Kopfes selbst ohne den Schäftungsdorn lässt sich an FZN 1984/0214 mit 7g ablesen (max. Ø: 9,5 cm).
50 Hoffmeier (2001) 409.
51 Siehe Herold (1999) 24, T. 11a; L. 14,4 cm (zeichnerisch rekonstruiert), Gewicht 13g.
52 Siehe Herold (1999) 24, T. 11b; L. 9,3+x cm; Gewicht 7g.
53 FZN 1986/0118: Siehe Herold (1999) 24-25, T. 10c-d, T. 12-13.

Ensemble aus Spezialgeschossen

Q 41
Harpune

Bronze. Länge 13,3 cm, Gewicht 19g
FZN 1984/0491a, IN 0254[54]

Q 42
Harpune

Bronze. Länge 12,3+x cm, Gewicht 17g
FZN 1984/0494a, IN 0255

Q 43
Spezialgeschoss in Bolzenform

Bronze. Länge 10,7 cm, Gewicht 16g
FZN 1984/9493, IN 0253

Abgüsse der Originale aus Kunstharz

Q 41-43

Q 44-45

Q 44
Spezialgeschoss mit zwei beweglichen Widerhaken

Bronze. Länge 8,5 cm, Gewicht 9g
FZN 1984/0492, IN 0252

Q 45
Spezialgeschoss mit geschweifter Kontur

Bronze. Länge 9,7 cm, Gewicht 8g
FZN 1984/0494b, IN 0255

Abgüsse der Originale aus Kunstharz

Zu der Streitwagengarnison des Grabungsplatzes Q I gehört nicht nur ein weitläufiger Hof, der von uns als Exerzierplatz aufgefasst wird. Südlich von ihm befinden sich ausgedehnte Werkstätten, in denen in Form einer „Assembly-line“ sowohl Streitwagen hergestellt und repariert als auch deren Ausrüstung gefertigt wurden. An verarbeiteten Rohstoffen sind Metalle wie Kupfer, Bronze, Gold und Silber, Gesteine unterschiedlicher Varietäten wie Kalkstein, Chalzedon, Achate, Calcit-Alabaster, Marmor sowie Tierknochen erhalten. Die Ver- und Bearbeitung organischer Stoffe wie Holz, Leder, Stroh, Schilf usw. lässt sich nur aus entsprechendem Werkzeug erschließen, da sie vollständig vergangen sind, oder es sind z.B. nur die Geschossspitzen von Pfeilen, Lanzen und Speeren auf uns gekommen. Einen Sonderfall dieser Gruppierung stellt das vorliegende Ensemble dar.

In einem der Werkstatträume fand sich unmittelbar hinter der Türschwelle in einem toten Winkel – der Innenraum liegt tiefer als der Außenbereich – ein Leinensäckchen, das die angeführten Geschossspitzen enthielt. Während sich das Säckchen nur noch als gelblich-braune Verfärbung im verstürzten Lehm der Mauer abzeichnete, sind die Geschossspitzen zwar stark korrodiert, sonst aber gut erhalten. Mit Ausnahme der beiden Harpunen sind sie im gesamten Mittelmeerraum m. W. bisher einmalig.

Die beiden nahezu identischen Harpunen Q 41 und Q 42 wurden in einem Stück gegossen, haben eine dicke Mittelrippe und wohl zur Versicherung im Schaft eine heftartige Verstärkung. Ihre Zacken wurden möglicherweise ausgesägt, zumindest aber durch Feilen und Schleifen nachgearbeitet.

Wesentlich komplizierter ist das panzerbrechende Geschoss in Bolzenform Q 43 aufgebaut. Auch sein Körper wurde in einem Stück gegossen, wobei der Körper im Querschnitt einen viergratigen Stern mit entsprechenden Schneiden aufweist. In die Unterkanten der vier Grate wurde je ein abklappbarer Widerhaken eingesetzt, der aus einem schlichten, an der Außenseite geschärften Dorn besteht. Der übrige Körper des Bolzens ist im Querschnitt rund.

Ähnlich komplex ist die Geschossspitze mit zwei abklappbaren Widerhaken Q 44 zusammengesetzt: Wiederum besteht der Körper aus massiver Bronze mit einer starken, gerundeten Mittelrippe, die in einen ebenfalls gerundeten unteren Abschnitt übergeht, während von der Spitze zwei außen geschärfte Flügel ausgehen, die eine Dreiecksspitze bilden. Von unten sind auch hier in beide Flügel getrennt gearbeitete, bewegliche Widerhaken eingesetzt. Während ihre außen liegenden Schneiden die Kontur der Flügel verlängern, sind sie – ähnlich den Harpunen – auf der Innenseite gezähnt. Diese Zähnung wurde mit großer Wahrscheinlichkeit durch Sägen, Feilen und Schleifen gewonnen.

Das letzte Spezialgeschoss Q 45 ist zwar nicht so aufwändig montiert, jedoch ebenfalls für Ägypten einmalig. Es wurde in einem Stück gegossen und erlaubt die Beobachtung von vier Abschnitten: Ein flach gerundeter Zentralteil erstreckt sich über die ersten beiden Abschnitte; die Spitze selbst hat eine geschweifte Kontur, von deren unterem Ende, in Höhe eines ersten Absatzes, zwei nicht bewegliche, geschweifte Widerhaken ausgehen, die sich längs des zweiten Abschnittes erstrecken. Über einen weiteren Versprung, der zu einem nochmals geringeren Durchmesser führt, geht der Körper in den dritten Abschnitt über, der mit einem letzten Versprung in den eigentlichen, vierkantigen Spitzenschaft mündet. Dieser Schäftungsdorn wurde an allen Kanten mehrfach durch Hiebe gekerbt, um zusammen mit einem Klebemittel und einer zusätzlichen Wicklung von außen das Herausrutschen der Geschossspitze aus dem wohl hölzernen Schaft zu verhindern. Die selbe Kerbtechnik ist auch bei allen anderen Spitzen des Ensembles zu beobachten. Reste des Klebemittels waren nicht festzustellen. Auch fehlten Holz- oder Pflanzenfasern innerhalb der Korrosion, die eine Materialbestimmung erlaubt hätten.

So müssen wir uns zur Funktionsbestimmung mit den Konturen und der Technologie der Projektile bescheiden. Während für die beiden als Harpunen bezeichneten Spitzen am ehesten der Fischfang in Frage kommt, obwohl keine Ösen für eine Rückholschnur vorhanden sind, bleibt die Funktion der anderen zumindest zweideutig: einerseits könnten sie der Jagd allgemein, und damit auch dem Fischfang, zugewiesen werden; andererseits ist durchaus auch an Kriegsgerät zu denken[55]. Das panzerbrechende, bolzenförmige Geschoss mit vier Widerhaken hat fraglos eine gewaltige Durchschlagskraft besessen, die bei der Jagd, auf welche Fauna auch immer, kaum von Nöten ist. Doch dürfte eben diese Durchschlagskraft ausreichen, um im Kampf ein Panzerhemd (s. dazu Q 23 - Q 24) zu durchbrechen, wobei die Widerhaken ein Entfernen nicht nur erschweren, sondern im Falle des erfolgreichen Entfernens eine stark blutende Wunde reißen. Außerdem wären die Widerhaken zumindest teilweise aus dem Geschoss gelöst worden und im Körper des Opfers verblieben. Diese Argumente gelten auch für die übrigen beiden Projektile in nur geringfügig veränderter Form.

54 Ursprünglich mit ankorrodiertem Blech (1984/0491b).
55 Vgl. Pusch (1993) 134 und Abb. 132, wo ich ausschließlich Fischfang als Funktion anführe.

Q 46

Q 46
Keilschrifttafel aus dem Archiv Ramses' II.

Ton, gebrannt. Höhe x+4,96 +y cm, Breite x+4,95 cm, Dicke 2,0+x cm
FZN 2003/0260, IN 2801

Abguss vom Original in Gips

Groß war die Überraschung, als am 30. August 2003 das Fragment einer lange erhofften Keilschrifttafel gefunden wurde, das als „Der Zipfel des diplomatischen Archivs Ramses' II."[56] bezeichnet werden kann. Unabweisbar lag es nicht in der Schicht, in die es einst gehörte, sondern in tertiärer Position: außerhalb des Nutzungskontextes und außerhalb der Nutzungsschicht unmittelbar neben einem Ofen zur Herstellung von Rohglas und nur etwa 30 cm innerhalb des angemieteten Grabungsplatzes. Vermutlich datiert diese Schicht in die 20. Dynastie, wie erste Beobachtungen an der Keramik nahe legen[57]. Kaum ein Zweifel kann daran aufkommen, dass die Tafel in die Zeit Ramses' II. zu setzen ist, seinem diplomatischen Archiv entstammt und in Ḫattuša, der Hauptstadt des Hethiter-Reiches, abgefasst wurde.

Ob die Tafel ursprünglich dem Kontext des im Grabungsplatz Q VII enthaltenen Gebäudes entstammt, das auf einer Plattform errichtet worden war, muss zunächst offen bleiben. Sie lag außerhalb des Gebäudes und oberhalb von Räumlichkeiten, die nach Ausweis der magnetischen Prospektion auf niedrigerem Niveau an das Gebäude grenzen. Immerhin ist zu verzeichnen, dass auf dem gekälkten Fußboden eines der „Außenräume", damit mindestens in sekundärer Lage, ein schräg angespitzter Knochenstab lag, der am ehesten als Schreibgriffel für Keilschrifttafeln gedeutet werden kann[58]. Ein nahezu identisches Stück wurde in einem der Nebenräume, die sich um den zentralen Säulensaal des Hauptgebäudes gruppieren, wohl ebenfalls auf einem Fußboden liegend, angetroffen[59]. Ein drittes, ähnliches Knochengerät[60] war in der humos-aschigen Füllung eines Störungsgrabens mit einem Skarabäus vergesellschaftet, der einen Reiter mit einer „Hörnerkrone" zeigt (Q 48). Ob diese Deutung der Knochenstäbe als Griffel Bestand hat, muss sich erweisen. Auffällig ist immerhin, dass gleich drei solche Knochengeräte mit angeschrägten Spitzen in Q VII auftreten – und das in Gesellschaft einer Keilschrifttafel – , während unter den zahlreichen bearbeiteten Knochengeräten des Grabungsplatzes Q I nicht ein einziges dieser Art zu verzeichnen ist.

Die ursprünglich mindestens 10 cm hohe Tafel enthielt einst ca. 60 Zeilen mit je 25 - 30 Zeichen, von denen allerdings nur 11 Zeilenenden – und auch diese nur in Teilen – in lesbarer Schärfe auf der Vorderseite erhalten sind, während die Rückseite nur geringste Zeichenreste, verteilt über mehrere Zeilen, bietet. Etwa 50% der Oberfläche der Vorderseite sind abgeplatzt und so durch Erosion beschädigt, dass nur mehr die tiefsten Eindrücke der Keilschriftzeichen verblieben.

Die Tafel ist in der lingua franca ihrer Zeit, dem Babylonischen, geschrieben; der Keilschriftduktus darf als „hethitisch" bezeichnet werden, auch wenn einige Besonderheiten zu beobachten sind[61]. Weder der Absender noch der Adressat sind erhalten, doch findet sich in Zeile 7' eine Zeichenfolge, die mit hoher Wahrscheinlichkeit zu [^{I}*Ri-a-ma*]*-še-ša*, „... Ramses" ergänzt werden darf, auf die dann das Sumerogramm *EN.KUR.KUR.MEŠ* folgt, das mit *Herr der (beiden) Länder* zu übertragen ist und möglicherweise erstmals auf diese Weise die Einleitung des ägyptischen Königsnamen *nb t3wj Herr der beiden Länder* schreibt, während bisher nur die unmittelbare Übertragung mit den keilschriftlichen Silbenzeichen *ni-ib ta-ui* bezeugt ist[62].

Wegen des schlechten Erhaltungszustandes muss der Inhalt zurückhaltend beurteilt werden. Wie Stefan Jakob ausführlich darlegt, kann bei aller gebotenen Vorsicht ein Bezug zum § 10 des berühmten Friedensvertrages zwischen Ramses II. und Ḫattušili III. hergestellt werden, in dem Ramses II. verpflichtet wird, dem Sohn Ḫattušilis III. bei seiner Thronbesteigung gegen innere Widersacher in Ḫatti beizustehen.

In jedem Fall deutet die Verwendung des Präteritums (Z 6' *ipuš „... machte er ..."*) darauf hin, dass einer in der Vergangenheit liegenden Handlung gedacht wird, die in sich erfreulich ist (Z. 4' *lu ḫade „... mögen sich freuen ..."*) und vielleicht mit einem Sohn (Z. 2' *[DU]MU*$^{?}$ *a-na ša-a-šu „... der Sohn diesem ..."*) in Verbindung zu bringen ist[63]. Ist dem so, dann wäre nicht nur ein winziger Bruchteil des diplomatischen Archivs Ramses' II. gefunden, sondern auch eine neue historische Facette gewonnen worden: die Erfüllung eines der Paragraphen des Friedensvertrages, des einzigen unilateren Paragraphen, der nur in der keilschriftlichen Version überliefert ist, der dazu noch die legitime „Einmischung" in die inneren Angelegenheiten der zweiten Großmacht der damaligen Zeit anspricht.

56 So auch der Titel der Publikation Pusch/Jakob (2003); vgl. auch Pusch (2003) und Pusch (2004a).
57 Pusch/Jakob (2003) 145-146. Detaillierte Untersuchen bleiben abzuwarten.
58 FZN 2003/0711, Planquadrat Q VII-a/6, Fußboden rel. c(?), vollständig, jedoch durch Erddruck zerbrochen, L. 10,7 cm, Ø: 0,5-0,6 cm (IN 2885).
59 FZN 2003/0712, Planquadrat Q VII-/4.5, Schicht c/d, Ende abgebrochen, L. 7,2+x cm, Ø: 0,6-0,7 cm, leicht facettiert (IN 2886).
60 FZN 2003/0369, Planquadrat Q VII-a/6, Schicht b, nur Spitze erhalten, L. 5,6+x cm, Ø: 1,1 cm (angeschrägte Spitze), 1,0-0,6 cm (Schaft).
61 Siehe dazu ausführlich Stefan Jakob in Pusch/Jakob (2003) 147-150.
62 Auch hierzu ist die differenzierte Diskussion von Stefan Jakob in Pusch/Jakob (2003) 150 einzusehen.
63 Die Gelegenheit sei genutzt, einige bedauerliche Druckfehler in Pusch/Jakob (2003) zu korrigieren: p. 149 lies 2003/0260 statt 2003/206; p. 150 lies *ḫadû* „Freude" statt *pḫadû* „Freund", Anm. 31: lies Ideographisch.

Q 47

Q 47
Gerät (?) mit dem Motiv des Gottes der Flur

Kalkstein. Länge 6,1+x cm, Breite 6,0 cm, Höhe 2,5 cm
FZN 1996/0016, IN 3098

Abguss vom Original in Gips

Dieses Objekt fand sich innerhalb des königlichen Marstalles des Grabungsplatzes Q IV, und zwar im südlichsten der Säulensäle, dessen Decke von 14 Palmensäulen getragen wurde und dessen Errichtung mit hoher Wahrscheinlichkeit entweder auf Sethos II. oder auf Pharao Sethnacht zurückgeht. Letzterer errichtete zumindest einen Portikus vor diesem Säulensaal.

Die wohl rechteckig zu ergänzende Platte – Vorder- und alle Lateralseiten sind sorgfältig geglättet, die Rückseite nur mittelmäßig zugerichtet – trägt in der Mitte eine Vertiefung, deren Umriss zunächst als Teil eines „Trapezes" bezeichnet werden kann: die beiden parallel laufenden Längsseiten sind durch eine geschwungene Linie so miteinander verbunden, dass die rechte untere Ecke in einem spitzwinkligen Zipfel ausläuft. Die innere Fläche der Vertiefung wird von einem fein gearbeiteten, versenkt-erhabenen Relief eingenommen[64], das in der Mitte einen stilisierten Baum zeigt, an dem sich rechts und links zwei Ziegen mit stummeligen Schwänzen aufrichten, um von ihm zu fressen. Eine Standlinie ist nicht vorhanden: während die linke Ziege auf der Unterkante der Bildfläche „steht", schwebt die rechte frei im Raum. Das Oberteil des Baumes und die Köpfe der Ziegen sind ebenso wie der Umriss verloren.

Vielleicht darf der Motivumriss spiegelsymmetrisch ergänzt werden. Er würde dann einer Beilklinge ähneln, die allerdings eine gerade Schneide hätte und zu schmal wäre, als dass sie geschäftet werden könnte. So kommt also eine Auffassung als Gussmodel kaum in Frage, während eine Nutzung als Treibmodel ausscheiden muss, da das Relief zu zart ist, um dem Treibvorgang widerstehen zu können. Sollte hier ein Kultobjekt vorliegen? Ein vergleichbares Stück ist mir nicht bekannt.

64 Maximale Tiefe der Bildfläche: 0,7 cm, Höhe des plastisch modellierten Reliefs: 0,3 cm, Breite der Bildfläche 2,8 cm.

Skarabäen

Q 48
Skarabäus mit reitender Astarte (?)

Gebrannter Steatit. Länge 2,0 cm, Breite 1,6 cm, Höhe 1,1 cm
FZN 2003/0396, IN 2858

Abdruck der Siegelfläche in Silikon

Q 48 Vorder- und Rückseite

Dieser Skarabäus lag in einem lang gestreckten Graben, der mit Humus, Asche, Lehmverbruch und anderen Abfällen gefüllt war. Er gehört, wie die Einbettungsschicht der Keilschrifttafel, zu den spätesten Phänomenen des Grabungsplatzes Q VII. Die tertiäre Lage ist sicher, ebenso die Querverbindung zu einem der potentiellen Schreibgriffel aus eben diesem Graben (s. Q 46).

Der vollständig erhaltene Skarabäus zeigt eine summarische Behandlung der Oberseite mit geteilten Flügeldecken, ein durch eine Linie abgesetztes Pronotum, das außerdem noch V-förmig geteilt ist, und einen rudimentären Kopf mit flachem Clypeus. Auch die Beine auf den Lateralseiten sind nur durch Linien angedeutet. Die vermutlich bikonische Bohrung hat einen Durchmesser von knapp 2 mm.

Ähnlich schlicht ist auch die Darstellung auf der Siegelfäche gearbeitet, doch weist sie einige bemerkenswerte Besonderheiten auf. Umgeben von einem Oval kann an der Darstellung einer reitenden Person kein Zweifel aufkommen. Sie sitzt auf einem Reittier, das einen langen gebogenen Schweif und ein „einhornähnliches" Gehörn trägt: steil von seinem Kopf aufragend gehen von diesem Horn, einer Säge gleich, nach links vier und nach rechts drei Zähne bzw. Zacken ab.

Der Reitende selbst erscheint nackt; der eine stummelige Arm – ohne Hand – hängt herunter, der andere verschmilzt in Höhe des Überganges von Tiernacken zu Tierkörper mit dem Reittier. Ein einzelnes Bein mit Fuß ist unter dem Bauch des Tieres sichtbar, als Kopfbedeckung ist eine hohe konische Mütze vorhanden, von der rechts und links zwei Hörner abgehen.

So läge vielleicht die Deutung des Reiters als Wettergott nahe, doch zeigen Skarabäen mit diesem Motiv „in sorgfältigeren Ausführungen eine im Damensitz reitende Göttin auf einem Pferd. ... Die Göttin trägt die etwas degenerierte Atefkrone. Das merkwürdige Gebilde auf dem Kopf des Pferdes geht auf die in Ägypten als Pferdekopfschmuck üblichen Straußenfedern zurück"[65]. Auf vier Stücken ist der Reiterin der Name „Astarte" beigeschrieben, so dass diese Deutung auch für unseren Skarabäus zutreffen dürfte[66].

Skarabäen mit Seth-Baal

Q 49 a

Gebrannter Steatit. Länge 1,87 cm, Breite 1,43 cm, Höhe 0,83 cm
FZN 1998/0545, IN 1.796

Abdruck der Siegelfläche in Silikon

Q 49 b

Herkunft unbekannt.
Gebrannter Steatit. Länge 1,8 cm, Breite 1,3 cm
Berlin, SMB-PK, Ägyptische Museum und Papyrussammlung, Inv.-Nr. 858/7367

Der vollständige Skarabäus Q 49 entstammt dem vermutlich untersten Fußboden eines der Stallräume im königlichen Marstall des Grabungsplatzes Q IV. Da diese Stallung, ebenso wie ihr Vorläufer, mit der Zeit Sethos' II. verbunden ist, sollte auch der Skarabäus in dessen Regierungszeit datieren.

Seth-Baal ist an mehreren Merkmalen erkennbar: Der schreitende Gott trägt eine hohe Krone mit Hörnern, von deren Spitze eine Troddel mit dicker Endquaste bis auf den Boden fällt. Außerdem ist er in einen knielangen, syrischen Schurz gekleidet, den dreigeteilte Quasten schmücken. Von seinen Schultern breiten sich links und rechts zwei Flügel mit feinster Federzeichnung in die Fläche. In seiner vorgestreckten Hand des linken Armes hält er eine sich vertikal ringelnde Schlange, die von Gesichtshöhe bis auf den Boden reicht, wobei über ihr eine Sonnenscheibe schwebt. Hier steht also der geflügelte Seth-Baal, der die Schlange erwürgt, vor uns[68].

Q 49 a

Zu diesem Objekt gibt es die erstaunlich enge Parallele eines Skarabäus im Ägyptischen Museum Berlin (Q 49 b), dessen Herkunft unbekannt ist. Die Schnitttechnik und die Behandlung des Motivs ist dem aus Qantir stammenden Objekt so ähnlich, dass mit Fug und Recht nicht nur ein einheitlicher Fundort für beide Skarabäen angenommen werden darf, sondern sogar ein und derselbe Siegelschneider. Dieser mag durchaus in den Werkstätten der Streitwagengarnison gewirkt haben, wurden dort doch nicht nur Steatitrohstücke gefunden, sondern nachweislich außer den Streitwagen und ihrer Ausrüstung auch Schmuck und andere Gegenstände des täglichen Lebens hergestellt.

Q 49 b

E. B. P.

65 Alle Zitate und Querverweise nach schriftlicher Mitteilung von O. Keel vom 27. Januar 2004, dem ich für seine Hilfe herzlich danke; siehe dazu demnächst ausführlich Cornelius, OBO 201, 40-45, 81-83, 93-94, Abb. 4.1-26.

66 An Vergleichsstücken, die unserem Skarabäus besonders ähnlich sind, verweist mich O. Keel auf Cornelius, OBO 201, Abb. 4.13, 4.13a und 4.15.

67 Cornelius (1994) 216f., BM81, T. 50.

68 Dazu demnächst ausführlich Pusch (2004b).

Karten

Zeittafel

Glossar

Literaturverzeichnis

Abbildungsnachweis

Verzeichnis der Textabbildungen

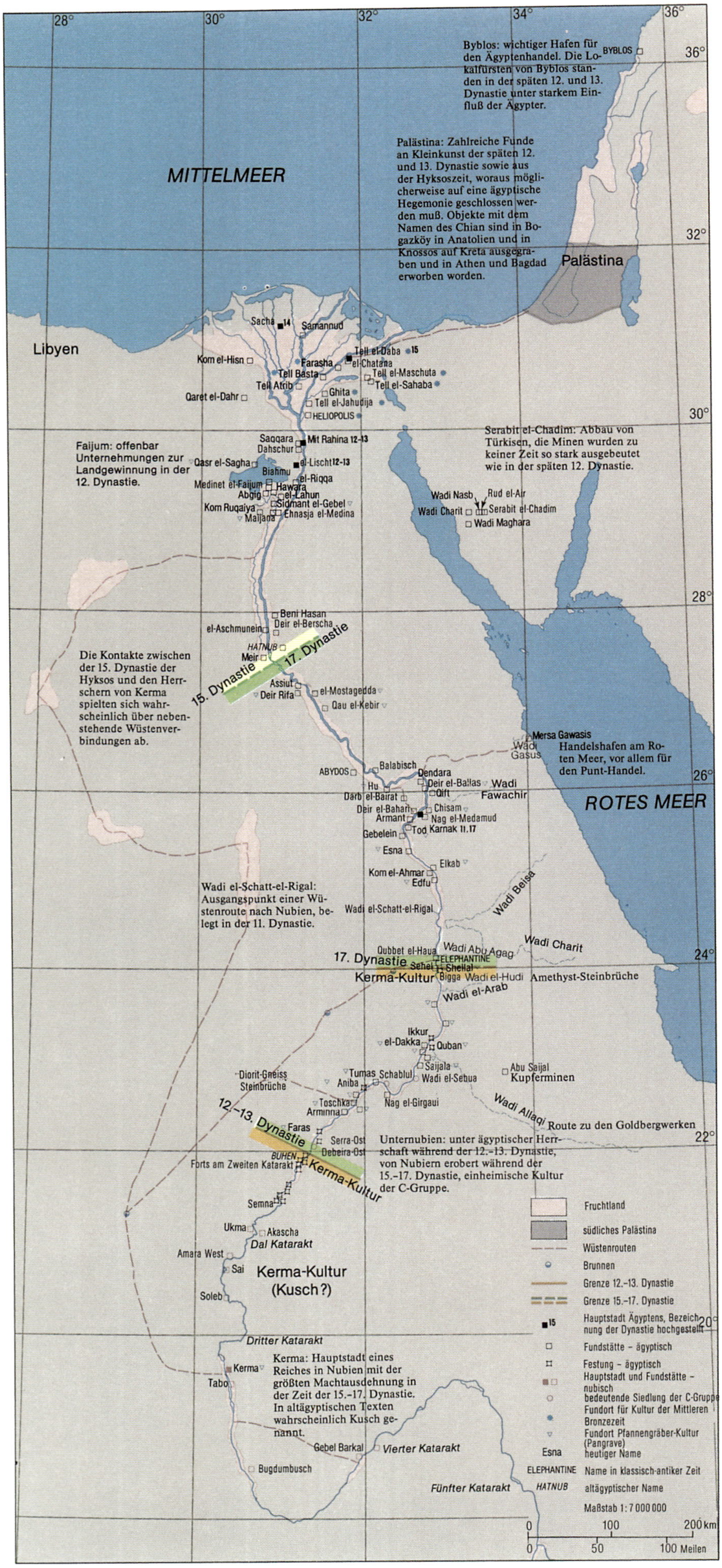

Ägypten im Mittleren Reich und in der Zweiten Zwischenzeit. Aus Baines/Málek, Ägypten, München 1980.

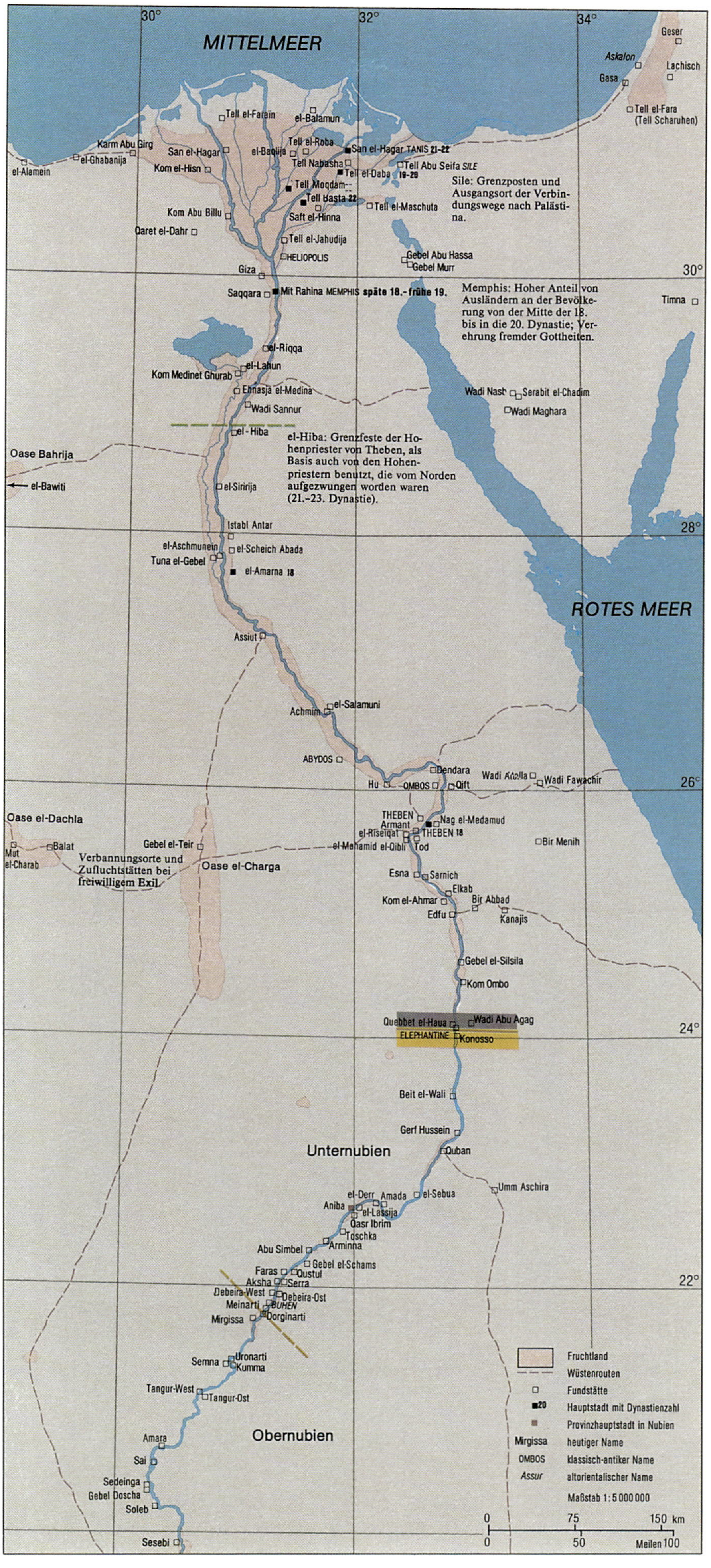

Ägypten im Neuen Reich und in der Dritten Zwischenzeit. Aus Baines/Málek, Ägypten, München 1980.

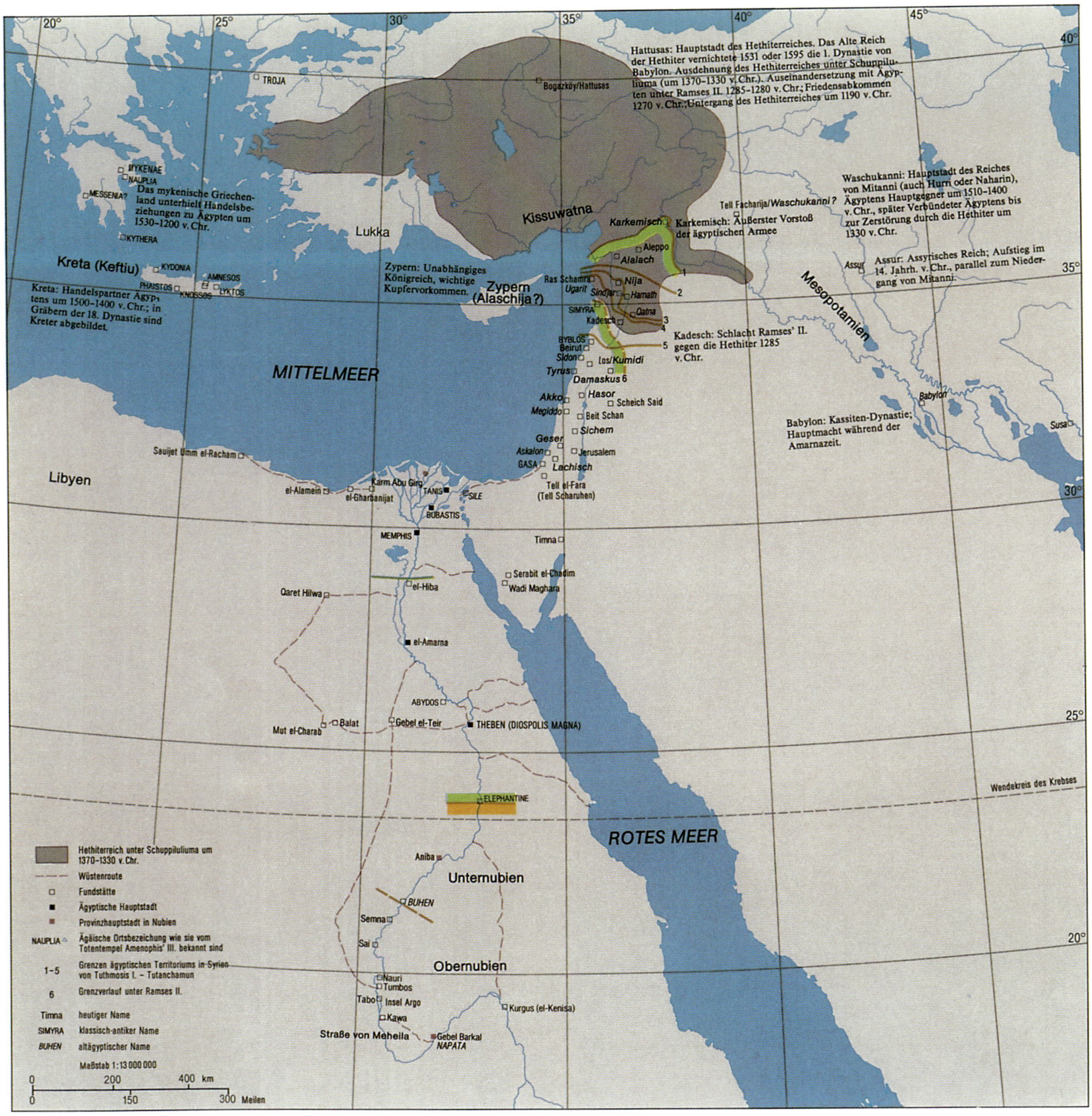

Ägypten und der Vordere Orient
(um 1530-1190 v. Chr.).
Aus Baines/Málek, Ägypten, München 1980.

Zeit: Periode **Regenten** • bedeutende Ereignisse • *kulturelle Errungenschaften* in der **Levante**	**Ägypten**	**Mesopotamien**
Bronzezeit 3100–1200 v.Chr.		
3100–2000 v.Chr.: Frühe Bronzezeit		
3100–2900 v.Chr.: Frühe Bronzezeit I • Auftreten der Semiten • *Erste Zeugnisse der Schrift; Entstehen der ersten Städte; Entwicklung der Metallverarbeitung*	ca. **3000–2707**: Frühzeit; 1. Dynastie; Entstehung der ägyptischen Schrift; Einigungskämpfe des Südens gegen den Norden	ca. **3000–2000**: Uruk-Zeit
2900–2650 v.Chr.: Frühe Bronzezeit II • *Entwicklung der Stadtkulturen*	Frühzeit; 2. Dynastie; **2707–2170**: Altes Reich; 3. Dynastie; Beginn der monumentalen Steinarchitektur	ca. **2800–2700**: Djemded Nasr-Zeit
2650–2400 v.Chr.: Frühe Bronzezeit III • um **2500**: Zedernholzexport aus Byblos nach Ägypten belegt • *Entwicklung der Stadtkulturen*	Altes Reich; 4. und 5. Dynastie; Zeit der Pyramiden: große Pyramidenbauer Snofru, Cheops, Chepren und Mykerinos	ca. **2600–2340**: Frühdynastische (Ur I) Zeit
2400–2000 v.Chr.: Frühe Bronzezeit IV **Fünf Herrscher von Ebla belegt: Igrisch-Chalam, Irkab-Damu, Ar-Ennum, Ibrium, Ibbi-Sipisu; Vier Herrscher von Mari belegt: Iku-Shamagan, Ebil-il, Iblul-Il, Enna-Dagan, Shura-Damu** • Ägyptische Expeditionen nach Syrien; Mesopotamische Expeditionen nach Syrien (Sargon von Akkad); um **2000**: Amoritereinfall • *um 2000: Krise der altbronzezeitlichen Stadtkultur*	Altes Reich; 6.–8. Dynastie; Sonnenreligion wird Staatsreligion; 1. Zwischenzeit: 9. und 10. Dynastie	ca. **2340–2150**: Akkad-Zeit; Sargon von Akkad (um **2340–2284**)
2000–1500 v.Chr.: Mittlere Bronzezeit **1775–1761: Zimrilim, König von Mari; zwischen ca. 1930 und 1660 neun Könige von Aleppo belegt** • **1935**: Shamshid-Adad von Assur erobert Mari; ab **1900**: Hurriter in der nördl. Levante; **1757**: Hammurapi von Babylon erobert Mari; um **1745**: Hethiter erobern Aleppo und Babylon; um **1530**: Reich von Mitanni in Nordsyrien; um **1500**: Thutmosis I. von Ägypten (**1504–1492**) erobert Syrien • *Aufstieg der Küstenstädte; Entfaltung einer »phönizischen« Stadtkultur; um 1800: Schachtgräber in Byblos*	**2119–1794**: Mittleres Reich; Reichseinigung durch Mentuhetop I.; 11. und 12. Dynastie; **1794–1550**: 2. Zwischenzeit; 13.–17. Dynastie; Hyksosherrschaft (ca. **1660–1550**)	ca. **2065–1995**: Ur III-Zeit; ca. **1955–1700**: Isin-Larsa-Zeit; ab ca. **1950**: Aufstieg Assurs; ca. **1830–1530**: 1. Dynastie von Babylon/Hammurapi-Dynastie ; Hammurapi (**1792–1750**)
1500–1200 v.Chr.: Späte Bronzezeit **Von den Ägyptern oder Hethitern abhängige Kleinkönige im Inland und an der Küste, einige namentlich bekannt; Suppiluliuma, König der Hethiter (1380–1492)** • Thutmosis III. von Ägypten (**1479–1425**) erobert Syrien; um **1360**: Hethiter besiegen die Mitanni und beherrschen Nordsyrien; **1285**: Schlacht bei Qadesh: Syrien wird zwischen Ägyptern und Hethitern geteilt; von den Großmächten abhängige Stadtstaaten an der Küste • *Nicht lange nach 1500: Erfindung der Alphabetschrift*	**1550–1069**: Neues Reich; 18.–20. Dynastie; Ägypten wird »Welt«-Macht; Amarna Periode; Ramses II. (**1279–1213**)	**1530–1160**: Kassitenzeit
Phönizier 1200–330 v.Chr.		
1200–800 v.Chr.: Frühe Eisenzeit **Lokale Herrscher sind namentlich bekannt, besonders die von Tyros, der wichtigsten Stadt, von der häufig andere Küstenstädte abhingen; Hiram d. Gr. (970–936) (Zeitgenosse von David und Salomon); Baal-Utsur (936–918); Abd-Aschtar (918–909); Ethbaal (887–859); Badezor (859–853); Mattan (853–821); Pygmalion (831–785)** • um **1200**: Invasion der Seevölker; **1192**: Ramses der III. von Ägypten besiegt die Seevölker im Nildelta; ein Rest der Seevölker, die Philister, läßt sich an der palästinensischen Küste nieder (Palästina = Philisterland); ca. **1190–800**: Periode relativer Selbständigkeit der Küstenstädte: das »Golde Zeitalter« Phöniziens; **1094**: Erster assyrischer Vorstoß in das nördliche Küstengebiet; ab ca. **1100**: phönizische Kolonien rund um das Mittelmeer in Spanien, Nordafrika, Frankreich, Malta, Griechenland, Zypern; die Phönizier umsegeln Afrika und dringen mit ihren Schiffen in den Atlantik vor; **879**: Ascurnasirpal II. von Assyrien nimmt Syrien und das Küstengebiet; **855**: Aufstand der innersyrischen Städte und der Küstenstädte gegen die Assyrer, der niedergeschlagen wird; **814**: Gründung von Karthago • *ab 1200: Eisenbearbeitung unter Einfluß der Seevölker; Entwicklung der Textil- und Glasherstellung; phönizische Elfenbeinarbeiten finden weite Verbreitung; Entstehung eines eigenen phönizischen (Misch-)Stils in der bildenden Kunst; Purpurherstellung; Schiffbau; phönizische Kolonien (Karthago 814); um 1000: Erste längere phönizische Inschrift aus Byblos; um 970: Erbauung des Tempels von Jerusalem*	**1557–1085**: Neues Reich; 20. Dynastie; Ramses III. (**1183–1152**) besiegt die Seevölker im Nildelta; Ramses IV.–XI. (**1152–1064**); Niedergang des Reiches	**1380–1160**: Mittelassyrisches Reich; **1112–1074**: Tiglatpileser I.: Feldzüge nach Norden und nach Syrien, Abwehr der Aramäer; ab **1100**: Aramäereinfälle, Schwächung des mittelassyrischen Reiches und Niedergang; Aramäer besetzen Babylonien und reduzieren Assyrien auf das Kernland; **909–612**: Neuassyrisches Reich; **883–858**: Assurnasirpal II. ringt die Aramäer in Mesopotamien nieder; **858–824**: Salmanassar III. festigt das Reich, bringt Babylonien unter assyrische Kontrolle, unternimmt mehrer Feldzüge nach Syrien und erobert das Küstengebiet
800–500 v.Chr.: Mittlere Eisenzeit **Die Küstenstädte sind in assyrischer, dann babylonischer und schließlich in persischer Anhängigkeit; die Rolle Ägyptens ist eher sekundär und von episodischer Wichtigkeit; um 722: Hiram II., Herrscher von Tyros und Sidon** • Schwächung der assyrischen Oberherrschaft; **732**: Damaskus wird durch die Assyrer endgültig eingenommen; **725–690**: Elu-eli, Herrscher von Tyros; **722**: Salmanaser V. von Assyrien erobert die syrischen Provinzen und die Küste zurück; **675**: Aufstand der Sidonier und Zerstörung von Sidon durch die Assyrer; **672**: Aufstand der Tyrener; unter Assurbanipal (**668–626**) beherrschen die Assyrer auch Ägypten; **612**: die Babylonier und ihrer Verbündeten zerstören Ninive, Ende des assyrischen Reiches; **597**: die Babylonier nehmen Syrien, Palästina und die Küstenregion; **585–572**: Belagerung von Tyros durch die Babylonier; **539/538**: die Perser nehmen Babylon ein und bemächtigen sich der babylonischen Eroberungen im Westen; Phönizien Teil des Perserreichs der Achämeniden (bis **333**) • *Verbreitung des phönizischen Alphabets; Verbreitung des phönizischen Mischstils in der Kunst; um 660: Umschiffung Afrikas durch phönizische Seeleute*	**1070–730**: 3. Zwischenzeit; 21.–24. Dynastie; **950–730**: Libysche Dynastien; 22./23. Dynastie; **730–715**: Saisherrscher im Delta; 24. Dynastie; **730–655**: Spätzeit; Äthiopische Dynastie; 25. Dynastie in Oberägypten; **671–663**: Assyrische Eroberung, Zerstörung von Theben; **525–404**: 27. Dynastie der Perser, Ägypten wird persische Satrapie	**745–727**: Tiglatpileser III. (**745–727**) vertreibt die Aramäer aus Baylonien, wird König von Assyrien und Babylonien; **724**: Tiglatpileser III. nimmt Damaskus und Samaria; **680–669**: Asarhaddon erobert Ägypten, größte Ausdehnung des assyrischen Reiches; **668–626**: Assurbanipal schlägt Aufstand in Ägypten nieder; **616**: der iranische Meder Kyaxares besiegt die Skythen und bereitet Kampf gegen die Assyrer vor; **612**: Meder und Babylonier nehmen Ninive ein; **606**: Ende des neuassyrischen Reiches; **625–539**: Neubabylonisches Reich; **605**: Nebukadnezar II. vertreibt die Ägypter aus Syrien und Palästina; **539**: Kyros II. von Persien erobert Babylon; Persische Herrschaft über Mesopotamien; die Kultur Mesopotamiens entwickelt sich unter der toleranten Herrschaft der Perser in ihren eigenen Bahnen ruhig weiter

Synoptische Zeittafel
Bearbeitet nach O. Binst (Hrsg.), Die Levante,
Köln 1999.

Glossar

Susanne Martinssen-von Falck

Achet-Aton

„Horizont-des-Aton", von Amenophis IV./Echnaton in Mittelägypten neu gegründete Hauptstadt ca. 300 km südlich des heutigen Kairo. Die Stadt, in die Echnaton nach seinem Bruch mit der alten Amun-Religion und der Neueinführung des Aton-Glaubens umzog, wurde bereits unter Tutanchamun wieder verlassen. In der heute Tell el-Amarna genannten Ruinenstätte wurden Tempel, Paläste, Wohnhäuser und Werkstätten ausgegraben, die einen hervorragenden Einblick in das Leben einer ägyptischen Residenzstadt erlauben.

Ächtungsfigur/Ächtungstext

Vernichtungszauber wurden mit Hilfe von Ton- oder Wachsfiguren durchgeführt. Diese waren mit den Namen von Feinden beschriftet und wurden an ihrer Statt erschlagen. Fluchformeln, mit deren Hilfe die Gegner unschädlich gemacht werden sollten, wurden zusätzlich auf die Figürchen geschrieben. Auch auf Tontöpfe, die rituell zerschlagen wurden, schrieb man Feindesnamen und Fluchformeln.

Alabastron

Griech. allgemein für „Salbgefäß". In nachmykenischer Zeit meist längliches kleinformatiges Gefäß, das hängend mitgeführt wurde.

Amarna

➛ Achet-Aton

Amarna-Korrespondenz

Staatskorrespondenz der Regierungszeiten Amenophis III. und Amenophis IV./Echnaton, die 1886 in *Achet-Aton gefunden wurde. Die Briefe sind auf Tontäfelchen in Keilschrift verfasst und geben Einblick in die Außenbeziehungen Ägyptens zu den Herrschen von *Mitanni, Assur, Babylon, Syrien und Palästina.

Amun

Seit dem Mittleren Reich in Theben belegter Lokalgott, der mit der Vertreibung der Hyksos durch die thebanischen Fürsten im Neuen Reich zum Staats- und Königsgott aufstieg. Er wird menschengestaltig und meist mit hoher Doppelfederkrone abgebildet; als Amun-Min tritt er als Fruchtbarkeitsgott auf, als Amun-*Re trägt er solare Züge. Sein Hauptkultort war der große Tempel von Karnak, in dem er mit Mut und Chons verehrt wurde. Als „Tiere des Amun" galten Widder und Gans, in deren Gestalten ihn das Volk verehrte.

Amurru

Im 3. Jtsd. nach Mesopotamien eindringende Halbnomaden. Zur Amarnazeit bezeichnet Amurru ein Gebiet im Libanon, das sich später bis zum Mittelmeer, zwischen *Byblos und Ugarit ausdehnte. Obwohl Amurru Ägypten formal unterstellt war, betrieben die dortigen Lokalfürsten eine eigenständige Außenpolitik, die sich schließlich unter Amenophis IV./Echnaton gegen Ägypten wandte und sie vertraglich an die *Hethiter band. Während Amurru offenbar gegen Sethos I. eine Niederlage erlitt, band es sich nach der Schlacht von Kadesch erneut an die *Hethiter. Inschriften unter Ramses III. erwähnen Kämpfe in Amurru, die mit der ebenfalls genannten Sammlung von *Seevölkern in Amurru zusammenhängen mögen.

Anch

Äg. „Leben". Hieroglyphe und Symbol in Form eines Henkelkreuzes. Ägyptische Götter halten oft ein Anch-Zeichen in der Hand, als Zeichen ihrer lebensspendenden Kraft.

Apophis

Dämon in Gestalt einer Schlange, der das Unheil und das Böse symbolisiert. Apophis gilt als Feind des Sonnengottes und bedroht diesen auf seiner nächtlichen Barkenfahrt durch die Unterwelt. Mit Zaubersprüchen und kämpferischer Gewalt muss er immerfort daran gehindert werden, durch seine zerstörerische Kraft die Weltordnung ins Chaos zu stürzen. Besonders die Toten- und Unterweltstexte berichten von der permanenten Abwehr des Götterfeindes Apophis.

apotropäisch

Unheil abwendend.

Aryballos

Kugelförmiges, kleinformatiges Salbgefäß, das hängend mitgeführt wurde.

Astarte

Syrische Kriegs- und Liebesgöttin, die in Syrien und Ägypten als Herrin der Pferde(gespanne) galt. In Ägypten ist sie daher eng mit der Streitwagentruppe verbunden. In der *Ramsesstadt war sie Schutzpatronin der östlichen Stadtteile; in Memphis ist ein Astarte-Tempel nachweisbar.

Atef-Krone
➛ Kronen

Aton
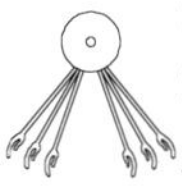
Seit dem Mittleren Reich Bezeichnung der Sonnenscheibe, im Neuen Reich als Bezeichnung des Sonnengottes verwendet. Von Amenophis IV./Echnaton wurde Aton als einzige Gottheit installiert, andere Götter - besonders Amun - wurden verfolgt. Aton wurde nicht wie die übrigen ägyptischen Götter tier- und/oder menschengestaltig dargestellt, sondern als Sonnenscheibe mit segnenden Strahlenhänden.

Atum
In Heliopolis beheimateter Urgott, der als Herr der dortigen Götterneunheit gilt. Atum ist eine der bedeutenden ägyptischen Schöpfergottheiten und tritt somit als Käfer, Urhügel und Schlage auf. In der Hauptsache wird er jedoch menschengestaltig abgebildet. In Verbindung mit dem Sonnengott *Re wird er als Re-Atum eine Gottheit des kosmischen Kreislaufes, wobei er meist die Rolle der im Westen untergehenden Sonne einnahm.

Baal
Wettergott, der mit palästinensischen Einwanderern nach Ägypten kam, dort mit *Seth gleichgesetzt; Kulte in Ägypten seit der 18. Dyn. in Memphis, seit der Ramessidenzeit in Qantir (*Ramsesstadt) belegt. Als Seth-Baal ist er Dynastiegott der Ramessiden. Er trägt eine konische Krone mit Bändern und Gehörn sowie einen Schurz mit Troddeln.

Base Ring Ware
Bezeichnung für kleine Gefäße mit Standring, die von Zypern aus im ganzen östlichen Mittelmeerraum vertrieben wurden.

Bastet
Göttin in Gestalt einer Katze oder einer katzenköpfigen Frau. Sie steht mit den kriegerischen und machtvollen löwengestaltigen Göttinnen *Sachmet und Tefnut in Verbindung, deren sanften, mütterlichen Aspekt sie verkörpert. Einer ihrer Hauptkultplätze ist Bubastis, wo in Tiernekropolen tausende Katzenmumien beigesetzt wurden.

Blaue Krone
➛ Kronen

Byblos
Hafen- und Handelsstadt des Libanon. Bereits in frühdynastischer Zeit lassen sich Handelskontakte Ägyptens zu Vorderasien, die über Byblos abgewickelt wurden, belegen. Wichtigstes Importgut für Ägypten war das libanesische Zedernholz, das mit den so genannten „Byblos-Schiffen" nach Ägypten transportiert wurde. Die Kontakte zwischen Ägypten und Byblos waren bis in das Neue Reich hinein eng. Könige wie Privatleute stifteten Weihgaben in die Tempel von Byblos oder ließen diese neu errichten; seit dem Mittleren Reich galt Hathor als „Herrin von Byblos" und der byblitische Stadtfürst wird mit dem ägyptischen Terminus *ḥ3tj-ʿ*, „Bürgermeister" bezeichnet und nicht wie die übrigen Stadtfürsten als „Fürst der Fremdländer". In der Amarnazeit gerät der Fürst von Byblos, Rib-Addi, durch den Machtkampf mit dem sich ausbreitenden *Amurru in Bedrängnis und wird schließlich getötet. Der Bericht des ägyptischen Beamten Wenamun aus der 21. Dyn. schildert Byblos als von Ägypten völlig selbständig, später ist Byblos den assyrischen Königen tributpflichtig.

Chatti
➛ Hethiter

Chnum
Widdergottheit mit Kultorten u.a. in Esna und auf Elephantine. Chnum ist einer der ägyptischen Schöpfer- und Fruchtbarkeitsgötter. Seit der 18. Dyn. ist die Vorstellung belegt, Chnum erschaffe die Menschen auf seiner Töpferscheibe.

Dedun
Wohl ursprünglich nubische Gottheit, die in Ägypten bis in die Spätzeit keinen eigenen Kultort besaß. Dedun gilt als *Bringer des Weihrauchs* und führt dem König die Produkte und Völker des Südens zu. Weihrauch wird auch als „Duft des Dedun" bezeichnet. Kultstätten lagen im nubischen Bereich bei Abu Simbel und Semma. In der Spätzeit wird er in Philä und Kalabscha mit Arsnuphis verglichen und als *groß an Kraft, der die Feinde erschlägt* angesprochen.

Deir el-Medineh
Siedlung in Theben-West, in der die Handwerker und Künstler lebten, die für die Ausschachtung und Dekorierung der Gräber im *Tal der Könige und im Tal der Königinnen zuständig waren. Zahlreiche Hinterlassenschaften aus der Siedlung, die angrenzenden Gräber und vor allem hunderte von *Ostraka mit Texten und Bildern geben Auskunft über die Bewohner des Dorfes, ihre beruflichen Tätigkeiten und den Alltag samt aller seiner Probleme im Ägypten des Neuen Reiches.

Doppelfederkrone
➛ Kronen

Doppelkrone
➛ Kronen

Dynastie
Einteilung der ägyptischen Herrscher in 30 Dynastien zur Zeit Ptolemäus I. durch den ägyptischen Priester und Historiographen Manetho, der ein Werk über die ägyptische Geschichte verfasste. Diese Zuordnung der Könige zu Herrschergruppen ist fallweise durch die moderne Forschung korrigiert worden, doch wird die Dynastie-Einteilung nach Manetho prinzipiell beibehalten.

Ehrengold
Als Gunstgabe des Königs an verdiente Beamte verliehene Objekte aus Gold, zumeist voluminöse Halsketten, die aus vielen einzelnen Metallscheiben zusammengesetzt sind, sowie Armreifen und Anhänger (oft in Fliegenform). Auch wertvolle Goldschalen und Waffen wurden als Auszeichnung in öffentlichen Zeremonien vom König an seine Untergebenen verteilt. Die Beamten ließen sich gerne in ihren Statuen als Ehrengoldträger darstellen.

Elektron
Legierung aus Gold und Silber, die sowohl natürlich vorkommt als auch künstlich hergestellt wurde. Aus Elektron wurden Schmuckstücke hergestellt, aber auch Architekturteile wie Türflügel, Türrahmen und Schreine sowie Statuen wurden großflächig mit Elektron verkleidet.

Erscheinungsfenster
Breite Fensteröffnung mit niedriger Brüstung, in der sich der König an hohen Festtagen der Öffentlichkeit präsentierte, um Ansprachen zu halten und vor allem um in einer Zeremonie das *Ehrengold an verdiente Beamte zu verleihen. Die so belobigten Beamten stellen Erscheinungsfenster-Szenen gerne in ihren Gräbern dar. In *Achet-Aton (Amarna) zeigten sich Amenophis IV./Echnaton und seine Familie im Erscheinungsfenster des Palastes. Die *Totentempel auf dem thebanischen Westufer besaßen Erscheinungsfenster im ersten Tempelhof.

Fayence
Quarzkeramik, meist blau-türkis, aber auch in anderen Farben (vgl. die polychromen Feindkacheln). Die Werkstücke wurden meist in Modeln aus einer Quarzsandmischung mit farbgebenden Oxiden geformt. Während des Brennverfahrens traten die farbgebenden Partikel an die Oberfläche und versahen die Stücke so mit einer Selbstglasur. Aus Fayence wurden u.a. Perlen, Amulette, Skarabäen, Kacheln, kleine Gefäße und Uschebtis (Totenfigürchen) hergestellt.

Flagellum
Geißel, bzw. Wedel, bildet zusammen mit dem so genannten Krummstab einen Teil des Königsornats. Beide Stäbe werden gekreuzt vor der Brust getragen. Diese Herrschaftsinsignien sind auch typischer Bestandteil der Ikonographie des Gottes Osiris.

Gau
Auf Grundlage der alten Kleinfürstentümer wurde Ägypten zu Beginn der dynastischen Zeit in Gaue unterteilt. Traditionell werden 20 unterägyptische und 22 oberägyptische gezählt, wobei die Anzahl und Größe der Verwaltungseinheiten im Laufe der ägyptischen Geschichte variierte.

Geburtsname
➛ Königsnamen

Gegenheiligtum
Kultstelle an den Außenwänden der Göttertempel, an der die ägyptische Bevölkerung, die keinen Zutritt zum Tempelinneren hatte, ihrer Verehrung für die lokale Gottheit Ausdruck geben konnte. Große Gegenheiligtümer an den Haupttempeln des Landes konnten mit eigenen Schreinen und vorgelagerten Hallen ausgestattet sein. Hier sprachen die Menschen Gebete und legten *Votivstelen oder -statuetten nieder, um ihre Frömmigkeit zu dokumentieren.

Hathor
Bereits ihr Name *Haus-des-Horus* bringt die Universalgöttin mit dem Falkengott *Horus in Verbindung, als dessen Gattin sie an ihrem Hauptkultort Dendera und in Edfu verehrt wurde. In Theben-West ist sie als kuhgestaltige Nekropolengöttin beheimatet. Auch wenn sie als Frauengestalt auftritt, trägt sie meist ein Kuhgehörn, in dem eine Sonnenscheibe an ihren Aspekt als Himmelsgöttin erinnert. Fremdländische Gebiete wie der Sinai, *Byblos und *Punt sind mit dieser Göttin verbunden, die als *Herrin* der jeweiligen Gegend bezeichnet wird. Mit Hathor verbunden sind außerdem die Themen Liebe, Tanz, Musik und Trunkenheit.

Hatti
➛ Hethiter

Hauron
Syrischer Gott, kämpferischen Charakters der wegen der Namensähnlichkeit mit dem *Sphinx (*ḥwrw*) von Giza gleichgesetzt wurde. Durch diese Gleichung erklärt sich Haurons Rolle als Königsgott. Aus einer Kapelle in Tanis stammt ein großformatiges Rundbild, dass Hauron in Falkengestalt zeigt, der den rebusartig gestalteten Ramses II. schützt. Votivstelen belegen Haurons Verehrung bis in die Spätzeit.

Hemhem-Krone
➛ Kronen

Hethiter
Ursprünglich aus Nordanatolien stammende Volksgruppe, die im 14. Jh. v. Chr. das Großreich von Hatti/Chatti in Anatolien und Syrien schuf. Nachdem die Hethiter die *Mitanni besiegt hatten, wurden sie zum größten Konkurrenten der Ägypter um die Vorherrschaft im Vorderen Orient. Ramses II. bewegte Amurru zum Abfall von Hatti, die folgenden kämpferischen Auseinandersetzungen wurden nach der Schlacht von *Kadesch durch „Friedensverträge" beendet.

Horus
Himmelsgott in Falkengestalt, der früh zum Universalgott und Königsgott wurde. Während der verstorbene König zum Gott *Osiris wurde, repräsentiert der lebende König den Göttersohn Horus. Der Osirismythos, nach dem *Seth seinen Bruder Osiris aus Neid um den Thron ermordete, macht Horus zum Rächer seines Vaters und als Widersacher des Seth zum Streiter gegen das Chaos schlechthin. Dieser Horusaspekt gilt auch für den König, zu dessen Aufgaben es gehört, die Weltordnung (*Maat) in einem immerwährenden Kampf zu sichern. Der Hauptkultort des Horus war Edfu, so wird der Gott häufig als Horus Behedeti (Horus von Edfu) angesprochen.

Horusauge
➛ Udjat-Auge

Horusname
➛ Königsnamen

Hurriter
Volksgruppe, die sich seit ca. 2000 v. Chr. in Syrien, Kilikien und Palästina ausbreitete. Seit Beginn der 18. Dyn. übernimmt das Reich von *Mitanni die Vorherrschaft in den hurritischen Gebieten.

Hyksos
Griechische Variante des ägyptischen *ḥḳ3 ḫ3śwt* (Herrscher der Fremdländer) und Bezeichnung der unterägyptischen Könige der 15. und 16. Dyn. Nach einer längeren Einwanderung von Vorderasiaten in das Delta gelang es Lokalfürsten als ägyptische Könige die Macht zu übernehmen, die von Unterägypten das ganze Land kontrollierten und diplomatische Kontakte zu Nubien unterhielten. Die Hauptstadt der Hyksos war Avaris (Tell el-Dab'a) im Ostdelta. Der thebanische Lokalfürst Kamose (letzter König der 17. Dyn.) begann den Kampf gegen die Fremdherrscher, seinem Nachfolger Ahmose gelang die vollständige Rückeroberung Ägyptens.

Isis
Die Hauptrolle dieser Göttin war die der Frau und trauernden Witwe des *Osiris sowie Mutter und Schützerin ihres gemeinsamen Kindes *Horus. Durch den Aspekt der Muttergottheit und Schützerin hat sie universellen Charakter gewonnen und konnte vielen anderen Göttinnen angeglichen werden. Ihre Hauptkultorte waren Achmim und Philä; durch den blühenden Osiris-Kult der Spätantike fand auch der Isis-Kult große Verbreitung, sogar bis weit nach Europa.

Ka

Ka bezeichnet einen Teilaspekt der menschlichen und göttlichen Existenz, vor allem die vitale Lebenskraft und die (männliche) Zeugungskraft. Die Ka-Kraft, die jedem menschlichen Wesen innewohnt, ist bereits bei der Geburt vorhanden und wird durch Nahrungsaufnahme gestärkt. Auch nach dem Tod bleibt der Ka einer Person erhalten und nimmt die Versorgungsopfer entgegen. Darstellt wird der Ka u.a. als Ebenbild des jeweiligen Menschen mit Ka-Armen auf dem Kopf, oder als Standarte mit Ka-Armen.

Kartusche

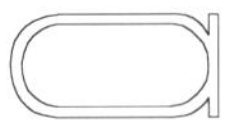

Aus einem geknoteten Seil gebildete ringförmige Umfassung des Geburts- und Thronnamens (➛ Königsnamen) ägyptischer Könige. Die Ringform symbolisiert Dauerhaftigkeit und Schutz.

Katarakt

Stromschnellen im *nubischen Niltal bis nach Khartum. Über jeweils mehrere Kilometer bilden Felsen aus Hartgestein natürliche Barrieren und machen den Fluss nahezu unschiffbar. Der erste Nilkatarakt bei Assuan galt in Ägypten von je her als Südgrenze des Landes und als Schnittstelle zum südlichen Nubien.

Kerma

Ort am 3. *Katarakt, an dem eine Residenzstadt mit Tempeln, Palästen und Fürstenbestattungen in *Tumuli entdeckt wurde. Die so genannte Kerma-Kultur, die sich grob in vier Phasen einteilen lässt, ist am Ende des Alten Reiches in Obernubien greifbar und dehnte sich nach Unternubien aus, als dort die ägyptische Vorherrschaft schwand. Die im Zuge der ägyptischen Rückeroberung zu Beginn des Mittleren Reiches errichteten Festungen richteten sich unter anderem gegen die Kerma-Bevölkerung, deren Gebiet erstmals als *Kusch bezeichnet wird. Tumuli-Bestattungen aus der Zeit der 2. Zwischenzeit enthielten viele ägyptische Objekte, die aus Handel oder Raub stammten. Aus dieser Zeit sind auch diplomatische Kontakte zwischen den unterägyptischen Hyksos-Königen und den Kerma-Fürsten belegt. Mit der Eroberung Obernubiens durch Thutmosis I. wird Kerma zerstört, das Land wird zur ägyptischen Kolonie.

Königsnamen

Die Königstitulatur entwickelte sich innerhalb der ersten vier Dynastien der ägyptischen Geschichte und umfasst schließlich fünf Namen. Der Horusname spielt auf die Rolle des Königs als falkengestaltiger Horus an, der Herrinnen-name stellt den König unter den Schutz der beiden Landesgöttinnen Nechbet und Wadjit (Geier und *Uräus), der Goldhorusname bezieht sich wohl auf den solaren Aspekt des Königs. Wird nur eine Auswahl der Namen genannt handelt es sich immer um den Thronnamen (*nswt-bjt*-Name) und den Geburtsnamen (Sohn-des-Re-Name), die beide in *Kartuschen geschrieben werden. Bis auf den Geburtsnamen werden alle anderen Namen erst bei der Thronbesteigung angenommen und spiegeln oft ein Regierungsprogramm wider.

Kronen

Atef-Krone

Krone mit konischem Mittelteil, der rechts und links von einer Feder eingefasst wird. Die Atef-Krone ist charakteristisch für den Gott *Osiris, der auch als „der mit der Atef-Krone bekrönte" bezeichnet wird. Aber auch andere Gottheiten, z.B. Nechbet, können diese Krone tragen.

Blaue Krone

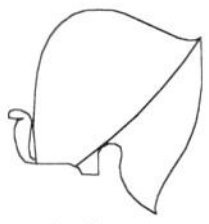

Haubenartige Kopfbedeckung, die von den Königen seit Beginn der 18. Dyn. getragen wird. Die als auch als „Kriegshelm" bezeichnete Krone ist blau gefärbt und ihre Oberfläche ist von kleinen Kreisen bedeckt.

Doppelfederkrone

Krone mit zwei hohen aufrechten Federn, die seit dem Alten Reich vom König getragen wird. Auch verschiedene Götter wie *Amun oder *Horus werden mit diesem Kopfschmuck abgebildet. Oft werden die zwei Federn auch mit Gehörn und Sonnenscheibe kombiniert.

Doppelkrone

Zusammengesetzte Krone aus der *Roten Krone Unterägyptens und der *Weißen Krone Oberägyptens. Die Doppelkrone symbolisiert die Herrschaft des ägyptischen Königs über beide Landeshälften. Auch Götter, die mit dem Königtum verbunden sind, tragen diese Krone.

Hemhem-Krone

Die Hemhem-Krone setzt sich aus drei Binsenkronen, zwei Straußenfedern, gedrehtem Widdergehörn sowie insgesamt vier Uräus-Schlangen mit Sonnenscheiben zusammen. Die drei Binsenkronen werden zusätzlich von je einer Sonnenscheibe bekrönt und seitlich von Federn flankiert. Der Name „*hmhm*" bedeutet „Geschrei, Gebrüll" und wird als Kriegsruf des Königs gebraucht, daher ist das Erschlagen der Feinde ein idealer Anlass, die Hemhem-Krone zu tragen.

Rote Krone

Krone Unterägyptens, rot gefärbter Helm mit schrägem aufragendem Rückteil, aus dem sich eine Spirale nach vorne windet. Zusammen mit der *Weißen Krone bildet sie die *Doppelkrone

Weiße Krone

Weiße Krone Oberägyptens, weiß gefärbte konische Kopfbedeckung, die zusammen mit der *Roten Krone die *Doppelkrone von Ober- und Unterägypten bildet.

Kryptogramm
Ein in verspielt-verschlüsselter Schreibweise wiedergegebenes Wort. Die besonders seit dem Neuen Reich beliebten kryptographischen oder aenigmatischen Schreibungen geben Begriffe in ungewöhnlicher Schreibweise wieder, für die weniger neu erfundene als vielmehr mit neuen Lautwerten versehene Schriftzeichen verwendet werden. Ähnlich wie bei Rebus-Rätseln dienen diese Schreibungen weniger der Geheimhaltung als vielmehr der Anregung zur Entzifferung und zur Hervorhebung der Begriffe.

Kusch
Gebiet in *Nubien, das erstmals unter Sesostris I. erwähnt wird und zunächst eine kleine Region südlich von *Wawat meint. Kusch dehnt sich im Mittleren Reich weiter nach Süden aus und umfasst auch das Gebiet der *Kerma-Kultur, im Norden reicht es bis zur äg. Reichsgrenze nach Semna. In der Zweiten Zwischenzeit übernehmen die Fürsten von Kusch die Herrschaft über ganz Unternubien. Seit dem Neuen Reich bezeichnet „Kusch" sowohl Obernubien als auch das gesamte Südgebiet einschließlich Wawat. Verwaltet wird es von einem Beamten mit dem Titel *Vizekönig von Kusch.

Lepsius, Karl Richard
Begründer der dt. Ägyptologie (1810-1884), der nach Studien in den ägyptischen Sammlungen Europas 1842-1845 die preussische Expedition nach Ägypten leitete. Die Zeichnungen der antiken Monumente und Abschriften der hieroglyphischen Texte wurden in einem zwölfbändigen Tafelwerk (Denkmäler aus Ägypten und Nubien) veröffentlicht und bildeten eines der wichtigsten Grundlagenwerke der jungen Ägyptologie. Die ägyptischen Originale, die Lepsius aus Ägypten mitbrachte, bilden einen bedeutenden Teil der Sammlung des Ägyptischen Museums in Berlin.

Levante
Küstengebiet Syriens und Palästinas.

Libyen
Im Westen an Ägypten angrenzendes Gebiet. In den äg. Quellen werden die dort lebenden Menschen als Tjehenu, bezeichnet, weitere libysche Stämme sind die Tjemehu, die Meschwesch und die Libu. Im Alten und Mittleren Reich sind immer wieder Grenzkonflikte und Strafexpeditionen der Ägypter belegt. In der Ramessidenzeit versuchen die Meschwesch und die Libu in das Westdelta einzudringen. Zusammen mit den *Seevölkern wurden sie zur Zeit des Merenptah und erneut unter Ramses III. eine ernsthafte Bedrohung, konnten aber zurückgeschlagen werden. Die bei diesen Gelegenheiten gemachten Gefangenen wurden in Ägypten angesiedelt, ihren Nachfahren gelang es als 22. und 23. Dyn. (Libyerzeit) die Macht in Ägypten zu übernehmen.

Maat
Maat bezeichnet im Ägyptischen die Weltordnung, die Wahrheit, die Gerechtigkeit. Entgegenstehende Begriffe sind Chaos und Schlechtigkeit. Der König garantiert die Einhaltung der Maat auf Erden, sein höchster Beamter der *Wesir wird „Prophet der Maat" genannt. Als Opfergabe übergibt der König im Ritual der Gottheit ein Maat-Figürchen, um die Götter mit seiner ordnungsgemäßen Herrschaft und der Sicherung der Kultabläufe zufriedenzustellen. Personifiziert wird der Begriff Maat in einer frauengestaltigen Göttin, die als Symbol eine Straußenfeder (Maat-Feder) auf dem Kopf trägt.

Malkatta
Ruinen des Residenzpalastes Amenophis' III. im südlichen Bereich des thebanischen Westufers. Der Palast war durch einen Kanal mit großem künstlichen See (Birket Habu) an den Nil angebunden. Die architektonischen Überreste bieten wertvolle Informationen über die Gestaltung königlicher Paläste des Neuen Reiches, eine Fülle von gesiegelten Krugverschlüssen über Wirtschaft und Chronologie der Voramarnazeit. Durch den Umzug Echnatons nach *Achet-Aton wurde der Palast verlassen und nach kurzer Nutzung unter Haremhab ganz aufgegeben.

Medjau
Bewohner Obernubiens, in der Ostwüste beheimatet. Ab der Zweiten Zwischenzeit wurden sie von den Ägyptern häufig als Kundschafter und als (paramilitärische) Wüstenpolizei eingesetzt. Ihre Verbindung zur *Pan Grave-Kultur ist umstritten.

Mitanni
Seit dem 16. Jh. v. Chr. Königreich in Westmesopotamien und mächtigster Staat im Gebiet der *Hurriter. Im folgenden Jh. Gegner Ägyptens um die Vorherrschaft in Syrien. Unter anderem durch die wachsende Macht der *Hethiter schloss Mitanni unter Amenophis II. einen Friedensvertrag mit Ägypten, sowohl Thutmosis IV. als auch Amenophis III. heirateten mitannische Prinzessinnen. Die ausführliche und persönliche Korrespondenz zwischen den Königshäusern unter Amenophis III. dokumentiert die engen Beziehungen. Im 14. Jh. v. Chr. wurde Mitanni langsam durch das sich ausdehnende Reich der Hethiter aufgerieben.

Month
Falkenköpfiger Gott von Hermonthis (Armant), der als Dynastiegott der Könige der 11. Dyn. galt, dessen Bedeutung in Theben aber später durch *Amun zurückgedrängt wurde. Als Königsgott ist sein kriegerischer Aspekt am bedeutendsten. Der auch in Tôd, Medamud und Karnak verehrte Gott wurde zudem in Gestalt eines Stieres (Buchis-Stier) verehrt. Die heiligen Tiere wurden seit der 30. Dyn. in Hermonthis beigesetzt.

Naos
Oft aus Hartgestein gefertigter Schrein zur Aufbewahrung des Götterbildes im Tempel. Der Naos, der als Wohnstätte der Götterstatue betrachtet wurde, war außerhalb der Kulthandlungen durch Flügeltüren verschlossen. Nur der König oder sein Stellvertreter, der Hohepriester, durften die Türen für das tägliche Ritual öffnen. Die Gestalt der Naoi orientierte sich oft an der Form des unter- oder oberägyptischen Reichsheiligtums.

Nemes-Kopftuch
Seit Beginn des Alten Reiches tragen die ägyptischen Könige außer den Kronen auch das Nemes-Kopftuch. Es liegt eng an der Stirn an, die seitlichen Teile laden dreieckig aus und liegen als zwei Streifen auf der Brust auf. Im Nacken wird der rückwärtige Teil des Tuches zu einer Art Zopf zusammengedreht. Die seitlichen Tuchteile waren in horizontale Falten gelegt, die durch helle und dunkle Farbe voneinander abgesetzt waren, auch der Kopfteil wird gefältelt angegeben.

Neunbögen/Neunbogenvölker
Kollektive Bezeichnung der Feinde Ägyptens. Die Zahl neun symbolisiert die vervielfachte Pluralzahl drei und damit die Gesamtheit aller Feindvölker. In bildlichen Darstellungen werden neun gefesselte Feinde oder alternativ neun Bögen abgebildet.

Nubien
Abschnitt des Niltals südlich vom 1. Katarakt bis Khartum (dort bis zum 16. Jh. n. Chr. nubischsprachige Bevölkerung). Das Gebiet gehört heute größtenteils zum Sudan. Unternubien meint das Gebiet zwischen 1. und 2. Katarakt, Obernubien die Region südlich des 2. Kataraktes bis zum 5. Katarakt. Besonders wegen seiner Rohstoffe und der nach Innerafrika führenden Handelsrouten war Nubien für Ägypten interessant. Vor allem Gold und Luxusprodukte wie Elfenbein, Leopardenfelle, Halbedelsteine, Straußenfedern, Edelhölzer, Myrrhe und Weihrauch, lebende Tiere und auch Menschen wurden aus Nubien nach Ägypten importiert.
➛ Kerma; ➛ Kusch; ➛ Wawat; ➛ Vizekönig von Kusch

Osiris
Laut Mythologie von seinem Bruder *Seth ermordeter Gott, der als König über die Unterwelt herrscht, während sein Sohn *Horus das Königtum auf Erden übernimmt. Jeder Verstorbene, König wie Privatmann, wird im Tode zu Osiris und hat so Anteil an ewiger Regeneration im Totenreich. Zu der typischen Ikonographie des Osiris gehören *Atefkrone, grüne oder schwarze Gesichtsfarbe, weiße mumienförmige Gestalt und Krummstab und *Flagellum.

Ostrakon
Kalkstein- oder Tonscherbe, die als Träger von Beschriftung oder Bemalung genutzt wurde. Für Skizzen und Notizen jeglicher Art bot sich das überall greifbare kostenlose Material gegenüber wertvollem Papyrus an. Hunderte Bild- und Textostraka wurden in der Siedlung von *Deir el-Medineh gefunden.

Pangrave-Kultur
„Pfannengräber-Kultur", benannt nach den runden, flachen Gräbern dieser Halbnomaden. Sie sind in ganz Unternubien anzutreffen, seit dem Mittleren Reich wanderten sie auch nach Oberägypten ein. Die Keramikbeigaben weisen auf enge Kontakte sowohl zur *Kerma-Kultur als auch zu Ägypten hin. Sie wurden verschiedentlich mit den *Medjau gleichgesetzt.

Pfortenbuch
Das Pfortenbuch bildet einen Teil der Totenliteratur des Neuen Reiches. Zusammen mit anderen Unterweltsbüchern wie dem Amduat (Buch von dem, was in der Unterwelt ist), dem Höhlenbuch, dem Buch von der Erde u.a. wurde es an den Wänden der königlichen Gräber im *Tal der Könige angebracht. Alle Unterweltsbücher thematisieren die Nachtfahrt der Sonne durch die zwölf Stunden der Unterwelt.

Piramesse
➛ Ramsesstadt

Prunkpaletten
Zum Zerreiben und Anmischen von (Augen)schminke wurden seit prädynastischer Zeit rhomben- oder tiergestaltige Paletten aus Schiefer verwendet. Prunkpaletten übertreffen die Gebrauchspaletten an Größe und Dekoration bei weitem und wurden als Weihgaben und kultische Objekte in Heiligtümern aufbewahrt. Die z.T. historischen Darstellungen (Narmer-Palette, Städte-Palette) bieten wichtige Informationen über die frühdynastische Epoche Ägyptens.

Ptah
In Memphis beheimateter Gott, der als Patron der Handwerker, aber auch als bedeutende Schöpfergottheit universellen Charakter besaß und in vielen Tempeln Ägyptens über Gastkulte verfügte. Der meist in einem Schrein dargestellte Gott wird antropomorph wiedergegeben, trägt eine blaue, enganliegende Kappe und hält ein aus den Symbolen *Anch, Djed und *Was gebildetes Szepter in den Händen. Mit *Sachmet und Nefertem bildet er die Triade von Memphis.

Punt
Land von unbestimmter Ausdehnung, an der Küste des Roten Meeres (Sudan/Erithrea) mit Zugang nach Innerafrika gelegen. Bereits seit dem Alten Reich Handelspartner Ägyptens; die Fahrt nach Punt erfolgte nach Durchquerung der Ostwüste mit Schiffen auf dem Roten Meer. Neben dem Hauptexport Myrrhenharz kamen Gold, Elfenbein, Leoparden(felle), Edelhölzer, Halbedelsteine und exotische Tiere aus Punt nach Ägypten. Königin Hatschepsut ließ die von ihr ausgesandte Puntexpedition in ihrem *Totentempel von Deir el-Bahari darstellen und die Beamten der 18. Dyn. nehmen Männer aus Punt und ihre Waren in die *Tributszenen ihrer Gräber auf.

Pylon
Eingangsportal der ägyptischen Tempel, bestehend aus zwei Pylontürmen mit leicht geböschten Wänden. Die Pylone überragten deutlich die äußeren Mauern der Tempel und stellen das höchste Architekturelement der Gotteshäuser dar. Die Dekoration der Pylonwände nimmt die Themen Machtdemonstration, Schutz und Feindabwehr auf. Großformatig sind die Pylonfronten mit dem Bildnis der im Tempel verehrten Gottheit und dem König, der vor dem Gott Feinde erschlägt geschmückt.

Pyramidentempel
Tempelkomplex an der (meist) östlichen Pyramidenseite. In dem durch einen Aufweg vom Fruchtland aus erreichbaren Tempel wurde der Totenkult für den verstorbenen König durchgeführt. Die Dekoration umfasste sowohl religiöse Szenen als auch Themen, welche die Macht des Königs widerspiegeln wie Jagd, Feinderschlagung, Gefangenenvorführung und Tributszenen.

Pyramidentexte
Die Pyramidentexte sind ein Teil der umfassenden ägyptischen Totenliteratur. Erstmalig sind diese Texte in der Pyramide des Unas (5. Dyn.) in Sakkara aufgezeichnet worden. In acht weiteren Pyramiden der 6.-8. Dyn. wurde dieses Textkorpus gefunden. Insgesamt umfassen die Pyramidentexte 800 Sprüche, die in uneinheitlicher Reihenfolge und nicht vollständig in den Grabkammern der Pyramiden angebracht waren.

Qadesch/Qadschu
Syrische Göttin, die meist als nackte Frau frontal auf dem Rücken eines Löwen stehend dargestellt wurde; in den Händen hält sie Blumen und Schlangen. Spätestens seit der 18. Dyn. wurde sie in Ägypten verehrt; mit Min und *Reschef bildet sie eine Triade.

Ramsesstadt/Pi-Ramesse/Qantir
Von Sethos I. gegründete und von Ramses II. zur neuen Königsresidenz ausgebaute Stadt im Ostdelta. Ausgrabungen haben Paläste und Werkstätten und das Quartier der königlichen Streitwagentruppen freilegen können. Nach der Ramessidenzeit wurden viele Steinblöcke aus der Ramsesstadt nach Tanis und Bubastis verschleppt und dort wiederverwendet.

Re/Ra
Sonnengott, dessen wichtigstes Kultzentrum Heliopolis (äg. Iunu; heute ein Vorort von Kairo) war. Die Gottheit lässt sich seit der 2. Dyn. belegen, in der 4. und 5. Dyn. erfuhr der Sonnenkult jedoch eine starke Aufwertung. Fast alle anderen ägyptischen Götter konnten der kosmischen Universalgottheit Re angeglichen werden (*Synkretismus). Re erscheint meist in menschlicher Gestalt mit Falkenkopf, bei seiner Nachtfahrt durch die Unterwelt steht er jedoch als widderköpfiger Mann in der Sonnenbarke.

Reschef
Westsemitischer Kriegsgott, zu dessen Ikonographie die Waffen Speer und Keulenaxt gehören sowie eine Krone, die der ägyptischen Weißen Königskrone ähnelt. In einigen Darstellungen wird seine vorderasiatische Herkunft durch einen Spitzbart, Fransen am Schurz und einen Gazellenkopf an der Krone betont. Reschef wurde besonders im Neuen Reich in Ägypten verehrt, ist aber bis in die Ptolemäerzeit belegt.

Retenu/Retjenu
Äg. Bezeichnung für den Raum Syrien-Palästina, unterteilt in Oberes Retenu (gebirgiger östliche Teil von Syrien-Palästina) und Unteres Retenu (westlicher Teil von Syrien-Palästina).

Rollsiegel
Zylindrisches Siegel, meist aus Hartgestein oder Halbedelstein, auf dem Schriftzeichen eingraviert waren. Durch Abrollung in feuchtem Ton wurde die Schrift übertragen.

Rote Krone
➛ Kronen

Rückenschutzformel
Variierende Hieroglyphengruppen, die im Rücken von dargestellten Personen stehen. Sie enthalten Formeln und Zeichen, um die betreffende Person zu schützen.

Rhyton
Tiefes Gefäß mit nur einem Henkel, das für Libationen oder Reinigungsopfer verwendet wurde. Einige Beispiele weisen an der unteren Spitze ein Loch auf, das bis zum Moment der Opferung mit dem Finger zugehalten werden konnte.

Sachmet
Löwenköpfige Göttin mit Kulten in Memphis (mit Ptah) und Athribis (mit Min); in Theben gilt sie als löwengestaltige Form der Mut von Ischeru (Karnak). Gemäß ihrem Charakter als Löwin wird sie mit Stärke, Gefährlichkeit und Kampfkraft verbunden und ist eine der kriegerischen Gottheiten Ägyptens. Sie kann Unheil und Krankheit (als Pfeile der Sachmet) aussenden und wird daher um Unversehrtheit und Heilung angerufen. Ihre sanfte „Variante" stellt die katzengestaltige *Bastet dar.

Sargtexte
Seit dem Mittleren Reich konnten auch Privatleute Totentexte für ihre Bestattungen nutzen, ein Privileg, das bisher dem König vorbehalten war. Die Sargtexte sind ein Textkorpus, das sich aus den *Pyramidentexten entwickelt hat. Die Spruchsammlungen mit Hinweisen für das richtige Verhalten im Jenseits wurden vorwiegend auf Särgen, aber auch auf Grabwänden sowie auf Papyrus angebracht.

Schardana/Scherden
Volksgruppe, die zu den so genannten Seevölkern gezählt wird. Sie tragen charakteristische Helme mit Kugel und Hörnern.

Schasu-Beduinen
Halbnomadischer Wüstenstamm, der in Syrien und Palästina beheimatet war, in ägyptischen Quellen der 18.-20. Dyn. belegt.

Schendit-Schurz
Gefälteter, dreiteiliger Schurz aus Leinen, meist von Königen und Göttern getragen.

Seevölker
Bündnis mehrerer Völker (u.a. Peleset, Tjeker, Schardana, Schekelesch) aus der ägäischen Inselwelt und Westkleinasien, die seit der Zeit Ramses' II. versuchten, in Vorderasien Siedlungsraum zu erobern und auch für Ägypten eine Gefahr darstellten. Später verbündeten sie sich auch mit den *Libyern und wurden unter Ramses III. eine ernsthafte Bedrohung für Ägypten. In den so genannten „Seevölkerschlachten" konnten die Eindringlinge aber zurückgeschlagen werden.

Seth
Gott des Chaos, der seit prädynastischer Zeit belegt ist. Seth gilt als mächtig und gewalttätig, er ist der Gott des Sturmes und des Unwetters. Ihm sind die Wüstengebiete, die Fremdländer und die Oasen zugeordnet. Darstellungen zeigen ihn als Mensch mit dem Kopf eines Fabeltieres (spitze Schnauze, hochstehende kantige Ohren). Als Tier mit ebendiesem Kopf hat Seth einen hundeartigen Körper. Auch Esel und Nilpferd gelten als Tiere und Verkörperungen des Seth. Sowohl unter den *Hyksos als eine Form des *Baal, als auch als Dynastiegott der Ramessiden wurde er besonders verehrt.

Sonnenlitanei
Text der Totenliteratur des Neuen Reiches, der erstmalig im Grab Thutmosis` III. belegt ist. Thematisiert wird die Vereinigung des Sonnengottes *Re mit *Osiris, dem Herrscher der Unterwelt.

Sopdu
Sopdu tritt entweder als Falke oder als spitzbärtiger Mann auf. Er wird mit der Ostgrenze Ägyptens und allgemeiner mit den ausländischen Gebieten assoziiert. Sein Hauptkultort war Saff el-Henna im Ostdelta, aber auch auf dem Sinai wurde er verehrt. Häufig trägt er den Beinamen *Herr der Fremdländer*.

Sphinx
Ägyptische Könige (selten Königinnen) werden als Mischwesen mit Menschenkopf und Löwenkörper dargestellt. Bekannt estes und größtes Sphinx-Bild ist der große Sphinx von Giza, der vermutlich König Chephren abbildet. Später wurde dieser Sphinx als Harmachis (Horus-im-Horizont) verehrt und auch mit dem syrischen Gott *Hauron identifiziert. Als Löwenwesen und mit starkem solaren Aspekt ist der Sphinx eine Darstellungsform für den siegreichen und mächtigen König par exellence. Besonders im Flachbild tritt der König als Sphinx beim Zertreten von Feinden auf.

Steatit
Speckstein

Synkretismus
„Verschmelzung". In der ägyptischen Religion wird so das Phänomen bezeichnet, dass zwei oder mehr Götter miteinander verschmelzen und so inhaltliche und ikonographische Aspekte voneinander übernehmen können. Die zuerst genannte Gottheit bestimmt dabei den Hauptcharakter der neuen Mischgottheit, die im folgenden genannte den besonderen, neu zugeordneten Aspekt. Amun-Re ist somit der traditionelle *Amun mit besonderem solaren Schwerpunkt, der durch den Sonnengott *Re vertreten ist. Re-Amun bezeichnet den Sonnengott Re, der (z.B. schöpferische) Züge des Amun trägt. In der Gottheit Ptah-Sokar-Osiris verschmelzen der Gott *Ptah von Memphis, der traditionelle Nekropolengott Sokar von Memphis und der universelle Totengott *Osiris.

Tal der Könige
Begräbnisstätte der Könige der 18.-20. Dyn. in einem abgelegenen Tal im Westgebirge von Theben. Die Anlage der Grabstätten in einem unzugänglichen Gelände führte zu der bislang nicht üblichen Trennung von Grab und *Toten- bzw. *Pyramidentempel. Die Gräber, die von der Arbeiterschaft aus *Deir el-Medineh geschaffen wurden, sind dekoriert mit Götterszenen und diversen Totentexten wie Amduat, *Pfortenbuch und *Sonnenlitanei.

Tell el-Amarna
➛ Achet-Aton

Tell el-Jahudija
Siedlung im Ostdelta, spätestens im Mittleren Reich gegründet und bis in die Römerzeit besiedelt. Hier wurden viele Exemplare der nach dem Ort benannten Tell el-Jahudija-Keramik gefunden. Die kleinen aus schwarzgebranntem Ton gefertigen Gefäße tragen oft eingeritzte Muster, die mit weißer Farbpaste ausgefüllt wurden. Die bis nach Zypern, Vorderasien und *Nubien verbreitete Tell el-Jahudija-Keramik wurde offenbar sowohl in Ägypten als auch in der *Levante hergestellt.

Temehu-Libyer
➛ Libyen

Tempelpalast
Nicht real nutzbarer Palastbezirk zu Kultzwecken, der auf Höhe des vorderen Tempelhofes an die Totentempel des Neuen Reiches angegliedert war. Besonders gut erhalten ist der Tempelpalast im Totentempel Ramses III. in Medinet Habu. Dort besteht direkt vom Tempelpalast aus durch das *Erscheinungsfenster eine Verbindung zum ersten Tempelhof. Der König (oder im Kult seine Statue?) konnte sich so an hohen Festtagen der im Hof versammelten Menge von Priestern und hohen Beamten präsentieren.

Tempelstatue
Neben den Götterstatuen und Statuen des Königs konnten auch Privatpersonen mit besonderer Genehmigung ihre Statuen im Tempel aufstellen. Dieses Privileg ermöglichte es nichtköniglichen Personen, am so genannten Opferumlauf teilhaben zu dürfen, d.h. die Statuen (und damit ihre Besitzer) partizipierten an den Opfergaben für die Götterstatuen. Im Unterschied zu den privaten Grabstatuen, die durch einen von der Familie zu leistenden Kult versorgt wurden, nahmen die Tempelstatuen am Königs- und Staatskult teil.

Thronname
➛ Königsnamen

Totentempel
Tempel zur Versorgung des verstorbenen Königs. Im Alten und Mittleren Reich erfolgte der Totenkult für den König in den *Pyramidentempeln in unmittelbarer Nähe der Grabstätten. Mit der Verlegung der Königsgräber in das *Tal der Könige im Neuen Reich, wurden die Totentempel entlang des Fruchtlandrandes am Rande des Westgebirges von Theben angelegt. Die Tempel waren aber nicht nur Kultstätten der toten Herrscher, sondern gleichzeitig Göttertempel für den Staatsgott *Amun und weitere Gottheiten. Auch die *Pylone der Totentempel tragen großformatige Szenen vom „Erschlagen der Feinde" und die Außenwände und Mauern der Höfe füllen Schlachtdarstellungen.

Tributszene
Dekorationsszene in Tempeln und Gräbern, in der Vertreter verschiedener Fremdländer (*Nubier, *Puntiter, Kreter, Syrer) die Produkte ihrer Länder dem König oder seinem stellvertretenden Beamten präsentieren. In solch komprimierter Form konnte Ägyptens umfassende Machtstellung über alle Fremdländer und sein Anspruch auf alle dortigen Rohstoffe und Produkte dokumentiert werden. Die einzelnen Volksvertreter werden unabhängig von ihrem realen politischen Status als von Ägypten unterworfene Tributbringer darstellt.

Tumulus
Hügelartige Aufschüttung, die z.B. in der *Kerma-Kultur als Bestattungshügel diente.

Udjat-Auge
Im mythologischen Kampf zwischen *Horus und *Seth wird das Auge des Horus verletzt, aber durch den Gott Thot wieder zusammengefügt. *wḏꜣ* bedeutet „heil sein" und so symbolisiert das Udjat-Auge Heilung und Unversehrtheit und letztlich auch den Sieg des Guten über das durch Seth angerichtete Chaos. Das Udjat-Auge war ein beliebtes Schutzsymbol, das häufig als Amulett getragen wurde.

Uräus
Kobra; Symbol der Göttin Wadjit aus der Delta-Stadt Buto. Die Uräusschlange als Landesgöttin Unterägyptens und die Geiergöttin Nechbet, die für die oberägyptische Landeshälfte steht, bilden zusammen die beiden Kronengöttinnen. Als Zeichen königlicher Herrschaft über das gesamte Land zieren Uräus und Geier Königskrone und -kopftuch.

Vizekönig von Kusch
Im Neuen Reich verwalteten hohe Zivilbeamte mit dem Titel „Vizekönig von Kusch" die *nubischen Gebiete. Zwei Stellvertreter waren jeweils für die Region *Kusch (Obernubien) und *Wawat (Unternubien) zuständig. Der militärische Oberbefehl unterstand einem „Befehlshaber der Bogenschützen". Die Hauptaufgaben der „Vizekönige" waren das Eintreiben von Tributen und die Sicherung der allgemeinen Ordnung. Als „Vizekönig von Kusch" wurden Beamte eingesetzt, die sich das besondere Vertrauen des Königs erworben hatten, oft stammten diese Männer aus der militärischen Elite.

Votivstatuette/Votivstele
Statuetten und Stelen, die von Königen oder Privatpersonen zu Ehren der Gottheit in oder in der Nähe von Tempeln oder an heiligen Orten niedergelegt wurden. An beliebten Kultplätzen wurden hunderte Votivgaben, häufig verbunden mit einem besonderen Wunsch an die Gottheit, aufgestellt. Nahm die Anzahl der Objekte überhand, wurden die Figuren und Stelen in Depots rituell begraben.

Wadjit
➛ Uräus

Was-Szepter

Szepter mit geradem Stab, der unten gegabelt ist und einen stilisierten Tierkopf am oberen Ende trägt; vom König und von Göttern getragenes Machtsymbol.

Wawat
Gebiet von Unternubien; im Neuen Reich Teil des Gebietes von *Kusch, das in die zwei Provinzen Wawat (im Norden) und Kusch (im Süden) aufgeteilt war.

Weiße Krone
➛ Kronen

Wesir
Höchster Verwaltungsbeamter, Stellvertreter des Königs mit Ausnahme der königlichen Aufgaben im Bereich der Religion und des Militärs. Wie bereits einmal im Alten Reich und im Mittleren Reich belegt, fand im Neuen Reich eine Teilung des Wesirats (unter- und oberägyptischer Wesir) statt.

Literaturverzeichnis

D' Amicone (2001):
E. D' Amicone, The Art of Vessel Production, Mailand 2001.

Amiran (1969):
R. Amiran, Ancient Pottery of the Holy Land, Jerusalem 1969.

Andrews (1990):
C. Andrews, Ancient Egyptian Jewellery, London 1990.

Andrews (1994):
C. Andrews, Amulets of Ancient Egypt, London 1994.

Arnold (1981):
D. Arnold, Der Tempel des Königs Mentuhotep von Deir el-Bahari, Bd. III. Die königlichen Beigaben. Mainz 1981.

Arnold (1972):
Do. Arnold, Weiteres zur Keramik von el-Târif. Saff el Dawâba 1970/71, in: MDAIK 28 (1972) 33-46.

Arnold/Arnold/Allen (1994):
Do. Arnold/F. Arnold/S. J Allen, Canaanite imports at Lisht, the Middle Kingdom Capital of Egypt, in: Ägypten und Levante 5 (1994) 13-32.

Assmann (1984):
J. Assmann, Ägypten. Theologie und Frömmigkeit einer frühen Hochkultur, Stuttgart 1984.

Assmann (1990):
A. u. J. Assmann, Kultur und Konflikt. Aspekte einer Theorie des unkommunikativen Handelns, in: J. Assmann/D. Harth (Hrsg.), Kultur und Konflikt, Frankfurt a.M. 1990, 11-48.

Assmann (1996):
J. Assmann, Zum Konzept der Fremdheit im Alten Ägypten, in: M. Schuster (Hrsg.), Die Begegnung mit dem Fremden. Wertungen und Wirkungen in Hochkulturen vom Altertum bis zur Gegenwart. Colloquium Rauricum 4, Stuttgart/Leipzig 1996, 77-79.

Åström (1967):
L. Åström, Studies in the Arts and Crafts of the Late Cypriot Bronze Age, Lund 1967.

Auktionskat. Sotheby (1922):
Sotheby, Wilkinson & Hodge, Auktionskatalog 1922, The MacGregor Collection.

Baines (1987):
J. Baines, The Stela of Khusobek: Private and Royal Military Narrative and Values, in: J. Osing/G. Dreyer (Hrsg.), Form und Maß. Beiträge zur Literatur, Sprache und Kunst des alten Ägypten. Festschrift für Gerhard Fecht zum 65. Geburtstag am 6. Februar 1987, ÄAT 12, Wiesbaden 1987, 43-61.

Baumgartel (1960):
E. J. Baumgartel, The Cultures of Prehistoric Egypt II, London 1960.

Barta (1986):
W. Barta, in: LÄ VI (1986) Sp. 627-628, s.v. "Toleranz".

v. Beckerath (1997):
J. v. Beckerath, Chronologie des pharaonischen Ägypten. Die Zeitbestimmung der ägyptischen Geschichte von der Vorzeit bis 332 v. Chr., MÄS 46, Mainz 1997.

Behrens (1981):
P. Behrens, Sinuhe B 134 ff oder die Psychologie eines Zweikampfes, in: GM 44 (1981) 7-11.

Behrens (1982):
P. Behrens, in: LÄ IV (1982) Sp. 1005-1007, s.v. „Pfeil".

Behrmann (1996):
A. Behrmann, Das Nilpferd in der Vorstellungswelt der Alten Ägypter, Europäische hochschulschriften XXXVIII/22 u. 62, 2 Bde., Frankfurt 1989-96.

Bell (1982):
M. R. Bell, Preliminary Report on the Mycenaean Pottery from Deir el-Medina (1979 – 1980), in: ASAE 68 (1982) 143-163.

Bell (1983):
M. R. Bell, "Egyptian Imitations of Aegean Vases": Some Additional Notes, in: GM 63 (1983), 19.

Beste (1978)
I. Beste, Skarabäen, CAA Kestner-Museum Hannover, Lieferung 1, Mainz 1978.

Beste (1979)
I. Beste, Skarabäen, CAA Kestner-Museum Hannover, Lieferung 2, Mainz 1979.

Betancourt (1985):
P. Betancourt, The History of Minoan Pottery, Princeton University Press 1985.

Bienkowski/Tooley (1995):
P. Bienkowski/A. Tooley, Gifts of the Nile., Ancient Egyptian Arts and Crafts in Liverpool Museum, London 1995.

Bietak (1990):
M. Bietak, Zur Herkunft des Seth von Avaris, in: Ägypten und Levante 1 (1990) 9-16.

Bietak (1991):
M. Bietak, Zur Landnahme Palästinas durch die Seevölker und zum Ende der ägyptischen Provinz Kana'an, in: MDAIK 47 (1991) 35-50.

Bietak (1994):
M. Bietak, Historische und archäologische Einführung, in: Kat. Wien (1994) 17-57.

Bietak (1996):
M. Bietak, Avaris. The Capital of the Hyksos. Recent Excavations at Tell el-Dabʿa, London 1996.

Bietak (1998):
M. Bietak, Gedanken zur Ursache der ägyptisierenden Einflüsse in Nordsyrien in der Zweiten Zwischenzeit, in: H. Guksch/D. Polz (Hrsg.), Stationen. Beiträge zur Kulturgeschichte Ägyptens Rainer Stadelmann gewidmet, Mainz 1998, 165-176.

Bisset/Bruhn/Zenk (1996):
N. G. Bisset/J. G. Bruhn/M. H. Zenk, The Presence of Opium in a 3500 Year Old Cypriote Base-Ring Juglet, in: Ägypten und Levante 6 (1994) 203-204.

Bisset/Bruhn/Curto et alii (1996):
N. G. Bisset/J. G. Bruhn/S. Curto et alii, Was Opium known in the 18th Dynasty in Egypt? An Examination of Materials from the Tomb of the Chief Royal Architect Kha, in: Ägypten und Levante 6 (1994) 199-201.

v. Bissing (1882):
F. W. Freiherr von Bissing, Ein Thebanischer Grabfund aus dem Anfang des Neuen Reiches, Bad Honnef 1982.

Bisson de la Roque (1950)
F. Bisson de la Roque, Trésor de Tôd, Catalogue Général des antiquités égyptiennes du Musée du Caire, Nos 70501-70754, Kairo 1950.

Bisson de la Roque et al. (1953)
F. Bisson de la Roque/ G. Contenau/ F. Chapoutier, Le Trésor de Tôd, DFIFAO XI, Kairo 1953.

Bleiberg (1984):
E. Bleiberg, The King's Privy Purse during the New Kingdom: An Examination of INW, in: JARCE 21 (1984) 155-167.

Bleiberg (1988):
E. Bleiberg, The Redistributive Economy in New Kingdom Egypt: An Examination of BAkw(t), in: JARCE 25 (1988) 157-168.

Bleiberg (1996):
E. Bleiberg, The Official Gift in Ancient Egypt, University of Oklahoma Press 1996.

Bochi (1999):
P. A. Bochi, Death by Drama: The Ritual of *Damnatio Memoriae* in Ancient Egypt, in: GM 171 (1999) 73-86.

Boessneck (1988):
J. Boessneck, Die Tierwelt des alten Ägypten untersucht anhand kulturgeschichtlicher und zoologischer Quellen, München 1988.

Bonnet (1926):
H. Bonnet, Die Waffen der Völker des alten Orients, Leipzig 1926.

Bonnet (1971²):
H. Bonnet, Reallexikon der ägyptischen Religionsgeschichte, 2. Aufl., Berlin 1971.

Bonnet (2000):
Ch. Bonnet (Hrsg.), Edifices et rites funéraires à Kerma, Paris 2000.

Boochs (1987):
W. Boochs, Zur Bedeutung der bAkw(t)Leistungen, in: VA 3 (1987) 207-214.

Borchhardt (1972):
J. Borchhardt, Homerische Helme. Helmformen der Ägäis in ihren Beziehungen zu orientalischen und europäischen Helmen in der Bronze- und frühen Eisenzeit, Mainz 1972.

Borchardt (1910 u. 1913):
L. Borchardt, Das Grabdenkmal des Königs S'aAhu-Re', 2 Bde., WVDOG 14 u. 26, Leipzig 1910 u. 1913.

Borchardt (1912):
L. Borchardt, Ausgrabungen in Tell el-Amarna 1911/12 – Vorläufiger Bericht, in: MDOG 50 (1912) 1-40.

Borghouts (1982):
J. F. Borghouts, in: LÄ IV (1982) Sp. 200-204, s.v. "Month".

Born/Seidl (1995):
H. Born/U. Seidl, Schutzwaffen aus Assyrien und Urartu, Bd. IV. Sammlung Axel Guttmann, Mainz 1995.

Bosticco (1959):
S. Bosticco, Le stele egiziane dall'Antico al Nuovo Regno, Rom 1959.

Bothmer (1968/69):
B. V. Bothmer, Bemused and Benign: A Fragmentary Head of Dynasty XIII in Brooklyn, in: BMA 10 (1968/69) 77-86.

Bouriant/Legrain/Jéquier (1903):
U. Bouriant/G. Legrain/G. Jéquier, Monuments pour servir à l'étude du culte d'Atonou en Égypte I: Les tombes de Khouitatonou, MIFAO 8, Kairo 1903).

Bourriau (1981):
J. Bourriau, Pottery from the Nile valley before the Arab Conquest, Cambridge 1981.

Bourriau (1988):
J. Bourriau, Pharaohs and Mortals. Egyptian art in the Middle Kingdom, Cambridge, 1988.

Bourriau (1991):
J. Bourriau, Relations between Egypt and Kerma during the Middle and New Kingdoms, in: W. V. Davies (Hrsg.), Egypt and Africa. Nubia from Prehistory to Islam, London 1991, 129-144.

Bourriau (2000):
J. Bourriau, The Second Intermediate Period (c. 1650-1550 BC), in: Shaw (2000) 184-217.

Brack/Brack (1977):
A. Brack /A. Brack, Das Grab des Tjanuni. Theben Nr. 74, AV 19, Mainz 1977.

Brack/Brack (1980):
A. Brack /A. Brack, Das Grab des Haremhab. Theben Nr. 78, AV 35, Mainz 1980.

Branigen (1974):
K. Branigan, Aegean Metalwork of the Early and Middle Bronze Age, Oxford 1974.

Breyer (2000)
F. A. K. Breyer, Redaktionsgeschichte und Siegelungspraxis des Ägyptisch-Hethitischen Staatsvertrages, in: DE 46 (2000) 13-22.

Bresciani (1997):
E. Bresciani, Der Fremde, in: S. Donadoni (Hrsg.), Der Mensch des Alten Ägypten, Frankfurt 1997, 260-295.

Brunner-Traut (1956):
E. Brunner-Traut, Die altägyptischen Scherbenbilder (Bildostraka) der deutschen Museen und Sammlungen, Wiesbaden 1956.

Brunner-Traut (1968²):
E. Brunner-Traut, Altägytische Tiergeschichte und Fabel, 2., erweiterte Auflage, Darmstadt 1968 [1959].

Brunner-Traut (1977):
E. Brunner-Traut, in: LÄ II (1977) Sp. 600-601, s.v. "Giraffe".

Brunner-Traut (1983):
E. Brunner-Traut, Altägyptische Märchen, Köln 1983.

Brunton (1937)
G. Brunton, Mostagedda and the Tasian Culture, London 1937.

Kühnert-Eggebrecht, MÄS 15, S. 109, G-II/8, Taf. 12,3.

Bryan (2000):
B. Bryan, The Egyptian Perspective on Mitanni, in: Cohen/Westbook (2000) 71-84.

Buchholz (1974):
H. G. Buchholz, Agäische Importe. Künstlerische Anregungen Vasennachahmungen in Agypten, in: Archäologischer Anzeiger 89 (1974) 439-462.

Burchardt (1912):
M. Burchardt, Zwei Bronzeschwerter aus Ägypten, in: ZÄS 50 (1912) 61-63.

Burkard/Thissen (2003):
G. Burkard/H.-J. Thissen, Einführung in die altägyptische Literaturgeschichte I. Altes und Mittleres Reich, Münster/Hamburg/London 2003.

Cadogan (1981-1982):
Cadogan, Chronologies of Old World..., 1981-1982.

Carter/Newberry (1904):
H. Carter/P. E. Newberry, The Tomb of Thoutmôsis IV, Westminster, 1904.

Caquot/Szycer (1980):
A. Caquot/M. Szycer, Ugaritic Religion, Iconography of Religions, XV.8, Leiden 1980.

Catling (1956):
H. W. Catling, Bronze Cut-and-Thrust Swords in the Eastern Mediterranean, in: PPS 7 (1956) 102-125.

Catling (1964):
H. W. Catling, Cypriot Bronzework in the Mycenaean World, Oxford 1964.

Černý (1937):
J. Černý, Restitution of, and penalty attaching to, stolen property in Ramesside times, in: JEA 23 (1937) 186-189.

Chadefaud (1982):
C. Chadefaud, Les statues porte-enseignes de l'Egypte ancienne, Paris 1982.

Champollion (1835-1845):
J. F. Champollion, Monuments de l'Égypte et de la Nubie, 4 Bde., Paris 1835-1845.

Chassinat (1901):
E. Chassinat, Un tomb inviolée de la XVIIIe dynastie découverte aux environs de Médinet el-Gorab dans le Fayoum, in: BIFAO 1 (1901) 225-234.

Cifola (1991)
B. Cifola, The Terminology of Ramesses III's Historical Records, with a formal Analysis of the War Scenes, in: Orientalia N.S. 60 (1991) 9–57.

Cline (1994):
E. H. Cline, Sailing the Wine-Dark Sea: International Trade and Late Bronze Age Aegean, BAR International Series 591, Oxford 1994.

Cline (1995):
E. H. Cline, Egyptian and Near Eastern Imports at Late Bronze Age Mycenae, in: Davies/Schofield (1995) 91-115.

Cohen/Westbook (2000):
R. Cohen/R. Westbook (Hrsg.), Amarna Diplomacy. The Beginnings of International Relations, Baltimore/London 2000.

Cornelius (1994):
I. Cornelius, The Iconography of the Canaanite Gods Reshef and Ba'al, Late Bronze and Iron Age I Periods (c 1500-1000 BCE), OBO 140, Freiburg (Schw.)/Göttingen.

Cornelius (OBO 201):
I. Cornelius, „The Many Faces of the Goddess" – The Iconography of the Syro-Palestinian Goddesses Anat, Astarte, Qedeshet, and Asherah, c. 1500-1000 BCE, OBO 201,Freiburg/Göttingen, im Druck.

Cortese (1998):
V. Cortese, in: AAVV, L`Egypte, une description, Ajaccio 1998.

Crowley (1989):
J. L. Crowley, The Aegean and the East, Studies in Mediterranean Archaeology and Literature, Pocket-book 51, Jonsered 1989.

CT I:
A. de Buck/A. H. Gardiner, The Egyptian Coffin Texts I, OIP 34 Chicago 1935.

Curto (1973):
S. Curto, L'Arte Militare Presso Gli Antichi Egizi, Quaderno n. 3 del Museo Egizio di Torino, Turin 1973.

Curto (1984):
S. Curto, L'antico Egitto nel Museo Egizio di Torino, Turin 1984.

Daressy (1902):
G. Daressy, Fouilles de la Vallée des rois, Catalogue Général des antiquités égyptiennes du Musée du Caire, Nos 24001-24990, Kairo 1902.

Daressy (1906):
G. Daressy, Statues de divinités, Catalogue général des antiquités égyptiennes du musée du Caire, Nos. 38001-39384, Kairo 1905-06.

Daressy (1911):
G. Daressy, Plaquettes émaillées de Médinet-Habou, in: ASAE 11 (1911) 49-63.

Davies (1997):
B. G. Davies, Egyptian Historical Inscriptions of the Nineteenth Dynasty, Documenta Mundi: Aegyptiaca 2, Jonsered 1997.

Davis (1990):
D. Davis, An Early Treaty of Friendship between Egypt and Hatti, in: BACE 1 (1990) 31-37.

Davies (1933):
Nina de Garis Davies/ Norman de Garis Davies, The Tombs of Menkheperrasonb, Amenmose, and another (nos. 86, 112, 42, 226), TTS 5, London 1933.

Davies (1942):
Nina de Garis Davies, Nubians in the Tomb of Amunedjeh, in: JEA 28 (1942) 50-52.

Davies/Gardiner (1920):
Nina de Garis Davies/A. H. Gardiner, The tomb of Huy, viceroy of Nubia in the reign of Tut'ankham?n (no. 40), TTS 4, 1920.

Davies (1903):
Norman de Garis Davies, The Rock Tombs of El Amarna I, ASE 13, London 1903.

Davies (1922-23):
Norman de Garis Davies, The tomb of Puyemrê at Thebes, 2 Bde., RPTMS 2-3, New York 1922-23.

Davies (1943):
Norman de Garis Davies, The Tomb of Rekh-mi-re^{c} at Thebes, 2 Bde., PMMA 11, New York 1943.

Davies (1987):
W. V. Davies, Tools and Weapons I. Axes, Catalogue of Egyptian Antiquities in the British Museum 7, London 1987.

Davies (2003):
V. Davies, Sobeknakht's Hidden Treasure, in: British Museum Magazine 46, Summer 2003, 18-19.

Davies/Schofield (1995):
W. V. Davies/L. Schofield (Hrsg.), Egypt, the Aegean and the Levant. Interconnections in the Second Millennium BC, Colloquium at the British Museum July 1992, London 1995.

Debono (1979):
F. Debono, À propos de la curieuse représentation d'une girafe dans l'ouvrage de Belon du Mans, in: Hommages Sauneron II, BdE 82 (1979) 417-458.

Decker (1984).
W. Decker, in: LÄ V (1984) Sp. 626-627, s. v. „Schild".

Decker (1986):
W. Decker, in: LÄ VI (1986) Sp. 1130-1135, s.v. „Wagen".

Decker/Herb (1994):
W. Decker/M. Herb, Bildatlas zum Sport im Alten Ägypten, Handbuch der Orientalistik I, Bd. 14, Leiden 1994.

Decker/Förster (1995):
W. Decker/F. Förster, Annotierte Bibliographie zum Sport im Alten Ägypten II: 1978-2000, Nikephoros Beihefte 8, Hildesheim 2002.

Delia (1995):
R. Delia, Khakaure Senwosret III, King and Man, in: KMT 6,2 (1995) 18-33.

Desroches Noblecourt et. al. (1971):
Ch. Desroches Noblecourt/S. Donadoni/E. Edel, Grand Temple d'Abou Simbel. La bataille de Qadech, CEDAE 47, Kairo 1971.

Dezsö (2001):
T. Dezsö, Near Eastern Helmets of the Iron Age, in B.A.R. International Series 992, Oxford 2001.

Donadoni (1989):
S. Donadoni, in A. M. Donadoni (Hrsg.), Museo Egizio. Civiltà degli Egizi. Le arti della celebrazione, Mailand 1989.

Dorman (1995):
P. Dorman, Two Tombs and One Owner, in: J. Assmann u.a. (Hrsg.): Thebanische Beamtennekropole, SAGA 12, Heidelberg 1995, 141-154.

Drenkhahn, (1967):
R. Drenkhahn, Darstellungen von Negern in Ägypten, Dissertation Hamburg 1967.

Drenkhahn (1975):
R. Drenkhahn, Eine Privatstiftung des Vizekönigs Setau in Elkab, in: SAK 3 (1975) 43-48.

von den Driesch/Peters (2001):
A. von den Driesch/J. Peters, Frühe Pferde- und Maultierskelette aus Auaris (Tell el-Dab^{c}a), östliches Nildelta, in: Ägypten und Levante 11 (2001) 301-311.

Düwel/Jankuhn/Siems/Timpe (1985):
K. Düwel/H. Jankuhn/H. Siems/D. Timpe (Hrsg.), Untersuchungen zu Handel und Verkehr der vor- und frühgeschichtlichen Zeit in Mittel- und Nordeuropa, Teil I.: Methodische Grundlagen und Darstellungen zum Handel in der vorgeschichtlichen Zeit und in der Antike, Göttingen 1985.

Dunham (1967):
D. Dunham, Second Cataract Forts II. Uronarti, Shalfak, Mirgissa, Boston, 1967.

Dziobek (1994):
E. Dziobek, Die Gräber des Vezirs User-Amun Theben Nr. 61 und 131, AV 84, Mainz 1994.

Edel (1966):
E. Edel, Die Ortsnamenlisten aus dem Totentempel Amenophis III., Bonner Biblische Beiträge 25, Bonn 1966.

Edel (1976):
E. Edel, Ägyptische Ärzte und ägyptische Medizin am hethitischen Königshof , Rheinisch-Westfälische Akademie der Wissenschaften, Geisteswissenschaftliche Vorträge G 205, Göttingen 1976.

Edel (1980):
E. Edel, A Kamares Vase from Qubbet el-Hawa, near Aswan, in: Kemp/Merrillees (1980) 176-214.

Edel (1994):
E. Edel, Die ägyptisch-hethitische Korrespondenz aus Boghazköi in babylonischer und hethitischer Sprache, Bd. I-II, Abhandlungen d. Rheinisch-Westfälischen Akademie der Wissenschaften 77, Opladen 1994.

Edgerton/Wilson (1936):
W. F. Edgerton/J. A. Wilson, Historical Records of Ramses III. The Texts in Medinet Habu I-II, SAOC 12, Chicago 1936.

Eggebrecht (1973):
A. Eggebrecht, Schlachtungsbräuche im Alten Ägypten und ihre Wiedergabe im Flachbild bis zum Ende des Mittleren Reiches, Diss. München 1973.

Eggebrecht (1977):
E. Eggebrecht, in: LÄ II (1977) Sp. 895-896, s.v. "Greif".

Eichler (1993):
E. Eichler, Untersuchungen zum Expeditionswesen des ägyptischen Alten Reiches, GOF IV/26, Wiesbaden 1993.

Endruweit (1999):
A. Endruweit, Weltentwurf en miniature – der Skarabäus, in: Vom Skarabäus zum new beetle, herausgegeben vom Kunstverein Bad Salzdetfurth, Bodenburg 1999, 9-15.

Engelbach/Gunn (1923):
R. Engelbach/B. Gunn, Harageh, BSAE 28, London, 1923.

Evans (1935):
A. Evans, The Palace of Minos, Vol. IV, London 1935.

Eyre (1996):
Ch. Eyre, Is Egyptian Historical Literature 'Historical' or 'Literacy', in: Loprieno (1996) 415-433.

v. Falck (1989):
M. v. Falck, Wallfahrten im Alten Ägypten? Darstellung der Problemlage und Würdigung der unterschiedlichen Hypothesen, Münster 1989 (unveröffentlichte Magisterarbeit).

Faulkner (1944):
R. O. Faulkner, The rebellionin the Hare Nome, in: JEA 30 (1944) 61-63.

Fechheimer (1921):
H. Fechheimer, Kleinplastik der Ägypter, Berlin 1921.

Fecht (1984):
G. Fecht, Sinuhes Zweikampf als Handlungskern des dritten Kapitels des Sinuhe-"Romans", in: Studien zu Sprache und Religion Ägyptens, Festschrift Westendorf, Bd. 1, Göttingen 1984, 465-484.

Feucht (1982):
E. Feucht, Relief Scheschonqs I. beim Erschlagen der Feinde aus El-Hibe, in: SAK 9 (1981) 105-117.

Feucht (1990a):
E. Feucht, Kinder fremder Völker in Ägypten I, in: A. Eggebrecht/B. Schmitz (Hrsg.), Festschrift Jürgen von Beckerath, HÄB 30, Hildesheim 1990, 29-48.

Feucht (1990b):
E. Feucht, Kinder fremder Völker in Ägypten II, in: SAK 17 (1990) 177-204.

Feucht (1995):
E. Feucht, Das Kind im Alten Ägypten. Die Stellung des Kindes in Familie und Gesellschaft nach altägyptischen Texten und Darstellungen, Frankfurt/New York 1995.

Finley (1993):
M. I. Finley, Die antike Wirtschaft, München 1993.

Fischer (1961):
H. G. Fischer, The Nubian Mercenaries of Gebelein during the First Intermediate Period, in: Kush 9 (1961) 44-80.

Fischer (2000):
M. Fischer, Holzanatomische Untersuchungen an altägyptischen Bögen aus dem Museum für Völkerkunde Hamburg, in: Mitteilungen aus dem Museum für Völkerkunde Hamburg, Neue Folge Bd. 30, Hamburg 2000, 4-20.

Fischer-Elfert (1986):
H.-W. Fischer-Elfert, Die satirische Streitschrift des Papyrus Anastasi I. Übersetzung und Kommentar, ÄA 44, Wiesbaden 1986.

Fischer-Elfert (1992):
H.-W. Fischer-Elfert, Die satirische Streitschrift des Papyrus Anastasi I: Textzusammenstellung, KÄT, Wiesbaden 1992.

Forstner-Müller/Müller/Radner (2002):
I. Forstner-Müller/W. Müller/K. Radner, Statuen in Verbannung: Ägyptischer Statuenexport in den Vorderen Orient unter Amenophis III. und IV., in: Ägpten und Levante 12 (2002) 155-166.

Franke (1984):
D. Franke, Personendaten aus dem Mittleren Reich (20.-16. Jahrhundert v. Chr.). Dossiers 1-976, ÄA 41, Wiesbaden 1984.

Frankfort (1924):
H. Frankfort, Studies in early pottery of the Near East I. Mesopotamia, Syria, and Egypt and their Earliest Interrelations, London 1924.

Führungsblätter Hannover:
Kestner-Museum. Ägyptische Abteilung. Feste, tägliches Leben und die private Welt der Ägypter, Hannover o. J., 1-28.

Galán (1995):
J. M. Galán, Victory and Border. Terminology Related to Egyptian Imperialism in the XVIIIth Dynasty, HÄB 40, Hildesheim 1995.

Gale (1991):
N. H. Gale (Hrsg.), Bronze Age Trade in the Mediterranean. Papers presented at the Conference at Rewly House, Oxford, in December 1989, Studies in Mediterranean Archaeology 20, Jonsered 1991.

Gardiner (1909):
A. H. Gardiner, Die Erzählung des Sinuhe und die Hirtengeschichte, Literarische Texte des Mittleren Reiches II, Hieratische Papyrus aus den Königlichen Museen zu Berlin, Bd. V, Leipzig 1909.

Gardiner (1916):
A.H. Gardiner, An Ancient List of the Fortresses of Nubia, in: JEA 3 (1916) 184-192.

Gardiner (1932):
A. H. Gardiner, Late-Egyptian Stories, Bibliotheca Aegyptiaca I, Brüssel 1932.

Gardiner (1947):
A. H. Gardiner, Ancient Egyptian Onomastica, Oxford 1947.

Garstang (1928):
J. Garstang, An Ivory Sphinx form Abydos, in: JEA 14 (1928) 46-47.

Gill (1906):
A. Gill, Examination of the Contents of a Mycenaean Vase Found in Egypt, in: AJA 10 (1906) 300 ff.

Giveon (1971):
R. Giveon, Les bédouins Shosou des documents égyptiens, Documenta et Monumenta Orientis Antiqui 18, Leiden 1971.

Giveon (1978):
R. Giveon, The Impact of Egypt on Canaan. Iconographical and Related Studies, OBO 20, Freiburg (Schw.)/Göttingen 1978.

Gnirs (1996a):
A. M. Gnirs, Militär und Gesellschaft. Ein Beitrag zur Sozialgeschichte des Neuen Reiches. SAGA 17, Heidelberg 1996.

Gnirs (1996b):
A. M. Gnirs, Die ägyptische Autobiographie, in: Loprieno (1996) 191-241.

Gnirs (1999):
A. M. Gnirs, Ancient Egypt, in: K. Raaflaub/N. Rosenstein (Hrsg.), War and Society in the Ancient and Medieval Worlds: Asia, the Mediterranean, Europe, and Mesoamerica, Cambridge (Mass.) 1999, 71-75.

Gnirs (2001):
A. M. Gnirs, Military. An Overview, in: D. Redford (Hrsg.), The Oxford Encyclopedia of Ancient Egypt II, Oxford 2001, 400-406.

Görg (2001a):
M. Görg, in: Neues Bibel-Lexikon III (2001) Sp. 464, s.v. "Schasu".

Görg (2001b):
M. Görg, in: Neues Bibel-Lexikon III (2001) Sp. 551-552, s.v. "Seevölker".

Graham (1970):
J. W. Graham, Egyptian Features at Phaistos, in: AJA 74 (1970) 231-239.

Gratien (1995):
B. Gratien, La Basse Nubie à l'Ancien Empire: Égyptiens et autochtones, JEA 81 (1995) 43-56.

Grimal (1998):
N. Grimal, Le roi, les ennemis et la pyramide, in: H. Guksch/D. Polz (Hrsg.), Stationen. Beiträge zur Kulturgeschichte Ägyptens Rainer Stadelmann gewidmet, Mainz 1998, 262-271.

Gundlach (1994):
R. Gundlach, Die Zwangsumsiedlung auswärtiger Bevölkerung als Mittel ägyptischer Politik bis zum Ende des Mittleren Reiches, Forschungen zur antiken Sklaverei 26, Stuttgart 1994.

Gundlach (1996):
R. Gundlach, Das politische Spannungsfeld Unternubien in der Mitte des 2. Jahrtausends v. Chr., in: R. Gundlach u. a. (Hrsg.), Der Sudan in Vergangenheit und Gegenwart (1996).

Gunn/Gardiner (1918):
B. Gunn/A. H. Gardiner, New renderings of Egyptian Texts II: The expulsion of the Hyksos, in: JEA 5 (1918) 40-45.

Habachi (1954):
L. Habachi, Khatâna-Qantir: Importance, ASAE 52 (1954), 443-562.

Habachi (1967):
L. Habachi, Setau, the Famous Viceroy of Ramses II and his Career, in: Cahiers d'Histoire Egyptienne X (1967) 51-68.

Haider (1988a):
P. W. Haider, Griechenland - Nordafrika: Ihre Beziehungen zwischen 1500 und 600 v. Chr., Impulse der Forschung 53, Darmstadt 1998.

Haider (1988b):
P. W. Haider, Zu den ägyptisch-ägäischen Handelsbeziehungen zwischen ca. 1370 und 1200 v. Chr. Teil I: Das Handelssystem, in: Münstersche Beiträge zur antiken Handelsgeschichte 6 (1988) 12- 26.

Haider (1988c):
P. W. Haider, Fremdarbeiter im Alten Ägypten, in: I. Weiler (Hrsg.), Soziale Randgruppen und Außenseiter im Altertum. Referate vom Symposion „Soziale Randgruppen und antike Sozialpolitik" in Graz (21. bis 23. September 1987), Graz 1988, 303-311.

Haider (1989):
P. W. Haider, Zu den ägyptisch-ägäischen Handelsbeziehungen zwischen ca. 1370 und 1200 v. Chr. Teil II: Handelsgüter und Handelswege, in: Münstersche Beiträge zur antiken Handelsgeschichte 8 (1989) 1-28.

Haider (1996):
P. W. Haider, Menschenhandel zwischen dem ägyptischen Hof und der minoisch-mykenischen Welt?, in: Ägypten und Levante 6, 1996, 137-156.

Hall (1986):
E. S. Hall, The Pharao Smites his Enemies. A Comparative Study, MÄS 44, Berlin/München 1986.

Hall (1913):
H. R. Hall, Catalogue of Egyptian Scarabs, etc. in the British Museum. Vol. I. Royal Scarabs, London 1913.

Harvey (1998):
St. P. Harvey, The Cults of King Ahmose at Abydos, Diss., University of Pennsylvania 1998.

Hasel (1998):
M. G. Hasel, Domination and Resistance: Egyptian Military Activity in the Southern Levant, ca. 1300-1185 B.C., PÄ 11, Leiden/Boston/Köln 1998.

Hayes (1953):
W. C. Hayes, The Scepter of Egypt. A Background for the Study of the Egyptian Antiquities in The Metropolitan Museum of Art. Part I: From the Earliest Times to the End of the Middle Kingdom, Cambridge (Mass.) 1953.

Hayes (1959):
W. C. Hayes, The Scepter of Egypt. A Background for the Study of the Egyptian Antiquities in The Metropolitan Museum of Art. Part II: The Hyksos Period and the New Kingdom (1675-1080 B.C.), Cambridge (Mass.) 1959.

Hayes (1978):
W. C. Hayes, Egypt: Internal Affairs from Thutmosis I to the Death of Amenophis III, in: The Cambride Ancient History. Third Edition, Vol. II, Part 1, Cambridge 1978 , 313-416.

Healy (1993):
M. Healy, Qadesh 1300 BC. Clash of the Warrior Kings, Osprey Military Campaign Series 22, London 1993.

Heichelheim (1938):
F. M. Heichelheim, Wirtschaftsgeschichte des Altertums vom Paläolithikum bis zur Völkerwanderung der Germanen, Slaven und Araber, Leiden 1938.

Hein/H. Satzinger (1993):
I. Hein/H. Satzinger, Stelen des Mittleren Reiches einschließlich der I. und II. Zwischenzeit. Teil II, CAA Wien 7, Mainz 1993, 162-164.

Heinz (2001):
S. C. Heinz, Die Feldzugsdarstellungen des Neuen Reiches, Österreichische Akademie der Wissenschaften, Denkschrift der Gesamtakademie 18, Wien 2001.

Helck (1955)
W. Helck, Die liegende und geflügelte weibliche Sphinx des Neuen Reiches, in: MIO 3 (1955) 1-10.

Helck (1971²):
W. Helck, Die Beziehungen Ägyptens zu Vorderasien im 3. und 2. Jahrtausend v. Chr., ÄA 5, 2., verbesserte Auflage, Wiesbaden 1971.

Helck (1974):
W. Helck, Die Bedeutung der Felsinschriften J. Lopez, Inscripciones rupestres Nr. 27 und 28, in: SAK 1 (1974) 215-225.

Helck (1975a):
W. Helck, Die Stele des *Śtȝw* aus Wadi es-Sebua, in: SAK 3 (1975) 85-112.

Helck (1975b):
W. Helck, Historisch-biographische Texte der 2. Zwischenzeit und neue Texte der 18. Dynastie, KÄT, Wiesbaden 1975.

Helck (1975c):
W. Helck, Die Beziehungen Ägypten - Ugarit, in: ALASP 7 (1975) 87 ff.

Helck (1975d):
W. Helck, LÄ I (1975) Sp. 890 ff., s.v. "Byblos".

Helck (1976):
W. Helck, Ägyptische Statuen im Ausland – Ein chronologisches Problem, in: Ugarit-Forschungen 8 (1976) 101-115.

Helck (1977a):
W. Helck in: LÄ II (1977) Sp. 304-306, s.v. "Fremdarbeit".

Helck (1977b):
W. Helck in: LÄ II (1977) Sp. 306-310, s.v. "Fremde in Ägypten".

Helck (1977c):
W. Helck in: LÄ II (1977) Sp. 311-312, s.v. "Fremde, Verhältnis zur".

Helck (1979):
W. Helck, Die Beziehungen Ägyptens und Vorderasiens zur Ägäis bis ins 7. Jahrhundert v. Chr., Erträge der Forschung 120, Darmstadt 1979.

Helck (1987):
W. Helck, Nochmals zu Ramses' III. Seevölkerbericht, in: SAK 14 (1987) 129-145.

Helck (1980):
W. Helck, in: LÄ III (1980) Sp. 786-788, s.v. "Kriegsgefangene".

Helck (1995):
W. Helck, Die Beziehungen Ägypten – Ugarit, in: M. Dietrich/O. Loretz (Hrsg.), Ugarit. Ein ostmediterranes Kulturzentrum im Alten Orient, Band I: Ugarit und seine altorientalische Umwelt, Münster 1995, 87-94.

Helck (1995²):
W. Helck, Die Beziehungen Ägyptens und Vorderasiens zur Ägäis bis ins 7. Jahrhundert v. Chr., von R. Drenkhahn durchgesehene u. bearbeitete Neuauflage, Erträge der Forschung 120, Darmstadt 1995².

Hermann/Schwan (1940):
A. Hermann/W. Schwan, Ägyptische Kleinkunst, Berlin 1940.

Herold (1999):
A. Herold, Streitwagentechnologie in der Ramses-Stadt. Bronze an Pferd und Wagen, FoRa 2, Mainz 1999.

Herold (2001):
A. Herold, "Von Pferdeställen und Wagenteilen". Neuigkeiten über Pferd und Wagen aus der Delta-Residenz Ramses' II, in: Achse, Rad und Wagen 9 (2001) 4-17.

Herold (2003a):
A. Herold, Ein Puzzle mit zehn Teilen. Waffenkammer und Werkstatt aus dem Grab des *Ky-jrj* in Saqqara, in: E. Pardey/K. Martin/N. Kloth (Hrsg.), Es werde niedergelegt als Schriftstück. Festschrift für Hartwig Altenmüller zum 65. Geburtstag, BSAK 9, Hamburg 2003, 193-202.

Herold (2003b):
A. Herold, Streitwagentechnologie in der Ramses-Stadt. Knäufe, Knöpfe und Scheiben aus Stein, FoRa 3, Mainz 2003 (zum Druck eingereicht).

Herold (in Vorb.):
A. Herold, Aspekte ägyptischer Waffentechnologie, Erste Schriftversion eines Vortrags auf dem „Symposium zur ägyptischen Militärgeschichte, 04.-05. Dezember 2003 in Mainz.

Herzog (1968):
R. Herzog, Punt, ADAIK 6, Glückstadt 1968.

Hickmann (1982):
E. Hickmann, in: LÄ IV (1982) Sp. 231-234, s.v. "Musiker".

Hierat. Pap. (1911):
Königliche Museen zu Berlin, Hieratische Papyrus, Vol. 3, Schriftstücke der VI. Dynastie aus Elephantine – Zaubersprüche für Mutter und Kind – Ostraka, Leipzig 1911.

Higgins (1977):
R. Higgins, The Greek Bronze Age, London 1977.

Higgins (1979):
R. Higgins, The Aegina Treasure: an archaeological mystery, London, 1979.

Hikade (2001):
T. Hikade, Das Expeditionswesen im ägyptischen Neuen Reich. Ein Beitrag zu Rohstoffversorgung und Außenhandel, SAGA 21, Heidelberg 2001.

Hiller (1994/95):
S. Hiller, Die Schachtgräber von Mykene: In ägyptischem Kontext, in: Minos 29/30 (1994/95) 9-33.

Hiller (1999):
S. Hiller, Egyptian Elements on the Hagia Triada Sarcophagus, in: Ph. P. Betancourt (Hrsg.), Meletemata. Studies in Aegean archaeology presented to Malcolm H. Wiener as he enters his 65th year, Aegaeum 20, Liège 1999, 357-368.

Hintze/Reineke (1989):
F. Hintze/W. F. Reineke, Felsinschriften aus dem sudanesischen Nubien, 2 Bde., Berlin 1989.

Hölbl (1983):
G. Hölbl, Ägyptischer Einfluss in der griechischen Kleinkunst, Jahreshefte des Österreichischen Archäologischen Instituts in Wien, Hauptblatt, Band 54 (1983) 4-17.

Hölbl (1986):
G. Hölbl, in: LÄ VI (1986) Sp. 920 ff.; s.v. „Verehrung ägyptischer Götter im Ausland".

Hölscher (1941)
U. Hölscher, The Excavation of Medinet Habu, Vol. III: The Mortuary Temple of Ramses III, OIP 54, Chicago 1941.

Hoenes (1975):
S. Hoenes, Untersuchungen zu Wesen und Kult der Göttin Sachmet, Diss. Münster 1975.

Hoffmeier (2001):
J. K. Hoffmeier, Military: Materiel, in: D. B. Redford (Hrsg.), The Oxford Encyclopedia of Ancient Egypt II. Oxford 2001, 406-412.

Hofmann (1989):
U. Hofmann, Fuhrwesen und Pferdehaltung im Alten Ägypten, Diss. Bonn 1989.

Hornemann (1951):
B. Hornemann, Types of Ancient Egyptian Statuary, Parts I-VII, Kopenhagen 1951-1969.

Hornung (1978²):
E. Hornung, Grundzüge der ägyptischen Geschichte, 2., überarbeitete und erweiterte Auflage, Darmstadt 1978.

Hornung (1984²):
E. Hornung, Ägyptische Unterweltsbücher, 2., erweiterte Auflage, Zürich/München 1984.

Hornung/Staehelin (1976):
E. Hornung/E. Staehelin, Skarabäen und andere Siegelamulette aus Basler Sammlungen, Ägyptische Denkmäler in der Schweiz, Bd. 1, Mainz 1976.

Houlihan (1996):
P. Houlihan, The Animal World of the Pharaohs, London/New York 1996.

Hüttner/Satzinger (1999):
M. Hüttner/H. Satzinger, Stelen, Inschriftsteine und Reliefs aus der Zeit der 18. Dynastie, CAA Wien 16, Mainz 1999.

Jaeger (1982):
B. Jaeger, Essai de classification et datation des scarabées Menkhéperrê, OBO SA 2, , Freiburg (Schw.)/Göttingen 1982.

James (1970):
T. G. H. James, Hieroglyphic Texts from Egyptian Stelae, vol. 9, London 1970.

Jaroš-Deckert (1972):
B. Jaroš-Deckert, Das Grab des Jnj-jtj.f. Die Wandmalereien der XI. Dynastie, AV 12, Mainz 1972.

Jaroš-Deckert (1987):
B. Jaroš-Deckert, Statuen des Mittleren Reiches und der der 18. Dynastie, CAA Wien 1, Mainz 1987.

Kákosy (1989):
L. Kákosy, Zauberei im alten Ägypten, Leipzig 1989.

Kaplan (1980):
M. F. Kaplan, The Origin and Distribution of Tell el Yahudiyah Ware, Studies in Mediterranean Archaeology 62, Göteborg 1980.

Karageorghis (1995):
V. Karageorghis, Relations between Cyprus and Egypt Second Intermediate Period and XVIIIth Dynasty , in: Ägypten und Levante 5 (1995) 73-79.

Karig (1977):
J. Karig, in: LÄ II (1977) Sp. 373, s.v. „Galopp".

Kat. Basel (1997):
M. Page-Gasser/A. Wiese, Ägypten. Augenblicke der Ewigkeit. Unbekannte Schätze aus Schweizer Privatbesitz, Ausstellung Antikenmuseum Basel und Sammlung Ludwig 18. März - 13. Juli 1997, Mainz 1997.

Kat. Basel (2001):
A. Wiese, Antikenmuseum Basel und Sammlung Ludwig. Die Ägyptische Abteilung, Mainz 2001.

Kat. Berlin (1899²):
Ausführliches Verzeichnis der aegyptischen Altertümer und Gipsabgüsse. Königliche Museen zu Berlin, Berlin 1899².

Kat. Berlin (1967):
[W. Kaiser (Hrsg.)], Ägyptisches Museum Berlin, Staatliche Museen Preussischer Kulturbesitz, Berlin 1967.

Kat. Berlin (1991):
K.-H. Priese (Hrsg.), Ägyptisches Museum, Staatliche Museen zu Berlin Stiftung Preussischer Kulturbesitz, Mainz 1991.

Kat. Boston (1982):
Egypt's Golden Age: The Art of Living in the New Kingdom 1558-1085 B.C., Boston 1982.

Kat. Boston (1999):
R. Freed/Y. J. Markowitz/S. H. D'Auria, Pharaohs of the Sun, Akhenaten, Nefertiti, Tutankhamen, Museum of Fine Arts Boston, Boston 1999.

Kat. Duisburg (1987):
Von der Kunstkammer zum Museum: Plastik aus dem Schloßmuseum Gotha, Ausstellungskatalog, Duisburg 1987.

Kat. Genf (1990):
Ch. Bonnet (Hrsg.), Kerma, royaume de Nubie : l'antiquité africaine au temps des pharaons; exposition organisée au Musée d'Art et d'Histoire, Genève, 14 juin - 25 novembre 1990, Genf 1990

Kat. Gotha (1996):
U. Wallenstein, Ägyptische Sammlung, Schlossmuseum Gotha 1996.

Kat. Hamm (1999):
H. D. Schneider, Leben und Tod im Alten Ägypten. Meisterwerke aus dem Reichsmuseum für Altertümer in Leiden, Katalog zur Ausstellung 13. Juni - 17. Oktober 1999 im Gustav-Lübcke-Museum, Hamm 1999.

Kat. Hannover (1958[2]):
I. Woldering, Ausgewählte Werke der aegyptischen Sammlung, Bildkataloge des Kestner-Museums Hannover I, 2., erw. Aufl., Hannover 1958.

Kat. Heidelberg (1986):
E. Feucht, Vom Nil zum Neckar. Kunstschätze Ägyptens aus pharaonischer und koptischer Zeit an der Universität Heidelberg, Berlin/Heidelberg 1986.

Kat. Heraklion (2000):
A. Karetsou/M Andreadaki-Blazaki (Hrsg.), Kriti-Aigyptos, Ausstellungskatalog, Herakleion 2000.

Kat. Hildesheim (1987):
A. Eggebrecht (Hrsg.), Ägyptens Aufstieg zur Weltmacht, Katalog zur Sonderausstellung im Roemer- und Pelizaeus-Museum Hildesheim, 3. August bis 29 November 1987, Hildesheim/Mainz 1987.

Kat. Höhr-Grenzhausen (1978):
Meisterwerke altägyptischer Keramik. 5000 Jahre Kunst und Kunsthandwerk aus Ton und Fayence, Katalog Höhr-Grenzhausen 1978.

Kat. Kassel (1996):
A. Felgenhauer, Ägyptische und Ägyptisierende Kunstwerke, Kataloge der Staatlichen Museen Kassel Nr. 22, Kassel 1996.

Kat. Kassel (1999):
R. Busz/P. Gercke (Hrsg.), Türkis und Azur. Quarzkeramik im Orient und Okzident, Ausstellungskatalog Kassel 1999, Kassel 1999.

Kat. Kaufbeuren (1997):
A. Grimm/S. Schoske/D. Wildung, Pharao. Kunst und Herrschaft im alten Ägypten, Kaufbeuren 1997.

Kat. Leiden (1850):
C. Leemans, Monumens égyptiens du Musée d'Antiquités des Pays-Bas à Leide, II.11, Leiden 1850.

Kat. Leiden (1853):
C. Leemans, Monumens égyptiens du Musée d'Antiquités des Pays-Bas à Leide, II.14, Leiden 1853.

Kat. Leiden (1913):
P. A. A. Boeser, Beschrijving van de Egyptische verzameling in het Rijksmuseum van Oudheden te Leiden VI, Den Haag 1913.

Kat. Los Angeles (1995):
Nancy Thomas et al. (Hrsg.), The American Discovery of Ancient Egypt, Los Angeles 1995.

Kat. Mailand (2002):
Ch. Ziegler (Hrsg.), The Pharaohs, Ausstellungskatalog, Mailand 2002.

Kat. München (1972):
Staatliche Sammlung Ägyptischer Kunst, München 1972.

Kat. München (1985):
Entdeckungen. Ägyptische Kunst in Süddeutschland, Ausstellung in der Galerie der Bayerischen Landesbank vom 30. August bis 6. Oktober 1985, Mainz 1985.

Kat. München (1989):
Kleopatra. Ägypten um die Zeitenwende, Ausstellung in der Kunsthalle der Hypo-Kulturstiftung vom 16. Juni – 10 September 1989, Mainz 1989.

Kat. München (1995):
Staatliche Sammlung Ägyptischer Kunst München, Zaberns Bildbände zur Archäologie Bd. 31, Mainz 1995.

Kat. München (1990):
S. Schoske/A. Grimm/B. Kreißl, Schönheit – Abglanz der Göttlichkeit, SAS 5, München 1990.

Kat. München (1992):
S. Schoske/B. Kreißl/R. Germer, "Anch" Blumen für das Leben. Pflanzen im alten Ägypten, SAS 6, München 1992.

Kat. München (1996):
D. Wildung, Sudan. Antike Königreiche am Nil (Katalog der Sonderausstellung München 1996), Tübingen 1996.

Kat. München (1999):
A. Grimm/S. Schoske, Im Zeichen des Mondes. Ägypten zu Beginn des Neuen Reiches, SAS 7, München 1999.

Kat. München/Berlin/Hildesheim (1976):
Nofretete, Echnaton, Tutanchamun. Gesamtkatalog der Ausstellungen in München/Berlin/Hildesheim, Mainz 1976.

Kat. Nagoya/Boston (1999):
Art of the Ancient Mediterranean World, Ausstellungskatalog, Nagoya and Boston 1999.

Kat. New York (1999):
Egyptian Art in the Age of the Pyramids, Metropolitan Museum of Art, New York 1999.

Kat. Paris (1981):
Un siècle de fouilles françaises en égypte 1880-1980. À l'occasion du Centenaire de École du Caire (IFAO), Paris 1981.

Kat. Paris (1993):
Aménophis III le Pharaon-Soleil, Paris 1993.

Kat. Paris (2000a):
J. Reinold (Hrsg.), Archéologie au Soudan. Les civilisations de Nubie, Paris 2000.

Kat. Paris (2000b):
M. Étienne, Heka. Magie et envoûtement dans l'Egypte ancienne, Paris 2000.

Kat. Paris/Brüssel (2002):
Les artistes de Pharaon. Deir el Médineh et la Vallée des Rois, Paris/Brüssel 2002.

Kat. Providence (1998):
F. D. Friedman (Hrsg.), Gifts of the Nile, Museum of Art Providence, London 1998.

Kat. Stockholm (1999):
B. George/O. Kaneberg, Kärlek till Egypten, Stockholm 1999.

Kat. Stuttgart (1994):
Frühes Glas der alten Welt, 1600 v. Chr. - 50 n. Chr. Sammlung Ernesto Wolf, Stuttgart 1994.

Kat. Warschau (1997):
Geheimnisvolle Königin Hatschepsut, Ägyptische Kunst des 15. Jahrhunderts v. Chr., Ausstellungskatalog der Sonderausstellung im Nationalmuseum in Warschau, 20. November 1997 – 20. Februar 1998, Warschau 1997.

Kat. Wien (1979):
Funde aus Ägypten, Ausstellungskatalog, Wien 1979.

Kat. Wien (1992):
W. Seipel, Gott-Mensch-Pharao. Viertausend Jahre Menschenbilder in der Skulptur des alten Ägypten, Wien 1992.

Kat. Wien (1994):
Pharaonen und Fremde. Dynastien im Dunkel, Sonderaustellung des Historischen Museums der Stadt Wien in Zusammenarbeit mit dem Ägyptologischen Institut der Universität Wien und dem Österreichischen Archäologischen Institut Kairo, Rathaus Wien, Volkshalle, 8. Sept. - 23. Okt. 1994, Wien 1994.

Kat. Würzburg (1975):
E. Simon (Hrsg.), Führer durch die Antikenabteilung des Martin von Wagner Museums der Universität Würzburg, Mainz 1975.

Kat. Würzburg (2000):
D. Wildung (Hrsg.), Ägypten 2000 v. Chr. Die Geburt des Individuums, München 2000.

Keel (1993):
O. Keel, Königliche Nilpferdjagd. Eine ungewöhnliche Darstellung auf einem Skarabäus des Mittleren Reiches, in: GM 134 (1993) 63-68.

Keel (1996):
O. Keel, Ein weiterer Skarabäus mit einer Nilpferdjagd, die Ikonographie der sogenannten Beamtenskarabäen und der ägyptische König auf Skarabäen vor dem Neuen Reich, in: Ägypten und Levante 6 (1996) 119-136.

Keel (1997):
O. Keel, Corpus der Stempelsiegel-Amulette aus Palästina/Israel. Von den Anfängen bis zur Perserzeit. Katalog Band I: Von Tell Abu Farag 'Atlit. With Three Contributions by B. Brandl, OBO SA 13, Freiburg 1997.

Keel/Uehlinger (1990):
O. Keel/C. Uehlinger, Altorientalische Miniaturkunst. Die ältesten visuellen Massenkommunikationsmittel. Ein Blick in die Sammlungen des Biblischen Instituts der Universität Freiburg Schweiz, Mainz 1990.

Keimer (1954-56):
L. Keimer, Altägyptische, griechisch-römische und byzantinisch-koptische Darstellungen des syrischen Bären, in: AfO 17 (1954-56) 336-346.

Kemp (1978):
B. J. Kemp, Imperialism and Empire in New Kingdom Egypt, in: P. D. A. Garnsey/C. R. Whittaker (Hrsg.), Imperialism in the Ancient World, Cambridge 1978, 7-57 u. 284-297.

Kemp (1989):
B. J. Kemp, Ancient Egypt. Anatomy of a Civilization, London/New York 1989.

Kemp/Merillees (1980):
B. J. Kemp/R. S. Merillees, Minoan Pottery in Second Millennium Egypt With a Chapter by Elmar Edel, Mainz 1980.

Kendall (1997):
T. Kendall, Kerma and the Kingdom of Kush, 2500-1500 B.C., Washington 1997.

Kilian-Dirlmeier (1993):
I. Kilian-Dirlmeier, Die Schwerter in Griechenland (außerhalb der Peloponnes), Bulgarien und Albanien, PBF IV, 12, Stuttgart 1993.

Kitchen (1986):
K. A. Kitchen, The Third Intermediate Period in Egypt (1100-650 B.C.) [Second Edition with Supplement], Warminster 1986.

Kitchen (1990):
K .A. Kitchen, The Arrival of the Libyans in Late New Kingdom Egypt, in: A. Leahy (1990) 15-27.

Kitchen (1999):
K. A. Kitchen, Ramesside Inscriptions. Translated and Annotated. Notes and Comments, Bd. II., Oxford 1999.

Klengel (1964):
H. Klengel, Aziru von Amurru und seine Rolle in der Geschichte der Amarnazeit, in: Mitteilungen des Instituts für Orientforschung 10 (1964) 57-83.

Klengel (2002):
H. Klengel, Hattuschili und Ramses. Hethiter und Ägypter – ihr langer Weg zum Frieden, Mainz 2002.

Knudtzon (1915):
J. A. Knudtzon, Die El-Amarna-Tafeln, Vorderasiatische Bibliothek 2, Vol. I-II, Leipzig 1915.

Koch (1990):
R. Koch, Die Erzählung des Sinuhe, Bibliotheca Aegyptiaca XVII, Brüssel 1990.

Koschel (1991):
K. Koschel, Manuskript für den Katalog Kiseleff Teil 2, Würzburg 1991, unveröffentlicht.

Koschel (1996):
K. Koschel, Opium Alkaloids in a Cypriote Base Ring I Vessel (Bil-bil) of the Middle Bronze Age from Egypt, in: Ägypten und Levante 6 (1996) 159-166.

Kranz/Lullies (1975):
P. Kranz/R. Lullies, Corpus Vasorum Antiquorum. Deutschland Band 38. Kassel, Antikenabteilung der Staatlichen Kunstsammlungen Band 2, München 1975.

Krauss (1980):
R. Krauss, in: LÄ III (1980) Sp. 1113-1115, s.v. „Helm".

KRI:
K. A. Kitchen, Ramesside Inscriptions. Historical and Biographical, 7 Bde., Oxford 1968-1990.

Kühnert-Eggebrecht (1969):
E. Kühnert-Eggebrecht, Die Axt als Waffe und Werkzeug im Alten Ägypten, MÄS 15, Berlin 1969.

Kuykendall (1996):
W. H. Kuykendall, Egyptian Religious Activity in Palestine and Syria During the Third and Second Millennia Before Christ (1966).

Lacovara (1992):
P. Lacovara, A New Date for an Old Hippopotamus, in: Journal of the Museum of Fine Arts, Boston, Vol. 4 (1992) 17-26.

Lanzone (1881-84):
R.V. Lanzone, Dizionario di mitologia egizia, Turin 1881-1884, Nachdruck Amsterdam 1974.

Leahy (1985):
A. Leahy, The Libyan Period in Egypt: An Essay in Interpretation, in: Libyan Studies 16 (1985) 51-65.

Leahy (1990):
A. Leahy (Hrsg.), Libya and Egypt c1300-750 BC, London 1990.

Leclant (1996):
Leclant, Ägypten in Nubien. Das Neue Reich, in: Kat. München (1996) 119-127.

Lefebvre/Van Rinsveld (1990):
F. Lefebvre/B. Van Rinsveld, L'Egypte. Des Pharaons aux Coptes, Bruxelles 1990.

Leospo (1989):
E. Leospo, in: AAVV, Dal Museo al Museo. Passato e futuro des Museo Egizio di Torino, Turin 1989.

Leopso (1998):
E. Leospo, in A. M. Donadoni/F. Tiradritti (Hrsg.), Kemet. Alle sorgenti del tempo, Mailand 1998.

Lilyquist (1988):
C. Lilyquist, The Gold Bowl Naming General Djehuty: A Study of Objects and Early Egyptology, in: Metropolitan Museum Journal 23 (1988) 5-68.

Lindblad (1984):
I. Lindblad, Four Pieces of Royal Sculptur from the New Kingdom at Stockholm, in: Medelhavsmuseet Bulletin 19 (1984) 24-38.

Lipinska (1974):
J. Lipinska, Studies on Reconstruction of the Hatshepsut Temple at Deir el-Bahari – A Collection of the Temple Fragments in the Egyptian Museum Berlin, in: Festschrift zum 150jährigen Bestehen des Berliner Ägyptischen Museums, Berlin 1974, 163-171.

Littauer/Crouwel (1979):
M. A. Littauer/J. H. Crouwel, An Egyptian Wheel in Brooklyn, in: JEA 65 (1979) 107-120.

Littauer/Crouwel (1985):
M. A. Littauer/J. H. Crouwel, Chariots and Related Equipment from the Tomb of Tutʿankhamun, TUTOS VIII, Oxford 1985.

Liverani (1990):
M. Liverani, Prestige and Interest. International Relations in the Near East ca. 1600-1100 B.C., Padova 1990.

Liverani (2001):
M. Liverani, International Relations in the Ancient Near East, 1660-1100 BC, Houndmills 2001.

Löwe (1996):
W. Löwe, Die Kasseler Grabung 1894 in der Nekropole der archaischen Stadt, in: J. Boehlau/E. Habich, Samos – die Kasseler Grabung 1894 in der Nekropole der archaischen Stadt von Johannes Boehlau und Edward Habich, Kataloge der Staatlichen Museen Kassel Nr. 24, Kassel 1996.

van Loon (1985):
M. N. van Loon, Anatolia in the Second Millenium B.C., Iconography of Religions, XV.12, Leiden 1985.

Lopez (1966):
J. Lopez, Las inscripciones rupestres faraónicas entre Korosko y Kasr Ibrim (Orilla oriental del Nilo), Comite Español de la Unesco para Nubia. Memorias de la Misión Arqueológica IX , Madrid 1966.

Lopez (1967):
J. Lopez, Inscriptions de l'Ancien Empire a Khor el-Aquiba, in: RdE 19 (1967) 51-66.

Loprieno (1996):
A. Loprieno (Hrsg.), Ancient Egyptian Literature. History and Forms, PÄ 10, Leiden/New York/Köln 1996.

Loprieno (1997):
A. Loprieno, Der Sklave, in: Donadoni, Sergio (Hrsg.), Der Mensch des Alten Ägypten, Frankfurt 1997, 221-259.

Luft (1993):
U. Luft. Asiatics in Illahun: A preliminary report, in: Atti del VI congresso internazionale di egittologia, Bd. II, Turin 1993, 291-297.

Lundh (2002):
P. Lundh, Actor and Event: Military Activity in Ancient Egyptian Narrative Texts from Tuthmosis II to Merenptah, Uppsala 2002.

Lurz (1994):
N. Lurz, Der Einfluß Ägyptens, Vorderasiens und Kretas auf die mykenischen Fresken, Europäische Hochschulschriften, Reihe 38, Bd. 48, Frankfurt a. M./Berlin/Bern/New York/Paris/Wien 1994.

Luttwak (1976):
E. N. Luttwak, The Grand Strategy of the Roman Empire. From the First Century A.D. to the Third, Baltimore 1976.

Malamat (1961):
A. Malamat, Campaigns of Amenhotep II and Thutmose IV to Canaan, in: Scripta Hierosolymitana 8 (1961) 218-231.

Mariette (1880):
A. Mariette, Abydos: description des fouilles exécutées sur l'emplacement de cette ville; ouvrage publ. sous les auspices de S. A. Ismail Pacha, Khédive d'Égypte, Bd. 2, Paris 1880.

Martin (1974):
G. T. Martin, The Royal Tomb at El-'Amarna I: The Objects, London 1974.

Martin (1987):
G. T. Martin, Corpus of Reliefs of the New Kingdom from the Memphite Necropolis and Lower Egypt, London 1987.

Martin (1989a):
G. T. Martin, The Memphite Tomb of Horemheb, Commander-in-Chief of Tut'ankhamun. I: The Reliefs, Inscriptions, and Commentary, MEES 55, London 1989.

Martin (1989b):
G. T. Martin, The Royal Tomb at El-'Amarna II: The Reliefs, Inscriptions, and Architecture, London 1989.

Martin (1991):
G. T. Martin, The Hidden Tombs of Memphis. New Discoveries from the Tome of Tutankhamun and Ramesses the Great, London 1991.

Martin-Pardey (1976):
E. Martin-Pardey, Untersuchungen zur ägyptischen Provinzialverwaltung bis zum Ende des Alten Reiches, HÄB 1, Hildesheim 1976.

Martin-Pardey (1991)
E. Martin-Pardey, Grabbeigaben, Nachträge und Ergänzungen, CAA Pelizaeus-Museum Hildesheim, Lieferung 6, Mainz 1991.

Martinssen (1999):
S. Martinssen, Untersuchungen zu den Expeditionen nach Punt, unveröff. Magisterarbeit, Hamburg 1999.

Martinssen (2003):
S. Martinssen, "Ich gebe dir ganz Punt" – Ein Expeditionsziel im religiös-politischen Kontext, in: N. Kloth/K. Martin/E. Pardey (Hrsg.), Es werde niedergelegt als Schriftstück. Festschrift für Hartwig Altenmüller zum 65. Geburtstag, BSAK 9, Hamburg 2003, 263-274.

Matouk (1972):
Corpus du Scarabée Égptien, Tome 1er, Les Scarabées Royaux, Beirut 1972.

Matouk (1977):
Corpus du Scarabée Égptien, Tome 2, Analyse thématique, Beirut 1977.

Matthiae (2000):
G. S. Matthiae, Art et politique: les images de Pharaon à l'étranger, in: Ägypten und Levante 10 (2000) 187-193.

Maxwell-Hyslop (1949):
K.-R. Maxwell-Hyslop, Western Asiatic shaft-hole axes, in: Iraq 11 (1949) 90-129.

Mayer (1995):
W. Mayer, Politik und Kriegskunst der Assyrer, Abhandlungen zur Literatur Alt-Syrien-Palästinas und Mesopotamiens 9, Münster 1995.

McLeod (1962):
W. E. McLeod, Egyptian Composite Bows in New York, in: AJA 66 (1962) 13-19.

McLeod (1982):
W. McLeod, Self Bows and Other Archery Tackle from the Tomb of Tut'ankhamun, TUTOS IV, Oxford 1982.

Medinat Habu (1930):
The Epigraphic Survey, Earlier Historical Records of Ramses III, Medinet Habu I, Oriental Institute Publications Vol. VIII, Chicago 1930.

Medinat Habu II (1932):
The Epigraphic Survey, Earlier Historical Records of Ramses III, Medinet Habu II, Oriental Institute Publications Vol. IX, Chicago 1932.

Merrillees (1962):
R. S. Merrillees, Opium Trade in the Bronze Age Levant, in: Antiquity 36 (1962) 287-292.

Merillees (1968):
R. S. Merrillees, The Cypriote Bronze Age Pottery Found in Egypt, Studies in Mediterranean Archaeology XVIII, Lund 1968.

Merillees (1972):
R. S. Merillees, Minoan and Mycenaean Pottery from Egypt, Brooklyn Museum 1972.

Merrillees (1973):
R. S. Merrillees, Syrian Pottery from Middle Kingdom Egypt, in: *AJBA II* (1973) 51-59.

Merrillees (1974a):
R. S. Merillees, Trade and Transcendence in Bronze Age Levant, Studies in Mediterranean Archaeology 39, Göteborg 1974.

Merrillees (1974b):
R. S. Merillees, Some Notes on Tell el-Yahudiya Ware, Levante 6 (1974) 193-195.

Merillees (1980):
R. S. Merillees, An Essay in Provenance: the Late Minoan I B Pottery form Egypt, in: Berytus 28 (1980) 1-45.

Merrillees/Winter (1972):
R. S. Merrillees/J. Winter, Bronze Age Trade between the Aegean and Egypt: Minoan and Mycenaean Pottery from Egypt in the Brooklyn Museum, in: Miscellanea Wilbouriana 1, New York 1972, 101-130.

Meurer (1996):
G. Meurer, Nubier in Ägypten bis zum Beginn des Neuen Reiches. Zur Bedeutung der Stele Berlin 14753, ADAIK 13, Berlin 1996.

Möller (1910):
G. Möller, Goldschmiedearbeiten in ägyptischem Stil, in: H. Schäfer (Hrsg.), Ägyptische Goldschmiedearbeiten, Berlin 1910, 11-80.

Moran (1992):
W. L. Moran, The Amarna Letters, Baltimore/London 1992.

Moorey (2001):
P. R. S. Moorey, The Mobility of Artisans and Opportunities for Technology Transfer between Western Asia and Egypt in the Late Bronze Age, in: A. J. Shortland (Hrsg.), The Social Context of Technological Change. Egypt and the Near East, 1650-1550 BC. Oxford 2001, 1-14.

Mountjoy (1986):
P.A. Mountjoy, Mycenaean Decorated Pottery: A Guide to Identification, Studies in Mediterranean Archaeology LXXIII, Göteborg 1986.

Müller (1987):
H. W. Müller, Der Waffenfund von Balâta-Sichem und die Sichelschwerter, Abhandlungen der Bayr. Akademie der Wiss., Phil.-hist. Klasse, N.F. Heft 97, München 1987.

Müller (1989):
H. W. Müller, Der „Armreif" des Königs Ahmose und der Handgelenkschutz des Bogenschützen im Alten Ägypten und Vorderasien, SDAIK 25, 1989.

Müller (1990):
H. W. Müller, Zwei weitere Sichelschwerter, in: Festschrift Jürgen von Beckerath. Zum 70. Geburtstag am 19. Februar 1990, HÄB 30, Hildesheim 1990, 215-222.

Müller (1979):
I. Müller, Die Verwaltung der nubischen Provinz im Neuen Reich, Diss. HU-Berlin 1979.

Müller (1988):
M. Müller, Die Kunst Amenophis' III. und Echnatons, Basel 1988.

Müller-Wollermann (1988):
R. Müller-Wollermann, Der Mythos vom Ritus "Erschlagen der Feinde", in: GM 105 (1988) 69-76.

Murnane (1987):
W. Murnane, Note on the Representation of Sacred Barks in Early Egypt, in: JNES 46 (1987) 280-285.

Murray/Smith/Walters (1900):
Murray/Smith/Walters, Excavations in Cyprus, London 1900.

Mysliwiec (1998):
K. Mysliwiec, Herr Beider Länder. Ägypten im 1. Jahrtausend v. Chr., Mainz 1998.

Naster (1975-76):
P. Naster, Le poignard de Kamosis au Cabinet des Médailles à Bruxelles, in: OLP 6/7 (1975-76) 419-426.

Naue (1903):
J. Naue, Die vorrömischen Schwerter aus Kupfer, Bronze und Eisen, München 1903.

Naville (1898):
E. Naville, The Temple of Deir el-Bahari III, Plates, MEES 16, London 1898.

Naville (1906):
E. Naville, The Temple of Deir el Bahari V, London, MEES 27, 1906.

Naville (1908):
E. Naville, The Temple of Deir el Bahari VI, MEES 29, London 1908.

Nelson (1936):
G. W. Nelson, A Faience Rhyton in the Boston Museum of Fine Arts, in: AJA 40 (1936) 501-506.

Niemeier (1998):
W.-D. Niemeier, The Mycenaeans in Western Anatolia and the Problem of the Origins of the Sea Peoples, in: S. Gitin/A. Mazar/E. Stern (Hrsg.), Mediterranean Peoples in Transition. Thirteenth to Early Tenth Centuries BCE, Jerusalem 1998, 17-65.

Obsomèr (1995):
C. Obsomèr, Sésostris Ier. Étude chronologique et historique du règne, Brüssel 1995.

Osborn/Osbornová (1998):
D. J. Osborn/J. Osbornová, The Mammals of Ancient Egypt. The Natural History of Egypt, Volume IV, Warminster 1998.

O'Connor (1978):
B. O`Connor, Zum Griffangelschwert von „El-Kantara" (Ägypten), in: Archäologisches Korrespondenzblatt 8 (1978) 187-188.

O'Connor (1990):
D. O'Connor, The Nature of Tjemhu (Libyan) Society in the Later New Kingdom, in: Leahy (1990) 29-113.

O'Connor (1993):
D. O'Connor, Ancient Nubia: Egypt's Rival in Africa, Philadelphia 1993.

Osing (1981):
J. Osing, Zu einer Fremdvölker-Kachel aus Medinet Habu, in: MDAIK 37, Fs Habachi, (1981) 389-391.

Osing (1992):
J. Osing, Zu zwei geographischen Begriffen der Mittelmeerwelt in: I. Gamer-Wallert/W. Helck (Hrsg.), Gegengabe, Festschrift für Emma Brunner-Traut, Tübingen 1992, 273-282.

Omlin (1968):
J. A. Omlin, Der Papyrus 55001 und seine satirisch-erotischen Zeichnungen und Inschriften, Turin 1968.

Oren (2000):
E. D. Oren, (Hrsg.), The Sea Peoples and Their World: A Reassessment. University Museum Monograph 108, University Museum Symposium Series 11, Philadelphia 2000.

Pätznick (1995):
J.-P. Pätznick, Stadt und Tempel von Elephantine. 21./22. Grabungsbericht, in: MDAIK 51, (1995) 181-184.

Page Gasser (2001):
M. Page Gasser, Götter bewohnen Ägypten. Bronzefiguren der Sammlungen "Bibel+Orient" der Universität Freiburg Schweiz, OBO Sonderband, Freiburg (Schw.)/Göttingen 2001.

Pamminger (1993):
P. Pamminger, Zur Göttlichkeit Amenophis' III., in: BSEG 17 (1993) 83-92.

Panagiotopoulos (2000):
D. Panagiotopoulos, Tributabgaben und Huldigungsgeschenke aus der Levante. Die ägyptische Nordexpansion in der 18. Dynastie aus strukturgeschichtlicher Sicht, in: Ägypten und Levante 10 (2000) 139-158.

Parkinson (1997):
R. B. Parkinson, The Tale of Sinuhe and other Ancient Egyptian Poems, 1940-1640 BC, Oxford 1997.

Parkinson (2002):
R. B. Parkinson, Poetry and Culture in Middle Kingdom Egypt. A Dark Side to Perfection, London/New York 2002.

Parkinson/Schofield (1995):
R. Parkinson/L. Schofield, Images of Mycenaeans. A recently acquiered painted papyrus from El-Amarna, in: Davies/L. Schofield (1995) 125-126.

Partridge (2002):
R. B. Partridge, Fighting Pharaohs. Weapons and Warfare in Ancient Egypt, Manchester 2002.

Passalaqua (1826):
J. Passalaqua, Catalogue raisonné et historique des antiquités découvertes en Egypte, Paris 1826.

Payne (1993):
J. C. Payne, Catalogue of the Predynastic Egyptian Collection in the Ashmolean Museum, Oxford 1993.

Peden (1994):
A. J. Peden, The Reign of Ramesses IV, Warminster 1994.

Peterson (1973):
B. E. J. Peterson, Zeichnungen aus einer Totenstadt Bildostraka aus Theben-West, ihre Fundplätze, Themata und Zweckbereiche mitsamt einem Katalog der Gayer-Anderson-Sammlung in Stockholm, Medelhavsmuseet Bulletin 7-8 (1973).

Petrie (1897):
W. M. F. Petrie, Six Temples at Thebes, London 1897.

Petrie (1901):
W. M. F. Petrie, The Royal Tombs of The earliest Dynasties Part II, London 1901.

Petrie (1902):
W. M. F. Petrie, El Amrah and Abydos, London 1902.

Petrie (1909):
W. M. F. Petrie, Memphis I, BSAE 15, London 1909.

Petrie (1914):
W. M. F. Petrie, Amulets, London 1914.

Petrie (1917a):
W. M. F. Petrie, Scarabs and cylinders with names: illustrated by the Egyptian collection in University College, London, BSAE 29, London 1917.

Petrie (1917b):
W. M. F. Petrie, Tools and weapons: illustrated by the Egyptian collection in University College, London, and 2000 outlines from other sources, BSAE 30, London 1917.

Petrie (1925):
W. M. F. Petrie, Buttons and Design Scarabs illustrated by the Egyptian collection in University College, London, BSAE 38, London 1925.

Petschel (1998):
S. Petschel, Den Dolch betreffend. Typologische Untersuchung zu den Stichwaffen in Ägypten von der prädynastischen Zeit bis zur 3. Zwischenzeit, Münster 1998, unveröffentlichte Dissertation.

Pflug (1988):
H. Pflug, Griechische Helme geometrischer Zeit, in: Bottini, A. (Hrsg.), Antike Helme. Sammlung Lipperheide und andere Bestände des Antikenmuseums Berlin, Mainz 1988.

Philip (1989):
G. Philip, Metal Weapons of the Early and Middle Bronze Ages in Syria-Palestine, Oxford 1989.

Pierrat/Menu (1994):
G. Pierrat/M. Menu, A propos de la composition de l'argent et de la date du trésor de Tôd, in: BSFE 130 (1994) 18-45.

Pleyte (1863) :
W. Pleyte, Lettre à Monsier Théodule Devéria ... sur quelques monuments relatifs au dieu Set, Leiden 1863.

PM VIII.2 (1999):
J. Malek/D. Magee/E. Miles, Topographical Bibliography of Ancient Egyptian Hieroglyphic Texts, Statues, Reliefs and Paintings. VIII. Objects of Provenance not known. Part 2. Private Statues (Dynasty XVIII to the Roman Period). Statues of Deities, Oxford 1999.

Polz (1996):
D. Polz, Theben und Avaris. Zur "Vertreibung" der Hyksos, in: H. Guksch/D. Polz (Hrsg.), Stationen. Beiträge zur Kulturgeschichte Ägyptens Rainer Stadelmann gewidmet, Mainz 1998, 219-231.

Polz (1995):
F. Polz, Die Bildnisse Sesostris' III. und Amenemhets III. Bemerkungen zur königlichen Rundplastik der späten 12. Dynastie, in: MDAIK 51 (1995) 227-254.

Porter/Moss (1951):
B. Porter/R. L. B. Moss, Topographical Bibliography of Ancient Egyptian Hieroglyphic Texts, Reliefs and Paintings, VII. Nubia, The Deserts, and outside Egypt, Oxford 1951.

Porter/Moss (1964):
B. Porter/R. B. Moss/E. Burney, Topographical Bibliography of Ancient Egyptian Hieroglyphic Texts, Reliefs, and Paintings I: The Theban Necropolis, Part 2. Royal Tombs and Smaller Cemeteries, 2. durchgesehene und vermehrte Auflage, Oxford 1964.

Posener (1975):
G. Posener, in: LÄ I (1975) Sp. 67-69, s.v. "Ächtungstexte".

Pusch (1993):
E. B. Pusch, "Pi-Ramesse-geliebt-von-Amun, Hauptquartier Deiner Streitwagentruppen". Ägypter und Hethiter in der Delta-Residenz der Ramessiden, in: A. Eggebrecht (Hrsg.), Pelizaeus-Museum Hildesheim. Die Ägyptische Sammlung, Mainz 1993, 126-144.

Pusch (1999a):
E. B. Pusch, Qantir als "... Hauptquartier deiner Streitwagentruppen ...", in: A. Herold, Streitwagentechnologie in der Ramses-Stadt. Bronze an Pferd und Wagen, FoRa 2, Mainz 1999, VIII-XIX.

Pusch (1999b):
E. B. Pusch, Vorbericht über die Abschlusskampagne am Grabungsplatz Q IV 1997, in: Ägypten und Levante 9 (1999) 17-37.

Pusch (2003):
E. B. Pusch, Hittittisk arkitektur i Ramsesbeyen?, in: Papyrus 2/03, Dezember 2003, 22. Jahrg., Kopenhagen, 4-15.

Pusch (2004a):
E. B. Pusch, Kein hethitischer Tempel – doch ein diplomatischer Brief, in: Th. Schneider / M. Hüneburg (Hrsg.), MA'AT 01/04, Heidelberg, zum Druck eingereicht.

Pusch (2004b):
E. B. Pusch, Baal in der Ramses-Stadt, zum Druck eingereicht.

Pusch/Jakob (2003)
E. B. Pusch / S. Jakob, Der Zipfel des diplomatischen Archivs Ramses' II., in: Ägypten und Levante 13 (2003) 143-153.

Pyr.:
K. Sethe, Die altägyptischen Pramidentexte, 4 Bde., Leipzig 1908-1922.

Quack (2000):
J. F. Quack, Rezension zu J. Zeidler, Pfortenbuchstudien, in: BiOr 57 (2000) Sp. 541-559.

Quack (2002):
J. F. Quack, Da wurden diese zwei großen Länder zu einem Land. Die Beziehungen zwischen Hattusa und Ägypten im Lichte ihrer diplomatischen Korrespondenz, in: Kunst- und Ausstellungshalle der Bundesrepublik Deutschland (Hrsg.), Die Hethiter und ihr Reich. Das Volk der 1000 Götter, Stuttgart 2002, 288-293.

Quibell/Green (1902):
J. E. Quibell/F. W. Green, Hierakonpolis II, BSAE 5, London 1902.

Quirke (1992):
S. Quirke, Ancient Egytian Religion, London, British Museum Press 1992.

Randall-MacIver/Mace (1902):
D. Randall-MacIver/A. C. Mace, El Amrah and Abydos 1899-1901. With a chapter by F. LL. Griffith, Egypt Exploration Fund, MEES 23, London 1902.

Raulwing (2000):
P. Raulwing, Horses, Chariots and Indo-Europeans. Foundations and Methods of Chariotry Research from the Viewpoint of Comparative Indo-European Linguistics. Budapest 2000.

Raulwing (2002):
P. Raulwing (Hrsg.), Culture and History of the Ancient Near East 6, Leiden/Boston/Köln 2002.

Raven (1982):
M. J. Raven, Papyrus. Van bies tot boekrol, Zutphen 1982.

Raven (1988):
M. J. Raven, The Antef diadem reconsidered, in: OMRO 68 (1988) 77-90.

Redford (1986):
D. B. Redford, Pharaonic King-Lists, Annals and Day Books. A Contribution to the Study of the Egyptian Sense of History, Mississauga 1986.

Redford (1992):
D. B. Redford, Egypt, Canaan and Israel in Ancient Times, Princeton 1992.

Redford (2003):
D.B. Redford, The Wars in Syria and Palestine of Thutmose III, Leiden 2003.

Redford/Redford (1994):
S. Redford/D. B. Redford, The Akhenaten Temple Project, Vol. 4: The Tomb of Reʿa (TT 201), Toronto 1994.

Reisner (1923a):
G. A. Reisner, Excavations at Kerma, Parts I-III., Harvard African Studies 5, Cambridge (Mass.) 1923.

Reisner (1923b):
G. A. Reisner, Excavations at Kerma, Parts IV-V., Harvard African Studies 6, Cambridge (Mass.) 1923.

RIK III (1954):
The Epigraphic Survey: Reliefs and Inscriptions at Karnak. Vol. III: The Bubastite Portal, OIP 74, Chicago 1954.

Ritner (1997):
R. K. Ritner, The Mechanics of Ancient Egyptian Magical Practice, SAOC 54, Chicago 1997 (1993).

Robins (1990):
G. Robins, Problems in Interpreting Ancient Art, in: DE 17 (1990) 49-51.

Rocati (1982):
A. Roccati, La littérature historique sous l'Ancien Empire égyptien, Paris 1982.

Roeder (1924):
G. Roeder, Ägyptische Inschriften aus den Staatlichen Museen zu Berlin, Bd. 2, Leipzig 1924.

Roeder (1926):
G. Roeder, Ramses II. als Gott: Nach den Hildesheimer Denksteinen aus Horbêt, in: ZÄS 61 (1926) 57-67.

Roeder (1937):
G. Roeder, Ägyptische Bronzewerke, Glückstadt/Hamburg/New York 1937.

Roeder (1938):
G. Roeder, Der Felsentempel von Bet el-Wali, Les Temples Immergés de la Nubie, Kairo 1938.

Roeder (1956):
G. Roeder, Ägyptische Bronzefiguren, Mitteilungen aus der ägyptischen Sammlung VI, Staatliche Museen zu Berlin, Berlin 1956.

Roeder (1969):
G. Roeder, Amarna-Reliefs aus Hermopolis. Ausgrabungen der Deutschen Hermopolis-Expedition in Hermopolis 1929-1939, Band II., hrsg. von R. Hanke, Hildesheim 1969.

Röllig (1974):
W. Röllig, Politische Heiraten im Alten Orient, in: Saeculum 25 (1974) 11-23.

Rogge (1990):
E. Rogge, Statuen des Neuen Reiches und der Dritten Zwischenzeit, CAA Kunsthistorisches Museum Wien, Lieferung 6, Mainz 1990.

Rommelaere (1991):
C. Rommelaere, Les chevaux du Nouvel Empire égyptien. Origines, races, harnachement, Brüssel 1991.

Rosellini (1834):
I. Rosellini, I Monumenti dell'Egitto e della Nubia. Monumenti Civili, III, Pisa 1834.

Roth (2002):
S. Roth, Gebieterin aller Länder. Die Rolle der königlichen Frauen in der fiktiven und realen Aussenpolitik des ägyptischen Neuen Reiches. OBO 185, Freiburg (Schw.)/Göttingen 2002.

Rowe (1908):
L. E. Rowe, Egyptian Portraiture of the XX Dynasty, in: Museum of Fine Arts Bulletin 6, no. 36 (December 1908) 47-50.

Ryholt (1997):
K. S. B. Ryholt, The Political Situation in Egypt during the Second Intermediate Period c. 1800-1550 B.C., Kopenhagen 1997.

Sadek (1988):
A. I. Sadek, Popular Religion in Egypt during the New Kingdom, HÄB 27, Hildesheim 1988.

Satzinger (1981):
H. Satzinger, Der Heilige Stab als Kraftquelle des Königs, in: Jahrbuch der Kunsthistorischen Sammlungen, Bd.77, Wien 1981.

Schachermeyr (1989):
F. Schachermeyr, Ägäis und Orient. Die überseeischen Kulturbeziehungen von Kreta und Mykenai mit Ägypten, der Levante und Kleinasien unter besonderer Berücksichtigung des 2. Jahrtausends v. Chr., Österr. Akademie d. Wissenschaften, Phil.-hist. Klasse, Denkschriften 93, Wien 1989.

Schäfer (1964):
H. Schäfer, Die Altägyptischen Prunkgefässe mit aufgesetzten Randverzierungen, in: UGAÄ 4, Hildesheim 1964, 3-44.

Schaeffer (1995):
C. F. A. Schaeffer, A Bronze Sword from Ugarit with cartouche of Mineptah (Ras Shamra, Syria), in: Antiquity 29 (1955) 226-229.

Schenkel (1965):
W. Schenkel, Memphis Herakleopolis Theben. Die epigraphischen Zeugnisse der 7.-11. Dynastie Ägyptens, ÄA 12, Wiesbaden 1965.

Schmitz (1998/99)
B. Schmitz, Pelizaeus-Museum Hildesheim: Ein Situationsbericht für 1997-1998, in: Hildesheimer Jahrbuch für Stadt und Stift Hildesheim 70/71, Hildesheim 1998/99, 463-465.

Schmitz (2002a):
B. Schmitz, "Schneller als der Wind" – Pferd und Wagen im alten Ägypten, in: Megiddo – Tell el-Mutesellim – Armageddon. Biblische Stadt zwischen Krieg und Frieden, R. Busch (Hrsg.), Neumünster 2002, 89-97.

Schmitz (2002b):
B. Schmitz, Nachbau eines altägyptischen Streitwagens, in: Megiddo – Tell el-Mutesellim – Armageddon. Biblische Stadt zwischen Krieg und Frieden, hrsg. von R. Busch (Hrsg.), Neumünster 2002, 162-165.

Schneider (1998):
T. Schneider, Ausländer in Ägypten während des Mittleren Reiches und der Hyksoszeit. Teil 1: Die ausländischen Könige, ÄAT 42, Wiesbaden 1998.

Schneider (2003):
T. Schneider, Ausländer in Ägypten während des Mittleren Reiches und der Hyksoszeit. Teil 2: Die ausländische Bevölkerung, ÄAT 42, Wiesbaden 2003.

Schoske (1982):
S. Schoske, Das Erschlagen der Feinde. Ikonographie und Stilistik der Feindvernichtung im alten Ägypten, Diss. Heidelberg 1982.

Schneider (2002[3]):
T. Schneider, Lexikon der Pharaonen, Düsseldorf 2002[3].

Schulman (1963):
A. R. Schulman, The Egyptian Chariotry: a Reexamination, in: JARCE 2 (1963) 75-98.

Schulman (1964):
A. R. Schulman, Military Rank, Title and Organization in the Egyptian New Kingdom, MÄS 6, Berlin 1964.

Schulman (1968):
A. R. Schulman, A Private Triumph in Brooklyn, Hildesheim and Berlin, in: JARCE 7 (1968) 27-35.

Schulman (1979):
A. R. Schulman, Diplomatic Marriage in the Egyptian New Kingdom, in: JNES 38 (1979) 177-193.

Schulman (1980):
A. R. Schulman, Chariots, Chariotry, and the Hyksos, in: JSSEA 10 (1979-1980) 105-153.

Schulman (1988):
A. R. Schulman, Ceremonial Execution and Public Rewards. Some Historical Scenes on New Kingdom Private Stelae, OBO 75, Freiburg (Schw.)/Göttingen 1988.

Schulz (2003):
C. E. Schulz, Studie zu den ägyptischen Beilen mit drei Rücksprüngen, in: S. Bickel/A. Loprieno (Hrsg.), Basel Egyptology Prize 1. Junior Research in Egyptian History, Archaeology and Philology, AH 17, Basel/Genf 2003, 233-248.

Schulz (2000):
R. Schulz, Remarks on the Composition of Hunting and Battle Scenes on the Chest of Tutankhamun, in: S. Sherratt, Proceedings of the First International Symposium. The Wall Paintings of Thera, Thera 1997, Athen 2000, 247–266.

Schulz (2002):
R. Schulz, Der Sturm auf die Festung: Gedanken zu einigen Aspekten des Kampfbildes im Alten Ägypten vor dem Neuen Reich, in: M. Bietak/M. Schwarz, Krieg und Sieg. Narrative Wanddarstellungen von Altägypten bis ins Mittelalter, Österreichische Akademie der Wissenschaften; Denkschriften der Gesamtakademie 24, Wien 2002, 19-42.

Schweitzer (1948):
U. Schweitzer, Löwe und Sphinx im alten Ägypten, ÄF 15, Glückstadt/Hamburg 1948.

Seidlmayer (1994):
S. Seidlmayer, Ausgrabungen in der Nordweststadt von Elephantine 1979-1982: Ein Gräberfeld des Alten und Mittleren Reiches und andere Befunde, Habilitationsschrift Freie Universität Berlin 1994 (bisher unpubliziert, wird in der Elephantine-Reihe des DAI veröffentlicht).

Seidlmayer (1999):
S. Seidlmayer, Pharao setzt die Grenzen, Textanalyse zwischen traditioneller Philologie und elektronischen Medien, hrsg. von der Arbeitsstelle Altägyptisches Wörterbuch der Berlin-Brandenburgischen Akademie der Wissenschaften, Begleitheft zur Ausstellung im Ägyptischen Museum, Berlin-Charlottenburg, 1.10.-31.12.1999.

Seidlmayer (2000):
S. Seidlmayer, The First Intermediate Period (c. 2160-2055 BC), in: Shaw (2000) 118-147.

Seidlmayer (2001):
S. Seidlmayer, Historische und moderne Nilstände. Untersuchungen zu den Pegelablesungen des Nils von der Frühzeit bis in die Gegenwart, Berlin 2001.

Sethe (1911):
K. Sethe, Altägyptische Ordensauszeichnungen, in: ZÄS 48 (1911) 143-145.

Sethe (1914):
K. Sethe, Urkunden der 18. Dynastie, Leipzig 1914.

Sethe (1923):
K. Sethe, Zu den Sachmet-Statuen Amenophis' III., in: ZÄS 58 (1923) 43-44.

Sethe (1926):
K. Sethe, Die Ächtung feindlicher Fürsten, Völker und Dinge auf altägyptischen Tongefäßscherben des Mittleren Reiches nach Originalen im Berliner Museum herausgegeben und erklärt, Abh. der Preussischen Akademie der Wissenschaften, Phil.-hist. Klasse 5, Berlin 1926.

Shaw (1991):
I. Shaw, Egyptian Warfare and Weapons, Buckinghamshire 1991.

Shaw (1996):
I. Shaw, Battle in Ancient Egypt: The Triumph of Horus or the cutting edge of the temple economy?, in: A. B. Lloyd, Battle in Antiquity, London 1996, 239-269.

Shaw (2000):
I. Shaw (Hrsg.), The Oxford History of Ancient Egypt, Oxford 2000.

Shaw (2001):
I. Shaw, Egyptians, Hyksos and Military Technology: Causes, Effects or Catalysts?, in: A. J. Shortland (Hrsg.), The Social Context of Technological Change. Egypt and the Near East, 1650-1550 BC, Oxford 2001, 59-71.

Sheikh 'Ibada al-Nubi (1997):
Sheikh 'Ibada al-Nubi, Der Soldat, in: S. Donadoni (Hrsg.), Der Mensch des Alten Ägypten, Frankfurt a.M. 1997, 180-220.

Shinnie (1996):
P. L. Shinnie, Ancient Nubia, London/New York 1996.

Simpson (1973):
W. K. Simpson, Two lexical notes to the Reisner Papyri: whrt and trsst, in: JEA 59 (1973) 220-222.

Śliwa (1974):
J. Śliwa, Ägyptische Fayence-Kacheln mit Darstellungen von Fremdvölkern, in: Festschrift zum 150jährigen Bestehen des Berliner Ägyptischen Museums, Staatliche Museen zu Berlin, Mitteilungen aus der Ägyptischen Sammlung, Bd. VIII, Berlin 1974, 233-238.

Smith (1976):
H. S. Smith, The Fortress of Buhen. The Inscriptions, Excavations at Buhen II, MEES 48, London 1976.

Smith (1992):
St. T. Smith, The First Imperialists, in: KMT 3/3 (1992) 40–49, 78–79.

Smith (1995):
St. T. Smith, Askut in Nubia. The Economics and Ideology of Egyptian Imperialism in the Second Millennium B.C., London/New York 1995.

Smither (1942):
P. C. Smither, An Old Kingdom Letter concerning the Crimes of Count Sabni, in: JEA 28 (1942) 16-19.

Spalinger (1981):
A. J. Spalinger, Notes on the Military in Egypt during the XXVth Dynasty, in: JSSEA 11 (1981) 37-58.

Spalinger (1982):
A. J. Spalinger, Aspects of the Military Documents of the Ancien Egyptians, New Haven/London 1982.

Spalinger (1985):
A. J. Spalinger, Notes on the Reliefs of the Battle of Kadesh, in: H. Goedicke, Persepctives on the Battle of Kadesh, Baltimore 1985, 1-42.

Spalinger (1996):
A. Spalinger, From Local to Global: The Extension of an Egyptian Bureaucratic Term to the Empire, in: SAK 23 (1996) 353-376.

Spencer (1980):
A. J. Spencer, Catalogue of Egyptian Antiquities in the British Museum V. Early Dynastic Objects, London 1980.

Spruytte (1977):
J. Spruytte, Etudes expérimentales sur l'attelage. Contribution à l'histoire du cheval, Paris 1977.

Stadelmann (1965):
R. Stadelmann, Die 400-Jahr-Stele, in: CdE 40 (1965) 46-60.

Stadelmann (1967):
R. Stadelmann, Syrisch-Palästinensische Gottheiten in Ägypten, PÄ 5, Leiden 1967.

Stadelmann (1984):
R. Stadelmann, in: LÄ V (1984) Sp. 814-822, s.v. "Seevölker".

Staubli (1991):
T. Staubli, Das Image der Nomaden im Alten Israel und in der Ikonographie seiner sesshaften Nachbarn, OBO 107, Freiburg (Schw.)/Göttingen 1991.

Steindorff (1946):
G. Steindorff, Catalogue of the Egyptian Sculpture in the Walters Art Gallery, Baltimore 1946.

Sternberg (1984)
H. Sternberg, in: LÄ V (1984) Sp. 323-333, s.v. "Sachmet".

Störk (1993):
Lothar Störk, Der Trommler des Königs, in: GM 133 (1993) 101 ff.

Strobel (1976):
A. Strobel, Der spätbronzezeitliche Seevölkersturm. Ein Forschungsüberblick mit Folgerungen zur biblischen Exodusthematik, BZAW 145, Berlin/New York 1976.

Stubbings (1951):
Stubbings, Mycenaean Pottery from the Levant, Cambridge 1951.

Tefnin (1988):
R. Tefnin, Statues et statuettes de l'ancienne Egypte, Guides du département égyptien 6, Brüssel 1988.

Trigger (1976):
B. Trigger, Nubia under the Pharaos, London (1976).

Urk. IV:
Urkunden des ägyptischen Altertums, begr. von G. Steindorff. IV. Abt. Urkunden der 18. Dynastie, bearbeitet von K. Sethe u. W. Helck, Berlin 1906-1958.

Vachala (1990):
B. Vachala, Die Kriegsgefangenen im Lichte der schriftlichen Quellen des Alten Reiches, in: S. Schoske (Hrsg.), Akten des vierten Internationalen Ägyptologen Kongresses München 1985, Band 4. BSAK 4, Hamburg 1990, 87-93.

Vachala (1991):
B. Vachala, Zur Frage der Kriegsgefangenen in Ägypten. Überlegungen anhand der schriftlichen Quellen des Alten Reiches, in: E. Endesfelder (Hrsg.), Probleme der frühen Gesellschaftsentwicklung im alten Ägypten, Berlin 1991, 93-101.

Vandersleyen (1971):
C. Vandersleyen, Les guerres d'Ahmosis, fondateur de la XVIIIe dynastie, MRE 1, Brüssel 1971.

Vandersleyen (1994):
C. Vandersleyen, Emheb, le prince nubien qui jouait du tambour, in: C. Berger/G. Clerc/N. Grimal (Hrsg.): Hommages à Jean Leclant, Vol. II, BdE 106/2, Kairo 1994, 399-402.

Vandier (1958) :
J. Vaqndier, Manuel d'archéologie égyptienne, Tome III: Les grandes époques: la statuaire, Paris 1958.

Vandier (1969a)
J. Vandier, Nouvelles acquisitions, in: La Revue du Louvre et des Musées de France 16 (1969) 43-54.

Vandier (1969b)
J. Vandier, Le dieu Seth au Nouvel Empire. A propos d'une récente acquisition du Louvre, in: MDAIK 25 (1969) 188-197.

Vandier d'Abbadie (1937-1946):
J. Vandier d'Abbadie, Catalogue des Ostraca Figurés de Deir el Médineh, DFIFAO II, 2 Bde., Kairo 1937-1946.

Vandier d'Abbadie (1972):
J. Vandier d'Abbadie, Catalogue des objets de toilette égyptiens au Musée du Louvre, Paris 1972.

te Velde (1984):
H. te Velde, in: LÄ V (1984) Sp. 208-211, s.v. „Seth".

Vercoutter (1956):
J. Vercoutter, L'Égypte et le monde égéen préhellénique. Étude critique des sources égyptiennes (Du début de la XIIIe à la fin de la XIXe Dynastie), BdE 22, Kairo 1956.

Vercoutter (1976):
J. Vercoutter, Égyptologie et climatologie. Les crues du Nil à Semneh, in: CRIPEL 4 (1976) 139-172.

Vercoutter (1998):
J. Vercoutter, Koummeh-Semneh. L'occasion perdue, in: CRIPEL 19 (1998) 35-42.

Vermeule (1964):
E. T. Vermeule, Greece in the Bronze Age, Chicago 1964.

Vernus (1994):
P. Vernus, Les étrangers dans la civilisation pharaonique, in: Cercle Lyonnais d'Égyptologie Victor Loret Bulletin 8 (1994) 49-68.

Vogel (2004) :
C. Vogel, Ägyptische Festungen und Garnisonen bis zum Ende des Mittleren Reiches, HÄB 46, Hildesheim 2004.

Wace/Blegen (1939):
A. J. B. Wace/C. W. Blegen, Pottery as Evidence for Trade and Colonization in the Aegean Bronze Age, in: Klio 32 (1939) 131-147.

Wachsmann (1987):
S. Wachsmann, Aegeans in the Theban Tombs, OLA 20, Leuven 1987.

Wallert (1967):
I. Wallert, Der verzierte Löffel. Seine Formgeschichte und Verwendung im Alten Ägypten, ÄA 16, Wiesbaden 1967.

Warburton (1997):
D. A. Warburton, State and Economy in Ancient Egypt. Fiscal Vocabulary of the New Kingdom, OBO 151, Freiburg (Schw.)/Göttingen 1997.

Warburton (2001):
D. Warburton, Egypt and the Near East. Politics in the Bronze Age, Civilisations du Proche-Orient Série IV, Histoire-Essais 1, Neuchâtel/Paris 2001.

Ward (1994):
W. Ward, Foreigners Living in the Village, in: L. H. Lesko (Hrsg.), Pharaoh's Workers. The Villagers of Deir el Medina, Ithaca/London 1994, 61-85 u. 163-174.

Watrous (1991):
L. V. Watrous, The Origin and Iconography of the Late Minoan Painted Larnax, in: Hesperia 60 (1991) 285-307.

Webb (1978):
V. Webb, Archaic Greek Faience: miniature scent bottles and related objects from East Greece, 650 - 500 B.C., Warminster 1978.

Weinstein (1981):
J. M. Weinstein, The Egyptian Empire in Palestine. A Reassessment, in: BASOR 241 (1981) 1-28.

Wenig (1978):
St. Wenig, Africa in Antiquity II. The Arts of Ancient Nubia and the Sudan, New York 1978.

Wente (1985):
E. F. Wente, A New Look at the Viceroy Setau's Autobiographical Inscription, in: P. Posener-Kriéger (Hrsg.), Mélanges Gamal Eddin Mokhtar II, BdE 97/2, Kairo 1985, 347-358.

Wente (1990):
E. F. Wente, Letters from Ancient Egypt, Society of Biblical Literature: Writings from the Ancient World 1, Altlanta 1990.

Wettengel (2003):
W. Wettengel, Die Erzählung von den beiden Brüdern. Der Papyrus d'Orbiney und das Königtum der Ramessiden, OBO 195, Freiburg (Schw.)/Göttingen 2003.

Wiese (1990):
A. Wiese, Zum Bild des Königs auf ägyptischen Siegelamuletten, OBO 96, Freiburg (Schw.)/Göttingen 1990.

Wildung (1973):
D. Wildung, Der König Ägyptens als Herr der Welt. Ein seltener ikonographischer Typus des Neuen Reiches, in: AfO 24 (1973) 108-116.

Wildung (1975):
D. Wildung, in: LÄ I (1975) Sp. 842 – 844, s.v. „Bogen".

Wildung (1984):
D. Wildung, Sesostris und Amenemhet. Ägypten im Mittleren Reich, München 1984.

Wildung (1984a):
D. Wildung, in: LÄ V (1984) Sp. 656, s.v. „Schleuder ".

Wilkinson/Hill (1983):
C. K. Wilkinson/M. Hill, Egyptian Wall Paintings, The Metropolitan Museum of Art's Collection of Facsimiles, New York 1983.

Willeitner (2003):
J. Willeitner, Die ägyptischen Oasen. Städte, Tempel und Gräber in der libyschen Wüste, Zaberns Bildbände zur Archäologie, Mainz 2003.

Wolf (1926):
W. Wolf, Die Bewaffnung des altägyptischen Heeres, Leipzig 1926.

Wreszinski (1923-38):
W. Wreszinski, Atlas zur altägyptischen Kulturgeschichte, 3 Bde., Leipzig 1923-38.

Wright (1965[2]):
Q. Wright, A Study of War, 2. Aufl., Chicago/London 1965.

Žába (1974):
Žába, The Rock Inscriptions of Lower Nubia, Czechoslovak Institute of Egyptology in Prague and in Cairo Publications vol. 1, Prag 1974.

Žabkar (1981):
L. V. Žabkar, A New Administrative Title on the Sealings from Semna South, in: W. K. Simpson/W. M. Davis, Studies in Ancient Egypt, the Aegean, and the Sudan. Essays in honor of Dows Dunham on the occasion of his 90th birthday, Boston 1981, 211-213.

Zaccagnini (1983):
C. Zaccagnini, Patterns of Mobility among Ancient Near East Craftsmen, in: JNES 42, 1983, 245-264.

Zibelius-Chen (1988):
K. Zibelius-Chen, Die ägyptische Expansion nach Nubien. Eine Darlegung der Grundfaktoren, Wiesbaden 1988.

Zibelius-Chen (1997):
K. Zibelius-Chen, Im Land der Pharaonen – Ägypten, in: Brockhaus. Die Weltgeschichte, Bd. 1, Leipzig/Mannheim 1997, 130-245.

Abbildungsnachweis
(zitiert nach Katalognummern)

Baltimore - The Walters Art Museum:
66, 68, 86

Basel - Antikenmuseum Basel und Sammlung Ludwig,
Claire Niggli: 26
Andreas Voegelin: 21, 24, 41, 67, 104, 107, 116, 119,141, 218

Berlin - SMB-PK Ägyptisches Museum und Papyrussammlung:
113, 162, 9, 12, 47, 138, 101, 1, 216, 59, 82, 206, 140, 12, 90, 33, 156, 164, 70
Margarete Büsing: 60, 171
E. Grantz: 128, 173
Saburo Kitai: 97
Krutzsch: 88
Jürgen Liepe: 35a, 35b, 65, 103,123, 127, 137, 163, 180, 185
Rosa Mai: 167, 220
Reinhard Saczewski: 160
Jutta Tietz: 19, 34
Bruce White: 11

Berlin - SMB-PK Antikensammlung,
Johannes Laurentius: 87

Berlin - SMB-PK Vorderasiatisches Museum,
Olaf M. Teßmer: 84, 85, 157, 158

Bonn - Ägyptisches Museum - Bonner Sammlung von Aegyptiaca,
Martin Bräker: 214

Boston - Museum of Fine Arts:
17, 39, 52, 166a-c, 172, 194, 197, 205, 207, 215, 221, 227

Brooklyn - Brooklyn Museum of Art:
13, 92, 212

Brüssel - Bibliothèque Royale de Belgique:
131

Brüssel - Musées Royaux d'Art et d'Histoire:
51, 56, 57a, 57b

Darmstadt - Hessisches Landesmuseum,
Wolfgang Fuhrmannek: 76

Florenz - Museo Archeologico:
71, 213

Gotha - Schlossmuseum:
159

Hamburg - Museum für Völkerkunde Hamburg,
Heinz Feußner, Hamm: 99

Hamburg, Privatsammlung:
Heinz Feußner, Hamm: 28, 31a-b, 62, 63, 64

Hannover - Kestner-Museum,
Christian Tepper: 10, 32, 36, 37, 38, 54, 55, 110a-e, 115, 122, 130, 177, 223

Heidelberg - Sammlung des Ägyptologischen Instituts der Universität Heidelberg,
Eva Hofmann: 43, 49

Hildesheim - Roemer- und Pelizaeus-Museum Hildesheim GmbH:
4, 18, 72, 89, 91a-b, 98a-b, 100, 169, 170, 225

Hildesheim – Dr. Edgar B. Pusch, Grabung Ramses-Stadt am Stadtmuseum:
Q 1-49a

Kassel - Staatliche Museen Kassel, Antikensammlung:
230, 231
Ute Brunzel: 229

Leiden - Rijksmuseum van Oudheden:
8, 16, 45, 58, 74, 75, 83, 106, 126, 129, 134

Liverpool – National Museums Liverpool, Liverpool Museum:
78, 108, 109, 111a, 111b

London - The British Museum,
- Department of Egyptian Antiquities
D. Hubbard: 3, 14, 95, 117, 143, 152, 165, 179
- Department of Greek and Roman Art
D. Hubbard: 189,192, 208, 209, 210, 211, 228

Manchester – The Manchester Museum, The University of Manchester:
125, 142, 155

München - Staatliches Museum Ägyptischer Kunst:
2, 7, 44, 53, 112a, 112b, 139, 190, 191, 203

Münster - Archäologisches Seminar der Westfälischen-Wilhelms-Universität:
193

New York - The Metropolitan Museum of Art - Department of Egyptian Art:
15, 81, 96, 102, 114, 120, 145, 148a, 148b, 151, 174, 175, 176, 182, 188

Oxford - Ashmolean Museum of Art and Archaeology, University of Oxford:
118, 124, 136, 222

Paris - Musée du Louvre, Département des Antiquités Égyptiennes: 6
Chuzeville: Abb. zu 186-187
G. Poncet: 46, 186, 187, 226
Franck Raux: 105,135, 168, 201, 217, 224

Solingen - Deutsches Klingenmuseum:
133

Stockholm - Medelhavsmuseet:
69, 94, 154

Süddeutschland, Privatsammlungen,
Aufnahmen der Besitzer: 20, 23, 25, 27, 29, 30, 61, 79, 80, 132, 178
Heinz Feußner, Hamm: 219

Turin - Museo Egizio:
50, 73, 153, 202

Wien - Kunsthistorisches Museum, ÄOS:
42, 93, 121, 144, 146, 147, 149, 150, 161, 195

Würzburg – Martin-von-Wagner-Museum der Universität Würzburg:
22, 40, 77,181, 183, 184a-i, 196a-b, 198, 199, 200 204

Verzeichnis der Textabbildungen